ଚେତନାର ଚିତ୍ରଲିପି

ଚେତନାର ଚିତ୍ରଲିପି

ଡକ୍ଟର ସନ୍ତୋଷ କୁମାର ନାୟକ

ସହକାରୀ ପ୍ରଫେସର ଓ ବିଭାଗମୁଖ୍ୟ, ଓ.ଶି.ସେ.-୧
ଅଧିସ୍ନାତକ ଓଡ଼ିଆ ବିଭାଗ,
ଫକୀରମୋହନ ସ୍ୱୟଂଶାସିତ ମହାବିଦ୍ୟାଳୟ, ବାଲେଶ୍ୱର, ଓଡ଼ିଶା

ବ୍ଲାକ୍ ଈଗଲ୍ ବୁକ୍ସ
ଭୁବନେଶ୍ୱର, ଓଡ଼ିଶା

BLACK EAGLE BOOKS
Dublin, USA

ଚେତନାର ଚିତ୍ରଲିପି / ଡକ୍ଟର ସନ୍ତୋଷ କୁମାର ନାୟକ

ବ୍ଲାକ୍ ଈଗଲ୍ ବୁକ୍ସ : ଭୁବନେଶ୍ୱର, ଓଡ଼ିଶା • ଡବ୍‌ଲିନ୍, ଯୁକ୍ତରାଷ୍ଟ୍ର ଆମେରିକା

BLACK EAGLE BOOKS

USA address:
7464 Wisdom Lane
Dublin, OH 43016

India address:
E/312, Trident Galaxy, Kalinga Nagar,
Bhubaneswar-751003, Odisha, India

E-mail: info@blackeaglebooks.org
Website: www.blackeaglebooks.org

First Edition : 2022

First International Edition Published by
BLACK EAGLE BOOKS, 2025

CHETANAARA CHITRALIPI
by Dr. Santosh Kumar Nayak

Cover & Interior Design: Ezy's Publication

ISBN- 978-1-64560-702-1 (Paperback)

Printed in the United States of America

ଚିନ୍ତ୍ୟ-ଅଚିନ୍ତ୍ୟ, ବର୍ଣ୍ୟ-ଅବର୍ଣ୍ୟ
ତନ୍ମୟ-ଚିନ୍ମୟ ଚେତନା-ନିଚୟର
ବର୍ଣ୍ଣ ଓ ବର୍ଣ୍ଣବୋଧ
ତଥା
ଚିରନ୍ତନ ଚିତ୍ର ଓ ଚିତ୍ରକରଙ୍କୁ ସଭକ୍ତି ଅର୍ପଣ କଲି

ପୂର୍ବ ପ୍ରତ୍ୟୟ

ସାହିତ୍ୟରେ ସମାଲୋଚନା ଓ ସମାଲୋଚନା(ସମୀକ୍ଷା)ରେ ସାହିତ୍ୟିକ ଦୃଷ୍ଟି ଓ ଦର୍ଶନ ସ୍ୱାଭାବିକ ଭାବରେ ରହିଥାଏ। ସାହିତ୍ୟଟିଏ ଦୃଶ୍ୟମାନ ବା ଅଦୃଶ୍ୟମାନ, ଅନୁଭୂତ ବା ପରିକଳ୍ପିତ ବସ୍ତୁ, ଘଟଣା ବା ବ୍ୟକ୍ତି ବା ସମୂହର ତନ୍ମୟ ସମୀକ୍ଷା ଓ ମନ୍ମୟ ଅଭିବ୍ୟକ୍ତି ମାତ୍ର। ସାହିତ୍ୟିକ ସମାଲୋଚନାରେ ଅବଶ୍ୟ ଏକଥା ଘଟିପାରେ। କିନ୍ତୁ ବସ୍ତୁତଃ ସମାଲୋଚକ ଉପର୍ଯ୍ୟୁକ୍ତ ବସ୍ତୁ, ଘଟଣା, ବ୍ୟକ୍ତି ବା ସମୂହର ମନ୍ମୟ ଆଶ୍ଳେଷଣ, ବିଶ୍ଳେଷଣ, ପରିଶ୍ଳେଷଣ ଉତ୍ତାରେ ତନ୍ମୟ ଅଭିବ୍ୟକ୍ତି ବାଢ଼ିଥାଏ ବା ପ୍ରସ୍ତୁତ କରିଥାଏ। ସାଧାରଣ ଭାଷାରେ କହିଲେ ମୂଳ ସାହିତ୍ୟ କୃତିଟି ବସ୍ତୁନିଷ୍ଠ ନିବିଡ଼ ଅନୁଭୂତି, ତନ୍ନତନ୍ନ ଅନୁଧ୍ୟାନ, ଅନୁପ୍ରବେଶ, ଅନୁସନ୍ଧିତ୍ସା ଓ ଅନୁଭବ ଉତ୍ତାରେ ଏକ ବ୍ୟକ୍ତିଗତ ଅଭିମତ ଭାବରେ କଳାତ୍ମକ ରୂପ ଲାଭ କରିଥାଏ। ବିଚ୍ଛୁରିତ ଚେତନା, ବିକ୍ଷିପ୍ତ ଚେତନା, ବହୁବିଧ ବ୍ୟକ୍ତି (ପାତ୍ର), ସ୍ଥାନ, କାଳ, ଘଟଣା ଲେଖକର ପର୍ସୋନାକ୍ରମେ ଆଲୋକରଶ୍ମିମାଳା ଲେନ୍‌ସ ମାଧ୍ୟମରେ ପ୍ରତିସୃତ ହୋଇ କେନ୍ଦ୍ରଭୂତ ହେଲାପରି ଲେଖକୀୟ ଅନୁଭବ, ଅନୁଭୂତି, ଚରିତ୍ର ଓ ଭାବଧାରା ଅନୁସାରେ ପ୍ରତିସୃତ ହୋଇ ଏକ ବ୍ୟକ୍ତିଗତ ଇଣ୍ଟରପ୍ରିଟେସନ୍ ବା ବିବେଚନା ଦ୍ୱାରା ପ୍ରଭାବିତ ହୋଇ ଏକ ମନ୍ମୟ ପରିପ୍ରକାଶରେ ପରିଣତ ହୁଏ। ଏଠାରେ କେହି କେହି ଇମ୍ପର୍ସନିଫିକେସନ୍ ବା ପରିପ୍ରକାଶରେ ନୈର୍ବ୍ୟକ୍ତିକତା କଥା କହିପାରନ୍ତି। କିନ୍ତୁ ଏଲିଅଟ୍‌ଙ୍କ ପରି ସମୀକ୍ଷକଙ୍କ ମତରେ ଲେଖାଟି ଇମ୍ପପର୍ସନାଲ୍ ହେବା କଥା ଯେ, କିନ୍ତୁ ଯିଏ ଯେତେ ଇମ୍ପପର୍ସନାଲ୍ ବା ନୈର୍ବ୍ୟକ୍ତିକ ହେଲେ ମଧ୍ୟ ନିଜର ଡି.ଏନ୍.ଏ. ଫିଙ୍ଗରପ୍ରିଣ୍ଟ୍ ପରି ନିଜ ଶୈଳୀ ଠାରୁ ଦୂରେଇ ରହିପାରିବ କି ? ପୁଣି ନିଜର ଶୈଳୀ ବ୍ୟକ୍ତିର ପର୍ସୋନା, ପରିବେଶ ଓ ପରିସ୍ଥିତି ଠାରୁ କେବେ ସଂପୂର୍ଣ୍ଣ ଭାବେ ଦୂରେଇ ରହିପାରିବ କି ? ଅସମ୍ଭବ। ସେହିପରି ସମାଲୋଚନା ଯେତେ ତନ୍ମୟ ହେଲେ ମଧ୍ୟ ମନ୍ମୟ ଓ ସାହିତ୍ୟ ଯେତେ ମନ୍ମୟ

ହେଲେ ମଧ୍ୟ ତନ୍ମୟ । କାରଣ ଏହି ମନ୍ମୟତା ତନ୍ମୟତାରୁ ଆସିଥାଏ ଓ ଏହି ତନ୍ମୟତା ମନ୍ମୟତାରୁ ହିଁ ଆସିଥାଏ ।

ତେବେ ସାହିତ୍ୟିକ-ସମାଲୋଚନା କହିଲେ ଆମେ କ'ଣ ବୁଝିବା ? ସାହିତ୍ୟିକ-ସମାଲୋଚନା କହିଲେ, ସାହିତ୍ୟକୃତିର ସାହିତ୍ୟିକ ଉପାୟରେ, ସାହିତ୍ୟିକ ହୃଦୟବତ୍ତାର ସହିତ ବା ସହୃଦୟତା ସହିତ ଭଲଭାବରେ ଦେଖିବା, ଦେଖିଚାହିଁ ବିଚାର କରିବା ଓ ପରିଶୀଳିତ ଉପାୟରେ ପରିଭୂତି, ଅନୁଭୂତି ପ୍ରଭୃତିକୁ ପରିଷ୍କାର କରି ପରିପ୍ରକାଶ କରିବା । Literary Criticism is a systematic and meticulous analysis, cafeful evaluation, standardized and fastidious interpretation of literary works, exploring and probing into their meaning, significance, gravity, magnitude, vectors and conspicuousness, and also delving into its impacts and influences.

ସମାଲୋଚନା କ୍ରିୟାଟିର ବିବିଧ 'ଆବେଦନ', 'ପଦ୍ଧତି' ଓ 'ତତ୍ତ୍ୱବୋଧ' ସହିତ 'ସାହିତ୍ୟବୋଧ'ର ଗଭୀର ବା ଘନିଷ୍ଠ ସଂପର୍କ ରହିଛି । ପୁଣି ସମାଲୋଚନାର ଜଟିଳ ସଂପର୍କ ଲେଖକ ବା ସ୍ରଷ୍ଟା, ଲେଖା ବା ପାଠ (Text), ପାଠକ (Reader), ବା ଦର୍ଶକ (Spectator), ସଂସ୍କୃତି (Culture) ଓ ସଂପୃକ୍ତ ସମାଜ (The Involved Society) ସହ ସରଳ ଓ ଅସରଳ ଉଭୟ ଭାବରେ ରହିଛି, ଯେପରିକି ଲେଖକର ଅଭିପ୍ରାୟ, ଜୀବନୀ ବା ତା'ର ଜୀବନାୟନ, ତା'ର ଜୀବନ ସଂପର୍କିତ ନିର୍ଦ୍ଦିଷ୍ଟ ଐତିହାସିକ ଘଟଣାବଳୀ ବା ପ୍ରସଂଗାଦି ସହ; ପାଠ ବା ଟେକ୍‌ସ୍ଟର ଗଠନ ବା ସଂରଚନା (Structure), ଭାଷା (Language), ଶୈଳୀ (Style) ଏବଂ ବର୍ଣ୍ଣନା ତକ୍‌ନିକ୍ ବା ବର୍ଣ୍ଣନା କୌଶଳ ସହ; ପାଠକ ବା ଦର୍ଶକର ପ୍ରତିକ୍ରିୟା, ପ୍ରତିବେଦନ, ବିବେଚନା (Interpretation), ତା'ର ସାମାଜିକ-ସାଂସ୍କୃତିକ ଓ ରାଜନୀତିକ ବା ଆର୍ଥନୀତିକ ପୃଷ୍ଠଭୂମି ବା ପ୍ରେକ୍ଷାପଟ (Cultural Background, Context), ଶିକ୍ଷା-ଦୀକ୍ଷା, କୃତିତ୍ୱ (Qualification) ପରିବେଶ (Environment), ଲାଳନପାଳନ (Upbringing) ସହ ଓ ଏସବୁ ଆଧାରରେ ପର୍ଯ୍ୟବେସିତ ତା'ର ଭୂମି, ଭୂମାଦୃଷ୍ଟି ଓ ଦର୍ଶନ ସହ; ସେହି ପାଠର ଅନ୍ତର୍ନିହିତ ସଂସ୍କୃତିର ସାମାଜିକ, ଐତିହାସିକ, ରାଜନୀତିକ, ଦାର୍ଶନିକ ଓ ବୈଜ୍ଞାନିକ ପ୍ରାସଂଗିକତା ସହ ଓ ତା'ର ଅଧର (Mouth) ଓ ଆଧାର (Basis) ସହ, ସଂପୃକ୍ତ ସମାଜର କ୍ଷମତାତନ୍ତ୍ର, ବିଚାରଧାରା (Thought Process), ସାମୂହିକ ଚିତ୍ତବୃତ୍ତି, ସିଦ୍ଧାନ୍ତବାଦ (Ideology) ଓ ସଂରଚନା ତଥା ପ୍ରାସଂଗିକତା ସହ ଏକ ଜାଲକ ସଂପର୍କ-ବିନ୍ୟାସ ରକ୍ଷା କରେ । Literature is the web of sociological, psychological, philosophical, cultural, structural, meta-structural, contextual, political, economical, anthropological, educational, historical and scientific relationship with the author, text, reader, culture, class and society in multiple dimensions. ସମାଲୋଚନାକୁ ଉପର୍ଯ୍ୟୁକ୍ତ କ୍ରମରେ ଆଖ୍ୟା ପ୍ରଦାନ କରାଯାଇପାରେ ବା ବ୍ୟାଖ୍ୟା କରାଯାଇପାରେ।

ସାହିତ୍ୟ-ସମାଲୋଚନାର ଅଭିପ୍ରାୟ ଅନେକ। କିନ୍ତୁ ବିନା ଅଭିପ୍ରାୟରେ ସାହିତ୍ୟିକ-ସମାଲୋଚନା ମେରୁଦଣ୍ଡହୀନ ବ୍ୟକ୍ତି ଓ ମଂଗବିହୀନ ନୌକାଟିଏ ପରି ହୋଇଥାଏ। ସମାଲୋଚନାରେ ଅବବୋଧ (Understanding), ବିଶ୍ଳେଷଣ (Analysis), ମୂଲ୍ୟାୟନ (Evaluation), ବିବେଚନା (Interpretation) ଓ ପ୍ରାସଂଗୀକରଣ (Contextualization) ହେଉଛି ପ୍ରମୁଖ ଆଦର୍ଶ ପଞ୍ଚାଭିପ୍ରାୟ (Five Noble Goals of Literary Criticism)। ଏହି ମହତ୍ ପଞ୍ଚାଭିପ୍ରାୟ ବା ଆଦର୍ଶ ପଞ୍ଚାଭିପ୍ରାୟ ଭିତରେ ପାଠ ଓ ପ୍ରସଙ୍ଗକୁ ଆଖିଆଗରେ ସମାନ୍ତରାଳ ଭାବରେ ରଖି ଏହାର ବାହ୍ୟ ଓ ଗୁହ୍ୟ ଉଭୟାର୍ଥ ଉନ୍ମୋଚନ, ଥିମ୍, ପ୍ରତୀକ ବା ସାଙ୍କେତିକ ଅଭିବ୍ୟକ୍ତିର ଅସଲ ଅର୍ଥ ନିରୂପଣ କରିବା, ଲିଟେରାରି ଡିଭାଇସ୍ ବା ସାହିତ୍ୟିକ ଉପାଦାନ ଗୁଡ଼ିକୁ ଭାଙ୍ଗି, ଲେଖାଟିର ଗଠନ ବା ସଂରଚନାର ଅନ୍ୱୟ, ପ୍ରତ୍ୟନ୍ୱୟ ଓ ସମନ୍ୱୟ କ୍ରମେ ବିଶ୍ଳେଷଣ, ଆଶ୍ଳେଷଣ ଓ ସଂଶ୍ଳେଷଣ କରି ଲେଖାଟିର ଶୈଳୀ (Style), ସଂରଚନା, ଭାଷା, ବିନ୍ୟାସ, କଳା-କୌଶଳ, କାରିଗରୀ ଓ କଳାକାରୀ ଉଦ୍‌ଘାଟନ କରିବା, ଲେଖାଟିର ବା ସାହିତ୍ୟକୃତିଟିର ପ୍ରକୃତ ଓ ପ୍ରକୃଷ୍ଟ ସାହିତ୍ୟ ପ୍ରତିଭା ତା'ର ବିକୃତି-ସୁକୃତି, ତା'ର ଭାବ-ଅଭାବ-ପ୍ରଭାବ-ବିଭାବ-ଅନୁଭାବ, ତା'ର ବିଭବ-ଅନୁଭବ ପ୍ରଭୃତିର ଯଥାସମ୍ଭବ ଉଚିତ ବା ଯଥାର୍ଥ ବିବେଚନା, ବିବିଧ ଅନ୍ୟାନ୍ୟ ସୃଷ୍ଟି କର୍ମ ସହ ଏହାର ସଂପର୍କ ନିରୂପଣ ବା ସଂପର୍କ ସ୍ଥାପନ ପ୍ରଭୃତିଠାରୁ ସାହିତ୍ୟକୃତିଟିକୁ ସଂପୃକ୍ତ ସାମାଜିକ-ସାଂସ୍କୃତିକ-ଐତିହାସିକ-ରାଜନୀତିକ-ଦାର୍ଶନିକ-କଳାତ୍ମକ କାଠଗଡ଼ାରେ ଛିଡ଼ାକରାଇ ତା'ର ପ୍ରକୃଷ୍ଟ ଓ ପ୍ରକୃତ ପ୍ରାସଂଗିକତା ନିରୂପଣ କରିବା ପର୍ଯ୍ୟନ୍ତ ସବୁକିଛି ଜଣେ ସଚ୍ଚା ଓ ନିଦା ସମାଲୋଚକର କର୍ତ୍ତବ୍ୟ।

ପାରଂପରିକ ଦୃଷ୍ଟି ଓ ସମାଲୋଚକୀୟ ଦର୍ଶନ ବ୍ୟତିରେକେ ଆଜି ସମାଲୋଚକ ବା ପାଠକ ପାଖରେ ଅନେକ ଦିଗ ରହିଛି। ନବରାଗ ସମାଲୋଚନା, ନନ୍ଦନତାତ୍ତ୍ୱିକ ସମାଲୋଚନା ବା ଆଳଂକାରିକ ସମାଲୋଚନା ପ୍ରଭୃତିଠାରୁ ଅନେକ ନୂତନ ଧାରାର ସମାଲୋଚକୀୟ ଦୃଷ୍ଟି ଆଜି ବିଶ୍ୱାଚ୍ଛାଦିତ ଓ ବିଶ୍ୱବିଦିତ। ଆଜି ଆଉ ଲେଖକ-କୈନ୍ଦ୍ରିକ ହୋଇ ଟେକ୍ସଟ୍ ବା ଲେଖାଟିଏ ରହିନାହିଁ। ପାଠଟିକୁ ଲେଖକୀୟ ମାଲିକାନାରୁ ଖସିଆସିବା ପରେ ନିଜେ ନିଜର ବୋଲି କହିବାକୁ ଯାଇ ସମାଲୋଚକ ଟେକ୍ସଟ୍ ବା ପାଠର ଅର୍ଥ ସେହି 'ପାଠ' ବା ଟେକ୍ସଟ୍‌ରେ ହିଁ ଅଛି ବୋଲି କହିଲେ। ସେହିପରି

ଟେକ୍ସଟ୍‌ର ଅର୍ଥ ଟେକ୍ସଟ୍ ଭିତରେ ନ ରହି ବୁଢ଼ୀ ଅସୁରୁଣୀର ଜୀବନନାଟିକା ସାତତାଳ ପାଣି-ପଙ୍କ ଭିତରର ସିନ୍ଦୁକ ଭିତରେ ସାଇତା ଫରୁଆରେ ରହିଥିବା ଭଅଁର ମଧ୍ୟରେ ଥିବାପରି ଟେକ୍ସଟର ବା ପାଠର ଅସଲ ଅର୍ଥ ନା ଲେଖକ ନା ତା'ଜୀବନ, ନା ତା'ର ସମାଜ-ସଂସ୍କୃତି, ପରିବେଶ- ପରିସ୍ଥିତିରେ ନିହିତ ନା ନିଜେ 'ପାଠ'ଟି ମଧ୍ୟରେ ନିହିତ। ବରଂ ଏହାର ଅର୍ଥ ରହିଛି ଅଦୂର-ସୁଦୂର, ଚିହ୍ନା ବା ଅଚିହ୍ନା ପାଠକ ପାଖରେ। ପୁଣି ପାଠକ ପାଖରେ ବି ସବୁବେଳେ, ସବୁଦିନେ ସମାନ ନଥାଏ କଥା। ତା'ର ପରିବେଶ, ପରିସ୍ଥିତି, ସଂସ୍କୃତି, ସମାଜ-ସାଂସ୍କୃତିକ ଯୋଗ୍ୟତା, ଅନୁଭୂତି ପ୍ରଭୃତି ଉପରେ ପାଠଟିର ଅର୍ଥ ନିର୍ଭର କରେ। ଦିନ ଥିଲା ଆମେ ଲେଖକ ଲେଖିଲାବେଳର ଭେକେଣ୍ଟ୍ ଓ ପେନ୍‌ସିବ୍ ମୁଡ୍ କଥା କହୁଥିଲେ। କିନ୍ତୁ ଏବେ ଆଦୌ ତାକୁ ନ ଖୋଜି ବରଂ ପାଠକ ବା ଦର୍ଶକର ମୁଡ୍ ଉପରେ ଗୁରୁତ୍ୱ ଦିଆଯାଉଛି। କାରଣ ରିଡର୍ ବା ପାଠକ ତା'ର ମୁଡ୍ ଉପରେ ନିର୍ଭର କରି ପାଠର ଅର୍ଥ ବାହାର କରିଥାଏ। ଆହୁରି ସୂକ୍ଷ୍ମତଃ ଦେଖିବାକୁ ଗଲେ, ପାଠକ ତା' ନିଜ ମୁଡ୍‌ର ବଶବର୍ତ୍ତୀ ନିଜେ ହୋଇଥାଏ। ମୁଡ୍ ବା ମିଜାଜ୍ ତା'ର ଅଧୀନ ନୁହେଁ, ବରଂ ବ୍ୟକ୍ତି (ପାଠକ) ତା'ର ନିଜ ମିଜାଜ୍ ବା ମନୋଦଶାଧୀନ। ଏହି ମନୋଦଶା ହିଁ ପାଠଟିର ଅର୍ଥକୁ ଦିଶା ଦେଇଥାଏ।

ଅଧୁନା ନାରୀବାଦୀ ସମାଲୋଚନା, ସଂରଚନାବାଦୀ ସମାଲୋଚନା, ମାର୍କ୍ସୀୟ ସମାଲୋଚନା, ଉତ୍ତରଉପନିବେଶବାଦୀ ସମାଲୋଚନା, ନୂତନ ସମାଲୋଚନା, ପରିବେଶ-ସମାଲୋଚନା, ପାଠକ-ପ୍ରତିକ୍ରିୟାତ୍ମକ ସମାଲୋଚନା, ଉତ୍ତରାଧୁନିକ ସମାଲୋଚନା, ଉତ୍ତରସଂରଚନାବାଦୀ ସମାଲୋଚନା ବା ବିନିର୍ମାଣ, ଗଣମାଧ୍ୟମ ସମାଲୋଚନା, କ୍ୱିୟର ସମାଲୋଚନା, ନବ୍ୟଇତିହାସବାଦୀ ସମାଲୋଚନା (ସାଂସ୍କୃତିକ ଅଧ୍ୟୟନ), କ୍ରିଟିକାଲ୍ ରେସ୍ ଥିଓରୀ, ପରିବେଶ ନାରୀବାଦୀ ସମାଲୋଚନା, ଫେନୋମେନୋଲୋଜି, ମନୋବିଶ୍ଳେଷଣ, ନେରେଟୋଲୋଜି, ଡାରଓ୍ୱିନୀୟ ସାହିତ୍ୟ ଅଧ୍ୟୟନ ଓ ସମାଲୋଚନୋତ୍ତର ସମାଲୋଚକୀୟ ଧାରା ପରି ଅନେକ ନୂତନ ଦୃଷ୍ଟିକୋଣ ସଂପନ୍ନ ସମାଲୋଚନା ଦେଖାଯାଉଛି। ଆରିଷ୍ଟୋଟଲ୍‌ଙ୍କ ଠାରୁ ଆରମ୍ଭ କରି ସକ୍ରେଟିସ୍, ପ୍ଲାଟୋ, ଏଡ୍‌ଗାରପୋ, କ୍ଲିନ୍‌ଥବ୍ରୁକ୍ସ, ଲିଭିସ୍, ଏମ୍ପସନ୍, ଓ୍ୱିଲିସନ୍ ନାଇଟ୍, ଓ୍ୱିଡ୍‌ଗେନ୍‌ଷ୍ଟାଇନ୍ ପ୍ରମୁଖଙ୍କୁ ଛାଡ଼ିଦେଲେ ଏଲିଅଟ୍, ରିଚାର୍ଡ, ରାନ୍‌ସମ୍ ଓ ମାଥ୍ୟୁ ଆରନୋଲଡ୍‌ଙ୍କ ପରେପରେ ଯେଉଁ ଧାରା ସୃଷ୍ଟିହୋଇ ଏଯାବତ୍ ମାଡ଼ିଆସିଛି ସେସବୁଧାରାଙ୍କର ସୂତ୍ରଧରମାନଙ୍କ ମଧ୍ୟରେ ମିଖାଇଲ୍ ବାଖ୍‌ତିନ୍ (ଡାୟାଲୋଜିଜମ୍), ଜାକ୍ ଦେରିଦା (ବିଗଠନ), ମିଶେଲ୍ ଫୁକୋ (କ୍ଷମତା ଓ ଜ୍ଞାନ), ନର୍ଥୋପ୍ ଫ୍ରେ (ଆର୍କିଟାଇପାଲ୍ ସମାଲୋଚନା), ଏଡ୍‌ଓ୍ୱାର୍ଡ ସଇଦ୍, ହୋମି କେ. ଭାବା, ଗାୟତ୍ରୀ

ଚକ୍ରବର୍ତ୍ତୀ ସ୍ପିଭାକ୍ (ଉତ୍ତରଉପନିବେଶବାଦ), ରୋଲାଁ ବାର୍ଥ୍ (ସଂରଚନାବାଦ ଓ ସେମିଓଟିକ୍ସ), ଲୁଇ ରୋଜେନ୍‌ବ୍ଲାଟ୍, ୱାଲଟର ଗିବ୍‌ସନ୍, ନର୍ମାନ୍ ହଲାଣ୍ଡ୍ (ପାଠକ ପ୍ରତିକ୍ରିୟା), ଫ୍ରାଙ୍କ୍‌ଫର୍ଟ୍ ପ୍ରସ୍ଥାନ(School)ର ବିଶିଷ୍ଟ ସମାଲୋଚକ ୱାଲଟର୍ ବେଞ୍ଜାମିନ୍, ଜାଁ ଫ୍ରାଙ୍କୋଏଜ୍ ଲ୍ୟୋଟାର୍ଡ୍, ହର୍ବର୍ଟ୍ ମାର୍କ୍ୟୁଜ୍, ଥିଓଡର୍ ଏଡୋର୍ନୋ, ମାକ୍ସ ହର୍‌ଖେମର୍, ସାମସମୟିକ ସମାଲୋଚକ ନାନ୍‌ସୀ ଫ୍ରେଜର୍, ଏକ୍ସେଲ୍ ହୋନେଥ୍, ଜୁଡିଥ୍ ବଟ୍‌ଲର୍ ଓ ରାହେଲ୍ ଜୈଗି, ଷ୍ଟିଫେନ୍ ଗ୍ରୀନ୍‌ବ୍ଲାଟ୍, ରବୋର୍ଟ ପେନ୍ ୱାରେନ୍, ହେନ୍‌ରୀ ଲୁଇଗେଟ୍‌ସ, ଲେଭିଷ୍ଟ୍ରସ୍, ଭ୍ଲାଦିମିରପ୍ରପ୍, ନୋମ୍ ଚମ୍‌ସ୍କି, ଷ୍ଟାନ୍‌ଲି ଫିଶ୍, ଜୁଲିଆ କ୍ରିଷ୍ଟେଭା, କେନେଥ୍ ବର୍କ୍ (ଆଲଙ୍କାରିକ ଅଧ୍ୟୟନ), ଏଲାଇନ୍ ସ୍ୱାଲ୍ଟର୍ (ନାରୀବାଦୀ ସମାଲୋଚନା), ସାଣ୍ଡ୍ରା ଗିଲବର୍ଟ, ସୁସେନ୍ ଗୁବାର୍, ଏଲିସ୍ରିଆ ଓଷ୍ଟିକର୍ (ନାରୀବାଦୀ ସମାଲୋଚନା), ଜନାଥନ୍ କୁଲର୍ (ବିନିର୍ମାଣ), ଫ୍ରେଡ୍ରିକ୍ ଜେମ୍‌ସନ୍ (ମାର୍କସୀୟ ସମାଲୋଚନା), ଏଭ୍ କୋସୋଫସ୍କି ସେଗ୍ୱିକ୍ (କ୍ୱିୟର ତତ୍ତ୍ୱ), ପେରୀ ମିଲର୍ (ପ୍ୟୁରିଟାନ୍ ଅଧ୍ୟୟନ), ରମନ୍ ସେଲ୍‌ଡନ୍, ଫର୍ଡିନାଣ୍ଡ ସସ୍ୟୁ (ସଂରଚନାବାଦୀ ସମାଲୋଚନା), ଜାକ୍ ଲାକାଁ, ଏଲେନ୍ ସିକ୍ସସ୍, ଜାଁ ବୋଦ୍ରିଆର୍ଡ, ଉଲ୍‌ଫଗେଙ୍ଗ୍ ଆଇଜର୍ ଓ ଡେଭିଡ୍ ବ୍ଲେଁଚ୍ ପ୍ରମୁଖ ଅନ୍ୟତମ। ସର୍ବୋପରି ଏହା ସ୍ୱୀକାର କରିବାକୁ ହେବ ଯେ, ଯେତେ ହାତ ସେତେ ମତ, ଯେତେ ମତ ସେତେ ପଥ। ଯେତେ ମୁଣ୍ଡ ସେତେ ତୁଣ୍ଡ ନ୍ୟାୟରେ ଉପର୍ଯ୍ୟୁକ୍ତ ଚିନ୍ତାନାୟକମାନଙ୍କ ମତ ଓ ପଥରେ ଯାଇ ଜଣେ ପାଠକ ଏକ ସାହିତ୍ୟକୃତିକୁ କେତେକେତେ ପ୍ରକାରେ କେତେକେତେ ଆୟାମରେ ବିବେଚନା କରିପାରିବେ; ମୂଲ୍ୟାୟନ କରିପାରିବେ।

ସାହିତ୍ୟିକଚେତନା ଉଭୟ ମୌଳିକ ଲେଖକ ଓ ସମାଲୋଚକଙ୍କ ପାଇଁ ଅତ୍ୟାବଶ୍ୟକ। ଖାଲି ଏତିକି ନୁହେଁ, ଏହି ସାହିତ୍ୟିକ ଚେତନା ଏକ 'ପାଠ' ଓ 'ପାଠକ' ପାଇଁ ଅନୁରୂପ ଭାବରେ ଆବଶ୍ୟକ। ପ୍ରତ୍ୟେକ ବ୍ୟକ୍ତି, ସମାଜ ଓ ସଂସ୍କୃତିର ଆଧାର ହେଉଛି ଏହି ସାହିତ୍ୟଚେତନା ବା ସାହିତ୍ୟିକ ଚେତନା। ଜଣେ ଦାର୍ଶନିକଠାରୁ ଆରମ୍ଭକରି ବୈଜ୍ଞାନିକ, ଗାର୍ହସ୍ଥ୍ୟ, ପାରିପାରିକ, ସାଂସାରିକ ମଣିଷଟିଏ ମଧ୍ୟ ଏହାର ଆବଶ୍ୟକତା ଅନୁଭବ କରିଥାଏ। ଏହି ଚେତନା ସାଧାରଣତଃ ପାଞ୍ଚଗୋଟି ବିନ୍ଦୁରେ ସମାହିତ। ଯଥା:-

(୧) **ପାଠକୀୟ ଚେତନା (Reader's Consciousness):** ଏହା ପାଠକ/ଦର୍ଶକର ବ୍ୟକ୍ତିଗତ ଦୃଷ୍ଟିକୋଣ, ଆବେଗ, ଅନୁଚିନ୍ତାବିଶେଷ ଅଟେ- ଯାହା ପାଠ/ଲେଖାଟିକୁ ପଢ଼ିଲାବେଳେ କାର୍ଯ୍ୟକାରୀ ହୁଏ ଓ ପ୍ରଭାବଶାଳୀ ହୋଇଥାଏ।

(୨) **ଲେଖକୀୟ ଚେତନା (Author's Consciousness):** ଏହା

ଲେଖକଠାରେ ଦେଖାଯାଏ। ଲେଖକର ଉଦ୍ଦେଶ୍ୟ, ଅନୁଭୂତି, ପ୍ରତ୍ୟୟ ପ୍ରଭୃତି ମୂଲ୍ୟବୋଧଭିତ୍ତିକ ହୋଇ ଟେକ୍ସଟ୍ ବା ପାଠ ମାଧ୍ୟମରେ ପ୍ରତିଫଳିତ ହୋଇଥାଏ।

(୩) **ପାଠ୍ୟ ଚେତନା (Textual Consciousness):** ଏହା ସେହି ସାହିତ୍ୟକୃତିର ଆଭ୍ୟନ୍ତରୀଣ ଗତିତତ୍ତ୍ୱ (dynamics), ବୈଚିତ୍ର୍ୟ, ସଂରଚନା, ବିରଚନା, ଭାଷା-ଶୈଳୀ ମଧ୍ୟରେ ଅନ୍ତର୍ନିହିତ।

(୪) **ସାଂସ୍କୃତିକ ଚେତନା (Cultural Consciousness):** ସାମାଜିକ, ଐତିହାସିକ ଓ ସାଂସ୍କୃତିକ ପ୍ରସଙ୍ଗସବୁ ସାହିତ୍ୟକୃତିକୁ ପ୍ରଭାବିତ କରିଥାଏ। ଏହା ଏକ ଗୁରୁତ୍ୱପୂର୍ଣ୍ଣ କାରକ ହୋଇ ରହିଥାଏ। ପରୋକ୍ଷରେ ଏ ଚେତନା ଲେଖା ଓ ଲେଖକକୁ ପ୍ରଭାବିତ କରିଥାଏ।

(୫) **ସମାଲୋଚକୀୟ ଚେତନା (Critical Consciousness):** ସାହିତ୍ୟକୃତିରେ ବ୍ୟବହୃତ ସାହିତ୍ୟିକ ଉପାଦାନାବଳୀ, ଥିମ୍, ବିଷୟବସ୍ତୁ, ପ୍ରତୀକ, ରୂପକ, ରୂପକଳ୍ପ, ରୂପକଥାଦିର ବିଶ୍ଳେଷଣାତ୍ମକ ଓ ମୂଲ୍ୟାୟନମୂଳକ ସଚେତନତା ହିଁ ସମାଲୋଚକୀୟ ଚେତନା।

ଲେଖକର Intentionality, ଆଭିମୁଖ୍ୟ, ଅଭିଲକ୍ଷ୍ୟ, ପାଠକର Subjectivity ବା ମନ୍ମୟତା ତଥା ବ୍ୟକ୍ତିଗତ ପ୍ରତିକ୍ରିୟା, ବିବେଚନା, ପାଠର ପ୍ରାସଂଗିକତା (Contextuality) ବା ଐତିହାସିକ, ସାମାଜିକ, ସାଂସ୍କୃତିକ ଭିତ୍ତିଭୂମି, ଆତ୍ମସଚେତନତା, ଉଦାରତା (Empathy), Meta-Cognition ବା ବ୍ୟକ୍ତିର ନିଜସ୍ୱ ଚିନ୍ତାପ୍ରକ୍ରିୟା ସଂପର୍କରେ ସଚେତନତା ହେଉଛି ସାହିତ୍ୟିକ ଚେତନାର ମୂଳ ଭାବ, ସ୍ୱଭାବ, ବିଭାବ ଓ ଅନୁଭାବ। ଚେତନାର ଅନ୍ୱେଷଣ ଓ ଆବିଷ୍କାର ତଥା ଏଥି ସଂପର୍କୀୟ ପରୀକ୍ଷଣ ଜେମ୍ସ ଜଏସ୍‌ଙ୍କ 'ୟୁଲିସେସ୍', ଭର୍ଜିନିୟା ଉଲ୍‌ଫଙ୍କ 'ମିସେସ୍ ଡାଲୋୱେ', ଉଇଲିୟମ୍ ଫକ୍‌ନରଙ୍କ 'ଦ'ସାଉଣ୍ଡ୍ ଏଣ୍ଡ୍ ଦ'ଫ୍ୟୁରି', ସାମୁଏଲ ବେକେଟ୍‌ଙ୍କ 'ୱେଟିଂ ଫର୍ ଗଦୋ', ଓ ଟମାସ୍ ଫିନ୍‌କନ୍‌ଙ୍କ 'ଗ୍ରାଭିଟିଜ୍ ରେନ୍‌ବୋ' ପରି ବିଶ୍ୱପ୍ରସିଦ୍ଧ ସାହିତ୍ୟକୃତିରେ ବେଶ୍ ଚମତ୍କାର ଭାବେ କରାହୋଇପାରିଛି ବୋଲି କୁହାଯାଇପାରେ।

ଦର୍ଶନ, ଚେତନା ଓ ସାହିତ୍ୟ ଅଙ୍ଗାଙ୍ଗୀ ଭାବରେ ଜଡ଼ିତ। Hermeneutics ପାଠର ଦାର୍ଶନିକ ବିବେଚନା କଲାବେଳେ ଫେନୋମେନୋଲୋଜି (Phenomenology) ସାହିତ୍ୟରେ ସଚେତନ ଅନୁଭୂତିକୁ ପରୀକ୍ଷା-ନିରୀକ୍ଷା କରିଥାଏ। ସେହିପରି ଉତ୍ତରସଂରଚନାବାଦୀ ସମାଲୋଚନାରେ ପରଂପରା ଓ ଗତାନୁଗତିକତାକୁ ଚାଲେଞ୍ଜ୍ କରି ଅର୍ଥ ଓ ସତ୍ୟତାର ପୁନରନୁସନ୍ଧାନ କରାଯାଇଥାଏ। ବିନିର୍ମାଣ ପ୍ରସ୍ଥରେ

ଭାଷାର ବିଶ୍ଳେଷଣ କରାଯିବା ସହିତ ଚେତନା ସହ ଏହାର ସଂପର୍କ ନିରୂପଣ କରାଯାଇଥାଏ। ସେହିପରି ସମାଲୋଚନାତତ୍ତ୍ୱ କ୍ଷମତାତତ୍ତ୍ୱ, କ୍ଷମତାଗତିତତ୍ତ୍ୱ ଓ ସାମାଜିକ ଚେତନାକୁ ଆବିଷ୍କାର କରିଥାଏ। ଚେତନାପ୍ରବାହ ସଂପର୍କରେ ଜେମ୍‌ସ ଜଏସ୍, ଭର୍ଜିନିଆ ଉଲ୍‌ଫ୍ ଏବଂ ଉଇଲିୟମ୍ ଫକ୍‌ନରଙ୍କ ସାହିତ୍ୟକୃତି ବିଚିତ୍ର ଆବିଷ୍କାରର ପଥ ପ୍ରସ୍ତୁତ କରିଥିଲାବେଳେ, କଥା ସାହିତ୍ୟରେ ଆଲ୍‌ବର୍ଟ କାମ୍ୟୁ, ଜାଁପଲ୍ ସାର୍ତ୍ତ୍ର, ମାର୍ଟିନ୍ ହେଇଡେଗର୍ ଓ କବିତା କ୍ଷେତ୍ରରେ ୱାଲ୍ଟ ହ୍ୱିଟ୍‌ମ୍ୟାନ୍, ଏମିଲି ଡିକିନ୍‌ସନ୍ ଓ ଟି. ଏସ୍. ଏଲିଅଟ୍ ପ୍ରଶସ୍ତ ପଥ ନିର୍ମାଣ ସହ ଏହା ମଧ୍ୟରେ ବିପୁଳ ସମ୍ଭାବନା ଭରି ଦେଇଛନ୍ତି। ମନସ୍ତାତ୍ତ୍ୱିକ ବାସ୍ତବତା ସେହିପରି ଉପନ୍ୟାସରେ ଚରିତ୍ର ଚେତନା (Character Consciousness) ଉପରେ ଧ୍ୟାନ ଦେଇଥାଏ।

ଚେତନାର ଅନେକ ଦାର୍ଶନିକ ଦିଗ ବା ବିବେଚନା ରହିଛି। ଦେକାର୍ତ (Descartes) ଡୁଆଲିଜିମ୍‌ରେ 'ମନ' ଓ 'ଦେହ'କୁ ଅଲଗା ଅଲଗା ବୋଲି କହିଥିଲାବେଳେ ସ୍ପିନୋଜା 'ମନ' ଓ 'ଦେହ'କୁ ଏକ, ଅଭିନ୍ନ ଓ ସଂଲଗ୍ନ ବୋଲି ମୋନିଜିମ୍ (Monism)ରେ କହିଛନ୍ତି। ବର୍କଲି Panpsychismରେ Consciousness as fundamental to universe କହିଲାବେଳେ David Chalmers Emergentismରେ କହନ୍ତି Consciousness ଏକ ଜଟିଳ ବ୍ୟବସ୍ଥାରୁ ସୃଷ୍ଟି ହେଉଛି। ସେହିପରି Integrated Information Theory (IIT)ରେ Giulio Tononi ଚେତନାକୁ ଏକ ଏକୀକୃତ ତଥ୍ୟସମୂହ ବୋଲି ପ୍ରତିପାଦନ କରନ୍ତି। ଏହିପରି ଚେତନାର ଅନେକ ବର୍ଣ୍ଣ ଓ ବର୍ଣ୍ଣବୋଧ; ଅନେକ ଚିତ୍ର ଓ ଚିତ୍ରଲିପି।

କବିତାରେ ଚେତନା କିପରି କାବ୍ୟିକ ଉପକରଣ ଓ ଉପାଦାନ ସନ୍ଧିରେ ରହିଥାଏ ତାହା ସଚେତନ ଭାବେ ଲକ୍ଷ୍ୟକଲେ ଜଣାପଡ଼ିବ। ରୂପକଳ୍ପ (Imagery), ପ୍ରତୀକ (Symbol), ରୂପକ (Metaphor), ମୁକ୍ତଛନ୍ଦ (Free Verse) ଓ ଅତିକ୍ରମଣତା (Enjambment) ପ୍ରଭୃତିର ବ୍ୟବହାରଦ୍ୱାରା ଯଥାକ୍ରମେ ଇନ୍ଦ୍ରିୟଗତ ଅନୁଭୂତି ଓ ଚେତନା ସୃଷ୍ଟି କରିବା, ସାମୂହିକ ଅଚେତନତା / ଅବଚେତନତା ଉପରେ ସ୍ପର୍ଶ କରିବା, ଚେତନାକୁ ପ୍ରାକୃତିକ ଘଟଣା ସହ ତୁଳନା / ଅଭେଦତା ସ୍ଥାପନ କରିବା ତଥା ଚିନ୍ତା ଓ ଚେତନା ମଧ୍ୟରେ ଅସ୍ପଷ୍ଟତା ରକ୍ଷାକରି ପାଠ, ପାଠକ ଓ ଲେଖକଠାରେ ଚେତନାଗତ ବିସ୍ଫୋରଣ ଓ ବିସ୍ତାରଣ ସୃଷ୍ଟି କରିବା ସମ୍ଭବପର ହୋଇଥାଏ।

କବିତା ଚେତନାର ଏକ ପୂଣ୍ୟ ପବିତ୍ର ପ୍ରୟାଗସ୍ଥଳୀ। କବିତାରେ ଚିନ୍ତନ ପ୍ରକ୍ରିୟା (Cognitive Process)କୁ ଅଧ୍ୟୟନ କରିବାକୁ Cognitive Poetics କହନ୍ତି। ସେହିପରି ଚେତନାର ଆନ୍ତର୍ବିଦ୍ୟାଭିତ୍ତିକ ଆବିଷ୍କାରକୁ ଚେତନା ଅଧ୍ୟୟନ ବା

Consciousness Studies କହନ୍ତି। ଚେତନାଗତ ସୁସ୍ଥତା (Healing) ପାଇଁ କବିତାକୁ ଚିକିତ୍ସା ଭାବରେ ବ୍ୟବହାର ମଧ୍ୟ କରାଯାଉଛି, ଯାହାକୁ Poetry Therapy କୁହାଯାଏ। ପରିବେଶ ପ୍ରତି ସଚେତନତା ମଣିଷ ନିଜପ୍ରତି ସଚେତନ ହେଲାପରି ଆଜି ଏକ ଅତ୍ୟାବଶ୍ୟକ ବିଭାବ / ଜୀବନଧାରା ବା ଶୈଳୀଭୁକ୍ତ ହେବାକୁ ବସିଲାଣି। ଏଣୁ ପାରିବେଶିକ-ଚେତନା-ନିର୍ମାଣ ପାଇଁ ଇକୋପୋଏଟ୍ରି ବା ପରିବେଶ କବିତା ମଧ୍ୟ ଲେଖାଯାଉଛି ଓ ତଦନୁରୂପ ଇକୋକ୍ରିଟିସିଜିମ୍ ବା ପରିବେଶ ସମାଲୋଚନା ମଧ୍ୟ କରାଯାଉଛି। ସେମିତି ନ୍ୟୁରୋଏସ୍ଥେଟିକ୍ସ ବା ସ୍ନାୟବିକ ସୌନ୍ଦର୍ଯ୍ୟତତ୍ତ୍ୱ ବା ସ୍ନାୟୁନନ୍ଦନତତ୍ତ୍ୱ ବିଭାଗରେ କାବ୍ୟିକ ଅନୁଭୂତିର ସ୍ନାୟବିକ ଆଧାର ଓ କ୍ରିୟା-ପ୍ରତିକ୍ରିୟା-ଅଭିକ୍ରିୟାଦି ଅଧ୍ୟୟନ କରାଯାଉଛି। ଏଣୁ କବିତା ଓ ଚେତନା ଅଙ୍ଗାଙ୍ଗୀଭାବେ ଜଡ଼ିତ। ଯଥାର୍ଥରେ କବିତାର ଭାଷା ବିରୋଧାଭାସ (Paradox)ର ଭାଷା ହେଲାପରି କହିବା ବାହୁଲ୍ୟ ଯେ, କବିତାର ଭାଷା ହେଉଛି ଚେତନାର ଭାଷା। The language of poetry is the language of consciousness. କବିତା ଯଥାର୍ଥରେ ଚେତନାର ସହୋଦର। ଚେତନା ଓ କବିତା ଉଭୟ ଅମୂର୍ତ୍ତ, ଉଭୟେ ଅଦୃଶ୍ୟ, ଉଭୟେ ଅବ୍ୟକ୍ତ୍ୟ, ଅଚିନ୍ତ୍ୟ, ଅଭେଦ୍ୟ, ଅଲଙ୍ଘ୍ୟ ଓ ଅପରିମେୟ।

ବାଲେଶ୍ୱର
ତା. ୦୫.୦୯.୨୦୨୨ରିଖ

ସନ୍ତୋଷ କୁମାର ନାୟକ
ଲେଖକ

ଅନୁକ୍ରମ

ବିପ୍ଳବୀସନ୍ଥ ମଉକବି ବଳରାମଙ୍କ ସାର୍ବଭୌମିକ ଚେତନାର ଚିନ୍ମୟ 'ଚିତ୍ରୋଉର' ଲକ୍ଷ୍ମୀପୁରାଣ: ରଚନା, ବିରଚନା ଓ ବିବେଚନା

ଷୋଡ଼ଶ ଶତାବ୍ଦୀର ସାହିତ୍ୟକୁ ସାହିତ୍ୟର ଇତିହାସକାରମାନେ ସାଧାରଣତଃ ପଞ୍ଚସଖା ସାହିତ୍ୟ ବା ସନ୍ଥ (ଭକ୍ତି) ସାହିତ୍ୟ ନାମରେ ଅଭିହିତ କରିଥାଆନ୍ତି। କେହିକେହି ଏହାକୁ 'ଆଦି ମଧ୍ୟଯୁଗ' ବା 'ଆଦି ମଧ୍ୟଯୁଗୀୟ ସାହିତ୍ୟ' କହିଲାବେଳେ କିଛି ସାହିତ୍ୟ ଇତିହାସକାର ଏହାକୁ ସମକାଳୀନ ଗଜପତି ମହାରାଜଙ୍କ ନାମାନୁସାରେ ନାମିତ କରିଛନ୍ତି। ଏ ଉଭୟ ପ୍ରକାର ନାମକରଣର ଗୁରୁତ୍ୱ ଅନେକ। ସମକାଳୀନ ସାମାଜିକ-ଧାର୍ମିକ-ଦାର୍ଶନିକ ଓ ରାଜନୀତିକ ପରିବେଶ ଓ ପରିସ୍ଥିତି ଖାଲି ସେ ସମୟର ବ୍ୟକ୍ତିଗତ ଓ ସାମୂହିକ ଚିନ୍ତା-ଚେତନାକୁ ପ୍ରଭାବିତ କରୁ ନ ଥିଲା, ଅଧିକନ୍ତୁ ସେ ସମୟର ସାରସ୍ୱତ ବାତାବରଣକୁ ମଧ୍ୟ ଖୁବ୍ ପ୍ରଭାବିତ କରିଥିଲା। ତେଣୁ ଏହି ସମୟରେ ବଳରାମ-ଜଗନ୍ନାଥ-ଅଚ୍ୟୁତ-ଅନନ୍ତ-ଯଶୋବନ୍ତ ଦାସ ପ୍ରମୁଖଙ୍କ ସୃଷ୍ଟିରେ ଗୂଢ଼ ତତ୍ତ୍ୱ ଓ ଦର୍ଶନର ଭାର ଅନେକାଂଶରେ ଏହାର ସାହିତ୍ୟିକ ସୌକୁମାର୍ଯ୍ୟକୁ ପରାହତ କରିଛି ଓ ରସଗ୍ରାହୀ ରସିକତାରେ ବାଧା ସୃଷ୍ଟି କରିଛି। କିନ୍ତୁ ବଳରାମ ଦାସଙ୍କ ଅନେକ କୃତି ସେ ଦିଗରେ ସ୍ୱକୀୟ ସ୍ୱାତନ୍ତ୍ର୍ୟ ରକ୍ଷା କରିବା ସଂଗେସଂଗେ ଯଥାସମ୍ଭବ ତତ୍ତ୍ୱଭାର ସନ୍ତୁଳନ ସହ ରସାସ୍ୱାଦନ ନିମନ୍ତେ ପଥ ପରିଷ୍କାର କରିପାରିଛନ୍ତି। ତାଙ୍କର 'ଜଗମୋହନ ରାମାୟଣ' ହେଉ ବା 'ଲକ୍ଷ୍ମୀପୁରାଣ' ବା 'କାନ୍ତ କୋଇଲି' ହେଉ - ଏସବୁ ଏକ ଏକ ଅନିନ୍ଦ୍ୟ-ଅନୁପମ ସାହିତ୍ୟିକ ମୂଲ୍ୟଗର୍ଭକ ସମାଜ-ପୌରାଣିକ (socio-mythological) କୃତିବିଶେଷ ବୋଲି ଦୃଢ଼ କଣ୍ଠରେ କହିବାକୁ ହେବ। କିନ୍ତୁ ଏକଥା ଏଠାରେ ଅବଶ୍ୟ କହିବା ଦରକାର ଯେ, 'ଲକ୍ଷ୍ମୀପୁରାଣ' ବଳରାମ ଦାସକୃତ ଏକ ଅଦ୍ୱିତୀୟ ଅନୁପମ ବୈପ୍ଳବିକ ସାରସ୍ୱତ କୃତିବିଶେଷ ଅଟେ। ସମାଜର ଦୋଷ-ଦୁର୍ବଳତା, ସାମାଜିକ ରୋଗ-ବ୍ୟାଧି (societal malady), ପରମ୍ପରାଗତ ଦୋଷ,

ମାନସିକ ଦାରିଦ୍ର୍ୟ ଓ ରୁଗ୍ଣ-ମାରାତ୍ମକ ମାନସିକତାର ନିଦାନ ସ୍ୱରୂପ ଅତ୍ୟନ୍ତ ଚମତ୍କାର ଶୈଳୀ ଓ ଉପଜୀବ୍ୟାଦିକୁ ଆଧାର କରି ସେ ଯେଉଁ ପ୍ଲଟ୍, ଚରିତ୍ର ଓ ଚରିତ୍ରାୟନ ସୃଷ୍ଟି କରିଗଲେ ତା'ର ପଟାନ୍ତର ନାହିଁ। ସେହି 'ଲକ୍ଷ୍ମୀପୁରାଣ'ର ପ୍ରଭାବ ଓ ପ୍ରସାରଦକ୍ଷତା ଆଜି କାହାକୁ ଅଛପା ନାହିଁ। ଗୋଟିଏ ସାହିତ୍ୟକୃତି ଲୋକ ସାହିତ୍ୟ ପରି ମୁଖରୁ ମୁଖକୁ ଆଜକୁ ୫୦୦ ବର୍ଷରୁ ଊର୍ଦ୍ଧ୍ୱକାଳ ହେଲାଣି କିପରି ଲୋକମାନସରେ ଗତି କରି ଆସିଛି - ତାହା ଲକ୍ଷ୍ୟ କରାଯାଉ। କିନ୍ତୁ ଏକଥା ସତ୍ୟ ଯେ, "ବୁଝ ନ ବୁଝ ପଢ଼ ଗୀତା ବା ରୁଚୁ ନ ରୁଚୁ ଖାଆ ପିତା" ନ୍ୟାୟରେ 'ଲକ୍ଷ୍ମୀପୁରାଣ'କୁ ପଢ଼ିଲେ ଚଳିବ ନାହିଁ। କାରଣ ଏହା ବଳରାମ ଦାସଙ୍କ ପରି ଜଣେ ମହାନ ବିପ୍ଳବୀ ସମାଜ ସଂସ୍କାରକ କବିପ୍ରତିଭାଙ୍କ ପ୍ରତି ଯଥୋଚିତ ମୂଲ୍ୟାୟନ ବା ନ୍ୟାୟ ହେବ ନାହିଁ।

କହିବା ବାହୁଲ୍ୟ ଯେ, ବଳରାମ ଦାସ ପ୍ରୋକ୍ତ ପଞ୍ଚସଖାଙ୍କ ମଧ୍ୟରେ ଥିଲେ ବୟୋଜ୍ୟେଷ୍ଠ। ଗୁରୁତ୍ୱପୂର୍ଣ୍ଣ କଥାଟି ଏହିକି ସେ ଉଭୟ ୧୫ଶ ଓ ୧୬ଶ ଶତାବ୍ଦୀର ଓଡ଼ିଶୀ ସମାଜ-ରାଜନୀତି-ଧର୍ମ-ଦର୍ଶନ ଓ ସାଂସ୍କୃତିକ ଭାବଧାରା ସହ ଓତପ୍ରୋତ ଭାବରେ ଜଡ଼ିତ ଥିଲେ। ବ୍ୟବସ୍ଥା ବା ସିଷ୍ଟମ୍ ଭିତରେ ରହି ସିଷ୍ଟମ୍ ବିରୁଦ୍ଧରେ କିଛି କହିବା ଅଥବା କରିବା ସହଜ କଥା ନୁହେଁ। ବଳରାମଙ୍କ ଅନ୍ୟାନ୍ୟ କ୍ଷୁଦ୍ର କଳେବର-ବିଶିଷ୍ଟ ରଚନାର ଆଖ୍ୟାନଭାଗରୁ ପାଠକ ବେଶ୍ ହୃଦୟଙ୍ଗମ କରିପାରେ ଯେ, ସେ କାଳରେ କଥାକଥାରେ କେତେ ପ୍ରକାରେ ଓ କେତେ ମାତ୍ରାରେ ରାଜରୋଷର କେମିତି କେତେବେଳେ ଶିକାର ହେବାକୁ ପଡ଼ିବ, ସେ କଥା ଆଦୌ କେହି କହିପାରିବେ ନାହିଁ। ଅଚିରେ କାରାବରଣ, ଫାଶି ବା ହତ୍ୟା ଦଣ୍ଡାଦେଶ ମିଳିବା ବିଚିତ୍ର ବା ଅସମ୍ଭବ ନ ଥିଲା। ପୁଣି ଅସୂୟା, ଈର୍ଷା, ଡର-ଭୟଜନିତ କୁତ୍ସାରଟନାଦିର ପ୍ରଭାବ ବା ଚଞ୍ଚକତା, ଶଠତା ପ୍ରଭୃତି ଅକାଳ ଅକାରଣ ରାଜରୋଷକୁ ଉତ୍ତେଜିତ କରିବାର ଦୃଷ୍ଟାନ୍ତ ବା ସମ୍ଭାବନା ମଧ୍ୟ କିଛି କମ୍ ନ ଥିଲା। ଏସବୁ ସତ୍ତ୍ୱେ ସେ ତୀବ୍ର ବିପ୍ଳବର ସ୍ୱର ଉଠାଇଛନ୍ତି। ମାତ୍ର ତାହା ସେ ଅତୀବ ଚମତ୍କାର ଶୈଳୀରେ ଚମତ୍କାର ମୋଟିଫ୍‌ମାନଙ୍କ ମାଧ୍ୟମରେ ଉପସ୍ଥାପନ କରିଛନ୍ତି। ଏହା ହିଁ ତାଙ୍କର 'ଲକ୍ଷ୍ମୀପୁରାଣ'ର 'ବିଶେଷକତତ୍ତ୍ୱ' ବା ବିଶେଷତ୍ୱ। 'ଲକ୍ଷ୍ମୀପୁରାଣ'ର ବୈପ୍ଳବିକ ମୁଦ୍ରା ଆଞ୍ଚଳିକ ନ ହୋଇ କଳାତ୍ମକ ଭାବରେ ଉତ୍ତୀର୍ଣ୍ଣ ଓ ଚାତୁର୍ଯ୍ୟପୂର୍ଣ୍ଣ ହୋଇ ସାର୍ବଭୌମିକ ଏବଂ ସାର୍ବକାଳୀକ ହୋଇପାରିଛି। ସବୁ ଭୂମିର କଥା କହିବା ସଙ୍ଗେସଙ୍ଗେ ଭୂମାର କଥା କହିବାକୁ ସେ ଭୁଲିଯାଇ ନାହାନ୍ତି। ବିବିଧ ସାମାଜିକ, ଦାର୍ଶନିକ ଓ ଆଧ୍ୟାତ୍ମିକ ସମସ୍ୟାମୂଳକ ପ୍ରଶ୍ନ ଓ ତା'ର ସମାଧାନସୂତ୍ରରେ ଉତ୍ତର ମଧ୍ୟ ପ୍ରଦାନ କରିଛନ୍ତି କାଳୋତ୍ତୀର୍ଣ୍ଣ ଓ କଳୋତ୍ତୀର୍ଣ୍ଣ କବି

ବଳରାମ ଦାସ। ଏଣୁ ଯଥାର୍ଥରେ ଏହି ସୃଷ୍ଟିଟି ଏକପ୍ରକାର 'ଚିତ୍ରୋତ୍ତର' ବୋଲି କୁହାଯାଇ ପାରେ। "It is an artistic composition which is the question and the answer, the problem and the solution, our inquiry and answer, the riddle and response, and a predicament and penacea at the same time." ଏଣୁ ଯଥାର୍ଥରେ ଏହା ଏକ ଉତ୍ତୀର୍ଣ୍ଣ ଚିତ୍ରୋତ୍ତରର ଚିରନ୍ତନ ଚରିତ ବିଶେଷ ଅଟେ। 'ଲକ୍ଷ୍ମୀପୁରାଣ' ଏପରି ସ୍ମରଣୀୟ ହେବାର କାରଣ ଏହାର ସ୍ରଷ୍ଟାଙ୍କ ସମୟ ଓ ସମାଜ ସଚେତନତା ଏବଂ ସାମୂହିକ ସଂସ୍କାରବାଦୀ ମନୋଭାବ। 'ଲକ୍ଷ୍ମୀପୁରାଣ'ର ହୃଦୟସ୍ପର୍ଶିତା ଓ ସୁଦୂରପ୍ରସାରୀ ପ୍ରଭାବବତ୍ତାର ଅନ୍ୟତମ କାରଣ ହେଉଛି ସମାଜ-ସଂସ୍କୃତି ଓ ସଭ୍ୟତାର ପରିଚୟାତ୍ମକ ମିଥ୍ ପ୍ରୟୋଗ। ଯେକୌଣସି ସଭ୍ୟତା ବା ଯେକୌଣସି ସଂସ୍କୃତି ତା'ର ଜୀବନଧାରଣ ପାଇଁ ଯେଉଁ କେତୋଟି ପ୍ରମୁଖ ତଥା ଅତ୍ୟାବଶ୍ୟକୀୟ ଓ ଅପରିତ୍ୟଜ୍ୟ ମିଥ୍ ବା ଆର୍କିଟାଇପ୍‌ର ନିର୍ମାଣ କରିଥାଏ, ତନ୍ମଧ୍ୟରୁ ମଣିଷର ଖାଦ୍ୟ-ବସ୍ତ୍ର-ବାସଗୃହ ପରି ମୌଳିକ ଚାହିଦାଧାରିତ ମିଥ୍ ବା ମିଥିକାଲ୍ ଚରିତ୍ର ଅନ୍ୟତମ। ସେହିପରି ଗୋଟିଏ ଦେବୀଚରିତ୍ର ପ୍ରାୟ ସମସ୍ତ ଆଦି ସଭ୍ୟତାରେ ଦେଖାଯାଇଛି। ତାହା ହେଉଛି 'ଉର୍ବରତା ମିଥ୍' ଆଧାରିତ ଦେବଦେବୀ ଚରିତ୍ର ବିଶେଷ। 'ଲକ୍ଷ୍ମୀପୁରାଣ' ସେହି ବିଶେଷ ଦୃଷ୍ଟିରୁ ଅନନ୍ୟ-ଅନୁପମ।

ବଳରାମ ଦାସଙ୍କ 'ଲକ୍ଷ୍ମୀପୁରାଣ' ପାଠ କରିବାଦ୍ୱାରା କବିଙ୍କ ସଂସ୍କାରବାଦୀ ମନୋଭାବ ସହ ପରିଚିତ ହେବା ସଙ୍ଗେସଙ୍ଗେ ନାରୀର ତତ୍କାଳୀନ ସାମାଜିକ-ଆର୍ଥନୀତିକ ଓ ରାଜନୀତିକ ପରାଧୀନତା ଓ ଦୁରବସ୍ଥାକୁ ପାଠକ ମର୍ମେମର୍ମେ ଅନୁଭବ କରିଥାଏ। ପ୍ରଭୁ ଶ୍ରୀଜଗନ୍ନାଥ ଓ ବଳରାମଙ୍କ ଦୁର୍ଦ୍ଦିନ-ଦୁରବସ୍ଥା ଓ ଲକ୍ଷ୍ମୀଙ୍କ ବିତ୍ତୀୟ ସ୍ଥିରତା (financial stability) କିପରି ବିପରୀତ ସମାନୁପାତୀ (inversely proportionate) ପ୍ରମାଣିତ ହୋଇଛି - ତାହାର ଏକ ସମାଜ-ଆର୍ଥନୀତିକ ଅବଧାରଣା ପାଠକ ପ୍ରାପ୍ତ ହୋଇଥାଏ। ଲକ୍ଷ୍ମୀପୁରାଣରୁ ବଳରାମଙ୍କ ବିପ୍ଳବର ସବୁଜ ଚେହେରା ଓ ବୌଦ୍ଧିକ ସ୍ୱାତନ୍ତ୍ର୍ୟ ସହ ସଂସ୍କାରବାଦୀ ସତ୍ତ୍ୱ ସଂପର୍କରେ ଅବହିତ ହେବାର ସୁଯୋଗ ମିଳିଥାଏ। ତତ୍କାଳୀନ ଉତ୍କଳୀୟ ନାରୀର ବିପର୍ଯ୍ୟସ୍ତ ପାରିବାରିକ ସ୍ଥିତି ସଂପର୍କରେ ଏକ ସ୍ପଷ୍ଟ ଅବଗତି ମିଳିବା ସହ ସମକାଳୀନ ସମାଜର ଉତ୍କଟ ଜାତିବାଦୀ ମନୋବୃତ୍ତି, ତଜ୍ଜନିତ ସାମାଜିକ ସମସ୍ୟା ଓ ତା'ର ସୁସ୍ଥ ସମାଧାନ ପନ୍ଥା ପ୍ରଭୃତି ମିଳିବା ଏହି ଟେକ୍ସଟ୍‌ର ଅନ୍ୟତମ ବୈଶିଷ୍ଟ୍ୟ। ତତ୍କାଳୀନ ସମାଜରେ ଓ ଶ୍ରୀମନ୍ଦିରରେ ବ୍ରାହ୍ମଣ୍ୟବାଦୀ ଆଚାର - ବିଚାର ଓ ବ୍ୟଭିଚାର କିପରି ଉଗ୍ର ଓ ତୀବ୍ର ରୂପ ଧାରଣ କରିଥିଲା ଏବଂ

ତଥାକଥିତ ସାମାଜିକ ଉଚ୍ଚଜାତି ବା ସବର୍ଣ୍ଣମାନଙ୍କର ଗୁହ୍ୟାଭୀପ୍‌ସା ବା ବ୍ୟକ୍ତିଗତ ସ୍ୱାର୍ଥକୈନ୍ଦ୍ରିକ ପ୍ରଚ୍ଛନ୍ନାକାଂକ୍ଷା ଆଧାରରେ ବିବିଧ ଭିତ୍ତିହୀନ ବା ଫେକ୍ ରିଚୁଆଲ୍ ତଥା ଭଣ୍ଡପରଂପରା ସୃଷ୍ଟି ହୋଇ କିପରି ସୁଚିନ୍ତିତ ଭାବରେ Social Ecosystem ବା ସାମାଜିକ ପରିସଂସ୍ଥା ଓ ସାମାଜିକ ଶୃଙ୍ଖଳକୁ ଭାଙ୍ଗି ସାମୂହିକ ଭାରସାମ୍ୟ ବିଗାଡ଼ିବାକୁ ବା ହରାଇବାକୁ ଉଦ୍ୟତ ହୋଇଥିଲା - ତାହାର ଏକ ସ୍ୱଚ୍ଛଚିତ୍ର ଏଠାରେ ଲକ୍ଷ୍ୟ କରିହେବ। ଓଡ଼ିଆ ଘରଣୀଟିଏର ଆଦର୍ଶ ଚଲିଚଳଣି, ଆଚାର ବ୍ୟବହାର, ପ୍ରଚ୍ଛଦ - ପ୍ରସାଧନ, ଆଚରଣ - ଉଚ୍ଚାରଣ ଓ ପରିସ୍ଥିତି ସହ ତା'ର ଉଚିତ୍ ମୁକାବିଲା କରିବା କଳା ଓ କୌଶଳ ସଂପର୍କରେ ଏଠାରେ ଏକ ଚିରସ୍ମରଣୀୟ ଚିତ୍ର ଦେଖିବାକୁ ମିଳେ। ଏଥିରୁ ଯେକୌଣସି କାଳର ପାଠକକୁ ଓଡ଼ିଶାର ସାଂସ୍କୃତିକ ଓ ଧାର୍ମିକ ପରମ୍ପରାର ଅତୁଳନୀୟ ମ୍ୟାଟ୍ରିକ୍ସକୁ ଅନୁଭବ କରିବା ନିମନ୍ତେ ଲକ୍ଷ୍ମୀ ସାଆନ୍ତାଣୀ, ଶ୍ରୀଜଗନ୍ନାଥ ଓ ଶ୍ରୀବଳରାମଙ୍କ ପରି ଚରିତ୍ରମାନେ ସବୁବେଳେ ତତ୍ପର ଓ ମୁଖର। ଲକ୍ଷ୍ମୀପୁରାଣର ଆଉ ଏକ ବିଶେଷତ୍ୱ ହେଉଛି ନାରୀ-ପୁରୁଷର ସମାନତା ପ୍ରତି ପରୋକ୍ଷ ଦାବୀଦାରିତା। ଜାତିବାଦ ପରି ସାମାଜିକ ଓ ମାନସିକ ବ୍ୟାଧି ବା ମହାମାରୀର ସମାଧାନ ସୂତ୍ର ପ୍ରସ୍ତୁତି ସହିତ 'ସ୍ୱଚ୍ଛତା ହିଁ ଈଶ୍ୱରତା' (Cleanliness is godliness)ର ଶିକ୍ଷା ଓ ସଚେତନତା ସୃଷ୍ଟି କରିବା 'ଲକ୍ଷ୍ମୀପୁରାଣ'ର ଅନ୍ୟତମ ଅଭିବ୍ୟକ୍ତି ଓ ଅନନ୍ୟ ମୁଦ୍ରା (Gesture)। ଏହାକୁ ପାଠକଲାପରେ ଏକ 'ସର୍ବଭାରତୀୟ ପୌରାଣିକ ପରମ୍ପରା' ଓ 'ଉତ୍କଳୀୟ ପୌରାଣିକ ପରମ୍ପରା' ସହ ସାକ୍ଷାତ୍ ହେବା ସହ ସଚେତନ ପାଠକ ବିଭିନ୍ନ ଭୂଖଣ୍ଡର, ବିଭିନ୍ନ ସମୟଖଣ୍ଡ ଓ ବିଭିନ୍ନ ସଂସ୍କୃତିର ପରମ୍ପରା ସହ ଏକ ତୁଳନାତ୍ମକ ଅବବୋଧ ପ୍ରାପ୍ତ ହେବାର ସୁଯୋଗ ଅବଶ୍ୟ ଲାଭ କରିଥାଏ।

ଜୀବନଧାରା ଓ ସଭ୍ୟତା ପରସ୍ପର ନିବିଡ଼। ଜୀବିକା, ବିକାଶ ଓ ନବୀଭବନ ଚିରାଚରିତ ଜୀବନଧାରା ବା ଯେ କୌଣସି ସଭ୍ୟତାର ମୌଳିକ ଆଧାରତ୍ରୟୀ। Civilizations rely on fertile land, water and resources for Survival. ସେଥିପାଇଁ ସେହି ସଭ୍ୟତା ନିଜର ବୌଦ୍ଧିକ, ଭୌତିକ ଓ ମାନସିକ ବିକାଶ ସକାଶେ ଉର୍ବରତାର ଦେବୀ (Fertility Goddess) ମାନଙ୍କୁ ନିଜର ଧର୍ମୀୟ ଓ ସାଂସ୍କୃତିକ ଦର୍ଶନ ବା ଚେତନାରେ ସ୍ଥାନ ଦେଇଛି। ଏକ ନିରନ୍ତର ଅବାଧ ବିକାଶକୁ ନିଶ୍ଚିତ କରିବା ପାଇଁ ମାନବଜାତିର ଏ ପ୍ରୟାସ। ସଂସ୍କୃତି ଓ ଉର୍ବରତା (Fertility) ପରସ୍ପର ନିବିଡ଼। କୃଷିଚକ୍ର, ପରିବାର ଓ ବଂଶପରମ୍ପରା, ଓ ଗୋଷ୍ଠୀଗତ ମନୋଭାବ ଏଥିରେ ପ୍ରମୁଖଭୂମିକା ନିର୍ବହଣ କରିଥାଏ। ଅଧିକାଂଶ ସଂସ୍କୃତି ଉର୍ବରତା ଉତ୍ସବକୁ ଅମଳ

(Harvest) ସହ ସମତାଳୀୟ ଓ ସମକାଳୀୟ କରିଥାଆନ୍ତି। ପୁଣି ଉର୍ବରତା ଦେବୀ ପରିବାର ସୂତ୍ରଟିକୁ ପ୍ରୋତ୍ସାହିତ ଓ ପ୍ରବର୍ତ୍ତିତ କରିଥାଆନ୍ତି। ଏବଂ ଏହି ସାମୂହିକ ସାଂସ୍କୃତିକ ପରମ୍ପରା ସାମାଜିକ ବନ୍ଧନକୁ ଦୃଢ଼ତର କରିଥାଏ। ଗୋଟେପଟରେ Shared cultural practices social bondsକୁ reinforce କଲାବେଳେ ଧର୍ମୀୟ ଓ ସାଂସ୍କୃତିକ ଭାବଧାରା କ୍ରମେ ଉର୍ବରତାର ଦେବୀମାନେ (Fertility Goddesses) ସଂପୃକ୍ତ ପରିବାର ଓ ବଂଶଲତାକୁ ସମୃଦ୍ଧି ପ୍ରଦାନ କରିଥାଆନ୍ତି। ସମସ୍ତ ସଭ୍ୟତା ସେଥିପାଇଁ ମିଥ୍ ନିର୍ମାଣ କରନ୍ତି, 'ଦେବୀ ବା ଦୈବୀଶକ୍ତି ଆର୍କିଟାଇପ୍' ସୃଷ୍ଟି କରନ୍ତି ଯାହା ନାରୀତ୍ୱ (Femininity), ଉର୍ବରତା (Fertility) ଏବଂ କ୍ଷମତା (Power)କୁ ପ୍ରତିନିଧିତ୍ୱ କରିଥାଏ। ଏହାପାଇଁ ସେହି ସଭ୍ୟତା ବିବିଧ ରିଚୁଆଲ୍, ଉତ୍ସବ ପ୍ରଭୃତି ଆୟୋଜନ କରିବାର ଓ ପାଳନ କରିବାର ବ୍ୟବସ୍ଥା କରିଥାଏ। ତେଣୁ ସେ ସେହି Fertility goddess ବା ଉର୍ବରତାର ଦେବୀଙ୍କୁ ସମ୍ମାନ କରେ, ଭକ୍ତି କରେ, ଶ୍ରଦ୍ଧାକରେ ଓ ନିଜର ବିକାଶ ତଥା ଅଭିବୃଦ୍ଧିକୁ ତ୍ୱରାନ୍ୱିତ କରିବାର ବ୍ୟବସ୍ଥା କରେ। କୁହୁକ (Magic), ଉର୍ବରତା (Fertility) ଓ ସୁରକ୍ଷା (Protection)ର ଇଜିପ୍ଟୀୟ ଦେବୀ 'ଆଇସିସ୍', କୃଷି, ଉର୍ବରତା ଓ ଅମଳ (Agriculture, Fertility and Harvest)ର ଗ୍ରୀକ୍ ଦେବୀ 'ଡିମିଟର୍', ପୃଥିବୀ (Earth), Fertility ବା ଉର୍ବରତା, ଓ ପ୍ରକୃତି (Nature)ର ଗ୍ରୀକ୍ ଦେବୀ 'ଗାଇୟା', ପ୍ରେମ, ଉର୍ବରତା ଓ ବିବାହର ନର୍ଡିୟ ଦେବୀ 'ଫ୍ରିଗ୍', ୟୋରୁବାର ପ୍ରେମ, ସୌନ୍ଦର୍ଯ୍ୟ ଓ ଉର୍ବରତାର ଦେବୀ 'ଓଶୁନ୍', ସଂପଦ, ଉର୍ବରତା ଓ ସୌଭାଗ୍ୟର ହିନ୍ଦୁ ଦେବୀ 'ଲକ୍ଷ୍ମୀ' ବା ଜୀବନ, ମୃତ୍ୟୁ ଓ ପୁନର୍ଜନ୍ମର ଆଜ୍‌ଟେକୀୟ ଦେବୀ 'କୋଟ୍‌ଲିକ୍ୟୁ' (Coatlicue) ଏହି ଜାତୀୟ ମିଥିକାଲ୍ ପ୍ରତ୍ୟୟର ଫଳପ୍ରସୂ ବିବିଧ ସଭ୍ୟତା ଓ ସଂସ୍କୃତିର, ସାରା ପୃଥିବୀର - ବିବିଧ ଭୂଖଣ୍ଡର। ତା'ଛଡ଼ା ବିଭିନ୍ନ ସଭ୍ୟତାରେ ଉର୍ବରତା ସଂସ୍କୃତି (Fertility cult)ର ଗୁରୁତ୍ୱ ମଧ୍ୟ ରହିଛି। ପ୍ରାଚୀନ ମେସୋପଟାମିଆ ସଭ୍ୟତାରେ Inanna ଓ Ishtarଙ୍କୁ ଏହି ସୂତ୍ରରେ ପୂଜାର୍ଚ୍ଚନା କରୁଥିଲାବେଳେ ପ୍ରାଚୀନ ଇଜିପ୍ଟ ସଭ୍ୟତାରେ ଆଇସିସ୍ (Isis) ଓ ଓସିରିସ୍ (Osiris) ମିଥ୍ ଉର୍ବରତାକୁ ସୂଚିତ ଓ ପ୍ରତୀକିତ କରିଥାଏ। ତା'ଛଡ଼ା କ୍ଲାସିକାଲ୍ ଗ୍ରୀସ୍‌ରେ ଡିମିଟର (Demetor) ଏବଂ Persephoseଙ୍କ ମିଥ୍ ଋତୁଚକ୍ରର ସୂଚନା ପ୍ରଦାନ କରିବା ସହ ଉର୍ବରତାର କଥା ସହ ଜଡ଼ିତ। ସେହିପରି ଆଫ୍ରିକୀୟ ଭୂଖଣ୍ଡରେ ୟୋରୁବା Orishas ଠିକ୍ ଓଶୁନ୍ (Oshun) ପରି ଉର୍ବରତା ସହ ସଂଶ୍ଳିଷ୍ଟ। ପ୍ରକାଶ ଥାଉକି, ସଂଗୀତ, ସାହିତ୍ୟ ଓ ଚିତ୍ରକଳା, ସ୍ଥାପତ୍ୟକଳା ବା ଭାସ୍କର୍ଯ୍ୟକଳାରେ ଉର୍ବରତାଦେବୀଙ୍କ

ପ୍ରତୀକାତ୍ମକ ଉପସ୍ଥାପନା ଦେଖିବାକୁ ମିଳେ। ସେମିତି ବିବିଧ ଗଳ୍ପ, କବିତା ଆଦି ସାହିତ୍ୟିକ ରଚନାରେ ଏହା ଆର୍କିଟାଇପ୍‌ର ସ୍ଥାନ ଲାଭ କରିଆସିଛି। ତା'ଛଡ଼ା ବିଭିନ୍ନ ସର୍ଜନାତ୍ମକ କଳାରେ ଏହି ଉର୍ବରତାର ଦେବୀ ଉପଜୀବ୍ୟ ପାଲଟି ଯାଇଥିବାର ନଜିର୍ ରହିଛି। ଆଧୁନିକ କାଳରେ Environmentalism, Feminism ଓ Cultural Heritage ପରି ବିବିଧ ଥିମ୍‌ରେ, ଏହା ଗୁରୁତ୍ୱ ରକ୍ଷା କରେ। ଦୃଷ୍ଟାନ୍ତ ସ୍ୱରୂପ : ଉର୍ବରତାର ଦେବୀ ପାରିବେଶିକ ଓ ପରିସଂସ୍ଥାଗତ ସମନ୍ୱୟକୁ ସୂଚାଇଲାବେଳେ ନାରୀ ଆର୍କିଟାଇପ୍ ବା ଆଦିରୂପଦ୍ୱାରା ସଶକ୍ତିକରଣକୁ ସୂଚାଇଥାଏ। ସେମିତି ପାରମ୍ପରିକ ପ୍ରଥାର ପ୍ରଚଳନଦ୍ୱାରା ସାଂସ୍କୃତିକ ଐତିହ୍ୟ ମଧ୍ୟ ରକ୍ଷା ହୋଇଥାଏ। ଆଫ୍ରିକାର ୟୋରୁବା ଧରିତ୍ରୀ ଦେବୀ (Yoruba Earth goddess) ଉର୍ବରତା, ସର୍ଜନା ଓ ମାତୃତ୍ୱର ଦେବୀ 'ଓଡ୍ୟୁଡୁଆ' (Odudua), ଅଥବା ଝଡ଼ ଓ ଉର୍ବରତାର କାରିକା ତଥା ଉର୍ବରତା, କୃଷି ଓ ପରିବର୍ତ୍ତନର ଦେବୀ 'ଓୟା', ତଥା ପ୍ରେମ, ସୌନ୍ଦର୍ଯ୍ୟ, ଓ ଉର୍ବରତାର ଦେବୀ ଓସନ୍ (Osun) ବା ସମୁଦ୍ର, ସୁରକ୍ଷା, ଲାଳନପାଳନ ଓ ଉର୍ବରତାର ଦେବୀ 'ୟେମୟା' (Yemaya)ଙ୍କ ପରି ହିନ୍ଦୁ ଦେବୀ ଓ ଓଡ଼ିଶାର ପ୍ରତିଘର ଓ ପ୍ରତିମନର ରାଣୀ ଓ ଠାକୁରାଣୀ ହେଉଛନ୍ତି ଦେବୀ ଲକ୍ଷ୍ମୀ। ଏପରିକି ନିଜନିଜର ଘରେ ଝିଅଟିଏ ଜନ୍ମ ନେଲେ ତାକୁ ଲକ୍ଷ୍ମୀର ଦର୍ଜା ଦିଆଯାଏ। ବୋହୂଟିଏକୁ ମଧ୍ୟ ଘରର ଲକ୍ଷ୍ମୀବୋଲି ମାନାଯାଇଥାଏ। ଘରର ନାରୀଟିଏର ମନକଷ୍ଟ ହେଲେ ଦେବୀ ଲକ୍ଷ୍ମୀରୁଷ୍ଟ ହେବାର ଲୋକବିଶ୍ୱାସ ମଧ୍ୟ ରହି ଆସିଛି। ଅବଶ୍ୟ ଏହାପାଇଁ ବଳରାମ ଦାସଙ୍କ 'ଲକ୍ଷ୍ମୀପୁରାଣ'ର ଭୂମିକା ମଧ୍ୟ କୌଣସି ଗୁଣରେ କମ୍ ନୁହେଁ। John S. Mbitiଙ୍କ "Yoruba Mythology" ପାଠକଲେ ବା Frank Wilett ଓ Toyin Falola ପ୍ରମୁଖଙ୍କ ୟୋରୁବା ଇତିହାସ, ମିଥ୍, ପରମ୍ପରା ଓ ସଂସ୍କୃତି ତଥା ପ୍ରାଚୀନ ସଭ୍ୟତା ସଂକ୍ରାନ୍ତୀୟ ପୁସ୍ତକ ପାଠପରେ ଦେବୀ 'ଲକ୍ଷ୍ମୀ'ଙ୍କ ପ୍ରତି ଦୃଷ୍ଟିକୋଣ ସଂପୂର୍ଣ୍ଣ ବଦଳିଯାଏ। ମନେହୁଏ, ଏ ଯେ, ଆମ ସମୃଦ୍ଧି ସହ ଆମ ଜୀବନର ଦେବୀ!

ଓଡ଼ିଆ ପୁରାଣ ପରମ୍ପରାରେ 'ଲକ୍ଷ୍ମୀପୁରାଣ' ଏକ ଅନନ୍ୟ ପଦଚିହ୍ନ ଓ ଅନବଦ୍ୟ କୃତିବିଶେଷ ଅଟେ। ଆୟତନ ଦୃଷ୍ଟିରୁ ଏହା ଖୁବ୍ କ୍ଷୁଦ୍ର। ଦୁଇପାଦ ବିଶିଷ୍ଟ ମାତ୍ର ୬୬୩ (ଛଅ ଶହ ତେଷଠି) ଗୋଟି ପଦରେ ଏହି ଗ୍ରନ୍ଥର ଅବୟବ ପୁଷ୍ଟ ହୋଇଛି। ଗ୍ରନ୍ଥଶେଷରେ ଲକ୍ଷ୍ମୀମାତାଙ୍କ ଶ୍ରୀପାଦ ଯୁଗଳ ସହ ଏକ ଝୋଟି ବିଶେଷ ଥିଲାବେଳେ ଗ୍ରନ୍ଥାରମ୍ଭରେ ବିଘ୍ନନାଶକ ଅଗ୍ରପୂଜ୍ୟ ଶ୍ରୀଗଣେଶଙ୍କୁ ବନ୍ଦନା କରାଯାଇଛି ଗୋଟିଏ ଧାଡ଼ିରେ। ସମୁଦାୟ ୧୩୨୬ ପାଦରେ ଏହି ଗ୍ରନ୍ଥ ସମାପିତ ହୋଇଛି। ଗ୍ରନ୍ଥଟି କ୍ଷୁଦ୍ର

ହେଲେ ହେଁ ଓଡ଼ିଶା ତଥା ଭାରତର ତତ୍କାଳୀନ ଧାର୍ମିକ, ଦାର୍ଶନିକ, ପୌରାଣିକ, ଲୋକକଳା, ସାମାଜିକ, ସାଂସ୍କୃତିକ ପରମ୍ପରାର ସୂକ୍ଷ୍ମାତିସୂକ୍ଷ୍ମ କାରୁକାର୍ଯ୍ୟ ତହିଁରେ ପ୍ରତିଫଳିତ ହୋଇପାରିଛି ବୋଲି କୁହାଯାଇପାରେ। ବିଶିଷ୍ଟ ସମାଲୋଚକ ଦାଶରଥି ଦାସଙ୍କ ଭାଷାରେ - "ଲକ୍ଷ୍ମୀପୁରାଣ ଓଡ଼ିଶାର ସଂସ୍କୃତିର ଯଥାର୍ଥ ଏକ ପ୍ରତିନିଧି ସ୍ଥାନୀୟ ରଚନା। ଏଥିରେ ଭାରତୀୟ ସଂସ୍କୃତିର ପରମ୍ପରା, ହିନ୍ଦୁଧର୍ମ, ସାହିତ୍ୟ, ଦର୍ଶନ, ଓ ପୁରାଣ ସହିତ ଓଡ଼ିଶାର ଜଗନ୍ନାଥ ମନ୍ଦିର, ମହାପ୍ରସାଦ, ପ୍ରଧାନ ଉତ୍ପାଦନ ଧାନ, ଶସ୍ୟଲକ୍ଷ୍ମୀ, ଲୋକକଥା, ଲୋକବିଶ୍ୱାସ, ଲୋକ ସଂସ୍କାର, ଧର୍ମଚିନ୍ତା, ସମାଜଚିନ୍ତା, ବର୍ଣ୍ଣବ୍ୟବସ୍ଥା, ସାହିତ୍ୟ, ଇତିହାସ, ଦେଶାଚାର, ଲୋକାଚାର, ସ୍ତ୍ରୀଆଚାରଠାରୁ ଆରମ୍ଭ କରି ଲୋକବିଚାର, ଲୋକରୁଚି, ସୌନ୍ଦର୍ଯ୍ୟବୋଧ, ଲିପାପୋଛା, ଝୋଟିଚିତାର ଶିଳ୍ପକଳା, ପରିଷ୍କାର ପରିଚ୍ଛନ୍ନତା ଓ ଘରଣୀର କର୍ମତତ୍ପରତା ଆଦି ପର୍ଯ୍ୟନ୍ତ ସବୁ ମିଶିଯାଇ ଏକ ବୃହତ୍ତମ ଐକ୍ୟର ପରିପ୍ରେକ୍ଷୀରେ ଏମିତି ସୂତ୍ରବଦ୍ଧ ହୋଇଯାଇଛନ୍ତି ଯେ, ଓଡ଼ିଶାର ସଂସ୍କୃତି ଯେମିତି ଫୁଲ ହୋଇ ଫୁଟିଛି।" ଆମେରିକାର କର୍ଣ୍ଣେଲ୍ ବିଶ୍ୱବିଦ୍ୟାଳୟର ପ୍ରଥିତଯଶା ପ୍ରଫେସର ସତ୍ୟପ୍ରକାଶ ମହାନ୍ତି ଏହି 'ଲକ୍ଷ୍ମୀପୁରାଣ' ସଂପର୍କରେ ଏକ ଗୁରୁତ୍ୱପୂର୍ଣ୍ଣ ପ୍ରବନ୍ଧ ରଚନା କରିଛନ୍ତି। ସେହି ପ୍ରବନ୍ଧଟିର ନାମ "Alternative Modernities and Medieval Indian Literature : The Odia Laxmi Purana as Radical Pedagogy," ଯାହା ଯେତିକି ମନନଧର୍ମୀ ସେତିକି ସ୍ୱତନ୍ତ୍ର ଓ ଦୃଷ୍ଟିଆକର୍ଷଣକାରୀ।

'ଲକ୍ଷ୍ମୀପୁରାଣ' ଲକ୍ଷ୍ମୀବ୍ରତରେ ଧାନମାଣିକା ଗୁରୁବାରମାନଙ୍କରେ ପ୍ରତିଟି ଓଡ଼ିଆ ଘରେ ବିବାହିତା ଶୌଚନାରୀ ପାଳନ କରିଥାନ୍ତି। ମୃତିକିଆ-ସୂତିକିଆ ଜନିତ ଅଶୁଦ୍ଧି ବା ଅଶୁଚି ଥିଲେ ସେ ଘରେ ଅନ୍ୟ ବ୍ରତ-ଓଷା ପରି ଏହା ମଧ୍ୟ ପାଳନ କରାଯାଇନଥାଏ। ତେବେ ଓଡ଼ିଶା ପରି କୃଷି ପ୍ରଧାନ ରାଜ୍ୟରେ ଏହା ଏକ ଅନ୍ୟତମ 'ଶସ୍ୟବ୍ରତ'। ଗ୍ରୀକ୍ ମିଥିରେ ଭାଗ୍ୟ, ସଂପଦ ଓ ସଫଳତାର ଦେବୀ ଟାଇଚି (Tyche), କୃଷି, ଅମଳ ଓ ଉର୍ବରତାର ଦେବୀ ଡିମିଟର୍ (Demeter) ବା ରୋମାନ୍ ମିଥୋଲୋଜିର କୃଷି, ଶସ୍ୟ, ଉତ୍ପାଦନ, ଉର୍ବରତା ଓ ମାତୃତ୍ୱର ଦେବୀ ସେରିସ୍ (Ceres)ଙ୍କ ପରି ହିନ୍ଦୁ ମିଥିରେ ଦେବୀ ଲକ୍ଷ୍ମୀଙ୍କୁ ଆରାଧନା କରାଯାଇଥାଏ। ଦେବୀ ଲକ୍ଷ୍ମୀଙ୍କ ପରି 'ଲକ୍ଷ୍ମୀପୁରାଣ' ଗ୍ରନ୍ଥଟି ମଧ୍ୟ ଓଡ଼ିଆ ଜନମାନସରେ ଏକ ପବିତ୍ର ସ୍ଥାନ ଅଧିକାର କରିଛି। ମାର୍ଗଶୀର ମାସ (ମୃଗଶିରା ନକ୍ଷତ୍ର ଆକାଶରେ ପୃଥିବୀ ନିକଟବର୍ତ୍ତୀ ହେଲେ)ରେ ଏହା ଓଡ଼ିଶାର ଘରେ ଘରେ ପାଠ କରାଯାଏ। ଓଡ଼ିଆଣୀ ମାର୍ଗଶିର ମାସ

ଗୁରୁବାରଗୁଡ଼ିକରେ ଏହା ପଢ଼ିଥାଏ ବା ଶୁଣିଥାଏ। ଏଥିରେ ଦେବୀ ଲକ୍ଷ୍ମୀଙ୍କ ମାହାତ୍ମ୍ୟ (ମହାତ୍ମନ୍ + ଭାବ 'ଯ') ବର୍ଣ୍ଣିତ।

'ଲକ୍ଷ୍ମୀପୁରାଣ' ପଞ୍ଚଦଶ-ଷୋଡ଼ଶ ଶତାବ୍ଦୀର ଏକ ଗୁରୁତ୍ୱପୂର୍ଣ୍ଣ 'ପାଠ' (Text)। ଅତଏବ 'ଲକ୍ଷ୍ମୀପୁରାଣ' ଏହି ଦୁଇ ଶତାବ୍ଦୀର ସାମାଜିକ-ରାଜନୀତିକ-ଆର୍ଥନୀତିକ, ଧାର୍ମିକ ଓ ଆଧ୍ୟାତ୍ମିକ ଚିତ୍ର ପ୍ରଦାନ କରିବା ଯେତିକି ସ୍ୱାଭାବିକ୍ 'ଲକ୍ଷ୍ମୀପୁରାଣ'ର ପୂର୍ଣ୍ଣ ଅବବୋଧ ନିମନ୍ତେ ଏହି ସମୟର ଦଶା ଓ ଦିଶା ସଂପର୍କରେ ପାଠକଟିଏ ଅବଗତ ହେବା ସେତିକି ଜରୁରୀ। ଗବେଷକ ଓ ବିଶିଷ୍ଟ ସମାଲୋଚକ ଚିତ୍ତରଞ୍ଜନ ଦାସଙ୍କ ଭାଷାରେ – "To be able to properly fix the Panchasakha and assess them on the matrix of their contemporary situation, we have to obtain a somewhat total glimpse of the political and religious state prevailing in Orissa in the fifteenth and sixteenth centuries." ଏହି ଦୃଷ୍ଟିରୁ ବଳରାମ ଦାସ ଯେପରି ଭାବରେ କାଳ୍ପନିକତା ମିଶାଇ ଏକ ମନୋଜ୍ଞ ଭଂଗୀରେ ଏହି ଗ୍ରନ୍ଥଟି ରଚନା କରିଛନ୍ତି – ତାହା ବାସ୍ତବରେ ଅତ୍ୟନ୍ତ ପ୍ରଶଂସାର୍ହ। ଓଡ଼ିଆ ସାହିତ୍ୟର ଇତିହାସ ପଠନ କାଳରେ ପଞ୍ଚଦଶ – ଷୋଡ଼ଶ ଶତାବ୍ଦୀର ଅସଲ ଇତିହାସ, ସମାଜର ରୂପରେଖ ଜାଣିବାର evidence ଓ documentary proof ହେଉଛି ଏହି ଗ୍ରନ୍ଥ। ଓଡ଼ିଆ ସଂସ୍କୃତିର ଯଥାର୍ଥରେ ଏହା ହେଉଛି ଏକ Corner stone. ଏହି ଗ୍ରନ୍ଥଦ୍ୱାରା କେବଳ ଯେ ସାହିତ୍ୟ ସୃଷ୍ଟି ହୋଇଛି ତାହା ନୁହେଁ, ଧାର୍ମିକ ଧାରଣା ସହ ସାଂସ୍କୃତିକ ଅବଧାରଣା ସାଧାରଣ ଜନମାନସର ସ୍ନାୟୁ, ରକ୍ତ ଓ ମଜ୍ଜାରେ କିପରି ପହଞ୍ଚିପାରିବ ତା'ର ଯଥାବିଧି ବ୍ୟବସ୍ଥା କରିଦେଇଛନ୍ତି କବି ବଳରାମ ଦାସ। ଏହି ଗ୍ରନ୍ଥରେ କବିଙ୍କ 'ସନ୍ଥତ୍ୱ' ଯେତିକି ମାତ୍ରାରେ ପ୍ରତିଭାତ ହୁଏ, 'କବିତ୍ୱ' ସେତିକି ମାତ୍ରାରେ ପ୍ରତିଫଳିତ ହୋଇଥାଏ। ଜଣେ ସମାଜ ସଚେତନ, ସଂସ୍କୃତି ସଚେତନ ଓ ସମୟ ସଚେତନ ସ୍ରଷ୍ଟା ହେବା କିଛି କମ୍ କଥା ନୁହେଁ। ବଳରାମ ତତ୍କାଳୀନ ସମାଜ ଓ ସାମାଜିକ ବିଧି ବ୍ୟବସ୍ଥାକୁ ଲକ୍ଷ୍ୟ କରି ଉତ୍ତରକାଳ, ଉତ୍ତରସମାଜ ଓ ସାମାଜିକ ଦିଶା ଓ ଦଶା କିପରି ହେବ ପୂର୍ବାନୁମାନ କରି ଏହିପରି ଔଷଧୀୟ ବା ସାମାଜିକ ନିଦାନ ପ୍ରଦାନ କରିଯାଇଛନ୍ତି। ନାରୀର ସମ୍ମାନ ଓ ସ୍ୱାଧିକାର ଓଡ଼ିଶାପରି ପିତୃରୈଖୀୟ, ପୁରୁଷପ୍ରଧାନ ଓ ପୁରୁଷ କୈନ୍ଦ୍ରିକ ସମାଜରେ ବିପର୍ଯ୍ୟସ୍ତ ହେବା ସ୍ୱାଭାବିକ୍। ଏଣୁ ଏହାଦ୍ୱାରା ସାମାଜିକ ସ୍ୱାସ୍ଥ୍ୟ (Social Health) ବଜାୟ ରହିବା କଷ୍ଟକର ହେବା ସ୍ୱାଭାବିକ୍। ସ୍ରଷ୍ଟା ବଳରାମ ଦାସ ଏକଥାକୁ ତାଙ୍କ ଦୂରଦୃଷ୍ଟି, ସକାଶେ ଜାଣିପାରିଥିଲେ। ଏଣୁ ଧର୍ମ, ଦର୍ଶନ, ସଂସ୍କୃତି ଓ ସମାଜକୁ

ଫେଣ୍ଟାଫେଣ୍ଟି କରି ସେ ଏମିତି ଏକ ମହତ୍ତ୍ୱପୂର୍ଣ୍ଣ Textର ପରିକଳ୍ପନା କରିଥିଲେ। ସେହିପରି ଶ୍ରୀୟାଚଣ୍ଡାଳୁଣୀ ଚରିତ୍ର ଚିତ୍ରଣ ବା ଅବତାରଣାଦ୍ୱାରା ସେ ଅନ୍ୟ ଏକ ସଂବେଦନଶୀଳ ଅଥଚ ମହତ୍ତ୍ୱପୂର୍ଣ୍ଣ ଦିଗ ଉପରେ ମଧ୍ୟ ଆଲୋକପାତ କରିଛନ୍ତି। Social work Division ଦ୍ୱାରା ତିଆରି ହୋଇଥିବା କର୍ମକୈନ୍ଦ୍ରିକ ଜାତି (ବର୍ଗ / ଗୋଷ୍ଠୀ / ସମୂହ), କ୍ରମଶଃ ଜନ୍ମକୈନ୍ଦ୍ରିକ ହୋଇ 'ଜାତିବାଦ' (casteism) ଓ 'ଜାତିବାଦୀ ସମସ୍ୟା'ରେ ପରିଣତ ହେବାକୁ ଲାଗିଲା। ପ୍ରକୃତ ପକ୍ଷେ ସଚେତନ ସ୍ରଷ୍ଟା ଶ୍ରୀ ଦାସ ଏହାକୁ ଏକ ବ୍ୟାଧି ବା ସାମାଜିକ ମହାମାରୀ (Social malady disease) ବୋଲି ଚିହ୍ନଟ କରିଛନ୍ତି ସେ ସମୟରେ। ତେଣୁ ଆଗାମୀ ସମୟର ଓଡ଼ିଶାର ଭବିଷ୍ୟତ ପାଇଁ ଓଡ଼ିଆ ଜାତିର ଚିନ୍ତା ଓ ଚେତନାର ସାମୂହିକ ମାନସପଟରେ ଏଜାତିର ମଉଡ଼ମଣି ଶ୍ରୀଜଗନ୍ନାଥ ଓ ମାଆ ଲକ୍ଷ୍ମୀଙ୍କ ମାଧ୍ୟମରେ ଏପରି ଏକ ଘଟନାର ଚିତ୍ରଣ କରିଛନ୍ତି। ପରିଷ୍କାର - ପରିଛନ୍ନତା ହିଁ ଈଶ୍ୱରପ୍ରାପ୍ତିର ମାର୍ଗ ବୋଲି ସେ ଏଠାରେ ପ୍ରମାଣ କରିଛନ୍ତି। Cleanliness is godliness. ଶ୍ରୀୟା ଚଣ୍ଡାଳୁଣୀର ପରିଛନ୍ନତା ହିଁ ମାଆ ଲକ୍ଷ୍ମୀଙ୍କୁ ଆକର୍ଷିତ କରିଥିଲା। ତା'ର ଶ୍ରଦ୍ଧା, ସ୍ୱଚ୍ଛତା (ମାନସିକ, ଆଧ୍ୟାତ୍ମିକ ଓ ପାରିପାର୍ଶ୍ୱିକ (ଭୌତିକ)) ଓ କର୍ତ୍ତବ୍ୟ ପରାୟଣତା ତାକୁ ସଫଳତା ଆଣିଦେଲା। ଶତେକ ସାମାଜିକ ବିରୋଧ ବା ସଂଘାତ ସତ୍ତ୍ୱେ ବ୍ୟକ୍ତିର ସ୍ୱଚ୍ଛତା, ସଚ୍ଚରିତ୍ର ଓ ନିର୍ଭୀକପଣିଆ ତା'ର ଅନନ୍ୟତା, ଅନୁପମତା ଓ ମହାନତାକୁ ପ୍ରତିପାଦନ କରିଥାଏ। ମଣିଷ ତା'ର କର୍ମବଳରେ ହିଁ ସିଦ୍ଧିପାଏ, ସମାଜରେ ସ୍ଥାନପାଏ - ଏ ଉକ୍ତିର ସତ୍ୟତା ଶ୍ରୀୟା ଚଣ୍ଡାଳୁଣୀ ତା'ର କୃତି ଓ କୀର୍ତ୍ତି, କର୍ତ୍ତବ୍ୟପରାୟଣତା ଓ ଧର୍ମପରାୟଣ ମାନସିକତା (ପ୍ରବୃତ୍ତି) ଦ୍ୱାରା ପ୍ରତିପାଦନ ଓ ପ୍ରମାଣ କରିଛି। ଏହି କଥାଟି କୌଣସି ଗୁଣରେ କମ୍ ବା ଛୋଟିଆ ନୁହେଁ। ମାଣବସାଗୁରୁବାରରେ ପ୍ରତିଟି ଓଡ଼ିଆ ଘରେ ପ୍ରତିବର୍ଷ ଏହାକୁ ପାଳିବାଦ୍ୱାରା ଅର୍ଥାତ୍ ଏହାକୁ ଏକ ରିଚୁଆଲ୍‌ରେ ପରିଣତ କରିବାଦ୍ୱାରା ସ୍ରଷ୍ଟା ବଳରାମ ଏକ ମହତ୍ ସାମାଜିକ ଉଦ୍ଦେଶ୍ୟ ସିଦ୍ଧ କରିପାରିଛନ୍ତି। ଏହାହିଁ ତାଙ୍କର ପ୍ରଣିଧାନ୍ୟ Social object ଓ objective, Literary obejct ଓ objective ବା Ultimate object ଓ objective ବୋଲି କହିପାରିବା।

ବସ୍ତୁତଃ 'ଲକ୍ଷ୍ମୀପୁରାଣ'ର 'ପୁରାଣତ୍ୱ' ଅବଶ୍ୟ ଏକ ବିଚାର - ବିବେଚନାର ବିଷୟ। ପୁରାଣର ଯେଉଁ 'ପଞ୍ଚଲକ୍ଷଣ' କଥା କୁହାଯାଇଛି (ସର୍ଗ ବା ସୃଷ୍ଟି ପ୍ରକ୍ରିୟା, ପ୍ରତିସର୍ଗ ବା ବିନାଶ ପ୍ରକ୍ରିୟା, ବଂଶ ବା ବଂଶାବଳୀ, ମନ୍ୱନ୍ତର ବା ବିବିଧ ସମୟଖଣ୍ଡର ଶ୍ରେଷ୍ଠ ମଣିଷଙ୍କ ବିବରଣୀ ଓ ବଂଶାନୁଚରିତ ବା ବଂଶାବଳୀର କାର୍ଯ୍ୟାବଳୀ), ସେସବୁ

ଆଧାରରେ 'ଲକ୍ଷ୍ମୀପୁରାଣ'କୁ ପୁରାଣ (ପୂର୍ଣ୍ଣାଙ୍ଗ ପୁରାଣ) ଆଖ୍ୟା ଦେବା ଏକ ବିବିଧମାନ ବିଷୟ ହେବ। ଡକ୍ଟର ନୃସିଂହ ଷଡ଼ଙ୍ଗୀ କହନ୍ତି, "ଏଇ ପାଞ୍ଚଗୋଟି ଲକ୍ଷଣରୁ ଗୋଟିକର ଊଣାରେ କୌଣସି ଗ୍ରନ୍ଥକୁ ପୁରାଣ ନାମରେ ନାମିତ କରାଯାଇ ପାରିବ ନାହିଁ। (ଓଡ଼ିଆ ପୁରାଣ ସାହିତ୍ୟ) କିନ୍ତୁ ପୀତାମ୍ବର ଦାସଙ୍କ ରଚିତ 'ନୃସିଂହ ପୁରାଣ'ରେ ଯେଉଁ ଅଷ୍ଟାଦଶ ପୁରାଣ ସଂପର୍କରେ ବର୍ଣ୍ଣନା ଦିଆଯାଇଛି ସେଥିରେ 'ଲକ୍ଷ୍ମୀପୁରାଣ'ର ନାମ ରହିଛି। ସେ ସୂତ୍ରରେ ଲୌକିକ ବିଶ୍ୱାସ ମୂଳେ ଏହାକୁ ଏକ ପୁରାଣ ଭାବରେ ସ୍ୱୀକାର କରାଯାଇପାରେ। ମାତ୍ର ତତ୍ତ୍ୱଦୃଷ୍ଟିରୁ ଏହା ପୂର୍ଣ୍ଣାଙ୍ଗ ପୁରାଣ ପଦବାଚ୍ୟ ନୁହେଁ। 'ନୃସିଂହପୁରାଣ'ର ଯେଉଁ ପଦ ଆଧାରରେ ଏହି ଯୁକ୍ତି ବାଢ଼ାଯାଇଛି ତାହା ଏହିପରି -

"ବୀଣା ବଜାଇ ରହିଲେ ବାଗ୍‌ଦେବୀ ପୁରାଣ
ଲକ୍ଷ୍ମୀ ପୁରାଣ ସେବିଲେ ପ୍ରିୟା ହୋଇ ଜାଣ ॥"

ଏହାପୂର୍ବରୁ 'ନୃସିଂହ ପୁରାଣ'କୁ ଶ୍ରେଷ୍ଠ ପୁରାଣ ବା ପୁରାଣ ମଧ୍ୟରେ 'ରାଜା' ବୋଲି ଅଭିହିତ କରାଯାଇଛି। ("ବେଦବ୍ୟାସ କୃତ ଏହି ସବୁ ଶାସ୍ତ୍ର ଜାଣ / ଅଷ୍ଟାଦଶ ପୁରାଣ ଯେ ବାନ୍ଧିଲେକ ପୁଣ। / ନୃସିଂହ ପୁରାଣ କଲେ ତାଙ୍କ ମଧ୍ୟେ ରାଜା / ତହିଁକି ବ୍ରହ୍ମ ପୁରାଣ ପାତ୍ର ପଣେ ଖଞ୍ଜା ॥")

ଏହାର ଅର୍ଥ ଲକ୍ଷ୍ମୀପୁରାଣ (ଲକ୍ଷ୍ମୀ) ନିଜେ ପୀତାମ୍ବର ଦାସଙ୍କ କୃତ / ମାନିତ ଶ୍ରେଷ୍ଠତମ ପୁରାଣ (ନୃସିଂହ ପୁରାଣ)ର ପ୍ରିୟା ହୋଇ ସେବା କଲେ / କରନ୍ତି। ତେବେ ଏହା ପୁରାଣ ନେରେଟିଭ୍ ଟେକ୍‌ନିକ୍ ଓ ପୁରାଣ ପରମ୍ପରାଗତ ବିତର୍କବଳୟ ଭୁକ୍ତ। କିନ୍ତୁ ଏହା ସତ୍ତ୍ୱେ 'ଲକ୍ଷ୍ମୀପୁରାଣ'କୁ ନିରୁତା ଏକ ସାହିତ୍ୟକୃତି ଭାବରେ ଗ୍ରହଣ କରି ଏହାର ବୈଶିଷ୍ଟ୍ୟ - ବିବେଚନା କରାଯାଇପାରେ।

ଆଉ ଏକ କଥା, 'ଲକ୍ଷ୍ମୀପୁରାଣ' ଏହାର କଥାବସ୍ତୁ କ୍ରମେ ପାଠକକୁ ବିସ୍ମିତ କରିଥାଏ। ତାହା ହେଉଛି ଲକ୍ଷ୍ମୀଙ୍କର ବା ଦେବୀଶକ୍ତିର ମାତ୍ରାଧିକ ଶକ୍ତି ଓ ପୁରୁଷ ଦେବତାଙ୍କର ଶକ୍ତିହୀନତା। ଅଗ୍ନି - ବରୁଣ - ବାୟୁ - ବେତାଳାଦି ସମସ୍ତେ ଶକ୍ତିସ୍ୱରୂପିଣୀ ମାତା ଲକ୍ଷ୍ମୀଙ୍କ ଅଧୀନତା ସ୍ୱୀକାର କରିଥିଲାବେଳେ ମହାପ୍ରଭୁ ଜଗତର ନାଥ ଶ୍ରୀଜଗନ୍ନାଥ ନିର୍ବଳ, ନିକୃଷ୍ଟ ମାନବମାତ୍ର ହୋଇପଡ଼ିଛନ୍ତି ସମଗ୍ର ଗ୍ରନ୍ଥରେ। ଏହାକୁ ତାଙ୍କରି ଲୀଳାମାତ୍ର କୁହାଯାଇପାରେ, କିନ୍ତୁ ବଡ଼ଭାଇ ବଳରାମ ଯେ, ଅନନ୍ତ ଶେଷ, ଆଦିଶେଷ ବା ଶେଷନାଗଙ୍କ ସ୍ୱରୂପ! ଗ୍ରନ୍ଥର କାରଣୀ ସ୍ଥିତ ଏହି ବୈଚିତ୍ର୍ୟ ଓ 'କଥାରୂପ' ତଥା 'କଥାଭିପ୍ରାୟ' (Motif) ସଚେତନ ପାଠକକୁ ବିସ୍ମିତ ବିସ୍ଫାରିତ ନୟନରେ ରହିବାକୁ ବାଧ୍ୟ କରେ।

ବଳରାମ ଦାସ ତତ୍କାଳୀନ ଓଡ଼ିଶାର ସମାଜଜୀବନ ପ୍ରତି ବେଶ୍ ସଚେତନ ଥିଲେ। ତା'ର ପ୍ରମାଣ ତାଙ୍କର ଶ୍ରେଷ୍ଠକୃତି 'ଜଗମୋହନ ରାମାୟଣ' ବା 'ଦାଣ୍ଡୀ ରାମାୟଣ'। ଏହାକୁ ଆମ ପରମ୍ପରା ଓ ସାମାଜିକ ରୀତିନୀତି ଏବଂ ସାଂସ୍କୃତିକ ଅଭ୍ୟାସର ମନୋରମ ଦସ୍ତାବିଜ୍ ବା ମନ୍ମୟ ଦଲିଲ୍ ବା ପରୋକ୍ଷ ରସସିକ୍ତ ଇତିହାସ ବୋଲି କୁହାଯାଇପାରେ। ସେହିପରି ସେ ସମୟର ବୃକ୍ଷରାଜି, ଫଳ, ଫୁଲ, ପଶୁ-ପକ୍ଷୀ, ଖାଦ୍ୟ-ପେୟ, ପ୍ରସାଧନ, ନୈତିକ ଆଦର୍ଶ, ଲୋକାଚାର, ସାମାଜିକ ବ୍ୟଭିଚାର (ଉଚ୍ଚଜାତି-ନୀଚଜାତି ମନୋଭାବ), ବ୍ରାହ୍ମଣମାନଙ୍କ ଅହଂକାର, ଜାତ୍ୟାଭିମାନ, ଅତିଥିସତ୍କାର ସ୍ୱରୂପ, ବେଶବର୍ଣ୍ଣନା, ସ୍ୱପ୍ନ ପ୍ରସଙ୍ଗ, ତନ୍ତ୍ରମନ୍ତ୍ର ଭୂତ ପିଶାଚ, ବେତାଳାଦି ଧାରଣାବଧାରଣା, ମନ୍ଦିର ବ୍ୟବସ୍ଥା, ରୀତିନୀତି ପ୍ରଭୃତି ଏହି 'ଲକ୍ଷ୍ମୀପୁରାଣ' ପୁସ୍ତକରେ ସୁରକ୍ଷିତ, ସୁବିନ୍ୟସ୍ତ ଓ ସୁଖଚିତ ବୋଲି କୁହାଯାଇପାରେ। ଏହାର ସଂପୂର୍ଣ୍ଣ ପାଠ ଅଧ୍ୟୟନ ପାଠକ / ବାଗବେଷକଙ୍କୁ ୧୫ଶ - ୧୬ଶ ଶତାବ୍ଦୀର ଓଡ଼ିଶାର ପରିବେଶ (ଅନ୍ତଃ ଓ ବାହ୍ୟ) ସଂପର୍କରେ ଅବଗତ କରେ।

ସାରଳା ଦାସଙ୍କ ପରେ ଓଡ଼ିଆ ପୁରାଣ ପରମ୍ପରା ବା ପୁରାଣ ସାହିତ୍ୟ ପରମ୍ପରାରେ ବିଶିଷ୍ଟ ସ୍ରଷ୍ଟା ଭାବରେ ବଳରାମ ଦାସଙ୍କୁ ଲକ୍ଷ୍ୟ କରାଯାଏ। ଅର୍ଥାତ୍ ପ୍ରଥମରେ ସାରଳା ଦାସ ଓ ଦ୍ୱିତୀୟରେ ବଳରାମ ଦାସ ଏହି ପରମ୍ପରାରେ ପାଠକ - ଗବେଷକ ଚକ୍ଷୁ ଆଗରେ ଉଭା ହୁଅନ୍ତି। ସମାଲୋଚକ ଓ ବିଶିଷ୍ଟ ଗବେଷକ ଡକ୍ଟର କୃଷ୍ଣଚରଣ ସାହୁଙ୍କ ଭାଷାରେ - "ସାରଳା ଦାସ ମହାଭାରତକୁ ପୁରାଣ ରୂପ ଦେବାପରି ବଳରାମ ଦାସ ରାମାୟଣକୁ ବିଷ୍ଣୁ ପୁରାଣରେ ପରିଣତ କଲେ। ଶାକ୍ତ ସାରଳା ଦାସ ଦେବୀଙ୍କ ମାହାତ୍ମ୍ୟ ବର୍ଣ୍ଣନା କରିବା ପାଇଁ 'ଚଣ୍ଡୀ ପୁରାଣ' ରଚନା କଲାପରି ବୈଷ୍ଣବ ବଳରାମ ଦାସ ଲକ୍ଷ୍ମୀଙ୍କର ମହିମା ବର୍ଣ୍ଣନା କଲେ 'ଲକ୍ଷ୍ମୀପୁରାଣ'ରେ।"

ଡକ୍ଟର ନୃସିଂହ ଷଡ଼ଙ୍ଗୀ କହନ୍ତି - "ଭାରତୀୟ ଆତ୍ମାକୁ ଚିହ୍ନିବାକୁ ହେଲେ ଏ ଦେଶର ପୁରାଣ ଅଧ୍ୟୟନ ଏକାନ୍ତ ଆବଶ୍ୟକ। ଭାରତୀୟ ସଂସ୍କୃତି ତଥା ପରମ୍ପରାକୁ ଆତ୍ମସ୍ଥ କରି ତାକୁ ସୁଧୀସମାଜ ଆଗରେ ତାତ୍ପର୍ଯ୍ୟପୂର୍ଣ୍ଣ ଭାବରେ ଓ ତତ୍ତ୍ୱମଣ୍ଡିତ ଭାବରେ ଉପସ୍ଥାପିତ କରିବାର ଗୁରୁଦାୟିତ୍ୱ ବହନ କରି ଆସିଛି ପୁରାଣ।" ପୁରାଣ ଆଧ୍ୟାତ୍ମିକତାର ପ୍ରବଣତା ମଧ୍ୟରେ ଭାରତୀୟ ଜନ-ଜୀବନକୁ ଶୃଙ୍ଖଳିତ ତଥା ମୁକ୍ତିରମାର୍ଗ ଦେଖାଇବାର ନିରନ୍ତର ପ୍ରଚେଷ୍ଟା ଚଳେଇ ଆସିଛି। ଯଥାର୍ଥରେ ଏଥିରେ ଖାଲି ଧର୍ମ ଓ ଜୀବନଚର୍ଯ୍ୟା ନାହିଁ, ବରଂ ଏଥିରେ ରହିଛି ସେ କାଳର ଇତିହାସ, ସେ ସ୍ଥାନର ଭୂଗୋଳ ଓ ସେ ଲୋକଙ୍କର ଦର୍ଶନର ଗ୍ରନ୍ଥିନିଚୟ। ସେଥିପାଇଁ ଯାସ୍କ 'ନିରୁକ୍ତ'ରେ କହିଛନ୍ତି - "ପୁରା

ନବଂ ଭବତି"। ଅର୍ଥାତ୍ 'ପୁରାଣ' ପ୍ରାଚୀନ ହେଲେ ହେଁ ନବୀନ (ଅର୍ବାଚୀନ)। ତେଣୁ ସେ ସୂତ୍ରରେ 'ଲକ୍ଷ୍ମୀପୁରାଣ' କେତେ ଯେ ତାତ୍ପର୍ଯ୍ୟପୂର୍ଣ୍ଣ ସେକଥା ବିଚାର କରାଯାଇପାରେ। ପ୍ରାଚୀନ-ପ୍ରଚଳିତ ପରମ୍ପରାର ଗତାନୁଗତିକତାକୁ ଏଠାରେ ନବୀନ ଦୃଷ୍ଟିକୋଣ ଦେଇ ବଳରାମ ଦାସ ଏପରି ଏକ ପୁରାଣ ରଚନା କରିଛନ୍ତି ବୋଲି କୁହାଯାଇପାରେ। ପାଣିନି 'ଅଷ୍ଟାଧ୍ୟାୟୀ' ଗ୍ରନ୍ଥରେ କହନ୍ତି - "ପୂର୍ବକାଳୈକ ସର୍ବ ଜଗତ୍ ପୁରାଣ ନବ କେବଳଃ ସମାନାଧି-କରଣେନ।" ଯାହାର ଓଡ଼ିଆ ଅର୍ଥ ହେଉଛି ପୁରାଣ ପୂର୍ବକାଳର ଘଟଣା ହେଲେ ମଧ୍ୟ ଏଥିରେ ସର୍ବକାଳୀନ ଅବବୋଧ ବିଦ୍ୟମାନ। ଆହୁରି ସହଜ କରି କହିଲେ ଏହା ବୁଝିବା ଯେ, ପୁରାଣର କାଳାନ୍ତରରେ ଅର୍ଥ ଓ ପ୍ରାସଂଗିକତା ରହିଛି। ମହାରାଷ୍ଟ୍ରରେ ଜନ୍ମିତ ପ୍ରସିଦ୍ଧ ଭାରତୀୟ ବିଶେଷଜ୍ଞ (Indologist) ଓ ବୈଦିକ ବିଶେଷଜ୍ଞ Ramchandra Narayan Dandekar (1909-2001) "The Cultural Heritage of India"ର ତୃତୀୟ ଭାଗରେ ପୁରାଣ ସଂକ୍ରାନ୍ତରେ ଦେଇଥିବା ଅଭିମତଟି ବେଶ୍ ଶିକ୍ଷଣୀୟ ଓ ପ୍ରାସଙ୍ଗିକ। ସେ କହନ୍ତି - "Mythology is very aptly described as the language of primitive what the early man failed to express satisfactorily through the medium of words, he tried to express through the medium of Mythological Concepts." ଅର୍ଥାତ୍ ପୂର୍ବକାଳରେ ଯେତେବେଳେ ବ୍ୟକ୍ତି କୌଣସି ଏକ ବିଷୟ ବା ଘଟଣା ବା ପାରମ୍ପରିକ ବ୍ୟବହାର ବା କଥାକାହାଣୀ ସଂପର୍କରେ ସାଧାରଣ ଭାଷାରେ ପ୍ରତିକ୍ରିୟା ଦେଇପାରେ ନାହିଁ, ସେତେବେଳେ ସେ ପୌରାଣିକ ଆଖ୍ୟାନ ବା ପୌରାଣିକ ଅବଧାରଣାର ସାହାଯ୍ୟ ନେଇ ତାହା ପ୍ରକାଶ କରିଥାଏ। 'ଲକ୍ଷ୍ମୀ ପୁରାଣକାର ବଳରାମ ଦାସ ସେ ସମୟରେ ପ୍ରଚଳିତ ପରମ୍ପରା ଓ ରୀତିନୀତି ପ୍ରଭୃତିକୁ ଲକ୍ଷ୍ୟ କରି ଯାହା ଦେଖିଛନ୍ତି, ଯାହା ବୁଝିଛନ୍ତି ଓ ଯାହା ପ୍ରକାଶ କରିବାକୁ ଚାହିଁଛନ୍ତି, ସେ ସବୁକୁ ସାଧାରଣ ଭାବରେ ପ୍ରଚଳିତ ଭାଷା-ଶୈଳୀ ତଥା ଗତାନୁଗତିକ ଭଙ୍ଗୀରେ ପ୍ରକାଶ କରିବାକୁ ଅସମର୍ଥ ବୋଧ କରିଛନ୍ତି ବା ଅନୌଚିତ୍ୟବୋଧ ଅନୁଭବ କରିଛନ୍ତି। ତେଣୁ ସେ ପୁରାଣ ରୂପ (Mythological Form)ର ସାହାଯ୍ୟ ଲୋଡ଼ିଛନ୍ତି ମାତ୍ର। ଏହା ଜଳପରି ପ୍ରାଞ୍ଜଳ ମନେ ହେଉଛି। ଯଥାର୍ଥରେ କବି ବଳରାମ ଦାସ ଜଣେ ବୌଦ୍ଧିକ ବ୍ୟକ୍ତି, ପ୍ରକୃତ ପକ୍ଷେ ଜଣେ ବିପ୍ଳବୀ ସନ୍ଥ, ଜଣେଯଥାର୍ଥ କାବ୍ୟକାର ଏବଂ ଶବ୍ଦର ଜଣେ ଅନୁପମ ଧନୁର୍ଦ୍ଧର।

ବଳରାମ ଦାସ 'ଲକ୍ଷ୍ମୀପୁରାଣ'ର କବି। ପଞ୍ଚସଖାଙ୍କ ମଧ୍ୟରେ ସେ କେବଳ

ବୟୋଜ୍ୟେଷ୍ଠ ନଥିଲେ, ଅଧିକନ୍ତୁ ଶ୍ରେଷ୍ଠତ୍ୱର ଅଧିକାରୀ ମଧ୍ୟ ଥିଲେ। ସେ ଗଜପତି ମହାରାଜା ଶ୍ରୀ ପ୍ରତାପରୁଦ୍ରଦେବ (୧୪୯୭-୧୫୪୧)ଙ୍କ ସମୟରେ ଜୀବିତ ଥିବାର ଅନେକ ପ୍ରମାଣ ମିଳେ। ଅଚ୍ୟୁତାନନ୍ଦଙ୍କ 'ଉଦୟ କାହାଣୀ' ଅନୁସାରେ ବଳରାମ ଦାସଙ୍କ ଜନ୍ମ ୧୪୮୪ ଖ୍ରୀଷ୍ଟାବ୍ଦରେ। ମାତ୍ର ଡକ୍ଟର ଆର୍ତ୍ତବଲ୍ଲଭ ମହାନ୍ତି 'ବଟ ଅବକାଶ'ର ମୁଖବନ୍ଧରେ ବଳରାମ ଦାସଙ୍କ ଜନ୍ମ ୧୪୭୨ ଖ୍ରୀଷ୍ଟାବ୍ଦ ବୋଲି ପ୍ରତିପାଦନ କରିଛନ୍ତି। ହଣ୍ଟର୍ ସାହେବ ବଳରାମ ଦାସଙ୍କୁ ପଞ୍ଚଦଶ ଶତାବ୍ଦୀର ଶେଷଭାଗ ଓ ଷୋଡ଼ଶ ଶତାବ୍ଦୀର ଆଦ୍ୟଭାଗରେ ଜୀବିତ କବି ଭାବରେ ଗ୍ରହଣ କରିଛନ୍ତି। ତାଙ୍କ ପିତାଙ୍କର ନାମ ସୋମନାଥ ମହାପାତ୍ର ଥିଲାବୋଲି ଅନେକ ଗ୍ରନ୍ଥରୁ ପ୍ରମାଣ ମିଳେ। ତାଙ୍କ ମାତାଙ୍କ ନାମ ମନୋମାୟା ବା ମହାମାୟା ବୋଲି କିଛି ଗ୍ରନ୍ଥରୁ ପ୍ରମାଣ ମିଳୁଥିଲେ ହେଁ, ଭିନ୍ନ ଭିନ୍ନ ଉତ୍ସରୁ ଭିନ୍ନ ଭିନ୍ନ ନାମ ଜଣାପଡ଼େ। କେହି କେହି ଗ୍ରନ୍ଥରେ ଜମ୍ବୁଦେବୀ ବା ଯମୁନା ଦେବୀ ମଧ୍ୟ ଉଲ୍ଲେଖ ରହିଛି। କବିଙ୍କ ଜନ୍ମସ୍ଥାନ ସଂପର୍କରେ ଏଯାବତ୍ ଆଲୋଚକମାନେ ନିର୍ଦ୍ଦିଷ୍ଟ ସିଦ୍ଧାନ୍ତରେ ପହଞ୍ଚିପାରି ନାହାଁନ୍ତି। କବିଙ୍କ ଜନ୍ମସ୍ଥାନ 'ଚନ୍ଦ୍ରପୁର' ବୋଲି 'ଶ୍ରୀଚୈତନ୍ୟ ଭାଗବତ'ର ଷଟ୍‌ଚତ୍ୱାରିଂଶ ଅଧ୍ୟାୟରେ ବର୍ଣ୍ଣିତ। ରାମଦାସଙ୍କ ବର୍ଣ୍ଣନାନୁସାରେ କବିଙ୍କ ଘର ପୁରୀରେ। ଡକ୍ଟର ବଂଶୀଧର ମହାନ୍ତି ବଳରାମଙ୍କ ଜନ୍ମ ସମୟ ୧୪୭୨ ଖ୍ରୀଷ୍ଟାବ୍ଦ ବୋଲି ଗ୍ରହଣ କରିଛନ୍ତି। ସେ ଆର୍ତ୍ତବଲ୍ଲଭ ମହାନ୍ତିଙ୍କ ମତର ପକ୍ଷପାତୀ। କିନ୍ତୁ ଆଲୋଚକ ଚିତ୍ତରଂଜନ ଦାସ କବି ବଳରାମଙ୍କ ଜନ୍ମ ସମୟ ୧୪୮୪ ବୋଲି ଦୃଢ଼ ମତବ୍ୟକ୍ତ କରନ୍ତି। ତାଙ୍କ ମତରେ କବିମାତାଙ୍କ ନାମ ମନୋମାୟା ବା ମହାମାୟା। କବିଙ୍କ ବାସସ୍ଥାନ ଯାଜପୁର ବୋଲି ସେ ମତବ୍ୟକ୍ତ କରିଛନ୍ତି। ତେବେ ତାଙ୍କର ଜନ୍ମସ୍ଥାନ ଯେଉଁଠାରେ ହେଉନା କାହିଁକି ଶ୍ରୀଚୈତନ୍ୟ ଦେବଙ୍କ ଓଡ଼ିଶା ଆଗମନ ପୂର୍ବରୁ ସେ ପୁରୀକୁ ଆସି ବସବାସ କରୁଥିଲେ ନିଶ୍ଚିତ। 'ଜଗମୋହନ ରାମାୟଣ'ର ଉତ୍ତରାକାଣ୍ଡର ବର୍ଣ୍ଣନାନୁସାରେ, 'ଭାବସମୁଦ୍ର'ର ବର୍ଣ୍ଣନାନୁସାରେ, ରାମ ଦାସକୃତ 'ଦାର୍ଢ୍ୟତା ଭକ୍ତି'ର ବର୍ଣ୍ଣନା ଓ 'ଜଗମୋହନ ରାମାୟଣ'ର ଲଙ୍କାକାଣ୍ଡ ବର୍ଣ୍ଣନା ମତେ କବିଙ୍କର ଗ୍ରାମ/ବାସସ୍ଥାନ ପୁରୁଷୋତ୍ତମ ବାସ ବା ପୁରୀ ବୋଲି ଜଣାଯାଏ। ଜଗନ୍ନାଥ ଦାସ କୃତ 'ଭକ୍ତିଚନ୍ଦ୍ରିକା' ଗ୍ରନ୍ଥାନୁସାରେ ବଳରାମ ଦାସଙ୍କ ଜନ୍ମସ୍ଥାନ ଚନ୍ଦ୍ରପୁର। ତେବେ ସାରାଜୀବନ ଭକ୍ତି ଓ ସାହିତ୍ୟକୁ ଉତ୍ସର୍ଗ କରିଦେଇଥିବା ଏହି ସାହିତ୍ୟିକଙ୍କ ପୀଠ ପୁରୀ ନିକଟବର୍ତ୍ତୀ ସମଗରାପାଟ। ମାତ୍ର ବଳରାମଙ୍କ ପୀଠ ଭାବରେ ସେଠାରେ କୌଣସି ଚିହ୍ନ ନାହିଁ। ଲୋକମୁଖରେ ପ୍ରଚଳିତ ବାଂକୀ ମୁହାଣ କବିଙ୍କର ପ୍ରକୃତ ସାଧନାପୀଠ। ପୁରୀ ସମୁଦ୍ରବେଳାରେ ଅବସ୍ଥିତ ସେହି ଗୁମ୍ଫା ବଳରାମଙ୍କ ସ୍ମୃତିକୁ ଉଜ୍ଜୀବୀତ କରେ।

ଲୋକକଥାନୁସାରେ ବଡ଼ଦାଣ୍ଡରେ ବଳରାମ ଦାସ ଶ୍ରୀଜଗନ୍ନାଥଙ୍କ ରଥକୁ ଏହିଠାରୁ ଧ୍ୟାନସ୍ଥ ହୋଇ ଅଟକାଇ ଦେଇଥିଲେ। ପୁରୀ ଜିଲାର ନିମାପଡ଼ାଠାରୁ ଅନତିଦୂରରେ କୁଶଭଦ୍ରା ନଦୀକୂଳରେ ବଳରାମ ଦାସଙ୍କର ଗାଦି ଅଛି। ସେହି ସ୍ଥାନରେ ବଳରାମ ଦାସ ଦେହତ୍ୟାଗ କରିଥିବାରୁ ସେଠାରେ ତାଙ୍କର ପୂଣ୍ୟ ସମାଧିମନ୍ଦିର ନିର୍ମିତ ହୋଇଛି।

ବସ୍ତୁତଃ ବଳରାମ ଦାସ ପ୍ରତାପରୁଦ୍ରୀୟ ଯୁଗର ଓ ଶ୍ରୀଚୈତନ୍ୟଙ୍କ ଉତ୍କଳୀୟ ପଞ୍ଚସଖାମାନଙ୍କ ମଧ୍ୟରୁ ବୟୋଜ୍ୟେଷ୍ଠ। ବଳରାମ, ଜଗନ୍ନାଥ, ଅଚ୍ୟୁତ, ଅନନ୍ତ ଓ ଯଶୋବନ୍ତ ପଞ୍ଚସଖା ଥିଲେ ହେଁ, ଏମାନଙ୍କ ମନ୍ତ୍ର ଓ ଜପ ପ୍ରଭୃତି ଥିଲା ଭିନ୍ନ ଭିନ୍ନ। ବଳରାମଙ୍କ ମନ୍ତ୍ର ଥିଲା କୃଷ୍ଣମନ୍ତ୍ର। ତାଙ୍କର ଜପ ଥିଲା ଅଜପା ଓ ନାମ ଥିଲା ତାରକ। ଜଗନ୍ନାଥ ଦାସଙ୍କ ମନ୍ତ୍ର ଥିଲା ରାଧାମନ୍ତ୍ର ଓ ଜପଥିଲା ଅଣାକାର। ସେହିପରି ଅଚ୍ୟୁତାନନ୍ଦଙ୍କ ମନ୍ତ୍ର ରାମମନ୍ତ୍ର, ଶୂନ୍ୟଜପ ଓ ତୂରୀୟ ସମାଧି ଥିଲାବେଳେ ଯଶୋବନ୍ତଙ୍କ ମନ୍ତ୍ର ଥିଲା ଶ୍ୟାମମନ୍ତ୍ର ଓ ଜପଥିଲା ଅବନା। ଶିଶୁ ଅନନ୍ତ ଗୋପାଳମନ୍ତ୍ର ସାଧନା କରୁଥିଲାବେଳେ ଜପଥିଲା ଏକାକ୍ଷର। ପୁଣି ଦେଖାଯାଏ ଯେ, "ଏମାନଙ୍କ ବାହ୍ୟମନ୍ତ୍ର ବା ସଂକୀର୍ତ୍ତନ ମନ୍ତ୍ର ରାଧା ବା କୃଷ୍ଣବ୍ୟଞ୍ଜକ ଥିଲେ ହେଁ, ଗୁହ୍ୟମନ୍ତ୍ର ବା ଜପମନ୍ତ୍ର ଥିଲା ଶୂନ୍ୟ ବ୍ୟଂଜକ। ମନ୍ତ୍ର ସାଧନାରେ ବାହ୍ୟମନ୍ତ୍ର ଓ ଗୁହ୍ୟମନ୍ତ୍ର ମଧ୍ୟରେ ଏ ପ୍ରକାର ପାର୍ଥକ୍ୟ ତନ୍ତ୍ରରେ କିନ୍ତୁ ପରିଲକ୍ଷିତ ହୁଏ ନାହିଁ। ବୀଜ ମନ୍ତ୍ର ଏକ ଓ ଅଭିନ୍ନ ଓ ସେହି ମନ୍ତ୍ରରେ ସାଧକଙ୍କୁ ସିଦ୍ଧିଲାଭ କରିବା ପାଇଁ ପଡ଼ିଥାଏ।"

ବଳରାମ ଦାସ ଶ୍ରୀଜଗନ୍ନାଥଙ୍କ ଅତିପ୍ରିୟ ଭକ୍ତ ବିଶେଷ ଅଟନ୍ତି। ନିଜେ କବି ବଳରାମ ଦାସ ନିଜକୁ ପ୍ରଭୁ ଶ୍ରୀଜଗନ୍ନାଥଙ୍କ ପୁତ୍ର ଜ୍ଞାନ କରନ୍ତି। ଓଡ଼ିଶାରେ ସୁଦୃଢ଼ ଗଜପତି (ସୂର୍ଯ୍ୟବଂଶୀ) ଶାସନ ପ୍ରତିଷ୍ଠା ଲାଭ କରିଥିବା ସମୟରେ ହିଁ ବଳରାମଙ୍କର ଆବିର୍ଭାବ। ଷୋଡ଼ଶ ଶତାବ୍ଦୀ ଓଡ଼ିଶାର ସାମାଜିକ, ସାହିତ୍ୟିକ, ସାଂସ୍କୃତିକ ଓ ଶୈକ୍ଷିକ ବା ରାଜନୀତିକ ଇତିହାସରେ ଏକ ଅତୀବ ଗୁରୁତ୍ୱପୂର୍ଣ୍ଣ ସମୟ ଥିଲା। ପ୍ରତ୍ୟେକ ଓଡ଼ିଆ ପାଇଁ ଏହି ସମୟ ଗୋଟେ ଚ୍ୟାଲେଞ୍ଜର ସମୟ ଥିଲା। ପ୍ରାମାଣିକ ଭାବେ ଖ୍ରୀଷ୍ଟପୂର୍ବ ୨ୟ - ୩ୟ ଶତାବ୍ଦୀ ବେଳକୁ ଅତ୍ୟନ୍ତ ପ୍ରଭାବଶାଳୀ ଜାତି ଭାବରେ ଭାରତର ସାମାଜିକ - ସାଂସ୍କୃତିକ ଓ ରାଜନୀତିକ ମାନଚିତ୍ରରେ ଆତ୍ମପରିଚୟ ପ୍ରତିଷ୍ଠା କରିସାରିଥିବା ଜାତିବିଶେଷ ହେଉଛି 'ଉଡ୍ର' ଜାତି। ଭରତ-ମୁନିଙ୍କ ପରି ମହାନ ଭାରତୀୟ ଶାସ୍ତ୍ରୀୟ ପଣ୍ଡିତ ସେ କାଳରେ ଉଡ୍ର ବିଭାଷା କଥା ସ୍ୱୀକାର କରିବା ଏହାର ପ୍ରମାଣ। ତେବେ ଏଠାରେ ଏକଥା କୁହାଯିବାର କାରଣ ହେଉଛି ସାରଳା ଦାସଙ୍କ ପରି କବି ବଳରାମ ଦାସ ମଧ୍ୟ ଏହି ଉଡ୍ର ଜାତିର ଗୁରୁତ୍ୱ ଅନୁଭବ କରିଛନ୍ତି। ଦେଖିବାକୁ

ଗଲେ କବି ବଳରାମ ଦାସ ଏହି 'ଉତ୍ର' ଜାତିର କଥା ହିଁ ମହାକାବ୍ୟାକାରରେ ଉପସ୍ଥାପନ କରିଛନ୍ତି ତାଙ୍କର ଅଧିକାଂଶ ଗ୍ରନ୍ଥମାନଙ୍କରେ। କବିଙ୍କ 'ଜଗମୋହନ ରାମାୟଣ'କୁ ଭାରତୀୟ ରାମାୟଣ ପରମ୍ପରାରେ ଲିଖିତ ଏକ ଅନନ୍ୟ ଅନୁପମ ଅମୂଲ୍ୟ ଔତ୍ର ରାମକଥା ବା 'ଔତ୍ର ରାମାୟଣ' ବୋଲି କୁହାଯାଇପାରେ। ଖାରବେଳ - ଅଶୋକଙ୍କ ପରି ମହାନ୍ ସମ୍ରାଟ ସଂସ୍କୃତ ଭାଷାର କର୍ତ୍ତୃତ୍ୱ ଥିବା ସତ୍ତ୍ୱେ ପ୍ରାକୃତ ପାଲି ଭାଷାର ଗୁରୁତ୍ୱକୁ ଜାହିର୍ କଲାପରି ବଳରାମ ଦାସ ଓଡ଼ିଆ ଭାଷା-ସାହିତ୍ୟ-ସଂସ୍କୃତି-ପରମ୍ପରା ଇତ୍ୟାଦିକୁ ନେଇ ରଚନା କରିଥିବା ଜଗମୋହନ ରାମାୟଣ ବା ଲକ୍ଷ୍ମୀପୁରାଣ ପରି ରଚନା ତାଙ୍କୁ ସେହି ସ୍ତରୀୟ ମହାନ ସ୍ରଷ୍ଟାର ଦର୍ଜା ଆଣିଦିଏ। ମହାନ୍ କୃଷିକୈନ୍ଦ୍ରିକ ଉତ୍ର ଜାତିର ମହତ୍ ଆଦର୍ଶାବଳୀ ବଳରାମଙ୍କ ଏହି ସୃଷ୍ଟି ମାନଙ୍କରେ ବେଶ୍ ପ୍ରତିଫଳିତ।

କବି ବଳରାମ ଦାସଙ୍କ ପ୍ରସିଦ୍ଧ ଗ୍ରନ୍ଥ ବା ପ୍ରସିଦ୍ଧ କୃତିବିଶେଷ ହେଉଛି 'ଜଗମୋହନ ରାମାୟଣ'। ଏଠାରେ ଜଗମୋହନର ଅର୍ଥ 'ଜଗତ ମୋହନ' ବା ଜଗତକୁ ମୋହିନେବାର ଶକ୍ତି ସାମର୍ଥ୍ୟ ଯାହା ପାଖରେ ରହିଛି, ଅର୍ଥାତ୍ ନିଜେ ପ୍ରଭୁ ଶ୍ରୀଜଗନ୍ନାଥ। ଏଠାରେ ଭକ୍ତି ପରମ୍ପରା କ୍ରମେ ବଳରାମ ଦାସ ଏହାର ନାମକରଣ ନିଜର ଆରାଧ୍ୟ ଶ୍ରୀଜଗନ୍ନାଥଙ୍କୁ କେନ୍ଦ୍ର କରି କରିଛନ୍ତି/ ରଖିଛନ୍ତି। ସେ ନିଜେ କହିଛନ୍ତି ଯେ, 'ଜଗମୋହନ ରାମାୟଣ'ର ସ୍ରଷ୍ଟା ନିଜେ ଜଗମୋହନ ବ୍ରହ୍ମାଣ୍ଡ ଠାକୁର ଶ୍ରୀମୟ ଶ୍ରୀଜଗନ୍ନାଥ। ସାରଳା ଦାସଙ୍କ ପରି ସେ ମଧ୍ୟ ବିନୟତା ଓ ଭକ୍ତିମତେ କହିଛନ୍ତି ଯେ ପ୍ରଭୁ ଶ୍ରୀଜଗନ୍ନାଥ ତାଙ୍କ ହୃଦୟରେ ବସି ତମାମ ରାମାୟଣର ଆମୂଳାନ୍ତ ପଦନିଚୟ ଡାକି ଡାକି ଲେଖାଇଛନ୍ତି। ବଳରାମଙ୍କ ଜୀବନୀ ଓ ସାହିତ୍ୟ ପଠନ-ମନନ-ଅଧ୍ୟୟନ ଉତ୍ତାରେ ଅନ୍ୟ ଚତୁର୍ସଖାଙ୍କ ପରି ତାଙ୍କୁ ମଧ୍ୟ ନଗେନ୍ଦ୍ରନାଥ ବସୁଙ୍କ ପରି ପ୍ରଚ୍ଛନ୍ନ ବୌଦ୍ଧ କହିବାକୁ ସଚେତନ ପାଠକ ବା ଗବେଷକଟିଏ ବାଧ୍ୟ ହୁଏ। କର୍ପୂର ଉଡ଼ିଯାଇପାରେ ମାତ୍ର କନା ପଡ଼ି ରହିଥିବା ନ୍ୟାୟରେ ବଳାରାମଙ୍କଠାରେ ମଧ୍ୟ ବୈଷ୍ଣବୀୟ ସହନଶୀଳତାଠାରୁ ବୌଦ୍ଧୀୟ ପ୍ରତିକ୍ରିୟାଶୀଳତା ତାଙ୍କର କୃତି ଓ କୀର୍ତ୍ତିରାଜିରୁ ବେଶ୍ ପ୍ରତିଭାତ ହୋଇଥାଏ। 'ଲକ୍ଷ୍ମୀପୁରାଣ'ରେ ଜାତିପ୍ରଥା ବିରୋଧରେ କବି କରିଥିବା ବୌଦ୍ଧିକ ଓ ସାରସ୍ୱତ ବିଷୋଦ୍‌ଗାର ସେହି ବୌଦ୍ଧ ଦର୍ଶନର ଆଧାରକୈନ୍ଦ୍ରିକ ସାମାଜିକ ବିପ୍ଳବ ଆଡ଼କୁ ଇଙ୍ଗିତ କରିଥାଏ। ହଁ, ଅବଶ୍ୟ ଏହା ଅନସ୍ୱୀକାର୍ଯ୍ୟ ଯେ, ବଳରାମ ଏଥି ସହିତ ଚିରକାଳ ଉତ୍ରଜାତି ବା କୃଷି ପରମ୍ପରା ଓ କୃଷି ସଂସ୍କୃତି ସଂପନ୍ନ ଜାତିର କଥା ଓ ଗାଥା ଗାଇଛନ୍ତି। ଆତିଥ୍ୟ ପରମ୍ପରାଠାରୁ ଖାଦ୍ୟ ପରମ୍ପରା, ବେଶ ପରମ୍ପରା ଓ ଅନ୍ୟାନ୍ୟ ଅନେକ ସମାଜ-ସାଂସ୍କୃତିକ, ଆର୍ଥନୀତିକ, ରାଜନୀତିକ, ନୈତିକ, ପରମ୍ପରା

ଓ ଚାଲିଚଳଣିର ମନ୍ମୟ କଥାଚିତ୍ର ଆଙ୍କି ଯାଇଛନ୍ତି। ବାଲ୍ମିକୀ 'ରାମାୟଣ' ରଚନାଉତ୍ତାରେ ଭାରତବର୍ଷରେ ବିଭିନ୍ନ ପ୍ରାନ୍ତୀୟ ସମାଜ-ସଂସ୍କୃତି-ପରମ୍ପରା ଓ ଐତିହ୍ୟକୁ ନେଇ ଆଂଚଳିକ ଭାଷାରେ 'ରାମାୟଣ'ର ଅନେକ ଆଂଚଳିକ ସଂସ୍କରଣ ମୁଦ୍ରିତ ହୋଇଛି ବା ରଚିତ ହୋଇଛି। ତାମିଲ ଭାଷାରେ 'କମ୍ବନ ରାମାୟଣ', ତେଲୁଗୁ ଭାଷାରେ 'ରଙ୍ଗନାଥ ରାମାୟଣ', ଅହମିୟା ବା ଅସମୀୟା ଭାଷାରେ 'କନ୍ଦଳୀ ରାମାୟଣ', ବଙ୍ଗଭାଷାରେ 'କୃତ୍ତିବାସ ରାମାୟଣ', କନ୍ନଡ ଭାଷାରେ 'ତୋରଣ୍ଡେ ରାମାୟଣ', ମରାଠୀ ଭାଷାରେ 'ଭାବାର୍ଥ ରାମାୟଣ' ରଚିତ ହୋଇଥିଲାବେଳେ ବଳରାମ ଦାସ ଯେଉଁ ରାମଚରିତ ରଚନା କରିଛନ୍ତି ତାହାର ନାମ ପୂର୍ବୋକ୍ତ ସ୍ରଷ୍ଟାଙ୍କ ପରି ନିଜର ନାମ ବା କୌଣସି ସ୍ଥାନକ୍ରମେ ନ ରଖି ବରଂ ଏକ ବ୍ୟତିକ୍ରମ ଆଣିଛନ୍ତି। ଶ୍ରୀରାମଙ୍କ ଗୁଣ ଓ କଥା ବର୍ଣ୍ଣିବା ସଙ୍ଗରେ ଆରାଧ୍ୟ ଶ୍ରୀଜଗନ୍ନାଥଙ୍କ ନାମ କ୍ରମେ ଏହାର ନାମ 'ଜଗମୋହନ ରାମାୟଣ' ରଖିଛନ୍ତି। ତାଙ୍କରି ଭାଷାରେ-

"ଜଗମୋହନ ରାମାୟଣ ଏଥି କବି ଜଗନ୍ନାଥ
ତାହାର ଆଜ୍ଞାରେ ଲିହିଲି ମୋହର ହାଥ ॥" (ଉତ୍ତରାକାଣ୍ଡ)

ଏହି ଜଗମୋହନ ଯେ ଶ୍ରୀଜଗନ୍ନାଥଙ୍କ ବ୍ୟତିରେକେ ଆଉ କେହି ନୁହନ୍ତି, ଏକଥା ତାଙ୍କର 'ଆଦିକାଣ୍ଡ'ରେ ଲିଖିତ ନିମ୍ନ ପଙ୍‌କ୍ତିରୁ ବେଶ୍ ପ୍ରମାଣିତ ହୋଇଥାଏ। ତାଙ୍କରି ଭାଷାରେ -

"ତ୍ରଇଲୋକ ବଶ ହୁଅଇ ଯାହାକୁ ଚାହିଁ
ଏ ସେ ଜଗନ୍ନାଥ ଜଗମୋହନ ଗୋସାଇଁ ॥"

ଶ୍ରୀରାମଚନ୍ଦ୍ର ଓ ଶ୍ରୀଜଗନ୍ନାଥ ଉଭୟେ ମୋହିନୀଶକ୍ତିଧାରୀ। ଶ୍ରୀକୃଷ୍ଣଙ୍କୁ ମଧ୍ୟ ମୋହନ କୁହାଯାଏ। ଏଣୁ ଏଥିରେ ଏହି ସମନ୍ୱୟୀ ଭାବ ବେଶ୍ ପ୍ରତିଫଳିତ।

କବି ବଳରାମ ଦାସ ସବୁବେଳେ ଜାତିବାଦ ପରି ସାମାଜିକ ଓ ସଂକୀର୍ଣ୍ଣ ସ୍ୱାର୍ଥକୈନ୍ଦ୍ରିକ ନୀଚ ଚକ୍ରାନ୍ତ ବିରୋଧରେ ସ୍ୱର ଉତ୍ତୋଳନ କରିଛନ୍ତି। "ମୁଁ ଶ୍ରୀଜଗନ୍ନାଥଙ୍କ ବେଟା" କହିବାଦ୍ୱାରା ସେ ମଣିଷକୁ ଈଶ୍ୱରଙ୍କ ସନ୍ତାନ ବୋଲି ପ୍ରତିପାଦିତ କରିଛନ୍ତି। ତେବେ ବଳରାମ ଦାସଙ୍କ ନାମରେ ଅନେକ ଅଲୌକିକ ଘଟଣା ଶୁଣାଯାଏ। ଈଶ୍ୱର ଦାସଙ୍କ 'ଚୈତନ୍ୟ ଭାଗବତ' ଅନୁଯାୟୀ ବଳରାମ ମତ୍ତହସ୍ତୀକୁ ଦମନ କରି 'ମତ୍ତ ବଳରାମ' ନାମରେ ଖ୍ୟାତି ଲାଭ କରିଥିଲେ। ବଙ୍ଗଳାରେ ଆଉ ଜଣେ 'ମତ୍ତ ବଳରାମ' ଥିବା କଥା ମଧ୍ୟ ଜଣାଯାଏ। 'ଜଗନ୍ନାଥ ଚରିତାମୃତ'ରେ ବଳରାମ ଦାସ ନାମ ଜପ କରି ମତ୍ତ ହେଉଥିବା କଥା ଉଲ୍ଲେଖ ଅଛି। ଯୋଗଶାସ୍ତ୍ରାନୁସାରେ ମତ୍ତ ମନକୁ ଆୟତ୍ତ

କରିବା କଥା କୁହଯାଇଛି। ବଳରାମ ଦାସ ଏହିପରି ବିଭିନ୍ନ ସୂତ୍ରାଧାରରେ 'ମତ୍ତ ବଳରାମ' ରୂପେ ପରିଚିତ ହୁଅନ୍ତି। ତେବେ ବଳରାମ ଦାସଙ୍କର କୃତିଗୁଡ଼ିକୁ ନିମ୍ନରେ ଉଲ୍ଲେଖ କରାଗଲା : (୧) ଜଗମୋହନ ରାମାୟଣ (ଦାଣ୍ଡି ରାମାୟଣ), (୨) ଅମରକୋଷ ଗୀତା, (୩) ବେଦାନ୍ତସାର ଗୁପ୍ତଗୀତା, (୪) ବଟ ଅବକାଶ, (୫) ଗୁପ୍ତଗୀତା, (୬) ବ୍ରହ୍ମାଣ୍ଡ ଭୂଗୋଳ, (୭) ବେଢ଼ା ପରିକ୍ରମା, (୮) ସପ୍ତାଙ୍ଗ ଯୋଗସାର ଟୀକା, (୯) ଭାବସମୁଦ୍ର, (୧୦) ଶ୍ରୀଭଗବତ୍ ଗୀତା ଅର୍ଥ, (୧୧) ଜ୍ଞାନ ଉଜ୍ଜ୍ୱଳମଣି ଗୀତା, (୧୨) ବିରାଟ ଗୀତା, (୧୩) ଲକ୍ଷ୍ମୀପୁରାଣ, (୧୪) ଦୀପ୍ତିସାର ଗୀତା, (୧୫) ପଣସଚୋରୀ, (୧୬) ଏକ ଅଧ୍ୟାୟ ମହାଭାରତ (ଗୋଚର ଗୀତା ବା ଗୋଚରାଚର ଗୀତା), (୧୭) ମନୁଗୀତା, (୧୮) ଗୁପ୍ତଟୀକା, (୧୯) ମାଳଶ୍ରୀ, (୨୦) ଜ୍ଞାନ ପରତେ ଚୂଡ଼ାମଣି (ଗଦ୍ୟ) ପ୍ରଭୃତି ଅନେକ।

ଜଣେ ସଚ୍ଚା ସଂସ୍କାରକ ଓ ବୈପ୍ଳବିକ ମାନସିକତାର ସ୍ରଷ୍ଟାପୁରୁଷ ହେଉଛନ୍ତି ବଳରାମ ଦାସ। 'ଜଗମୋହନ ରାମାୟଣ' ହେଉ ବା ନିଜ ଜୀବନରେ ହେଉ ସବୁଠି ଜାତିପ୍ରଥା ପରି ସାମାଜିକ ବ୍ୟାଧି ବିରୁଦ୍ଧରେ ସେ ଅତ୍ୟନ୍ତ ଚମତ୍କାର ତଥା ପ୍ରଭାବଶାଳୀ ଭଙ୍ଗୀରେ ବିପ୍ଳବର ସ୍ୱର ଉଠାଇଛନ୍ତି। ଠିକ୍ ସେହିପରି ସମୟ ଓ ସାମଜର ଆବଶ୍ୟକତା ଓ ଦାବୀକୁ ଆଖି ଆଗରେ ରଖି ସେ 'ଲକ୍ଷ୍ମୀପୁରାଣ' ପରି କ୍ଲାସିକ ବିପ୍ଳବର ସୂତ୍ରପାତ କରିଛନ୍ତି। କହିବା ବାହୁଲ୍ୟ ଯେ, ଏହା ଏକ ପୁରାଣ ମାତ୍ର ବା ପୁସ୍ତକ ମାତ୍ର ନୁହେଁ, ବରଂ ଏହା ହେଉଛି ଏକ ଯୁଗାନ୍ତକାରୀ ବିପ୍ଳବ। ଓଡ଼ିଶାର ଲୋକପ୍ରିୟ ରଚନା ଯେଉଁ କେତୋଟି ରହିଛି ସେଥି ମଧ୍ୟରୁ 'ଲକ୍ଷ୍ମୀପୁରାଣ' ଅନ୍ୟତମ। "ଏହି ଗ୍ରନ୍ଥର ଅନ୍ୟନାମ ହେଉଛି 'ଧାନମାଣିକା' ବା 'ଗୁରୁବାର ବୋଲି'।" (ଡ. କୃଷ୍ଣଚରଣ ସାହୁ)। ଏହି ଗ୍ରନ୍ଥରେ ମୁଖ୍ୟତଃ ଦେବୀ ଲକ୍ଷ୍ମୀଙ୍କ ମାହାତ୍ମ୍ୟ ବର୍ଣ୍ଣନା କରାଯାଇଛି। 'ଲକ୍ଷ୍ମୀପୁରାଣ'ରେ କବି ବଳରାମଙ୍କ ଅନ୍ୟତମ ଉଦ୍ଦେଶ୍ୟ ହେଉଛି 'ମହାପ୍ରସାଦ'ର ମହତ୍ତ୍ୱ ପ୍ରତିପାଦନ। 'ମହାପ୍ରସାଦ' ସେବନ ସବୁ ଜାତିର ଲୋକେ ବ୍ରାହ୍ମଣଠାରୁ ଚଣ୍ଡାଳ ପର୍ଯ୍ୟନ୍ତ ସମସ୍ତେ କରିପାରିବେ। ଏହି ଗ୍ରନ୍ଥରେ ଇତିହାସକୁ ପୁରାଣ ଛାଞ୍ଚରେ ବେଶ୍ ଆତ୍ମୀକୃତ କରିଛନ୍ତି କବି ଶ୍ରୀ ଦାସ। ଏଥିରୁ ଜଣାପଡ଼େ ଯେ ପୁରୀରେ ଦୁଇଟି ଲକ୍ଷ୍ମୀମନ୍ଦିର ରହିଛି। ସେଥିରୁ ଗୋଟିଏ ସମୁଦ୍ରକୂଳରେ ରହିଥିବାବେଳେ ଅନ୍ୟ ଏକ ମନ୍ଦିର ଶ୍ରୀମନ୍ଦିର ବେଢ଼ା ଭିତରେ ରହିଛି। ଏହାକୁ ନେଇ ଐତିହାସିକମାନେ ମତ ଦିଅନ୍ତି ଯେ, ପୁରୀରେ ପ୍ରଥମେ ଲକ୍ଷ୍ମୀମନ୍ଦିର ବାହାରେ, ଅର୍ଥାତ୍ ସମୁଦ୍ରକୂଳରେ ହିଁ ଥିଲା। ରାମାନୁଜ ସଂପ୍ରଦାୟର ପ୍ରଭାବରେ ଦେବୀ ଲକ୍ଷ୍ମୀଙ୍କ ମନ୍ଦିର ଶ୍ରୀମନ୍ଦିର ବେଢ଼ା ମଧ୍ୟରେ ସ୍ଥାନଲାଭ କାଳକ୍ରମେ

କରିଛି । ବସ୍ତୁତଃ ଐତିହାସିକ ଘଟଣା ଧୀରେ ଧୀରେ କୈମ୍ବଦନ୍ତୀକ ହୋଇ ବଳରାମଙ୍କ ଲେଖନୀ ମାଧ୍ୟମରେ ପୌରାଣିକ ସ୍ୱରୂପ ଲାଭ କରିବାର ବିରଳ ଦୃଷ୍ଟାନ୍ତ ଏହି 'ଲକ୍ଷ୍ମୀପୁରାଣ' ମାଧ୍ୟମର ହିଁ ମିଳିଥାଏ ।

ସୂଚନା ଥାଉକି ଏହି ରାମାନୁଜପନ୍ଥୀ ବୈଷ୍ଣବମାନେ ଜାତିଭେଦ ପ୍ରଥାକୁ ଅତି କଠୋରତାର ସହ ପାଳନ କରୁଥିଲେ । ଦେବୀ ଲକ୍ଷ୍ମୀଙ୍କ ମନ୍ଦିର କାଳକ୍ରମେ ଶ୍ରୀମନ୍ଦିର ଭିତରକୁ ଆସିବା ପରେ ଜାତିପ୍ରଥାର କଠୋର / ତୀବ୍ର ରୂପ ଶ୍ରୀମନ୍ଦିର ଆଚାର ରୀତିନୀତି ସହ କ୍ରମଶଃ ଯୋଡ଼ିଯାଇ ପଞ୍ଚଦଶ-ଷୋଡ଼ଶ ଶତାବ୍ଦୀ ବେଳକୁ ଏକ ଉଗ୍ର ରୂପ ଧାରଣ କଲାଣି । ସେହିସବୁ କୁପ୍ରଥାକୁ ଓ କୁପରମ୍ପରାକୁ ବିରୋଧ କରି ବିପ୍ଳବୀ କବି ବଳରାମ ଦାସ ନିଜର ଅନ୍ୟାନ୍ୟ ଗ୍ରନ୍ଥ ପରି ଏହି 'ଲକ୍ଷ୍ମୀପୁରାଣ'ରେ ଅତ୍ୟନ୍ତ ସୁଚିନ୍ତିତଭାବେ ଜାତିପ୍ରଥାବିରୋଧୀ ଶାଣିତ ବର୍ଣ୍ଣନା ଓ ଚତୁର ବିନ୍ୟାସ ପ୍ରଦାନ କରିଛନ୍ତି । ସେହିସବୁ କାରଣରୁ ଗ୍ରନ୍ଥରେ ପ୍ଲଟ ଶେଷରେ ଦେବୀ ଲକ୍ଷ୍ମୀ ନିମ୍ନ ସର୍ତ୍ତାବଳୀ ରଖି ଶ୍ରୀମନ୍ଦିରକୁ ପୁନଃ ଫେରି ଆସିଛନ୍ତି । ଦୁଇ ଭାଇ ଅନୁତାପ କରି ଲକ୍ଷ୍ମୀଙ୍କୁ ଶ୍ରୀମନ୍ଦିରକୁ ଫେରାଇ ଆଣିବା ସମୟରେ ଦେବୀ ଲକ୍ଷ୍ମୀ କହିଛନ୍ତି:

"ଏତେ କହି ଗୋବିନ୍ଦ ଧଇଲେ ଲକ୍ଷ୍ମୀହସ୍ତ,
ଜଗତମାତା ବୋଇଲେ ତୁମ୍ଭେ କର ସତ୍ୟ ।
ଚଣ୍ଡାଳୁ ବ୍ରାହ୍ମଣ ଯାଏ ଖୁଆଖୋଇ ହେବେ,
ସମସ୍ତ ଖାଇଣ ହସ୍ତ ଜଳେ ନ ଧୋଇବେ ।
ହାଡ଼ିର ହସ୍ତୁ ବ୍ରାହ୍ମଣ ଛଡ଼ାଇ ଖାଇବେ
ବ୍ରାହ୍ମଣ ଖାଇ ହସ୍ତକୁ ମୁଣ୍ଡରେ ପୋଛିବେ ।
ଅନ୍ନ ଖାଇ ସର୍ବେ ମୁଣ୍ଡେ ପୋଛୁଥିବେ ହସ୍ତ,
ତେବେ ବଡ଼ ଦେଉଳକୁ ଯିବି ଜଗନ୍ନାଥ ।"

ଦେବୀ ଲକ୍ଷ୍ମୀଙ୍କର ଏହି ସର୍ତ୍ତାବଳୀରୁ ଅନ୍ତତଃପକ୍ଷେ ଏହା ନିଶ୍ଚିତ ଜଣାପଡୁଛି ଯେ, ବଳରାମ ଦାସ ତତ୍କାଳୀନ ମନ୍ଦିର ପରିସ୍ଥିତି ଓ ନୀତିକାନ୍ତି ବା ନୀତିନିୟମକୁ ପସନ୍ଦ କରୁନଥିଲେ । ଏହାର ଅନ୍ୟ ଏକ ଅର୍ଥ ହେଉଛି ଯେ, ତତ୍କାଳୀନ ସମାଜର ଓ ବିଶେଷ କରି ଶ୍ରୀମନ୍ଦିର ଓ ପୁରୀର ଏହି ଜାତିଆଣ ଭାବ ବିରୋଧରେ ବଳରାମ ଦାସ ଏକ ସାରସ୍ୱତ ପୌରାଣିକ ବିଦ୍ରୋହର ସ୍ୱର ଉତ୍ତୋଳନ କରିଥିଲେ । ରାମାନୁଜପନ୍ଥୀମାନଙ୍କ ଏହି ଧାରଣା ଓ ବିଶ୍ୱାସବୋଧକୁ ବଳରାମ ନାପସନ୍ଦ କରୁଥିଲେ । ତେଣୁ ଏକ ଶକ୍ତିଶାଳୀ, ଟାଣୁଆ ଐକ୍ୟପୂର୍ଣ୍ଣ ଉଦାର ସମାଜ ନିର୍ମାଣ ସକାଶେ ରାମାନୁଜପନ୍ଥୀଙ୍କ ଏହି କଦାଚାର

ବା ବଦାଚାର ବିରୋଧରେ ସେ ଏପରି ସୂକ୍ଷ୍ମ, ସୁଚିନ୍ତିତ, ଶାଣିତ ସ୍ୱର ଉଠାଇଥିଲେ।

'ଲକ୍ଷ୍ମୀପୁରାଣ' ଅନ୍ୟାନ୍ୟ ପୁରାଣ ପରି ଏକ ସାଧାରଣ ପୁରାଣ ନୁହେଁ। ଏଥିରେ ଅନେକ ଭିନ୍ନଭିନ୍ନ ତଥା ସ୍ୱତନ୍ତ୍ର ଲକ୍ଷଣ ଦେଖାଯାଏ। ଯଥା, ଏଥିରେ ପ୍ରାଚୀନ କିମ୍ବଦନ୍ତୀକୁ ପୌରାଣିକ ରୂପ ମାତ୍ର ଦିଆଯାଇ ନାହିଁ। ପୁରାଣରେ ନୀତିବାକ୍ୟ-ହିତୋପଦେଶ ଓ ଆଦର୍ଶବାଣୀ ବିଭିନ୍ନ ଭାବରେ ପ୍ରଦାନ କରାଯାଇଥାଏ। ଉତ୍କଳୀୟ ନାରୀ, ପୁରୁଷ ଓ ସମଗ୍ର ମାନବଜାତିର ଜୀବନଚର୍ଯ୍ୟା ନିମନ୍ତେ ଏଠାରେ ଦିଆଯାଇଛି ଶିକ୍ଷା ଓ ମାନକ ଦିନଚର୍ଯ୍ୟାର ଉପଦେଶାବଳୀ। ଗୃହଲକ୍ଷ୍ମୀମାନଙ୍କ ଆଚାର, ବିଚାର ଓ ଶୁଦ୍ଧିକରଣ ନିମନ୍ତେ ସେ ଯେଉଁ ଉପଚାର କରିଛନ୍ତି- ତାହା ପ୍ରକୃତପକ୍ଷେ ଅନନ୍ୟ ଅନୁପମ, ଅତିପ୍ରିୟ ଓ ପରିଚିତ ଓଡ଼ିଶାର ପ୍ରତିଟି ଘରେଘରେ, ହୃଦକନ୍ଦରରେ। ନାରୀଜାତିର ବିମୁକ୍ତି ସଂପର୍କରେ ସ୍ୱର ଉତ୍ତୋଳନ କରିଥିବା ସ୍ରଷ୍ଟା ସାରଳା ଦାସଙ୍କ ପରି ବଳରାମ ଦାସ ମଧ୍ୟ ଏହି କୃତିବିଶେଷରେ ନିଜର ବିକ୍ଷୋଦ୍‌ଗାର କରିଛନ୍ତି।

ସାରଳା ଦାସ ନାରୀଶକ୍ତିର ଗୁରୁତ୍ୱ ରକ୍ଷା ନିମନ୍ତେ 'ଚଣ୍ଡୀପୁରାଣ' ଗ୍ରନ୍ଥ ରଚନା କରିବା ସହ ନାରୀର ଗୁରୁତ୍ୱ ଓ ମହତ୍ତ୍ୱ ପ୍ରତିପାଦନ କରିଛନ୍ତି। ସେ ସୂତ୍ରରେ କବି ବଳରାମ ଦାସଙ୍କର 'ଲକ୍ଷ୍ମୀପୁରାଣ' ରଚିତ। ଅନ୍ୟ ଭାଷାରେ କହିବାକୁ ଗଲେ ସାରଳା ଦାସଙ୍କ ରଚିତ 'ଚଣ୍ଡୀପୁରାଣ' ଓ 'ବିଲଙ୍କା ରାମାୟଣ' ପରି ବଳରାମ ଦାସଙ୍କ 'ଲକ୍ଷ୍ମୀପୁରାଣ' ସେହି ଜାତୀୟ ଓ ସେହି ସୂତ୍ରୀୟ ଏକ ରଚନା ବିଶେଷ ଅଟେ। ତତ୍କାଳୀନ ସମାଜରେ ଏକ ପୁରୁଷତାନ୍ତ୍ରିକ ସାମାଜିକ ଅବଧାରଣା (concept)କୁ ବଡ଼ଭାଇ ବଳଭଦ୍ର ମୁଖରେ କବି ପ୍ରକାଶ କରାଇଛନ୍ତି। ନାରୀ ଅତି ତୁଚ୍ଛ ବା ଭାର୍ଯ୍ୟା ପୁରୁଷ (ସ୍ୱାମୀ) ପାଦର 'ପାଣ୍ଡୋଇ' (ଚପଲ/ଜୋତା) ସଦୃଶ। ଏହାର ଅର୍ଥ ଜଣେ ପୁରୁଷ ମନଇଚ୍ଛା ଚପଲ ବଦଳାଇପାରେ। ତଦ୍ଦ୍ୱାରା ତା'ର କୌଣସି କ୍ଷତି ହେବ ନାହିଁ। ଏଣୁ ନାରୀର/ପତ୍ନୀର ଦୋଷରେ ତାକୁ ପୁରୁଷ ପରିତ୍ୟାଗ କଲେ କୌଣସି ଅସୁବିଧା ନାହିଁ। ତା' ବଦଳରେ ସେ ନୂତନ ପତ୍ନୀ ଗ୍ରହଣ କରିପାରିବ। ପ୍ରଚଳିତ ପରମ୍ପରାକ୍ରମେ ତତ୍କାଳୀନ ସମାଜରେ ନାରୀର ଏହି ବିପର୍ଯ୍ୟସ୍ତ ଅସ୍ତିତ୍ୱର କଥା ତଥା ପୁରୁଷର ଅହଂସର୍ବସ୍ୱ ମନୋମୁଖୀ କାର୍ଯ୍ୟକଳାପର ଏକ ଜୀବନ୍ତ ଚିତ୍ର ବଳରାମଙ୍କ ଏହି ପଙ୍‌କ୍ତିରୁ ସ୍ପଷ୍ଟ ପ୍ରତିଭାତ ହୋଇଥାଏ। ବଡ଼ଭାଇ ବଳରାମ କହୁଛନ୍ତି:

"ଭାରିଯା ବୋଲିଣ ପାଦରେ ଯେ ପାଣ୍ଡୋଇ
ଭାଇ ଥିଲେ ଭାରିଯା କୋଟିଏ ବିଭା ହୋଇ
କୋଟି କୋଟି ରାଜକନ୍ୟା କରିବି ପ୍ରଦାନ

ବିଭା କରାଇବି ଯେହା ସତ୍ୟ ମୋ ବଚନ।
କହୁଛନ୍ତି ଶଂକ୍ରିସେଣ ଶୁଣରେ କନାଇ
ଭାଇ ବୋଲି ଯାହା କହିବା ଦକ୍ଷିଣ ଭୁଜ ସେହି।
ଏ କଥାକୁ ଶୋଚନା ତୁ ଯେ ନ କର କନାଇ
ଏପରି ଭାରିଯା ଥିଲେ ବାବୁ ଭଲ ଗତି ନାହିଁ।"

'ବିଲଙ୍କା ରାମାୟଣ'ରେ ଖଳ ଓ ଦୁର୍ବଳ କଣ୍ଠରେ ବସି ଝଗଡ଼ା ବା କଳି ଜାତ କରିବାବେଳେ ଦୁହେଁ ଯେକୌଣସି ବ୍ୟକ୍ତିଠାରେ ବସିଲେ ମଧ୍ୟ କଳି ହେବା ଥୟ ଜାଣିମଧ୍ୟ ସାରଳା ଦାସ ରାମଚନ୍ଦ୍ରଙ୍କ କଣ୍ଠରେ 'ଦୁର୍ବଳ'କୁ ବସାଇଲାବେଳେ ଦେବୀ ସୀତାଙ୍କ କଣ୍ଠରେ 'ଖଳ'କୁ ବସାଇ ପୁରୁଷଙ୍କୁ ଦୁର୍ବଳ ସାବ୍ୟସ୍ତ ମାତ୍ର କଲେ। ଯଥାର୍ଥରେ ସେ ସୀତାଦେବୀଙ୍କ ମୁଖରେ କୁହାଇଛନ୍ତି - "...ମୁହିଁ ନ ମାରନ୍ତେ କାହୁଁ ମରନ୍ତା ଅସୁର। ତୁମେ କିବା କଷ୍ଟ ପାଇଅଛ ରଘୁରାଣ / ଘୋର କଷ୍ଟ ପାଇଣ ମୁଁ ମାଇଲି ରାବଣ। ଏମନ୍ତ ପ୍ରତିଜ୍ଞା ଯେବେ ଅଛି ରଘୁସାଇଁ / ବିଲଙ୍କାରେ ରାବଣକୁ ବଧ କର ଯାଇ।" ତା'ପରେ ରାମଚନ୍ଦ୍ର ଯୁଦ୍ଧ କରି ସହସ୍ର ଯୋଜନ ଦୂରେ ସହସ୍ରଶିରାରାବଣଦ୍ୱାରା ଫିଙ୍ଗାହେବା ପରେ ଦେବୀ ଜାନକୀ ରାମଚନ୍ଦ୍ରଙ୍କୁ ସାହାଯ୍ୟ କରିଛନ୍ତି ଓ ଏଠାରେ ମାତୃଶକ୍ତିର ସହାୟତାରେ ବିଲଙ୍କାର ମହା ଶକ୍ତିଶାଳୀ ସହସ୍ରଶିରାରାବଣର ନିଧନ ସମ୍ଭବ ହୋଇଛି। ପରଦାରା ପ୍ରତି କୁଦୃଷ୍ଟିପାତ କରିବାର ପରିଣତି ଭୟଙ୍କର ହୋଇଛି। ଏହାର ପ୍ରମାଣ 'ଚଣ୍ଡୀପୁରାଣ' ପରି 'ବିଲଙ୍କା ରାମାୟଣ'ରେ ବେଶ୍ ପ୍ରତିଫଳିତ ସହସ୍ରଶିରା ରାବଣ ଚରିତ୍ର ମାଧ୍ୟମରେ। ଠିକ୍ ସେହିପରି 'ଲକ୍ଷ୍ମୀପୁରାଣ'ରେ ନାରୀକୁ ଏକ ସାମଗ୍ରୀ ଭାବରେ ବ୍ୟବହାର କରୁଥିବା ଓ ଗ୍ରହଣ କରୁଥିବା ପୁରୁଷତାନ୍ତ୍ରିକ ସମାଜର ତଥାକଥିତ ବ୍ୟବସ୍ଥା ବା ଚିନ୍ତାଧାରା ପ୍ରତି ସମାଲୋଚନା ଭଙ୍ଗୀରେ କୁଠାରାଘାତ କରାଯାଇଛି।

ସାରଳା ଦାସଙ୍କ ପରି ବଳରାମ ଦାସ ମଧ୍ୟ ଏକ ବୈପ୍ଲବିକ ମୁଦ୍ରାରେ ନାରୀ ହେୟା ନୁହେଁ ଶ୍ରେୟା, ଅବଳା ନୁହେଁ ସବଳା, ଶକ୍ତିହୀନା ନୁହେଁ ବରଂ ଶକ୍ତି ସ୍ୱରୂପିଣୀ ବୋଲି କହିଛନ୍ତି। ଲକ୍ଷ୍ମୀଙ୍କ ଅଭାବରେ ଶ୍ରୀମନ୍ଦିର ମଧ୍ୟ ଶ୍ରୀହୀନ ହୋଇଯାଇଛି। ଏହାର ତାତ୍ପର୍ଯ୍ୟ ବା ଉଦ୍ଦେଶ୍ୟ ହେଉଛି 'ଲକ୍ଷ୍ମୀପୁରାଣ' ମାଧ୍ୟମରେ ଓଡ଼ିଶାର ପ୍ରତିଟି ଘରେ ନାରୀର ଉପସ୍ଥିତି, ଆଦୃତି ଓ ଗୁରୁତ୍ୱକୁ ପ୍ରତିଟି ଓଡ଼ିଆ ପ୍ରାଣରେ ସଚେତନତା ବା ଉପଲବ୍ଧି ସୃଷ୍ଟିକ୍ରମେ ଏକ ସୁସ୍ଥ ପରିବାର, ସୁସ୍ଥ ସମାଜ ପାଇଁ ନାରୀର ଉପସ୍ଥିତି କେଡ଼େ ଜରୁରୀ ସେ ସଂପର୍କରେ ଜନଜାଗରଣ ସୃଷ୍ଟି କରିବା। ପ୍ରତ୍ୟେକ ନାରୀ ଗୃହଲକ୍ଷ୍ମୀ

ବୋଲି ଏଠାରେ ପ୍ରମାଣ ଓ ପ୍ରତିପାଦନ କରାଯାଇଛି। ସୂଚନା ଥାଉକି ପ୍ରତ୍ୟେକ ପୁରାଣରେ ଏପରିକି ନାରୀରାକ୍ଷସୀଟିଏ ଭିତରେ ମଧ୍ୟ ଦେବୀସ୍ଥିତି ରହିବା କଥାକୁ ଅସ୍ୱୀକାର କରାଯାଇ ନାହିଁ। ଏଣୁ ନାରୀର ଦେହରେ, ମନରେ ଓ ଆତ୍ମାରେ ଦେବୀଶକ୍ତି, ଦେବୀଙ୍କ ଅଂଶ ଓ ଅସ୍ମିତା ବିଦ୍ୟମାନ। ଏଣୁ ସଂସାରର ଉତ୍ପତ୍ତି ପାଇଁ ପାଳନ ଓ ସଂହାର ପାଇଁ ବ୍ରହ୍ମା-ବିଷ୍ଣୁ-ମହେଶ୍ୱର ତ୍ରିଶକ୍ତି ଥିଲାବେଳେ ପ୍ରତ୍ୟେକ ପୁରୁଷଶକ୍ତି ପାଖରେ ଦେବୀଶକ୍ତି ବିଦ୍ୟମାନ। ଦେଖିବାକୁ ଗଲେ ମହାମାୟା ଆଦି ଜନନୀ ହିଁ ଏ ସବୁର କାରଣ। ତେଣୁ ପରିବାର ହେଉ କି ସମାଜ ସବୁଥିରେ ନାରୀର ଆଦର ସମ୍ମାନ ଓ ସ୍ୱୀକୃତି ରହିଲେ ହିଁ ଏକ ସମନ୍ୱିତ ସୁସ୍ଥ ସୁନ୍ଦର ପରିବାର ବା ସମାଜର ବ୍ୟବସ୍ଥା ସୃଷ୍ଟି ହୋଇପାରିବ।

ସର୍ବୋପରି ସମାଜରେ ଓ ପରିବାରରେ ନାରୀର ସ୍ଥିତି, ସଂସ୍ଥିତି, ଶକ୍ତି, ସାମର୍ଥ୍ୟ, ତ୍ୟାଗ, ବଳିଦାନ, ଗୁରୁତ୍ୱ, କର୍ତ୍ତବ୍ୟପରାୟଣତା, ସର୍ଜନାଶକ୍ତି, ବିନିର୍ମାଣ ଶକ୍ତି ଓ ପୁନର୍ନିର୍ମାଣଶକ୍ତି ପ୍ରଭୃତିକୁ ପ୍ରମାଣ, ପ୍ରଦର୍ଶନ ଓ ପ୍ରତିପାଦନ କରିବା ସଙ୍ଗେସଙ୍ଗେ ସମକାଳୀନ ସାମାଜିକ-ସାଂସ୍କୃତିକ-ରାଜନୀତିକ ଓ ଆର୍ଥନୀତିକ ବ୍ୟବସ୍ଥା ପରି ପ୍ରଚଳିତ ତଥାକଥିତ ନୈତିକ ଧାରଣା ବିରୋଧରେ ଅପାଚାର, ଅବିଚାର, ଅବ୍ୟବସ୍ଥା, ଅନୀତି, ଅନ୍ୟାୟ, ଅରାଜକତା, ଅସାମାଜିକତା ଓ ଅପସାଂସ୍କୃତିକ ଘଟଣା ବିଧି ବା ଧାରା ବିରୁଦ୍ଧରେ ବିଧିବଦ୍ଧ ସାରସ୍ୱତ ଆନ୍ଦୋଳନ ସୃଷ୍ଟି କରିବା ହେଉଛି ବଳରାମଙ୍କ ରଚିତ 'ଲକ୍ଷ୍ମୀପୁରାଣ'ର ପ୍ରଥମ ଓ ପ୍ରଧାନ ଲକ୍ଷ୍ୟ। ଏହାଛଡ଼ା ସଂସ୍କୃତି ଓ ସଂସ୍କାରର ଯଥାର୍ଥ ପ୍ରଚଳନ ମଧ୍ୟ ଏହାର ଅନ୍ୟତମ ବିଶେଷ ଅଭିପ୍ରାୟ। ନାରୀର ସମ୍ମାନ, ସ୍ୱାଧିକାର, ସ୍ୱାଭିମାନ ରକ୍ଷା, ନାରୀର ସତ୍ ସ୍ୱାଧୀନତା, ଜାତିଭେଦ ପରି ସାମାଜିକ ବ୍ୟାଧିର ବିଲୋପନ ବା ମୂଳୋତ୍ପାଟନ, ପୁରୁଷର ନାରୀ ପ୍ରତି (ସ୍ତ୍ରୀ/ପତ୍ନୀ) ପ୍ରତି ଯଥାର୍ଥ ସମ୍ମାନ, ତା'ର ଗୁରୁତ୍ୱ ଅବବୋଧନ ସାଙ୍ଗକୁ ବହୁପତ୍ନୀବରଣ ଓ ପତ୍ନୀତ୍ୟାଗ ମନୋଭାବ ପରି ସାମାଜିକ ବିକୃତି ବିରୋଧରେ କବି ୧୬ଶ ଶତାବ୍ଦୀରେ ଯେଉଁ ଭଙ୍ଗୀରେ ଉତ୍କଳୀୟ ଜନଜୀବନର ଶିରା-ପ୍ରଶିରା ଓ ଧମନୀରେ ଏହି ଆନ୍ଦୋଳନର କଥାକୁ ପୌରାଣିକ ପ୍ରଲସି ମାଧ୍ୟମରେ ପ୍ରବାହିତ କରାଇବାରେ ସଫଳ ହୋଇଛନ୍ତି ତାହା ପ୍ରକୃତପକ୍ଷେ ଅନନ୍ୟ, ଅନୁପମ ଓ ଅଦ୍ୱିତୀୟ। ପୁରୁଷ ନାରୀ ବା ତା'ର ପତ୍ନୀକୁ ପାଦର ପାଣ୍ଡୋଇ ବା ଚପଲ ପରି ବଦଳାଇଦେଲେ ଭାରତରେ ପ୍ରତୀଚ୍ୟ ସଭ୍ୟତାର ମାନସିକ ମନସ୍ତାତ୍ତ୍ୱିକ ରୋଗବ୍ୟାଧି ଆସିବା ଥୟ। କାରଣ ନାରୀଟିଏ ଖାଲି ପତ୍ନୀଟିଏ ନୁହେଁ, ବରଂ ମାଆଟିଏ ମଧ୍ୟ। ପରିବାରରେ ନାରୀଟିକୁ ଛାଡ଼ପତ୍ର ଦେବାଦ୍ୱାରା ପିଲାମାନଙ୍କୁ ଛାଡ଼ପତ୍ର

ଦେଇହୁଏନି । ସେମାନଙ୍କ ମାନସିକ ସ୍ଥିତି ଏକ ବିପର୍ଯ୍ୟୟର ସାମ୍ନା କରେ, ଧ୍ୱସ୍ତବିଧ୍ୱସ୍ତ ହୁଏ, ନଷ୍ଟଭ୍ରଷ୍ଟ ହୋଇଯାଏ । ଏକ ଅସୁସ୍ଥ ସମାଜ ସୃଷ୍ଟିର ଓ ଅସୁସ୍ଥ ମାନସିକତାର ପଙ୍‌କ୍ତି ସୃଷ୍ଟି ହୋଇଥାଏ । ଏଣୁ ଏହାକୁ କବି ଘଟଣାଚକ୍ର ମାଧ୍ୟମରେ ବିରୋଧ କରିଛନ୍ତି ଏହି ପୌରାଣିକ କଥାବସ୍ତୁଦ୍ୱାରା । 'ଲକ୍ଷ୍ମୀପୁରାଣ'ର ଅନେକ ସାମାଜିକ, ସାରସ୍ୱତ, ଆଧ୍ୟାତ୍ମିକ ଓ ସାଂସ୍କୃତିକ ଦିଗ ଅଛି । ଝୋଟିଚିତା ଏକ ଅନନ୍ୟ ଓଡ଼ିଆ ଲୋକକଳା । ମାଟିଘର ଗୋବରପାଣିରେ ଲିପିବାର କଳା ଓ କୌଶଳ ଏ ଜାତିର ଅନ୍ୟତମ ଅନନ୍ୟତା । ଏହି ଲୋକକଳା, ଲୋକ ସଂସ୍କୃତି ସହିତ ଓଡ଼ିଆ ଜାତିର ଆତିଥ୍ୟ, ଓଡ଼ିଆଣୀର ଆତିଥ୍ୟ, ସତୀତ୍ୱ, ସାଧୁତା, ଶୁଚିତା, ପବିତ୍ରତା, ଶୁକ୍ଲତା, ଶୁଦ୍ଧତା, ସଦ୍ଭାବ, ସତ୍କାର ସହିତ ତା'ର ବୀରତ୍ୱ, ସାହସିକତା, ଓଡ଼ିଆ ଖାଦ୍ୟପେୟ ସର୍ବୋପରି ଓଡ଼ିଆଣୀର ସଂସ୍କୃତି ଏଠାରେ ପ୍ରତିଫଳିତ । ପ୍ରକାଶ ଥାଉକି ଲକ୍ଷ୍ମୀପୁରାଣରେ ପ୍ରଭୁ ଶ୍ରୀଜଗନ୍ନାଥ, ଶ୍ରୀବଳଭଦ୍ର ଓ ମାତା ଲକ୍ଷ୍ମୀ ସମସ୍ତେ ପୌରାଣିକ ଆବରଣ ଓ ଆଭରଣ ମଧ୍ୟରେ ଥିଲେ ହେଁ ମନ ଓ ପ୍ରାଣରେ ଜଣେ ଜଣେ ଷୋହଳପଣ ଓଡ଼ିଆ । ଲକ୍ଷ୍ମୀ ସେ ଦୃଷ୍ଟିରୁ ଜଣେ ସଚ୍ଚା ଓଡ଼ିଆ ବୋହୂ ଓ ଘରଣୀ । ସେଥିପାଇଁ ଶ୍ରୀଜଗନ୍ନାଥ ମନ୍ଦିର ଆଜି ଶ୍ରୀମନ୍ଦିର । ଓଡ଼ିଆ ଜାତି ଏହି ଗ୍ରନ୍ଥ ମାଧ୍ୟମରେ ସାରା ଜଗତକୁ ସୁସ୍ଥ ସୁନ୍ଦର ପରିବାର ଓ ସମାଜ ଗଢ଼ିବାର ଏହି ସାମାଜିକ ମନ୍ତ୍ର ପ୍ରଦାନ କରିଥାଏ । ବଳରାମ ଦାସ ପୌରାଣିକ ଆଖ୍ୟାନ ମାଧ୍ୟମରେ ଏହି ତିନୋଟି ଓଡ଼ିଆ ଚରିତ୍ର ମାଧ୍ୟମରେ ସମଗ୍ର ବିଶ୍ୱକୁ ଯେଉଁ ଶୁକ୍ଳ-ଶୁଭ୍ର-ପରିଶୁଦ୍ଧ ମନ୍ତ୍ର ପ୍ରଦାନ କରିଛନ୍ତି ତାହା ଚିରଦିନ ଅକ୍ଷର ରହିବ । ସମାଲୋଚକ ଦାଶରଥି ଦାସଙ୍କ ଭାଷାରେ, "ଏହା ନିର୍ଦ୍ଦିଷ୍ଟ ଏକ ଆଂଚଳିକ ଜୀବନବୀକ୍ଷା ମାଧ୍ୟମରେ ଯେପରି ସର୍ବଭାରତୀୟ ସ୍ତରର ସାମ୍ୟଚେତନାର ଉଦ୍‌ଗାତା ହୋଇପାରିଛି, ଯେପରି ସାରସ୍ୱତ ଆନନ୍ଦ ଦେବା ସଙ୍ଗେସଙ୍ଗେ ଧର୍ମୀୟ, ନୈତିକ, ସାମାଜିକ ଓ ଆଧ୍ୟାତ୍ମିକ ଶିକ୍ଷା ପ୍ରଦାନ କରୁଛି, ତାହା ଆଦୌ ସାଧାରଣ କଥା ନୁହେଁ । ତାହାର ଲକ୍ଷ୍ମୀ ଜଗନ୍ନାଥ ଆଂଚଳିକ ହୋଇ ସାର୍ବଭୌମିକ, ଆବେଦନ ବି ଆଂଚଳିକ ହୋଇ ସାର୍ବଭୌମିକ ।"

ଗ୍ରୀକ୍ ପୁରାଣ କଥା ଅନୁସାରେ ଟାଇଚି (Tyche) ଭାଗ୍ୟ, ସୌଭାଗ୍ୟ, ସଫଳତା ଓ ଉନ୍ନତିର ଦେବୀ ବିଶେଷ ଅଟନ୍ତି । ଏହି ଦେବୀ ଲୋକଙ୍କର (ମଣିଷ)ର ସ୍ଥାନମାନଙ୍କର ଭାଗ୍ୟ ନିର୍ଦ୍ଧାରଣ ମଧ୍ୟ କରନ୍ତି । ସେହିପରି ଗ୍ରୀକ୍ ପୁରାଣାନୁସାରେ ଡିମିଟର (Demeter) ହେଉଛନ୍ତି କୃଷି, ଉର୍ବରତା, ଉତ୍ପାଦନ, ଅମଳ ଓ ଧରିତ୍ରୀଦେବୀ । ସ୍ୱାସ୍ଥ୍ୟ, ଜନ୍ମ ଓ ବିବାହର କାରକ ଭାବରେ ଡିମିଟର ପୂଜ୍ୟା ଓ ଜଣାଶୁଣା । ଗ୍ରୀକ୍ ପୁରାଣରେ ଡିମିଟରଙ୍କୁ ସର୍ବାଧିକ ଗୁରୁତ୍ୱ ଦିଆଯାଉଥିଲା, କାରଣ

ଡିମିଟରଙ୍କ ଉପସ୍ଥିତି ହିଁ ଗ୍ରୀକ୍‌ମାନଙ୍କର ଅସ୍ତିତ୍ୱର କାରଣ ପାଲଟିଥିଲା। ଡିମିଟରଙ୍କ ପ୍ରତୀକ ମଧ୍ୟରେ ଶସ୍ୟ, ପୁଷ୍ପ, ଫଳ ଭର୍ତ୍ତି ଦିବ୍ୟପାତ୍ର ସହ ତାଙ୍କର ପ୍ରିୟ ଜୀବ ଘୁଷୁରୀ ତାଙ୍କ ପାଖରେ ଥାଏ। ରୋମାନମାନେ ଦେବୀ ସିରେସ୍ (Ceres)ଙ୍କୁ ଡିମିଟରଙ୍କ ସହ ସମାନ ଭାବରେ ଦେଖୁଥିଲାବେଳେ ଗ୍ରୀକ୍‌ଦେବୀ ଟାଇଚିଙ୍କୁ ତାଙ୍କର ଦେବୀ ଫର୍ଚ୍ୟୁନା (Fortuna)ଙ୍କ ସହ ତୁଳନା କରନ୍ତି। ହିନ୍ଦୁ ମିଥ୍‌ରେ ଦେବୀ ଲକ୍ଷ୍ମୀ ଏହି ଦୁଇ ଗ୍ରୀକ୍‌ଦେବୀ 'ଟାଇଚି' ଓ 'ଡିମିଟର' ବା ଦୁଇ ରୋମୀୟ ଦେବୀ 'ସିରେସ୍' ଓ 'ଫରଚ୍ୟୁନା'ଙ୍କୁ ଏକାକୀ ପ୍ରତୀକିତ କରନ୍ତି।

ଓଡ଼ିଶା ପରି କୃଷିପ୍ରଧାନ ଅଞ୍ଚଳରେ ଶସ୍ୟ, କୃଷି ଓ ଉର୍ବରତାକୁ ଗୁରୁତ୍ୱ ଦେବା ସ୍ୱାଭାବିକ। ଐତିହାସିକ, ସାମାଜିକସ୍ଥିତି ଅନୁଧ୍ୟାନକ୍ରମେ ଓଡ଼ିଶାର ଆର୍ଥନୀତିକ ଦୁରବସ୍ଥାକୁ ଲକ୍ଷ୍ୟକରି ଲୋକେ ନିଜର ଅଭାବ ହେତୁ ଧନଧାନ୍ୟ ସଂପଦାଦିକୁ ଅନ୍ୱେଷଣ କରିବା ସ୍ୱାଭାବିକ। ଏଣୁ ଏ ଦୃଷ୍ଟିରୁ ଦେବୀଲକ୍ଷ୍ମୀ ଉଭୟ ଧନ ଓ ଧାନ୍ୟର ଦେବୀ ହୋଇଥିବାରୁ ଅର୍ଥାତ୍ ଉଭୟ ସଂପଦ ଓ ଶସ୍ୟର ଦେବୀ ହୋଇଥିବାରୁ ସେ ଓଡ଼ିଆର ପ୍ରଣମ୍ୟ, ନମସ୍ୟ ଓ ପ୍ରତିଟି ଓଡ଼ିଆ ଦୃଷ୍ଟିରେ ସେ ଶକ୍ତିଶାଳୀ ତଥା ମାତୃସ୍ଥାନୀୟା। ଓଡ଼ିଆ ଜାତି ଦେବୀ ଲକ୍ଷ୍ମୀଙ୍କୁ ଜଣେ ଦେବୀ ଭାବରେ ଗ୍ରହଣ କରିବା ସହ ତମାମ୍ ଜାତିର ମାଆ ଭାବରେ ଗ୍ରହଣ କରିନେଇଛି। ଏହା ଏକ ସାମୂହିକ ଓଡ଼ିଆ ମାନସିକତା। ଏଣୁ ଦେବୀ ଲକ୍ଷ୍ମୀଙ୍କୁ ଆମେ ଡିମିଟର୍, ଟାଇଚି, ସିରେସ୍ ବା ଫର୍ଚ୍ୟୁନା ପ୍ରଭୃତି ଯେତେ ଦେବୀଙ୍କ ସହ ତୁଳନା କଲେ ହେଁ ଓଡ଼ିଆର ମନପ୍ରାଣ କଳ୍ପନାରେ ନିଜ ପରିବାରର ସର୍ବଜ୍ୟେଷ୍ଠ ନାରୀ (ମାତା) ସହ ଦେବୀ ଲକ୍ଷ୍ମୀଙ୍କୁ ସମାନ୍ତରାଳ ଭାବେ ରଖି ଦେଖିଥାଏ। ଡିମିଟରଙ୍କ ପ୍ରିୟ ଜୀବ ଶୂକରୀ ପରି ଦେବୀ ଲକ୍ଷ୍ମୀଙ୍କ ପ୍ରିୟ ଜୀବ ପେଚକ। ତେବେ ଏମିତି ଅନେକ କୌତୁକିଆ ସାମଞ୍ଜସ୍ୟ ଓ ବୈଷମ୍ୟ ଥିଲେହେଁ ଦେବୀ ଲକ୍ଷ୍ମୀ ଓଡ଼ିଆ ଜାତିର ମାଆ, ଓଡ଼ିଆ ମାଟିର ଦେବୀ ଓ ସମସ୍ତ ଓଡ଼ିଆ ଘରର ପ୍ରାଚୀନ ଓ ଅର୍ବାଚୀନ ସଦସ୍ୟାବିଶେଷ। ସୁତରାଂ ବଳରାମ ଦାସଙ୍କ ବାର୍ତ୍ତା ଏପରି ମାଧ୍ୟମ (ଶ୍ରୀଜଗନ୍ନାଥ ଯେ ଓଡ଼ିଆର ପ୍ରାଣପ୍ରିୟ ଠାକୁର ଓ ଦେବୀ ଲକ୍ଷ୍ମୀ ଯେ ଓଡ଼ିଆ ଘରର ଝିଅ, ବୋହୂ, ମାଆ, ଠାକୁରାଣୀ) ଦେଇ ଗତି କରିଛି ଯେ ତା'ର ପ୍ରଭାବ ସୁଦୂରପ୍ରସାରୀ ହେବାର ଓ ଅନନ୍ତକାଳ ପର୍ଯ୍ୟନ୍ତ ରହିବାର ଅନ୍ତର୍ନିହିତ ସାମର୍ଥ୍ୟ ରଖିଥାଏ। ଏ ସମସ୍ତ ଦୃଷ୍ଟିରୁ କବି ବଳରାମ ଦାସ ଯାଥାର୍ଥରେ ନମସ୍ୟ। ସେ ଜଣେ ଯଥାର୍ଥ ପୁରୋଦ୍ରଷ୍ଟା, ଯୁଗସ୍ରଷ୍ଟା ଓ ମନ୍ତ୍ରଦ୍ରଷ୍ଟା। ଲକ୍ଷ୍ମୀପୁରାଣର ପ୍ଲଟ୍ ସିଲେକ୍ସନଠାରୁ ଆରମ୍ଭ କରି ପ୍ଲଟ୍ ନ୍ୟାରେସନ୍, ପ୍ଲଟ୍ କନେକ୍ସନ୍ ଓ କନ୍‌କ୍ଲୁଜନ୍ ପର୍ଯ୍ୟନ୍ତ ସବୁଠି କବି ଅଭିନବତ୍ୱ, ସୌକୁମାର୍ଯ୍ୟ, ସୌନ୍ଦର୍ଯ୍ୟ

ଓ ସୌକର୍ଯ୍ୟ ରକ୍ଷା କରିପାରିଛନ୍ତି। ଏଣୁ ଯଥାର୍ଥରେ ସବୁ ଦିଗରୁ ଏହି କୃତିଟି ତାଙ୍କର କଳୋତ୍ତୀର୍ଣ୍ଣ ଓ କାଳୋତ୍ତୀର୍ଣ୍ଣ।

ଷୋଡ଼ଶ ଶତାବ୍ଦୀର କାଳଜୟୀ ସାହିତ୍ୟକୃତି 'ଲକ୍ଷ୍ମୀପୁରାଣ' ସାମାଜିକ ସଂସ୍କାର ନିମନ୍ତେ ପ୍ରତିବଦ୍ଧ ଏକ ଅନନ୍ୟ ପଦକ୍ଷେପ। 'ଲକ୍ଷ୍ମୀପୁରାଣ'ରେ କେନ୍ଦ୍ରୀୟ ଚରିତ୍ର ହେଉଛନ୍ତି ଲକ୍ଷ୍ମୀ। ପୁରୁଷତାନ୍ତ୍ରିକ ସମାଜରେ ବଡ଼ଠାକୁର ଶ୍ରୀଜଗନ୍ନାଥ ବା ବଡ଼ଭାଇ ବଳଭଦ୍ର ମୁଖ୍ୟ ଚରିତ୍ର ନ ହୋଇ ପରିବାରର ନାରୀ ସଦସ୍ୟାଟି ହୋଇଛି କେନ୍ଦ୍ର ଚରିତ୍ର ବା ମୁଖ୍ୟଚରିତ୍ର। ବସ୍ତୁତଃ ଏହା ଏକ ଉତ୍କଳୀୟ ପରିବାରର ଘଟଣାକୁ କେନ୍ଦ୍ର କରି ରଚିତ। ଏହା ଏକ ଓଡ଼ିଆ ଘରର କଥା। ଯଥାର୍ଥରେ ବଳଭଦ୍ର (ବଳରାମ)ଙ୍କ ପରି ପୁରୁଷତାନ୍ତ୍ରିକ ସମାଜର ପ୍ରତିନିଧିସ୍ଥାନୀୟ ଚରିତ୍ର କାହାଣୀର ଶେଷ ଭାଗରେ ପଶ୍ଚାତ୍ତାପର ଅଗ୍ନିରେ ଦଗ୍ଧ ହୋଇ ମରମବାଣୀ ଶୁଣାଇ କହିଛନ୍ତି ଘରକୁ ସୁନ୍ଦର ଘରଣୀ। ଗୃହିଣୀ ନ ଥିଲେ ଗୃହ ଅସୁନ୍ଦର ଦିଶେ। କବି ବଳରାମ ଦାସ ବଳଭଦ୍ର (ବଳରାମ)ଙ୍କ ମୁଖରେ ଯାହା କୁହାଇଛନ୍ତି, ତାହା ଏହିପରି:

"ବଳରାମ କହୁଛନ୍ତି ଶୁଣରେ କହ୍ନାଇ
ଘରକୁ ଘରଣୀ ସିନା ସୁନ୍ଦର ଦିଶଇ।"

ଶୁଦ୍ଧପାଠ ମତେ ସେ ଉକ୍ତିଟି ଥିଲା ଏହିପରି -

"ବଳରାମେ କହୁଛନ୍ତି ଶୁଣରେ କନାଇ
ଘରର ଘରଣୀ ଏବେ ସୁନ୍ଦର ଦିଶଇ।"

ବର୍ତ୍ତମାନ 'ଲକ୍ଷ୍ମୀପୁରାଣ'ର ଆଲୋଚନା ଓ ଅନୁଶୀଳନ କରାଯାଉ। ସମୀକ୍ଷାବେଳେ ପ୍ରଥମେ ପାଠକ ଆଗରେ ଯେଉଁ ଶବ୍ଦଟି ଉଭାହୁଏ, ତାହା ହେଉଛି 'ଲକ୍ଷ୍ମୀ'। ଏ 'ଲକ୍ଷ୍ମୀ' କିଏ ? ଗୋଟିଏ ସଭ୍ୟତାରେ, ସଂସ୍କୃତିରେ ବା ସମାଜରେ ଏପରି ଦିବ୍ୟ ବା ଦେବୀ ଚରିତ୍ର କାହିଁକି ଓ କିପରି ରହନ୍ତି ? ସେକଥା ବର୍ତ୍ତମାନ ଆଲୋଚନା ବା ଅନୁଶୀଳନଭୁକ୍ତ କରାଯାଉ।

ଲକ୍ଷ୍ମୀ ହିନ୍ଦୁ ପୁରାଣର ସମୃଦ୍ଧି, ସଫଳତା, ସୌଭାଗ୍ୟ, ସମ୍ପନ୍ନତା, ବୈଭବ, ଶ୍ରୀ, କୁଶଳ, ସୌନ୍ଦର୍ଯ୍ୟ, ଧନ, ଧାନ, ଶସ୍ୟ, ଉର୍ବରତା ଓ କୃଷିର ଦେବୀ। ବିଭିନ୍ନ ସଂସ୍କୃତିରେ ପୃଥିବୀର ବିବିଧ ଭୂଖଣ୍ଡରେ ଦେବୀ ଲକ୍ଷ୍ମୀଙ୍କ ପରି ଦୈବୀଶକ୍ତି ରହିଛନ୍ତି। ମହାନ ଓ ପ୍ରାଚୀନ ସଭ୍ୟତାମାନଙ୍କର ଏହା ଏକ ଲକ୍ଷଣ। କାରଣ ଏହି ଦେବଦେବୀମାନେ ହିଁ ସେ ସଭ୍ୟତା ଓ ସଂସ୍କୃତିର ପ୍ରତ୍ୟୟ ଆଧାର। ସେମାନଙ୍କ ଉତ୍କ୍ରମଣ ଓ ଅନୁକ୍ରମଣର, ଆସ୍ଥା ଓ ଅସ୍ତିତ୍ୱର ଭିତ୍ତିଭୂମି। ମାନସିକ ଓ ଆଧ୍ୟାତ୍ମିକ ସ୍ତରରୁ ଭୌତିକସ୍ତରୀୟ ବିକାଶ

ବା ଉନ୍ନତିର ପରିପନ୍ଥୀ ଭାବେ ଏସବୁ ଦେବଦେବୀଙ୍କୁ ମଣିଷ ଗ୍ରହଣ କରିଆସିଛି। ଯଥା- ଗ୍ରୀକ୍‌ଦେବୀ ଟାଇଚି (Tyche), ରୋମୀୟ ଦେବୀ ଫର୍ଚ୍ୟୁନା (Fortuna) ଇଜିପ୍ଟୀୟ ଦେବୀ ଆଇସିସ୍ (Isis), ଚୈନିକ ଦେବୀ କୈଶେନ୍ (Caishen) ଜାପାନୀ ଦେବୀ ବେଞ୍ଜୈଟିନ୍ ବା ବେଞ୍ଜାଇନେ (Benzaiten) ବୌଦ୍ଧଦେବୀ ବସୁଧାରା (Vasudhara), ଆଫ୍ରିକୀୟ ୟୋରୁବା ଦେବୀ ୟେମୋଜା (Yemaya), ନରୱେର ଦେବୀ ଫ୍ରେୟା (Freyja), ପ୍ରେମ, ଯୁଦ୍ଧ ଓ ଉର୍ବରତାର ପ୍ରାଚୀନ ମେସୋପଟାମିଆର ଦେବୀ ବା ସୁମେରୀୟ ଦେବୀ ଇନାନା (Inanna), ପୂର୍ବସେମିଟିକ୍ ବା ଆସିରୀୟ ଦେବୀ ଇସ୍ତା (Ishtar), ବାଲିର ଶ୍ରୀଦେବୀ ପ୍ରଭୃତି ଅନେକ। ସେହିପରି ଦେବୀ ମହାଲକ୍ଷ୍ମୀଙ୍କୁ ଆଠ ଭାଗରେ ହିନ୍ଦୁ ପୁରାଣରେ ବର୍ଣ୍ଣନା କରାଯିବାର ଲକ୍ଷ୍ୟ କରିହେବ। ଯଥା- ଆଦିଲକ୍ଷ୍ମୀ, ଧାନ୍ୟଲକ୍ଷ୍ମୀ, ବୀର ଲକ୍ଷ୍ମୀ, ଗଜଲକ୍ଷ୍ମୀ, ସନ୍ତାନଲକ୍ଷ୍ମୀ, ବିଦ୍ୟାଲକ୍ଷ୍ମୀ, ବିଜୟଲକ୍ଷ୍ମୀ ଓ ଧନଲକ୍ଷ୍ମୀ / ଐଶ୍ୱର୍ଯ୍ୟଲକ୍ଷ୍ମୀ। ଓଡ଼ିଶା ପରି ଏକ କୃଷିସଂପ୍ରଦାୟପ୍ରଧାନ ରାଜ୍ୟରେ ଏସବୁ ଲକ୍ଷ୍ମୀଙ୍କର ଉପାସନାତ୍ମକ ଗୁରୁତ୍ୱ ରହିବା ସ୍ୱାଭାବିକ। ଏଣୁ ବଳରାମ ଦାସ ଏଠାରେ 'ଲକ୍ଷ୍ମୀପୁରାଣ' ପରି ବିଷୟବସ୍ତୁରୁ ପରିକଳ୍ପନା କରିଛନ୍ତି। ଏହି ବିଷୟବିନ୍ୟାସ ଅତ୍ୟନ୍ତ ସୁଚିନ୍ତିତ, ସୁବିନ୍ୟସ୍ତ ଓ ସୁବ୍ୟବସ୍ଥିତ। ଓଡ଼ିଶାର ଐତିହ୍ୟ, ପରମ୍ପରା, ଇତିହାସ, ସମାଜବ୍ୟବସ୍ଥା ପ୍ରଭୃତି ଏହାର କାରକ ଓ ଉତ୍‌ପ୍ରେରକ ମାତ୍ର।

ଶସ୍ୟ ଓ ଉର୍ବରତାର ଦେବୀ ଭାବରେ ସମଗ୍ର ପୃଥିବୀର ଆଫ୍ରିକୀୟ ଚକ୍ର ଅନ୍ତର୍ଗତ ବିବିଧ ଅଞ୍ଚଳ ଓ ଆଞ୍ଚଳିକ ସଂସ୍କୃତି ଆଧାରରେ - ଦକ୍ଷିଣ ନାଇଜେରୀୟ ଅଞ୍ଚଳର ଇବୋ (Igbo) ଗୋଷ୍ଠୀର ଦେବୀ 'ଏଲା' (Ala), ଘାନାର ଅସାନ୍ତି ଅଞ୍ଚଳର ଅକାନ ଗୋଷ୍ଠୀର ଦେବୀ 'ଅସାନ୍ତେ' (Asante) ବା ଅସାନ୍ତି (Ashanti), ଦକ୍ଷିଣ ସୁଦାନ ଅଞ୍ଚଳରେ ବସବାସ କରୁଥିବା ଡିଙ୍କା (Dinka) ଗୋଷ୍ଠୀର ଉର୍ବରତାର ଦେବୀ ଡେଙ୍ଗ୍ ବା ଡେଙ୍କା (Deng or Denka), ଦକ୍ଷିଣ ଆଫ୍ରିକାର ଜୁଲୁଗୋଷ୍ଠୀର ଦେବୀ ମ୍ବାବା ମ୍ୱାନା ୱାରେସା (Mbaba Mwana Waresa), ଲାଟିନ୍ ଆମେରିକା ଅଞ୍ଚଳର ଦେବୀ ଓଶୁନ୍ (Oshun), ଆଫ୍ରିକାର ଓହାଫିଆ ଅଞ୍ଚଳର ଦେବୀ 'ଓରାଇ' (Orie), ପ୍ରାଚୀନ ଇଜିପ୍‌ଟୀୟ ଚକ୍ରର ବିବିଧ ସଂସ୍କୃତି ଓ ଧାର୍ମିକ ପ୍ରତ୍ୟୟାନୁସାରେ ଗୃହୀତ ଅମୁନ୍ (Amun), ବସ୍ତେତ୍ (Bastet), ହଥୋର୍ (Hathor), ହେକେତ୍ (Heqet), ହେରିଶାଫ୍ (Heryshaf), ଆଇସିସ୍ (Isis), କ୍ନୁମ୍ (Knum), ମେସେନେଟ୍ (Mesenet), ମିନ୍ (Min), ଓସିରିସ (Osiris), ରେନେନ୍ୟୁଟେଟ୍ (Renenutet), ସୋବେକ୍ (Sobek), ସୋପ୍‌ଦେତ୍ (Sopdet), ତାୱାରେତ୍ (Tawaret), ତେଫ୍‌ନତ୍

(Tefnut), ଯୋରୁବା ଗୋଷ୍ଠୀର ଦେବୀ 'ଏଷୁ୍ୟ' ଓ ଓୟା ତଥା ଆଞ୍ଚଳିକ ଆମେରିକୀୟ ଗୋଷ୍ଠୀର କୋକୋ ପେଲ୍ଲି, ଆଇରେକ୍ୱିସ୍ ଦେବୀ ଅତାହେନ୍‌ସିକ୍, ଆଜ୍‌ଟେକୀୟ ଦେବୀ ଚିମାଲ୍‌ମା (chimalma), କୋଟ୍‌ଲିକ୍ୟୁ (Coatlicue), ଯୋଚିପିଲ୍ଲି (Xochipilli), ଯୋଚିକ୍ୱେଜ୍ଜାଲ୍ (Xochiquetzal), ଇଙ୍କାର ଶସ୍ୟଦେବୀ ସାରାମାମା (Sara Mama), ମାମା ଓକ୍‌ଲୋ, ପାଛାମାମା ଦେବୀତ୍ରୟୀ, ଟାଇନୋର ଶସ୍ୟଦେବୀ ୟୁରହୁ ଓ ଅତାବେ, ୟୁରୋପୀୟ ଚକ୍ରରେ ଆଲ୍‌ବାନୀୟ ଦେବୀ ପ୍ରେଣ୍ଡେ, ବାଲ୍‌ଟିକ୍ ଦେବୀ ଲାଇମା ଓ ଜେମେସ୍ ମାତେ, କେଲ୍‌ଟିକ୍ ଦେବୀ ବ୍ରିଗିଡ୍, ସେରନ୍ୟୁନସ୍, ଦାମାରା, ଦାମୋନା, ଏପୋନା, ନାଣ୍ଟୋସୁଏଲ୍ଟା, ଓନ୍ୟୁଆଭା, ଓ ରୋଜ୍‌ମେର୍ଟା, ଏଟ୍ରୁସ୍କାୟ ଦେବୀ ଥେସାନ୍, ଟ୍ୟୁରାନ୍ ଓ ଫ୍ୟୁଫ୍ଲୁନ୍ସ, ଫିନ୍‌ଲାଣ୍ଡ୍‌ର ଦେବୀ ଅକ୍କାସ, ରାଉନି, ପେକୋ, ପଶ୍ଚିମଇସ୍ତୋନୀୟ ଦେବୀ ମେଟ୍‌ସିକ୍, ମୋର୍ଦୋଭୀୟ ଦେବୀ ନୋରୋଭାବା', ସନ୍‌ସୋକୋନାଭା, କୋମିର ଦେବୀ ଯାର୍ନି - ଆଁ, ହଙ୍ଗେରୀୟ ଉର୍ବରତାର ଦେବୀ ବବ୍ବା (Babba or Aranyanya), ଓବ୍ ୟୁଗ୍ରିକ୍ ଦେବୀ କାଲ୍‌ଟେସ୍ ଏକ୍ୱା (Kaltes Ekwa), ଜର୍ମାନୀର ଏଓଷ୍ଟ୍ରୋ, ଫ୍ରେୟର୍, ଫ୍ରେୟଜା, ଫ୍ରିଗ୍, ଜେଫ୍‌ଜୁନ୍, ନେର୍ଥୋସ୍, ଜ୍ୟୋର୍ଡ୍, ଥୋର, ଗ୍ରୀକ୍ ଦେବୀ ଆର୍ଟେମିସ୍, ଡିମିଟର୍, ଆଫିଆ (Aphaea), ହେରା, ରୋମୀୟ ଦେବୀ ରୋବିଗସ୍, ଫେରୋନିଆ, ଫେକଣ୍ଡିଟାସ୍, ସ୍ଲାଭିକ୍ ଦେବୀ ଜିଭା ଓ କୋସ୍ତ୍ରୋମା, ହାୱାଇ ଦୀପପୁଞ୍ଜ ଅନ୍ତର୍ଗତ ସଂସ୍କୃତିର ଦେବୀ ହାଉମିଆ (Haumea), ଓ ଏସୀୟ ଚକ୍ରସ୍ଥ ଆର୍ମେନୀୟ ଦେବୀ ଆନାହିତ୍, ଚୈନିକ, ଫିଲିଫାଇନ୍ସ, ଭିଏତନାମ୍, ହିଟ୍ଟାଇଟ୍ ଦେବୀମାନଙ୍କ ପରି ଅନେକ ଦେବୀଙ୍କ ବିଶେଷତ୍ୱ ଓଡ଼ିଆ (ହିନ୍ଦୁ) ଦେବୀ ମହାଲକ୍ଷ୍ମୀଙ୍କ ମଧ୍ୟରେ ରହିଛି। ଏଥିରୁ ଏହା ଅନ୍ତତଃ ସ୍ପଷ୍ଟ ପ୍ରମାଣିତ ହୁଏ ଯେ, ପ୍ରତ୍ୟେକ ସଭ୍ୟତା ତା'ର ବିକାଶ ନିମନ୍ତେ ଏକ ସାଂସ୍କୃତିକ ଧାର୍ମିକ ଅଭିପ୍ରତ୍ୟୟ ଉପରେ ଭୀଷଣ ଆସ୍ଥା ପ୍ରକଟ କରିଥାଏ। ତା'ରି ଆଧାରରେ ସେ ଜୀଏଁ। ସଭ୍ୟତା ଓ ସଂସ୍କୃତିର ଏପରି ସାମ୍ୟ ଓ ଓଡ଼ିଶାର ଐତିହାସିକ ଆଧାରରେ ବଳରାମ ଦାସ ଦେବୀ ଲକ୍ଷ୍ମୀଙ୍କୁ ନେଇ ଏପରି ପୁରାଣଟିଏ ରଚନା କରିବା କେତେ ଯଥାର୍ଥ - ଏଥିରୁ ଖୁବ୍ ଅନୁମାନ କରାଯାଇପାରେ।

ପାଠକ 'ପୁରାଣ' ଶବ୍ଦଟିକୁ ଦ୍ୱିତୀୟରେ ଭେଟେ। ଏହି ଶବ୍ଦଟି ପାଠକକୁ ବିଚଳିତ କରେ। ସୁତରାଂ ଏହି ଶବ୍ଦଟିକୁ ବୁଝିବା ଆବଶ୍ୟକ। ଡକ୍ଟର ନଟବର ଶତପଥୀଙ୍କ ଭାଷାରେ - "ପୁରାଣ ଇତିହାସ ପରି ପ୍ରାଚୀନ ଏବଂ ପୁରାଣରେ ଇତିହାସର ଆଦି ସଂସ୍ଥାନ। ଉଭୟ ଯୁଗ୍ମଶବ୍ଦ ରୂପେ ପ୍ରାଚୀନ କାହାଣୀକୁ ଇଙ୍ଗିତ କରନ୍ତି।" ପୁରାଣର

ପ୍ରମୁଖ ପାଞ୍ଚ ଲକ୍ଷଣାବଳୀ, ସର୍ଗ, ପ୍ରତିସର୍ଗ, ବଂଶ, ମନ୍ୱନ୍ତର ଓ ବଂଶାନୁଚରିତ ହୋଇଥିଲା ବେଳେ ରାଜଶେଖର ତାଙ୍କ 'କାବ୍ୟ ମୀମାଂସା'ରେ ପୁରାଣର ପଞ୍ଚଲକ୍ଷଣାବଳୀ ଭାବରେ ସର୍ଗ, ପ୍ରତିସଂହାର, କଳ୍ପ, ମନ୍ୱନ୍ତର ଓ ବଂଶବିଧିକୁ ଗ୍ରହଣ କରିଛନ୍ତି। କୌଟିଲ୍ୟ 'ଅର୍ଥଶାସ୍ତ୍ର'ରେ ସୃଷ୍ଟି, ପ୍ରବୃତ୍ତି, ସଂହାର, ଧର୍ମ ଓ ମୋକ୍ଷକୁ ପଞ୍ଚଲକ୍ଷଣ ଭାବରେ ଗ୍ରହଣ କରିଛନ୍ତି। ସେହିପରି 'ଶ୍ରୀମଦ୍ ଭାଗବତ'ରେ ପୁରାଣର ଦଶବିଧ ଲକ୍ଷଣ ଭାବରେ ସର୍ଗ, ବିସର୍ଗ, ବୃତ୍ତି, ରକ୍ଷା, ମନ୍ୱନ୍ତର, ବଂଶ, ବଂଶାନୁଚରିତ, ସଂସ୍ଥା, ହେତୁ, ଓ ଅପାଶ୍ରୟକୁ ଗ୍ରହଣ କରାଯାଇଛି। କଳାତ୍ମକ, ଆଭ୍ୟାସିକା, ଦାର୍ଶନିକ ଓ ଯାନ୍ତ୍ରିକ ସୃଷ୍ଟିପ୍ରକ୍ରିୟାକ୍ରମେ ପ୍ରାକୃତ, ବୈକୃତ ଓ କୌମାର ସର୍ଗାନ୍ତର୍ଗତ ବ୍ରାହ୍ମ, ଭୂତ, ବୈକାରିକ, ମୁଖ୍ୟ, ତାର୍ଯ୍ୟକ, ଦେବ, ମାନବ, ଅନୁଗ୍ରହ ଓ ରୁଦ୍ର ଅଂଶାଦିର ବର୍ଣ୍ଣନା ସାଂଗକୁ ନୈମିତ୍ତିକ, ପ୍ରାକୃତିକ, ଆତ୍ୟନ୍ତିକ ଓ ନିତ୍ୟ ପ୍ରତିସର୍ଗାବଳୀ ଓ ବିବିଧ ବଂଶ ଓ ବଂଶାନୁଚରିତାବଳୀ, ତଥା ମନ୍ୱନ୍ତରର ବର୍ଣ୍ଣନାକୁ ଅଂଗୀକାର ବା ଆତ୍ମସ୍ଥ କରି ପୁରାଣ ସୃଷ୍ଟି ହୁଏ। ପୁରାଣର ଏକ ବିଧିବଦ୍ଧ ସାମାଜିକ, ଧାର୍ମିକ, ସାଂସ୍କୃତିକ, ରାଜନୀତିକ ଓ ଐତିହାସିକ ପୃଷ୍ଠଭୂମି ରହିଛି। ପୁରାଣର ଆତ୍ମା ହେଉଛି ତା'ର ସାଂସ୍କୃତିକ ନିର୍ଯ୍ୟାସ। ତା'ର ଶରୀର ସାମାଜିକ ଓ ଐତିହାସିକ ନିର୍ଯ୍ୟାସରେ ପରିପୁଷ୍ଟ ହୋଇଥାଏ।

ଓଡ଼ିଆ ପୁରାଣ ରଚନାର ପୃଷ୍ଠଭୂମି ବେଶ୍ ଗୁରୁତ୍ୱ ପୂର୍ଣ୍ଣ। କାରଣ ଓଡ଼ିଆ ପୁରାଣ ପରଂପରା ଆରମ୍ଭ ଆଗରୁ ଉତ୍କଳୀୟ ପରିବେଶ (ସାମାଜିକ, ସାଂସ୍କୃତିକ ଓ ରାଜନୀତିକ) ସଂପୂର୍ଣ୍ଣ ଭ୍ରଷ୍ଟାଚରମଗ୍ନ ଥିଲା। ଏକ ଭୋଗବାଦୀ ଭ୍ରଷ୍ଟ ମାନସିକତା ଦେଇ ସମାଜ ଗତି କରୁଥିଲା। ବିଭିନ୍ନ ଧାର୍ମିକ ଗୋଷ୍ଠୀମାନଙ୍କ ଅପାଚର ପ୍ରାଦୁର୍ଭାବ ସାଙ୍ଗକୁ ତନ୍ତ୍ର-ମନ୍ତ୍ର-କାୟାସାଧନା-ହଟଯୋଗ ଆଦିର ଭୀଷଣ ପ୍ରଭାବ ସହିତ ଜାତିଆଣ ଭାବ ପରି ସାମାଜିକ ଓ ମାନସିକ ବ୍ୟାଧିଗ୍ରସ୍ତ ଥିଲା ସେ ସମୟ। ବ୍ରାହ୍ମଣ ଓ ତଥାକଥିତ ପଣ୍ଡିତମାନଙ୍କର ନିମ୍ନବର୍ଗର ଖଟିଖିଆ ମେହେନତି ମଣିଷଙ୍କ ପ୍ରତି ତୀବ୍ରାତିତୀବ୍ର ବିଦ୍ୱେଷ ଭାବ ଉତ୍କଟ ରୂପ ଧାରଣ କରିଥିଲା। ନାରୀଥିଲା ଉପଭୋଗର ଏକ ବସ୍ତୁମାତ୍ର। ତା'ର ସ୍ୱାଭିମାନ ବୋଲି କିଛି ନଥିଲା। ବୌଦ୍ଧଯୁଗୀୟ ବଜ୍ରଯାନୀ, ସହଜଯାନୀ ଦର୍ଶନ ଓ ତା'ର ଐତିହ୍ୟ ଏହାର ପ୍ରଗଳ୍ଭ ଦସ୍ତାବିଜ୍। ଉତ୍କଳୀୟ ସମାଜ ମୁଖ୍ୟତଃ କୃଷିକାର୍ଯ୍ୟ ଉପରେ ଥିଲା ନିର୍ଭରଶୀଳ। ବାରମାସରେ ତେର ପର୍ବର ସାଂସ୍କୃତିକ ପସରା ମଧ୍ୟରେ ଅନେକତ୍ର ଅନ୍ଧବିଶ୍ୱାସ ଓ ଅପାଚର ସ୍ଥାନ ଲାଭ କରିଥିଲା। ଏଥିରେ ମଧ୍ୟ ବଳି ପଡୁଥିଲେ ନିମ୍ନବର୍ଗର ଲୋକେ। ସାମାନ୍ତବାଦୀମାନଙ୍କର ଅହଂକାର ଓ ମାନସିକ ବିକାର ଶରବିଦ୍ଧ କରୁଥିଲା ନିମ୍ନବର୍ଗର ଲୋକଙ୍କୁ। ଡକ୍ଟର ନୃସିଂହ ଷଡ଼ଙ୍ଗୀଙ୍କ ଭାଷାରେ - "ସାମନ୍ତବାଦୀମାନଙ୍କର

ଅହଂ ଓ ଆତ୍ମବଡ଼ିମା, ଅନୁଶାସନ ନାମରେ ସମାଜକୁ ଶୋଷଣ ତଥା ସାଂସ୍କୃତିକ ପ୍ରେକ୍ଷାପଟରେ ସେମାନଙ୍କର ଆତ୍ମବିଜ୍ଞାପନକୌଶଳ ଉଭୟ ସମାଜ ଓ ସଂସ୍କୃତି ପାଇଁ ଥିଲା ଏକ ଏକ ଦୁର୍ବିସହ ପୀଡ଼ା। ପଞ୍ଚଦଶ ଶତାବ୍ଦୀରେ ପୁରାଣ ରଚନାର ପରମ୍ପରା ଅନୁସୃତ ହେବା ପୂର୍ବରୁ ତତ୍କାଳୀନ ସାମାଜିକ ଜୀବନ ବହୁମାତ୍ରାରେ ଥିଲା ତାନ୍ତ୍ରିକ ରାଜନୀତି ପ୍ରଭାବିତ।" (ଓଡ଼ିଆ ପୁରାଣ ସାହିତ୍ୟ) ସମାଲୋଚକ ସୁରେନ୍ଦ୍ର ମହାନ୍ତିଙ୍କ ଭାଷାରେ – "ସେଦିନର ଅଭିଚାରଗ୍ରସ୍ତ ସମାଜରେ ସ୍ତମ୍ଭନ, ମୋହନ, ମାରଣ, ତାରଣ, ବଶୀକରଣ ଓ ଉଚ୍ଚାଟନ ପ୍ରଭୃତି ତାନ୍ତ୍ରିକ ଆଚାର ବା ଉଲ୍ଲୁକ ବିଦ୍ୟା ପ୍ରଚଳିତ ଥିଲା।" (ଓଡ଼ିଆ ସାହିତ୍ୟର ଆଦିପର୍ବ) ସହଜିୟା ଯୌନାଚାର ଓ ଉଚ୍ଛୃଙ୍ଖଳ ମନୋଭାବକୁ ତତ୍କାଳୀନ ଓଡ଼ିଆ ଜନଜୀବନ ପ୍ରତିକ୍ରିୟାଶୀଳ ହୋଇ ପ୍ରତିବାଦ କରିଥିଲା। ଏହି ପ୍ରତିବାଦର ଫଳସ୍ୱରୂପ 'ଲକ୍ଷ୍ମୀପୁରାଣ' ପରି ଲୋକପ୍ରିୟ ସାରସ୍ୱତ କୃତିର ଜନ୍ମ ସମ୍ଭବ ହେଲା। କହିବା ବାହୁଲ୍ୟ ଯେ, 'ଜଗମୋହନ ରାମାୟଣ' ବା 'ଲକ୍ଷ୍ମୀପୁରାଣ' ପରି କ୍ରାନ୍ତିକାରୀ ଉତ୍କଳୀୟ ସାରସ୍ୱତ କୃତି ସକାଶେ ଦୀର୍ଘଦିନ ଧରି ସମ୍ମୋହନ ସୂତ୍ରରେ ବାନ୍ଧିହୋଇ ପଡ଼ିଥିବା ଓଡ଼ିଆ ମନ-ପ୍ରାଣ ଓ ଜନଜୀବନ ଏକ ନବପ୍ରଜନ୍ମକୁ ଭେଟିବାର ସ୍ୱପ୍ନ ଦେଖି ପାରିଲା, ମନରେ ଆଶା ବାନ୍ଧି ପାରିଲା।

ଯଦି ଓଡ଼ିଆ ପୁରାଣର ରାଜନୀତିକ ବା ଐତିହାସିକ ପୃଷ୍ଠଭୂମି ଦେଖିବା ଏହା ସ୍ପଷ୍ଟ ଜାଣିହେବ ଯେ, ପୁରାଣର ତଥାକଥିତ ପଞ୍ଚବିଧ – ଦଶବିଧ ଲକ୍ଷଣରେ ଯେଉଁ ରାଜବଂଶୀୟ ବିବରଣୀ କୈନ୍ଦ୍ରିକତା ରହିଥିଲା ଏହା ତାକୁ ଗୁରୁତ୍ୱ ନଦେଇ ସାମାଜିକ ସଂସ୍କାର, ବୈପ୍ଳବିକ ମନୋବୃତ୍ତି, ଧାର୍ମିକ ସଂସ୍କାର ପ୍ରଭୃତିକୁ ଗୁରୁତ୍ୱ ପ୍ରଦାନ କରିଥିଲା। ସାରଳା ଦାସଙ୍କ ପରି ବଳରାମ ଦାସ ମଧ୍ୟ ଜଣେ ସମାଜ ସଂସ୍କାରକ ଅଗ୍ରଦୂତ ତଥା Avant Garde।

'ଲକ୍ଷ୍ମୀପୁରାଣ' ଏକ ମୌଳିକ ଓଡ଼ିଆ ପୁରାଣର ବୈଶିଷ୍ଟ୍ୟ ରକ୍ଷାକ୍ରମେ ସମକାଳୀନ ସାମାଜିକ, ସାଂସ୍କୃତିକ, ଆଧ୍ୟାତ୍ମିକ ଓ ରାଜନୀତିକ ସମସ୍ୟା ତଥା ଆବେଦନକୁ ପ୍ରତିଫଳିତ କରିଛି। ଓଡ଼ିଆ ପୁରାଣ ଗତାନୁଗତିକ ପୌରାଣିକ ପରମ୍ପରାର ନବୀକରଣ କରିଛି। ସେ ସୂତ୍ରରେ ଲକ୍ଷ୍ମୀପୁରାଣର କଳେବର ଓ ନ୍ୟାରେଟିଭ୍ ଉଭୟ ବିଚାର୍ଯ୍ୟ। ଓଡ଼ିଶାର ଜାତୀୟତା, ଭୌଗୋଳିକ ଚିତ୍ର, ଇତିହାସର ସ୍ପନ୍ଦନ, ସମାଜ ବ୍ୟବସ୍ଥାକୁ ପ୍ରାଧାନ୍ୟଦେଇ 'ଲକ୍ଷ୍ମୀପୁରାଣ' ଓଡ଼ିଆ ପ୍ରାଣରେ ସ୍ୱତନ୍ତ୍ର ସ୍ଥାନଲାଭ କରିପାରିଛି। ଏଥିରେ ଓଡ଼ିଶାର କୃଷିକୈନ୍ଦ୍ରିକ ଜୀବନ ଓ ଓଡ଼ିଶାର ଲୋକାଚାର ପ୍ରତିଫଳିତ ହେବାସହ ମେଜର୍ ଚରିତ୍ର ବା ବିଷୟକେନ୍ଦ୍ର ପାଲଟିଛନ୍ତି ନିମ୍ନବର୍ଗର ଖଟିଖିଆ ମେହେନତି ମଣିଷମାନେ।

ଏହି ପୁରାଣରେ ବ୍ରାହ୍ମଣ୍ୟ ସଂସ୍କୃତିର ବିରୋଧ ଓ ଜାତିପ୍ରଥାର ବିଲୋପ ପାଇଁ ଆନ୍ଦୋଳନାତ୍ମକ ଆହ୍ୱାନ ରହିଛି। ଧର୍ମରେ ଉଦାରତା ଆଣିବାର ବ୍ୟବସ୍ଥା / ପ୍ରଚେଷ୍ଟା ଏଠାରେ କରାଯାଇଛି। ସ୍ୱୈରାଚାର, ପାପବୋଧ ପ୍ରତି ସଚେତନ ମନୋଭାବ ସାଙ୍ଗକୁ, ସତ୍ୟରକ୍ଷା, ସତୀତ୍ୱ, ନୀତିନିୟମରକ୍ଷା ପ୍ରତି ଅଙ୍ଗୀକାରବଦ୍ଧତା, ନାରୀସ୍ୱାଧୀନତା ଓ ନାରୀର ସ୍ୱାଭିମାନସୁରକ୍ଷା ପ୍ରତି ସଚେତନତା, ଲୋକଭାଷାର ଗୁରୁତ୍ୱ, ଅନୁରାଗପ୍ରାଣତା, ଆଞ୍ଚଳିକସଂସ୍କୃତି ପ୍ରତି ଗୁରୁତ୍ୱାରୋପ, ଲୋକୋକ୍ତି, ଜନଶ୍ରୁତି, ଲୋକପରମ୍ପରା, ଲୋକସଂସ୍କୃତି, ଚାଲିଚଳଣି, ଲୌକିକ ଭାଷା, ଆଞ୍ଚଳିକ ଭୂଗୋଳ ଓ ଏପରିକି ଲୌକିକ ଛନ୍ଦର ଗୁରୁତ୍ୱ ଅନ୍ୟାନ୍ୟ ପୁରାଣ ପରି 'ଲକ୍ଷ୍ମୀପୁରାଣ'ରେ ମଧ୍ୟ ଦେଖାଯାଏ।

'ଲକ୍ଷ୍ମୀପୁରାଣ'ରେ ଏକରୈଖୀୟ ସମାଜକୁ ଓଲଟାଇ ଦିଆଯାଇଛି। ତଥାକଥିତ ପରମ୍ପରାକୁ ଚାଲେଞ୍ଜ୍ କରି ଏକ ନୂଆ ଗଢ଼ଣର ସୂତ୍ରପାତ କରାଯାଇଛି। ଏଠାରେ ସର୍ବାପେକ୍ଷା ଗୁରୁତ୍ୱପୂର୍ଣ୍ଣ ଚରିତ୍ର ହେଉଛି ଶ୍ରୀୟା ଚଣ୍ଡାଳୁଣୀ। ସେ ଜଣେ ସବଲ୍‌ଟର୍ଣ୍ଣ୍ ଚରିତ୍ର ବା ଦଳିତ ଚରିତ୍ର। ତା'ପରେ ଦ୍ୱିତୀୟ ଗୁରୁତ୍ୱପୂର୍ଣ୍ଣ ଚରିତ୍ର ହେଲେ ଦେବୀ 'ଲକ୍ଷ୍ମୀ'। ସେ ମଧ୍ୟ ନାରୀ ଭାବରେ ଜଣେ ସବଲଟର୍ଣ୍ଣ୍ ଚରିତ୍ର। ତୃତୀୟ ଗୁରୁତ୍ୱ ପୂର୍ଣ୍ଣ ଚରିତ୍ର ହେଲେ ଅନ୍ୟାନ୍ୟ ଗୌଣଚରିତ୍ର ବା ଦାସ-ଦାସୀ, ବେତାଳ ପ୍ରଭୃତି। କେହି କେହି ଏସବୁକୁ ସହାୟକ (କାରକ) ଚରିତ୍ର ବୋଲାଇପାରନ୍ତି ମଧ୍ୟ। ତତ୍‌ପରବର୍ତ୍ତୀ ଗୁରୁତ୍ୱପୂର୍ଣ୍ଣ ଚରିତ୍ର ହେଲେ ଶ୍ରୀଜଗନ୍ନାଥ ଏବଂ ତା' ପରବର୍ତ୍ତୀ ଚରିତ୍ର ହେଲେ ରକ୍ଷଣଶୀଳ, ବ୍ରାହ୍ମଣ୍ୟ - ପୁରୁଷ ସମାଜର ପ୍ରତିନିଧି ବଳରାମ। କିନ୍ତୁ ଯୁଦ୍ଧ ନ କରି କବି ଏହି ଆନ୍ଦୋଳନର ପରିଣତି ସବୁଜିମାରେ ପରିଣତ କରିଛନ୍ତି। ନିଜେ ବଳରାମ ନିଜ ମୁଖରେ ଲକ୍ଷ୍ମୀଙ୍କ ପ୍ରଶଂସା କରି ତାଙ୍କୁ ଶ୍ରୀମନ୍ଦିରର ଶ୍ରୀବର୍ଦ୍ଧନ ନିମନ୍ତେ ସାନଭାଇ କହ୍ନାଇଙ୍କୁ ଗ୍ରହଣ କରି ପାଛୋଟି ନେବାକୁ କହିଛନ୍ତି।

ବିଭିନ୍ନ ପାଠ ମତେ 'ଲକ୍ଷ୍ମୀପୁରାଣ' ପ୍ରାରମ୍ଭରେ କବି ବଳରାମ ଦାସ ମାଆ ଲକ୍ଷ୍ମୀଙ୍କୁ ବନ୍ଦନା କରିବା ପୂର୍ବରୁ ଶ୍ରୀଗଣେଶଙ୍କୁ ନମସ୍କାର କରିଛନ୍ତି ('କ' ପୋଥିରେ), ପୁଣି ଅନ୍ୟପୋଥି ମତେ ('ଖ' ପୋଥିମତେ) ଦାମୋଦର / ଜଗନ୍ନାଥଙ୍କ ବର୍ଣ୍ଣନାରୁ ପାଠାରମ୍ଭ ହୋଇ ପଞ୍ଚମ ପଦରେ ଲକ୍ଷ୍ମୀଙ୍କୁ, ସ୍ତୁତି କରାଯାଇଛି। ଅନ୍ୟଏକ ପୋଥିରେ ପ୍ରଥମ ଦଶପଦରେ ଶ୍ରୀଗଣେଶଙ୍କ ସ୍ତୁତି କରାଯାଇଛି ('ଗ' ପୋଥି)।

କବି ବଳରାମ ଦାସଙ୍କ 'ଲକ୍ଷ୍ମୀପୁରାଣ'ପୂର୍ବରୁ କବି ସାରଳା ଦାସ ପଞ୍ଚଦଶ ଶତାବ୍ଦୀରେ 'ଲକ୍ଷ୍ମୀନାରାୟଣ ବଚନିକା' ନାମକ କ୍ଷୁଦ୍ରଗ୍ରନ୍ଥଟିଏ ରଚନା କରିଥିଲେ। ଡକ୍ଟର ବଂଶୀଧର ମହାନ୍ତି ଏହି 'ଲକ୍ଷ୍ମୀ ନାରାୟଣ ବଚନିକା' ଗ୍ରନ୍ଥଟିକୁ ଲୋକଲୋଚନକୁ ଆଣିଥିଲେ।

ଉତ୍କୃଷ୍ଟ କୃଷି ଓ କଳାର ଦେଶ ହେଉଛି ଉତ୍କଳ ବା ଓଡ଼ିଶା। କୃଷି ପରମ୍ପରା କୈନ୍ଦ୍ରିକ ଦୃଷ୍ଟି ଓ ଦର୍ଶନରେ ସମୃଦ୍ଧ ଏହି ରାଜ୍ୟ। ଧାନ ଏହାର ପ୍ରଧାନ ଖାଦ୍ୟଦ୍ରବ୍ୟ। ଧାନ କେଣ୍ଡାଠାରୁ ଧାନପେଣ୍ଡା (ମେଣ୍ଟି) ଯାଏ ସବୁଥିରେ, ଏପରିକି ଏକ ଧାନ ଶୀଂସା ବା ଧାନଗୋଟିକରେ ଓଡ଼ିଆ (ଣୀ)ଟିଏ ଦେଖେ ତା'ର ଆରାଧ୍ୟା, ପରମପ୍ରିୟା ଲକ୍ଷ୍ମୀଙ୍କୁ। ସେ ଓଡ଼ିଆ(ଣୀ)ଟିଏ ପାଇଁ ଉଭୟ ଦେବୀ ଓ ମାନବୀ, ତା'ଘରର ସଦସ୍ୟା, ମାତୃସ୍ଥାନୀୟା। ଏଣୁ ଲକ୍ଷ୍ମୀମାତା ଆସିବା ଲାଗି ଗୋବର ପାଣିରେ ଦାଣ୍ଡଦ୍ୱାର, ଖଳା, କାନ୍ଥବାଡ଼ ସେ ଲିପାପୋଛାକରି ଚାଉଳ ଚୁନାରେ ଝୋଟି ପକାଇଥାଏ। ଏହା ଏକ ପ୍ରାଚୀନ ପାରମ୍ପରିକ ଉତ୍କଳୀୟ ଚିତ୍ରକଳାର ନିଦର୍ଶନ ମାତ୍ର।

ସାରଳା ଦାସ 'ଲକ୍ଷ୍ମୀନାରାୟଣ ବଚନିକା' ଗ୍ରନ୍ଥରେ ନାରୀଧର୍ମ ସଂପର୍କରେ ସବିଶେଷ ବର୍ଣ୍ଣନା ଦେଇଛନ୍ତି। ନାରୀର ଆଚାର-ବ୍ୟବହାର, ଆଦର୍ଶ ପ୍ରକୃତି ପ୍ରବୃତ୍ତି ପ୍ରଭୃତି ସଂପର୍କରେ ସେ ବର୍ଣ୍ଣନା କରିଛନ୍ତି। 'ଲକ୍ଷ୍ମୀପୁରାଣ'ରେ ବଳରାମ ଦାସ ଏହି ସଂସ୍କାରମୂଳକ ଉକ୍ତିର ଗୀତରୂପ ପ୍ରଦାନ କରିଛନ୍ତି। ଷୋଡ଼ଶ ଶତାବ୍ଦୀର ଓଡ଼ିଆ ସାମାଜିକତା ଓ ସାମାଜିକ ସ୍ଥିତିର ଏକ ମନ୍ମୟଚିତ୍ର ଏଠାରେ ବଳରାମ ଦାସ ପ୍ରଦାନ କରିଛନ୍ତି। ପ୍ରକାରାନ୍ତରେ ଲକ୍ଷ୍ମୀପୂଜା ମାଣବସାଗୁରୁବାରରେ ଓଡ଼ିଆଣୀଟିଏ ଦେବୀଙ୍କୁ ଆବାହନ କରୁକରୁ ନିଜେ ଅଧେ ଦେବୀ ପାଲଟି ଯାଇଥାଏ। ଓଡ଼ିଆଣୀଟିଏ ସଦାଚାର ଓ ମହତ୍ ଦୃଷ୍ଟି ଓ ଦର୍ଶନ ମାଧ୍ୟମରେ ମାନବୀରୁ ଦେବୀରେ ପରିବର୍ତ୍ତିତ ହୋଇଯାଏ। 'ଲକ୍ଷ୍ମୀପୁରାଣ'ରେ ଶତାଧିକ ଉପଦେଶ (ବିଜ୍ଞାନଭିତ୍ତିକ) ଓଡ଼ିଆ ନାରୀକୁ ଅଧିକରୁ ଅଧିକ ମାର୍ଜିତ କରିବାକୁ ଦିଆଯାଇଛି।

ଘଟଣାଟି ଅତି କ୍ଷୁଦ୍ରାବୟବ ବିଶିଷ୍ଟ। ତାହା ଏହିପରି ଲକ୍ଷ୍ମୀ ମାର୍ଗଶୀର ମାସ ଗୁରୁବାର ଦିନ ନିଷ୍ଠା, ସଦାଚାର, ଭକ୍ତି ଓ ସୁନ୍ଦରତାଦ୍ୱାରା ମୁଗ୍ଧହୋଇ ବା ସନ୍ତୁଷ୍ଟହୋଇ ଶ୍ରୀୟାଚଣ୍ଡାଳୁଣୀ ପ୍ରତି ପ୍ରସନ୍ନ ହେବା ସହିତ ତା' ଦ୍ୱାରକୁ ଯାଇଛନ୍ତି। ନାରଦ ଓ ପରାଶର ମୁନି ଉକ୍ତିପ୍ରତ୍ୟୁକ୍ତିଛଳରେ ଲକ୍ଷ୍ମୀପୂଜାର ଯେଉଁ ବିଧି ବର୍ଣ୍ଣନା କରିଛନ୍ତି ସେସବୁ ଶ୍ରୀୟା ଅତ୍ୟନ୍ତ ମନୋଯୋଗ ସହକାରେ ନିଷ୍ଠାର ସହ କରିଛି। ଏହାର ଫଳସ୍ୱରୂପ ଲକ୍ଷ୍ମୀ ସେଠାକୁ ଯାଇ ଭକ୍ତକୁ ଦର୍ଶନ ଦେଲେ। ଚଣ୍ଡାଳୁଣୀର ଘରକୁ ଯାଇଥିବାରୁ ବା ନୀଚଜାତିର ଲୋକଙ୍କ ଘରେ ପାଦଦେବାରୁ ଜଗନ୍ନାଥଙ୍କୁ ବଡ଼ଭାଇ ବଳରାମ କହି ଲକ୍ଷ୍ମୀଙ୍କୁ ଅଶୌଚ, ଅଶୁଦ୍ଧ ବିବେଚନା କରିବା ସହ ଧିକ୍କାର କରି ଶ୍ରୀମନ୍ଦିର ମଧ୍ୟକୁ ପ୍ରବେଶ କରିବାକୁ ଅନୁମତି ଦେଲେନାହିଁ। ଲକ୍ଷ୍ମୀ ଅଭିମାନ କରି ଦେହରୁ ତାଙ୍କର ସବୁ ଅଳଙ୍କାର କାଢ଼ି ଦେଇ ନିଜ ବାପଘରକୁ ଚାଲିଗଲେ। ଗଲାବେଳେ ସେ କୋପବଶତଃ ଶ୍ରୀଜଗନ୍ନାଥ ଓ

ଶ୍ରୀବଳଭଦ୍ରଙ୍କୁ ବାରବର୍ଷକାଳ ଦାରିଦ୍ର୍ୟରେ ଅନ୍ନବସ୍ତ୍ର-ଜଳବିନା କଷ୍ଟାତିକଷ୍ଟରେ କାଳାତିପାତ କରିବାର ଅଭିଶାପ ଦେଇଗଲେ। ସମୁଦ୍ର କୂଳର ଲକ୍ଷ୍ମୀମନ୍ଦିର ଓ କିମ୍ବଦନ୍ତୀ ଆଧାରରେ ଏହି ମିଥ୍‌ଟି ସୁନିର୍ମିତ ବୋଲି ଜଣାଯାଏ। ଲକ୍ଷ୍ମୀଯାଇ ସମୁଦ୍ର କୂଳରେ ବିଶ୍ୱକର୍ମା ନିର୍ମିତ ଘରେ ରହିଲେ। ଏହାପରେ ଲକ୍ଷ୍ମୀ ନିଜ ଶକ୍ତିବଳରେ ବେତାଳମାନଙ୍କୁ ଡାକି ଆଜ୍ଞାଦେଲେ ଶ୍ରୀମନ୍ଦିର ଭଣ୍ଡାର ଶୂନ୍ୟକରି ସବୁ ବୋହି ଆଣିବା ପାଇଁ। ଏପରିକି ଜଗନ୍ନାଥଙ୍କ ରତ୍ନ ପଲଙ୍କକୁ ମଧ୍ୟ ବାଦ ଦେଲେ ନାହିଁ। ଜଗନ୍ନାଥ ଓ ବଳରାମ ଦାରିଦ୍ର୍ୟଦୁର୍ଦ୍ଦଶା ଭୋଗିଲେ। ଲକ୍ଷ୍ମୀଙ୍କ କୂଟ ଓ ମାୟାର ଶିକାର ହୋଇ ଦୁଇଭାଇ ଦ୍ୱାରଦ୍ୱାର ଭିକ୍ଷାକଲେ। କେଉଁଠାରୁ ଭିକ୍ଷା ନ ପାଇ କ୍ଷୁଧାତୃଷ୍ଣାରେ ଆଉଟୁପାଉଟୁ ହେଲେ। ସରସ୍ୱତୀଙ୍କ ଆଜ୍ଞାରେ କାହାରି କଣ୍ଠରେ ଦୟା / କରୁଣାଭାବ ଜାତହେଲାନାହିଁ। ଏପରିକି ଦୁଇ ଭିକ୍ଷୁକ ଭ୍ରାତାଙ୍କୁ ଦେଖି ଠେଙ୍ଗାବାଡ଼ି ଧରି ଘଉଡ଼ାଇଲେ। ଯିଏ ଖାଇବାକୁ ଦେଲା ପବନ ଦେବଙ୍କଦ୍ୱାରା ଖଇଗଣ୍ଡାକ ଉଡ଼ାଇ ନିଆଗଲା। ଏଣୁ ଶେଷରେ ଦୁଇଭାଇ ଲକ୍ଷ୍ମୀଙ୍କ ଘରେ / ଦ୍ୱାରରେ ପହଞ୍ଚିଛନ୍ତି। ରାନ୍ଧିବାଲାଗି ଲକ୍ଷ୍ମୀ ସଞ୍ଜା ଦେଇ ସେପଟେ ଅଗ୍ନିଦେବ ଓ ପବନଦେବଙ୍କୁ କହି ଜାଳରେ ନିଆଁ ଲାଗିବା ଓ ପବନରେ ଲିଭେଇବା କାମ କରାଇ ରନ୍ଧାଇ ଦେଲେ ନାହିଁ। ପରିଣତିରେ ପ୍ରକୃଷ୍ଟ ଓଡ଼ିଆଣୀ ପରି ସ୍ୱାମୀ - ଦେଢଶୁର ଦୁଃଖ ଦେଖି ନପାରି ଶେଷରେ ଲକ୍ଷ୍ମୀ ନିଜ ହାତରନ୍ଧା ଦୁହିଁଙ୍କୁ ଖୁଆଇଲେ। ଖାଇବା ପରେ ଜଗନ୍ନାଥଙ୍କ ମନ ପସନ୍ଦର ପୋଡ଼ପିଠା ଖୁଆଇଲେ। ଏଠାରେ ମନେ ପଡ଼ିଲା ଦେବୀ ଲକ୍ଷ୍ମୀ କିପରି ତାଙ୍କୁ (ଜଗନ୍ନାଥଙ୍କୁ) ପୋଡ଼ପିଠା ଖୁଆନ୍ତି ଠିକ୍ ଖାଇ ସାରିଲା ପରେ। ଲକ୍ଷ୍ମୀ ଏସବୁ ଝରକାବାଟେ ଦେଖୁଥାଆନ୍ତି। ଦାସୀ ହାତରେ ପଚାରିବାକୁ ଦେବୀ କହି ପଠାଇଲେ ଦୁଇଭାଇ ବିଭା ହୋଇଛନ୍ତି କି ନାହିଁ। ଏହାର ଉତ୍ତରରେ ଜଗନ୍ନାଥ କହିଛନ୍ତି ଲକ୍ଷ୍ମୀପରି ଭାର୍ଯ୍ୟାକୁ ଭର୍ତ୍ସନା କରି ଏହି ଦୁର୍ଦ୍ଦଶା ଭୋଗୁଛନ୍ତି। ଏହା ଲକ୍ଷ୍ମୀଙ୍କରଘର ଜାଣିବା ପରେ ବଳରାମଙ୍କ କଥାରେ ଜଗନ୍ନାଥ ଲକ୍ଷ୍ମୀଙ୍କୁ କ୍ଷମାଯାଚନା ପାଇଁ ଯାଇଛନ୍ତି। ଲକ୍ଷ୍ମୀ ଏକଥା ଜାଣିପାରି ସାଙ୍ଗେସାଙ୍ଗେ ପତିଙ୍କ ପାଦଧୋଇ ଯଥୋଚିତ ଅର୍ଚ୍ଚନାବନ୍ଦନା କଲେ ଠିକ୍ ଓଡ଼ିଆଣୀଟିଏ ପରି। ପୁଣି ହସିହସି ଲକ୍ଷ୍ମୀ କହିଲେ ମୋତେ ଚଣ୍ଡାଳୁଣୀ କହୁଥିଲ ଯେ, ଆଜି ନିଜେ ଆସି ସେହି ଚଣ୍ଡାଳୁଣୀ ଘରେ ଖାଉଛ। ତେବେ ତୁମ୍ଭେ ଦୁହେଁ ବି ଚଣ୍ଡାଳ ହେଲ। କବିଙ୍କ ଭାଷାରେ - "ମହାଲକ୍ଷ୍ମୀ କହୁଛନ୍ତି ପ୍ରଭୁଙ୍କୁ ଅନାଇ / ଚଣ୍ଡାଳୁଣୀ ବୋଲି ମୋତେ ଦେଲ ଘଉଡ଼ାଇ। / ଚଣ୍ଡାଳୁଣୀ ଘରେ ଏବେ ଭୁଞ୍ଜିଲ ଗୋସାଇଁ / ଚଣ୍ଡାଳ ବିଟାଳ ହେଲ ଦୁଇଗୋଟି ଭାଇ। / ଧିକ ତୁମ୍ଭ ବଡ଼ପଣ ଧିକ ତୁମ୍ଭ କଥା / ପୋଭୁ ତୁମ୍ଭର ପ୍ରତିଜ୍ଞା ଧିକ ତୁମ୍ଭ ଭ୍ରାତା।" ମହାଲକ୍ଷ୍ମୀ

ଶେଷରେ ଶ୍ରୀଜଗନ୍ନାଥଙ୍କଠାରୁ ଶପଥ କରାଇନେଲେ ଯେ କୈବଲ୍ୟ ବା ମହାପ୍ରସାଦରେ ଚଣ୍ଡାଳ ବା ବ୍ରାହ୍ମଣଙ୍କୁ ନେଇ ଭେଦଭାବ ରହିବ ନାହିଁ। ଏହି ସର୍ତ୍ତରେ ସେ ଶ୍ରୀମନ୍ଦିରକୁ ପୁନଃ ପ୍ରବେଶ କରିବେ। ଇତିହାସ - କିମ୍ବଦନ୍ତୀ ଓ ଦାର୍ଶନିକ ସଂଘର୍ଷ ସଂଘାତର ପରିଣତିକୁ କାୟସ୍ଥ କରି 'ଲକ୍ଷ୍ମୀପୁରାଣ' ଯଥାର୍ଥରେ ଏକ ମନ୍ମୟ ଐକ୍ୟଗାନ, ଐକ୍ୟତାନ ଓ ଐକ୍ୟସ୍ୱନ। ଜଗନ୍ନାଥ ଲକ୍ଷ୍ମୀଙ୍କ କଥାରେ ରାଜିହୋଇ ଦେବୀ ଲକ୍ଷ୍ମୀ ସମୁଦ୍ରତଟରୁ ଶ୍ରୀମନ୍ଦିରକୁ ଯିବା ଏକ ଅନନ୍ୟ ଐତିହାସିକ ଓ ଦାର୍ଶନିକ ସମନ୍ୱିତିର ପରିଚୟ ପ୍ରଦାନ କରିଥାଏ।

ସର୍ବୋପରି ବଳରାମ ଓଡ଼ିଶାର ଜନମାନସ ଓ ସାମାଜିକ ମନୋଭାବକୁ ଲକ୍ଷ୍ୟ କରି ଯେଉଁ ଅଭିନବ ଟେକ୍ନିକ୍ ମାଧ୍ୟମରେ social message ସବୁ ଦେଇଛନ୍ତି ତାହା ଖାଲି ଓଡ଼ିଶାର ମାଟି ପାଣି ପବନରେ ଖେଳିଯାଇନାହିଁ, ଅଧିକନ୍ତୁ ପ୍ରତିଟି ଓଡ଼ିଆ ପ୍ରାଣରେ, ପ୍ରତିଟି ଓଡ଼ିଆ ଧମନୀରେ ରକ୍ତ ହୋଇ ବହୁଛି, ସ୍ପନ୍ଦିତ - ସ୍ୟନ୍ଦିତ ହେଉଛି।

ଏହାଛଡ଼ା ଜାତିଆଣ ଭାବ ବିରୋଧୀ ଆନ୍ଦୋଳନ ସାଙ୍ଗକୁ ଶ୍ରୀୟା ଘରକୁ ଲକ୍ଷ୍ମୀଗଲେ ତା'ର ଆର୍ଥନୀତିକ ପ୍ରଗତି ହେବା ସ୍ୱାଭାବିକ। ଜାତିଆଣ ଆଳରେ ବା ଜାତିଆଣ ଆଢୁଆଳରେ ନୀଚବର୍ଗର ଲୋକଙ୍କ ଆର୍ଥନୀତିକ ପ୍ରଗତିକୁ ଶ୍ୱାସରୁଦ୍ଧ କରିବାର ଏହା ଏକ ପ୍ରଚେଷ୍ଟା ମଧ୍ୟ ହୋଇପାରେ। ହୋଇପାରେ ଏହା ତଥାକଥିତ ଉଚ୍ଚବର୍ଗର ବଡ଼ବଡ଼ିଆଙ୍କ ବିଧିବଦ୍ଧ ଷଡ଼ଯନ୍ତ୍ର ମାତ୍ର। ଏହି କାହାଣୀରେ ଉଚ୍ଚନୀଚ ଜାତି ଭେଦ, ଉଚ୍ଚନୀଚ ଲିଂଗଭେଦ, ଉଚ୍ଚନୀଚ ସ୍ଥିତିଭେଦ (ଆର୍ଥନୀତିକ, ସାମାଜିକ, ଲୈଙ୍ଗିକ, ରାଜନୀତିକ ଓ ଦାର୍ଶନିକ ପ୍ରଭୃତି)କୁ ବିରୋଧ କରି ଏକ ସବୁଜ - ସୁନ୍ଦର ବୈଷମ୍ୟଶୂନ୍ୟ ସଂସ୍କୃତିର ପ୍ରଚଳନ ଓ ପ୍ରତିଷ୍ଠା ନିମନ୍ତେ ଶୁଭଦିଆଯାଇଛି ବା ଭିତ୍ତିପ୍ରସ୍ତର ନିର୍ମାଣ ମାତ୍ର କରାଯାଇଛି। ଏହି ସୂତ୍ରରେ ସାନହୋଇ ମଧ୍ୟ କଳାଠାକୁର (ସାନଭାଇ) ବଡ଼ଠାକୁର। ଏହି ସୂତ୍ରରେ ଏଠିକାର ଦାଣ୍ଡ ବଡ଼ଦାଣ୍ଡ। ମାନବବାଦର ସୂତ୍ରପାତ ହୁଏ ଏହି ସଂସ୍କୃତିରେ। ଏଠାକାର, ଭୋଗ ମହାପ୍ରସାଦ, ବାସିତୋରାଣୀ ଠାରୁ ଶୁଖିଲା ଭାତଯାଏ ସବୁ ମହାନ, କେତେବେଳେ ସେ କୈବଲ୍ୟ ତ ଆଉ କେତେବେଳେ ନିର୍ମାଲ୍ୟ। ଏକ ସୁସ୍ଥ ସମୃଦ୍ଧ ସମାଜଗଠନ ପାଇଁ 'ସାର୍ବଜନୀନ ସାମ୍ୟବାଦ'ର ଧ୍ୱଜା ଉଡ଼ାଇ ବଳରାମ ଦାସ ଏକ ମହାନ ସଂସ୍କୃତିର ପରିଚୟ ମାତ୍ର ପ୍ରଦାନ କରିଛନ୍ତି ଏହି ସୃଷ୍ଟିଟି ଦ୍ୱାରା। ଏହି କଥାଟି କୌଣସି ସାହିତ୍ୟ ବା କୌଣସି ଜାତି ପାଇଁ କୌଣସି ଗୁଣରେ କିଛି କମ୍ କଥା ନୁହେଁ।

ଶ୍ରୀଜଗନ୍ନାଥ ହେଲେ ବଡ଼ ବଡ଼ିଆ, ଭାଇ ବଳରାମ ମଧ୍ୟ ଓଡ଼ିଆ ଘରର ବଡ଼ପୁଅ। ଲକ୍ଷ୍ମୀ ଏଠାରେ ବଡ଼ ଓଡ଼ିଆଣୀ। କୋଟି ଓଡ଼ିଆଙ୍କ ମଉଡ଼ମଣି, ବଡ଼ଓଡ଼ିଆଙ୍କ ପରିବାରର

କାହାଣୀ ଇଏ଼େ - 'ଲକ୍ଷ୍ମୀପୁରାଣ'। ଓଡ଼ିଆ ଜାତି, ମାଟି ଓ ଜାତୀୟତାର କଥା ଯେ। ପ୍ରତିଟି ଓଡ଼ିଆ ପ୍ରାଣରେ ଏକଥାକୁ ସଂସ୍ଥାପିତ କରିବାର ଥିଲା, ରୋପିବାର ଥିଲା। ସେ ସଫଳ ରୋପଣ କାର୍ଯ୍ୟକୁ ବେଶ୍ ସଫଳ ଭାବରେ ବଳରାମ ଦାସ ସମ୍ପନ୍ନ କରିଛନ୍ତି ତାଙ୍କ 'ଲକ୍ଷ୍ମୀପୁରାଣ' ମାଧ୍ୟମରେ। ଓଡ଼ିଆ ଜାତିର ଅଭାବ ଓ ଦୋଷ/ରୋଗ ନିରୂପଣଠାରୁ ତା'ର ଅଭାବ-ଅସୁବିଧାକୁ ଜାଣି ତହିଁର ସଫଳ ଅସ୍ତ୍ରୋପଚାର ଓ ଚିକିତ୍ସା କରିଛନ୍ତି ଦାସେ। ପୁରାଣର ଆଳୁ ତଳେ ଦୁରାରୋଗ୍ୟ ରୋଗବ୍ୟାଧି କଥା ଉଠାଇ ତା'ର ଚିହ୍ନଟୀକରଣଠାରୁ ନିରାକରଣ ପର୍ଯ୍ୟନ୍ତ ସମସ୍ତ କାର୍ଯ୍ୟ କରି ଏକ ଅଦ୍ୱିତୀୟ କଳାକୃତି ଓ କୃତିତ୍ୱର ପରିଚୟ ଦେଇଛନ୍ତି କବି ବଳରାମ ଦାସ।

'ଲକ୍ଷ୍ମୀପୁରାଣ'ର ପ୍ରାଥମିକ ଓ ମୌଳିକ ଉଦ୍ଦେଶ୍ୟ ହେଉଛି ଦେବୀ ଲକ୍ଷ୍ମୀଙ୍କ ମାହାତ୍ମ୍ୟ ବର୍ଣ୍ଣନା ବା ପ୍ରତିପାଦନ କରିବା। ଯଥାର୍ଥରେ ଓଡ଼ିଆ ଜାତିର ମଉଡ଼ମଣି ଶ୍ରୀମୟ କଳାଠାକୁର ଶ୍ରୀଜଗନ୍ନାଥ ଓ ବଡ଼ଭାଇ ଶ୍ରୀବଳଭଦ୍ରଙ୍କୁ ସାଧାରଣ ମଣିଷ ବା ଦୈବୀ-ଶକ୍ତି-ହୀନ ବ୍ୟକ୍ତି ଭାବରେ ଚିତ୍ରଣ କରାଯାଇଛି ଏବଂ ଦେବତାସ୍ତରରୁ ମାନବସ୍ତରକୁ ଅବରୋହ କରାଇଥିଲେ ହେଁ ଦେବୀ ଲକ୍ଷ୍ମୀଙ୍କୁ ଯଥାପୂର୍ବ ଦୈବୀଶକ୍ତିଯୁକ୍ତା ଜଗତଜନନୀ, ଶକ୍ତି ସ୍ୱରୂପିଣୀ ଭାବରେ ଚିତ୍ରିତ କରାଯାଇଛି। କାହାଣୀଟି ଆରମ୍ଭ ହୋଇଛି ଲକ୍ଷ୍ମୀ ନିଷ୍ଠାପରା ସୁନ୍ଦର ମନ ଓ ଶୁଦ୍ଧ ଆତ୍ମାରେ ଶ୍ରଦ୍ଧା ସହ ପୂଜା / ବ୍ରତ କରୁଥିବା 'ଶ୍ରୀୟା' ନାମ୍ନୀ ଜଣେ ଭକ୍ତାଙ୍କ ଘରକୁ ଯାଇଥିବାର ଘଟଣାକୁ କେନ୍ଦ୍ର କରି। ଶ୍ରୀୟା ଜାତିରେ ଚଣ୍ଡାଲୁଣୀ; ଏଣୁ ସେ ଶ୍ରୀୟା ଚଣ୍ଡାଲୁଣୀ। ଚଣ୍ଡାଳ ଘରକୁ ଯିବା ହେତୁ ଶ୍ରୀମନ୍ଦିର ମଧ୍ୟରେ ହୋଇଛି ପ୍ରତିକ୍ରିୟା। ବଡ଼ଭାଇ ବଳଭଦ୍ରଙ୍କ ମୁଖରେ ଏହି ପ୍ରତିକ୍ରିୟା ସାନଭାଇ / ଜଗନ୍ନାଥଙ୍କ ପାଖରେ ଭର୍ତ୍ସନା ଓ ନିନ୍ଦା ସ୍ୱରୂପ ଦେଖାଦେଇଛି। ଏଣୁ ଦୁଇ ଭାଇଙ୍କ ନିର୍ଦ୍ଦେଶ କ୍ରମେ ଲକ୍ଷ୍ମୀଙ୍କୁ ତାଙ୍କର ଏହି ଅପରାଧ ହେତୁ ମନ୍ଦିରରୁ ବିତାଡ଼ନ କରାଯାଇଛି। ଲକ୍ଷ୍ମୀଙ୍କ ଅବର୍ତ୍ତମାନରେ ଦୁଇଭାଇ ଜଗନ୍ନାଥ - ବଳରାମଙ୍କ ଦୁର୍ଦ୍ଦଶା - ଦୁଃସମୟ ଚାଲିଛି। ଦୁହେଁ ନିନ୍ଦିତ ହୋଇଛନ୍ତି, କଷ୍ଟ ଭୋଗ କରିଛନ୍ତି। ଲକ୍ଷ୍ମୀଙ୍କ ପରି ନାରୀର ନିନ୍ଦା - ଅପବାଦର ଦଣ୍ଡସ୍ୱରୂପ ନିଜେ ନିର୍ବାସନ ଭୋଗିଛନ୍ତି ଓ ଅନୁତାପ କରି ଲକ୍ଷ୍ମୀଙ୍କ ଶରଣାପନ୍ନ ହୋଇଛନ୍ତି ଓ ପରିଶେଷରେ ଦେବୀ ଲକ୍ଷ୍ମୀ ଶ୍ରୀମନ୍ଦିରକୁ ପ୍ରତ୍ୟାବର୍ତ୍ତନ କରିଛନ୍ତି। ଏହାପରେ ଶ୍ରୀହୀନ ଶ୍ରୀମନ୍ଦିର ଶ୍ରୀମୟ ହୋଇଉଠିଛି।

ବସ୍ତୁତଃ ଲକ୍ଷ୍ମୀଙ୍କ ମାହାତ୍ମ୍ୟ ବର୍ଣ୍ଣନା କରିବା ସହିତ ଏହି ଗ୍ରନ୍ଥରେ ବଳରାମ ଦାସ ସାମସମୟିକ ସମାଜର ଅନ୍ୟତମ ବ୍ୟାଧି 'ଅସ୍ପୃଶ୍ୟତା'କୁ ପ୍ରାସଙ୍ଗିକ କରି 'ଅସ୍ପୃଶ୍ୟତା ନିବାରଣ' ନିମନ୍ତେ ଏକ ପୁରାଣବୈପ୍ଳବିକ ପଦକ୍ଷେପ ନେଇଛନ୍ତି। ଅପରପକ୍ଷେ

କୁହାଯାଇପାରେ ଯେ, ଏତଦ୍ଦ୍ୱାରା କବି ଏକ 'ପୌରାଣିକ ବିପ୍ଳବ' (Mythological Revolution)ର ସୂଚନା ପ୍ରଦାନ କରିଛନ୍ତି। ଡକ୍ଟର କୃଷ୍ଣଚରଣ ସାହୁ ଯଥାର୍ଥରେ, ବଳରାମ ଦାସଙ୍କୁ ଷୋଡ଼ଶ ଶତାବ୍ଦୀର ଜଣେ ବିପ୍ଳବୀ ଓ ସମାଜ ସଂସ୍କାରକ ବୋଲି ଅଭିହିତ କରନ୍ତି। ଓଡ଼ିଶାର ଜନଜୀବନରେ ପୁରାଣର ଲୋକପ୍ରିୟତା, ମୋହାବିଷ୍ଟତା ଓ ଗ୍ରହଣୀୟତା ପ୍ରମୁଖକୁ ଆଖିଆଗରେ ରଖି ନାରୀର ଗୁରୁତ୍ୱ ଓ ମହତ୍ତ୍ୱ ପ୍ରତିପାଦନ ସଙ୍ଗେସଙ୍ଗେ ଜାତିବାଦୀମାନସିକତା ବିରୋଧରେ ରଢ଼ିବାଦୀମାନଙ୍କ ଛାତିରେ କୁଠାରାଘାତ କରିବାର ଅନନ୍ୟ ଅଭିନବ ପ୍ରୟାସର ଭିନ୍ନନାମ ହେଉଛି - 'ଲକ୍ଷ୍ମୀ ପୁରାଣ'।

ଖାଲି ସେତିକି ନୁହେଁ, ଅଧିକନ୍ତୁ ଓଡ଼ିଶାର ତତ୍କାଳୀନ ସମାଜ, ସାମାଜିକ ରୀତି-ନୀତି, ଚଳି-ଚଳଣି, ବିଶ୍ୱାସ-ଅନ୍ଧବିଶ୍ୱାସ, ଧର୍ମ, ଦର୍ଶନ, ଖାଦ୍ୟ-ପେୟ, ପୋଷାକ, ପରିବେଶ, ସାମାଜିକ ବ୍ୟଭିଚାର, ନାରୀର ସ୍ଥିତି, ରାଜନୀତି, ଲୋକାଚାର, ଅତିଥିସତ୍କାର, ପ୍ରସାଧନ, ବୃକ୍ଷଲତା ପ୍ରଭୃତି ସଂପର୍କରେ ଏହା ଏକ ପରୋକ୍ଷ - ମନ୍ମୟ ଐତିହାସିକ ଦସ୍ତାବିଜ୍ ମାତ୍ର। ସର୍ବୋପରି ସଦାଚାର, ଶୁଦ୍ଧତା (ମାନସିକ, ଆଧ୍ୟାତ୍ମିକ ଓ ଭୌତିକ), ପାରିବେଶିକ ସୌନ୍ଦର୍ଯ୍ୟ, ପରସ୍ପର ପ୍ରତି ସମ୍ମାନ ବୋଧ, ସ୍ନେହ, ଶ୍ରଦ୍ଧା, ବିଶ୍ୱାସ, ପରୋପକାର, ମିତବ୍ୟୟୀ ମନୋଭାବ, ମାନବିକତା, ପ୍ରଭୃତି ସ୍ୱର୍ଗୀୟ ଗୁଣାବଳୀ ବା ବ୍ୟବହାର / ଚିନ୍ତାଧାରାଦ୍ୱାରା ମର୍ତ୍ତ୍ୟରେ ମାନବକୁ ସ୍ୱର୍ଗସୁଖ ମିଳେ, ଘର ଶ୍ରୀମୟ ଶ୍ରୀମନ୍ଦିରରେ ପରିଣତ ହୁଏ ବୋଲି ଶିକ୍ଷା ଦିଆଯାଇଛି।

■

ସହାୟକ ଗ୍ରନ୍ଥସୂଚୀ

୧. ଆଚାର୍ଯ୍ୟ, ସୁଦର୍ଶନ ଓ ଅନ୍ୟମାନେ (ସଂପା.)। ବଳରାମ ଦାସକୃତ ଲକ୍ଷ୍ମୀପୁରାଣ, ଭୁବନେଶ୍ୱର : ଓଡ଼ିଶା ସାହିତ୍ୟ ଏକାଡେମୀ, ୨୦୧୮।

୨. ଦାଶ, ସୂର୍ଯ୍ୟନାରାୟଣ, ଓଡ଼ିଆ ସାହିତ୍ୟର ଇତିହାସ (୧ମ ଭାଗ), କଟକ, ଗ୍ରନ୍ଥମନ୍ଦିର, ୨୦୧୦।

୩. ଦାସ, ଚିତ୍ତରଂଜନ। ସନ୍ଥ (ଭକ୍ତି) ସାହିତ୍ୟ। ଭୁବନେଶ୍ୱର : ଓ.ସା.ଏ., ୧୯୮୨।

୪. ମହାନ୍ତି, ଦେବେନ୍ଦ୍ର, ଓଡ଼ିଆ ସାହିତ୍ୟର ଉନ୍ମେଷ ଓ ଉତ୍ତରଣ, କଟକ : ବିଦ୍ୟାପୁରୀ, ୨୦୦୫।

୫. ମହାନ୍ତି, ବଂଶୀଧର, ଓଡ଼ିଆ ସାହିତ୍ୟର ଇତିହାସ (ତୃତୀୟ ଭାଗ), କଟକ : ଫ୍ରେଣ୍ଡସ୍ ପବ୍ଲିଶର୍ସ, ୧୯୯୦।

୬. ମହାନ୍ତି, ସୁରେନ୍ଦ୍ର, ଓଡ଼ିଆ ସାହିତ୍ୟର ଆଦିପର୍ବ, କଟକ : କଟକ ଷ୍ଟୁଡ଼େଣ୍ଟସ୍ ଷ୍ଟୋର, ୨୦୦୪ ।

୭. ମହାନ୍ତି, ସୁରେନ୍ଦ୍ର, ଓଡ଼ିଆ ସାହିତ୍ୟର ମଧ୍ୟପର୍ବ ଓ ଉତ୍ତର ମଧ୍ୟପର୍ବ, କଟକ : କଟକ ଷ୍ଟୁଡ଼େଣ୍ଟସ୍ ଷ୍ଟୋର, ୧୦୧୯ ।

୮. ଷଡ଼ଙ୍ଗୀ, ନୃସିଂହ, ଓଡ଼ିଆ ପୁରାଣ ସାହିତ୍ୟ, କଟକ : ବିଦ୍ୟା ପ୍ରକାଶନ, ୧୯୯୯ ।

୯. ସାହୁ, କୃଷ୍ଣଚରଣ । କବି ବଳରାମ ଦାସ । ଭୁବନେଶ୍ୱର : ଓ.ସା.ଏ., ୨୦୦୮ ।

୧୦. ସାହୁ, କୃଷ୍ଣଚରଣ (ସଂପା) । ବଳରାମ ଦାସ ରଚନା ସମ୍ଭାର । ସଂକଳକ - ଯତୀନ୍ଦ୍ର ମୋହନ ମହାନ୍ତି । ଭୁବନେଶ୍ୱର : ବିଜୟ ସେନାପତି, ୨୦୧୨ ।

୧୧. Das, Chittaranjan, Balarama Das. New Delhi : Sahitya Akademi, 1982.

କବି ଗୋପବନ୍ଧୁଙ୍କ 'ବ୍ୟଥିତ ପ୍ରାଣ' ଓ 'ଅନ୍ତିମ ଅଶ୍ରୁ'ର କବିତା: ଏକ ତନ୍ମୟ ଦୃଷ୍ଟି

ଗୋପବନ୍ଧୁଙ୍କ ନାମଟି କେବଳ ସାହିତ୍ୟ କାହିଁକି ଅଧିକନ୍ତୁ ସମଗ୍ର ମାନବ ଜାତି ପାଇଁ ଏକ ଗୌରବୋଜ୍ଜ୍ୱଳ ଦୃଷ୍ଟାନ୍ତ। ମଣିଷ 'ମଣିଷ'ର ଗୁଣ ନେଇ ବଞ୍ଚିଲେ ଅମର ହୋଇଯାଏ, ମଣିଷ ଦେବତାର ଗୁଣାବଳୀ ନେଇ ନିଜେ ନିଜକୁ ପଛରେ ପକାଇ ଅନ୍ୟକୁ ବଞ୍ଚାଇଲେ ପୂଜାପାଏ। ପୂଜା, ଭକ୍ତି, ଶ୍ରଦ୍ଧା, ପ୍ରେମ, ସ୍ନେହ ଓ ମମତ୍ୱଭାବ କୋଟି ହୃଦୟର ଗଭୀର ଦେଶରୁ ଝରିଆସେ ସେ ବ୍ୟକ୍ତିଟି ଲାଗି। ସେ ବ୍ୟକ୍ତିଟି 'ବ୍ୟକ୍ତି' ସ୍ତରରୁ ଉତ୍ତରିତ ହୋଇ ଅନୁଷ୍ଠାନରେ ପରିଣତ ହୋଇଥାଏ। କାରଣ ବ୍ୟକ୍ତି ପରିଚୟ ଲୋଡ଼େ, ମାତ୍ର ଅନୁଷ୍ଠାନ ଅନ୍ୟକୁ ପରିଚୟ ପ୍ରଦାନ କରିଥାଏ। ଅନ୍ୟମାନେ ଅନୁଷ୍ଠାନର ପରିଚୟରେ ପରିଚିତ ହୋଇଥାଆନ୍ତି। ସେହିପରି ଜଣେ ଅଦ୍ୱିତୀୟ ତଥା ସବୁରି ହୃଦୟର ମଣିଷ ହେଉଛନ୍ତି ଗୋପବନ୍ଧୁ ଦାସ। ସାରା ଓଡ଼ିଶାରେ ବା ଭାରତବର୍ଷରେ ଯିଏ 'ଉତ୍କଳମଣି', 'ମଣିଷମଣି' ନାମରେ ବେଶ୍ ପରିଚିତ। ସାହିତ୍ୟ ଜଗତରେ ବିମଳ ସାହିତ୍ୟ ରଚନା କରି ସେ ଯେତିକି ମାତ୍ରାରେ ପ୍ରସିଦ୍ଧି ଅର୍ଜନ କରିଛନ୍ତି ତଦୁର୍ଦ୍ଧ୍ୱ ପ୍ରସିଦ୍ଧି ସେ ସମାଜ ସେବା କରି ଅର୍ଜନ କରିପାରିଛନ୍ତି। ବାସ୍ତବ ପକ୍ଷରେ ସେ ସବୁ ସମ୍ମାନ ସେ ଅର୍ଜନ କରିଛନ୍ତି କହିଲେ ତ୍ରୁଟିପୂର୍ଣ୍ଣ ହେବ। ବରଂ ଏହା କହିବା ଯୁକ୍ତିଯୁକ୍ତ ହେବ ଯେ, ଗୋପବନ୍ଧୁଙ୍କ ପାଦତଳେ ସେସବୁ ସଦିଚ୍ଛା, ଶ୍ରଦ୍ଧା ଓ ଭକ୍ତି ଅଜାଡ଼ି ହୋଇଯାଇଥିଲା। ମଣିଷ ହୋଇ ସେ କେବଳ ଓ କେବଳ ଜଣେ ସାଧାରଣ ମଣିଷ ଭାବରେ ନିଜର ପଦ-ବିଦ୍ୟା-ସିଦ୍ଧିକୁ ଥରେ ମଧ୍ୟ ନଚାହିଁ ମଣିଷ ଶିଶୁମାନଙ୍କୁ ନିର୍ମଳ ହୃଦୟର ସହ ଭଲପାଉଥିଲେ। ଧନୀ-ନିର୍ଧନ, କଳା-ଗୋରା,

ଜାତି-ଭେଦର ଊର୍ଦ୍ଧ୍ୱରେ ସେ ସମସ୍ତଙ୍କୁ ସମାନ ଦୃଷ୍ଟିରେ ଦେଖୁଥିଲେ। ତେବେ ସ୍ରଷ୍ଟାର ବ୍ୟକ୍ତିଗତ ଚିନ୍ତା-ଚେତନା ବା ଦର୍ଶନ ଦ୍ୱାରା ତତ୍ ସୃଷ୍ଟ ସାହିତ୍ୟ ପ୍ରଭାବିତ ହେବା କଥାଟା କେବଳ ଶୁଣାକଥା ନୁହେଁ ବା ଉଡ଼ାଖବର ନୁହେଁ, ଗୋପବନ୍ଧୁଙ୍କ ସାହିତ୍ୟ ଓ ବ୍ୟକ୍ତିତ୍ୱର ସମନ୍ୱୟ (Synthesis) ଏହାର ବଳିଷ୍ଠ ଦୃଷ୍ଟାନ୍ତ। ଗୋପବନ୍ଧୁଙ୍କ ଠାରେ ଏକାଧାରାରେ ଆମ୍ଭେ ଦେଖୁ ଗାନ୍ଧୀ, ବିବେକାନନ୍ଦ ଏବଂ ରବୀନ୍ଦ୍ରନାଥଙ୍କୁ। ମହାତ୍ମାଗାନ୍ଧୀଙ୍କ ଉଦାରବାଦୀ ଦୃଷ୍ଟିକୋଣ, ପ୍ରଜ୍ଞା, ଅହିଂସା ମନୋଭାବ ବା ମୋଟାମୋଟି ଭାବରେ କହିବାକୁ ଗଲେ ଗାନ୍ଧୀବାଦୀ ଦୃଷ୍ଟିକୋଣ, ସ୍ୱାମୀ ବିବେକାନନ୍ଦଙ୍କ 'ବସୁଧୈବକୁଟୁମ୍ବକମ୍' ନୀତି, ବିଶ୍ୱଭ୍ରାତୃତ୍ୱ ମନୋବୃତ୍ତି, ସ୍ୱାମିଜୀଙ୍କ ପ୍ରଜ୍ଞା, ବାଗ୍ମିତା, ଦର୍ଶନତତ୍ତ୍ୱ ଏବଂ ରବୀନ୍ଦ୍ରଙ୍କ ପରି ଋଷୀଚେତନା, ସାହିତ୍ୟ ଚେତନା, ମାଟି ଓ ମଣିଷ ଅବବୋଧ-କ୍ଷମତା- ଏସବୁର ସୁସମନ୍ୱୟ ଆମ୍ଭେ ଉତ୍କଳମଣିଙ୍କ ଠାରେ ଲକ୍ଷ୍ୟକରୁ। ସୁତରାଂ ସେ ଉତ୍କଳମଣି- ଉତ୍କଳର ମଣି, ଜାତିର ମଣି, ମାନବ ଜାତିର ମଣି। ମୂଲ୍ୟବାନ୍ ଓ ମନ୍ୟୁମାନ ମଣି।[୧]

ଗୋପବନ୍ଧୁଙ୍କ ସମଗ୍ର କାବ୍ୟ-କବିତାକୁ ପାଠ କଲାପରେ ଜଣେ ରସଜ୍ଞ ତଥା ବିଦଗ୍ଧ ପାଠକ ନିଶ୍ଚିତରୂପେ ଏହା ମୁକ୍ତକଣ୍ଠରେ, ମୁକ୍ତଆକାଶ ତଳେ ଅବଶ୍ୟ ସ୍ୱୀକାର କରିବ ଯେ, ଗୋପବନ୍ଧୁ ଜଣେ ରୋମାଣ୍ଟିକ୍ କବି। ରୋମାଣ୍ଟିସିଜିମ୍‌ର ଏକାଧିକ ଲକ୍ଷଣ ନିଜେ ଲେଖକ ଓ ଲେଖକଙ୍କ ଲେଖା ଗୁଡ଼ିକ ମଧ୍ୟରେ ଠାବେ ଠାବେ ବିଦ୍ୟମାନ। ଗୋପବନ୍ଧୁଙ୍କ ସମୟ (୧୮୭୭-୧୯୨୮) ସତ୍ୟବାଦୀ ସାହିତ୍ୟର କାଳ, ଅର୍ଥାତ୍ ୧୯୧୦ରୁ ୧୯୨୦। ଗୋପବନ୍ଧୁ ଏହି କାଳ ମଧ୍ୟରେ ନିଜର କିଛି କବିତା ରଚନା କରିଥିଲେ ସୁଦ୍ଧା ୧୯୨୨ ରୁ ୧୯୨୪ ମଧ୍ୟରେ 'ବନ୍ଦୀର ଆତ୍ମକଥା' ଓ 'ଧର୍ମପଦ' ପରି ଉଚ୍ଚକୋଟୀର ଗ୍ରନ୍ଥ ରଚନା କରିଥିଲେ। ତେବେ ସେ ଯାହାହେଉନା କାହିଁକି, ସେସବୁ ରଚନାରୁ ଆଜି ମଧ୍ୟରେ ଅନେକ କିଛି ବ୍ୟବଧାନ ରହିଛି। ସମୟର ବ୍ୟବଧାନ, ଚିନ୍ତା-ଚେତନାର ବ୍ୟବଧାନ, ସାହିତ୍ୟର ଆନ୍ତରିକତାର ବ୍ୟବଧାନ, ସ୍ରଷ୍ଟା ମନର ବ୍ୟବଧାନ ଏବଂ ଆହୁରି ଅନେକ କିଛି। ଆଶା ବୈତରଣୀ, କାଳ ମହାନଦୀ ଆଉ ଅଙ୍କାବଙ୍କା ଜୀବନର କାଂଶବାଂଶ ନଈରେ କେତେ ଜଳ ପ୍ରବାହିତ ହୋଇଗଲାଣି ଇତି ମଧ୍ୟରେ। ମାତ୍ର ଏହା ମଧ୍ୟ ସତ୍ୟ ଯେ, ଯା' ଭିତରେ ଅନେକ କବି ଆସିଛନ୍ତି କିନ୍ତୁ ଗୋପବନ୍ଧୁଙ୍କ ସ୍ରଷ୍ଟା ଚେତନାର ସ୍ୱାତନ୍ତ୍ର୍ୟକୁ ତନ୍‌ମଧ୍ୟରୁ କେହିହେଲେ ଅତିକ୍ରମ କରିଯାଇ ପାରିନାହାନ୍ତି। ଅନ୍ୟ ଭାଷାରେ କହିଲେ ଉଚିତ୍ ହେବ ଯେ, ଗୋପବନ୍ଧୁଙ୍କ କବି ପ୍ରତିଭା ପ୍ରସୂତ ସେ ଶବ୍ଦ ରାଶି ଗୁଡ଼ିକର ରଂଗ କଦାପି ମ୍ଳାନ ହୋଇଯାଇ ନାହିଁ କି ଶସ୍ତା ହୋଇଯାଇନି। ଆଜିର ସିଲକ୍ ଯୁଗର କବିତା ମଧ୍ୟରେ ସେସବୁ କବିତାର କୋମଳତା, ଶବ୍ଦ ଓ ଭାବର ମସୃଣତା କୌଣସି ଗୁଣରେ ନ୍ୟୁନ ହୋଇଯାଇ ନାହିଁ।

ପ୍ରିୟାର ରେଶମୀ-ପାଟ, ମଠା ଶାଢ଼ୀ ମଧ୍ୟରେ ଏସବୁ କବିତାର କୋମଳତା ବିସ୍ମୃତ ହୋଇଯାଇନି। କାରଣ ଏସବୁ ଭିତରେ ଏକ ସ୍ୱାଭାବିକ ଭାବୋଚ୍ଛ୍ୱାସ ଜନିତ ବିମଳ ପ୍ରୀତିତତ୍ତ୍ୱ ରହିଛି।[୨] ଏହା ରାଉତରାୟଙ୍କ ଠାରୁ ଧୂସର, ପାଣ୍ଡୁର, ମ୍ଳାନଭୂତ ହୋଇଯାଇଛି। ଆଉ ଆଜି ତା'ର ଅବସ୍ଥା ମଧ୍ୟ ଆହୁରି ଦୁରୁହ। ପୁଣି ଆଜିକାର ବୋଗନ୍‌ଭିଲିଆ ବା କାଗଜିଫୁଲ, କାଗଜ ବା ଜରିଫୁଲ ଯୁଗରେ ଉତ୍କଳମଣିଙ୍କ ଜ୍ୟୋତି ତ ଆସିବା ସମ୍ଭବ ନୁହେଁ, କିନ୍ତୁ ତାଙ୍କ ବାସ୍ନା ହୋଇଯାଏ ସ୍ୱପ୍ନ, ମରିଚୀକା ଓ ସୁଦୂର ପରାହତ। ଏଣୁ ଗୋପବନ୍ଧୁଙ୍କ ପ୍ରେମ-ପ୍ରଣୟର ତୁଳନା ନାହିଁ। ସେ ପ୍ରେମ କରିବାରେ ଧୁରନ୍ଧର। ସେ ମାନବପ୍ରେମ ଠାରୁ ବିଭୁପ୍ରେମ ଯାଏଁ ସବୁଥିରେ ଉତ୍ତରଣ ଲାଭ କରିଛନ୍ତି। କି ବନ୍ଧୁ, କି ସଖା, କି ଇତର, କି ପର ସବୁ ତାଙ୍କ ପ୍ରେମ ରାଜ୍ୟେ ପ୍ରାଣର ଦୋସର। ପୁଣି ଭଗବାନଙ୍କ ପ୍ରେମ ରାଜ୍ୟରେ ଭଗବତ୍ ପ୍ରେମ, ପ୍ରତିପ୍ରେମ-ପରିଣାମ, କ୍ରିୟା-ପ୍ରତିକ୍ରିୟାଦିକୁ ସେ ବେଶ୍ ସୁନ୍ଦରଭାବେ ଚିତ୍ରିତ କରିଛନ୍ତି। ଏସବୁ ଚିତ୍ର ମଧ୍ୟରେ ବଡ଼ କଥାଟି ହେଉଛି ଏଇୟା କି- ଏଗୁଡ଼ିକ ସବୁ କଳ୍ପନାର ଚିତ୍ର ନୁହଁନ୍ତି, ଏଗୁଡ଼ିକ ସବୁ ଅନୁଭୂତି ପ୍ରସୂତ; ନିଛକ, ନିରାଟ ଏବଂ ବିଶୁଦ୍ଧ ଅନୁଭୂତି ପ୍ରସୂତ।

'କାରା କବିତା' କବିଙ୍କର ଏକ ମନୋଜ୍ଞ କବିତା ସଂକଳନ। ଏହା ବିଚିତ୍ରବର୍ଣ୍ଣା ଓ ସୁନ୍ଦର କବିତା ଗୁଡ଼ିକର ସ୍ନିଗ୍‌ଧ ରୂପାୟନ ମାତ୍ର। ଏଠାରେ ମଧ୍ୟ ଆମ୍ଭେ ଗୋପବନ୍ଧୁଙ୍କୁ ପ୍ରେମ କରିବାର ପ୍ରତ୍ୟକ୍ଷ କରୁ। କେତେବେଳେ ଦେଶପ୍ରେମ ତାଙ୍କ କବିତା ଧମନୀରେ ଧାଇଁଛି ତ ଆଉ କେତେବେଳେ ବନ୍ଧୁପ୍ରେମର ଶୋଣିତ ନୀରବରେ ବହିଚାଲିଛି। ଆଉ ଏସବୁ ମଧ୍ୟରେ ନିରବଧି ପ୍ରସ୍ରବିତ ବିଭୁପ୍ରୀତିର ଅତନ୍ଦ୍ର ଧାରା। ସଂକଳନର ବିଭିନ୍ନ କବିତା ମଧ୍ୟରେ ଏହା ହିଁ ମୁଖ୍ୟ କଥା। ଏଣୁ କବି ଯେ ପ୍ରେମିକ ପ୍ରବର ସେକଥାକୁ ଅସ୍ୱୀକାର କରାଯାଇନପାରେ। ଏ ପ୍ରେମରେ 'ଦେହ' ଥାଇ ବି ଦୈହିକ କାମନା ଠାରୁ ଅନେକ ଦୂରରେ ଏହାର 'ଆକାଂକ୍ଷା'। ଏଠି ଖାଲି ସ୍ନେହ, ସଂପ୍ରୀତି, ସଦିଚ୍ଛା, ମମତ୍ୱ, ନିଃସ୍ୱାର୍ଥପରତା, ସରାଗ ଓ ଶିବଭାବ ରହିଛି। ଏ ପ୍ରେମ ସତ୍ୟ-ଶିବ-ସୁନ୍ଦର। ଏଠାରେ କବିଙ୍କୁ ଏକତ୍ର ପାଠକଲେ ଜାଣିହେବ ଯେ, ସେ କିପରି ପ୍ରେମର ସ୍ୱର ଓ ସ୍ୱରୂପ ଅଙ୍କନ କରିଛନ୍ତି। ଖାଲି ସେତିକି ନୁହେଁ, ବରଂ ଏଥିସହିତ ଏହା ମଧ୍ୟ ଜାଣିହେବ ଯେ, ଆଲୋଚ୍ୟ ସଂକଳନରେ ଥିବା ତ୍ରିବିଧ ପ୍ରେମ (ବନ୍ଧୁପ୍ରୀତି, ଜାତି/ଦେଶପ୍ରୀତି ଓ ବିଭୁପ୍ରୀତି) ଏକ ନୂତନ ସଂଦେଶ ଆଣିଦିଏ। ତାହା ହେଉଛି ଉପନିଷଦୀୟ ଚିନ୍ତା-ଚେତନା ଓ ମାନବ ପ୍ରୀତି। ଏଣୁ ମୋଟାମୋଟି ଭାବରେ ଗୋପବନ୍ଧୁଙ୍କୁ ରୋମାଣ୍ଟିକ୍ ଓ ପ୍ରେମର କବି ଭାବେ ଗ୍ରହଣ କରିନେବାରେ କୌଣସି ଅସୁବିଧା ଥିଲାପରି ମନେହୁଏ ନାହିଁ। ନତୁବା ପ୍ରଖ୍ୟାତ ସମାଲୋଚକ ପ୍ରଫେସର ସର୍ବେଶ୍ୱର

ଦାଶ କ'ଣ କେବେ କହିଥାଆନ୍ତେ- "ଗୋପବନ୍ଧୁ ପ୍ରେମର କବି, ଭଗବତ୍ ପ୍ରେମର କବି, ବିଶ୍ୱପ୍ରେମର କବି, ପ୍ରକୃତି ପ୍ରେମର କବି, ଦେଶପ୍ରେମର କବି, ମାନବିକ ପ୍ରେମର କବି।"[୩] ଖାଲି ସେତିକି ନୁହେଁ, ଗୋପବନ୍ଧୁଙ୍କ ସ୍ରଷ୍ଟା-ଅନ୍ତର ସହିତ ପ୍ରେମ ଓ ପ୍ରଣୟର ପ୍ରାକୃତିକ ସଂପର୍କଟିକୁ ଦେଖାଇବା ଲାଗି ପ୍ରଫେସର ଦାଶ ଆହୁରି କହନ୍ତି ଯେ,- "ବିପ୍ଳବୀ ସ୍ୱାଧୀନତା ସଂଗ୍ରାମୀ ଗୋପବନ୍ଧୁଙ୍କର ଭାବପ୍ରବଣ ଅନ୍ତରରେ ସଦା ପ୍ରବହମାନ ଥିଲା ପ୍ରେମର ଜାହ୍ନବୀ। କେତେ ରୂପରେ; କେତେ ଛନ୍ଦରେ ତାହା ପ୍ରକାଶ ପାଇଛି ତାଙ୍କ କାବ୍ୟ କବିତାରେ, ଦେଇଛି ସେଗୁଡ଼ିକୁ ସାବଲୀଳତା, ଗୀତିମୟତା, ଏକ ମଧୁର ବିଷାଦମୟତା, ଯାହା ପାଠକର ହୃଦୟକୁ ଆଚ୍ଛନ୍ନ କରେ ଦୀର୍ଘକାଳ ପାଇଁ, ସେ ଯେପରି ଅନୁଭବ କରେ ତା'ର ଅନ୍ତରରେ କବି ଗୋପବନ୍ଧୁଙ୍କର ହୃଦୟ ବୀଣାର କରୁଣ ମଧୁର ପ୍ରତିଧ୍ୱନି।"[୪] ଖାଲି ଏତିକି ନୁହେଁ ପ୍ରକୃତି ପ୍ରେମ ଠାରୁ ପ୍ରକୃତ ପ୍ରେମର ସ୍ୱର ଓ ସ୍ୱରୂପ ଗୋପବନ୍ଧୁଙ୍କ କାବ୍ୟ-କବିତାରେ ଆମ୍ଭେ ପ୍ରତ୍ୟକ୍ଷ କରିଥାଉ। ଜାହ୍ନବୀ କଦାପି କଳୁଷିତା ନୁହେଁ, ତାକୁ ଯେତେ କଳୁଷିତ କଲେ ମଧ୍ୟ, ଯେତେ ଆବର୍ଜନାମୟ କଲେ ମଧ୍ୟ ତା'ର ସ୍ନେହ-ଶ୍ରଦ୍ଧା ଓ ଅଶ୍ରୁରେ ସେସବୁ ଧୋଇହୋଇଯାଏ ଏବଂ ସଦାସର୍ବଦା ତାହା ପୂତ-ଶୁଦ୍ଧ ରହିଥାଏ। ପୁନଶ୍ଚ ଦେଖିବାକୁ ଗଲେ ଏହା ଆତ୍ମା ଓ ଅନ୍ତରର ବ୍ୟାପାର। ଏହା ଏକ ଚାକ୍ଷୁସ ବା ଭୌତିକ ବ୍ୟାପର ନୁହେଁ। 'ପ୍ରେମ' ମାନସିଂହଙ୍କ ପରି ଗୋପବନ୍ଧୁଙ୍କ ପାଇଁ ମଧ୍ୟ ଥିଲା ଗୋଟିଏ ଆତ୍ମାର ଅନ୍ୟ ଏକ (ଏକାଧିକ) ଆତ୍ମା ପ୍ରତି ବନ୍ଦନ। ଏପରି ବନ୍ଦନରେ ତଦୀୟ ପ୍ରେମ ପ୍ରଣୟର ନନ୍ଦନ ଥିଲା ବୋଲି ତାଙ୍କର ବିଶ୍ୱାସ। ତେବେ ଏଠାରେ ଏହି ଆଲୋଚନାଟିକୁ ନାତିଦୀର୍ଘ ନକରି କେବଳ ଚୁମ୍ବକରେ କିଛି ଆଲୋଚନା କରିବା। ପୁଣି ଏଠାରେ ଗୋପବନ୍ଧୁଙ୍କ ପ୍ରେମର ସାମଗ୍ରିକ ରୂପ ବର୍ଣ୍ଣନା କରିବା ଏକ କଷ୍ଟକର ବ୍ୟାପାର ପରି ବୋଧହୁଏ, ଏଣୁ ଏଠାରେ କେବଳ ବନ୍ଧୁପ୍ରୀତି ସଂପର୍କୀୟ କେତେକ ଦୃଷ୍ଟାନ୍ତ ସହ ଆଲୋଚନା ସାଂଗ କରିବାର ଯଥାସମ୍ଭବ ପ୍ରଚେଷ୍ଟା ରଖିବାର ପ୍ରୟାସ କରୁଛି।

ଉତ୍କଳମଣିଙ୍କ 'ବ୍ୟଥିତ ପ୍ରାଣର ଅନ୍ତିମ ଅଶ୍ରୁ' କବିତାଟିକୁ ଅନୁଭବ କରିବା ଏବଂ ଆଲୋଚନା କରିବା ଏଠାରେ ଆମ୍ଭର ମୁଖ୍ୟୋଦ୍ଦେଶ୍ୟ ମାତ୍ର। ତେବେ ଗୋପବନ୍ଧୁଙ୍କ ପ୍ରେମ-ପ୍ରଣୟର ଦୃଷ୍ଟିକୁ ସାମାନ୍ୟ ଦେଖିଲେ ଜଣାଯାଏ ଯେ ସଂପୂର୍ଣ୍ଣ ନହେଲେ ମଧ୍ୟ ଊଣାଧିକେ ରାଧାନାଥ-ଗଂଗାଧରଙ୍କ ଶୈଳୀ ଦ୍ୱାରା, ଚିନ୍ତାଚେତନା, ପ୍ରକୃତି ପ୍ରେମ, ମାନବ ଚରିତ୍ରରୋପଣ ପ୍ରଭୃତି ଶୈଳୀ ଦ୍ୱାରା ବିଶେଷଭାବେ ପ୍ରଭାବିତ। କାରଣ ପ୍ରକୃତିକୁ ଦେଖିଲାବେଳେ ଗୋପବନ୍ଧୁଙ୍କ ଠିକ୍ ପୂର୍ବସୂରୀଙ୍କ ପରି ମାନବ ସୁଲଭ ବ୍ୟବହାର, ଆଚାର ଓ ପରସ୍ପରୋକ୍ତି ଦେଖିବାକୁ ମିଳିଛି। ଏଣୁ ସେ ଚିଲିକାକୁ କେତେବେଳେ

ଅଭିସାରିକା ନାରୀ ରୂପେ ଦେଖିଛନ୍ତି ତ ଆଉ କେବେ ରୂପସୀ ପ୍ରେୟସୀ ରୂପେ ଲକ୍ଷ୍ୟ କରିଛନ୍ତି। ହିରଣ୍ମୟ ଦିବ୍ୟ ସୂର୍ଯ୍ୟକରକୁ ଚିଲିକାର ନୀଳତରଂଗ ମେଳେ ଲକ୍ଷ୍ୟକରି କବି ତନ୍ମୟ ହୋଇଯାଇଛନ୍ତି। ପୁଣି ମଳୟ କେତେବେଳେ କବିଦୂତ, ଦେଶଦୂତ ବା ଜାତିଦୂତ ହୋଇଛି ତ ଅନ୍ୟ କେତେବେଳେ ଏହା ମନୋଦୂତ, ଋଷିକୂଲ୍ୟା ପ୍ରିୟ ପ୍ରେମିକ ହୋଇଛି। ଉତ୍କଳର ନଦ-ନଦୀ, ହ୍ରଦ-ପାହାଡ଼, ପର୍ବତ, ଝରଣା, ପାଣି-ପବନ, ଧୂଳି-ଆକାଶ, ତରୁଲତା, ଇନ୍ଦୁ-ସିନ୍ଧୁ ପ୍ରଭୃତି ସବୁକିଛି ଜୀବନ୍ତ ହୋଇଉଠିଛନ୍ତି କବି ଦୃଷ୍ଟି ଓ କବି ସୃଷ୍ଟିରେ। କବି କଣ୍ଠରେ କବିପରି ଏମାନେ ମଧ୍ୟ ସମସ୍ତେ ରୋମାଣ୍ଟିକ୍, ବିଧୁର, ସ୍ୱପ୍ନଶୀଳ ଓ ସମ୍ବେଦନଶୀଳ। ସେମାନେ ନିରବଧି ପ୍ରଣୟ ନିର୍ଲିପ୍ତ।

'କାରାକବିତା' ସଂକଳନରେ ବିଭିନ୍ନ ପ୍ରୀତି ରହିଛି। ସେସବୁ ପ୍ରୀତି ବିଭିନ୍ନ ବାସ୍ନାର, ବିଭିନ୍ନ ରଂଗର ଓ ବିଭିନ୍ନ ଅଲୋକର। କବି ରାଧାମୋହନ ଗଡ଼ନାୟକ ସେଥିଲାଗି ଗୋପବନ୍ଧୁଙ୍କ ଏହି 'କାରାକବିତା' ସଂକଳନ ସଂପର୍କରେ ମତବ୍ୟକ୍ତ କରିବାକୁ ଯାଇ କହନ୍ତି- "କାରାକବିତାରେ ବିଭିନ୍ନ କବିତାର ସମାବେଶ ଘଟିଛି- ତେଣୁ ତହିଁରେ ସୂର୍ଯ୍ୟର ଆଲୋକ ଅଛି, ବର୍ଷାର ଅସାର ଅଛି, ତେଣୁ ତହିଁରେ ଫୁଟିଉଠିଛି ସାତ ରଂଗର ଇନ୍ଦ୍ରଧନୁ।"[୫] ୧୯୨୨ ମେ ମାସ ୩୧ ତାରିଖ। ପୁରୀର ନରେନ୍ଦ୍ର ସରୋବରରେ ସ୍ନାନକର୍ମ ସାରି ଗୋପବନ୍ଧୁ ଘରକୁ ଫେରିଲାବେଳେ ପୋଲିସ ତାଙ୍କୁ ଗିରଫ କରିଥିଲା।[୬] ସେହିପରେ ସେ ଓ ତାଙ୍କର ବନ୍ଧୁ ଭାଗୀରଥି ମହାପାତ୍ରଙ୍କ ବିଚାର ବାଲେଶ୍ୱରରେ ହେଲା ଓ ଉଭୟଙ୍କୁ ଛ'ମାସ ଲେଖାଏଁ ଜେଲଦଣ୍ଡ ମିଳିଥିଲା। ସେ କଟକରୁ କନିକାକେସ୍ ପ୍ରତ୍ୟାହୃତ ହେବାଦ୍ୱାରା ହଜାରୀବଗ ଜେଲ୍‌କୁ ଗଲେ। ସେଠାରେ କବି ଯେଉଁ କବିତା ସବୁ ରଚନା କରିଥିଲେ ତା'ରି ମନୋଜ୍ଞ ସଂକଳନ ହେଉଛି 'କାରାକବିତା' (୧୯୨୩-୨୪)। ବନ୍ଧୁପ୍ରୀତି ପର୍ଯ୍ୟାୟଭୁକ୍ତ ତିନୋଟି କବିତା ଏଥିରେ ରହିଛି। ପ୍ରଥମ କବିତାଟି ଜଣେ ଆଜୀବନ ସହକର୍ମୀଙ୍କ ପ୍ରତି ବୋଲାଯାଇଛି। ସେ ବନ୍ଧୁ ଜଣକ ଗୋପବନ୍ଧୁଙ୍କ କର୍ମପଥରୁ ଓହରି ଯାଇଛନ୍ତି ଓ ପଥର ସାଜି ବା ବନ୍ଧୁକ (ବାୟୋନଟ୍) ପରି ଗୋପବନ୍ଧୁଙ୍କ ଛାତିରେ ଆଘାତ ଦେଇଛନ୍ତି। ସେ ବ୍ୟଥା ଜର୍ଜରିତ ପ୍ରାଣ ଯେଉଁ ଅଶ୍ରୁ ଝରାଇଥିଲା, ସେ ଅଶ୍ରୁର ସ୍ନିଗ୍ଧ ସ୍ୱରୂପ ହେଉଛି ଆଲୋଚ୍ୟ 'ବ୍ୟଥିତ ପ୍ରାଣର ଅନ୍ତିମ ଅଶ୍ରୁ' କବିତା। ସେହି ଅଶ୍ରୁରେ ହିଁ ଲିଖିତ ଏ କବିତା। ଅନ୍ୟ ଦୁଇଟି କବିତା ଉତ୍କଳମଣିଙ୍କ ବନ୍ଧୁଙ୍କ ବିୟୋଗଜନିତ। ଗୋଟିଏ କବିତା ରଚନା କରିଛନ୍ତି କାରାଗାରରେ ଥିଲାବେଳେ ଜଣେ ବନ୍ଧୁ (ଯିଏ ଗୋପବନ୍ଧୁଙ୍କ ଶିକ୍ଷକ ମଧ୍ୟ ଥିଲେ)ଙ୍କ ବିୟୋଗ ବାର୍ତ୍ତା ଶୁଣି। ଏହି କବିତାଟିର ନାମ- 'କାରାରେ ଜଣେ ବନ୍ଧୁଙ୍କ ବିୟୋଗବାର୍ତ୍ତ ଶୁଣିବା ପରେ'। ସେହି ଦିଂବଗତ ବ୍ୟକ୍ତିଜଣଙ୍କ ହେଉଛନ୍ତି ଶ୍ରୀ ଦିବ୍ୟସିଂହ ମିଶ୍ର। ସେ

ଥିଲେ ଗୋପବନ୍ଧୁଙ୍କ ବାଲ୍ୟ ଶିକ୍ଷାଗୁରୁ। ପୁରୀରେ ତାହାଙ୍କ ଘର। ଦିବ୍ୟସିଂହ ମିଶ୍ର, ବି.ଏ. ପାସ୍ କରି ପୁରୀ ଜିଲ୍ଲାସ୍କୁଲରେ ସହକାରୀ ଶିକ୍ଷକ ଥିଲେ। ସେତେବେଳେ ଏ ସ୍କୁଲରେ ବି.ଏ. ପାସ୍ କରିଥିବା ଓଡ଼ିଆ ଶିକ୍ଷକ ଏକମାତ୍ର ସେଇ ଥିଲେ। ପରବର୍ତ୍ତୀ କାଳରେ ଗୋପବନ୍ଧୁଙ୍କର ସେ ହୋଇଥିଲେ ବନ୍ଧୁ ଓ ସହକର୍ମୀ। ତାଙ୍କ ସହ ଗୋପବନ୍ଧୁ କେବଳ ଘନିଷ୍ଠ ନଥିଲେ ଅଧିକନ୍ତୁ ଯଥେଷ୍ଟ ମମତ୍ୱଭାବ ଓ ଶ୍ରଦ୍ଧା-ସଦିଚ୍ଛା ତାଙ୍କ ପ୍ରତି ରହିଥିଲା (କବିଙ୍କ ଠାରେ)। ଏଣୁ ତାଙ୍କ ବିୟୋଗବାର୍ତ୍ତାରେ ଗୋପବନ୍ଧୁ ଭାଙ୍ଗିପଡ଼ିଥିଲେ ଓ ଦୁଃଖରେ ଶୋକଗୀତିକା ଗାଇଉଠିଥିଲେ। ଅନ୍ୟ କବିତାଟିରେ ମଧ୍ୟ ଅନୁରୂପ ଶୋକର ଛାୟା ଆଚ୍ଛନ୍ନ। କାରଣ ଏହି କବିତାଟିର କାରଣ ଆଉଜଣେ ବନ୍ଧୁ, ଯିଏ ଚିରଦିନ ଲାଗି ଅପସରି ଯାଇଛନ୍ତି ଏ ଜଗତରୁ, ଆରପୁରକୁ। ସେ କବିତାଟିର ନାମ- 'ପ୍ରେମର ଏକି ପରିଣାମ ?'। ପ୍ରଥମ କବିତା ଅର୍ଥାତ୍ 'ବ୍ୟଥିତ ପ୍ରାଣର ଅନ୍ତିମ ଅଶ୍ରୁ' 'କାରାକବିତା' ସଂକଳନର ଦ୍ୱିତୀୟ କବିତା। ସେହିପରି ଦ୍ୱିତୀୟ କବିତା (କାରାରେ ଜଣେ ବନ୍ଧୁଙ୍କ ବିୟୋଗବାର୍ତ୍ତା ଶୁଣିବା ପରେ)ଟି ଏହି ସଂକଳନର ଦଶମ କବିତା ଓ ତୃତୀୟ କବିତାଟି ସେହି ସଂକଳନର ଦ୍ୱାଦଶ କ୍ରମିକ।

ଏହି ତିନୋଟି ଯାକ କବିତାରେ ରହିଛି ଦୁଃଖ, ଯନ୍ତ୍ରଣା, ଅଶ୍ରୁ, ହାହାକାର, ଶୂନ୍ୟତା, ଅତୀତ ବିଧୁରତା, ବନ୍ଧୁପ୍ରୀତି, ବିଭୁବୋଧ, ନିୟତିବୋଧ, ସମୟବୋଧ, ଜୀବନବୋଧ, ମୃତ୍ୟୁବୋଧ ଏବଂ ସର୍ବୋପରି ଭାଗ୍ୟବୋଧ ଏବଂ ଆତ୍ମ-ସାନ୍ତ୍ୱନାବୋଧର ସ୍ନିଗ୍ଧ-ଶୀତଳ-ବଳକ୍ଷ ପରଶ। ରବୀନ୍ଦ୍ରଙ୍କ ପରି ଗୋପବନ୍ଧୁ ମଧ୍ୟ ବନ୍ଧୁ ବିରହରେ ଭାଙ୍ଗିରୁଜି ପୁନର୍ବାର ଅଶ୍ରୁପୋଛି ଉଠିଛନ୍ତି। ଭଗବାନଙ୍କ ନିୟତିକୁ ଅବବୋଧ କରିବାର ପ୍ରଚେଷ୍ଟା ରଖିଛନ୍ତି ଏବଂ ଆତ୍ମ-ସମର୍ପଣ ଭାବ ସହ ସାନ୍ଦ୍ର-ମନ୍ଦ୍ର ଚିତ୍ତରେ ସମସ୍ତ ପ୍ରକାର ଘଟଣା ତଥା ଆଲୋକ-ଅନ୍ଧକାରାଦିକୁ ସ୍ୱାଗତ କରିଛନ୍ତି। ରବୀନ୍ଦ୍ରନାଥ ସେଦିନ ଗାଇନଥିଲେ କି-

"ଭାଲୋ ମନ୍ଦ, ଦୁଃଖ ସୁଖ,
ଅନ୍ଧକାର ଆଲୋ,
ମନେ ହୟ ସବ୍ ନିୟେ
ଏ ଧରଣୀ ଭାଲୋ।"

ଠିକ୍ ସେହିପରି ଗୋପବନ୍ଧୁ ଗାଇ ଉଠିଛନ୍ତି- "ସୁଖେ ଦୁଃଖେ ମୋର ସମାନ ଆଦର ବାଅ ବେଳଯାଏ ବିତି।" ତେବେ ଯନ୍ତ୍ରଣାବୋଧ ଭିତରେ ରହିଛି, ବାହାରେ ନୁହେଁ। ବନ୍ଧୁ ବିୟୋଗ ହେଉକି ବନ୍ଧୁ ସୁଖ ହେଉ, କ୍ଷତିଟି କିନ୍ତୁ ହୋଇଛି ଗୋପବନ୍ଧୁଙ୍କର, ଯେଉଁ କ୍ଷତିଟି ସତତ ଅପୂରଣୀୟ। ସେ ଅଭାବବୋଧ ନିତ୍ୟ-ଶାଶ୍ୱତ ଏକ ଅଭାବବୋଧ।

ଗୋପବନ୍ଧୁଙ୍କ ଲାଗି ହଜିଛି, ଯାହାବି ହଜିଛି, ଜଗତ ପାଇଁ ହଜିନି କିଛିବୋଲି। ପୁଣି ବାହାରେ ବେଦନା ନାହିଁ, ବରଂ ବେଦନା, ବ୍ୟଥା, ଯନ୍ତ୍ରଣା ରହିଛି ଅନ୍ତରରେ। କାରଣ ଏ ସଂପର୍କ ଅନ୍ତରର ସଂପର୍କ। ଏଣୁ ରକ୍ତପାତ ମଧ୍ୟ ଅନ୍ତର ମଧ୍ୟରେ ହୋଇଛି, ସଂପର୍କ ଛିନ୍ନ ହେବାରୁ। ଫୁଲ ଫୁଟିବା ଓ ଝରିବା ବାହାର ଲୋକଙ୍କ ଲାଗି ସାଧାରଣ କଥା ହୋଇପାରେ, ସମଗ୍ର ବଣ ତା'ଲାଗି ଅଶ୍ରୁ ସ୍ରବଣ କରିନଥାଏ, କିନ୍ତୁ ଯେଉଁ ଗଛଟିର ସେଇ ଫୁଲ, ସେହି ଗଛଟିକୁ ନିଶ୍ଚିତ ଫରକ୍ ପଡ଼େ। ସେ ଗଛଟି କାନ୍ଦେ ଭିତରେ ଭିତରେ। ସେଇ ଗଛ ହିଁ ଗୋପବନ୍ଧୁ, ସେ ଗଛର ଅନ୍ତର ହିଁ ଗୋପବନ୍ଧୁଙ୍କ ଅନ୍ତର।[୭]

କବିବର ରାଧାନାଥଙ୍କ ପରି ଦୁଃଖ, ଯନ୍ତ୍ରଣା ଗୋପବନ୍ଧୁଙ୍କ ଚିର ସହଚର। କିନ୍ତୁ ଫରକ୍ ଏତିକି ଗୋପବନ୍ଧୁ ସେ ନିରାଶାର ବାଲି ମଧ୍ୟରେ ମରୀଚିକା ପଛରେ ଧାଇଁ ବିଫଳହୋଇ ମଧ୍ୟ ନୈରାଶ୍ୟ ମଧ୍ୟରେ ଆଶାର ଆଲୋକ ଖୋଜିଛନ୍ତି। ଶୈତ୍ୟ ମଧ୍ୟରେ ମଳୟର ସତ୍ତାକୁ ଖୋଜିଛନ୍ତି। ଅପେକ୍ଷା କରିଛନ୍ତି।[୮] ନତୁବା ସେ କି କେବେ ଏତେବଡ଼ ବିରହ ଜନିତ ଧକ୍କାଖାଇ ଯନ୍ତ୍ରଣାରେ ଛଟପଟ ହୋଇ ଗାଇଉଠି ପାରିଥାଆନ୍ତେ ଜୀବନର ଗୀତ ? ବସନ୍ତର ସଜଳ ସଂଗୀତ ? ? 'ବ୍ୟଥିତ ପ୍ରାଣର ଅନ୍ତିମ ଅଶ୍ରୁ' ପରି କବି ଶ୍ରୀ ଦାସଙ୍କ ଆଲୋକବର୍ତ୍ତିକାବତ୍ ଚିନ୍ତା ଚେତନା ଫୁଟିଉଠିଛି 'ପ୍ରେମର ଏକି ପରିଣାମ' ? କବିତା ମଧ୍ୟରେ।

"ତୁ ଛାଡ଼ିଲେ ମୁଁ ତ ତତେ ନ ଛାଡ଼ିବି କ୍ଷଣେ
କହିବ କି ଏକ ଆନେ ଇଙ୍ଗିତ ଲକ୍ଷଣେ ?
ନୀରବ ଆଳାପେ କହ ମରମ ଭାଷଣ
କରିବ ନାହିଁ କି ଏକ ଆନେ ଆଲିଙ୍ଗନ ?
ବିଭାସିବ ପ୍ରେମ ତେବେ ଅଭିନବ ରାଗେ
ଯୁଗଳ କମଳ କଳି ଫୁଟିବ ସରାଗେ।
ବିଚ୍ଛେଦେ ବିକାଶ ପ୍ରେମ ଅତି ମଧୁମୟ
ଶୀତ ଅନ୍ତେ ଶୋଭେ ସିନା ନବ କିଶଳୟ।"[୯]

'କାରାକବିତା'ର ଏହି ତିନିଗୋଟି କବିତା ମଧ୍ୟରୁ ଶେଷୋକ୍ତ ଦୁଇଟି କବିତା ଶୋକଗୀତିକା ଅନ୍ତର୍ଗତ। ପ୍ରଥମ କବିତା ଅର୍ଥାତ୍ 'ବ୍ୟଥିତ ପ୍ରାଣର ଅନ୍ତିମ ଅଶ୍ରୁ' ଏକ ଆତ୍ମବ୍ୟଥା ଜର୍ଜରିତ ବଳିଷ୍ଠ ସ୍ୱତଃସ୍ଫୂର୍ତ୍ତ ଉଚ୍ଛ୍ୱାସ (Spontaneous overflow of powerful feelings)। ଉପରେ ଉଦ୍ଧୃତ 'ପ୍ରେମର ଏକି ପରିଣାମ' ? କବିତାର ପ୍ରତିଟି ପଙ୍କ୍ତିରେ ଗୋପବନ୍ଧୁଙ୍କ ପ୍ରଣୟୀ ପ୍ରାଣର ଆନ୍ତରିକ ଆବେଦନ, ଭାବ ସାନ୍ଦ୍ରତା, ବିରହ ଯନ୍ତ୍ରଣା,

ଦୋସରାସକ୍ତି ଏବଂ ଆସ୍ତିକ ମନୋଭାବକୁ ସ୍ପଷ୍ଟ ଅନୁଭବ କରାଯାଇପାରେ। ବିଚ୍ଛେଦ ମଧ୍ୟରେ ପ୍ରେମ ଶୁଦ୍ଧ ସୁବର୍ଣ୍ଣ ସମ ମନ୍ୟୁମାନ ହୋଇଉଠେ। ଯନ୍ତ୍ରଣା, ଜ୍ୱଳନ ଓ ଜଂଜାଳ ମଧ୍ୟରେ ଶୁଦ୍ଧ ସୁବର୍ଣ୍ଣ ପରି ଶୁଦ୍ଧପୂତ ପ୍ରେମ ମହୀୟାନ୍, ବଳିଆନ୍, ଦେଦୀପ୍ୟମାନ ଓ ତେଜିଆନ୍ ହୋଇଉଠେ।[୧୦] ପୁଣି ଉତ୍କଳମଣି ଗୋପବନ୍ଧୁ ଶେଲୀଙ୍କ ପରି ଶୀତପରେ ବସନ୍ତ, ଅନ୍ଧାର ପରେ ଆଲୋକ ଓ ଦୁଃଖ ପରେ ସୁଖର ଅପେକ୍ଷା କରିଛନ୍ତି। "If winter comes, can spring be far behind?" (Ode to the west wind) ଅନୁରୂପ ଭାବେ ପ୍ରକୃତି ଓ ଭଗବାନଙ୍କ ନିୟମକୁ ପାଥେୟ କରି ଗୋପବନ୍ଧୁ ନବ କିଶଳୟର ଆଶା ବସନ୍ତ ମାଘର ବାଘଶୀତ ପରେ ଆସିବ ବୋଲି ବିଶ୍ୱାସ କରିଛନ୍ତି। ଏଠାରୁ ଗୋପବନ୍ଧୁଙ୍କ ମାନସିକତା ଓ ବ୍ୟକ୍ତିଗତ ଚେତନାର ଅନୁଧାବନ ପୂର୍ବକ 'ବ୍ୟଥିତ ପ୍ରାଣର ଅନ୍ତିମ ଅଶ୍ରୁ' କବିତାର ମୂଲ୍ୟାୟନ କରାଯାଇପାରେ।[୧୧] ବ୍ୟଥିତ ଲେଖନୀ, ପ୍ରାଣର ଦୁଅତ ଓ ଅଶ୍ରୁର ସ୍ୟାହିରେ ଏ କବିତାଟି ରଚିତ।

'ବ୍ୟଥିତ ପ୍ରାଣର ଅନ୍ତିମ ଅଶ୍ରୁ' କବିତାଟିରେ କବି ଭାଙ୍ଗିପଡ଼ିଥିବା କଥା ଜଣାଯାଏ। "ଜଣେ ଆଜୀବନ ସହକର୍ମୀଙ୍କର ପ୍ରତାରଣାରେ ଗୋପବନ୍ଧୁ ଅତ୍ୟନ୍ତ ମର୍ମାହତ ହୋଇଛନ୍ତି। ସେଥିପାଇଁ ସେ ଅଶ୍ରୁକ୍ଷରଣ କରିଛନ୍ତି। ସେଇ ସକଳ ବେଦନାର ମୂର୍ଚ୍ଛନା ପ୍ରଥମ କବିତାଟିରେ ଓତପ୍ରୋତ "।[୧୨] ଯଦି ଦେଖାଯାଏ ତେବେ ଏହି କବିତାଟିର ଦାର୍ଶନିକ ବିଶ୍ଳେଷଣ 'ପ୍ରେମର ଏକି ପରିଣାମ ?' କବିତାରେ ହୋଇଛି। ପ୍ରେମ ଗୋଟିଏ ଆତ୍ମାର ଅନ୍ୟ ଏକ ଆତ୍ମାପ୍ରତି ଶ୍ରଦ୍ଧା ମାତ୍ର। ଏକଥା ଗୋପବନ୍ଧୁ ପ୍ରମାଣ କରିଦେଇଛନ୍ତି। ଜଣେ ବନ୍ଧୁ ପ୍ରତାରଣା କଲାପରେ ମଧ୍ୟ ତଦୀୟ ମୁଖରେ କଟୁକ୍ତି ଜାତ ହୋଇନାହିଁ ବରଂ ଝରିଛି ଶ୍ରଦ୍ଧାର ମନ୍ଦାକିନୀ।[୧୩] ଶେଷରେ କବି ବିଭୁଚେତନାରେ ଦୀକ୍ଷିତ ହୋଇଛନ୍ତି। ଅରବିନ୍ଦ ଦର୍ଶନାନୁସାରେ ଭଗବାନଙ୍କ ପ୍ରେମ ସୂର୍ଯ୍ୟାଲୋକ ପରି ମୁକ୍ତ ଓ ସ୍ୱଚ୍ଛ। ଏହା ଆମ ସମସ୍ତଙ୍କ ପାଇଁ ଉଦ୍ଦିଷ୍ଟ। ମାତ୍ର ସମସ୍ତ କିରଣକୁ ଜଣେ ବ୍ୟକ୍ତି ଲାଭକରିବା ଅସମ୍ଭବ।[୧୪] ସମସ୍ତ ଭଗବତ୍ କରୁଣାର ସ୍ରୋତ ସେହି କିରଣ ପରି। ମାତ୍ର ତାହାକୁ ଗ୍ରହଣ କରିବା ଲାଗି ଦରକାର ପାତ୍ରତ୍ୱ। ମଣିଷ ପାଖରେ ସେ ପାତ୍ରତ୍ୱ ନାହିଁ। ତେଣୁ ସେପରି ନିର୍ମଳ ଭଲପାଇବାର ଯୋଗ୍ୟ ମଣିଷ ନୁହେଁ। ଅତଏବ ମଣିଷ ଠାରୁ ସେପରି ପ୍ରେମ ଆଶାକରିବା ବୃଥା। ପୁଣି ଏହା ମଧ୍ୟ ସତ୍ୟ ଯେ, ଏହିପରି ଆଶାରୁ ଦୁଃଖ, ଅନୁଶୋଚନା ମଧ୍ୟ ମିଳିପାରେ। ଅତଏବ ବନ୍ଧୁ ପ୍ରେମରେ ତଟସ୍ଥ ଗୋପବନ୍ଧୁ ପ୍ରତାରଣା ପରେ ପ୍ରକୃତିସ୍ଥ ହୋଇଛନ୍ତି ଓ ବିଭୁଶରଣ, ବିଭୁ ଚରଣାରବିନ୍ଦରେ ନିଜକୁ ସମର୍ପିବା କଥା ଚିନ୍ତା କରିଛନ୍ତି। କବିଙ୍କ ବିମଳ ବୁଦ୍ଧିସତ୍ତ୍ୱ ଅସତ୍ୟ, ଅନୀତିକୁ ସହ୍ୟ କରିପାରି ନାହିଁ। ପ୍ରତାରଣାରେ ସେ ଛଟପଟ ହୋଇଛନ୍ତି।[୧୫] ପ୍ରତିକ୍ରିୟା ଜାତ

ହୋଇଛି ଏପରି ପରିବେଶରେ। ତେବେ 'ବ୍ୟଥିତ ପ୍ରାଣର ଅନ୍ତିମ ଅଶ୍ରୁ' କବିତାର ଅନ୍ତରରେ ଯେଉଁ ଅନ୍ତରର ବ୍ୟଥା ଓ ଆର୍ତ୍ତବେଦନା-ପୂର୍ଣ୍ଣ ପ୍ରତିବେଦନ ରହିଛି ତା'ର ବିସ୍ତୃତୋକ୍ତି 'କାରାରେ ଜଣେ ବନ୍ଧୁଙ୍କ ବିୟୋଗବାର୍ତ୍ତା' କବିତାରେ ରହିଛି ବୋଲି କୁହାଯାଇପାରେ।

କବି ପ୍ରତାରଣା ବିଷରେ ଜର୍ଜର ହୋଇ ବେଦନା-ଯନ୍ତ୍ରଣାଦଗ୍ଧ ହୋଇଛନ୍ତି। ଏହା କବିଙ୍କ ପ୍ରାଣର ସଂଗୀତ ଓ ଅନ୍ତର ବୀଣାର ମୂର୍ଚ୍ଛନା। ସେ ବ୍ୟଥାଦଗ୍ଧ। ସେ ମର୍ମର ବେଦନାକୁ ଅନ୍ତର ତଳେ ଦାବି ରଖିଛନ୍ତି। ସେ ବେଦନାନଳରେ ସେ ଦଗ୍ଧ-ବିକ୍ଷତ। ଛାତି ଭିତରେ ଭିତରେ ସେ ରକ୍ତାକ୍ତ। ପ୍ରକୃତରେ ମୃତ୍ୟୁ, ବିରହ, ବା ପ୍ରତାରଣା, ଛଳନା, ଆତ୍ମୀୟ ସ୍ୱଜନର ପ୍ରବଞ୍ଚନା ଦ୍ୱାରା ଯେଉଁ କଷ୍ଟ-ଯନ୍ତ୍ରଣା ମିଳେ ତାହା ଏକାନ୍ତ ଗୋପନୀୟ। ଆତ୍ମୀୟମାନଙ୍କୁ ସିନା ବାହାର ଲୋକଙ୍କ ଦତ୍ତ ଯନ୍ତ୍ରଣା ଦେଖାଇହେବ, କିନ୍ତୁ ଆତ୍ମୀୟମାନେ ଯନ୍ତ୍ରଣା ଦେଲେ, ଆତ୍ମୀୟମାନେ କ୍ଷତାକ୍ତ କଲେ ତାହାକୁ କାହାକୁ, କେଉଁଠି ବା କିପରି ଦେଖାଇହେବ? ଏ ବେଦନା ଦେଖିବାର କଥା ଦେଖାଇବାର ନୁହେଁ। ଏ ବେଦନା ବା ଯନ୍ତ୍ରଣାର ଚିତ୍କାର କାହାକୁ ଶୁଭିବାର ନୁହେଁ। ଏହାର ଧ୍ୱନି ନିଜ ଭିତରେ ପ୍ରତିଧ୍ୱନିତ ହୁଏ। ଅନ୍ୟ ଛାତିର ପରିଧି ଭିତରେ ନୁହେଁ, ନିଜ ଛାତିର ପଞ୍ଜରାର ଚାରିକାନ୍ଥ ଭିତରେ ଏ ଧ୍ୱନି ମଣିଷକୁ କୋରିକୋରି ଖାଏ। ଏହା ମଣିଷକୁ ଆହୁରି ଦୁର୍ବଳ, ଆହୁରି ଜୀର୍ଣ୍ଣ କରିଦିଏ। ଚିନ୍ତାପରି, ଲୁଣ ପରି ଏହା ଧୀରେ ଧୀରେ ଧୂମହୀନ ନିଆଁ ଭାବେ ମଣିଷକୁ ଜାଳିଜାଳି ମାରେ। ଗୋପବନ୍ଧୁଙ୍କର ଆବାଲ୍ୟ ବନ୍ଧୁ-ସଖା-ସହଚର-ସହକର୍ମୀ ଜଣେ ତାଙ୍କରି ବିଶ୍ୱାସର ଚଟାଣ ଉପରେ ଠିଆହୋଇ ଦାରୁଣ ଧକ୍କା ଦେଇଛନ୍ତି। ବିଶ୍ୱାସର ଭିତ୍ତିଭୂମିକୁ ବିଦାରି ଦେଇଛନ୍ତି। ଏଥିରେ ଆତ୍ମୀୟର ପ୍ରତାରଣା ଓ କଷ୍ଟ ସାଧାରଣ କଷ୍ଟ ଠାରୁ ବହୁଗୁଣ ବଢ଼ିଯାଇଛି। ଏଣୁ ସେ କହିଛନ୍ତି-

"କାହା'ଗେ ଗାଇବି ପରାଣ ସଂଗୀତ
କା ପାଶେ ବାଇବି ଅନ୍ତର-ବୀଣା,
କା କାନେ କହିବି ମରମ ବେଦନା
ମନକଥା ମନେ ରହିଲା ସିନା!"[୧୬]

ଜୀବନର ପ୍ରତ୍ୟୁଷ କାଳରୁ କବି ସଖେତି ମଣିଥିଲେ ସେ ବ୍ୟକ୍ତିଙ୍କୁ। ସେଇ ବନ୍ଧୁତ୍ୱର ତରଣୀରେ କାଳ ତରଣିକୁ ଚାହିଁ ଜୀବନ ନଈକୁ ପାରିକରିଦେବେ ବୋଲି ଆଶାପୋଷଣ କରିଥିଲେ। ସେ ବ୍ୟକ୍ତି ଜଣକ ଥିଲେ ଉତ୍କଳମଣିଙ୍କ ପ୍ରାଣର ଦୋସର। କିନ୍ତୁ ସେହି ପ୍ରାଣର ଦୋସର ଗୋପବନ୍ଧୁଙ୍କ ଅନ୍ତରାବେଦନକୁ ବୁଝିପାରି ନଥିଲେ। କାରଣ ଗୋପବନ୍ଧୁଙ୍କ ପରି ସେ ସମପରିମାଣରେ ଗୋପବନ୍ଧୁଙ୍କୁ ଭଲପାଉନଥିଲେ। ଦୁହିଙ୍କ

ପ୍ରେମର ଦୀପ୍ତି ଓ ଦ୍ୟୁତି ସମସ୍ତରୀୟ ନଥିଲା। ସୁତରାଂ ଗୋପବନ୍ଧୁଙ୍କ ମତ ଓ ପଥରେ ସେ ଚାଲିନଥିଲେ। ଖାଲି ଏତିକି ନୁହେଁ, ଗୋପବନ୍ଧୁଙ୍କ ବିଶ୍ୱାସରେ ସେ ମଧ୍ୟ ବିଷର ଏକ କଟୁବିନ୍ଦୁ ମିଶାଇ ସଂପର୍କଟିକୁ ହଳାହଳମୟ କରିଦେଇଥିଲେ। ଏହି ହଳାହଳ ଗୋପବନ୍ଧୁଙ୍କ ଛାତିସାରା ଚରିଯାଇଥିଲା ଓ ସେ ବେଦନା ଯନ୍ତ୍ରଣାରେ ଗୋପବନ୍ଧୁ ଅନେକ ସମୟଧରି କଷ୍ଟ ମଧ୍ୟ ପାଇଥିଲେ। ମାତ୍ର ଶିବହୋଇ ସେ ନୀଳକଣ୍ଠ ବନିଯାଇଥିଲେ। ଶିବତ୍ୱ କାମନା କରିଥିଲେ। ସେ ରୁଦ୍ର ରୂପ ଧାରଣ ନକରି, ଉଗ୍ର ପ୍ରତିବାଦ ନକରି, ଶିବ-ସୁନ୍ଦର ହୋଇ ସକଳ ମଂଗଳ କାମନା କରିଥିଲେ। ଖାଲି ଏତିକି ନୁହେଁ, ଅଧିକନ୍ତୁ ପୂର୍ବପରି ସେ ଉକ୍ତ ବନ୍ଧୁଙ୍କ ପାଇଁ ଅନ୍ତରରେ ସମପରିମାଣରେ ପ୍ରେମ, ସ୍ନେହ, ଶ୍ରଦ୍ଧା, ସଦିଚ୍ଛା ଓ ମମତ୍ୱଭାବ ରଖିଥିଲେ। ଏହାହିଁ ଗୋପବନ୍ଧୁଙ୍କ ମହନୀୟତା। ଗୋପବନ୍ଧୁଙ୍କ ଅଖଣ୍ଡ ଅମୂର୍ତ୍ତ, ଅମୃତ ପ୍ରେମ ସଂପର୍କରେ ଆଲୋଚନା କଲାବେଳେ ଇଂରାଜୀ କବିଙ୍କର ଏକ ଉକ୍ତି ମନେପଡ଼େ-

"But love is a durable fire,
In the mind ever burning
Never sick, never old, never dead
From it self never turning."

ଗୋପବନ୍ଧୁ ନିଜଆଡୁ କେବେ ପଛଘୁଞ୍ଚା ଦେଇନାହାନ୍ତି ଅଥବା ନିଜର ପ୍ରେମ ସ୍ରୋତରେ ଭଟ୍ଟା ପଡ଼ିବାକୁ ଦେଇନାହାନ୍ତି। ଏହାହିଁ ଅସଲ ପ୍ରେମ। ଏହା ଯେତିକି ଶାଶ୍ୱତ, ସେତିକି ଭାସ୍ୱତ ଓ ସନାତନ। ଏହାହିଁ ମହାନ୍। "ତେବେ ଅମାପ କରୁଣାର ହୃଦୟ ହେଉଛନ୍ତି ଗୋପବନ୍ଧୁ। ତାଙ୍କ ଜୀବଦ୍ଦଶାରେ ମଧ୍ୟ ତାଙ୍କୁ ତାଙ୍କର ବହୁ ବନ୍ଧୁ ଓ ସହକର୍ମୀମାନେ ବହୁଭାବେ ଆହତ କରିଥିଲେ। ସେଥିରେ ତାଙ୍କ ପାଟିରୁ ନିଆଁ ନ ପାହାରି ଆଖିରୁ ଲୁହ କେବଳ ବୋହିଥିଲା। ସେହି ପ୍ରୀତି ଓ ପ୍ରାଣମୟତା ପ୍ରତି ଆସ୍ଥା ମଳିନ ପଡ଼ିଯାଇଥିଲା।"[୧୭] ତଥାପି ସେ ଏପରି ବିପଦ ତଥା କଷ୍ଟକର ପରିସ୍ଥିତିରେ ଭାଙ୍ଗିଯାଇ ନାହାନ୍ତି। କାରଣ ତାଙ୍କର ଅଖଣ୍ଡ ବିଶ୍ୱାସ ଯେ ଯେଉଁ ବ୍ୟକ୍ତି ବିପଦ, ଦୁଃଖ, କଷ୍ଟ-ବେଦନାନଳରେ ଦାଉଦାଉ ଝଟକେ, ଭସ୍ମ ହୋଇନଯାଇ ଦେଦୀପ୍ୟମାନ ମଣି ପରି ଚମକିଉଠେ, ସେ ବ୍ୟକ୍ତିର ପ୍ରାଣ ମହନୀୟ। ତେଣୁ ସେ ଗାଇଉଠିଲେ-

"ବିପଦ ପ୍ରଭୁଙ୍କ କଷଟି ପାଷାଣ,
ପରଖନ୍ତି ତହିଁ ନରହୃଦଟାଣ,
ବିଦଗ୍ଧ ହେଲେ ବିପଦ-ଅନଳେ,
ଭସ୍ମ ନୋହି ଯେହୁ ଦାଉଦାଉ ଜଳେ।

ସେହି ଏକା ଶୁଦ୍ଧ ସୁବର୍ଣ୍ଣ ହୃଦୟ,
ଲଭେ ଆଶ୍ୱାସନା ଅଭୟ ବିଜୟ।"

ଏଣୁ ଗୋପବନ୍ଧୁ ଜୀବନ ପଥରେ ଜଣେ ସଚ୍ଚା ଦେଶସେବୀ, ସଚ୍ଚା ଶିକ୍ଷକ, ଜଣେ ସଚ୍ଚା ବନ୍ଧୁ ଓ ସଚ୍ଚା ମଣିଷଟିଏ ହୋଇ ପରିଶେଷରେ ସଚ୍ଚା ସାହିତ୍ୟିକଟିଏ ହେବାର ଗୌରବ ଦାବୀ କରନ୍ତି। ଏହା ତାଙ୍କର ନ୍ୟାର୍ଯ୍ୟ ପ୍ରାପ୍ୟ। ସେ ଗୌରବାର୍ହ। ତେଣୁ ସେ ଶୁଦ୍ଧ ସୁବର୍ଣ୍ଣ ସମ ଏ ବ୍ୟଥାନଳରେ ମନ୍ୟୁମାନ ହୋଇଉଠିଛନ୍ତି ସିନା, ଅଧିକ ବିଶୁଦ୍ଧ, ତରଳ, ଲଳିତ ହୋଇଉଠିଛନ୍ତି ସିନା, ମ୍ଳାନିଭୂତ ହୋଇଯାଇ ନାହାନ୍ତି। ବାସ୍ତବରେ ଏତିକି ହିଁ ବହୁତ ବଡ଼କଥା ଜଣେ ସାଧାରଣ ମଣିଷ ପାଇଁ।

ଗୋପବନ୍ଧୁ ଏଠାରେ 'ପ୍ରେମ' ଓ 'ବନ୍ଧୁତ୍ୱ' ଦୁଇଟି ପ୍ରସଂଗ ଉଠାଇଛନ୍ତି। ପ୍ରଥମତଃ ପ୍ରେମ, ଯାହାକି ବହୁବିଧ। ପୁଣି ଏଠାରେ ଏଗୁଡ଼ିକର ପ୍ରବାହ ଆମୂଳାନ୍ତ ରହିଛି। ନୀଚ ପ୍ରୀତି ଠାରୁ ସ୍ୱାଭାବିକ ପ୍ରୀତି ଯାଏ ଅନେକ ପ୍ରୀତି କଥା ଏଠାରେ ସ୍ମରଣ କରାଯାଇପାରେ। ତେବେ ଯେଉଁ 'ପାତ୍ରତ୍ୱ' କଥା ଆମ୍ଭେ ଆଲୋଚନା କରୁଥିଲୁ ତାହାହିଁ ବଡ଼କଥା। ବନ୍ଧୁତ୍ୱ ଲାଗି ବନ୍ଧୁର ମଧ୍ୟ ବନ୍ଧୁତ୍ୱ ସେହିପରି ହେବା ବିଧେୟ। ଗାଡ଼ିଆରେ ସମୁଦ୍ରର ପାଣି ଧରେ ନାହିଁ। ସମୁଦ୍ରର ଜଳକୁ ଧରିରଖିବା ଲାଗି ସମୁଦ୍ର ପରି ଗଭୀର ଓ ବିଶାଳ ହୃଦୟ ବା ଉଦାର ଉଦର ରହିବା ଉଚିତ୍। ଡକ୍ଟର ରାଧାନାଥ ରଥ ବନ୍ଧୁତାର ସଂଜ୍ଞା ସ୍ୱରୂପ ସଂପର୍କରେ ଯାହା କହନ୍ତି, ଏଠାରେ ତାହା ଉଦ୍ଧାର କରାଯାଇପାରେ-

"ସକଳ ବନ୍ଧନ ଲଘି ଚାଲେ ଯାହା ତୁଲେ,
ବନ୍ଧୁ ସେହି, ବନ୍ଧୁ ହୀନ ଚିରପଥ ଭୁଲେ।
ହୃଦ ସରସତା ଫୁଟେ ଯାହାର ସଂଯୋଗ,
ସ୍ନେହ ପାଶେ ବନ୍ଧା ସଦା ସୁଖ ଦୁଃଖ ଭୋଗେ।
ସେହି ଆପଣାର, ତା'ରେ ମଣଇ ମୁଁ ବନ୍ଧୁ,
ତା'ଘେନି ଅଚିରେ ତରେ ଘୋର ଦୁଃଖ ସିନ୍ଧୁ।"

ଅବଶ୍ୟ ଗୋପବନ୍ଧୁ ବିନା ପରୀକ୍ଷାରେ ସମସ୍ତଙ୍କୁ ଭଲପାଉଥିଲେ, ବନ୍ଧୁତ୍ୱ ବସାଉଥିଲେ। କାରଣ ବନ୍ଧୁତ୍ୱ ଏମିତି ଏକ ସଂପର୍କ ଯାହା ନାବ ପରି କାର୍ଯ୍ୟକରେ, ସହଜରେ ଜୀବନକୁ ଗପକରି କରି ବିତେଇ ଦେବାରେ। ଏହା ଜୀବନ ଅତିବାହିତ କରିବାର ଏକ ଅମୋଘ ଉପାୟ ବା ଅସ୍ତ୍ର।

"Self is lovelessness and love is sleflessness" ବୋଲି ଇଂରାଜୀରେ ଏକ ଉକ୍ତି ରହିଛି। ସେ କି ବନ୍ଧୁତା ଯାହା ସ୍ୱାର୍ଥପୂର୍ଣ୍ଣ ? ସେ କି ବନ୍ଧୁତା ଯାହା ପ୍ରେମହୀନ ? ପ୍ରେମହୀନ ସ୍ୱାର୍ଥ ନିହାତି ନୀଚ ସ୍ୱାର୍ଥ ଓ ସ୍ୱାର୍ଥହୀନ ପ୍ରେମ ହିଁ ଅସଲ ପ୍ରେମ-ପ୍ରଣୟ।

ପ୍ରେମରେ 'ମୁଁ' ନଥାଏ କି 'ମୁଁ' ଭିତରେ ପ୍ରେମ ନଥାଏ। ଏ ଦୁହିଁଙ୍କ ମଧ୍ୟରେ 'ଆମ୍ଭେ', 'ଆମର', 'ଆମ୍ଭେମାନେ', 'ଆମ୍ଭମାନଙ୍କର' ପ୍ରଭୃତି ଭାବନା ଅଧିକ ଗୁରୁତ୍ୱପୂର୍ଣ୍ଣ। ତାହାରି ଅଭାବରେ ପ୍ରେମ ପ୍ରତାରଣାରେ ପରିଣତ ହୁଏ, ବ୍ୟଥା ଦିଏ, କଷ୍ଟଦିଏ। ମାତ୍ର ଗୋପବନ୍ଧୁଙ୍କ ଠାରେ ଅନୁରୂପ କଥା ହୋଇଥିଲେ ମଧ୍ୟ ସାମାନ୍ୟ ନିଆରା। ସେ ଅନ୍ୟର ପ୍ରତାରଣାରେ ପ୍ରତାରିତ ହୋଇ ବ୍ୟଥିତ ହୋଇଛନ୍ତି ସତ, କିନ୍ତୁ ତଥାପି ସେ ଏଇ ମାଟି, ମା', ମାତୃଭୂମି, ବନ୍ଧୁ, ବିଭୁ, ମାନବ ପ୍ରେମକୁ ଛାଡ଼ିପାରି ନାହାଁନ୍ତି। କେତେଥର ସେ ନିୟତି ଠାରୁ ଆରମ୍ଭ କରି ବ୍ୟକ୍ତି ପର୍ଯ୍ୟନ୍ତ ସତ୍ତା ଦ୍ୱାରା ପ୍ରତାରିତ ହୋଇଛନ୍ତି, କଷ୍ଟ ପାଇଛନ୍ତି, ତା'ର ତୁଳନା ନାହିଁ। ଏହା ତାଙ୍କର ବ୍ୟକ୍ତିଗତ ବିଶ୍ୱାସ ଓ ଦର୍ଶନ। ଏତେବେଳେ ରବୀନ୍ଦ୍ରନାଥଙ୍କ ଏକ ପ୍ରତ୍ୟକ୍ଷୋକ୍ତି ମନେପଡ଼େ, ଯାହା ଗୋପବନ୍ଧୁଙ୍କ ବ୍ୟକ୍ତିଗତ ଦର୍ଶନ ସମଗୋତ୍ରୀୟ। ତାହାକୁ ଏଠାରେ ଉଦ୍ଧାର କରାଯାଇପାରେ। ସେଦିନ ଟାଗୋର ଡାକିହାକି କହିଲେ- *"ଆମାଦେର୍ ଏଇ ମାଟିର ମା, ଆମାଦେର ଏଇ ଆପ୍‌ନାଦେର୍ ପୃଥିବୀ, ଏର୍ ସୋନାର୍ ଶସ୍ୟକ୍ଷେତ୍ର, ଏର୍ ସ୍ନେହଶାଳିନୀ ନଦୀଗୁଲିର ଧାରେ, ଏର୍ ସୁଖ ଦୁଃଖମୟ ଭାଲୋବାସାର୍ ଲୋକାଲୟେର୍ ମଧ୍ୟୋ, ଏଇ ସମସ୍ତ ଦରିଦ୍ର ମର୍ତ୍ତ୍ୟ ହ୍ରିଦୟେର୍ ଅଶ୍ରୁର୍ ଧନ୍ ଗୁଲିକେ କୋଲେ କରେ ଏନେ ଦିୟେଛେ। ଆମି ଏଇ ପ୍ରିଥିବୀକେ ଭାରି ଭାଲବାସି। ଏର୍ ସୁଖେ ଭାରି ଏକ୍‌ଟି ସୁଦୂର ବ୍ୟାପୀ ବିଷାଦେର୍ ଛାୟା ଲେଗେ ଆଛେ- ଯେନ ଏର୍ ମନେମନେ ଆଛେ, ଆମି ଦେବତାର ମେୟେ କିନ୍ତୁ ଦେବତାର କ୍ଷମତା ଆମାର୍ ନେଇ, ଆମି ଭାଲବାସି କିନ୍ତୁ ରକ୍ଷା କରିତେ ପାରିନେ, ଆରମ୍ଭ କରି ସଂପୂର୍ଣ୍ଣ କରିତେ ପାରିନେ, ଜନ୍ମ ଦିଇ ମୃତ୍ୟୁର ହାତ୍ ଥେକେ ବାଞ୍ଚାତେ ପାରିନେ। ଏଇ ଜନେ ସ୍ୱର୍ଗେର୍ ଉପର୍ ଆଡ଼ିକରେ ଆମି ଆମାର୍ ଦରିଦ୍ର ମାୟେର୍ ଘର୍ ଆରୋ ବେଶୀ ଭାଲବାସି। ଏତ ଅସହାୟ, ଅସମର୍ଥ, ଅସଂପୂର୍ଣ୍ଣ ଭାଲବାସା ସହସ୍ର ଆଶଙ୍କାୟ, ସର୍ବଦା ଚିନ୍ତାକାତର ବଲେଇ।"*[୨୮] ଊଣା-ଅଧିକେ ସମାନ ହେଲେ ମଧ୍ୟ ଉତ୍କଳମଣି ଗୋପବନ୍ଧୁ ଏଇ ଚେତନା ଦ୍ୱାରା ଆପେକ୍ଷିକ ଭାବେ ପ୍ରଭାବିତ। କବି ଶ୍ରୀ ଦାସ ଯେଉଁ ବନ୍ଧୁ ପ୍ରେମ ପାଇ ମହରଗ ପାଇଛନ୍ତି ବୋଲି ଭାବୁଥିଲେ, ଯାହାକୁ ପାଇ ସେ (ଗୋପବନ୍ଧୁ) ଜୀବନ ନଈକୁ ସହଜରେ ପାରିକରିଦେବେ ବୋଲି ଭାବୁଥିଲେ ସେ ତାଙ୍କ ସାଥିରେ କରିଛି ନୀଚ ଛଳନା। ଜୀବନରେ ସବୁକିଛି ହରାଇ, ସବୁ ସୁଖ ହରାଇ ପ୍ରତିବଦଳରେ ଯାହାକୁ ପାଇବାର ଆତ୍ମସାନ୍ତ୍ୱନା ବା ଆତ୍ମସନ୍ତୋଷ ଲାଭ କରିଥାଆନ୍ତେ ବୋଲି ଭାବିଥିଲେ, ସେ ହେଲା ପ୍ରତାରକ, ପ୍ରବଞ୍ଚକ, ଦାରୁଣ ଦୁଃଖର କାରଣ ଓ କାରକ। ଜୀବନର ଲୁଚକାଳି ଖେଳରେ ପାଇବା ହରାଇବା ଭିତରେ କବି ଯାହାକୁ ଅନ୍ତିମ ସାନ୍ତ୍ୱନା,

ଶେଷ ପ୍ରଶ୍ୱାସ ବୋଲି ଭାବିଲେ, ସେ ହେଲା ପ୍ରତାରଣାପୂର୍ଣ୍ଣ, ବିଷାକ୍ତ ହଳାହଳମୟ। ବନ୍ଧୁଜଣଙ୍କ ଗୋପବନ୍ଧୁଙ୍କୁ ବୁଝିବାରେ ଦୋଷତ୍ରୁଟି ଥିଲା। ସେ ଗୋପବନ୍ଧୁଙ୍କ ଆର୍ଜବତା, ନିଷ୍କପଟ, ଦରଦୀ, ସରଳ, ସଫେଦ, ସତ୍ୟପ୍ରିୟ ଶିବାକାଂକ୍ଷୀ, ସୁନ୍ଦର ହୃଦୟଟିକୁ ଚିହ୍ନିପାରି ନଥିଲେ। ବରଂ ସେ ତହିଁରେ ନୀଚ ଛଳନା ଦେଖିଛନ୍ତି। ଗୋପବନ୍ଧୁ ତାଙ୍କ ଦୋସରର ଗୌରବକୁ ନିଜ ଭାଗ୍ୟର ବିଭବ ବୋଲି ଭାବନ୍ତି। ତାଙ୍କ ବନ୍ଧୁର କୃତିତ୍ୱରେ ତାଙ୍କ ପ୍ରାଣରେ ଉଲ୍ଲାସର ମହୋର୍ମି ନାଚିଯାଏ। କିନ୍ତୁ ଦୁଃଖର ବିଷୟ ଏହିକି ଏତେ ଭଲପାଉଥିବା, ଏପରି ନିର୍ମଳ ହୃଦୟରେ ଚାହୁଁଥିବା ବନ୍ଧୁ (ଗୋପବନ୍ଧୁ)ର ଉପଯୋଗରେ ସେ ବନ୍ଧୁଜଣଙ୍କ କାତରତା ପ୍ରଦର୍ଶନ କରନ୍ତି। ଏହା କବିପ୍ରାଣକୁ ବିଦାରି ପକାଇଛି। ସେ ଏଥିରେ ମର୍ମାହତ, ରକ୍ତାକ୍ତ ଓ ଯନ୍ତ୍ରଣା-ବିଦଗ୍ଧ। ଏଣୁ ସେ ନିରାଶ ହୋଇ ଆଉ କେଉଁ ସୁଖ ଆଶାରେ ବଞ୍ଚିବି ବୋଲି ମନେମନେ ଭାବିଛନ୍ତି। ଏଠାରେ କବିଙ୍କର ଅତୀତ ବିଧୁରତା ବା Nostalgic ଚିନ୍ତାଧାରା ଉଙ୍କିମାରିବା ସହିତ ବନ୍ଧୁପ୍ରୀତି ଓ ବନ୍ଧୁ ପ୍ରତାରଣାରେ ଭାଙ୍ଗିପଡ଼ି ସାମୟିକ ଭାବେ ଜୀବନ ପ୍ରତି ବୀତସ୍ପୃହ, ବିମୁଖ ଓ ନାସାକୁଞ୍ଚନ କରିଛନ୍ତି। ଅବଶ୍ୟ ଏସବୁ ମଧ୍ୟରେ ଚକ୍ଷୁ ଯୁଗଳରୁ ତାଙ୍କ ଗଣ୍ଡଦେଶରେ ଧାରଧାର ଲୁହ ବୋହିଯାଇଛି। ଉଭୟ ବହିର୍ଦ୍ଦେଶ ଓ ଅନ୍ତର୍ଦ୍ଦେଶ ତାଙ୍କର ସ୍ରବିତ ଲୁହ ଓ ଲହୁରେ ଜର୍ଜର ଓ ଚିନ୍ତିତ। ଏଣୁ କିଛିକ୍ଷଣ ପାଇଁ କବି ନକାରାତ୍ମକ (pessimistic) ଚିନ୍ତାଧାରା ସମ୍ବଳିତ ହୋଇପଡ଼ିଛନ୍ତି। ରାଧାନାଥଙ୍କ ପରି ନୈରାଶ୍ୟର ଉଷର ମରୁରେ ସେ ସିଝିଛନ୍ତି। ରାଧାନାଥଙ୍କର ଏକ ଉକ୍ତି ଏଠାରେ ଉଦ୍ଧାରଯୋଗ୍ୟ-

"ସଂସାର ନିଗଡ଼େ ସଂସାର କାରାରେ,
ଯାପିବି ଜୀବନ ସଦା ହାହାକାରେ।
xxx xxx xxx
ଛାର ଭାଗ୍ୟ ମୋର ପିହିତ ପାଷାଣେ,
ମୋ ଜୀବନ ଗଢା ଅନ୍ୟ ଉପାଦାନେ।
ଚିର ହାହାକାର ଏ ଛାର ଜୀବନ.
ଜୀବନ ନୁହଁଇ ଜୀବନ୍ତ ମରଣ।
ପ୍ରତିଦିନ ଦୁଃଖ ପ୍ରହାରେ ଜର୍ଜର,
ପଟ୍ଟଶିଷ୍ୟ ମୁହିଁ ଦୁଃଖ ଗୁରୁଙ୍କର।
ଦୁଃଖଦତ୍ତ ଜ୍ଞାନ ଚକ୍ଷୁରେ ଜଗତ,
ଦେଖିବାରେ ମୁହିଁ ଅଭ୍ୟସ୍ତ ସତତ।" [୧୯]

ଜୀବନର ଏପରି ବିଷାକ୍ତ ମୁହୂର୍ତ୍ତକୁ ଦେଖି ଅନେକେ କଷ୍ଟପାଇଲା ପରି କବି

ଶେଲୀ ଯନ୍ତ୍ରଣାରେ ଚିତ୍କାର କରି କହିଲେ- "I fall upon the thorns of life, I bleed!"[୨୦] କିନ୍ତୁ ଏଠାରେ ଦେଖିବାର କଥା ଯେ, ରାଧାନାଥଙ୍କ ପରି ଗୋପବନ୍ଧୁ ଚିରଦୁଃଖୀ ସତ, ଜୀବନକାଳ ମରଣ ଠାରୁ ଭୟଙ୍କର ବ୍ୟଥା ବେଦନାରେ ସେ ସନ୍ତୁଳିତ। ସେ ଦୁଃଖ ଗୁରୁଙ୍କର ମଧ୍ୟ ପଟ୍ଟଶିଷ୍ୟ ହୋଇପାରନ୍ତି କିନ୍ତୁ ରାଧାନାଥଙ୍କ ପରି ସେ ଦୁଃଖଦଣ୍ଡ ଜ୍ଞାନଚକ୍ଷୁରେ ଜଗତକୁ ଦେଖିନାହାଁନ୍ତି ବରଂ ଏକ ନିରାଶାର କୁଜ୍‌ଝଟିକାମୟ ଆସ୍ତରଣ ପରେ ସୁନେଲୀ କିରଣମୟ ସୂର୍ଯ୍ୟର ସ୍ୱଚ୍ଛତାକୁ ଆଦରି ନେଇଛନ୍ତି।

ଏଠାରେ ଆଉ ଏକ କଥା ମଧ୍ୟ ଦେଖିହେବ ଯେ, ରାଧାନାଥ ଯେଉଁ ପ୍ରେମର ସବୁ ଦିଗଗୁଡ଼ିକ ଉପରେ ଆଲୋକପାତ କରିଥିଲେ, ଯେଉଁ କାଳ୍ପନିକ ଚରିତ୍ର ରାଜି ଏସବୁ ପ୍ରେମର ଦୃଷ୍ଟାନ୍ତ ହେଉଥିଲେ, ଗୋପବନ୍ଧୁ ନିଜେ ସେ ଦୃଷ୍ଟାନ୍ତ ମଧ୍ୟରୁ ଜଣେ ହେବାକୁ ପସନ୍ଦ କରିଛନ୍ତି। ସେ ନିଜେ କବି ଓ ନିଜେ ନାୟକ। ଏହା ଏକ ଆତ୍ମଚରିତ ମୂଳକ ଗୀତିକା। ପୁଣି ଏହାର ଭିତ୍ତିଭୂମି ଗୋପବନ୍ଧୁଙ୍କ ଜୀବନ ଚଟାଣର ଏକ ବୃହତ୍ତର ଅଂଶ ମାତ୍ର।

'ଉଷା'ରେ ରାଧାନାଥ "ବିଫଳ ହେବ ଏ ଜୀବନ ମୋହର ଉଷା ବିହୁନେ, ଏଭଳି ଜୀବନ ଠାରୁ ମୃତ୍ୟୁ ଶ୍ରେୟଃ ସହସ୍ରଗୁଣେ।" କହିଲାବେଳେ ଗୋପବନ୍ଧୁ ବନ୍ଧୁ ବିୟୋଗ (ପ୍ରତାରଣା ମୂଳକ ଓ ନିୟତିର କ୍ରୂରତା ମୂଳକ)ରେ ଜୀବନ ପ୍ରତି ବିମୁଖ ହୋଇଯିବାର ଦେଖାଯାଇଛି। ତାଙ୍କ ଜୀବନର ସବୁଜ କ୍ଷେତରେ ନିରାଶାର ବାଲିଚର ଖେଳିଯାଇଛି। ମରୀଚିକା ପରି ସବୁକିଛି ତାଙ୍କୁ ପ୍ରତୀତ ହୋଇଛି। ସେ ଏପରି ଭାଙ୍ଗି ପଡ଼ିଛନ୍ତି ଯେ ଏବଂ ଏତେ ମାତ୍ରାରେ ସେ ବ୍ୟଥିତ ଯେ, ତାଙ୍କୁ ଆଉ ଜଗତରେ କେଉଁଠିବି ଭରସା ମିଳିପାରୁନି, ଆଶାବାଡ଼ିଟିଏ ମିଳିପାରୁନି। ସବୁ ହୋଇଯାଇଛି ମରୁର ମରୀଚିକା, ଦାରୁଣ ଦୁଃଖ ଦାୟୀ କାରକ ମାତ୍ର। ତାଙ୍କରି ଭାଷାରେ-

"ଜୀବନ ପ୍ରଭାତେ ଆପଣାର ବୋଲି,
କରିଥିଲି ଯା'କୁ ପରାଣ ସଖା,
ସେତ ନଜାଣିଲା ମୋ ଅନ୍ତର ଗତି
ଦେଲା ମୋ ପରାଣେ ଦାରୁଣ ଧକ୍‌କା।
ଯାମୁଖ ଅନାଇ ଅନ୍ତିମ ସଂକେତ
ଦେଇ ଲଭିଥାନ୍ତି ଶେଷ ସାନ୍ତ୍ୱନା,
ମୋ ନେତ୍ର ଲୋତକେ ସତ୍ୟ ସରଳତା
ନଦେଖି ଦେଖେ ସେ ନୀଚ ଛଳନା।
ଯାର ଗଉରବେ ମୋ ଭାଗ୍ୟ ବିଭବ

ଯାର କୃତିତ୍ୱ ଏ ପ୍ରାଣ ଉଲ୍ଲାସେ,

ମୋର ଉପଯୋଗେ ଯେ ଯେବେ କାତର,

ଏ ଜୀବନ କି ସୁଖ ଆଶେ ?

ଜୀବନ ତ ଖାଲି ନିରାଶାର ବାଲି

ମରୁ-ମରୀଚିକା ସେନେହ- ପ୍ରୀତି,

ତେବେ କି ଆଶାରେ କହ ଏ ସଂସାରେ

ପରଲାଗି ନର ମରୁଚି ନିତି ?"[୨୧]

ଛଳ ବନ୍ଧୁତା ବାସ୍ତବରେ ବଡ଼ ମାରାତ୍ମକ। ଏହା ଧୂମହୀନ ଅଗ୍ନିସମ କ୍ଷତିକାରକ। ଏହା ମଣିଷକୁ ଜଳାଇ ଜଳାଇ ପ୍ରତି ମୁହୂର୍ତ୍ତରେ ମାରେ। ଯନ୍ତ୍ରଣାର ଇଟାରେ ନିର୍ମିତ ବେଦନା ବିଦଗ୍ଧ କାନ୍ଥର ପରିଧି ଭିତରେ ମଣିଷ ବଞ୍ଚେ। ପୁଣି ଏହି ପ୍ରତାରଣା ପରେ ଆଉ କୌଣସି ଜିନିଷ ସୁନ୍ଦର ଲାଗେ ନାହିଁ। ଆକାଶ-ପୃଥିବୀ, ଗଛ-ଲତା, ପାହାଡ଼-ପର୍ବତ କିଛି ବି ସୁନ୍ଦର ଲାଗନ୍ତି ନାହିଁ। ସବୁଠି ଲାଗେ ଶୂନ୍ୟତାର ବିଚିତ୍ର ଛାଉଣି। ସବୁଠି ଲାଗେ ହାହାକାରମୟ। ସବୁଜ ବି ଧୂସର ଲାଗେ। କୁଜ୍‌ଝଟିକାମୟ ଲାଗେ। ଏପରି ମାନସିକ ଅବସ୍ଥାରେ ଗୋପବନ୍ଧୁ ଅନେକ ଦିନ ଅତିବାହିତ କରିଥିଲେ। ଏଥିରେ ତାଙ୍କର ସ୍ୱାସ୍ଥ୍ୟ ଭଗ୍ନ ମଧ୍ୟ ହୋଇଥିଲା। ଏପରି ଛଳ ବନ୍ଧୁତା ପ୍ରସଂଗରେ ଇଂରେଜୀ କବି ଗୋଲ୍‌ଡ଼ସ୍ମିଥ୍‌ଙ୍କର Edevin and Engelina କବିତାର ଏକ ପଙ୍‌କ୍ତି ମନେପଡ଼େ।

"What is friendship but a nawe

A charm that lulls to sleep,

A shade that follows weath of fame

And leaves the wretch to weep."

କିନ୍ତୁ ଏଠାରେ ଦ୍ରଷ୍ଟବ୍ୟ ଯେ ହତାଶା-ନିରାଶାର ଏକ କ୍ଷୁଦ୍ର ଗୈରିକ ପର୍ବ ପରେ ହଠାତ୍ ଗୋପବନ୍ଧୁ ଏକ ଚମତ୍କାରୀ ମନ୍ତବ୍ୟରେ ଉପନୀତ ହୋଇଛନ୍ତି। ସେ ବନ୍ଧୁ ପ୍ରୀତିରେ ଏପରି ନିମଗ୍ନ ଥିଲେ ଯେ, ସେ ଶତେକ ପରାଜୟକୁ ମଧ୍ୟ ତା'ଲାଗି ସ୍ୱୀକାରିବାକୁ ପାଶ୍ଚାତ୍‌ପଦ ହେଉନଥିଲେ। ରାଧାନାଥଙ୍କ 'ଉଷା' କାବ୍ୟର ଏକ ପଙ୍‌କ୍ତି ଏଠାରେ ମନେପଡ଼େ-

"ଜୟ ଠାରୁ ଆଜି ପରାଜୟ ତାର ପ୍ରିୟ ଅଧିକ

ଘଟାଇ ନପାରେ କିସ ପୁଣି ପ୍ରେମ ଐନ୍ଦ୍ର-ଜାଲିକ।"[୨୨]

ଯଯାତିକେଶରୀରେ ମଧ୍ୟ ଅନୁରୂପ ପ୍ରେମର କଥା କୁହାଯାଇଛି। ଜଣେ ଅପରର ବିଜୟରେ ଅଧିକ ଖୁସି। ଏପରିକି ନିଜର ପରାଜୟକୁ ମଧ୍ୟ ସେ ସ୍ୱୀକାର କରିବାକୁ

ପଛାନ୍ତି ନାହିଁ। ଗୋପବନ୍ଧୁ ଏ ଜାତୀୟ ପ୍ରେମିକ। ସେ ଯଥାର୍ଥ ବନ୍ଧୁପ୍ରେମୀ। କିନ୍ତୁ ତାଙ୍କ ବନ୍ଧୁ ଏକଥା ବୁଝିପାରିଲେ ନାହିଁ। କେଦାରଗୌରୀ କାବ୍ୟରେ ମଧ୍ୟ ମୃତ୍ୟୁକୁ ଫାଙ୍କି ଦିଆଯାଇଛି। ମୃତ୍ୟୁ ମଧ୍ୟ ପ୍ରେମ ବା ବନ୍ଧୁତାକୁ ହରାଇପାରିନି। ସେହିପରି ଯଦି 'କାରାକବିତା'ରେ ବନ୍ଧୁପ୍ରୀତି ପର୍ଯ୍ୟାୟଟିକୁ ପର୍ଯ୍ୟବେକ୍ଷଣ କରାଯାଏ, ତେବେ ସ୍ପଷ୍ଟଭାବେ ଏହା ପ୍ରତୀତ ହେବ ଯେ, ମୃତ୍ୟୁ, ଅପବାଦ, ପ୍ରତାରଣା, ଗଂଜଣାଦି ଦ୍ୱାରା ଶାଶ୍ୱତ ବିମଳ ପ୍ରେମ ମ୍ଳାନିଭୂତ ହୋଇପାରେନା। ଏହାର କ୍ଷୟ ନାହିଁ। ଏହାର ଅନ୍ତ ନାହିଁ। ଏଠାରେ ଉଇଲିୟମ୍ ସେକ୍‌ସପିୟରଙ୍କ ରଚିତ ଏକ କବିତାକୁ ସ୍ମରଣ କରାଯାଇପାରେ। ସେଦିନ Shakespeare ଚ୍ୟାଲେଞ୍ଜ୍ ଲଗାଇ କହିଲେ-

"Let me not to the marriage of true minds
Admit impediments. Love is not love
Which alters when alteration finds,
Or bends with the remover to remove:
O' no! it is an ever fixed mark,
That looks on tempests, and is never shaken,
It is the star to every wandering bark,
Whose worths unknown, although his height be taken
Love's not Time's fool, though rosy lips and cheeks
Within his bending sickle's compass come,
Love alters not with-his brief hours and weeks
But bears it out even to the edge of doom.
If this be error, and upon me proved,
I never writ, nor no man ever loved."[୨୩]

ପ୍ରେମର ସହନସୀମା ଅନନ୍ତ, ଶକ୍ତି ଅସୀମ। ସେହି ପ୍ରେମ ସତ୍ୟ-ଶାଶ୍ୱତ, ଯାହା ସହେ, ଯାହା ପାଖରେ ସହିବାର ଶକ୍ତି (Resisting powers and potency) ଥାଏ। ଏହି ଦୁଃଖ, କଷ୍ଟ, ଯନ୍ତ୍ରଣା ସହିବାରେ ହିଁ ବାସ୍ତବରେ ସୁଖ ଅଛି ଆନନ୍ଦ ରହିଛି। ଶେଲୀ ଦିନେ ଏହିକଥା କହିନଥିଲେ କି 'To a Skylark' କବିତାରେ- "Our sweetest songs are those, That tell us saddest thoughts." ପ୍ରେମ ନିକଟରେ ଅନୁଶୋଚନା ବୋଲି କୌଣସି ପରଦା ଚିରଦିନ ରହିପାରେନା। ଗୋପବନ୍ଧୁଙ୍କୁ ଏହି ଶୋଚନା ଘାରିଛି। ଅନୁଶୋଚନା ତାଙ୍କ ପାଖମାଡ଼ିପାରି ନାହିଁ।

ପୁଣି ଶୋଚନା ଯାହାକି ଥିଲା ବିଭୁପ୍ରୀତି ସାଗରରେ ସେ ଲୁଣପରି ମିଶିଯାଇଛି, ନିଜର ଅସ୍ତିତ୍ୱ ହରାଇଛି। କିନ୍ତୁ ଗୋପବନ୍ଧୁ ସେ ଲବଣାକ୍ତ ଯନ୍ତ୍ରଣାରେ ଅନ୍ତରେ ଅନ୍ତରେ ସଢ଼ିଛନ୍ତି, ଜଳିଛନ୍ତି ଓ ଦହନ ମଧ୍ୟରେ କଷ୍ଟ ପାଇଛନ୍ତି। ଏ ବ୍ୟଥାରେ ତଦୀୟ ପ୍ରାଣର ଅଶ୍ରୁଧାରା ସେ ଲୁଣପାଣିରେ ଏକାକାର ହୋଇଯାଇଛି। ତେବେ ସେ ନିଜକୁ ବୁଝାଇ ଦେଇଛନ୍ତି ଯେ ସେ ଯେଉଁ ପ୍ରେମ କରିଥିଲେ ତାହା ନିହାତି ବିଶୁଦ୍ଧ ଓ ପ୍ରାକୃତିକ ଥିଲା। ଏଣୁ ଏଥିରେ ଅନୁଶୋଚନାର ସ୍ଥାନ ନରହିବା ଉଚିତ୍। ପ୍ରେମପଥରେ ଯେତେ ଗୁରୁଗଞ୍ଜନା, ଯେତେ କଟାକ୍ଷ, ଯେତେ ପ୍ରିୟଜନ ଛି-ଛି କାର କଲେ ମଧ୍ୟ ତାହା ହଟିବାର ନୁହେଁ। ଏହା ନିତାନ୍ତ ଅକ୍ଷୟ ଓ ଶାଶ୍ୱତ।

ପୁଣି କବି ଭାବିଛନ୍ତି। ଅସୁସ୍ଥ ହୋଇଛନ୍ତି। ନିଜର ଅନ୍ତର୍ଦୃଷ୍ଟିକୁ ଶାଣିତ କରିଛନ୍ତି। ସେ ଭାବିଛନ୍ତି ଯେ, ନିହାତି ତାଙ୍କଠାରେ କିଛି ଅଭାବବୋଧ ରହିଛି। ନଚେତ୍ ଏପରି ବ୍ୟତିକ୍ରମ ହେଲା ବା କାହିଁକି? ସେ ପୁଣି ପଚାରିଛନ୍ତି ନିଜକୁ ଯେ 'ମୁଁ କି ମୋ ନିଜର ସୁଖ ଦେଖୁଥିଲି?' ଏଠାରେ ନିଜେ ସେ ଆତ୍ମପ୍ରବଞ୍ଚନା କରୁଛନ୍ତିକି ନାହିଁ ମଧ୍ୟ ପ୍ରଶ୍ନ କରିଛନ୍ତି। ଏହା ଆତ୍ମପ୍ରକ୍ଷାଳନ ମାତ୍ର। ଏହାହିଁ ପ୍ରେମର ସବୁଠାରୁ ବଡ଼କଥା। କାରଣ ଯେବେ ପ୍ରତ୍ୟେକ ଲୋକ ଆତ୍ମପ୍ରକ୍ଷାଳନ କରିବା ଆରମ୍ଭ କରିଦେବେ, ସେତେବେଳେ ନିଜର ଦୋଷ-ତ୍ରୁଟି ସେମାନେ ଦେଖିପାରିବେ। ନିଜର ଦୋଷତ୍ରୁଟି ଦେଖିପାରିଲେ, ସେମାନଙ୍କ ମଧ୍ୟରେ ବିନମ୍ରତା ପ୍ରବେଶ କରିବ ଓ ସେମାନେ ଉଦାର ହେବେ। ଏହି ଉଦାର ଭାବରେ ପ୍ରେମ ଆହୁରି ଅଙ୍କୁରିତ ହୋଇ ପଲ୍ଲବିତ ହୋଇଥାଏ। ପ୍ରଖ୍ୟାତ କବୟିତ୍ରୀ ଓ ସମାଲୋଚିକା ପ୍ରତିଭା ଶତପଥୀଙ୍କର ଏକ ଉକ୍ତି ଏଠାରେ ସ୍ମୃତିବଳୟାନ୍ତର୍ଗତ ହୋଇଥାଏ। ସେ ଏହି ପରିପ୍ରେକ୍ଷୀରେ କହନ୍ତି- "ଗୋପବନ୍ଧୁଙ୍କ କବିତା ଗୁଡ଼ିକରେ ବ୍ୟକ୍ତିକ ଦୃଷ୍ଟି ସର୍ବତ୍ର ପ୍ରାଧାନ୍ୟ ଲାଭ କରିଛି।"[୨୪] କାରଣ ପ୍ରତିଟି କଥାରେ ସେ ନିଜକୁ ସାମିଲ୍ କରି ଦେଖନ୍ତି ମାପନ୍ତି। ନିଜକୁ ପ୍ରକ୍ଷାଳିତ କରନ୍ତି। ଅବଶ୍ୟ ଆଲୋଚ୍ୟ 'ବ୍ୟଥିତ ପ୍ରାଣର ଅନ୍ତିମ ଅଶ୍ରୁ' କବିତାଟି ଏକାନ୍ତ ମନ୍ମୟାତ୍ମକ। କିନ୍ତୁ ଏଥିରେ କବିଙ୍କ ତନ୍ମୟ ଦୃଷ୍ଟିଭଂଗୀ, ତନ୍ମୟ ଧାରଣା ଓ ମନ୍ମୟ ଚିନ୍ତା-ଚେତନା ତଲ୍ଲୀନ।

କବି ଦାରୁଣ ଦୁଃଖରେ ଏହି ଆତ୍ମପ୍ରବଞ୍ଚନା ଲାଗି ଘାରିହେଉଛନ୍ତି। ଏହାପରେ କବି ଆତ୍ମପରିଚୟ ପାଇଛନ୍ତି। ହୃଦୟର କାଳିମା ତାଙ୍କର ଏହି ଆତ୍ମପରିଚୟ ପ୍ରାପ୍ତି ପରେ ଲିଭିଯାଇଛି। ସେ ପୁଣି ପ୍ରକୃତିସ୍ଥ ହୋଇଛନ୍ତି। ଏକ ଦ୍ୱିତୀୟକ ସ୍ତର (Secondary level)କୁ ସେ ଉତ୍ତୀର୍ଣ୍ଣ ହୋଇ ପ୍ରେମିକ ପ୍ରବର ହେବାକୁ ଚେଷ୍ଟା କରିଛନ୍ତି। ସୁତରାଂ ସେ ଭାଙ୍ଗି ପଡ଼ିବାର ନୁହେଁ। କବି ନିଜ ପ୍ରାଣର ଦୋସରକୁ ନିଜ ହୃଦୟର କଷାଘାତ,

କଠୋର କୁଠାରଘାତ ସହିବାର ସୀମା ପରଖିବାକୁ କହିଛନ୍ତି। ପୁଣି କବି କହିଛନ୍ତି, "ହେ ସଖା, ତୁମ ନୟନରେ ବିଷାକ୍ତ ଛଳନା ରହିଛି। ଏଣୁ ମୋ ସରଳ ପ୍ରାଣରେ ତୁମେ କାପଟ୍ୟର କାଳି ଲକ୍ଷ୍ୟ କରୁଛ। ତେଣୁ ତୁମେ ଆଖିପୋଛି ଶୁଦ୍ଧ ପ୍ରେମ, ସ୍ନେହ, ବିମଳ ମାନବିକତାର ଜଳରେ ପ୍ରକ୍ଷାଳନ କରି ଦେଖ, ନିଶ୍ଚିତ ତୁମେ ମୋ ଉପରେ ରୁଷ୍ଟ ହେବନାହିଁ।" ଆହୁରି କବି କହନ୍ତି ଯେ ଚର୍ମଚକ୍ଷୁରେ ତାଙ୍କୁ ନଦେଖି ହୃଦଚକ୍ଷୁ ବା ଅନ୍ତଃଚକ୍ଷୁରେ ଦେଖିବାକୁ। ସେ ପ୍ରେରଣା ଦେଇଛନ୍ତି ନିର୍ମଳତା ଆଡ଼କୁ ବଢ଼ିବାର। କାରଣ ହୃଦରେ ହୃଦକୁ ଦେଖିଲେ ଛଳ ଚକ୍ଷୁର ବା ଛଳ ଦୃଷ୍ଟିର ପ୍ରଶ୍ନ ରହିବ ନାହିଁ। ଖାଲି ଏତିକି ନୁହେଁ, ଅହଂ ଭାବ, ଆତ୍ମବଡ଼ିମା, ଆତ୍ମସର୍ବସ୍ୱ ଭାବ ପରିତ୍ୟାଗ କରି ମଣିଷ ନିଜକୁ ସଂଦର୍ଶନ କରିବା ଦରକାର। ଆତ୍ମସ୍ୱାର୍ଥ ଓ ଆତ୍ମପରିଚୟ ତ୍ୟାଗକରି ଅନ୍ୟର ସ୍ଥାନରେ ନିଜକୁ ଅଧିଷ୍ଠିତ କରାଇ, ବିଶ୍ୱ ସ୍ଥାନରେ, 'ସମଗ୍ର' ସ୍ଥାନରେ 'ବ୍ୟକ୍ତି' କୁ ଅଧିଷ୍ଠିତ କରାଇ ଜଣେ ବିଚାର କରିବା ଉଚିତ୍। ଗାଳି ଗଞ୍ଜଣାକୁ କବିଙ୍କର ଦୁଃଖ ନାହିଁ। ପୁଣି ସେ ଏପରି ବନ୍ଧୁପ୍ରୀତିରେ ଭୋଳ ଯେ, ସେ କହନ୍ତି ଯଦି ତାଙ୍କ ବନ୍ଧୁ ତାଙ୍କୁ ଗାଳିଦେବାକୁ ଚାହାଁନ୍ତି, କଟାକ୍ଷ କରିବାକୁ ଚାହାଁନ୍ତି ଓ ସେଥିରେ ସେ ଆନନ୍ଦିତ ହେଉଥାଆନ୍ତି, ତେବେ ସେ ଗାଳି, ଗଞ୍ଜଣା, କଟାକ୍ଷ ଆଦିରେ ତାଙ୍କର ଅସୀମ ଆନନ୍ଦ ରହିଛି। କାରଣ ଏ ଗାଳିରେ ରହିଛି ତାଙ୍କର ପ୍ରାଣର ଦୋସରର ଆହ୍ଲାଦ। ଯଦି ତାଙ୍କ ଅଶ୍ରୁରେ ତାଙ୍କ ବନ୍ଧୁଟିର ଆନନ୍ଦ, ସ୍ୱାଦ ଓ ଆହ୍ଲାଦ ତେବେ ସେ (କବି) ଚକ୍ଷୁରୁ ବ୍ୟଥିତ ପ୍ରାଣର ଅନ୍ତିମ ଅଶ୍ରୁ ବୁନ୍ଦାକୁ ମଧ୍ୟ ନିଗାଡ଼ିବାକୁ ପ୍ରସ୍ତୁତ। କାରଣ ଏ ବ୍ୟଥାରେ ଗ୍ଲାନି ନାହିଁ, ଦୁଃଖ ନାହିଁ, ଶୋଚନା ବି ନାହିଁ। ଏ ବ୍ୟଥାରେ ଦୁଃଖ ବା ଯନ୍ତ୍ରଣାର ହାହାକାର ନାହିଁ। ଏଠି ଶୂନ୍ୟତା ନାହିଁ, ପୂର୍ଣ୍ଣତା ରହିଛି। ଏ ବ୍ୟଥାରେ ଆନନ୍ଦ ରହିଛି। ସେ ଆନନ୍ଦ ପାର୍ଥିବ ନୁହେଁ ଅତି ଜାଗତିକ ଆନନ୍ଦ। ଏହା ଏଇ ମାଟିରୁ ମହାନ୍ ଆକାଶ ଯାଏ ବ୍ୟାପ୍ତ। ଭୂ ରୁ ଭୂମା ପରି ଏ ଆନନ୍ଦ। ବ୍ୟଥିତ ପ୍ରାଣର ଅନ୍ତିମ ଅଶ୍ରୁ ନିଗାଡ଼ି ଦେଇ ବି କବି ଶୂନ୍ୟହସ୍ତ, ରିକ୍ତ ଚକ୍ଷୁ, ରିକ୍ତ ବକ୍ଷ ହୋଇଯିବେନି। ବରଂ ଏତଦ୍ୱାରା ସେ ସ୍ନେହ, ସଂପ୍ରୀତି ଓ ଆହ୍ଲାଦରେ କୁବେର ପରି ଧନୀ ହୋଇଯିବେ। ଏଥିରେ ମୁଖ୍ୟକଥାଟି ହେଉଛି ପ୍ରେମ। କାରଣ ଏସବୁ ଭିତରେ 'ପ୍ରେମ' ବିଦ୍ୟମାନ ଥିବ। ଆଉ ଏଇ 'ପ୍ରେମ' ହିଁ ଶତବ୍ୟଥାକୁ ଅତିକ୍ରମ କରି ସ୍ନିଗ୍ଧ କୋମଳ ଜାହ୍ନବୀ (ସୁରଧୂନୀ)ର ଅକ୍ଷୟ ଧାରା ଛୁଟାଇଥାଏ। ଏଣୁ କବି ଗାଇଉଠିଲେ-

"ପ୍ରେମ ପରା ସହେ ସହି ସୁଖ ପାଏ
ପ୍ରେମ ନ ଜାଣଇ କେବେ ଶୋଚନା
ପ୍ରିୟଜନେ ନୁହେଁ ପ୍ରେମିକ ବିମୁଖେ

ହେଲେ ହେଉଯେତେ ଗୁରୁ ଗଞ୍ଜନା।
ମୋ ପ୍ରେମ କି ସତେ କେବଳ ଛଳନା
ଲୋଡ଼େ ଅଲକ୍ଷିତେ ଆପଣା ସୁଖ ?
କରୁଛି କି ମୁହିଁ ଆତ୍ମପ୍ରବଞ୍ଚନା
ତେଣୁ ମୋ ମନେ ଏ ଦାରୁଣ ଦୁଃଖ।
ଲଭିଅଛି ଏବେ ଆତ୍ମପରିଚୟ
ଲିଭିଅଛି ମୋର ହୃଦ କାଳିମା,
କର ପ୍ରାଣସଖା ତୀବ୍ର କଷାଘାତେ
ପରଖ ଏ ହୃଦେ ସହନ ସୀମା।
ବିଷାକ୍ତ ନୟନେ ମୋ ସରଳ ପ୍ରାଣେ
ଦେଖ ଯେବେ ସଖା କପଟ-କାଳି,
ଆଖିପୋଛି ଦେଖ ମୋ ହୃଦେ ତୋ ହୃଦ,
ଆତ୍ମପରିଚୟ ନଦିଅ ଗାଳି।
ଗାଳି ଗଞ୍ଜନାକୁ ନାହିଁ ମୋର ଛଳ
ତୁମ ଅନୁତାପ ଏକା ଶୋଚନା,
ପାଅ ଯେବେ ସୁଖ ସେ କଟୁବଚନେ,
ଦେବତା'ମୋ'ହୃଦେ ମଧୁ ମୂର୍ଚ୍ଛନା।"[୨୫]

ବ୍ୟଥିତ ଗୋପବନ୍ଧୁଙ୍କ ବ୍ୟଥିତ ପ୍ରାଣ, ଯନ୍ତ୍ରଣା ବ୍ୟଂଜିତ, ଶୋକ ଆଚ୍ଛାଦିଦ ଛାତି ଭିତରୁ ଅନନ୍ତ ଅକ୍ଷୟ ପ୍ରେମର ଯେଉଁ ଶାଶ୍ୱତ ଭାସ୍ୱତ ଧାରା ଉଚ୍ଛ୍ୱସିତ ତା'ର ଏକ ସାନ୍ଦ୍ରତର ରୂପକୁ ଆମ୍ଭେ 'ପ୍ରେମର ଏକି ପରିଣାମ ?' ଓ 'କାରାରେ ଜଣେ ବନ୍ଧୁଙ୍କ ବିୟୋଗବାର୍ତ୍ତା ଶୁଣିବା ପରେ' ପ୍ରଭୃତି କବିତାରେ ପ୍ରତ୍ୟକ୍ଷ କରୁ। ଏଠାରେ ଏହା ଦେଖିବା ଜରୁରୀ ଯେ, ଗୋପବନ୍ଧୁଙ୍କ ଚକ୍ଷୁରେ 'ବନ୍ଧୁତ୍ୱ', 'ପ୍ରେମ', 'ସ୍ନେହ', 'ମମତା', 'ଆତ୍ମୀୟତା' ପ୍ରଭୃତିର ସଂଜ୍ଞା କେତେ ପରିବ୍ୟାପ୍ତ ! କବି ଗଡ଼ନାୟକ ସଂକଳନର ମୁଖବନ୍ଧରେ କହନ୍ତି- "ବ୍ୟଥିତ ପ୍ରାଣର ଅନ୍ତିମ ଅଶ୍ରୁ'ରେ ଯେଉଁ ଉଚ୍ଛ୍ୱାସ ଆତ୍ମପ୍ରକାଶ କରିଛି ତାହା ପୁଣି "'ପ୍ରେମର ଏକି ପରିଣାମ'?ରେ ଉଚ୍ଚାରିତ ହୋଇଛି।"[୨୬] ଆଗରୁ ମଧ ଆଲୋଚିତ ହୋଇଛି ଯେ ଗୋପବନ୍ଧୁଙ୍କ ପ୍ରେମ ଓ ବନ୍ଧୁତାର ସ୍ୱରୂପ ବଡ଼ ବୈଚିତ୍ର୍ୟମୟ। "ତାଙ୍କର ପ୍ରେମ ଚେତନା ବିଶ୍ୱରେ, ପ୍ରକୃତିରେ, ସମଗ୍ର ମାନବ ସମାଜରେ ମହିମାବନ୍ତ ସ୍ୱରୂପ ପ୍ରକାଶ କରିଅଛି। ପ୍ରେମ ତାଙ୍କ ଦୃଷ୍ଟିରେ ସ୍ୱର୍ଗୀୟ, ଯାହା ଜଡ଼ଠାରୁ ଚେତନ ପର୍ଯ୍ୟନ୍ତ ପରିବ୍ୟାପ୍ତ। ପ୍ରେମ ଅବିନଶ୍ୱର, ଶାଶ୍ୱତ,

ସୁନ୍ଦର।"[୨୭] ପୁଣି ସେ କହନ୍ତି- "ତାଙ୍କ ପ୍ରେମାପ୍ଲୁତ ଅନ୍ତର କେତେବେଳେ ସ୍ୱଦେଶାନୁରାଗରେ ଅନୁରଞ୍ଜିତ, କେବେ ବିଭୁସାନ୍ନିଧ ପ୍ରତି ଉନ୍ମୁଖ, ପୁଣି କେବେ ପ୍ରେମାବଦ୍ଧ ଦେହକୁ ଅତିକ୍ରମ କରି ଦେହାତୀତର ସାଧନାରେ ସମାଧିସ୍ଥ। ପ୍ରେମ, ସହନଶୀଳତା, ତ୍ୟାଗ ଦ୍ୱାରା ମହିମାବନ୍ତ, ପ୍ରେମପୁଷ୍ପ ମଳିନ ହୁଏ ନାହିଁ, ତାହା ଅକ୍ଷୟ, ଅବ୍ୟକ୍ତ, ଅନନ୍ତ। ପ୍ରେମିକର ଅନ୍ତର ଏତେ ଉଦାର ଓ ସମ୍ବେଦନଶୀଳ ଯେ ତାହା କ୍ଷୁଦ୍ର ବ୍ୟକ୍ତିସତ୍ତା ମଧ୍ୟରେ ଆବଦ୍ଧ ନରହି ପ୍ରକୃତିର ବିସ୍ତୀର୍ଣ୍ଣ ସତ୍ତା ଭିତରେ ପରିବ୍ୟାପ୍ତ ହୋଇଯାଏ। ପ୍ରେମର ରାଜ୍ୟ ଏଡ଼େ ଅଦ୍ଭୁତ ଓ ସ୍ୱତନ୍ତ୍ର ଯେ, ସେଠାରେ କେବଳ ସୁନ୍ଦର ଓ ମଙ୍ଗଳକର ଭାବର ସମାବେଶ।"[୨୮]

ଗୋପବନ୍ଧୁଙ୍କ ତୁଳନାର ତୁଳନା ନାହିଁ। ଅତି ସହଜ-ସୁନ୍ଦର-ପାରିପାର୍ଶ୍ୱିକ ସତ୍ତା ମଧ୍ୟରୁ ଚେତନା ସ୍ତରୀୟ ସତ୍ତା ସହ ତୁଳନା ମଧ୍ୟରେ ଯେଉଁ ଉଚ୍ଚତା ଓ ତର୍କସିଦ୍ଧ ବକ୍ତବ୍ୟ ରହିଛି ବାସ୍ତବିକ ତାହା ଉପମାତୀତ। ସେ ପ୍ରେମକୁ ଶିରାରେ ଶିରାରେ ଅନୁଭବ କରିଛନ୍ତି। ପ୍ରେମ ଏକ ସୁନ୍ଦର ଫୁଲର ପାଖୁଡ଼ା ସଦୃଶ, ଯାହାକୁ ପାଖରେ ରଖିଲେ ମଧ୍ୟ କଷ୍ଟ, ଯାହାକୁ ପାଖରେ ନରଖିଲେ ମଧ୍ୟ ଯନ୍ତ୍ରଣା। କବି ହିଆ ଅନୁଭବ କରିଛି- "Not to love is painful but to love is much more painful." ଏସବୁ ସତ୍ତ୍ୱେ ସେ ଯନ୍ତ୍ରଣା ପାଇଛନ୍ତି। ସେ ଯନ୍ତ୍ରଣା ପ୍ରତାରଣା ଜନିତ। ସବୁ ସତ୍ତ୍ୱେ ସେ ରାଧାନାଥଙ୍କ ହାହାକାରମୟ ବୈରାଗ୍ୟ ଓ ଗୈରିକ ଜୀବନାୟନକୁ ସ୍ୱାଗତ କରିନାହାଁନ୍ତି। ସେ ମୃତ୍ୟୁକୁ ସାଦରେ ଆଲିଙ୍ଗନ କରିନାହାଁନ୍ତି ବରଂ ସେ ଜୀବନକୁ ଭଲପାଇ ବସିଛନ୍ତି। ଏଇ ଜୀବନକୁ ଭଲପାଇବାର କାରଣ ଏଇ ଜୀବନ ହିଁ ତାଙ୍କୁ 'ପ୍ରେମ' ଦେଇଛି ଓ ଏହି 'ପ୍ରେମ' ତା'ର ପ୍ରତିଦାନରେ ଦେଇଛି ଏକ ସବୁଜ, ସୁନ୍ଦର, ଶିବମୟ, ଆଶାମୟ ଜୀବନ। ପ୍ରେମରେ ପ୍ରତାରଣା ପାଇଁ ଗୋପବନ୍ଧୁ ଯେଉଁ ଅର୍ଦ୍ଧମୃତ ଅବସ୍ଥାରେ ଥିଲେ, ତା'ର ବ୍ୟାଖ୍ୟା ଜଣେ ଇଂରେଜୀ କବି (John Keats) ଦେଇଛନ୍ତି।

"xxx I have been half in love with easeful death
Called him soft names in many a mused rhyme.
To take into the air my quiet breath xxx." [୨୯]

ପ୍ରେମ ଫୁଲ ପରି ମଉଳିଯିବାର ବିଷୟ ନୁହେଁ। ଏହା ଝାଉଁଳି ଯିବାର ବିଷୟ ନୁହେଁ। ସୂର୍ଯ୍ୟତାପରେ ଏହା ଶୁଦ୍ଧସୁବର୍ଣ୍ଣ ପରି ଆହୁରି ଝଲସି-ଝଲସି ଉଠିବାର ବିଷୟ ମାତ୍ର। ଗୋପବନ୍ଧୁ ସିଧାସଳଖ ଏହା ଉଦ୍‌ଘୋଷଣା କରି କହିଛନ୍ତି ଯେ, ପ୍ରେମ ହେଉଛି ଅନ୍ତହୀନ, କ୍ଷୟହୀନ ଧାରାଟିଏ। ସେ ଧାରାରୁ ଧାରେ ପାଣିପିଇ ଜଣେ ଶାଶ୍ୱତ ଆନନ୍ଦଲାଭ କରିବା ସହିତ ନିତ୍ୟପଥର ପଥିକ ବନିଯାଏ। "ଗୋପବନ୍ଧୁଙ୍କ ଦୃଷ୍ଟିରେ

ପ୍ରେମ ଉଦାର, ସର୍ବଶକ୍ତିମାନ ଓ ସର୍ବମୟ। ଏହା କୋମଳ ନୁହେଁ, ଆଘାତରେ ମଉଳେ ନାହିଁ। ଏହା କାଳଜୟୀ, ମୃତ୍ୟୁରେ ଏହାର ଶେଷହୁଏ ନାହିଁ। ଆବର୍ଜନାର ପୂତିରେ ବା କୁସୁମର ସୁରଭିରେ ବିଷାଦ ବା ଆନନ୍ଦରେ ଏହାର ପ୍ରବାହ ଖଣ୍ଡିତ ବା ସ୍ଫୀତ ହୁଏ ନାହିଁ। ପ୍ରେମର ସ୍ରୋତରେ ଅବଗାହନ କଲେ ମନୁଷ୍ୟ ନିଜର ଯଥାର୍ଥ ପରିଚୟ ପାଏ।"[୩୦] ଏଲିଜାବେଥ୍ ବାରେଟ୍ ବ୍ରାଉନିଂ ଯେପରି ପ୍ରେମର ଏକ ବିଶାଳ ଆୟାମ ଦେଖାଇଛନ୍ତି, ଉକ୍ତ ଗୋତ୍ରୀୟ ପ୍ରେମ ଗୋପବନ୍ଧୁଙ୍କ ଅନ୍ତରରେ ଆନ୍ତରିକତାର ସହିତ ଅନ୍ତରଂଗ ବନ୍ଧୁମାନଙ୍କ ପ୍ରତି ଥିଲା। ଗୋପବନ୍ଧୁଙ୍କ ପ୍ରେମ ତାଙ୍କ ବନ୍ଧୁ ପ୍ରତି ଅନୁରୂପ ଭାବେ ରହିଥିଲା। ତାହା ଥିଲା ଏହିପରି-

"How do I love thee? Let me count the ways,
I love thee to the depth and breadth and height
My soul can reach, when feeling out of sight
For the ends of Being and ideal Grace.
I love thee to the level of every day's
Most quiet need, by son and candle light.
I love thee freely, as men strive for Right;
I love thee purely, as they turn from praise.
I love thee with the passion put to use
In my old griefs, and with my childhood's faith.
I love thee with a love I seemed to lose
With my lost saints- I love thee with the breath,
Smiles, tears of all my life!- and if God choose,
I shall but love thee better after death."[୩୧]

ପ୍ରେମ ଏପରି ଏକ ବିଷୟ ଯାହା ଶାରୀରିକ ଦୂରତ୍ୱ ଦ୍ୱାରା ହ୍ରାସ ପାଏନାହିଁ ବରଂ ବୃଦ୍ଧିଲାଭ କରେ। ଲର୍ଡ ଅଲଫ୍ରେଡ୍ ଟେନିସନ୍‌ଙ୍କ ପରି କବି ଗୋପବନ୍ଧୁ ବନ୍ଧୁ ପ୍ରେମର ଗଭୀରତାକୁ ବନ୍ଧୁକୁ ହରାଇସାରିଲା ପରେ ଅଧିକ ଅନୁଭବ କରିଛନ୍ତି। ଖାଲି ଏହି କବିତା ନୁହେଁ, ଆଲୋଚ୍ୟ ସଂକଳନର ତିନୋଟି ଯାକ କବିତାରେ ଏହା ଦୃଶ୍ୟମାନ। ଯଦିଓ ବନ୍ଧୁପ୍ରୀତିର ସାନ୍ଦ୍ରତା ପୂର୍ବରୁ ମଧ୍ୟ ଥିଲା, ତେବେ ବନ୍ଧୁଙ୍କୁ ହରାଇସାରିବା ପରେ ବା ବନ୍ଧୁ ଦୂରେଇଯିବା ପରେ ଏହି ପ୍ରେମ ଅଧିକ ବଢ଼ିଯାଇଛି ଓ ବେଦନା ମଧ୍ୟ ଅଧିକ ବଢିଯାଇଛି। ଅତଏବ ବର୍ଦ୍ଧିଷ୍ଣୁ ବେଦନା ସହ, ଯନ୍ତ୍ରଣାରେ ମାଜିହୋଇ ପ୍ରେମ ଘୁରିଯାଇନି

କି କ୍ଷୟୀଭୂତ ହୋଇଯାଇନି ବରଂ ଆହୁରି ବିଶାଳ, ମସୃଣ ଓ ମେଦୁର ହୋଇଯାଇଛି । ପ୍ରେମ ଏକ ଆଧ୍ୟାତ୍ମିକ ବ୍ୟାପାର । ଏଣୁ ଏପରି etherial, spiritual ଏବଂ ଚେତନାଗତ ବ୍ୟାପାରରେ ଶାରୀରିକ ଦୂରତ୍ୱ ଏକ ପ୍ରତିବନ୍ଧକ ହୋଇନପାରେ । "ଏହି ମରଣଶୀଳ ଶରୀରରେ ପ୍ରେମର ସଂଚାର ହୁଏ ସତ୍ୟ ମାତ୍ର ତାହା ଅମୃତର ଏକ ଉତ୍ସ । ଦେହର ବିନାଶରେ ତାହା ବିନଷ୍ଟ ହୁଏ ନାହିଁ । ବ୍ୟକ୍ତିଗତ ଜୀବନରେ କବିଙ୍କର ପ୍ରେମ, ସ୍ନେହ, ଶ୍ରଦ୍ଧା ଆହତ ହୋଇଛି, ତାଙ୍କର ଅନ୍ତର ସଂଶୟାଚ୍ଛନ୍ନ ହୋଇପଡ଼ିଛି । ପରବର୍ତ୍ତୀ ସମୟରେ ନିଜ ହାର୍ଦ୍ଦିକ ପ୍ରେମର ଗଭୀରତା ଓ ବିପୁଳତା ତାଙ୍କୁ ଶାଶ୍ୱତ ପ୍ରେମରେ ବିଶ୍ୱାସୀ କରାଇଛି । ସଂଶୟ ଅପସରି ଯାଇଛି । ସ୍ୱାଭାବିକ ଭାବରେ ମିଳନ ଅପେକ୍ଷା ବିଚ୍ଛେଦ ହିଁ ପ୍ରେମକୁ ମହାର୍ଘ କରିପାରେ ବୋଲି କବିଙ୍କର ବିଶ୍ୱାସ ରହିଛି । ତେଣୁ ତାଙ୍କ ପ୍ରେମଚେତନା ଦେଶ, କାଳ, ପାତ୍ର ଊର୍ଦ୍ଧ୍ୱରେ ଏକ ମହିମାମୟ ସ୍ୱର୍ଗୀୟ ଅନୁଭବ ରୂପେ ତିଷ୍ଠିପାରିଛି ।"[୩୨] ଖାସ୍ ଏଇଥିପାଇଁ ପରା ଗୋପବନ୍ଧୁ ଗାଇଉଠିଲେ ସେଦିନ-

"ମର ପିଣ୍ଡେ ପ୍ରେମ ଏକ ଅମର ସଂଚାର
ପାର୍ଥିବ ଜଗତେ ପ୍ରେମ ସ୍ୱର୍ଗ ସୁଧାଧାର
ପ୍ରେମର ଏ ପ୍ରଶସ୍ତିକି କବି କଳପନା
ପ୍ରେମ କି କେବଳ ନୀଚ ସ୍ୱାର୍ଥର ଛଳନା ?"[୩୩]

କୃପାସିନ୍ଧୁ ମିଶ୍ର, ଦିବ୍ୟସିଂହ ମିଶ୍ର ପ୍ରମୁଖ କେତେ ସହକର୍ମୀ ଗୋପବନ୍ଧୁଙ୍କ ଜୀବୀତାବସ୍ଥାରେ ଇହଲୀଳା ସମ୍ବରଣ କରିଥିଲେ । ଏସବୁ ଗୋପବନ୍ଧୁଙ୍କୁ କେବଳ ବ୍ୟଥିତ କରିନଥିଲା ଅଧିକନ୍ତୁ ଏସବୁ ସମୟରେ ଗୋପବନ୍ଧୁ ପିଲାପରି କାନ୍ଦୁଥିଲେ । ଜଣେ ଉଚ୍ଚକୋଟୀର ଦାର୍ଶନିକ କବିହୋଇ ମଧ୍ୟ ସେ କାନ୍ଦୁଥିଲେ, ଅନୁଶୋଚନା ପ୍ରକାଶ କରୁଥିଲେ । କବି ଗୋପବନ୍ଧୁଙ୍କ ଜୀବନ ମୋଟାମୋଟି ରୂପରେ ବିଷାଦମୟ, ଦୁଃଖ, ଯନ୍ତ୍ରଣାର ସମୁଦ୍ରରେ ସେ ସର୍ବଦା ନିମଗ୍ନ । ଶୈଶବରୁ ମାତୃବିୟୋଗ, ଯୌବନରେ ପତ୍ନୀ ବିୟୋଗ, ପୁତ୍ର ବିୟୋଗ, କବିଙ୍କ ଅନ୍ତରକୁ ଅନନ୍ତ ଦୁଃଖ ଦେଇଥିଲାବେଳେ ପ୍ରିୟଜନମାନଙ୍କ ବିୟୋଗ, ବନ୍ଧୁମାନଙ୍କ ମୃତ୍ୟୁ ଓ ସହକର୍ମୀମାନଙ୍କ ମହାପ୍ରୟାଣ ଏଥିରେ କରାଳ ଲହଡ଼ି ସୃଷ୍ଟି କରିଥିଲା । ଏଥିସାଙ୍ଗକୁ ଆଜୀବନ ସହକର୍ମୀ ଜଣେ ତାଙ୍କ ବିଶ୍ୱାସରେ ବିଷବୁନ୍ଦା ସିଞ୍ଚନ କରିବା କଥା- ଏକାନ୍ତ ଯନ୍ତ୍ରଣାଦାୟକ ଓ ହୃଦବିଦାରକ ଘାତକ ମାରଣାସ୍ତ୍ର ପରି କାର୍ଯ୍ୟ କରିଥିଲା । କବି ଏସବୁକୁ ନିଜେ ସହିନପାରି ପରା ପ୍ରକାଶ କରି କହିଲେ-

"ଦେଖିନାହିଁ ମାତୃମୁଖ ଅଜ୍ଞାନ ଶୈଶବେ
ପିତା, ପୁତ୍ର, ପତ୍ନୀ, ବନ୍ଧୁ ବିୟୋଗ ବିଘାତେ

ବାରବାର ତଡ଼ିନେଇ ଶୋକ ମହାର୍ଣ୍ଣବେ
ବୁଡ଼ାଇ ଦେଇଛି ବୁକେ ତୀବ୍ର କଷାଘାତେ ।
ବିରହ ବିଷାଦ-ବିଷେ ରସାଣିତ ଧାର
କ୍ରୂର କାଳ ବାରବାର ତୀକ୍ଷ୍ଣ କରବାଳେ
କରିଛି ଏ ବକ୍ଷେ ମୋର ଦାରୁଣ-ପ୍ରହାର
କୁଞ୍ଚିତ କରାଳ ଛାପ ମାରିଛି ମୋ ଭାଲେ ।
ଅଳପ ବୟସେ ମୋର ବହୁ ଅନୁଭବ
ହୃଦ ନିଷ୍ପେସିତ ମୋର ବିରହ କଷଣେ... ।"

ଗୋପବନ୍ଧୁଙ୍କ ଏବଂବିଧ ଦୁରବସ୍ଥା ଦେଖି ଯେକେହି ଦରଦୀ ମଣିଷ ଲୋତକାପ୍ଲୁତ ହେବା ସ୍ୱାଭାବିକ କଥା । ମାତ୍ର ଏସବୁ ଜାଣି ମଧ୍ୟ ସେହି ସହକର୍ମୀ ଜଣକ ଗୋପବନ୍ଧୁଙ୍କ ପ୍ରତି ପ୍ରବଞ୍ଚନା କରିଥିଲେ । ପୁଣି ସହନଶୀଳତାର ଏକ ସୀମା ମଧ୍ୟ ରହିଛି । ବ୍ୟକ୍ତି ଯେତେ ଧୈର୍ଯ୍ୟଶୀଳ ହେଲେ ବି, ଯେତେ ତ୍ୟାଗଶୀଳ ହେଲେ ବି, ତା'ର ଏକ ଦୁର୍ବଳତା କେନ୍ଦ୍ର ଥାଏ । ସେହି ଦୁର୍ବଳତା କେନ୍ଦ୍ରଟି ମଣିଷକୁ ଅଧିକ ଦୁର୍ବଳ, ଅଧିକ ବୃଦ୍ଧ, ଅଧିକ ବ୍ୟଥିତ ଓ ଜର୍ଜରିତ କରିଥାଏ । ସେହି ଦୁର୍ବଳତା ଟିକକ ଗୋପବନ୍ଧୁଙ୍କ ପାଇଁ ନଥିଲା । ତାଙ୍କ ପାଇଁ ନଥିଲେ ପିତା, ମାତା, ପରିଜନ ବା ନଥିଲା ନିଜର ପରିବାର, ପ୍ରିୟପତ୍ନୀ, ସ୍ୱାପତ୍ୟ ବା ଅନ୍ୟ କିଛି । ଏହି ଦୁର୍ବଳତା ଥିଲା ବନ୍ଧୁତା । ତାଙ୍କର ବନ୍ଧୁ ଅଛନ୍ତି ତ ସବୁଅଛି ବୋଲି ସେ ଭାବୁଥିଲେ । ବନ୍ଧୁତାର ଛୋଟିଆ ତରଣୀକୁ ସେ ତରଣି ପରି ପ୍ରତ୍ୟୟ କରୁଥିଲେ । ସେହି ନୌକାରେ ସେ ଜୀବନ ସମୁଦ୍ର ପାରିହୋଇଯିବାର ଆକାଂକ୍ଷା, ଆଶା ଓ ଦୃଢ ଅଭୀପ୍ସା ପୋଷଣ କରିଥିଲେ । କିନ୍ତୁ ସେହି ବନ୍ଧୁଜଣେ ହିଁ ତାଙ୍କୁ ପ୍ରତାରଣାର ବିଷପାନ କରାଇ ଛଟପଟ କରାଇଥିଲେ । ଜୀବୀତାବସ୍ଥାରେ ଗୋପବନ୍ଧୁ ମୁମୂର୍ଷ ହୋଇପଡ଼ିଥିଲେ, ଛଟପଟ ହେଉଥିଲେ, ଯନ୍ତ୍ରଣାମୟ ମୃତ୍ୟୁକୁ ତିଳେତିଳେ ଅନୁଭବ କରୁଥିଲେ । ଯା'ଠାରୁ ବଳି କଷ୍ଟ ଆଉ କ'ଣ ଥାଇପାରେ ଜଣେ ସ୍ୱାଧୀନତା ସଂଗ୍ରାମୀ, ସାହିତ୍ୟିକ ମଣିଷଟେ ପାଇଁ ? ଏସବୁ ଧକ୍‌କା, ଯନ୍ତ୍ରଣାଦିକୁ ସହ୍ୟ କରିବାର ଶକ୍ତି ରଖୁଥିବା ଜଣେ ମହାନ୍ ପୁରୁଷକୁ କି ଶବ୍‌ଦରେ ବ୍ୟକ୍ତ କରାଯାଇପାରେ ? ସେଥିପାଇଁ କି କିଛି ବିଶେଷଣ ସମଗ୍ର ପୃଥିବୀର ଶବ୍ଦ ଅଭିଧାନରେ ମିଳିପାରିବ ? ଏତେ ଯନ୍ତ୍ରଣା ପାଇ ଏତେ କଷ୍ଟ ପାଇ ଯିଏ ଆହା ବୋଲି କହେନି, ମାଆ ପରି ଲୁହକୁ ଲୁଚାଏ (ଯଦି ଅମାନିଆ ଲୁହ ଶୁଖିଲା ଆଖିରୁ ଝରିଆସେ), କାରଣ କାଳେ ତାଙ୍କ ଆହା କାହା ଉପରେ ପଡ଼ିଯିବ, କିଏ ସେଥିରେ ପୋଡ଼ିଯିବ, ବୁଡ଼ିଯିବ, କେବେ ଯିଏ ଯନ୍ତ୍ରଣାକୁ ନିଜେ ଭୋଗିଲାବେଳେ ଅନ୍ୟକୁ

ଅନୁଭବ କରିବାକୁ ଦିଏନା, ଯିଏ ଅନ୍ୟକୁ ବା ଯନ୍ତ୍ରଣାଦାୟୀକୁ ଗାଳିକରିବା କଥା ମନରେ ଭାବେନା ବରଂ ଧରିତ୍ରୀ ପରି ଖାଲି ସହିଯାଏ, ମାଟିପରି ପିଠି, ଛାତି ପତେଇ ପଡ଼ିରହେ, ସହିଯାଏ, ଯିଏ ଜୀବନର ତ୍ରିସତ୍ୟକୁ ବିଶ୍ୱାସ କରି ରହିଯାଏ, ଯାହା ପାଇଁ ଜୀବନର ଶ୍ରେଷ୍ଠ ତିନୋଟି ସତ୍ୟ ଓ ସାରବତ୍ତା ହେଉଛି ସହନଶୀଳତା, ସହନଶୀଳତା ଓ ସହନଶୀଳତା ସେପରି ବ୍ୟକ୍ତି ପାଇଁ କି କିଛି ଶବ୍ଦ ଅଛି ? ତାଙ୍କୁ ତେବେ କ'ଣ କହିବା ? ସନ୍ଥ ? ମୁନି ? ଦାନୀ ? ଜ୍ଞାନୀ ? ଦୟାଳୁ ? ମଣିଷ ? ସେବକ କହିବା ନା ଦାର୍ଶନିକ କହିବା ? ଯାଦୁକର କହିବା ନା ସ୍ୱପ୍ନର ପୁରୁଷ କହିବା ? ନେତା କହିବା ନା କରୁଣାର ମୂର୍ତ୍ତିମନ୍ତ ଦେବତା କହିବା ? କାରିଗର କହିବା ନା ଶିଳ୍ପୀ କହିବା ? ନା ଏସବୁକୁ ମିଶାଇ ଗୋଟିଏ ସୁନ୍ଦର ମନୋଜ୍ଞ ମହାନ୍ ଆର୍କିଟାଇପାଲ୍ ଚିତ୍ରକଳ୍ପଟିଏ ତିଆରି କରିବା- ଯାହାକୁ ଏକପଦରେ ପ୍ରକାଶ କରିବା ଲାଗି ଏଠୁ ସେଠୁ ଖୋଜିଖୋଜି ଉତ୍ତର ରୁ ଦକ୍ଷିଣ ମେରୁଯାଏଁ ଧାଇଁ ଧାଇଁ ତୁନ୍ଦ୍ରାରୁ ବିଷୁବ ଓ ବିଷୁବ ରୁ ତୁନ୍ଦ୍ରା ଧାଇଁ ଧାଇଁ ପୃଥିବୀର ସବୁ ଭାଷା ତନ୍ନତନ୍ନ ଖୋଜି ବିଫଳ ଓ ବିମୁଗ୍ଧ ଚିତ୍ତରେ ବିସ୍ମୃତିର ଆଢୁଆଳରୁ ଭାସିଆସୁଥିବା ଶବ୍‌ଦଟିକୁ ସାଉଁଟି ଆଣିବା ? ଯାହାର ନାମ 'କବି' ? ତେବେ ଗୋପବନ୍ଧୁଙ୍କ ପରି ମଣିଷକୁ କବି ବା ସାହିତ୍ୟିକଟିଏ କହିବା । ହୁଏତ ଏଇଥିରେ ହିଁ ଉତ୍କଳମଣିଙ୍କ ଯଥାର୍ଥ ବିଶେଷଣର ଯଥାର୍ଥ ଦୀପ୍ତି-ଦ୍ୟୁତି ତଥା ଧ୍ୱନି ଓ ପ୍ରତିଧ୍ୱନି ରହିଛି । ଏସବୁ ସତ୍ତ୍ୱେ ସେ ଜଣେ ସାଧାରଣ ରକ୍ତମାଂସର ଦରଦୀ ମଣିଷ । ଡକ୍ଟର ପ୍ରତିଭା ଶତପଥୀ ଯଥାର୍ଥରେ କହନ୍ତି- "ଏହି ବିଶ୍ୱପ୍ରାଣ ପୁରୁଷ କିନ୍ତୁ ଜଣେ ମନୁଷ୍ୟ ମାତ୍ର । ବିଶ୍ୱ ଜାତୀୟତା ଓ ବିଶ୍ୱ ପ୍ରେମରେ ଉଦ୍‌ବୁଦ୍ଧ ତାଙ୍କର ଅନ୍ତର ବ୍ୟକ୍ତିଗତ ଜୀବନର ସ୍ନେହ, ଛଳନା, ଆଶା, ନିରାଶାକୁ ଅସ୍ୱୀକାର କରିପାରି ନାହିଁ । ଦୁଃଖରେ କାନ୍ଦିଛି, ଆତ୍ମୀୟତାରେ ପରିପୂର୍ଣ୍ଣ ହୋଇଉଠିଛି । ତେଣୁ ତାଙ୍କ ଗୀତି କବିତା ଗୁଡ଼ିକରେ ଏକ ବିଷାଦପୂର୍ଣ୍ଣ ହୃଦୟର ଚିତ୍ର ସ୍ୱତଃ ଫୁଟିଉଠିଛି । ବିଷାଦରେ ଗ୍ରସ୍ତ ହୋଇ ମଧ୍ୟ ସର୍ବତ୍ର ଏକ ଆଶା ଓ ସ୍ୱପ୍ନର ଆଲୋକ ତାଙ୍କ କବିତା ଗୁଡ଼ିକୁ ଉଜ୍ଜ୍ୱଳ ଓ ରକ୍ତସିକ୍ତ କରିପାରିଛି ।"[୩୪] ପୁଣି ସେ (ଡକ୍ଟର ଶତପଥୀ) ଗୋପବନ୍ଧୁଙ୍କ ବିଷାଦର କାରଣ ତଥା ବିଭିନ୍ନ ଆୟାମ (dimension) ଗୁଡ଼ିକ ପ୍ରତିପାଦନ କରିବାକୁ ଯାଇ କହନ୍ତି- "ତାଙ୍କ ବିଷାଦ ଅନୁଭୂତିର ପୃଷ୍ଠପଟରେ ସାଧାରଣତଃ ତିନୋଟି କାରଣ ବିଦ୍ୟମାନ ଥିବାର ସ୍ପଷ୍ଟ ଜଣାପଡ଼େ । (କ) ପାରିବାରିକ ଜୀବନରେ ସ୍ନେହ ସଂସକ୍ତିର ଅଭାବ, (ଖ) ବନ୍ଦୀ ଜୀବନର ଖେଦ, (ଗ) ବ୍ୟକ୍ତିଗତ ଜୀବନରେ ବନ୍ଧୁ ଓ ପ୍ରେମାସ୍ପଦଙ୍କ ଠାରୁ ଛଳନା ।"[୩୫] କିନ୍ତୁ ଏହି କାରଣ ସଂପୂର୍ଣ୍ଣ ଯଥାର୍ଥ ବୋଲି କେତେକାଂଶରେ ମନେହୁଏ ନାହିଁ, କାରଣ ବନ୍ଦୀଜୀବନ ଜୀଇଁବାର ସେ ନିଜକୁ ଗୌରବାନ୍ୱିତ ମନେକରୁଥିଲେ । କାରଣ ସେ

ଜଣେ ସଚ୍ଚା ଦେଶପ୍ରେମୀ, ଜାତିପ୍ରେମୀ ମଣିଷ ଥିଲେ। ଆଉ ସବୁଠାରୁ ବଡ଼କଥା ହେଲା ସେ ଜାତି ଓ ଦେଶ ପାଇଁ, ଏଇ ମାଟି ମା' ପାଇଁ ଜେଲ୍ ବା କାରାବରଣ କରିଥିଲେ। ଏଣୁ ସେ ନିଜେ ମଧ୍ୟ ପ୍ରକାଶ କରିଛନ୍ତି ଯେ, ଜେଲ୍‌ଯିବା ଏକ ଗର୍ବ ଓ ଗୌରବର କାମ ଯେଉଁଠି ଦେଶର ସ୍ୱାର୍ଥ, ସମୂହ-ସ୍ୱାର୍ଥ ସେ ଜେଲ୍‌ଯିବା ପଛରେ ଥାଏ। ଏହି ସୁଯୋଗ ବାରମ୍ବାର ଆସେନାହିଁ ଓ ସର୍ବ ଦେଶବାସୀଙ୍କୁ ଏ ଧର୍ମରେ ଦୀକ୍ଷିତ କରିବାକୁ ସେ ଅନେକ ଶବ୍ଦ ବ୍ୟୟ ମଧ୍ୟ କରିଥିବାର ଆମ୍ଭେ ଲକ୍ଷ୍ୟକରୁ। ତେଣୁ ଏହା ତାଙ୍କର ବିଷାଦର କାରଣ ହୋଇନପାରେ। ପୁଣି ପାରିବାରିକ ସଦସ୍ୟମାନଙ୍କର ସ୍ନେହ-ସଂପ୍ରୀତିର ଅଭାବ ଏକ ଯୁକ୍ତିହୀନ ବକ୍ତବ୍ୟ ପରି ପ୍ରତୀତ ହୁଏ। କାରଣ ତାଙ୍କ ପରିବାରର ପ୍ରାୟ ସମସ୍ତେ ଗୋପବନ୍ଧୁଙ୍କୁ ଚାହୁଁଥିଲେ, ଅପେକ୍ଷା କରୁଥିଲେ ତାଙ୍କ ହସ, ସହାନୁଭୂତି ଓ ସାହଚର୍ଯ୍ୟ ପ୍ରଭୃତିକୁ। କିନ୍ତୁ ସ୍ୱାଧୀନତା ସଂଗ୍ରାମ ଓ ଦେଶସେବାର ନିଶାରେ ସେ ବରଂ ପରିବାରକୁ ଅଣଦେଖା କରି ଚାଲିଯାଇଛନ୍ତି। ନିଜ ପୁତ୍ରର ବିୟୋଗ ଓ ଦ୍ୱିତୀୟ ପୁତ୍ରର ଦେହଖରାପ ସମୟରେ ସେ ଚାଲିଯିବା ଓ ଲୋକସେବା ସାହାଯ୍ୟ କରିବା ଏହାର ଜୀବନ୍ତ ତଥା ପ୍ରଗଳ୍‌ଭ ଦୃଷ୍ଟାନ୍ତ। ବରଂ ଏଠାରେ ଗୋପବନ୍ଧୁଙ୍କ ବିଷାଦର କାରଣ ମାନଙ୍କୁ ନିମ୍ନମତେ ବୟାନ୍ କରାଯାଇପାରେ। ଯଥା-

(କ) ଗୋପବନ୍ଧୁ ନିଜର ବନ୍ଧୁମାନଙ୍କୁ ବହୁତ ଭଲପାଉଥିଲେ। ମାତ୍ର ଅନେକ ବନ୍ଧୁ ତାଙ୍କ ପୂର୍ବରୁ ତାଙ୍କୁ ଓ ଜଗତକୁ ଛାଡ଼ି ଆରପୁରକୁ ଚାଲିଯାଇଥିଲେ। ଏ ଦୁଃଖରେ ସେ ସବୁଠାରୁ ବେଶୀ ସଢ଼ିଥିଲେ।

(ଖ) ଅନେକ ବନ୍ଧୁ ଗୋପବନ୍ଧୁଙ୍କ ଚିନ୍ତାରେ ଏକମତ ହୋଇପାରିନଥିଲେ। ସୁତରାଂ ମତବିବିଧତା ଜାତ ହୋଇଥିଲା। ଫଳତଃ କିଛି ଅପ୍ରୀତିକର ପରିସ୍ଥିତି ମଧ୍ୟ ସୃଷ୍ଟି ହେଉଥାଏ।

(ଗ) ସତ୍ୟବାଦୀ ବନବିଦ୍ୟାଳୟ ଥିଲା ଗୋପବନ୍ଧୁଙ୍କ ଅନନ୍ୟ ବିଶାଳ ସ୍ୱପ୍ନ ବିଶେଷ। ଏହି ଅନୁଷ୍ଠାନକୁ ଓଡ଼ିଶା ଓ ଭାରତରେ ସବୁଠାରୁ ବଡ଼ ଅନୁଷ୍ଠାନ ରୂପେ ଗଢିବା ଥିଲା ତାଙ୍କର ସ୍ୱପ୍ନ। ଏହା ମଣିଷଗଢ଼ା କାରଖାନା ହେଉ- ଏହାଥିଲା ତାଙ୍କର ଇଚ୍ଛା ଓ ପ୍ରୟାସ। କିନ୍ତୁ ଗୋପବନ୍ଧୁ ଜେଲ୍ ଗଲାପରେ ଏସବୁ ସଂପୂର୍ଣ୍ଣ ହୋଇପାରିନଥିଲା। ଏହାର କାରଣ ତାଙ୍କର ଅନେକ ସାଥୀ ଆତ୍ମସ୍ୱାଧୀନତା ଚାହୁଁଥିଲେ। ସୁତରାଂ ଏକପ୍ରକାରର ଅରାଜକତା ଓ ମନୋମୁଖୀ ଆଚାର ସେଠାରେ କିଛିଦିନ ଚାଲିଥିଲା। ଏହା ଗୋପବନ୍ଧୁଙ୍କୁ ବ୍ୟଥିତ କରିଥିଲା।

(ଘ) ଅନେକ ବନ୍ଧୁ ଓ ସହକର୍ମୀଙ୍କ ପ୍ରତାରଣା ଓ ପ୍ରବଞ୍ଚନା।

(ଙ) ନିଜ ପରିବାର ପ୍ରତି ଯଥେଷ୍ଟ ସମୟ ଓ ସ୍ନେହ, ସହାନୁଭୂତି, ସାହାଯ୍ୟ ଦେଇନପାରିବା।

(ଚ) ଏକ ବିୟୋଗାନ୍ତକ ପରିବେଶ ମଧ୍ୟରେ ଜୀବନାରମ୍ଭ ଓ ଜୀବନାୟନ।

(ଛ) ବ୍ୟକ୍ତିଗତ ଜୀବନ ଛଡ଼ା ଅନ୍ୟ ଏକ ଘଟଣା ମଧ୍ୟ ଗୋପବନ୍ଧୁଙ୍କୁ ବିଷାଦିତ ଓ ଅହରହ ବ୍ୟଥିତ କରୁଥିଲା। ଘୂଣକୀଟ ପରି ଏହା ଗୋପବନ୍ଧୁଙ୍କୁ କୋରିକୋରି ଭିତରୁ ଭିତରୁ ଖାଉଥିଲା। ତାହାଥିଲା ନିଜ ଗ୍ରାମ ଓ ରାଜ୍ୟର ନିରନ୍ନ ଜନତାଙ୍କ ଦୁରବସ୍ଥା ଓ କରାଳ ଚିତ୍ର।

(ଜ) ପ୍ରାକୃତିକ ଦୁର୍ବିପାକ ଓ କୃତ୍ରିମ ଯନ୍ତ୍ରଣା। ପ୍ରାକୃତିକ ବିପର୍ଯ୍ୟୟ ବ୍ୟତୀତ କେତେକ ଉଚ୍ଚକୂଳ ସମ୍ଭୂତ, ଉଚ୍ଚଜାତି ଓ ଧନୀକ ବର୍ଗର ଲୋକଙ୍କ ଅମାନୁଷିକ ଶୋଷଣ।

ଏହିପରି ଅନେକ କାରଣ ଗୋପବନ୍ଧୁଙ୍କୁ ବିଷାଦର କାଳିମା ମଧ୍ୟରେ ନିମଜ୍ଜିତ କରି ରଖିବାରେ ଦାୟୀ।

'ବନ୍ଧୁପ୍ରେମ' ପ୍ରେମର ଏକ ଦଳ ରୂପମାତ୍ର (Only a petal of a flower)। ପୁଣି ପ୍ରେମର ଅସଲ ସଫଳତା ବିଚ୍ଛେଦରେ। ଅପୂର୍ଣ୍ଣତାରେ ହିଁ ପ୍ରେମର ପୂର୍ଣ୍ଣତା। ପ୍ରେମକୁ ଆୟତ୍ତ କରାଯାଇପାରେନା। ପ୍ରେମ ବ୍ୟକ୍ତିଚେତନା ପାଖରେ ଆବଦ୍ଧ ରହିନପାରେ। ପ୍ରେମ ଅନନ୍ତ, ଅସୀମ ଏକ ପ୍ରବାହ। ଗୋପବନ୍ଧୁ ସେ ପ୍ରବାହ ପଥରେ ତାଙ୍କ ବନ୍ଧୁଙ୍କ ଠାରୁ ଅନେକ ଆଗରେ ଓ ଅନେକ ଉଚ୍ଚରେ। ସୁତରାଂ ଏହା ତଦ୍ୱାରା (ସେହି ବନ୍ଧୁମାନଙ୍କ ଦ୍ୱାରା) ବୁଝିବା ଏକ ଅସାଧାରଣ ବ୍ୟାପାର। କାରଣ ପ୍ରେମ ଯଦି ବିମଳ, ବିଶୁଦ୍ଧ, ଶତେକ ଯନ୍ତ୍ରଣା ପରେ ମଧ୍ୟ ଏହା ପୂର୍ବବତ୍ ଅକ୍ଷୁର୍ଣ୍ଣ ରହିବା ଦରକାର ଓ ଶୁଦ୍ଧସୁବର୍ଣ୍ଣ ପରି ଜାଜ୍ୱଲ୍ୟମାନ ହେବା ଉଚିତ୍। ଗୋପବନ୍ଧୁ କେବଳ ଏଇଥିଲାଗି ସେଦିନ ଗାଇଲେ-

"ଫୁଲ ପରି ପ୍ରେମ ଝାଉଁଳେ କି ବନେ,
ପ୍ରେମ ଯେ ଅନନ୍ତ ଅକ୍ଷୟ ଧାରା,
ଦୂରକଲେ ମତେ ହେବି କି ଅନ୍ତର
ତୁମେ ଯେ ମୋ ପ୍ରାଣ-ପ୍ରଣୟ କାରା।
ଏ ଜୀବନେ ପ୍ରେମ ନୁହେଁ ଅବସାନ
ଅନ୍ୟ ସ୍ଥାନେ ପୁଣି ହେବ ତ ଦେଖା,
ଶୁଦ୍ଧ ନେତ୍ରେ ତହିଁ ଦେଖିବ ମୋ ହୃଦେ
ପ୍ରେମ ରସାଣିତ ଅମୃତ ଲେଖା।
ପ୍ରେମେ ଅବଗାହି ନିଜ ପରିଚୟ
ପାଇଅଛି ମୁଁ ଏ କ୍ଷୁଦ୍ର ଜୀବନେ,

ମୋ ହୃଦ-କଲ୍ଲୋଳ-		ଉଚ୍ଛୁଳେ ଉଲ୍ଲାସେ
ଜଳେ-ସ୍ଥଳେ-ଫଳେ-ଫୁଲେ-ଗଗନେ,
ଶତ ଆବର୍ଜନା		ସହସ୍ର ତାଡ଼ନା
କିବା ଶତ ସ୍ନିଗ୍ଧ ସୁମନ-ହାର,
ଏ ପ୍ରେମ-କଲ୍ଲୋଳ		ସମାନ-ସକଳ
ପରମ ସାଦର ସ୍ନେହ ସମ୍ଭାର।
ନିଜକୁ ଭୁଲି ମୁଁ		ପାଇଅଛି ସଖା
ନିଜ ପରିଚୟ ନିଜ ତୃପତି,
ତବ କଷାଘାତେ		ଜନମିଛି ମୋର
କଠୋର ପ୍ରହାର ସହା ଶକତି।" [୩୬]

ଗୋପବନ୍ଧୁ ବନ୍ଧୁତ୍ୱର ସମୁଦ୍ର ସ୍ନାନ ଉତ୍ତାରେ ନିଜକୁ ଭୁଲିଯାଇଛନ୍ତି ଓ ଶିଶୁପରି ତାଙ୍କ ବନ୍ଧୁ ମଧ୍ୟରେ ନିଜକୁ ଦେଖୁଛନ୍ତି। ଗୋପବନ୍ଧୁଙ୍କ କବିତା ଗୁଡ଼ିକରେ ଯେଉଁ ପ୍ରଧାନ ଜିନିଷଟି ବା ପ୍ରଧାନ ଉପାଦାନଟି ରହିଛି ତାହା ହେଉଛି ଆବେଗ (emotion) ଓ ଆତ୍ମସଂଶ୍ଳିଷ୍ଟତା (self-attachment)। କବି ପ୍ରତ୍ୟକ୍ଷ ବା ପରୋକ୍ଷ ଭାବେ ସେ ସମସ୍ତ ଘଟଣା ସହ ବସ୍ତୁଗତ ସ୍ତରରେ ବା ଭୌତିକ ସ୍ତରରେ ଅଥବା ଚେତନା ଓ ଭାବନାଗତ ସ୍ତରରେ ଜଡ଼ିତ ଥିଲା ପରି ପ୍ରତିଟି ଶବ୍ଦ ବୟାନ୍ କରେ। ସେ ତାଙ୍କ କବିତା ପାଇଁ ଯେଉଁ ଶବ୍ଦ ବାଛିଛନ୍ତି, ସେମାନେ ମଧ୍ୟ ସୁଶିକ୍ଷିତ, ସୁ-ମଣିଷ ପରି ଆବେଗପ୍ରବଣ। ସେ ଶବ୍ଦ ଗୁଡ଼ିକଙ୍କର ତାଲିମ୍‌କେନ୍ଦ୍ର ଥିଲା ସତ୍ୟବାଦୀ ବନବିଦ୍ୟାଳୟ ଓ ଗୋପବନ୍ଧୁଙ୍କର ପଞ୍ଜରାର ଆବଦ୍ଧ କ୍ଷେତ୍ର। ସେସବୁ ଶବ୍ଦ ତାଲିମ୍‌ପ୍ରାପ୍ତ। ସେସବୁ ଶବ୍ଦରୁ ଆବେଗ କ୍ଷରିତ। ସମୀକ୍ଷକ ଡକ୍ଟର ଗୋପାଳ ଚନ୍ଦ୍ର ମିଶ୍ର ଯଥାର୍ଥରେ କହନ୍ତି- "ଆବେଗ ପ୍ରବଣତା ଓ ଭାବ ପ୍ରଗଳ୍‌ଭତା ଗୋପବନ୍ଧୁଙ୍କ କ୍ଷୁଦ୍ର କବିତା ଗୁଡ଼ିକୁ କେତେବେଳେ ଦେଶାତ୍ମବୋଧର ସମ୍ମାନ ଦେଇଛି, କେତେବେଳେ ଦର୍ଶନର ସ୍ପର୍ଶ ଦେଇଛି ଓ କେତେବେଳେ ନିଛକ ବ୍ୟକ୍ତିଗତ ଆନନ୍ଦର ବିଭୂତି ଦାନ କରିଅଛି। ବିଷାଦ, କ୍ଷୋଭ ଏବଂ ଅନୁଶୋଚନା ତାଙ୍କ କବିତାର ଯେପରି ଧ୍ୱନି; ଆଶା ଏବଂ ସ୍ୱପ୍ନ ସେହିପରି ତା'ର ନିର୍ଯ୍ୟାସ।"[୩୭] ବନ୍ଧୁର ଦାରୁଣ ଧକ୍କା ତଥା ପ୍ରବଞ୍ଚନାରେ କବିଙ୍କ ସହନସୀମା ଓ ସହନଶୀଳତା ବଢିଯାଇଛି ସିନା, ସେ ମହୀୟାନ୍, ବଳୀୟାନ୍ ହୋଇଯାଇଛନ୍ତି ସିନା ନ୍ୟୁନ ହୋଇଯାଇ ନାହାନ୍ତି। କିନ୍ତୁ ଏକଥା ସତ୍ୟ ଯେ, ସେ ଏଥିରେ ଭାଙ୍ଗିପଡ଼ିଥିଲେ। କବି, ସମାଲୋଚିକା ଡକ୍ଟର ଶତପଥୀଙ୍କ ଭାଷାରେ- "ଅତୀତର ସୁଖ ସ୍ମୃତିରୁ ଜାତ ହୋଇଛି ବିଷାଦ। କବି ନିଜକୁ ଧୈର୍ଯ୍ୟ ଦେବାକୁ

ଲାଗିଛନ୍ତି । ସାଂସାରିକ ସ୍ନେହ, ସଂପ୍ରୀତି ଶୂନ୍ୟ ଜୀବ କବିଙ୍କୁ କେବେ ଅତି ଅସହ୍ୟ ମନେହୋଇଛି, ହାହାକାରମୟ ରୂପେ ଅନୁଭୂତି ହୋଇଛି । .। କର୍ମକ୍ଷେତ୍ରରେ କବି ନିଜର ଅତ୍ୟନ୍ତ ବିଶ୍ୱସ୍ତ ପ୍ରେମାସ୍ପଦ ବନ୍ଧୁ ଦ୍ୱାରା ପ୍ରବଞ୍ଚିତ ହୋଇଛନ୍ତି । ହୃଦୟର ବିନିମୟରେ, ବନ୍ଧୁତ୍ୱର ବିନିମୟରେ ସେ ତାଙ୍କୁ ଦାରୁଣ ଆଘାତ ଦେଇଛି । .। ଛଳନା, ପ୍ରବଞ୍ଚନା ଓ ଆଘାତ ସହି ସହି କବି ନିଜକୁ ଅତ୍ୟନ୍ତ ଭାଗ୍ୟହୀନ ମନେକରିଛନ୍ତି । ଆପଣାର ବନ୍ଧୁତ୍ୱ ଓ ଆନ୍ତରିକତା ତାଙ୍କୁ ଅଜସ୍ର ସହନଶକ୍ତି ଦେଇଛି ।"[୩୮] ଗୋପବନ୍ଧୁଙ୍କ ହୃଦୟରୁ ଯେଉଁ ସ୍ପନ୍ଦନ ବାହରିଛି, ତହିଁରେ କେବଳ ପ୍ରେମ, ଭକ୍ତି ଓ ସ୍ନେହର ସ୍ନିଗ୍ଧ ଝରଣାର ଝର୍ଝରନାଦ ଶୁଭିଛି ।

ଗୋପବନ୍ଧୁଙ୍କ ଲାଗି Vicgtor Hugoଙ୍କ ଉକ୍ତିଟି ପଦେ ପଦେ ସତ୍ୟ । 'The poet draws his inspiration from his soul and heart.' ବ୍ୟକ୍ତିର ହୃଦୟ ଓ ଆତ୍ମାରୁ ଏକ ପ୍ରେରଣା ଆସିଲେ ହିଁ କବିତା ଜାତ ହୋଇଥାଏ । ଗୋପବନ୍ଧୁଙ୍କ 'ଅବକାଶ ଚିନ୍ତା'ର କେତେକ କବିତାକୁ ବାଦ୍‌ଦେଲେ ଅନ୍ୟାନ୍ୟ ସମସ୍ତ କବିତା ପ୍ରାୟ ଖାଲିଟାରେ ଲେଖାଯାଇନି । କବିତା ଯେହେତୁ ବ୍ୟଥିତ ହୃଦୟର ଭାରିପଣକୁ ହାଲୁକା କରେ, ଗୋପବନ୍ଧୁ ନିଜ ମନ, ହୃଦୟ ଓ ଆତ୍ମାର ଏହି ବ୍ୟଥା-ବେଦନାର ଦାରୁଣ ଦୁଃଖଦାୟୀ ଓଜନକୁ ହାଲୁକା କରିବା ଲାଗି କବିତା ରଚନା କରିଛନ୍ତି । କେତେବେଳେ ବନ୍ଧୁଠାରୁ ଦୂରେଇ ରହି, କେତେବେଳେ ବନ୍ଧୁଠାରୁ[୩୯] ପ୍ରତାରଣା ପାଇ ତ କେତେବେଳେ ମାତୃଭୂମି ଠାରୁ ଦୂରରେ ରହି ବ୍ୟଥା ପ୍ରକାଶ କରିଛନ୍ତି । ଗୋପବନ୍ଧୁଙ୍କ ପାଇଁ ବା ତଦୀୟ କବିତା ବିଶେଷକରି ଏହି 'ବ୍ୟଥିତ ପ୍ରାଣର ଅନ୍ତିମ ଅଶ୍ରୁ' କବିତା ପାଇଁ ଏହା ସତ୍ୟ ଯେ,- "*Poetry is the sontaneous overflow of powerful feelings, emotions recollected in tranquility.*"[୪୦] କବି କୀଟ୍‌ସ ତ ଏହି ଆବେଗର ଉନ୍ମେଷ ଓ ବିକାଶକୁ ଲକ୍ଷ୍ୟକରି ରୋକ୍‌ଠୋକ୍ କହିଲେ- "*That, if poetry comes not as naturally as the leaves to the tree it had better not come at all.*"[୪୧] ଏକଥା ଯଦି ସତ୍ୟ, ତେବେ ଅନୁଭୂତି ଓ ଆବେଗ ହିଁ ଗୋପବନ୍ଧୁଙ୍କ ଏହି କବିତା (ବ୍ୟଥିତ ପ୍ରାଣର ଅନ୍ତିମ ଅଶ୍ରୁ) ଓ ଅନ୍ୟାନ୍ୟ ସମସ୍ତ କବିତାର ସାରସତ୍ୟ ।

ଗୋପବନ୍ଧୁ ସ୍ୱୀକାର କରିଛନ୍ତି ଏ କ୍ଷୁଦ୍ର ଜୀବନରେ ପ୍ରେମ ଲାଭକରି, ପ୍ରଣୟର ଅବଗାହନ କରି, ଆତ୍ମପରିଚୟ ଲାଭ କରିପାରିଛନ୍ତି । ପ୍ରକୃତି ଓ ବ୍ୟକ୍ତିଚେତନା ଏକାକାର ହୋଇଯାଇଛି । ଯା'ମଧ୍ୟରେ ବ୍ୟକ୍ତି ନିଜର ଅସ୍ତିତ୍ୱକୁ ଖୋଜିପାଇଛି । ପୁଣି ସେ ନିଜକୁ ବିସ୍ମରି ସଖା ପ୍ରୀତିରେ ହଜିଯାଇଛନ୍ତି । ଗୋପବନ୍ଧୁ ଆବେଗାନ୍ୱିତ ହୋଇ ଗାଇଉଠିଛନ୍ତି-

"ଗାଢ଼ ଆଲିଙ୍ଗନ ସୁଚାର ଚୁମ୍ବନ
ଅଶ୍ରୁଧାରା ଯେଉଁ ପ୍ରେମ ବ୍ୟଞ୍ଜନା,
ଲୋହିତ ଲୋଚନ ନିଷ୍ଠୁର ବଚନ
ଓଲଟ ଈକ୍ଷଣେ ତା'ର ଲାଞ୍ଛନା।
ଏ ବେନି ବିଭାବ ହେଲା ଅନୁଭବ
ଅଳପ ଦିବସେ ତୁମ ସଂଗତେ,
କେତେ ସୁଖ ଦୁଃଖ ସୁହାସ ଲୋତକ
ନିଭାଇଲି ଏହି ଅଙ୍ଗେ ଗୁପତେ।
ତବ କୋପାନଳେ ବିଦଗ୍ଧ ହୋଇ
ଝଳିଛି ଦି'ଗୁଣେ ଏ ମୋ ପରାଣ,
ବୁଝିଛି ଜଗତେ ରୋଷ ତୋଷ ବେନି
ପ୍ରେମମୟଙ୍କର ପ୍ରେମ ପ୍ରଦାନ।"[୪୨]

କବି ସାଂସାରିକ ପ୍ରେମ-ସ୍ନେହକୁ ଅପାରଗ, ଅସଂପୂର୍ଣ୍ଣ, ହୀନ-ଦୀନ ମନେକରି ଦିବ୍ୟଶାଶ୍ୱତ ଈଶ୍ୱର ସଂପ୍ରୀତିକୁ ଶ୍ରେୟ ବିବେଚିତ କରି ବିଭୁଶରଣ ଲାଭ କରିବାକୁ ଚାହିଁଛନ୍ତି। ଈଶ୍ୱର ପ୍ରେମଲାଭ କରିବାକୁ, ପରମାତ୍ମା ଓ ଆତ୍ମାର ଏକାତ୍ମଭାବ ଆଣିବାକୁ ସେ ଚାହିଁଛନ୍ତି। ତାଙ୍କ ଭାଷାରେ-

"ତାଙ୍କ ପ୍ରେମ-ରାଜ୍ୟେ ନାହିଁ ଅସୁନ୍ଦର,
ଅସତ୍ୟ, ଅନ୍ୟାୟ, ଅଶୁଭ-ବିନ୍ଦୁ,
କି ମୋର ଭାବନା ମୋ ପ୍ରାଣ ପ୍ରବାହ
ଭେଟିଅଛି ଆଜି ସେ ପ୍ରେମସିନ୍ଧୁ।"[୪୩]

ପ୍ରେମ ଏକ ଦିବ୍ୟ ଅନୁଭୂତିର ବ୍ୟାପାର। ଏଣୁ ଏଥିରେ କଳଙ୍କ ଲାଗିବାର ନୁହେଁ। "ପ୍ରେମ ଏକ ଅମୃତ ଉଚ୍ଚାରଣ। ପ୍ରିୟ ବ୍ୟକ୍ତି ଲାଗି ତ୍ୟାଗରେ, ଆତ୍ମଦାନରେ ପ୍ରେମହୁଏ ସାର୍ଥକ। ଏହା ସଂକୀର୍ଣ୍ଣତାରୁ ମୁକ୍ତ ହୋଇ ଊର୍ଦ୍ଧ୍ୱଗାମୀ ହେଲେ ପ୍ରେମ ବାସ୍ତବ ରୂପନିଏ। ଗୋପବନ୍ଧୁଙ୍କ ପ୍ରେମ ସମଗ୍ର ଜାତି ପାଇଁ ତ୍ୟାଗ ଓ ଆତ୍ମଦାନରେ ପ୍ରଦୀପ୍ତ ଓ ମହିମୋଜ୍ଜ୍ୱଳ ହୋଇଉଠିଛି।"[୪୪]

ଗାଢ଼ ଆଲିଙ୍ଗନ, ସୁଚାରୁ ଚୁମ୍ବନ ଓ ପ୍ରେମାଶ୍ରୁରେ ଯେଉଁ ପ୍ରେମ ଦିନେ ବଞ୍ଚିଥିଲା, ସେ ଆଜି ଲୋହିତ ଲୋଚନା, ନିଷ୍ଠୁର ବଚନ ଓ ଓଲଟ ଈକ୍ଷଣରେ ଉକ୍ତ ପ୍ରେମକୁ ଲାଞ୍ଛନା ହିଁ ଦେଉଛି। ପ୍ରେମ ଓ ପ୍ରତାରଣା; ସୁଖାଶ୍ରୁ ଓ ଦୁଃଖାଶ୍ରୁ; ଗାଢ଼ ଆଲିଙ୍ଗନ-ଲୋହିତ ଲୋଚନ; ସୁଚାରୁ ଚୁମ୍ବନ-ନିଷ୍ଠୁର ବଚନ; ପ୍ରେମ ଅଶ୍ରୁଧାରା ଓ ଓଲଟ ଈକ୍ଷଣ

ପରି ବିପରୀତ ସ୍ୱାଦ ଅଳ୍ପ ଦିନରେ କବି ଲାଭ କରିଛନ୍ତି ସେ ବନ୍ଧୁତାରୁ । ପୁଣି ସଂଗେ ସଂଗେ କବି ଅତୀତ ବିଧୁର (Nostalgia) ହୋଇପଡ଼ି ଅତୀତର ସ୍ମୃତିକୁ ମନେପକାଇଛନ୍ତି "କିପରି ସୁଖରେ ଓ ଦୁଃଖରେ ସେ ବନ୍ଧୁ ଭାଗୀଦାର ହେଉଥିଲେ ।" ଶେଷରେ କବି ଇନ୍ଦ୍ରିୟ ଜଗତର ସାରସତ୍ୟକୁ ଉପଲବ୍ଧି କରିଛନ୍ତି । ସେ ଜାଣିପାରିଛନ୍ତି ଏ ଜଗତର କୋପାନଳରେ ପ୍ରେମ ସିଝେ । ଅସଲ ପ୍ରେମରେ ରୋଷ-ତୋଷ ଉଭୟ ଥାଏ । ଏହାହିଁ ଈଶ୍ୱରଙ୍କର ପରମ ଭିଆଣ ଓ ନିଦାନ ମାତ୍ର । ଏଇଠି ସେ ଇନ୍ଦ୍ରିୟରୁ ଅତୀନ୍ଦ୍ରିୟ ହୋଇଯାଇଛନ୍ତି । ଭଗବାନଙ୍କ ପ୍ରେମରାଜ୍ୟରେ ବିଚରଣ କରିଛନ୍ତି । ସେଠାରେ ସେ ସ୍ପଷ୍ଟୋକ୍ତି ଦେଇଛନ୍ତି ଯେ, ତାଙ୍କ ପ୍ରେମ ରାଜ୍ୟରେ ଅସତ୍ୟ, ଅନ୍ୟାୟ, ଅଶୁଭ, ଗ୍ଲାନି, ହିଂସା ବୋଲି କୌଣସି ସତ୍ତା ନାହିଁ । ଏହା ବିମଳ, ନିର୍ମଳ, ସ୍ୱଚ୍ଛ, ସୁନ୍ଦର ଓ ଚିରନ୍ତନ-ଶାଶ୍ୱତ ।[୪୫] ଅସହଯୋଗ ଆନ୍ଦୋଳନରେ ଯୋଗଦାନ କରି ଜେଲ୍ ଯାଇଥିବା ପ୍ରଥମ ଓଡ଼ିଆ ହେଉଛନ୍ତି ଗୋପବନ୍ଧୁ ଦାସ । *କାରାମୁକ୍ତ ହେବାପରେ ଉତ୍କଳ ପ୍ରାଦେଶିକ ସମ୍ମିଳନୀ ତରଫରୁ ଏହାର ସଭାପତି ଆଚାର୍ଯ୍ୟ ପ୍ରଫୁଲ୍ଲ ଚନ୍ଦ୍ର ରାୟଙ୍କ ଦ୍ୱାରା ଗୋପବନ୍ଧୁଙ୍କୁ 'ଉତ୍କଳମଣି' ଉପାଧିରେ ଭୂଷିତ କରାଯାଇଥିଲା ।* ଏହା ଗୋପବନ୍ଧୁଙ୍କ ବ୍ୟକ୍ତିତ୍ୱକୁ ଏକ ଚମତ୍କାର ଉପମା ମାତ୍ର । ମଣି କେବେ ମଧ୍ୟ ଦ୍ୟୁତି ଓ ଦୀପ୍ତି ପ୍ରକାଶ ଛାଡ଼େନାହିଁ, ସେହିପରି ଉତ୍କଳମଣି ଗୋପବନ୍ଧୁ ଶତେକ ଯନ୍ତ୍ରଣା, ଝଡ଼, ଶାରୀରିକ ତାପ-ଚାପ, ମାନସିକ କଷଣ ଓ ସାମାଜିକ, ରାଜନୀତିକ, ଆର୍ଥନୀତିକ ଉତ୍ପୀଡ଼ନ, ଦୂଷଣ, ଭୂଷଣ ବା ନିଷ୍ପେଷଣ ଦ୍ୱାରା ନିଜର ମୌଳିକ ଦ୍ୟୁତି ବିକିରଣ କରିବାରୁ ବିରତ ହୋଇନାହାଁନ୍ତି । ଏଠାରେ 'ପ୍ରେମ' ଓ 'ଅହିଂସା'ର ସମନ୍ୱୟ (Synthesis) ପୂର୍ବକ ମହାତ୍ମାଗାନ୍ଧୀଙ୍କ ଏକ ମହତୋକ୍ତି ଉଦ୍ଧାର କରାଯାଇପାରେ, ଯାହାକୁ ଉତ୍କଳମଣି ଅକ୍ଷରେ ଅକ୍ଷରେ ମାନୁଥିଲେ ଓ ଆଲୋଚ୍ୟ କବିତା ତଥା ତାଙ୍କ ନିଜ ଜୀବନାୟନରେ ଏହାର ନିଦର୍ଶନ ଠାବେ ଠାବେ ଦେଖିବାକୁ ମିଳେ । ତାଙ୍କ ଭାଷାରେ- "I must reduce myself to zero, so long as man does not, of his own free will, put himself last among his fellow creatures there is no salvation for him. 'Ahimsa is the farthest limit of humility." ଗୋପବନ୍ଧୁଙ୍କ ଠାରେ ଉଭୟ ପ୍ରେମ ଓ ଅହିଂସା ମିଳିପାରେ । ଏହାହିଁ ତାଙ୍କ ପ୍ରେମର ବିଶେଷତ୍ୱ । ଏଣୁ ପ୍ରଥମରୁ କୁହାଯାଇଛି ଗୋପବନ୍ଧୁଙ୍କ ମଧ୍ୟରେ ଗାନ୍ଧୀଙ୍କୁ ଆମେ ଦେଖିପାରିବା । 'ବ୍ୟଥିତ ପ୍ରାଣର ଅନ୍ତିମ ଅଶ୍ରୁ' କବିତାରେ ଯେଉଁ ବିଭୁପ୍ରୀତି ଓ ସହନଶୀଳତାର କଥା ରହିଛି ତାହାକୁ ଅନୁଭବ କରୁ କରୁ ମହାତ୍ମାଙ୍କ ଆଉ ଏକ ଉକ୍ତି ମନେପଡ଼େ । ଥରେ ଗାନ୍ଧୀ 'The Need for Religion' ପୁସ୍ତକରେ ଉକ୍ତି ପ୍ରତ୍ୟୁକ୍ତି ଛଳରେ କହିଲେ- Abu Bakr told Muhammed- "Look at the number of the enemies that is over taking us. What shall we two do against these heavy odds?" Without a moment's reflection, the Prophet replied- "No Abu Bakr, we are three, for God is with us." ଏଠାରୁ ଭଗବତ୍ ସ୍ଥିତି, ପ୍ରୀତି ଓ ସଂହତିକୁ ଲକ୍ଷ୍ୟ କରାଯାଇପାରେ। ଭଗବାନ୍ କେବେ କାହାକୁ ଏକା କରନ୍ତି ନାହିଁ। ସତ୍-ଚିତ୍ ଆନନ୍ଦମୟ ବ୍ୟକ୍ତି ପାଖରେ, ଭଲ ମଣିଷ ପାଖରେ ଈଶ୍ୱର ନିରନ୍ତର ଥାଆନ୍ତି।[୪୬]

ଗୋପବନ୍ଧୁ ବିଭୁପ୍ରୀତିର ଯେଉଁ ନିଦର୍ଶନ ଦେଇଛନ୍ତି ତାଙ୍କ ପକ୍ଷରେ ସକ୍ରେଟିସ୍ (ବିଖ୍ୟାତ ଦାର୍ଶନିକ)ଙ୍କ ଏକ ଉକ୍ତି ଏଠାରେ ମନେପଡ଼େ- "My belief is that to have no wants is Divine. To have as few as possible comes next to the Divine." ଗୋପବନ୍ଧୁ ସଦାସର୍ବଦା ନିଜକୁ ଛାଡ଼ି ଅନ୍ୟକୁ ଦେଖିଛନ୍ତି, ଅନ୍ୟର ଦୁଃଖ ଦେଖିଛନ୍ତି। ଅନ୍ୟର କଷ୍ଟକୁ ନିଜ ଭିତରେ ଅନୁଭବ କରିଛନ୍ତି। ଜଣେ ମଣିଷ ପକ୍ଷରେ ଯା'ଠାରୁ ଆଉ ବଡ଼କଥା କ'ଣ ହୋଇପାରେ? 'ବ୍ୟଥିତ ପ୍ରାଣର ଅନ୍ତିମ ଅଶ୍ରୁ'ରେ ପ୍ରାଣର ଦୁଆତ ବ୍ୟଥାର ଲେଖନୀ, ଅଶ୍ରୁର ସ୍ୟାହି ବ୍ୟବହୃତ। ପୁଣି ଏହି ସ୍ୟାହି ଶେଷ ଅଶ୍ରୁବିନ୍ଦୁ। ବନ୍ଧୁ ଜଣକ ପ୍ରେମର କୋମଳ ପରଦାକୁ ପ୍ରତାରଣାର ଛୁରୀରେ ଯେପରି ବିକ୍ଷତ କରିଛନ୍ତି, ସେଥିରେ ଗୋପବନ୍ଧୁ ଶତ୍ରୁତା ଆଚରଣ ନକରି ବରଂ ସେ ଦୁଃଖ ଜନିତ ଅଶ୍ରୁକୁ ସ୍ୱାଗତ କରିଛନ୍ତି। ଏସବୁକୁ ଭଗବାନଙ୍କ ସୃଷ୍ଟିର ନିୟମ ବୋଲି ମାନିନେଇଛନ୍ତି। ସେ ପ୍ରତିଆକ୍ରମଣ ମୁଖୀ ଭାବନା ମଧ୍ୟ ପ୍ରକାଶ କରିନାହାଁନ୍ତି। କାରଣ ତାଙ୍କ ଦେହ ଯାତନା ଓ ବିଷକୁ ସହିବା ପାଇଁ ରକ୍ତମାଂସ ନିର୍ମିତ ମନ୍ଦିର ମାତ୍ର।[୪୭] ଗୋପବନ୍ଧୁଙ୍କ ଏବଂବିଧ ସହନଶୀଳତା ଓ ବିମଳ ଚିନ୍ତାଧାରାକୁ ଦେଖିଲେ ଉପନିଷଦର ସୋଽହଂ ତତ୍ତ୍ୱମସି, ଅହଂ ବ୍ରହ୍ମୋଽସ୍ମି ଓ ଶିବୋଽହଂ ଆଦି କଥାକୁ ସେ ମାନିଲାପରି ମନେହୁଏ। ଈଶ୍ୱରଙ୍କର ଜଣେ ସଚ୍ଚା ଅନୁଗାମୀ ଓ ସଚ୍ଚା ମଣିଷ ସେ। ଏଠାରେ ସ୍ୱାମୀ ବିବେକାନନ୍ଦଙ୍କର ଏକ ବକ୍ତବ୍ୟ ଉଦ୍ଧାର୍ଯ୍ୟ- "ସେ କହନ୍ତି ସଦାସର୍ବଦା ଆତ୍ମାର ଅନ୍ତିମ ଗଭୀରତାରୁ ଆନୀତ ଉଚ୍ଛ୍ୱସିତ ଉଚ୍ଚାରଣ ସହ ବ୍ୟକ୍ତି ପ୍ରାର୍ଥନା କରିବା ଦରକାର ଯେ,- "Oh Lord! I do not know what is good and what is bad for me. I am solely dependent on Thee. Take me along any path your like. I want neither pleasure, nor happiness neither name or fame, neither money nor power; what I want is Thy mercy- a single drop from the mighty ocean of Thy Infinity Mercy. Let your desire in me be fulfilled. You are the door, I am merely the Instrument." ଏହା ହିଁ ଗୋପବନ୍ଧୁଙ୍କ କାର୍ଯ୍ୟତଃ

ଉଚ୍ଚାରଣ। ସେ ନିଜର ସାଂସାରିକ ମୋହ ବଶତଃ ଶେଷ ଅଶ୍ରୁବିନ୍ଦୁକୁ ଝରାଇ ଅନ୍ତଃଶୂନ୍ୟ ହୋଇଯାଇ ବିଭୁକୃପା ସିନ୍ଧୁରୁ ବିନ୍ଦୁଟିଏ ପାଇବାକୁ ଇଚ୍ଛା କରିଛନ୍ତି। ଏହା ବାସ୍ତବିକ୍ ପ୍ରଶଂସାର୍ହ ଓ ଚମତ୍କାର କାର୍ଯ୍ୟ ମାତ୍ର। ଶତ୍ରୁ ବା କଷଣଦାୟୀକୁ ଓଲଟା ଆଶିଷ, ସ୍ନେହ, ସାହାଯ୍ୟ, ଶ୍ରଦ୍ଧା ଓ ସଂପ୍ରୀତି ଦେବା ଦରକାର।[୪୮]

କବିତାର ଶେଷରେ କବି ଗୋପବନ୍ଧୁଙ୍କୁ ଆତ୍ମସମର୍ପଣ (Complete surrender) ଭଂଗୀରେ ଲକ୍ଷ୍ୟକରୁ। ଦାନ୍ତେ ଥରେ The Divine Comedyରେ କହିଲେ- "Supreme blessedness consists in the total surrender of our will to God's will." ବାସ୍ତବରେ ଏହା ଯେତିକି ସତ୍ୟ, ଗୋପବନ୍ଧୁଙ୍କ କ୍ଷେତ୍ରରେ ଏହା ଅଧିକ ପ୍ରଯୁଜ୍ୟ ମଧ୍ୟ। ଗୋପବନ୍ଧୁ ତାଙ୍କ ବନ୍ଧୁଙ୍କ ପ୍ରତାରଣାକୁ ମାନିନେବାର ଅନନ୍ୟ କାରଣ ହେଉଛି ଈଶ୍ୱର ଇଚ୍ଛା ଓ କପାଳ ଲିଖନ। ସବୁ କରି କରାଉଥିବା ସତ୍ତାର ଇଚ୍ଛା ବୋଲି ଓ ପ୍ରକୃତିର ବା ନିୟତିର ନିଷ୍ପତ୍ତି ବୋଲି ମାନିନେଇଛନ୍ତି। Browneଙ୍କ ଭାଷାରେ- "The finger of God hath left an inscription upon all this works." ଏଣୁ ପାର୍ଥିବ ସ୍ତରରେ ନାଚାର ହୋଇ କବି ଅତୀନ୍ଦ୍ରିୟ ଅଭିଯାନ ଆରମ୍ଭ କରିଛନ୍ତି। ଏହାର କାରଣ କେହି ଭଗବାନଙ୍କୁ ଛାଡ଼ି ବଞ୍ଚିପାରେନା ଓ ପ୍ରେମକୁ ମଧ୍ୟ ଛାଡ଼ି ବଞ୍ଚିପାରେନା। ଯଦି ବଞ୍ଚେ ସେ ମଣିଷ ନୁହେଁ, ବରଂ ଦେବତା ବା ରାକ୍ଷସ।[୪୯] ନାଟ୍ୟକାର ଉଇଲିୟମ୍ ସେକ୍ସପିୟର ତ କହିଲେ- "There is a Divinity that shapes our ends, Rough hew them how we will." (Hamlet)

ମଣିଷକୁ ସର୍ବଦା ପ୍ରକୃତିସ୍ଥ ହୋଇ ରହିବା ପାଇଁ ଭଗବାନ ତଟସ୍ଥ, ଜଡ଼ବାଦୀ, ମୋହମାୟାରେ ପକାଇ ଭାବବାଦୀ କରିଥାଆନ୍ତି। ଏଲୟଟ୍ଙ୍କ ପରି ମହାନ କବି, ବିଂଶ ଶତକର ଶ୍ରେଷ୍ଠ କବି ଓ ଦାର୍ଶନିକ ତ ଚ୍ୟାଲେଞ୍ଜ୍ ଦେଇ କହିଲେ- "Farther form God, nearer to the Dust." କିନ୍ତୁ ଗୋପବନ୍ଧୁଙ୍କର ଆଶା କରିବା, ବନ୍ଧୁପ୍ରୀତି ପ୍ରତି ପ୍ରତ୍ୟାକାଂକ୍ଷା ରଖିବା ମଧ୍ୟ ଯଥାର୍ଥ। କାରଣ ତାଙ୍କର ପ୍ରୀତି (କ୍ରିୟା) ଯେପରି ଥିଲା ସେ ଅନୁରୂପ ପ୍ରତିକ୍ରିୟା ମଧ୍ୟ ଚାହୁଁଥିଲେ।[୫୦] ଏଠାରେ T. S. Eliotଙ୍କ ଏକ ଚମତ୍କାର କବିତାର ଏକ ପଦ ଏ ପ୍ରସଂଗରେ ଉଦ୍ଧାରଯୋଗ୍ୟ।

"Flesh and blood is weak and frail
Susceptible to nervous shock;
While the TRUE church can never fail
For it is based upon a rock."

(The Hippopotamus)

ଗୋପବନ୍ଧୁଙ୍କ ଏହି ବ୍ୟଥିତ, ଜର୍ଜରିତ ପ୍ରାଣର, ଅନ୍ତିମ ଅଶ୍ରୁ ବିନ୍ଦୁଟି ଆଦର୍ଶ ହୋଇ ରହିଗଲା । ପ୍ରେମ, ବନ୍ଧୁତା, ସ୍ନେହ, ସଂପ୍ରୀତି ଆଦି ଲାଗି ଏହା ଆଦର୍ଶ ଦୃଷ୍ଟାନ୍ତ (Ideal illustration ବା prototype parogan model) ହେବା ସଂଗେ ସଂଗେ ସେ ମଧ୍ୟ ଆଦର୍ଶ ହୋଇରହିଗଲେ । ଏଣୁ ବନ୍ଧୁ, ଆଚାର୍ଯ୍ୟ ହରିହର ମଧ୍ୟ ଉଦାତ୍ତ କଣ୍ଠରେ ସ୍ୱୀକାର କଲେ- ସମସ୍ତଙ୍କୁ ଭଲପାଅ । ମଣିଷକୁ ଭଲପାଅ । ମାନବାତ୍ମାକୁ ଭଲପାଅ । ତେବେ ଯାଇ ଆମ୍ଭେ ଈଶ୍ୱର ସାନ୍ନିଧ୍ୟ ଲାଭ କରିପାରିବା ।

ଗୋପବନ୍ଧୁ ବନ୍ଧୁତାର ବନ୍ଧନରେ ଖୁବ୍ ଆସକ୍ତି ସହ ବାନ୍ଧି ହୋଇଥିଲେ । ତାଙ୍କର ସହକର୍ମୀ ମାନଙ୍କର ସାହଚର୍ଯ୍ୟରେ ସେ ସମସ୍ତ ଦୁଃଖ କଷ୍ଟକୁ ଭୁଲିଯାଉଥିଲେ । କୃପାସିନ୍ଧୁ ମିଶ୍ରଙ୍କ ପ୍ରତି ଗୋପବନ୍ଧୁ ପୁରୀରେ ପଢ଼ିଲାବେଳୁ ଆକୃଷ୍ଟ ହେଲେଣି । କୃପାସିନ୍ଧୁ ବୟସରେ ଅବଶ୍ୟ ଗୋପବନ୍ଧୁଙ୍କ ଠାରୁ ଦଶବର୍ଷ ସାନ । ଅସୀମ ସ୍ନେହ ମମତା ଥିଲା ଗୋପବନ୍ଧୁଙ୍କର କୃପାସିନ୍ଧୁଙ୍କ ପ୍ରତି । "ପୁରୀରେ ପଢିଲା ଦିନରୁ ଗୋପବନ୍ଧୁ କୃପାସିନ୍ଧୁଙ୍କ ମେଧା, ଚତୁରତା ଓ ନିର୍ଭୀକତା ଦେଖି ତାଙ୍କ ପ୍ରତି ଆକୃଷ୍ଟ ହୋଇଥିଲେ । ଅତି ତରୁଣ ବୟସରୁ ଗୋପବନ୍ଧୁଙ୍କ ଆଖି ବୁଲୁଥାଏ କିପରି ଦଳେ ସ୍ୱାର୍ଥତ୍ୟାଗୀ ଓ କର୍ମତତ୍ପର ଯୁବକଙ୍କୁ ନେଇ ଭବିଷ୍ୟତରେ ଦେଶ ହିତକର କାର୍ଯ୍ୟରେ ନିୟୋଜିତ କରିବେ । କୃପାସିନ୍ଧୁଙ୍କର ଚାଲିଚଳନ ଦେଖି ସେ ନିଶ୍ଚିତ ହୋଇଥିଲେ ଯେ, ବଡ଼ହେଲେ ତାଙ୍କର ପରିକଳ୍ପିତ ଯୋଜନାକୁ କାର୍ଯ୍ୟରେ ପରିଣତ କରିବାରେ ଏହି କିଶୋର ବିଶେଷ ସାହାଯ୍ୟରେ ଆସିବ ।"[୫୧] ଗୋପବନ୍ଧୁ ଥିଲେ ବନ୍ଧୁରଂକ । ବନ୍ଧୁପ୍ରୀତି ଥିଲା ତାଙ୍କ ଲାଗି ସବୁକିଛି । ଦିନଦିନ ନଖାଇ ନପିଇ ସେ ବନ୍ଧୁଙ୍କ ମୁହଁକୁ ଚାହିଁ ରହିଯାଉଥିଲେ । ବୋଧହୁଏ ଅସହଯୋଗ ଆନ୍ଦୋଳନରୁ ନିଖିଳ ଭାରତୀୟ ଏସିଆଟିକ୍ ଶିକ୍ଷା ସମ୍ମିଳନୀ (AIAEC), ବନ୍ୟା ବିପର୍ଯ୍ୟୟ ପ୍ରଭୃତିରେ ବନ୍ଧୁପ୍ରୀତି ହିଁ ଖୋରାକ୍ ସାଜୁଥିଲା ଗୋପବନ୍ଧୁଙ୍କ ପାଇଁ । "ପଣ୍ଡିତ ଗୋପବନ୍ଧୁ ଥିଲେ ଅତ୍ୟନ୍ତ ବନ୍ଧୁ ବତ୍ସଳ, ଅମାୟିକ ପ୍ରକୃତିର ମଣିଷ । ତାଙ୍କ ସଂପର୍କରେ ଯିଏ ଆସୁଥିଲା, ସେ ତାକୁ ସଂପର୍କର ପାଟ ଡୋରରେ ବାନ୍ଧିଦେଉଥିଲେ ।"[୫୨] ଏପରି ଲୋକର ବନ୍ଧୁ ତାଙ୍କୁ ପ୍ରତାରଣାର ବିଷଦେଲେ । ସାଧାରଣ ବିଷ ଠାରୁ ଏହା ଗୋପବନ୍ଧୁଙ୍କ ଲାଗି ଅଧିକ ଜ୍ୱାଳାଦାୟୀ ହେବା କିଛି ଆଶ୍ଚର୍ଯ୍ୟକର ବିଷୟ ନୁହେଁ । ଏଠାରେ ଗୋପବନ୍ଧୁଙ୍କର 'ମୋର କୈଫିୟତ' ଶୀର୍ଷକ ଲେଖା/ ପ୍ରତିଉତ୍ତର ଯାହା 'ସମାଜ' ତା- ୦୯.୦୧.୧୯୨୬ ରିଖରେ ପ୍ରକାଶିତ ହୋଇଥିଲା ଉଦ୍ଧାର କରାଯାଇପାରେ ।

"ଏଥର ସମାଜରେ ପଣ୍ଡିତ ଗୋଦାବାରୀଶ ମିଶ୍ରଙ୍କର ଖଣ୍ଡେ ପତ୍ର ପ୍ରକାଶିତ ହୋଇଅଛି । ପ୍ରାଦେଶିକ କଂଗ୍ରେସ କମିଟିର ସଭାପତି ପରିବର୍ତ୍ତନ ସମ୍ବନ୍ଧରେ ସମାଜର ସଂପାଦକୀୟ ମନ୍ତବ୍ୟକୁ ଆକ୍ରମଣ କରି ଶ୍ରୀମନ୍ ପ୍ରାଣକୃଷ୍ଣ ପ୍ରତିହାରୀ ବ୍ୟକ୍ତିଗତ ଭାବରେ

ମତେ ଖଣ୍ଡିଏ ପତ୍ର ଲେଖିଥିଲେ । ସେ ପତ୍ରଖଣ୍ଡ ସମାଜରେ ଛପାଇବାକୁ ଅନୁରୋଧ କରିଥିଲେ । ସମାଜରେ ଯଥା ସମୟରେ ତାହା ପ୍ରକାଶିତ ହୋଇଅଛି । ଉକ୍ତ ପତ୍ରର ପ୍ରତିବାଦ କରିବାକୁ ମୋତେ ଅନେକ କହିଛନ୍ତି । ମୁଁ ତାହା ଉଚିତ୍ ମନେ କରିନାହିଁ । ଓଡ଼ିଶାର ଭିନ୍ନ ଭିନ୍ନ ଅଞ୍ଚଳରେ ବିଭିନ୍ନ କାର୍ଯ୍ୟକ୍ଷେତ୍ରରେ ଯେଉଁ କର୍ମୀମାନଙ୍କ ସଂଗରେ ମୁଁ କାର୍ଯ୍ୟକରି ଆସିଅଛି, ସେମାନଙ୍କ ମଧ୍ୟରୁ ମୋ ସଂପର୍କରେ କାହାରି ଧାରଣା ପ୍ରତିହାରୀଙ୍କ ଲେଖାଦ୍ୱାରା ଯଦି ଦୃଢ଼ୀଭୂତ ହୁଏ ବା ବଦଳେ ତାହାହେଲେ ପ୍ରତିବାଦ ଦ୍ୱାରା ସେମାନଙ୍କ ନିକଟରେ ଆପଣାକୁ ସଫାଇ କରିବା ଉଦ୍ୟମ ମୋ ପକ୍ଷରେ ବୃଥା ଓ ଅସୁନ୍ଦର । ମୋର ବିଶ୍ୱାସ, ନିନ୍ଦା, ଅପବାଦ, ସମାଲୋଚନା ବା କଟାକ୍ଷ ସାଧାରଣ କାର୍ଯ୍ୟକ୍ଷେତ୍ରରେ କର୍ମୀର ଅବଶ୍ୟମ୍ଭାବୀ ଭାଗ୍ୟଲିଖନ । ଅନେକ ଦିନ ହେଲା ମୋ ଭାଗ୍ୟରେ ଉଣାଅଧିକେ ଏହାସବୁ ଘଟୁଛି; ଭବିଷ୍ୟତରେ ଘଟିବ । ଏସବୁର ପ୍ରତିବାଦ କରିବା ମୋର ନୀତି ନୁହେଁ । କେହି ମୋର ଦୋଷ ଦେଖାଇଲେ ମୁଁ ମନେକରେ ହୁଏତ ଯଥାର୍ଥରେ ମୋର ସେ ଦୋଷଅଛି, ନହେଲେ ବା ସେ ଭୁଲ ବୁଝିଛନ୍ତି, ସୁତରାଂ ମୋର ପ୍ରଥମେ ନିଜ ଭିତରକୁ ଚାହିଁବା ଉଚିତ । ଭଲରୂପେ ଆତ୍ମ ପରୀକ୍ଷାକରି ନିଜ ଦୋଷ ଦେଖିଲେ ତାହା ସଂଶୋଧନ କରିବା ଉଚିତ୍ । ନିଜର ସେପରି ଦୋଷ ନ ଦେଖିଲେ ସେ ଭୁଲ୍ ବୁଝିଛନ୍ତି ବୋଲି ବୁଝିବାକୁ ହେବ । ଭୁଲ ପୁଣି ଦୁଇପ୍ରକାର ହୋଇପାରେ । ସରଳ ଭାବରେ କେହି ଯଥାର୍ଥ ବିଷୟ ନଜାଣି ଭୁଲ୍ କରିପାରନ୍ତି । ଏ ଭୁଲ୍ ବେଶୀଦିନ ରହେ ନାହିଁ । ତାଙ୍କର ସତ୍ୟ ତସଲତା ଅକ୍ଷୁର୍ଣ୍ଣଥିଲେ ପରବର୍ତ୍ତୀ ଘଟନାରେ ଏ ଭ୍ରମ ଆପେ ଆପେ ତୁଟିଯାଏ । ନାହିଁ ଜାଣିଶୁଣି ଅନ୍ୟ ଅନ୍ୟ ଭାବ ଦ୍ୱାରା ପ୍ରରୋଚିତ ହୋଇ ତାଙ୍କର ଭ୍ରମପ୍ରମାଦ ବା ମୋହ ଘଟିଥିଲେ ତାହା କେବେହେଲେ ସହଜରେ ତୁଟିବାର ନୁହେଁ । ଫଳକଥା ଯେକୌଣସି ପ୍ରକାରେ ହେଉ ପ୍ରତିବାଦ ନିରର୍ଥକ । ଆତ୍ମପରୀକ୍ଷା ହିଁ ପ୍ରୟୋଜନ । ଅନ୍ତରାତ୍ମାକୁ ସାକ୍ଷୀରଖି କାର୍ଯ୍ୟ କରିବାରେ ସାଧାରଣ କର୍ମୀର କେବଳ ଆଶ୍ୱାସନା ।

"କଥାକୁ ମାଜିଲେ ମୋଟ, ସୂତାକୁ ମାଜିଲେ ସରୁ' ଏହି ନୀତି ଅନୁସରଣ କରି ପ୍ରତିହାରୀଙ୍କ ପତ୍ରର ମୁଁ ନିଜେ ପ୍ରତିବାଦ କରିନାହିଁ । ଏ ସମ୍ବନ୍ଧେ ଅନ୍ୟାନ୍ୟ କେତେକଙ୍କ ଠାରୁ କେତେଖଣ୍ଡ ପ୍ରତିବାଦ ସମାଜରେ ଛାପାଲାଗି ଆସିଛି । ତାହା ଛପାଇବା ନିରର୍ଥକ ଭାବି ପ୍ରକାଶ କରିନାହିଁ । ଗୋଦାବରୀଶ ବାବୁ ଆପଣା ପତ୍ରରେ ମୋତେ ସଫାଇ କରିବା ପାଇଁ ଉଦ୍ୟମ କରିଥିଲେ, ତାହା ମଧ୍ୟ ଛପାଯାଇ ନଥାନ୍ତା । କିନ୍ତୁ ସେଥିରେ ତାଙ୍କ ନିଜ କୈଫିୟତ ଅଛି; ତାଙ୍କ ପ୍ରତି ଯେ ବ୍ୟବହାର ହୋଇଅଛି ସେ ନିଜେ କେତେଦୂର ଦାୟୀ ବା ସେ ସଂପର୍କୀୟ ବ୍ୟାପାରରେ ତାଙ୍କର କି ଦୋଷ, ପାଠକ ସାଧାରଣ ତାଙ୍କ ପତ୍ରରୁ

ବିଶେଷ ଭାବରେ ଜାଣିବେ। ବିଶେଷତଃ ଦୈବ ଦୁର୍ଭାଗ୍ୟବଶତଃ ବର୍ତ୍ତମାନ ସେ ଯେ ଅବସ୍ଥାରେ ପଡ଼ିଅଛନ୍ତି ସେଥିରେ ମୋ ବ୍ୟକ୍ତିଗତ ନୀତିଧରି ତାଙ୍କର ଏ କୈଫିୟତ ନଛପାଇବା ତାଙ୍କ ପ୍ରତି ଅବିଚାର ଓ ନିଷ୍ଠୁରତା ହୁଅନ୍ତା।

ମୋର ଏ ଲେଖା ପ୍ରାଣକୃଷ୍ଣଙ୍କ ପତ୍ରର ପ୍ରତିବାଦ ବା କୈଫିୟତ ନୁହେଁ। ମୁଁ ସେ ବିଷୟରେ କାହିଁକି ନୀରବ ସେ ସମ୍ବନ୍ଧରେ ଅନ୍ୟମାନେ ପଠାଇଥିବା ପ୍ରତିବାଦ ନ ଛପାଇ ଗୋଦାବରୀଶ ମିଶ୍ରଙ୍କ ପତ୍ର କେବଳ ଛପାଗଲା କାହିଁକି ଏ ଲେଖା ତାହାର କୈଫିୟତ।" ଏଠାରେ ଗୋପବନ୍ଧୁଙ୍କ ନୀତି, ଭିତ୍ତି ଓ ହୃଦୟବତ୍ତାର ଯଥେଷ୍ଟ ପରିଚୟ ମିଳୁନାହିଁ କି? (ମୋର କୈଫିୟତ୍: 'ସମାଜ', ତା-୦୯.୦୧.୨୬)

ଗୋପବନ୍ଧୁ ନିଜେ ସ୍ୱୀକାର କରିଛନ୍ତି ଯେ ତାଙ୍କ ପାଇଁ ଅବଂଧୁଜୀବନ ବା ବନ୍ଧୁହୀନ ଜୀବନ ଜୀଇଁବା ଅସମ୍ଭବ। ନହେଲେ ସେ କି ଗାଇଥାଆନ୍ତେ- "ଅବନ୍ଧୁ ଜୀବନ ଅସୂର୍ଯ୍ୟ ମହୀ, ପ୍ରାଣଧରି କିଏ ପାରିବ ରହି।" ଏ ସଂକ୍ରାନ୍ତରେ ଡକ୍ଟର ରାଧାନାଥ ରଥ, ଯିଏକି ଗୋପବନ୍ଧୁଙ୍କ ଘନିଷ୍ଠ ସହଯୋଗୀ ଓ କୃପାସିନ୍ଧୁଙ୍କ ସହକର୍ମୀ ଥିଲେ, ତା- ୨୮.୧୧.୧୯୬୨ ରିଖରେ ଲେଖିଛନ୍ତି- *"ଗୋପବନ୍ଧୁଙ୍କ ପକ୍ଷରେ ଅବନ୍ଧୁ ଜୀବନଯାପନ ଅସମ୍ଭବ ଥିଲା। ବନ୍ଧୁ ହରାଇଲେ ସେ ଏପରି ଅଧୀର ଓ ବ୍ୟଥିତ ହେଉଥିଲେ ଯେ, ଅନେକ ସମୟରେ ପିଲାଙ୍କ ପରି କାନ୍ଦି ପକାଉଥିଲେ।"* ପୁଣି କୃପାସିନ୍ଧୁଙ୍କ ଅକାଳ ବିୟୋଗ ହେବାପରେ ଗୋପବନ୍ଧୁ ଛଟପଟ ଡାକିଥିଲେ ଯନ୍ତ୍ରଣାରେ। ଧାଇଁ ଯାଇଥିଲେ ପାଗଳ ପରି ଏ ଖବର ଶୁଣି। ଏମାର ମଠ ମହନ୍ତ ମହାରାଜା ଗଦାଧର ରାମାନୁଜ ଦାସଙ୍କ ଠାରୁ ମଟର ମଗାଇ ସିଭିଲ୍ ସର୍ଜନଙ୍କୁ ସାଙ୍ଗରେ ଧରି ବୀରପ୍ରତାପପୁର ଧାଇଁଥିଲେ। ମାତ୍ର ଫଳ କିଛି ହେଲାନାହିଁ। ବନ୍ଧୁ ଆରପାରିକୁ ଯାଇସାରିଥିଲେ। ଏ ଦାରୁଣ ବିଚ୍ଛେଦ ଗୋପବନ୍ଧୁଙ୍କ ହୃଦୟରେ ଯେଉଁ ଆଘାତ ଦେଲା ଓ ଯେଉଁ କ୍ଷତ ସୃଷ୍ଟି କଲା, ତାହା ଆଉ ଶୁଖିଲା ନାହିଁ। ରାଧାନାଥ ରଥ ଆହୁରି କହିଛନ୍ତି- *"ତେଣୁ ସତେ ଯେପରିକି ତାଙ୍କରି ଡାକରେ ଦୁଇବର୍ଷ ଅଢେଇ ବର୍ଷ ଭିତରେ ସେତେବେଳେ ଶ୍ମଶାନ ସଦୃଶ ଦେଖାଯାଉଥିବା ବନବିଦ୍ୟାଳୟର ବକୁଳ ବନରେ ନିଜର ମରଶରୀର ଛାଡ଼ି ସେ ଚିରସଖା କୃପାସିନ୍ଧୁଙ୍କ ପାଖରୁ ବିଦାୟ ନେଇଗଲେ।"* ଯଦି ଗୋପବନ୍ଧୁ ଓ ତଦୀୟ ସହକର୍ମୀ ବା ବନ୍ଧୁମାନଙ୍କୁ ଦେଖାଯାଏ, ତେବେ ଏମାନଙ୍କ ମଧ୍ୟରେ ସଂପର୍କ କ୍ଷୀର-ନୀର ପରି, କ୍ଷୀରର ଧବଳତା ପରି। ଏମାନେ ଯେତିକି ଆତ୍ମୀୟ ଥିଲେ, ସେତିକି ଥିଲେ ନିବିଡ଼। ସେ (ଗୋପବନ୍ଧୁ) 'ଉତ୍କଳ-ଗୋପର ଦୋସର-ମଣି, ଉତ୍ପଳ-କେଶର-ପ୍ରେମର ଖଣି।'

କବି ଗୋପବନ୍ଧୁଙ୍କ ସମଗ୍ର କାବ୍ୟକୃତି ମଧ୍ୟରେ ଏକ ବିଶେଷ ସୌନ୍ଦର୍ଯ୍ୟ ଅବଶ୍ୟ

ବିଦ୍ୟମାନ, ମାତ୍ର 'କାରାକବିତା' ତନ୍‌ମଧ୍ୟରୁ ଲଳିତତମ। ପୁଣି 'କାରାକବିତା'ର ସମଗ୍ର କବିତା ମଧ୍ୟରୁ 'ବ୍ୟଥିତ ପ୍ରାଣର ଅନ୍ତିମ ଅଶ୍ରୁ'ଟି ଅତ୍ୟନ୍ତ ସରଳ, ତରଳ ଓ ବଳିଷ୍ଠ। ଏଥିରେ ଗୋପବନ୍ଧୁଙ୍କର ବ୍ୟକ୍ତିତ୍ୱ ଓ ଉଦର ଅତ୍ୟନ୍ତ ଜଡ଼ିତ। ଭିନ୍ନ ଏକ ବାସ୍ତବତା (ବ୍ୟକ୍ତିଗତ ଜୀବନର ବାସ୍ତବତା) ଏଠାରେ ପ୍ରତିଫଳିତ ହେବା ସଂଗେ ସଂଗେ ସାଂସାରିକ- ଆଧ୍ୟାତ୍ମିକ ତଥା ଉତ୍ତରଣର ବାସ୍ତବ ଚିତ୍ରଟିଏ ମଧ୍ୟ ଏଠାରେ ଅଙ୍କିତ। ସମାଲୋଚକ ହରପ୍ରସାଦ ଦାସଙ୍କ ଭାଷାରେ- "ଗୋପବନ୍ଧୁଙ୍କ କବିତାରେ ସାମାଜିକ ବାସ୍ତବତାର ଦୁଇଟି ପକ୍ଷ: ଗୋଟିଏ ଆତ୍ମପରିଚୟ ଓ ଅନ୍ୟଟି ଆତ୍ମବିଲୟର। ଦୁଇ ବିଶ୍ୱଯୁଦ୍ଧର ମଧ୍ୟବର୍ତ୍ତୀ କାଳରେ ଓ ଋଷୀୟ କ୍ରାନ୍ତିର ଅବ୍ୟବହିତ ପରେ, କବିତାରେ ସାମାଜିକ ବାସ୍ତବତାର ଯେଉଁ ଚିତ୍ରଣ-କଳା ପ୍ରତିଷ୍ଠିତ ହେଲା ସେଥିରେ ବାସ୍ତବତା ବସ୍ତୁମନସ୍କତା ବୋଲି ଗୃହୀତ ହେଲା। ଗୋପବନ୍ଧୁଙ୍କ ବାସ୍ତବତା ଯା'ଠାରୁ ଭିନ୍ନ। କହିବାକୁ ଗଲେ ସମକାଳୀନ ବାସ୍ତବତାର ଗୋପବନ୍ଧୁଙ୍କର ଚିତ୍ରଣ କଳା, ସଂପୂର୍ଣ୍ଣଭାବେ ଓଡ଼ିଆ ଓ ମୌଳିକ ଚେତନାରେ ଭାରତୀୟ। ଆତ୍ମ ପରିଚୟରୁ ଆତ୍ମବିଲୟକୁ ଗତି କରୁଥିବା ବାସ୍ତବତାର ଏ ଦୃଶ୍ୟପଟରେ ରହସ୍ୟବାଦ, ପାରଂପରିକ ଧର୍ମୀୟ ଚେତନା ଓ ଉଦାରବାଦୀ କଳ୍ପନା, ସମଶକ୍ତିରେ ସମାହିତ। ଏହା ମଧ୍ୟ ଗୋପବନ୍ଧୁଙ୍କ ଜାତୀୟତା ଓ ସ୍ୱଦେଶ-ପ୍ରେମର କାବ୍ୟିକ ପରିଚୟ। .। ଯେଉଁ କବି ପ୍ରେମରୁ ସ୍ୱାର୍ଥକୁ ଓ ଆସ୍ଥାକୁ ପ୍ରବଞ୍ଚନାକୁ ଅଲଗା କରିପାରିବାର ସାମର୍ଥ୍ୟ ରଖେ, କେବଳ ସେଇ ହିଁ କଷାଘାତରେ ସହ୍ୟ କରିବାର ସୀମା ଚିହ୍ନିତ କରିବା ପାଇଁ ପ୍ରିୟ ବନ୍ଧୁକୁ ଦଣ୍ଡ ମାଗିପାରେ। ଏଠାରେ ଲକ୍ଷ୍ୟ କରିବେ, ଯେ ଗୋପବନ୍ଧୁଙ୍କ ସାମାଜିକ ବାସ୍ତବତାର ଆତ୍ମପରିଚୟ ପକ୍ଷଟିରେ ଆଧୁନିକ ଗ୍ଲାନିବୋଧ କିଭଳି ଦାନା ବାନ୍ଧିବା ଆରମ୍ଭ କରୁଚି। ଭବିଷ୍ୟତରେ ଏହି ଗ୍ଲାନିବୋଧ ହେବ ଗୋଟିଏ ସଂପୂର୍ଣ୍ଣ ସମାଜ ଦର୍ଶନର ପୃଷ୍ଠପଟ।"[୫୩]

କବିତାଟିର ଧ୍ୱନିତାତ୍ତ୍ୱିକ, ଭାଷାତାତ୍ତ୍ୱିକ ଓ ଶୈଳୀତାତ୍ତ୍ୱିକ ଦିଗ ଗୁଡ଼ିକ ମଧ୍ୟ ଖୁବ୍ ବଳିଷ୍ଠ ଓ ସ୍ୱତନ୍ତ୍ର।[୫୪] କବିତାଟିର ଭାବ ଓ ଭାଷା ସମତାଳିକ ଓ ସମନ୍ୱୟଧର୍ମୀ। ସୁତରାଂ ଏହା ସୁନ୍ଦର। କବିତାଟିର ଅନନ୍ୟ ବଳିଷ୍ଠ ଓ ସଫଳତମ ବିଭବ ହେଉଛି ଏହାର ନାମକରଣ। ଏହାର ନାମଟି ଯେତିକି ବଳିଷ୍ଠ, ଭାବଭଂଗୀରେ ସେତିକି ଚେତନା ସମ୍ବଳିତ। କବିଙ୍କ ପରି ଇଂରେଜୀ ସାହିତ୍ୟରେ ଭିକ୍‌ଟୋରିଆନ୍ ଯୁଗର କବି ଲର୍ଡ ଅଲ୍‌ଫ୍ରେଡ୍ ଟେନିସନ୍ (Lord Alfred Tennyson) ତାଙ୍କର ପ୍ରସିଦ୍ଧ ପୁସ୍ତକ 'In Memoriam'ରେ ଅନ୍ତରଂଗ ବନ୍ଧୁ A. H. Hallamଙ୍କ ବିୟୋଗରେ ଅନେକ କବିତା ରଚନା କରିଛନ୍ତି। ସେ ମଧ୍ୟ ଗୋପବନ୍ଧୁଙ୍କ ପରି ଜଣେ ବନ୍ଧୁରଂକୁଣା ମଣିଷ। ସ୍ନେହ କାଙ୍ଗାଳ ମଣିଷଙ୍କ ପରି ଉଭୟେ ଅଶ୍ରୁ ଝରାଇଛନ୍ତି। ଏ ଅବସରରେ Tennysonଙ୍କ

ଏକ କବିତା ଏଠାରେ ସ୍ମରଣଯୋଗ୍ୟ, ଯାହାର ନାମ ହେଉଛି 'Tears, Idle Tears'। ସେହିପରି ତାଙ୍କର 'Break, Break,Break' କବିତାଟିକୁ ଦେଖାଯାଉ।

"Break, break, break
on thy cold grey stones, O sea/
And I would that my tongue could utter
The thoughts that arise in me. xxx
Break, break, break
At the foot of thy crags, O' sea!
But the tender grace of a day that is dead
Will never come back to me."[୫୬]

ଏଠାରେ ଟେନିସନ୍ଙ୍କ ପରି କବି ଦୁଃଖିତ ଓ ଅତୀତ ବିଧୁର। ଏଠାରେ 'କାରାକବିତା' ସଂକଳନସ୍ଥ ଅନ୍ୟଦୁଇ ବନ୍ଧୁପ୍ରୀତି ଜନିତ କବିତା ମଧ୍ୟ ସ୍ମରଣଯୋଗ୍ୟ।

ସେ ବନ୍ଧୁ ବିଶ୍ୱାସରେ ବିଷ ଦେଲାପରେ କବି ଯନ୍ତ୍ରଣା ବ୍ୟଥା-ବେଦନା ବା ଉକ୍ତ ଜ୍ୱାଳାକୁ ସହଜରେ ଗ୍ରହଣ କରିନେଇଛନ୍ତି। କାରଣ ସେ ଭାବିଛନ୍ତି ଏହା ମଧ୍ୟ ତାଙ୍କ ପ୍ରେମର ଏକ ଅଂଶ ଓ ପରିଣାମ। ପୁଣି ସେ ଆଶାବାଦୀ ଓ ଗଭୀର ଆଲୋକବାଦୀ ବ୍ୟକ୍ତି। ସରୋଜିନୀ ନାଇଡୁ ଥରେ ଗାଇଥିଲେ-

" I, bending from my sevenfold height
will teach thee of My quickening grace,
Life is a prism of My light
And death the shadow of My face."[୫୭]

ଏହାହିଁ ଜୀବନର ସାରତମ ସତ୍ୟ। ବିଚ୍ଛେଦରେ ସେଥିପାଇଁ କବି ପୁନର୍ମିଳନ ଓ ନବକିଶଳୟ ଉଦ୍‌ଗମନ କଥା ଚିନ୍ତା କରିଛନ୍ତି। କବି ଋଗ୍ ବେଦର ମଧୁମୟ ଦର୍ଶନକୁ ଅକ୍ଷରେ ଅକ୍ଷରେ ବିଶ୍ୱାସ କରନ୍ତି। କାରଣ-

"ମଧୁବାତା ଋତାୟତେ ମଧୁ କ୍ଷରନ୍ତି ସିନ୍ଧବଃ ମାଧ୍ୱୀର୍ନ ସନ୍ତୋଷଧୀଃ,
ମଧୁନକ୍ତ ମୃତସଖୋ ମଧୁମତ୍ ପାର୍ଥିବଂ ରଜଃ ମଧୁ ଦୌରସ୍ତୁନଃ ପିତା।"

ଗୋପବନ୍ଧୁଙ୍କ ପ୍ରେମ ପାର୍ଥିବରୁ ପାର୍ଥିବୋତ୍ତର ହୋଇଛି ସତ, କିନ୍ତୁ ସଂପୂର୍ଣ୍ଣ ପାର୍ଥିବ ବା ଦେହବାଦୀ ହୋଇଯାଇ ନାହିଁ। ଆଦର୍ଶ ନୀତି, ସଚ୍ଚରିତ୍ର ଉପରେ ଗୁରୁତ୍ୱ ଦେଉଥିଲେ ସେ। "ସେଥିପାଇଁ ଗୋପବନ୍ଧୁଙ୍କ ରଚନାରେ ସର୍ବତ୍ର ପ୍ରେମର ଏକ ଶୁଦ୍ଧ ଓ ସଂଯତ ରୂପ ବିଦ୍ୟମାନ। ତାଙ୍କର ପ୍ରେମ ଦେଶକାଳାତୀତ ଏକ ଶୁଦ୍ଧ ଓ ମାର୍ଜିତ ଭାବର

ପରିପ୍ରକାଶ। ପ୍ରେମରେ ସେ ଦେଖିଛନ୍ତି ତ୍ୟାଗର ମହିମା। ଦେହଜ ବନ୍ଧନ ଠାରୁ ଏହା ଦୂରବର୍ତ୍ତୀ ହୋଇଥିବାରୁ ଏହାର ଅନ୍ତଃରୂପ ଶୁଦ୍ଧ ସୁବର୍ଣ୍ଣ ପରି ଦେଦୀପ୍ୟମାନ। ପ୍ରେମ ନିକଟରେ ଦୁଃଖ ଓ ଶୋଚନାର ତିଳେମାତ୍ର ଚିହ୍ନ ନାହିଁ।"[୫୮] ମାତ୍ର ଶୋଚନାର କଳାମେଘ ଗୋପବନ୍ଧୁଙ୍କ ମାନସପଟ୍ଟକୁ ଘୋଟି ଆସିଥିଲେ ମଧ୍ୟ ଆବୋରି ବସିପାରି ନାହିଁ ଚିରକାଳ। ଏଣୁ ସେ ପ୍ରେମକୁ ଚିହ୍ନିପାରିଛନ୍ତି। ଡକ୍ଟର ପ୍ରଧାନଙ୍କ ମତରେ- *"ମରଣଶୀଳ ସଂସାରରେ ଅନିତ୍ୟ ଶରୀରର ଅବସାନ ଘଟିଲେ ମଧ୍ୟ ପବିତ୍ର ପ୍ରେମର ମୃତ୍ୟୁ ନାହିଁ। କାରଣ ଏହା ଦେଶକାଳାତୀତ। ଏହାର ସଂଜ୍ଞା ଅନନ୍ତ; ରୂପ ମଧ୍ୟ ବିଚିତ୍ର। ମରଶରୀର ମାଟିରେ ମିଶିଯାଏ ସତ, ମାତ୍ର ଅବିନଶ୍ୱର ପ୍ରେମ ହୃଦୟ ମଧ୍ୟରେ ଅମର ରୂପରେ ସଂଚିତ ହୋଇରହେ ପରଜନ୍ମ ପର୍ଯ୍ୟନ୍ତ।.। ବିଚ୍ଛେଦରେ ପ୍ରେମର ଇତି ଘଟେ ନାହିଁ; ବରଂ ଶୁଦ୍ଧ ସୁବର୍ଣ୍ଣ ପରି ଝଳିଉଠେ ତାହା ଅମର ଦ୍ୟୁତିରେ। ବିଚ୍ଛେଦର ତାଡ଼ନାରେ ହିଁ ପ୍ରେମର ପ୍ରକୃତ ସ୍ୱରୂପ ଉପଲବ୍ଧି ହୋଇଥାଏ। ବିରହ ନଥିଲେ ପ୍ରେମ କେବେ ମଧୁମୟ ହୋଇନପାରେ।"*[୫୯] ପୁଣି ଏହି କବିତାରୁ ଗୋପବନ୍ଧୁଙ୍କ ରସାଳ ହୃଦୟ ଓ ମଣିଷ ପଣିଆର ପରିଚୟ ମିଳିଥାଏ। ବନ୍ଧୁ ଥିଲେ ତାଙ୍କ ପାଇଁ ସବୁକିଛି। *"ଦେଶ ଓ ଜାତି ପାଇଁ ଯେଉଁ ଗୋପବନ୍ଧୁ ଆତ୍ମବିନିଯୋଗ କରିଥିଲେ, ସେଇ କ୍ଷେତ୍ରରେ ତାଙ୍କର ସହକର୍ମୀ କେବଳ କର୍ମ ସହଚର ନୁହଁନ୍ତି, ସେ ତାଙ୍କର ମର୍ମ ସହଚର ଓ ନର୍ମ ସହଚର ଥିଲେ। ଆଜି କର୍ମକ୍ଷେତ୍ରରେ ସହକର୍ମୀମାନଙ୍କ ମଧ୍ୟରେ ସାଧାରଣ ସ୍ନେହ ଓ ସତ୍ୟ ଦୁର୍ଲ୍ଲଭ। ମାତ୍ର ଗୋପବନ୍ଧୁ ସେତେବେଳର ଶୁଷ୍କ ଦେଶସେବାରେ ସହକର୍ମୀଙ୍କୁ କିପରି ଏକାନ୍ତ ପ୍ରାଣର ଏକାନ୍ତ ଆପଣାର କରିପାରିଥିଲେ, ତାହା ହିଁ ତାଙ୍କର ରସାଳ ହୃଦୟର ପରିଚାୟକ।"*[୬୦] ବନ୍ଧୁ ବିବାଦରେ ବିଷାଦିତ ହୋଇ ସେ ଗାଇଛନ୍ତି-

"ଶୁଣି ଖଗ ମଧୁର କାକଳି ଜୀର୍ଣ୍ଣବୀଣା ରଖିବି ସଂପାଦି,
ପକ୍ଷୀଗୀତେ ଦେବି କରତାଳି, କେହି ମୋର ନଥିବେ ବିବାଦୀ।"

ଏଠାରେ ମାନବପ୍ରୀତି ଉପରୁ କବିଙ୍କ ପ୍ରତ୍ୟୟହୀନତା ସାନ୍ଦ୍ରତର ହେଲାପରି ମନେହୁଏ। ଫଳରେ ସେ ବିଭୁ ଓ ପ୍ରକୃତିର ଆଶ୍ରୟ ନିଅନ୍ତି। ସମୀକ୍ଷକ ଶ୍ରୀ ବେହେରା ଯଥାର୍ଥରେ କହନ୍ତି- "କବି ଗୋପବନ୍ଧୁଙ୍କର ଇନ୍ଦ୍ରିୟାନୁଭୂତିର ଯେତେବେଳେ ବିୟୋଗାନ୍ତକ ପରିଣତି ଘଟିଛି, ସେତେବେଳେ ତାଙ୍କ ପ୍ରାଣ ସମ୍ମୁଖରେ ସ୍ୱତଃ ଦେଖାଦେଇଛି ଅତୀନ୍ଦ୍ରିୟତାର ସତ୍ୟ, ଶିବ ଓ ସୁନ୍ଦର ସ୍ୱର୍ଲୋକ।"[୬୧]

ଜୀବନ ପଥରେ ଜଣେ ପ୍ରଣୟଯାତ୍ରୀ କେତେ ଯେ ଯାତନା ପାଏ, ତାହା ଶବ୍ଦରେ କବିଙ୍କ ଦ୍ୱାରା ବ୍ୟକ୍ତ କରିବା ହୋଇପଡ଼ିଛି ଅସମ୍ଭବ ପ୍ରାୟ। କରୁଣ, ମର୍ମଦାହୀ ଅନୁଭୂତିର କୋଷିକା ଗୁଡ଼ିକୁ ଛନ୍ଦିଛନ୍ଦି କବି ତେଣୁ ଲେଖିଲେ-

"ପ୍ରଣୟର ସୁହାସ ଲୋତକ, ସୁଖ ଦୁଃଖ ଆହ୍ଲାଦ ଯାତନା,
ଜୀବନେ ମୁଁ ଭୋଗିଛି ଅନେକ, ନାହିଁ ଆଉ ଅଧିକେ କାମନା !
ମୋ ଜୀବନ-ବୀଣା ଯନ୍ତ୍ର-ତାର, ସ୍ୱରହୀନ ବଇଷମ ଅତି
ଏବେ କ୍ରମେ ହେଉଛି ଅସାର ତେଜି ମୋହିନୀ ଶକତି ।"

ପୁଣି ପ୍ରକୃତି କୋଳରେ କୋଳାହଳ, ଛଳନାର ହଳାହଳ ଠାରୁ ଦୂରରେ ଯାଇ ଶେଷ ନିଶ୍ୱାସ ତ୍ୟାଗ କରି ଶୋଇବାକୁ ସେ ହେଲେ ଆଗ୍ରହୀ । ସାରା ଜୀବନ ବେଦନା ଓ ବ୍ୟଥାରେ ସେ ହେଲେ ଦଗ୍ଧ-ମର୍ମ୍ମିତ । ବିଚ୍ଛେଦ ଓ ପ୍ରତାରଣା ହିଁ ସବୁଠାରୁ ଅଧିକ କଷ୍ଟ ତାଙ୍କୁ ଦେଇଛି । ସେ ବ୍ୟଥାରେ ଅତୀତକୁ ଝୁରିଝୁରି ନୀରବ ହେବା ଆଗରୁ ତଥା ସେବା ଓ ଶୁଶ୍ରୂଷା ପରେ ଟାଇଫଏଡ୍ ରୋଗରେ ପୀଡ଼ିତ ହେଲାପରେ ୧୯୨୮ ଖ୍ରୀଷ୍ଟାବ୍ଦ ଜୁନ୍ ୧୭ ତାରିଖରେ ନୀରବ ହେବା ଆଗରୁ 'ନୀରବ' କବିତାରେ ସେ ସବୁକଥା କହିଗଲେ-

"ନୀରବ ପ୍ରେମିକ ନେତ୍ର ଅଶ୍ରୁ ଢଳ ଢଳ
ନୀରବେ ସରସୀ ବକ୍ଷେ ହସେ ଶତଦଳ
ନୀରବେ ନିରାଶ ହୃଦେ ବହେ ଦୀର୍ଘଶ୍ୱାସ
ସୁଖେ ଦୁଃଖେ ପରାଣର ନୀରବ ଆଶ୍ୱାସ ।"

ଏ ନୀରବତା ଗୋପବନ୍ଧୁଙ୍କର । ସେ ଏଣୁ ନୀରବ ରହି ନିଜ ବ୍ୟଥିତ ପ୍ରାଣର ଅନ୍ତିମ ଅଶ୍ରୁ ବୁନ୍ଦାକ ମଧ୍ୟ ନିଗାଡ଼ି ଦେଇଛନ୍ତି । ଅଥଚ ପ୍ରେମ ସରିଯାଇ ନାହିଁ, ଉତ୍କର୍ଷର ଚରମ ସୀମାରେ ବରଂ ଅବତୀର୍ଣ୍ଣ ହୋଇଛି । ଏଣୁ ତାଙ୍କ କବିତାଟି ହେଉ ବା ଜୀବନ ହେଉ, କେତେମାତ୍ରାରେ ସଫଳ ଏକଥା କହିବା ନିଷ୍ପ୍ରୟୋଜନ । ତେବେ ପରିଶେଷରେ Robert Serizaଙ୍କ ଉକ୍ତିଟିଏ ଏଠାରେ ଉଦ୍ଧାର କରାଯାଇପାରେ-"Work done with pleasure and love is always an original and unique creation." ସର୍ବୋପରି ଏଠାରେ ଗୋପବନ୍ଧୁଙ୍କ ଏ କବିତାର ସମାଲୋଚନା ସମାପ୍ତି ବୋଲି ନକହି ଆରମ୍ଭ ବା ଏକ ପାହାଚ କହିବା ଅଧିକ ଯୁକ୍ତିଯୁକ୍ତ ଓ ସଂଗତ ହେବ ।

■

ପୃଷ୍ଠଟୀକା:

୧. ୧୯୦୪ ମସିହାରେ ଗୋପବନ୍ଧୁଙ୍କ ସମ୍ବନ୍ଧୀୟ ଘଟିଥିବା ଏକ ଘଟଣା । ଏହି ମସିହାରେ କୁଶଭଦ୍ରାରେ ଭୟାବହ ବନ୍ୟା ବିପ୍ଳାତ ଦେଖାଯାଇଥିଲା । ରୋଗଶଯ୍ୟାରେ ମୁମୂର୍ଷୁ ଅବସ୍ଥାରେ ଝଟପଟ ଡାକୁଥିଲା ତାଙ୍କର ପୁଅ । ଏଥିପୂର୍ବରୁ ପ୍ରଥମ ପୁତ୍ରକୁ ହରାଇ ସାରିଛନ୍ତି ଗୋପବନ୍ଧୁ । ତଥାପି ସେ ରୋଗିଣା ପୁଅକୁ ଛାଡ଼ି ବନ୍ୟା ବିପନ୍ନମାନଙ୍କୁ

ସାହାଯ୍ୟ କରିବାକୁ ଆଗେଇ ଆସିଲେ। ବନ୍ୟାଞ୍ଚଳରୁ ଫେରିଲା ବେଳକୁ ନିଜ କୁଳ ପ୍ରଦୀପଟି ଲିଭି ସାରିଥିଲା। ଦଇବ ନିଷ୍ଠୁର ପରୀକ୍ଷା ନେଲେ। ସେ ଦୁଃଖପ୍ରକାଶ କଲେ ନାହିଁ। କାରଣ ତାଙ୍କ ପାଖରେ ଥିଲେ ଓଡ଼ିଶାର ଶତ ଶତ ପୁତ୍ର, ଯିଏ ସବୁ ବନ୍ୟା ବିପ୍ଳାତର କରାଳ ଆଁରୁ ବଞ୍ଚିଆସିଥିଲେ। ତେଣୁ ସମଗ୍ର ଓଡ଼ିଶାର ପିତା ହେବାରେ ଗୋପବନ୍ଧୁଙ୍କ ଯୋଗ୍ୟତା ରହିବା ସହିତ ସିଦ୍ଧି ମଧ ରହିଛି। ସେ ଜଣେ ଅଦ୍ୱିତୀୟ ବ୍ୟକ୍ତିତ୍ୱଧାରୀ ମାନବ ରୂପୀ ଅତିମାନବ। ସମଗ୍ର ଓଡ଼ିଶା ତାଙ୍କ ସନ୍ତାନ ହେବାରେ ଗର୍ବିତ ଓ ଗୌରବାନ୍ୱିତ। ଏଠାରୁ ଗୋପବନ୍ଧୁଙ୍କ ମାନବ ସଂପ୍ରୀତି, ଦେଶପ୍ରେମ ଓ ଆତ୍ମୀୟ ସ୍ୱଭାବର ଆକଳନ କରାଯାଇପାରେ। ଏହିପରି ଗୋପବନ୍ଧୁ ବନ୍ଧୁ ବା ସାଥୀମାନଙ୍କୁ, ସହକର୍ମୀମାନଙ୍କୁ ନିଜ ଅପତ୍ୟ ଠାରୁ ବଳି ଅଧିକ ଭଲପାଉଥିଲେ। କିନ୍ତୁ ସେ (ଗୋପବନ୍ଧୁ) ସେମାନଙ୍କୁ ନିଜ ନିର୍ବାଚିତ ପଥରେ ଚାଲିବାକୁ ସର୍ବଦା ପ୍ରରୋଚିତ କରୁଥିଲେ ବା ପ୍ରୋତ୍ସାହିତ କରୁଥିଲେ। ତେବେ ସେ ଯାହାହେଉନା କାହିଁକି ସେଦିନର ଏହି ଘଟଣାକୁ ବର୍ଣ୍ଣନା କରି ସ୍ୱର୍ଗତ ଶ୍ରୀ ଅନନ୍ତ ଶତପଥୀ ଲେଖିଛନ୍ତି "ଗୋପବନ୍ଧୁ ଥିଲେ ଆଜୀବନ ଋଷିପ୍ରାଣ, ତ୍ୟାଗୀ, ସାଧୁ ଓ ସାଧକ। ଉତ୍କଳସେବା ପୀଠରେ ରହି ବିଶ୍ୱସେବାରେ ନିଜକୁ ନିୟୋଜିତ କରିବା ନିମନ୍ତେ ଭଗବାନ ଯେପରି ତାଙ୍କୁ ଏହି ମହୀମଣ୍ଡଳକୁ ପଠାଇଥିଲେ।" ଏହି ଶବ୍ଦ ସବୁରୁ ଗୋପବନ୍ଧୁଙ୍କ ଋଷିତ୍ୱ ଉପରେ ଧ୍ୟାନ ପ୍ରଦାନ ପୂର୍ବକ ଗୁରୁତ୍ୱଆରୋପ କରାଯାଇପାରେ। ଏଣୁ ସେ ଯଥାର୍ଥରେ ଉତ୍କଳର ମଣି, ସ୍ନେହ, ସଦିଚ୍ଛା, ସଂପ୍ରୀତି, ପ୍ରେମ, ପ୍ରଣୟ, ଶୈବ, ସୌନ୍ଦର୍ଯ୍ୟ ଓ ସତ୍ୟର ଖଣି। ସେ ଅଦ୍ୱିତୀୟ। ସେ ଅସାଧାରଣ।

୨. ସେଥିପାଇଁ ପରା ଗୋପବନ୍ଧୁ ଥରେ ସମଗ୍ର ଉତ୍କଳବାସୀଙ୍କୁ ଡାକିହାକି କହିଥିଲେ- ଜାତୀୟ ମମତା, ବିଶ୍ୱଜନ ପ୍ରୀତି/ ଉତ୍କଳବାସୀର ହେଉ ଏହା ନୀତି। ପୁଣି ସେ ଉଦାରତା, ପ୍ରୀତି ଓ ମମତ୍ୱର ଉର୍ଦ୍ଧ୍ୱ ସ୍ଥାନରେ ପହଞ୍ଚି ହୃଦୟର ଗଭୀର ଦେଶରୁ ସକଂପନ ସୃଷ୍ଟିକଲେ ଶବ୍ଦର ଅକ୍ଷୟ ଧାରା। "ନିଜ ସୁଖ ଲାଗି ଜାତ ନୁହେଁ ହିନ୍ଦୁ/ ବିଶ୍ୱ ହିତେ ହିନ୍ଦୁ ପ୍ରତି ରକ୍ତ ବିନ୍ଦୁ।" ବନ୍ଧୁପ୍ରୀତି ଠାରୁ ଆରମ୍ଭ କରି ଦେଶପ୍ରୀତି ଓ ପରିଶେଷରେ ପାର୍ଥିବ ପ୍ରୀତିରୁ ପାର୍ଥିବୋତ୍ତର ଅତି ଜାଗତିକ ପ୍ରୀତି କଥା କବି କବିତାରେ କହିଛନ୍ତି। କାରଣ ଏସବୁ ପ୍ରୀତି ସେ ବାସ୍ତବ ଜୀବନରେ କରୁଥିଲେ। ସମୀକ୍ଷିକା ମନୋରମା ମହାପାତ୍ରଙ୍କ ଭାଷାରେ- "ମାନବ ଜାତି ନିମନ୍ତେ ଆତ୍ମୋତ୍ସର୍ଗ, ଆତ୍ମଦାନ ଏକ ସ୍ୱର୍ଗୀୟ ଶାଶ୍ୱତ ଅନାବିଳ ଅନୁଭବ- ସେ ଦିବ୍ୟ ଅନୁଭବର ବାହକ ସନ୍ଥ ଗୋପବନ୍ଧୁ। ସେହି ଅନୁଭୂତିର ସ୍ଫୁରଣ ତାଙ୍କର ସମଗ୍ର କବିତାବଳୀରେ ପ୍ରତିଧ୍ୱନିତ- ଏପରିକି ସାମଗ୍ରିକ ସେବା ମୂଳକ କର୍ମାବଳୀରେ ମଧ ପ୍ରତିବିମ୍ବିତ। ବାସ୍ତବରେ

ଗୋପବନ୍ଧୁଙ୍କର ଜାତୀୟତାର ମୂଳଉତ୍ସ ଭାଗବତୀୟ- ଐଶ୍ୱରୀୟ । . । ଭାଗବତର ଦିବ୍ୟଜ୍ଞାନର ସ୍ଫୁରଣ ତାଙ୍କୁ ଯଥାର୍ଥ କର୍ମଯୋଗୀ ସିଦ୍ଧପୁରୁଷ କରାଇଛି । ନୂତନ ଅଥଚ ପୁରାତନର ଭିତ୍ତିଭୂମି ଉପରେ ପ୍ରତିଷ୍ଠିତ କଲ୍ୟାଣ ପଥରେ ପ୍ରେରିତ କରାଇଛି । ତାଙ୍କ ବ୍ୟକ୍ତିତ୍ୱର ମୂଳଭିତ୍ତି ଥିଲା ଏକ ଆଧ୍ୟାତ୍ମିକ ପ୍ରେରଣା, ଶ୍ରଦ୍ଧା, ଭକ୍ତି-କରୁଣା ଓ ସଂଯମ । ସେଥିଲେ ସର୍ବଧର୍ମ ସମନ୍ୱୟ ମାନବବାଦୀ ଚେତନାର ପ୍ରତୀକ, ମହାନ ସଂସ୍କୃତିର ସ୍ମାରକ, ଜଗତର ନାଥ ଜଗନ୍ନାଥଙ୍କର ଯଥାର୍ଥ ଭକ୍ତ । ସେ ତାଙ୍କ ଜୀବନରେ ଦିବ୍ୟ ଅଧିଷ୍ଠାନର ସ୍ପର୍ଶ, ସାନ୍ନିଧ ଲାଭକରି ଐକାନ୍ତିକ ନିଷ୍ଠା, ଭକ୍ତି, ପ୍ରେମ ସହ କର୍ମସ୍ରୋତ ବୁହାଇ ପାରିଥିଲେ ସଂପୂର୍ଣ୍ଣ ଅନନ୍ୟ ରୀତିରେ- ଯାହାର ତୁଳନା ନାହିଁ ।" (ମହାପାତ୍ର, ମନୋରମା: 'ବିଶ୍ୱପ୍ରାଣ ମାନବବାଦୀ କବି ଗୋପବନ୍ଧୁ'- 'ସମାଜ'- ବାର୍ଷିକ ସଂଖ୍ୟା-୨୦୦୯- ସଂପାଦକ- ଶରତ ମିଶ୍ର- ପୃ- ୦୭-୦୮) ।

୩. ଦାଶ, ପ୍ରଫେସର ସର୍ବେଶ୍ୱର: 'ପ୍ରେମର କବି ଗୋପବନ୍ଧୁ': ବେଦରୁ ଆଧୁନିକ- ସଂପାଦକ- ପ୍ରଫେସର ବାଉରୀବନ୍ଧୁ କର, ଅସିତ ମହାନ୍ତି- ପ୍ରକାଶକ- ସାରସ୍ୱତ ସରଣିର ଶାଶ୍ୱତ ସଂକେତ ବର୍ତ୍ତିକା, ସାରସ୍ୱତ ସାହିତ୍ୟ ସାଂସ୍କୃତିକ ପରିଷଦ, ସଂସ୍କୃତି ଭବନ, ଦଶରଥପୁର, ଯାଜପୁର- ପ୍ରଥମ ସଂସ୍କରଣ- ୨୦୧୧- ପୃ- ୨୮୦ ।

୪. ତତ୍ରୈବ- ପୃ- ୨୮୦ ।

୫. ଗଡ଼ନାୟକ, ରାଧାମୋହନ: ସଂକଳକଙ୍କ ମୁଖବନ୍ଧ- 'ନେତା ସିଏ, କବି ସିଏ: ଗୋପବନ୍ଧୁ'- ଗୋପବନ୍ଧୁ ରଚନାବଳୀ- ପ୍ରଥମ ଭାଗ- (କାବ୍ୟ କବିତା ସଂକଳନ)- ଓଡ଼ିଶା ସାହିତ୍ୟ ଏକାଡ଼େମୀ- ଭୁବନେଶ୍ୱର- ପ୍ରଥମ ସଂସ୍କରଣ- ପୃ- ୩୩ ।

୬. ତତ୍ରୈବ ।

୭. ଗୋପବନ୍ଧୁ ପୁଣି ଗାଇ ଉଠିଛନ୍ତି-
"ଯେତେବେଳେ କଥା ଅଛି ସେ ବୁକୁ ଭିତରେ/ ଫିଟିବ ନାହିଁକି ତାହ କେବେ ଏକାନ୍ତରେ ?/ ଏକକୁ ଅନାଇ ଆନ ନେତ୍ର ଅଶ୍ରୁଧାର/ ବହିବ ନାହିଁକି ଭେଦ ହୃଦୟ ଦୁଆର ?" (ଦାସ, ଗୋପବନ୍ଧୁ: 'ପ୍ରେମର ଏକି ପରିଣାମ ?': କାରାକବିତା- ଗୋପବନ୍ଧୁ ରଚନାବଳୀ- ସଂ. ରାଧାମୋହନ ଗଡ଼ନାୟକ- ପ୍ରଥମ ପ୍ରକାଶ- ଓଡ଼ିଶା ସାହିତ୍ୟ ଏକାଡ଼େମୀ- ଭୁବନେଶ୍ୱର- ପୃ- ୧୫୪ ।)

୮. କବି ରମାକାନ୍ତ ରଥ ଗୋପବନ୍ଧୁଙ୍କ ଉଦ୍ଦେଶ୍ୟରେ ତଥା ତଦୀୟ ଆଚରଣ ଓ ଉଚ୍ଚାରଣ ସଂକ୍ରାନ୍ତରେ ଥରେ ଏକ କବିତାଟିଏ ଲେଖିଥିଲେ । ସେଥିରୁ ଗୋଟିଏ ପଦ ଏଠାରେ ଏହି ମର୍ମରେ ଉଦ୍ଧାରଯୋଗ୍ୟ । କାରଣ ଗୋପବନ୍ଧୁ ଆଜୀବନ ଦୁଃଖରେ କାଳାତିପାତ କରିଛନ୍ତି । କେତେବେଳେ ବି ନିୟତି ବା ଭାଗ୍ୟଲକ୍ଷ୍ମୀ

ତାଙ୍କ ସାଥିରେ ଚାଲିଥିଲା ବୋଲି ପ୍ରତିପନ୍ନ ହୋଇନଥାଏ। ସଦାସର୍ବଦା ସେ ସମୟ ବିରୁଦ୍ଧରେ ସଂଘର୍ଷରତ। କେତେବେଳେ ପୁତ୍ର ବିୟୋଗ ତ କେତେବେଳେ ବନ୍ଧୁ ବିୟୋଗ। ପୁଣି ଶାରୀରିକ, ମାନସିକ ଯନ୍ତ୍ରଣା ଭିତରେ ବନ୍ଧୁମାନେ ଅନେକ ଯନ୍ତ୍ରଣାଦାୟୀ, ପ୍ରତାରଣା, ଶଠତା ଆଚରଣ କରିଛନ୍ତି। ଏସବୁକୁ ଅବଶ୍ୟ ସେ ଅତି ସହଜରେ ଏଡ଼ିଦେଇ ପାରିନାହାନ୍ତି। ଏଥିପାଇଁ ସେ ଦୁଇଟି ଜିନିଷର ସାହାଯ୍ୟ ଲୋଡ଼ିଛନ୍ତି। ଗୋଟିଏ ବିସ୍ଥାପନକାରୀ କାରକ (ଅଶ୍ରୁ) ଓ ଅନ୍ୟଟି ପ୍ରତିସ୍ଥାପିନ କାରକ (ବିଭୁପ୍ରୀତି)। ଅଶ୍ରୁ ଦ୍ୱାରା ସବୁ ଯନ୍ତ୍ରଣା, ବ୍ୟଥା, ବେଦନାକୁ ଧୋଇଦେଇ ପୋଛି ଦେଇଛନ୍ତି। ମାନବ ପ୍ରେମରେ ଛଳନା ଅଛି ବୋଲି ଜାଣି ପରିଶେଷରେ ବିଭୁପ୍ରୀତିକୁ ସେ ଗ୍ରହଣ କରିଛନ୍ତି। ଏହା ତାଙ୍କର ଅଖଣ୍ଡ ବିଶ୍ୱାସ। ସେହି ଅଶ୍ରୁର ପ୍ଲାବନ ସଂପର୍କରେ କବି ଶ୍ରୀ ରଥ ଗାଆନ୍ତି- "ମୁଁ ଯାହା ନଦେଇ ପାରି ପାଖରେ ରଖିଲି/ ସେସବୁକୁ ସାଉଁଳା ସାଉଁଳା/ କରି ଦିନରାତି ବିତିଯାଏ। କିଛି ନିଖୋଜ ହୋଇନି। ମୁଁ କନ୍ଦିପକାଏ/ ଆନନ୍ଦରେ, ମୁଁ ଆମୂଳଚୂଳ/ ସେ ସବୁକୁ ମୋ ଲୁହରେ ଧୋଇଧାଇ ଦିଏ।" (ରଥ, ରମାକାନ୍ତ- 'ଦାତା'- 'ସମାଜ'- ବାର୍ଷିକ ସଂଖ୍ୟା- ୨୦୦୯- ପୃ- ୭୩)। ଅତୀତର ସବୁ ଦାଗ ଧୋଇଦେବା ଲାଗି ମହୌଷଧି ପରି କାର୍ଯ୍ୟକରେ ଅଶ୍ରୁ। ଏଣୁ ଏଇ ବ୍ୟଥିତ ପ୍ରାଣର, ବେଦନା ବିଦଗ୍ଧ ପ୍ରାଣର, ଯନ୍ତ୍ରଣାଦଗ୍ଧ ପ୍ରାଣର ଶେଷବୁନ୍ଦା ଯେଉଁ ଅଶ୍ରୁଥାଏ, ତାହାହିଁ ନେତ୍ର ଓ ହୃଦୟର ପ୍ରକ୍ଷାଳକ। ଏହି ଅଶ୍ରୁ କବି ଜୀବନର ଚିର ସହଚର ଓ ମହୌଷଧି। ଏହି ଅଶ୍ରୁ ବହିଯିବା ପାଇଁ ନୁହେଁ, ଧୋଇନେବା ପାଇଁ। କ୍ରୋଧ, ଈର୍ଷା, ଦ୍ୱେଷ, ହିଂସା, କଷ୍ଟ, ଦୁଃଖ, ଯନ୍ତ୍ରଣା, ଶୋଚନା, ଆବିଳତାକୁ ଧୋଇନେଇ ପ୍ରକ୍ଷାଳିତ ସଫେଦ ହୃଦୟର ଚିକ୍କଣ ଚଟାଣ ସୃଷ୍ଟି କରେ ଏହି ଅଶ୍ରୁ। ଏହା ଅମୂଲ୍ୟ। ଏହା ପୁଣି କବି ଚକ୍ଷୁରେ ନିତାନ୍ତ ମୂଲ୍ୟବାନ ଓ ସ୍ମୃତିର ଅନନ୍ତ ସନ୍ତକ। ଏହା ପୁଣି ଅମୂର୍ତ୍ତ କାରଣ, ତାରକ ଓ ସବୁଜ ସ୍ମାରକ।

୯. ଦାସ, ଗୋପବନ୍ଧୁ: "ପ୍ରେମର ଏକି ପରିଣାମ ?"- କାରାକବିତା- ପୂର୍ବୋକ୍ତ ଗ୍ରନ୍ଥ- ପୃ- ୧୫୫।

୧୦. ମଧୁସୂଦନ ରାଓ ସେଦିନ ଗାଇଉଠିଲେ ନାହିଁକି-
"ଶୋକର ଅସୀମ ମମୀମୟ ଅନ୍ଧକାରେ/ ପ୍ରେମର ପ୍ରଦୀପ ଜାଳି ମର୍ମ ବେଦନାରେ/ ଯେ ଜନ ଜପଇ ଶିବରାତ୍ରି ଜାଗରଣେ/ ଅଶ୍ରୁପ୍ଲୁତ ପ୍ରେମମନ୍ତ୍ର ହୃଦୟ ରତନେ।" (ରାଓ, ମଧୁସୂଦନ: ବିଚ୍ଛେଦ- ବସନ୍ତଗାଥା- ମଧୁସୂଦନ ଗ୍ରନ୍ଥାବଳୀ- ଅଭିନବ ସଂସ୍କରଣ- ୧୯୬୩- ପୃ- ୧୧୦)।

୧୧. ଶେଲୀ (P. B. Shelley) ଥରେ କହିଲେ- "We look before and after/ And pine for what is not/ Our sincerest laughter/ with some pain is fraught/ Our sweetest songs are those/ That tell of saddest thoughts." ଗୋପବନ୍ଧୁଙ୍କ ଲାଗି ଏହି ଦୁଃଖ ହିଁ ଚିର ପାଥେୟ ଥିଲା । ସୁତରାଂ ଏହି ଦୁଃଖ ମଧ୍ୟରେ ରୋମାଣ୍ଟିକ୍ କବି ନିଜର ମଧୁର ସ୍ମୃତିକୁ ଭାଳି ହୋଇ ବଞ୍ଚିଯାଉଥିଲେ । ପୁଣି ସେ Lord Alfred Tennysonଙ୍କ ପରି ସିଧାସଳଖ ଶୁଣାଇ ଶୁଣାଇ କହିଛନ୍ତି ଯାହା ଦିନେ ଟେନିସନ୍ କହିଥିଲେ- "O tell her, brief is life but love is long." (The Princess) କବିଙ୍କର ଏହା ମଧ୍ୟ ବ୍ୟକ୍ତିଗତ ବିଶ୍ୱାସ ଯେ, ପ୍ରେମ ଚିରନ୍ତନ, ଶାଶ୍ୱତ ଓ ସନାତନ । Ode to the west windର ସେଇ ଦୁର୍ଦ୍ଦଶା ପଶ୍ଚିମା ପବନ ଯେ ଶିବମୟ, ଏକଥାର ବିଶ୍ୱାସ ଗୋପବନ୍ଧୁଙ୍କ ଠାରେ ଠାବେ ଠାବେ ଲକ୍ଷ୍ୟ କରାଯାଏ ।

୧୨. ଗଡ଼ନାୟକ, ରାଧାମୋହନ: ସଂକଳକଙ୍କ ମୁଖବନ୍ଧ, 'ନେତା ସିଏ, କବି ସିଏ: ଗୋପବନ୍ଧୁ'- ଗୋପବନ୍ଧୁ ଚଚନାବଳୀ (ପ୍ରଥମ ଭାଗ) କାବ୍ୟ-କବିତା ସଂକଳନ- ପ୍ରଥମ ପ୍ରକାଶ- ଓଡ଼ିଶା ସାହିତ୍ୟ ଏକାଡ଼େମୀ- ପୃ- ୬୮ ।

୧୩. ଏଠାରେ ଇଂରେଜୀ କବି ଗୋଲ୍‌ଡ଼ସ୍ମିଥଙ୍କର Edevin and Engelina କବିତା ତଥା ସ୍ମରଣ କରାଯାଇପାରେ । ଏଠାରେ ଯେଉଁ ବନ୍ଧୁତାର ଦୃଷ୍ଟାନ୍ତ ଦିଆହୋଇଛି ତାହା ଏକ ଛଳ ବନ୍ଧୁତା । ତାହାର ଏକ ପଦ ଏହିପରି-

"What is friendship but a nawe
A charm that luss to sleep
A shade that follows weath or fame
And leaves the wreatch to weep."

ଗୋପବନ୍ଧୁ ଏହିପରି ଏକ ଛଳ ବନ୍ଧୁତାର ଶରବ୍ୟ ହୋଇ ଅନେକକାଳ କଷ୍ଟ, ଯନ୍ତ୍ରଣା ପାଇଥିଲେ । ସେ ବ୍ୟଥାରେ ସେ ବ୍ୟଥିତ ହୋଇ ଲୋତକ ସ୍ରବଣ କରିଛନ୍ତି । ଆଖିରେ ତାଙ୍କର ଲୁହ ଓ ଛାତିରେ ରହିଛି ଲହୁ । ମାତ୍ର ଏଇ ଗୋପବନ୍ଧୁଙ୍କର ରହିଛି ସ୍ୱାତନ୍ତ୍ର୍ୟ । ହରାଇବାରେ କଷ୍ଟ, ଯନ୍ତ୍ରଣା ଲାଭରେ ସେ ଲାଭ କରିଛନ୍ତି ଅନନ୍ତ ଅକ୍ଷୟ ଅମୂର୍ତ୍ତ ପ୍ରଶାନ୍ତି । ଦୁଃଖ ମଧ୍ୟରେ ସୁଖ ପାଇବା ହିଁ ବଡ଼ କଥା । ଏଥିରେ ହିଁ ଗୋପବନ୍ଧୁ ମହନୀୟ ହୋଇଯାଆନ୍ତି ।

୧୪. ପ୍ରେମ ପ୍ରସଂଗରେ ଏଠାରେ କବି କମଳାକାନ୍ତଙ୍କର ଅତି ପ୍ରସିଦ୍ଧ ତଥା ଜନପ୍ରିୟ ଉକ୍ତିଟି ଏଠାରେ ମନେପଡ଼େ-

" ଏ ପୃଥିବୀ ଭାଲୋ ବାସିତେ ଜାନିନା
ଏ ପୃଥିବୀ ଭାଲୋ ବାସିତେ ପାରିନା
ଯେଥା ଆଛେ ଶୁଧୁ ଭାଲୋବାସା ବାସି
ସେଥା ଯେତେ ପ୍ରାନ୍ ଚାୟ ମା।"

ପୁଣି ଏଠାରେ ସମାଲୋଚିକା ଡକ୍ଟର ଅର୍ଚ୍ଚନା ନାୟକଙ୍କ ଅରବିନ୍ଦ ଦର୍ଶନ ଓ ପ୍ରେମ ଦର୍ଶନ ସଂପର୍କରେ ଏକ ଚମତ୍କାର ମନ୍ତବ୍ୟକୁ ସ୍ମରଣ କରାଯାଇପାରେ। ତାଙ୍କ ମତରେ- " ଏ ପୃଥିବୀ ଭଲପାଇବା କ'ଣ ଜାଣେନା, ଏ ପୃଥିବୀ ଭଲ ପାଇବାର ନାହିଁ, ପ୍ରେମର ଦୁର୍ବହ ଭାର ବହନ କରିବାର ସାମର୍ଥ୍ୟ ନାହିଁ ଏ ପୃଥିବର। ତଥାପି ପ୍ରେମର ଟିକେ ସ୍ଫୁରଣ କେଉଁଠାରେ କିଛି ପ୍ରକାଶ ପାଇବାର ଦେଖିଲେ ମଣିଷ ହୃଦୟ ସ୍ୱତଃ ସେ ଦିଗରେ ଆକର୍ଷିତ ହୋଇଥାଏ। ଭକ୍ତକବିର ଗଭୀର ମର୍ମବେଦନାର ଅଭିବ୍ୟକ୍ତି ମଣିଷର ପ୍ରେମ କରିବାର ଅସାମର୍ଥ୍ୟକୁ ନେଇ, ତେବେ ବି ସେଇ ଟିକକ ପ୍ରେମାନୁଭୂତି ପାଇଁ ମଣିଷ ଜୀଏଁ, ପୁଣି ମରେବି।" (ନାୟକ, ଡକ୍ଟର ଅର୍ଚ୍ଚନା- 'ପ୍ରେମ: ଆଧ୍ୟାତ୍ମ ଆକାଂକ୍ଷାର ଏକ ମହାକାଶ'- ଶ୍ରୀ ଅରବିନ୍ଦ ଓ ନୂତନ ପୃଥିବୀ- କଟକ ଷ୍ଟୁଡ଼େଣ୍ଟସ୍ ଷ୍ଟୋର- ବାଲୁବଜାର- କଟକ-୨- ପ୍ରଥମ ସଂସ୍କରଣ- ମାର୍ଗଶିର- ୨୦୦୭- ପୃ- ୧୧୭)

୧୫. 'ବ୍ୟଥିତ ପ୍ରାଣର ଅନ୍ତିମ ଅଶ୍ରୁ' ଠାରୁ ଅନ୍ୟ ସମସ୍ତ କାବ୍ୟ କବିତାରେ ଆମ୍ଭେ ସାଧାରଣତଃ ଗୋଟିଏ କଥା ଲକ୍ଷ୍ୟ କରୁ। ସବୁଠାରେ ଗୋପବନ୍ଧୁ କଷ୍ଟ ପାଇଛନ୍ତି, ପ୍ରତାରଣା ପାଇଛନ୍ତି, ଯନ୍ତ୍ରଣା ପାଇଛନ୍ତି। କେତେବେଳେ ନିୟତି ତାଙ୍କ ଉପରେ ଦାଉସାଧିଛି ତ କେତେବେଳେ ଜ୍ୟୋତିଶ୍ଚକ୍ର, କେତେବେଳେ ସମୟ, ଭାଗ୍ୟ, ଭଗବାନ, ପ୍ରକୃତି ପ୍ରଭୃତି ସଭିଏଁ ମିଶିକରି ଦାଉ ସାଧିଛନ୍ତି। ଆଉ କେତେବେଳେ ବନ୍ଧୁ, ପରିଜନ, ଆତ୍ମୀୟ ସ୍ୱଜନ ତାଙ୍କୁ ଦେଇଛନ୍ତି ଦାରୁଣ ଧକ୍କା। ତଥାପି ସେ ଭାଙ୍ଗି ଯାଇନାହାନ୍ତି କି କାହାକୁ ନିନ୍ଦା ଭର୍ତ୍ସନା କରିନାହାନ୍ତି। ପ୍ରତିଶୋଧ ପରାୟଣ ମନୋଭାବ ତାଙ୍କ ଠାରୁ ଅନେକ ଦୂରରେ। ଏହାର କାରଣ ତାଙ୍କ ପ୍ରେମ ପ୍ରତିବଦଳରେ ତାଙ୍କୁ ପ୍ରବଞ୍ଚନା ମିଳିଲେ ମଧ ସେ ପ୍ରେମକୁ ଅକ୍ଷୟ ଧାରା ପରି ଅବ୍ୟାହତ, ଅକ୍ଷତ ରଖିଛନ୍ତି। ସେ ପ୍ରେମକୁ ଯେତିକି ସ୍ୱୟଂସଂପୂର୍ଣ୍ଣ ଭାବନ୍ତି ସେପରି ଶାଶ୍ୱତ ସଂପ୍ରୀତି ମଧ ଆଚରଣ କରିଛନ୍ତି। ଶ୍ରୀମାଙ୍କର ସେହି ଦର୍ଶନ ଗୋପବନ୍ଧୁଙ୍କ ଠାରେ ମଧ ପ୍ରତିଫଳିତ ହୋଇଛି। ଏତେସବୁ ଝଡ଼ ଝଂଜା ପରେ ସେ କଦାପି କାହାପ୍ରତି ବୀତସ୍ପୃହ ହୋଇନାହାନ୍ତି କି ଘୃଣାଭାବ ଆଣିନାହାନ୍ତି। "କାରଣ ପ୍ରେମ ହିଁ ଜୀବନ। ପ୍ରେମ ନାହିଁତ ସେଠି ଜୀବନ ନାହିଁ, ପ୍ରାଣ ନାହିଁ। ପ୍ରେମ ହିଁ ଉଦ୍ଭିଦ, ଜୀବନ ଓ ମଣିଷ

ସକଳର ମୂଳ ଅସ୍ତିତ୍ୱର ବୀଜ। ଏହି ପାର୍ଥିବ ଜଗତରେ ଯେତେ ଉତ୍ତମ କଥାମାନ ଅଛି, ତା' ଭିତରେ ପ୍ରେମ ହେଉଛି ସବୁଠାରୁ ଶ୍ରେଷ୍ଠ, ଯେତେସବୁ ସୁଖ ଆନନ୍ଦର କଥା ଅଛି, ତନ୍‌ମଧ୍ୟରୁ ପ୍ରେମ ହିଁ ସର୍ବୋତ୍ତମ। ଏହି ଜାଗତିକ ଜୀବନରେ ଯେଉଁଠି ରୋଗ, ଶୋକ, ବାର୍ଦ୍ଧକ୍ୟ ଓ ମୃତ୍ୟୁ ହେଉଛି ଶେଷକଥା- ସେହିଠାରେ ଏହି ପ୍ରେମ ହିଁ ଦିଏ ମଣିଷକୁ ସର୍ବଶ୍ରେଷ୍ଠ ଆନନ୍ଦ ଓ ଆଶ୍ୱାସନା। ପ୍ରେମ ହିଁ ଦିଏ ଯଥାର୍ଥ ଜ୍ଞାନର ଆଲୋକ, କର୍ମର ପ୍ରେରଣା।" (ନାୟକ, ଡକ୍ଟର ଅର୍ଚ୍ଚନା: ତତ୍ରୈବ- ପୃ- ୧୧୭)।

୧୬. ଦାସ, ଗୋପବନ୍ଧୁ: 'ବ୍ୟଥିତ ପ୍ରାଣର ଅନ୍ତିମ ଅଶ୍ରୁ': 'କାରାକବିତା'- ଗୋପବନ୍ଧୁ ରଚନାବଳୀ- ଓଡ଼ିଶା ସାହିତ୍ୟ ଏକାଡ଼େମୀ- ପୃ- ୯୬।

୧୭. ରଥ, ନିରଞ୍ଜନ: 'କ୍ଷମାଭିକ୍ଷା'- ସମାଜ- ବାର୍ଷିକ ସଂଖ୍ୟା- ୨୦୦୯- ପୃ- ୦୫।

୧୮. ଟାଗୋର, ରବୀନ୍ଦ୍ରନାଥ: ଛିନ୍ନପତ୍ର- ଜାନୁୟାରୀ- ୧୯୮୧- ପୃ- ୫୪-୫୫।

୧୯. ରାୟ, ରାଧାନାଥ।

୨୦. Shelly, P. B.- Ode to the west wind- Shelly's Poetical Works- Oxford University Press- 1970- page- 579.

୨୧. ଦାସ, ଗୋପବନ୍ଧୁ: 'ବ୍ୟଥିତ ପ୍ରାଣର ଅନ୍ତିମ ଅଶ୍ରୁ': 'କାରାକବିତା': ପୂର୍ବୋକ୍ତ ଗ୍ରନ୍ଥ- ପୃ- ୯୬।

୨୨. ରାୟ, ରାଧାନାଥ: ଉଷା।

୨୩. Shakespeare, William: 'Sonnet CXVI': The Best Words: ed. Nissim Ezekiel and Shakuntala Bharvani- Seventh Impressions- 2001- Macmillan India Limited- page-01.

୨୪. ଶତପଥୀ, ଡକ୍ଟର ପ୍ରତିଭା: ଚତୁର୍ଥ ଅଧ୍ୟାୟ: ସତ୍ୟବାଦୀ ଯୁଗ ଓ ଯୁଗଧାରାର ରୋମାଣ୍ଟିକ୍ କବିବୃନ୍ଦ: କଳ୍ପନାର ଅଭିଷେକ: ଓଡ଼ିଶା ବୁକ୍‌ଷ୍ଟୋର: ଦ୍ୱିତୀୟ ସଂସ୍କରଣ- ୧୯୯୯- ପୃ- ୧୦୩।

୨୫. ଦାସ, ଗୋପବନ୍ଧୁ: 'ବ୍ୟଥିତ ପ୍ରାଣର ଅନ୍ତିମ ଅଶ୍ରୁ': 'କାରାକବିତା': ପୂର୍ବୋକ୍ତ ଗ୍ରନ୍ଥ- ପୃ- ୯୭।

୨୬. ଗଡ଼ନାୟକ, ରାଧାମୋହନ- ମୁଖବନ୍ଧ- ଗୋପବନ୍ଧୁ ରଚନାବଳୀ- ପ୍ରଥମ ଭାଗ- ପୂର୍ବୋକ୍ତ ଗ୍ରନ୍ଥ- ପୃ- ୬୯।

୨୭. ଶତପଥୀ, ଡକ୍ଟର ପ୍ରତିଭା: ପୂର୍ବୋକ୍ତ ଗ୍ରନ୍ଥ- ପୃ- ୧୦୩।

୨୮. ତତ୍ରୈବ- ପୃ- ୧୦୩।

୨୯. Keats, John: 'Ode to a Nightingale': The Winged Word- Ed.

David Green-Macmillan India Limited- Twenty Second Impression- 2001- (Twice) page- 111.

୩୦. ମିଶ୍ର, ଡକ୍ଟର ନରେନ୍ଦ୍ରନାଥ: ଆଧୁନିକତା ଓ ଆଧୁନିକ ସାହିତ୍ୟ- ପୃ- ୫୮ ।

୩୧. Browning, Elizebeth Barrett: 'How Do I Love Thee? Let Me Count The Ways': The Winged Word- op.cit.- page- 116.

୩୨. ଶତପଥୀ, ଡକ୍ଟର ପ୍ରତିଭା- ପୂର୍ବୋକ୍ତ ଗ୍ରନ୍ଥ- ପୃ- ୧୦୪ ।

୩୩. ଦାସ, ଗୋପବନ୍ଧୁ: 'ପ୍ରେମର କି ଏହି ପରିଣାମ ?': 'କାରାକବିତା'- ପୂର୍ବୋକ୍ତ ଗ୍ରନ୍ଥ- ପୃ- ୧୫୩ ।

୩୪. ଶତପଥୀ, ଡକ୍ଟର ପ୍ରତିଭା- ପୂର୍ବୋକ୍ତ ଗ୍ରନ୍ଥ- ପୃ- ୧୦୪-୧୦୫ ।

୩୫. ତତ୍ରୈବ- ପୃ- ୧୦୫ ।

୩୬. ଦାସ, ଗୋପବନ୍ଧୁ: 'ବ୍ୟଥିତ ପ୍ରାଣର ଅନ୍ତିମ ଅଶ୍ରୁ': 'କାରାକବିତା': ପୂର୍ବୋକ୍ତ ଗ୍ରନ୍ଥ- ପୃ- ୯୮ ।

୩୭. ମିଶ୍ର, ଡକ୍ଟର ଗୋପାଳଚନ୍ଦ୍ର: 'ଗୋପବନ୍ଧୁଙ୍କ କବିତାରେ ଜୀବନ ଦର୍ଶନ ଓ ମାନବିକତା'- ଗୋପବନ୍ଧୁ ପରିକ୍ରମା- ପୃ- ୧୬୧ ।

୩୮. ଶତପଥୀ, ଡକ୍ଟର ପ୍ରତିଭା- ପୂର୍ବୋକ୍ତ ଗ୍ରନ୍ଥ- ପୃ- ୧୦୬ ।

୩୯. "ନିଜର ପ୍ରିୟ ପରିଜନ, ବାସସ୍ଥଳୀ ଓ ପରିଚିତ ପରିବେଶରୁ ନିର୍ବାସିତ ହେବାର ଦୁଃଖ ତାଙ୍କୁ କ୍ଷତାକ୍ତ କରିଛି ।" (ତତ୍ରୈବ- ପୃ- ୧୦୬) ।

୪୦. Wordsworth's Preface to Lyrical Ballads in Poetical Works-II- page- 400 & 387.

୪୧. Letter to John Taylor, February-1818, letter of Keats- Oxford University Press- page- 69.

୪୨. ଦାସ, ଗୋପବନ୍ଧୁ: 'ବ୍ୟଥିତ ପ୍ରାଣର ଅନ୍ତିମ ଅଶ୍ରୁ': 'କାରାକବିତା': ପୂର୍ବୋକ୍ତ ଗ୍ରନ୍ଥ- ପୃ- ୯୯ ।

୪୩. ତତ୍ରୈବ- ପୃ- ୯୯ ।

୪୪. ବୁଗୁଡ଼େଇ, ଡକ୍ଟର ନରେନ୍ଦ୍ର ପ୍ରସାଦ: 'ଗୋପବନ୍ଧୁଙ୍କ କାବ୍ୟ କବିତାରେ ମାନବିକ ଆବେଦନ': ବିବିଧ ଆଲୋଚନା- ପ୍ରଥମ ସଂସ୍କରଣ- ୨୦୧୧- ମିତା ବୁକ୍‌ସ, ବାଙ୍କବଜାର- କଟକ-୨- ପୃ- ୭୬ ।

୪୫. ଏଠାରେ Browneଙ୍କ ଏକ ମହନୋକ୍ତି ମନେପଡ଼େ- "The only clean thing in the World is the Church Bell, everything else is dirty."

୪୬. ଏଠାରେ Annie Besantଙ୍କ ଏକ ଉକ୍ତି ମନେପଡ଼େ-

"If a comrade be faithless
Let us be faithfull to him
If an enemy injures,
Let us forgive him; If a friend betrays,
Let us stand by him; Then shall the Hidden God
In us shine forth."

୪୭. Victor Hugoଙ୍କ ଭାଷାରେ- "Make the body a temple where God resides." (Les Miserables)

୪୮. "Love your enemies, Bless them that Curse you. Do good to them that hate you and pray for them that use you despitefully and persecute." (Sermon on the Mount)

୪୯. ଟଲଷ୍ଟୟ ପରା ସେଇଥିପାଇଁ କହିଲେ- "One may live without father or mother but one cannot live without God." ପୁଣି ସେ ନିଜର ଯୁକ୍ତିକୁ ଆହୁରି ସୁଦୃଢ଼ କରିବାକୁ ଯାଇ କହିଲେ "If it love alone, by which men live. He who has love is in God and God is in him, for God is love."

୫୦. Dr. Albert Schweitzerଙ୍କ ଭାଷାରେ- Unto whom much is given, much is expected- ବାସ୍ତବରେ କଥାଟା ଠିକ୍। ମାତ୍ର ଅତ୍ୟାସକ୍ତି ସର୍ବଦା କଷଣ, ଯନ୍ତ୍ରଣା ଓ ବ୍ୟଥା-ଦାୟୀ ହୋଇଥାଏ, ଯାହା ଗୋପବନ୍ଧୁଙ୍କୁ ଭୋଗୀବାକୁ ପଡ଼ିଥିଲା ନିଜ ଜୀବଦଶା ମଧ୍ୟରେ।

୫୧. ଦାଶ, ଅଧ୍ୟାପକ ଚିନ୍ତାମଣି: ଐତିହାସିକ କୃପାସିନ୍ଧୁ: ଗୋପବନ୍ଧୁ ସାହିତ୍ୟ ମନ୍ଦିର- ୧୯୬୨- ପୃ- ୪୧।

୫୨. କର, ପ୍ରଫେସର ବାଉରୀବନ୍ଧୁ: 'ପଣ୍ଡିତ ଗୋପବନ୍ଧୁଙ୍କ ଦୃଷ୍ଟିରେ କୃପାସିନ୍ଧୁ ମିଶ୍ର': ସଂସ୍କୃତି ଓ ମାନବିକ ମୂଲ୍ୟବୋଧ: ପ୍ରଥମ ପ୍ରକାଶ- ୨୦୧୦- ପ୍ରକାଶକ- ସାରସ୍ୱତ ସରଣିର ଶାଶ୍ୱତ ସଂକେତବର୍ତ୍ତିକା- ସଂସ୍କୃତି ଭବନ- ସାରସ୍ୱତ ବିହାର- ଦଶରଥପୁର, ଯାଜପୁର- ପୃ- ୧୧୧।

୫୩. ଦାସ, ହରପ୍ରସାଦ: 'ଗୋପବନ୍ଧୁ ଦାସ: 'କାରାକବିତା'ରେ ବାସ୍ତବତା': ଆଧୁନିକତାର

ପରଂପରା: ପ୍ରଥମ ସଂସ୍କରଣ- ୨୦୧୦: ପ୍ରକାଶକ- ଜଗନ୍ନାଥ ରଥ- ପୁସ୍ତକ ପ୍ରକାଶନ ଓ ବିକ୍ରେତା- ବିନୋଦ ବିହାରୀ- କଟକ-୨- ପୃ- ୨୨୫ ।

୫୪. ଶୈଳୀ ସଂପର୍କରେ ଫରାସୀ ଏକାଡ଼େମୀରେ କୌଁପତ୍ ଦୁବୁଫୌଁ ଥରେ କହିଥିଲେ- "Le style est l' homme meme." (Discourse on Style, Essays in Stylistic Analysis, ed. Howard S. Babb (Harcourt Brace Jovanovich Inc., 1972), page-17; ପୁଣି ଏକଥା ମଧ୍ୟ ସତ୍ୟ ଯେ, "A new personality needs a new form to express itself sincerely." ଏହା ଫରାସୀ ଔପନ୍ୟାସିକ ଫୋବେୟାରଙ୍କ କି ଚରମ ଉଦ୍‌ଘୋଷଣା । (Noveaus Pretextes (Paris: 1947), page- 169) । ଶୈଳୀ କେବଳ କବିର ବା ସ୍ରଷ୍ଟାର ପ୍ରକାଶଭଂଗୀ ନୁହେଁ, ବରଂ ଏହା ତାର ବ୍ୟକ୍ତିଗତ ଚେତନା, ଦୃଷ୍ଟିଭଂଗୀ, ମୂଲ୍ୟବୋଧ, ଅନୁଭୂତି, ମାନସିକ ସ୍ତର ବା ଅବସ୍ଥା, ବଶେଷ ଦୃଷ୍ଟିକୋଣ ପ୍ରଭୃତିକୁ ସୂଚାଏ । ଜର୍ମାନ୍ ଦାର୍ଶନିକ ସୋପେନ୍‌ହାଓ୍ୱର୍‌ଙ୍କ ଭାଷାରେ ଶୈଳୀ ସ୍ରଷ୍ଟାର ମାନସିକ ଗଠନର ସ୍ୱରୂପ । ଫରାସୀ ଔପନ୍ୟାସିକ ମାର୍ସେଲ୍‌ଙ୍କ ବ୍ୟକ୍ତିଗତ ବିଶ୍ୱାସ ଥିଲା ଯେ, ଶୈଳୀ ବ୍ୟକ୍ତିଗତ ଦୃଷ୍ଟିଭଂଗୀ/ ଭାବବୋଧ ଓ ବିଶ୍ୱାସକୁ ମଧ୍ୟ ପ୍ରତିଫଳିତ କରେ । W. R. Goodman ଥରେ କହିଲେ- Style is the mental pen with which letters were carved on waxen tablets. (Quintessence of literary Essays- 2010 Edition- page- 53.)

୫୫. Tears, idle tears, I know not what they mean,
Tears from the depth of some divine despair,
Rise in the heart, and gather to the eyes,
In looking on the happy Autumn fields,
And thinking of the days that are no more.
Fresh as the first beam glittering on a sail,
That brings our friends up from the underworld,
Sad as the last which reddens over one,
That Sinks with all we love below the verge;
so sad, so fresh, the days that are no more.
Ah, sad and strange as in dark summer downs,
The earliest pipe of half-awaken'd birds,

To dying ears, when unto dying eyes,
The casement slowly grows a glimmering square;
So sad, so strange, the days that are no more.
Dear as remember'd kisses after death,
And sweet as those by hopeless fancy feign'd
On lips that are for others; deep as love
Deep as first love, and wild with all regret
O Death in Life, the days that are no more!
(Tennyson, Lord Alfred: 'Tears, Idle Tears': The Best words- Ed.- Nissim Ezekiel & Shakuntala Bharvani, Macmillan India Limited- Seventh Impression- 2001- page-14.)

୫୬. Ibid- page-16.

୫୭. Naidu, Sarojini: 'The Soul's Prayer'- Ibid- page- 26-27.

୫୮. ପ୍ରଧାନ, ଡକ୍ଟର କୃଷ୍ଣଚନ୍ଦ୍ର: ଓଡିଆ ସାହିତ୍ୟର ଇତିହାସ: ତୃତୀୟ ମୁଦ୍ରଣ- ୨୦୧୨- ବିଦ୍ୟାପୁରୀ- ବିନୋଦ ବିହାରୀ, କଟକ-୨, ପୃ- ୧୪୧ ।

୫୯. ତତ୍ରୈବ- ୧୪୨ ।

୬୦. ବେହେରା, ଚିନ୍ତାମଣି: 'ଗୋପବନ୍ଧୁଙ୍କ କବିତାରେ ଇନ୍ଦ୍ରିୟ ଓ ଅତୀନ୍ଦ୍ରିୟ': କାବ୍ୟ ଓ କଳାକାର: ଚତୁର୍ଥ ସଂସ୍କରଣ- ୧୯୯୬- ଜଗନ୍ନାଥ ରଥ- ପ୍ରକାଶକ- ବିନୋଦ ବିହାରୀ- କଟକ-୨- ପୃ- ୮୧ ।

୬୧. ତତ୍ରୈବ- ପୃ- ୮୨

ପ୍ରୀତିର ପ୍ରତୀତି ଓ ସଂପ୍ରୀତିର ପ୍ରତିଶ୍ରୁତି
ଗୁରୁପ୍ରସାଦ ମହାନ୍ତିଙ୍କ ପ୍ରାରମ୍ଭିକ କବିତାର
ଭିତ୍ତି-ଭୂତି ଓ ଭାରତୀ

ସ୍ୱାଧୀନତୋତ୍ତର କାଳର ଜଣେ ସଫଳ କାବ୍ୟବିନ୍ଧାଣୀ ଭାବରେ କବି ଗୁରୁପ୍ରସାଦ ମହାନ୍ତି (୧୬.୦୭.୧୯୨୪-୨୬.୦୮.୨୦୦୪) ଜଣାଶୁଣା ହେଲେ ହେଁ ଏହାର ଯଥେଷ୍ଟ ପୂର୍ବରୁ ସେ ଲେଖନୀ ଚାଳନା କରିଥିଲେ। (Nayak, WWJMRD, 2018; 4 (2): 253, 260) କବି ଗୁରୁପ୍ରସାଦଙ୍କ କାବ୍ୟର ଗଠନ, ଗ୍ରଥନ (Structure and Texture) ଓ ଆବେଦନ ପ୍ରଭୃତିକୁ ଲକ୍ଷ୍ୟକଲେ ସହଜରେ ତାଙ୍କର ରଚନାକଳା ଓ କାରିଗରୀ (poesy) ତଥା କାବ୍ୟିକ ଉଦ୍ଦେଶ୍ୟାଦିକୁ ଜାଣିହୁଏ ନାହିଁ। ତାଙ୍କର କାବ୍ୟ କଳାକୃତିର ମର୍ମକଥା ଜାଣିବାକୁ ହେଲେ ତାଙ୍କର ପ୍ରାରମ୍ଭିକ କାବ୍ୟଭୂତି ଓ ତା'ର ଭିତ୍ତିକୁ ଜାଣିବା ଜରୁରୀ। ପ୍ରକୃତରେ କବିଟିଏ କି ମାନସିକତାର, ସେ କ'ଣ ଚାହେଁ, ସେ କେଉଁ ଉପାଦାନରେ ଗଢ଼ା- ଏସବୁ ଜାଣିବା କବି ପାଇଁ, ତା' କବିତାକୁ ଅବବୋଧ କରିବା ଓ ଏସବୁର ଭିତ୍ତି ଓ ଭୂତ୍ତି ପ୍ରଭୃତି ସଂପର୍କରେ ଜାଣିବା ନିତାନ୍ତ ଜରୁରୀ। ପ୍ରକୃତ ପକ୍ଷରେ ଏହି ପ୍ରାରମ୍ଭିକ ପର୍ଯ୍ୟାୟର କବିତାରେ ଥିବା ଶୀତଳତା, ସ୍ୱଚ୍ଛତା ଓ ଏପରିକି ତାଙ୍କ ବାଲ୍ୟ ଜୀବନର ପରିବେଶ ଓ ଅନ୍ୟାନ୍ୟ ଅନୁଭୂତି ହିଁ ଉତ୍ତର କାଳରେ କବି ଶ୍ରୀ ମହାନ୍ତିଙ୍କ ପାଇଁ ଏକ ଅଭାବ ହୋଇ ଛିଡ଼ା ହୋଇଛି। ଶତେକ ଅନ୍ୱେଷା ସତ୍ତ୍ୱେ ସେ ଖୋଜି ପାଇନାହାଁନ୍ତି ସେଇ 'ଜହ୍ନ', 'ଜ୍ୟୋତ୍ସ୍ନା', 'କିଆଫୁଲ', ତା'ର ସ୍ୱଚ୍ଛତା, ତା'ର ମହମହ ପ୍ରାକୃତିକ ବାସ୍ନା, ତରୁଣୀର ନିର୍ମଳ ଚାହାଣୀ, ବିମଳ ମନ, ସ୍ୱଚ୍ଛ ନଈପଠା (ବାଲି), 'ମଞ୍ଜୁଳ ମଧୁ ଅତୁଳ ହାସ୍ୟ', ସେଇ ଅସ୍ତରାଗର ସ୍ମୃତି ଓ ଅନୁଭୂତି, ପାଇନାହାଁନ୍ତି ସେଇ ଯୁଗଯୁଗର ପରିଚୟ ଥିବା କାହାଣୀ, ପ୍ରେୟସୀ ଠାରେ ସେଇ ତରଳ ମଧୁର ଚାହାଣୀ, ପାଇନାହାଁନ୍ତି ସେ ସଂଭ୍ରମତା, ସାଇତି ରଖିବା ପରି ସ୍ମୃତି, ନିର୍ମଳ ଅଶ୍ରୁ, ଦୋଷହୀନ ଶୂନ୍ୟତା ବା ଅପ୍ରାପ୍ତି ଜନିତ ଅପୂର୍ଣ୍ଣତା ଅବା କେଉଁଠି ଦେଖିପାରି

ନାହାଁନ୍ତି କାହାର ସଜଳ ଆଖିନୀରେ ସୁଖୀ ହେବାର ଦୃଶ୍ୟ । ବରଂ ସବୁ ଓଲଟା ଦେଖିଛନ୍ତି ଏଇ ସ୍ୱାଧୀନତା ପରେପରେ । ମ୍ଲାନ ନଈବାଲି, ମଳିନ ଆକାଶ, ମଳିନ ଶରତ, ମଳିନ ମେଘ, ଧୂସର ପୃଥିବୀ, ବିବର୍ଣ୍ଣ ଜୀବନ, ମଳିନତା ଆଉ ମଳିନତାର ଅଗଣାରେ ଅଶ୍ଲୀଳ ମିଳନର ଜୀବନଚିତ୍ର, ଦୁଃସ୍ଥ ବାସ୍ତବତା, ବିଷଣ୍ଣତା ଓ ଅବକ୍ଷୟିଷ୍ଣୁ ପୃଥିବୀର ବିପର୍ଯ୍ୟସ୍ତ ଚିତ୍ର ଜୀବନକୁ ଛୋଟା-କଣା-ମୂକ-ବଧିର ଓ ଅଥର୍ବ କରିପକାଇଛି । ଯଥାର୍ଥରେ ସେ ଏଲିଅଟ୍‌ଙ୍କ ମନ୍ତ୍ରଶିଷ୍ୟ ହେବାକୁ ବାଧ ହୋଇଛନ୍ତି । ମଣିଷକୁ 'ଫମ୍ପାମଣିଷ' (Hollow Man), Stuffed Man ବା Physically-Mentally ଓ Spiritually Paralysed Man ଭାବରେ ଦେଖି ସେ ଅତୀତକୁ ଖୋଜିଖୋଜି ଏପରି ବିଷଣ୍ଣ ଭାବଧାରାର ବାସ୍ତବବାଦୀ ଓ ଏଣ୍ଟିରୋମାଣ୍ଟିକ୍ ଭଏସ୍‌କୁ ଆପଣାଇଛନ୍ତି ।

ଗୁରୁପ୍ରସାଦ ମହାନ୍ତିଙ୍କୁ ଜଣେ 'ବିଷାଦବାଦୀ କାବ୍ୟ ନାୟକ' (ଶତପଥୀ, ୧୯୮୫: ୫୧୫) ବା 'ବାସ୍ତବତା ଓ ବିପର୍ଯ୍ୟୟର କବି' (ଶତପଥୀ, ୨୦୧୩: ୪୩-୪୪), 'ଦ୍ୱନ୍ଦ୍ୱମୂଳକ' (ରଥ, ୧୯୮୫: ୩୪), 'କ୍ଳାନ୍ତି ଓ ନିଃସଙ୍ଗତାର କବି' (ବାରିକ୍, କୋଣାର୍କ, ଜାନୁଆରୀ, ୧୯୯୪: ୧୨୦), ମାନବାତ୍ମାର ପତନର ଚିତ୍ରକର, ମଣିଷର ଦୁଃସ୍ଥିତି ଓ ଅସହାୟତାର ଆର୍କିଟେକ୍ଟ, ଭୟ ଆଉ ପାପମିଶା ଜୀବନ ଭଗ୍ନାଂଶର ରୂପକାର, 'ବିଷଣ୍ଣ ଅନୁରାଗର କବି' (ଚାନ୍ଦ, 'ତାରାଖସିବାର ବେଳ', ୨୦୦୫: ୧୫୯), 'ଦୂଷିତ ଆତ୍ମାର ଖେଦ' ଓ 'ଜୀବନର ଦୂଷିତ ଦୁଃସ୍ୱପ୍ନ'ର ପରିପ୍ରକାଶକ, 'ସମୟର କ୍ଷୟରେ ପୀଡ଼ିତ' (ମହାନ୍ତି, ୧୯୯୯: ୧୪୬), ମଣିଷର 'ବିଫଳତା' ଓ ମୃତ୍ୟୁର ଅନୁଭବ ଖଚିତ ଚେତନାକୁ ଆଙ୍କୁଥିବା, 'ଜୀବନ ଯନ୍ତ୍ରଣାର ରୂପକାର' (ମିଶ୍ର, ୨୦୧୦-୧୩୬) ଭାବରେ ଏବଂ ତାଙ୍କ କବିତାକୁ 'ବାଲି ଓ ଆକାଶର କବିତା' (ସାହୁ, ମୂଲ୍ୟାୟନ-୨/୨: ଫେବୃୟାରୀ, ୧୯୮୦: ୧୩), 'ମଣିଷର ଅସ୍ତିତ୍ୱ, ଶୂନ୍ୟତା (Nihilism) ଠାରୁ ଆରମ୍ଭ କରି ନଗ୍ନ ଆଧୁନିକତାର ପଦାଙ୍କ' (ନାୟକ, ନଭେମ୍ବର, ୨୦୧୩: ୧୧୭) ବିଶିଷ୍ଟ କବିତା, ଏକ "ଧୂସର-ମଳିନ-ବିବର୍ଣ୍ଣ ଉଜୁଡ଼ା ମୁହଁ" (ନାୟକ, ନଭେମ୍ବର, ୨୦୧୩: ୧୦୮) ଓ ଜୀବନ୍ମୃତ ଆତ୍ମାର ଉଜୁଡ଼ା କ୍ଷେତର କବିତା ବୋଲି କହିଲାବେଳେ କେହିକେହି ତାଙ୍କୁ "ଆମ ଦୁଃଖ, ଆମ ବିଷଣ୍ଣତାର ପ୍ରମୁଖ ପ୍ରବକ୍ତା" (ମହାପାତ୍ର, କୋଣାର୍କ-୧୩୫ ସଂଖ୍ୟା, ୨୦୦୫: ୧୩୩), "ପରାଶ ଓ ପରାସର କବି" (ମିଶ୍ର, କୋଣାର୍କ- ୧୩୫ ସଂଖ୍ୟା, ୨୦୦୫: ୧୭୦) ଓ ତାଙ୍କ କବିତାକୁ 'ନିହିତ ଗୋଧୂଳିରୁ ନଷ୍ଟନକ୍ଷତ୍ର' (ଜେନା, କୋଣାର୍କ- ୧୩୫ ସଂଖ୍ୟା, ୨୦୦୫: ୧୬୬)ର ଅଭିସାର, "ଯନ୍ତ୍ରଣାବିକ୍ଷୁବ୍‌ଧ ଅପାଚାରର କାଠଗଡ଼ାରୁ ମୁକ୍ତିର ପ୍ରୟାସ" (ଷଡ଼ଙ୍ଗୀ, ୧୯୯୩:

୧୨୩) ତଥା "ଚେତନାର ଚୌଛକିରେ ଚିହ୍ନିତ ଚରିତ୍ର" (ବେହୁରା, କୋଣାର୍କ, ୧୩୫ ସଂଖ୍ୟା, ୨୦୦୫: ୧୫୮)ର ଚିରାୟତ ଚରିତ ବୋଲି ମତବ୍ୟକ୍ତ କରନ୍ତି। କେବଳ ପ୍ରଫେସର ନିତ୍ୟାନନ୍ଦ ଶତପଥୀ ଓ ଡକ୍ଟର ବାବାଜୀ ଚରଣ ପଟ୍ଟନାୟକଙ୍କୁ ଛାଡ଼ିଦେଲେ କବି ଶ୍ରୀ ଗୁରୁପ୍ରସାଦ ମହାନ୍ତିଙ୍କ ପ୍ରାରମ୍ଭିକ ପର୍ଯ୍ୟାୟର କାବ୍ୟାୟନ, କାବ୍ୟଭୂତି ତଥା ସେହି ସବୁଜ-ସଜଳ ଚେତନା କଥା ଅନ୍ୟ କେଉଁଠାରେ କାହା ଦ୍ୱାରା ଆଲୋଚନା କରାଯାଇଥିବାର ଜଣାଯାଏ ନାହିଁ। ଏହାର ସଂପର୍କ ଯେ ଗୁରୁପ୍ରସାଦଙ୍କ ଉତ୍ତର ଓ ଉତ୍ତରୋତ୍ତର କାଳର କବିତା ରଚନା ଏବଂ ତା'ର ମୋଟିଫ୍ ସହ କେତେ ନିବିଡ଼, ଗୁରୁତ୍ୱପୂର୍ଣ୍ଣ ଓ ଗଭୀର- ସେକଥାକୁ କୁତ୍ରାପି କାହାଦ୍ୱାରା ଆଲୋଚନା କରାଯାଇ ନାହିଁ। ଏହି ଉନ୍ମେଷ ପର୍ଯ୍ୟାୟର କବିତାଗୁଡ଼ିକର ତନ୍ନ ତନ୍ନ ଆଲୋଚନା ଅଦ୍ୟାବଧି ଆଦୌ ହୋଇନାହିଁ। ପ୍ରଫେସର ଶତପଥୀଙ୍କ କଳାବିଭୂଷଣ ମହାନିବନ୍ଧ 'ସବୁଜରୁ ସାଂପ୍ରତିକ' (ପୃ.୫୧୬-୧୮) ତଥା 'କୋଣାର୍କ' ପତ୍ରିକାର ୧୩୫ତମ ସଂଖ୍ୟାର ଏକ ପ୍ରବନ୍ଧ "ଗୁରୁପ୍ରସାଦଙ୍କ କବିତାର ପ୍ରାରମ୍ଭିକ ପ୍ରସ୍ଥ (୧୯୩୯-୪୦)" ଓ ଡକ୍ଟର ପଟ୍ଟନାୟକଙ୍କ 'ସାହିତ୍ୟର ବାଟେଘାଟେ' ପୁସ୍ତକର "ଗୁରୁପ୍ରସାଦଙ୍କ କବିତା: ଭିନ୍ନ ଏକ ବିବେଚନା" ଶୀର୍ଷକ ଆଲୋଚନା ବ୍ୟତୀତ ଅନ୍ୟ କେଉଁଠି କବି ଶ୍ରୀଯୁକ୍ତ ମହାନ୍ତିଙ୍କ କାବ୍ୟପ୍ରତିଭାର ଏହି ଦିଗଟି ପ୍ରତି ସବିଶେଷ ଯତ୍ନଶୀଳତା କାହାଦ୍ୱାରା ପ୍ରକାଶ କଲାପରି ମନେହୁଏ ନାହିଁ। ତେବେ ଗୁରୁପ୍ରସାଦଙ୍କ ପରି ଜଣେ ମପାଚୁପା ସିରିଅସ୍ କବିଙ୍କ କବିତାକୁ ସଠିକ୍ ଭାବେ ଓ ପୂର୍ଣ୍ଣରୂପରେ ଅବବୋଧ କରିବା ନିମନ୍ତେ ଏହି ପ୍ରାରମ୍ଭିକ ପର୍ବର ତଥା ପ୍ରାକ୍‌ସ୍ୱାଧୀନତା ପର୍ଯ୍ୟାୟର ତରୁଣ କାବ୍ୟସ୍ୱରର ସ୍ୱରୂପ ନିରୂପଣ କରିବା ନିତାନ୍ତ ଆବଶ୍ୟକ ବୋଲି ମନେହୁଏ। ଏଣୁ ତରୁଣ ଗୁରୁପ୍ରସାଦଙ୍କ ଏହି ସାରସ୍ୱତ କାବ୍ୟ ନୈବେଦ୍ୟଗୁଡ଼ିକୁ ବର୍ତ୍ତମାନ ଗୋଟିଗୋଟି କରି ବିଶ୍ଳେଷଣ କରାଯାଉଛି।

ଗୁରୁପ୍ରସାଦ ମହାନ୍ତି ପ୍ରାୟ ୧୯୩୯ ବେଳକୁ ଓଡ଼ିଆ ସାହିତ୍ୟ ସ୍ରୋତରୁ ବିଚ୍ଛିନ୍ନ ରହି ଏକ ନିରୁତା ରୋମାଣ୍ଟିକ୍ (Pure Romantic) ସ୍ୱର ଭାବରେ ଆତ୍ମପ୍ରକାଶ କରିଥିଲେ। ଏପରି ସ୍ୱରର ଯଥେଷ୍ଟ ସ୍ୱାଭାବିକତା ମଧ୍ୟ ରହିଛି। କାରଣ ୧୬.୦୭.୧୯୨୪ରେ ଜନ୍ମ ହୋଇଥିବା ଗୁରୁପ୍ରସାଦଙ୍କୁ (Nayak, WWJMRD, 2018; 4 (2): 253) ଏପ୍ରିଲ୍ ୧୯୩୯ ବେଳକୁ ମାତ୍ର ୧୪ ବର୍ଷ ଆଠମାସ ବୟସ ହୋଇଥିଲା। ଏଥିରୁ ଏହା ସ୍ପଷ୍ଟ ଯେ, କବି ଗୁରୁପ୍ରସାଦ ସେତେବେଳେ କିଶୋରାବସ୍ଥାର ଚରମାବସ୍ଥା ବା ଚରମ-ଚରଣ ଦେଇ ଗତି କରୁଥିଲେ, ଯୌବନର ପ୍ରତ୍ୟକ୍ଷାନୁଭୂତି ତାଙ୍କଠି ଆସିନଥିଲା। ଯଦିଓ Prepubescentକୁ ସେ ସଦ୍ୟ ସ୍ପର୍ଶ ମାତ୍ର କରିଥିବାର ଜଣାଯାଏ। ଏହି Prepubescent ଅବସ୍ଥା 'early childhood' ଓ

'adolescence' ଅବସ୍ଥା ଦ୍ୱୟର ମଧ୍ୟବର୍ତ୍ତୀ ଅବସ୍ଥା ଯାହା 'puberty'ର ଆରମ୍ଭ ସହ ଶେଷ ଚରଣରେ ପହଞ୍ଚେ। (Cox & Demmitt, 2013:76) ଏହି ସମୟରେ ଯୌବନୋନ୍ମୁଖୀ କିଶୋରର ମାନସିକ ଓ ଶାରୀରିକ ସ୍ତରରେ ହର୍‌ମୋନ୍‌ଗତ ପରିବର୍ତ୍ତନ ହେତୁ ତାକୁ ସ୍ୱଗତ ସଂଘର୍ଷ-ସଂଘାତ ଦେଇ ଗତି କରିବାକୁ ପଡ଼ିଥାଏ। ଏହାକୁ ଭେଷଜୀୟ ଭାଷାରେ 'anxieties' ବୋଲି କୁହାଯାଏ। 'The Sociology of Childhood' (୨୦୦୫) ପୁସ୍ତକରେ William A. Corsaro ଓ Essays in Modern Stylistics (୧୯୮୧) ପୁସ୍ତକରେ Donald C. Freeman ଏହି Preadolescence ପର୍ଯ୍ୟାୟକୁ ୯ ରୁ ୧୪ ବର୍ଷ ବୟସ ମଧ୍ୟରେ ସୀମିତ ରଖିଲାବେଳେ ସାଧାରଣତଃ ଏହି ପର୍ଯ୍ୟାୟକୁ ୧୦ ରୁ ୧୩ ମଧ୍ୟରେ ରଖାଯାଏ। (Hatfield, 2007 : 588) ବାଳିକାମାନଙ୍କର ଏହି ପ୍ରାକ୍‌କୈଶୋବସ୍ଥାରେ ତାରୁଣ୍ୟାଗମ ହୋଇଥାଏ। ପୁଣି ବାଳକମାନଙ୍କ ତୁଳନାରେ ବାଳିକାମାନଙ୍କର ଏହି ତାରୁଣ୍ୟାଗମ ତୁଳନାତ୍ମକ ଭାବରେ ଶିଘ୍ର ଆସିଥାଏ। (Breinbauer, 2005 : 303) ଏଣୁ ଏ ମର୍ମରେ 'ତରୁଣ' ଗୁରୁପ୍ରସାଦଙ୍କ 'କୈଶୋର' ବା 'କିଶୋର' ଗୁରୁପ୍ରସାଦଙ୍କ 'ତାରୁଣ୍ୟ' କଥା ବିଚାର କରାଯାଇପାରେ। Bob Krafft, Hershel Thornburg ଓ Prof. Stig Hjarvard ଯଥାକ୍ରମେ ତାଙ୍କର 'Coping With Your Feelings: Five Active Meetings for your Junior Highers', ଓ 'Preadolescent development' ଓ 'The Mediatization of Culture and Society' ପୁସ୍ତକର ବିବିଧ ସ୍ଥାନରେ ବିବିଧ ପ୍ରସଙ୍ଗକ୍ରମେ ଏହି ଅବସ୍ଥାର ନାମ, ପ୍ରକୃତି, ପ୍ରବୃତ୍ତି, କ୍ରିୟା-ବିକ୍ରିୟା-ପ୍ରତିକ୍ରିୟାଦି ସଂପର୍କରେ ଆଲୋଚନା କରିଛନ୍ତି।

ଗୁରୁପ୍ରସାଦ ହାତ ଗଣତି ଗୋଟିକେତେ କବିତା ଏକ ଉଚ୍ଛ୍ୱାସର ସ୍ରୋତରେ ଲେଖିଯାଇଛନ୍ତି। 'ଲତା', 'ସେଦିନ', 'ସପନତରୀ' ଯଥାକ୍ରମେ ଏପ୍ରିଲ୍, ମେ ଓ ଜୁନ୍ ମାସ କ୍ରମାନ୍ୱୟରେ 'ସହକାର' ପତ୍ରିକାରେ ୧୯୩୯ ମସିହାରେ ପ୍ରକାଶ ପାଇଥିଲା। ତା'ପରେ ସେହିବର୍ଷ 'ଅସ୍ତରାଗ', 'ଅପରାଜିତା' ' 'ଅଲାକୁକୀ' କବିତା ଯଥାକ୍ରମେ 'ସହକାର' ପତ୍ରିକାର ୫ମ ସଂଖ୍ୟା, ୭ମ ସଂଖ୍ୟା ଓ ୮ମ - ୯ମ ମିଳିତ ସଂଖ୍ୟାରେ ପ୍ରକାଶିତ ହେଲା। ତା'ପରେ 'ଉତ୍କଳ ସାହିତ୍ୟ'ର ଜାନୁଆରୀ, ୧୯୪୦ ସଂଖ୍ୟାରେ ଗୁରୁପ୍ରସାଦଙ୍କ 'ସଜଳ ଆଖିନୀରେ' ଶୀର୍ଷକ କବିତା ଓ 'ସହକାର'ର ବୈଶାଖ, ୧୩୪୨ ସାଲ ୧ମ ସଂଖ୍ୟା (May, 1940)ରେ 'କାହାଣୀ' ଶୀର୍ଷକ କବିତା ପ୍ରକାଶ ପାଇଥିଲା। ଦମକାଏ ପବନ ପରି ଏହି ଆଠଟି କବିତା ଲେଖିଥିଲେ କବି ଗୁରୁପ୍ରସାଦ। ପୂର୍ବରୁ ଗୁରୁପ୍ରସାଦଙ୍କ ବୟସ ଓ ତାରୁଣ୍ୟାଗମ ବା ଆଡୋଲୋସେନ୍ସ

କଥା କୁହାଯାଇଛି । ବର୍ତ୍ତମାନ ଗୁରୁପ୍ରସାଦଙ୍କ ପରି ବିଷାଦବାଦୀ ଓ ବାସ୍ତବବାଦୀ କବିତା ଲେଖିବାର ସଂସ୍କାର ଓ ସାମର୍ଥ୍ୟ ରଖିଥିବା ବ୍ୟକ୍ତିତ୍ୱ ଜୀବନର ଏହି ଅଦ୍ୟାବସ୍ଥାରେ କାହିଁକି ଏପରି ସ୍ୱାକ୍ଷର ଛାଡ଼ିଗଲେ ତା'ପଛର ମନସ୍ତାତ୍ତ୍ୱିକ ବା ମାନସିକ କାରଣାବଳୀ ବା କାରକାବଳୀ ଗୁଡ଼ିକ ସଂପର୍କରେ ଆଲୋଚନା କରିବା ।

ଶିଶୁ ବା କିଶୋରମାନଙ୍କର ସାମାଜିକ କାରକ ବା Socializing Agent ଦୁଇ ପ୍ରକାରର । ଯଥା- ୧. ପାରିବାରିକ ପରିବେଶ ଓ ୨. ଔପଚାରିକ ଶିକ୍ଷାନୁଷ୍ଠାନ ବା ଶୈକ୍ଷିକ ବାତାବରଣ । ଡାଫ୍‌ନା ଲେମିଶ୍ କୈଶୋର ମାନସିକ ଓ ମନସ୍ତାତ୍ତ୍ୱିକ ଦିଗ-ବିଦିଗ ସଂପର୍କରେ ଆଲୋଚନା କରିବାକୁ ଯାଇ ଏହି ଦ୍ୱିବିଧ କାରକ କଥା କହିଛନ୍ତି । ଦକ୍ଷିଣ ଆଫ୍ରିକାର ମନସ୍ତତ୍ତ୍ୱବିଦ୍ ଡେଭିଜ୍ ଗ୍ରାହମ କୁପର କିନ୍ତୁ କହନ୍ତି- "The family in its function a primary socializer of the child (Cooper, 1974 : 26)" ଶିଶୁର ପ୍ରଥମ ପାଞ୍ଚବର୍ଷର ଶିକ୍ଷାଳୟ ହେଉଛି ତା'ର ପରିବାର ଓ ପାରିବାରିକ ପରିବେଶ । "Middle childhood by contrast is characterised by a child's readiness for school... being self assured and interested; knowing what kind of behaviour is expected... being able to wait, to follow directions, and getting along with other children." (Goleman, 1995 : 193) ପ୍ରାକ୍ କୈଶୋରାବସ୍ଥାର ଶିଶୁ ପୃଥିବୀକୁ ଏକ ସ୍ୱତନ୍ତ୍ର ଦୃଷ୍ଟିରେ ଦେଖେ । ଏପରିକି ଯୁବକ-ଯୁବତୀମାନଙ୍କ ଠାରୁ ସେମାନେ ଏକ ଭିନ୍ନ ଦୃଷ୍ଟିରେ ଦୁନିଆଁକୁ, ପରିବେଶ ଓ ପରିସରକୁ ଦେଖନ୍ତି ଓ ବର୍ଣ୍ଣନା କରନ୍ତି । ସେମାନଙ୍କ ଅବବୋଧର ସ୍ତର ଖୁବ୍ ସ୍ୱତନ୍ତ୍ର । ସେମାନେ ପରିପକ୍ୱମାନଙ୍କ ପରି କପୋଳକଳ୍ପିତ ଜଗତର କଥା ନକହି ଆପାତତଃ ଅଧିକ ବାସ୍ତବବାଦୀ ହୋଇଥାଆନ୍ତି । ଏହି maturing stageଟି ବାଳକର ସର୍ବାଧିକ ସମ୍ବେଦନଶୀଳ ବା "the most sensible" (Klein, 1991 : 13) ସ୍ତର ବା ପର୍ଯ୍ୟାୟ ହୋଇଥାଏ କାରଣ ଏହି ସମୟରେ ବାଳକ/ବାଳିକାଟି ଅଧିକରୁ ଅଧିକ ଆବେଗଯୁକ୍ତ ହୋଇଥାଏ । ଅଳ୍ପବହୁତେ ସେ ଏକ 'emotional being' (Klein, 1991 : 78) ଭାବରେ ପରିଚୟ ପାଇଥାଏ । ଏହି emotion ଦ୍ୱାରା ଏ ସମୟରେ ସେମାନେ ବଡ଼ ବଡ଼ କାମ ବା ପକ୍ୱ ବୟସର ପ୍ରତିକ୍ରିୟା ମଧ୍ୟ ଦେଇପାରନ୍ତି । ଏହି ସମୟରେ ""Sense of intentionality", "Seriousness", "Persistent act", "more developed sense of looking into the future"" (Goleman, 1995 : 194) ପ୍ରଭୃତି ସହିତ ମଧ୍ୟମ ସନ୍ତାନଗୁଡ଼ିକଙ୍କ ମନରେ ଜ୍ଞାନାର୍ଜନ ଆକାଂକ୍ଷା ବଢ଼ିଯାଏ, ସେମାନେ ପରିବେଶ ଓ ପରିସ୍ଥିତିର ବାସ୍ତବତାକୁ ବୁଝିବା ଓ ତା'ସହ ଯୁଝିବା ପାଇଁ ଏ

ସମୟରେ ଜ୍ଞାନାର୍ଜନ ଓ ନିଜର ଦକ୍ଷତା ବୃଦ୍ଧି ପାଇଁ ଅଧିକ ପ୍ରଯନ୍ନଶୀଳ ହୋଇଥାନ୍ତି। (Klein, 1991 : 13) ସାମାଜିକ ସଂପର୍କ ଗୁଡ଼ିକୁ ସେମାନେ ପୂର୍ବବତ୍ ନଦେଖି ଏକ ସ୍ୱତନ୍ତ୍ର ଦୃଷ୍ଟିରେ ଦେଖନ୍ତି। ବେଳେବେଳେ ତାଙ୍କ ଭିତରେ ନିଜର ପରିଚୟ ସ୍ୱାତନ୍ତ୍ର୍ୟ ବା 'Sense of self identity' ବଢ଼ିବା ସହିତ ସେମାନେ ଅଧିକରୁ ଅଧିକ ସ୍ୱାଧୀନଚେତା ହୋଇଯାଆନ୍ତି। ଫେନ୍‌ୱିକ୍ ଓ ସ୍ମିଥ୍ ଏ ସଂପର୍କରେ ଗବେଷଣା ସାପେକ୍ଷ ତଥ୍ୟ ଦେଇ କହନ୍ତି, ସେମାନେ ଆଉ ପରିବାରର ଏକ ସଦସ୍ୟ ବୋଲି ନିଜକୁ ଭାବନ୍ତି ନାହିଁ। (Fenwick, Smith, 1993 : 29) ତାଙ୍କ ଦୃଷ୍ଟିରେ ନୈତିକତାର ଭିନ୍ନ ସଂଜ୍ଞା ତିଆରି ହୁଏ। ସହଯୋଗୀ ମନୋବୃତ୍ତି ମଧ୍ୟ ସେମାନଙ୍କ ଭିତରେ ଏ ସମୟରେ ଦେଖାଯାଏ। ଏହି ସମୟରେ 'ରାଜନୀତି', 'ଧର୍ମ ଓ ଧାର୍ମିକ ସିଦ୍ଧାନ୍ତ', 'ଯୌନତା' (Sexuality) ବା ଲିଙ୍ଗଗତ ଭେଦ ଓ ନାରୀ-ପୁରୁଷ ଭେଦ ଓ ସ୍ୱାତନ୍ତ୍ର୍ୟ ସଂପର୍କରେ ଚର୍ଚ୍ଚା, ମନୋନିବେଶ ଓ ସ୍ୱତନ୍ତ୍ର ମତାମତ ପ୍ରଦାନ କରିବା ପରି କିଛି ରୋଚକ ପରିବର୍ତ୍ତନ କିଶୋର-କିଶୋରୀମାନଙ୍କଠାରେ ଦେଖାଯାଏ। ମଧ୍ୟମସନ୍ତାନଗୁଡ଼ିକ ଆପାତତଃ ଅଧିକ ଦାୟିତ୍ୱସଂପନ୍ନତା ମଧ୍ୟ ଦେଖାଇଥାଆନ୍ତି। ମଧ୍ୟମ ସନ୍ତାନମାନଙ୍କ ପାଖରେ ପ୍ରେମ, ଆକର୍ଷଣ, ସ୍ନେହ ଓ ମମତ୍ୱାଦି ଭାବ ଦେଖାଯାଏ। ଡକ୍ଟର ସିଗ୍‌ମଣ୍ଡ ଫ୍ରଏଡ଼୍ ଏହି ଅବସ୍ଥାକୁ '**Latency**' ପର୍ଯ୍ୟାୟ ବୋଲି ଅଭିହିତ କରନ୍ତି। ଏହି latency କିଶୋର/କିଶୋରୀର ଯୌନଭାବ ଓ ଅନ୍ତର୍ନିହିତ ତଥା ସଂଗୁପ୍ତ ଆକାଂକ୍ଷାକୁ ସୂଚାଏ। ଏହା ବ୍ୟକ୍ତିଠାରେ ପ୍ରଥମ 'eternal triangle' ସୃଷ୍ଟି କରେ, ଯାହା ତାଙ୍କର ପିତାମାତାଙ୍କ ଆକଟ ବା ପ୍ରତିପାଳନ କ୍ରିୟା ଠାରୁ ଦୂରରେ ରହି ନିଜର ଇଚ୍ଛା, ଆକାଂକ୍ଷା, ମୁକ୍ତଶକ୍ତି ଓ ନିଜର ଅନ୍ୟାନ୍ୟ କ୍ରିୟା ବିକ୍ରିୟାକୁ ଯୋଗକରି ସୃଷ୍ଟିହୁଏ। (Skynner & Cleese, 1994 : 271 & 242) ଏରିକ୍ ଏରିକ୍‌ସନ୍ ଏହିସବୁ କଥାକୁ ଆଧାର କରି ଗବେଷଣା ଉତ୍ତାରେ କହନ୍ତି ଏହିସବୁ ସଂଗୁପ୍ତ ଇଚ୍ଛା 'genitality' ପାଇଁ ହୁଏ ଓ ଏହି ପ୍ରଭାବରେ ଶିଶୁର ପ୍ରାକ୍‌ତାରୁଣ୍ୟ ଭାବ-ବିଭାବ ସବୁ ହଜିଯାଏ। (Erikson, 1973, 252) କୈଶୋରାବସ୍ଥାର ମଧ୍ୟପର୍ଯ୍ୟାୟରୁ ଏହି ଭାବ-ବିଭାବ ଓ ବିଚାରଧାରା ଆରମ୍ଭ ହୁଏ ଯାହାକୁ ମାଇକେଲ୍ ଲାଣ୍ଡସ୍‌ବର୍ଗ କହନ୍ତି, "the introspective and social concerns of the prepubescent (Landsberg, 1989; 270)" ଫ୍ରଏଡ଼୍‌ଙ୍କ ଏହି ଲାଟେନ୍ସି ପର୍ଯ୍ୟାୟକୁ ନେଇ ଫ୍ରାନ୍‌ସିସ୍ ସ୍ପଫୋର୍ଡ କହନ୍ତି ଏଗାର-ବାରବର୍ଷରେ ଉପନୀତ ହେବା ମାତ୍ରେ, ଏକ ଦୀର୍ଘ ସ୍ଥିର ଓ କ୍ରମବର୍ଦ୍ଧିଷ୍ଣୁ ପ୍ରକୃତି ଓ ପ୍ରବୃତ୍ତିର ପରିବର୍ତ୍ତନ ଆରମ୍ଭ ହୁଏ। (Spufford, 2002 : 163) ତେବେ ମୋଟାମୋଟି ଭାବରେ ଗୁରୁପ୍ରସାଦଙ୍କ ମାନସିକ ଓ ମନସ୍ତାତ୍ତ୍ୱିକ କ୍ରିୟା, ତଥା ଭାବ-

ବିଭାବ-ଅନୁଭାବାଦି ସଂପର୍କରେ ଏହିସବୁ ତଥ୍ୟ ଓ ତତ୍ତ୍ୱ ଆଧାରରେ ବିଚାର କରାଯାଇପାରେ।

ଗୁରୁପ୍ରସାଦଙ୍କୁ ଶେଷଥର 'କାହାଣୀ' ଶୀର୍ଷକ କବିତା ଲେଖିବା ପରେ ଅନେକ ଦିନ ଧରି ଏପରି ସ୍ୱରର କବିତା ରଚନା କରିଥିବାର ଦେଖାଯାଏ ନାହିଁ। ଅନ୍ୟ ଭାଷାରେ କହିବାକୁ ଗଲେ, କବି ଶ୍ରୀ ଗୁରୁପ୍ରସାଦ ଏପ୍ରିଲ୍, ୧୯୩୯ ରୁ ମେ, ୧୯୪୦ ମଧ୍ୟରେ ଏହି ଧରଣର କାବ୍ୟସ୍ୱର ସହ ସକ୍ରିୟ ଥିବାର ଦେଖାଯାଏ। ମାତ୍ର ଏହାପରେ ଏକ ଦୀର୍ଘ ନିରବତାକୁ ଲକ୍ଷ୍ୟ କରିହେବ। ତା'ପରେ ଯେଉଁ କବିତା ସବୁ ଲେଖାଗଲା, ସେସବୁ ଥିଲା ଏକାନ୍ତ ପ୍ରୟୋଗବାଦୀ। ନୂତନ କବିତା ପରଂପରାରେ ଲେଖାଗଲା 'ନୂତନ କବିତା' (୧୯୫୫)। କବି ଭାନୁଜୀ ରାଓ ଓ ଗୁରୁପ୍ରସାଦ ମହାନ୍ତି ମିଳିତ ଭାବରେ ଏହି ସଂକଳନଟି ପ୍ରକାଶ କରିଥିଲେ, ଯାହାର ସର୍ବମୋଟ ୨୩ଟି କବିତା ମଧ୍ୟରୁ ଗୁରୁପ୍ରସାଦ ମହାନ୍ତିଙ୍କର ମାତ୍ର ୯ଟି କବିତା ଥିଲାବେଳେ ଅବଶିଷ୍ଟ ୧୪ଟି କବିତା ଶ୍ରୀ ଭାନୁଜୀ ରାଓଙ୍କ ଦ୍ୱାରା ଲିଖିତ ଥିଲା। ଗୁରୁପ୍ରସାଦ ଲେଖିଥିବା ଓ ୧୯୫୫ ମସିହା ଅଗଷ୍ଟ ମାସରେ ଜନଶକ୍ତି ପୁସ୍ତକାଳୟ, ବାଙ୍କାବଜାର, କଟକର ସ୍ୱତ୍ତ୍ୱାଧିକାରୀ ଏନ୍. ଏଲ୍. ଗୁପ୍ତଙ୍କଦ୍ୱାରା ପ୍ରକାଶିତ 'ନୂତନ କବିତା' ଶୀର୍ଷକ କବିତା ପୁସ୍ତକରେ ସ୍ଥାନିତ କବିତାଗୁଡ଼ିକର ନାମ ଥିଲା ଯଥାକ୍ରମେ ଏହିପରି- ୧. ପ୍ରିୟବାନ୍ଧବୀ, ୨. ଆଖିର କପୋତ ମୋର, ୩. ଗୋବର ଗଣେଶ, ୪. ସୁନାର ଝରଣା, ୫. ଶରତ ଋତୁରେ ଜହ୍ନ, ୬. ଚମ୍ପାଫୁଲ, ୭. ଚିଠି, ୮. ଅଳକା ସାନ୍ୟାଲ, ୯. ନିହିତ ଗୋଧୂଳି। ଏଥିରୁ 'ଗୋବର ଗଣେଶ' (ପୃ-୨୨୬), 'ପ୍ରିୟବାନ୍ଧବୀ' (ପୃ-୫୧୦), 'ଅଳକା ସାନ୍ୟାଲ' (ପୃ-୧୫୫), 'ନିହିତ ଗୋଧୂଳି' (ପୃ-୭୬) କବିତା ଯଥାକ୍ରମେ ଝଙ୍କାର ପତ୍ରିକାର ୧୯୫୨-୫୩ ବର୍ଷ ୪ର୍ଥ ଭାଗ ୨ୟ ସଂଖ୍ୟା, ୪ର୍ଥ ଭାଗ, ୫ମ ସଂଖ୍ୟା, ୧୯୫୪-୫୫ ବର୍ଷ ୬ଷ୍ଠ ଭାଗ, ୧ମ ସଂଖ୍ୟା ଓ ୧୯୫୫-୫୬ ବର୍ଷ ୭ମ ଭାଗ ୧ମ ସଂଖ୍ୟାରେ ପ୍ରକାଶ ଲାଭ କରିଥିଲା ବେଳେ 'ନବଭାରତ' ପତ୍ରିକାର ଅଗଷ୍ଟ, ୧୯୫୦ ତଥା ଦ୍ୱିତୀୟବର୍ଷ ୧୦ମ ସଂଖ୍ୟାରେ 'କପୋତ କପୋତୀ' (ପୃ. ୩୮୪-୮୫) କବିତା ପ୍ରକାଶ ପାଇଥିଲା। ଏସବୁର ସ୍ୱର ଓ ସ୍ୱାତନ୍ତ୍ର୍ୟ ସଂପର୍କରେ ଅନେକ ଆଲୋଚନା ହୋଇଛି ମାତ୍ର ବର୍ତ୍ତମାନ ଗୁରୁପ୍ରସାଦଙ୍କର ଏହି ଅନାଲୋଚିତ ଓ ଅଳ୍ପାଲୋକିତ କାବ୍ୟସ୍ୱର ତଥା ପ୍ରାରମ୍ଭିକ ପର୍ଯ୍ୟାୟର କବିତାଚୟ ସଂପର୍କରେ ସବିଶେଷ ଆଲୋଚନା କରାଯାଇପାରେ।

ପ୍ରଥମ ଦେଖାରେ କବିଚିତ୍ତ ଓଢ଼ଣା ତଳେ ଥିବା ଆଖି ଦୁଇଟିର ଆଭାସିତ ରୂପ ଦେଖି ଚଞ୍ଚଳ ହୋଇଉଠିଛି। ଏହା ସେହି ସୁନ୍ଦରୀ ସହ ତରୁଣ କବିର ପ୍ରଥମ ସାକ୍ଷାତ। କବିଙ୍କ ଭାଷାରେ-

"ଓଢ଼ଣା ଉଢ଼ାଲେ ଆଖି ଦିଓଟିର ଛାୟା

ପ୍ରଥମ ଦେଖାରେ ମରମ ଭିତରେ ରଚିଗଲା କିବା ମାୟା ?"

ବ୍ୟକ୍ତି ମାୟାଛନ୍ନ ହେଲାପରି ତରୁଣ କବି ମଧ୍ୟରେ ରୂପ ଜନିତ ସମ୍ମୋହନ ଜାତ ହୋଇଛି । ଅର୍ଥାତ୍ 'ଅଭିଳାଷ', 'ଚିନ୍ତା', 'ସ୍ମୃତି', 'ଗୁଣ କଥନ' ଓ 'ଉଦ୍‌ବେଗ' ପ୍ରଭୃତି ପାଞ୍ଚଗୋଟି ଦଶାକୁ କାବ୍ୟ ନାୟକ ଭୋଗ କରିଛି । ତା'ର ଫଳଶ୍ରୁତି ହେଉଛି ଏହି କବିତା । ଦଶଦଶା (ପ୍ରହରାଜ ଓ ଅନ୍ୟାନ୍ୟ ୧୯୩୪ : ୩୬୯୧) ମଧ୍ୟରୁ ଏହି ପ୍ରଥମ ପାଞ୍ଚଦଶା ମାତ୍ର ନାୟକ ଭୋଗ କଲାପରି ମନେହୁଏ । ନଈର ଅପର ତୁଠ ସେପାରି ବାଲିବନ୍ଧର ରୂପେଲି ଛାତି ଉପରେ କୃଷ୍ଣ ଜୀମୂତ ଆଢୁଆଳରେ ଜହ୍ନଟିଏ ଘରକୁ ଫେରିବା କଥା କୁହାଯାଇଛି । ଏ ଉକ୍ତିରେ ଉପମେୟ 'ସେହି କିଶୋରୀର ମୁହଁ' କଥା ଆଦୌ ଉଲ୍ଲେଖ ନକରି ସିଧାସିଧା ସେହି କିଶୋରୀର ଗୌର ଲପନକୁ ଚନ୍ଦ୍ର ସହ ଅଭେଦ ତର୍କଣା ଯୋଗେ ତାକୁ ଏକ ଚନ୍ଦ୍ର ବୋଲି କୁହାଯାଇଛି । ଅତଏବ ଏଠାରେ 'ଅତିଶୟୋକ୍ତି' ଅଳଙ୍କାର ପ୍ରୟୋଗ କରାଯାଇଛି । କାରଣ "ଉପମେୟର ଅତ୍ୟନ୍ତ ଉତ୍କର୍ଷ ପ୍ରତିପାଦନ ପାଇଁ ଯେଉଁଠାରେ ଉପମେୟକୁ ଆଦୌ ଉଲ୍ଲେଖ ନକରି କେବଳ ଉପମାନର ଉଲ୍ଲେଖ କରାଯାଇଥାଏ, ସେଠାରେ ଅତିଶୟୋକ୍ତି ଅଳଙ୍କାର ହୁଏ ।" (ରଥ, ୨୦୧୩ : ୧୪୨) ଯଦି ଝିଅଟିର କଥା ନକହି ଜହ୍ନର ବର୍ଣ୍ଣନା କରାଯାଉଥାଏ, ତେବେ ଏଠାରେ Poetic Device ଭାବରେ କବିତାରେ ପ୍ରୋକୋପୋପିଆ (**Prosopopoeia**)ର ରୀତିମତ ବ୍ୟବହାର ହୋଇଛି ବୋଲି କହିବାକୁ ହେବ । ଏ ଅର୍ଥରେ ଦ୍ୱିତୀୟ ପଦର ଅର୍ଥ ହେବ ଜହ୍ନ ନଈର ଆରତୁଠ ପାରି ହୋଇ ବାଲିବନ୍ଧ ପାଖ ରୂପେଲି ଛାତି (ଧଳା ମାଟିରାସ୍ତା) ଉପରେ ଆକାଶର କଳା ରଂଗର ଧୂଆଁ ପରି ଭାସି ବୁଲୁଥିବା ମେଘ ଆଢୁଆଳରେ ଲଜ୍ଜାବତୀ ଯୁବତୀ ବଧୂ ପରି ଓଢ଼ଣା ତଳେ ମୁହଁ ରଖି ପ୍ରତ୍ୟାବର୍ତ୍ତନ କରୁଥିଲା । ଅର୍ଥାତ୍ ଏହା ରାତ୍ରିର ଶେଷପ୍ରହର ତଥା ଭୋର୍‌ଭୋର୍ ସମୟର କଥା । ସୂର୍ଯ୍ୟ ଉଦୟର ଅବ୍ୟବହିତ ପୂର୍ବରୁ ଗ୍ରାମର ଯୁବତୀ ଓ ବଧୂମାନେ ନଦୀରୁ ସ୍ନାନ ସାରି ନିଜ ନିଜ ଘରକୁ ଓଢ଼ଣା ଦେଇ ସଲଜ୍ଜ ଭାବରେ ପ୍ରତ୍ୟାବର୍ତ୍ତନ କରନ୍ତି । ସେହିପରି ସେହି ସମୟରେ ଚନ୍ଦ୍ର ମଧ୍ୟ ଅସ୍ତମିତ ହୁଏ । ଏଣୁ କବିଙ୍କ ଭାଷାରେ ଚନ୍ଦ୍ର (ଜହ୍ନ) ଘରକୁ ଫେରୁଥିଲା ସେ ସମୟରେ । ଜହ୍ନ ଘରକୁ ଫେରିଲାବେଳେ ତା'ଓଠରେ ଥିଲା ହସର ଅପୂର୍ବ ମାଧୁରୀ । ଚଇତି ପବନ ଆକାଶ ତଳେ ସେ ମାଧୁରୀମା ଝରିପଡୁ ଥିବାର ଲକ୍ଷ୍ୟ କରିଛନ୍ତି ତରୁଣ ପ୍ରେମିକ କବି । ତେଣୁ ସେ ଗାଇଉଠିଛନ୍ତି-

"ନଈ ଆର ତୁଠ ପାରି ବାଲିବନ୍ଧ
ରୂପେଲି ଛାତିର ପରେ
କଳା ଧୂଆଁ ରଂଗ ମେଘ ଆଢୁଆଳେ
ଜହ୍ନ ଫେରୁଥିଲା ଘରେ
ଝରାଇ ତା'ଓଠେ ହସର ମାଧୁରୀ
ଉଞ୍ଚ ତାଳଗଛ ଶିରେ
ଚଇତି ପବନ ଆକାଶର ତଳେ
ଝରି ଯାଉଥିଲା ଧିରେ।"

(ମହାନ୍ତି, ସହକାର, ୨୦/୧, ଏପ୍ରିଲ୍, ୧୯୩୯ : ୫୦)

ଏହି କବିତାରେ ଗ୍ରାମ୍ୟ ପରିବେଶ ବେଶ୍ ଜୀବିତ ଓ ପରିସ୍ଫୁଟିତ। ମନେହୁଏ ଏ ବର୍ଣ୍ଣନାର ଆଧାର ହେଉଛି କବି ଶ୍ରୀ ମହାନ୍ତିଙ୍କ ଜନ୍ମମାଟି ନାଗବାଲିର ପ୍ରାକୃତିକ ପରିବେଶ। ଗ୍ରାମ ପଥର ଉଭୟ ପାର୍ଶ୍ୱରେ କିଆବଣର ନିସର୍ଗ ଶୋଭା। ଏହି କିଆବଣରେ କିଆଫୁଲ ଫୁଟେ, ତା'ର ବାସ ଚହଟିଯାଏ ସାରା ବାଟ, ମନକୁ ଏହି ବାସ ଓ ତା'ର ସୌନ୍ଦର୍ଯ୍ୟ ପୁଲକିତ କରେ, ହୃଦୟରେ ଭରିଦିଏ ଅପୂର୍ବ ରୋମାଞ୍ଚ। ସେହିବାଟ ଆସି ସରେ ନଈ କୂଳରେ। ସେ ବାଟରେ ଫୁଟିଥାଏ ଗେଙ୍ଗୁଟି ଫୁଲ। କବି ଚିତ୍ତ ରୋମାଣ୍ଟିକ୍ ଭାବନାରେ ଜୁଡୁବୁଡୁ। ଏଣୁ କିଆର କଣ୍ଟା ତାଙ୍କୁ ଦିଶିନି, ତାଙ୍କୁ ଦିଶିଛି ତା'ର ଶ୍ୟାମଳିମା ଶୋଭା, ଦେଖାଯାଇଛି ଗ୍ରାମପଥ ପ୍ରାନ୍ତରେ ଫୁଟିଥିବା ଗେଙ୍ଗୁଟି ଫୁଲର ଚାରୁଚିତ୍ର ଓ ତହିଁରେ ପୁଲକିତ ହୋଇଉଠିଛି ତାଙ୍କ ମନ-ଆତ୍ମା ଆଉ ତମାମ୍ ଶରୀର। ସେହି ପଥରେ ସେଇ ସୁନ୍ଦରୀ ତନ୍ୱୀ ସହ ତରୁଣ କବିର ଦେଖା। ତାରୁଣ୍ୟରେ ଛଳଛଳ ମନ ଓ ଆଖି ନେଇ କବିଚିତ୍ତ ପ୍ରାବେଗ ଭରା ଦୃଷ୍ଟିରେ ସଂଦର୍ଶନ କରିଛି ତା'ର ମନର ଚକୋରୀକୁ; ସେ ଚନ୍ଦ୍ରବଦନୀ ଯୁବତୀକୁ। କବିଙ୍କ ଭାଷାରେ

"କିଆବଣ ଧାର ଛୁଇଁ ଯେଉଁ ପଥ
ହଜିଛି ନଈର କୂଳେ
ପାଖେ ପାଖେ ଯାଇ ହସିଉଠେ ମାଟି
ଫୁଟିଲା ଗେଙ୍ଗୁଟି ଫୁଲେ।
ସେଇ ପଥେ ଦିନେ ବିଜନେ
ତା'ସାଥେ ଦେଖା
ଗାଧୁଆ ସାରି ସେ ଫେରଇ ନୀରବେ ଏକା।"

(ତତ୍ରୈବ, ପୃ-୫୦)

ଗେଙ୍ଗୁଟି ଫୁଲର ପ୍ରସ୍ଫୁଟନରେ ମାଟିରାସ୍ତା ହସିଉଠିବା, ଜହ୍ନ ଘରକୁ ଫେରିବା, ଚଇତି ପବନ ଆକାଶ ତଳେ ଝରିଯିବା, କିଆବଣ ଧାର ଛୁଇଁ ରାସ୍ତାର ଧାଇଁଯିବା ଓ ନଈକୂଳରେ ହଜିବା ପ୍ରଭୃତି ସୌନ୍ଦର୍ଯ୍ୟତାତ୍ତ୍ୱିକ ଦୃଷ୍ଟି କେବଳ ଓ କେବଳ ରୋମାଣ୍ଟିକ୍ ତରୁଣ କବିର ମନକଥା ନୁହେ। କବି ଦୂରରୁ ଦେଖିଛନ୍ତି ସେ ତରୁଣୀକୁ। ଓଦାଲୁଗା ତଳୁ ଫୁଟି ଦିଶୁଥିଲା ସେ ତରୁଣୀର ହଳଦିଆ ଗୋରା ଦେହ। ସେ ଚିତ୍ରରୁ ଜଣାପଡୁନଥିଲା ସେ କାହାର କୂଳବଧୂ ବା ବାଡୁଅ ଝିଅ। କଳାମେଘ ପରି କେଶ ତା'ର ଝୁଲିପଡୁଥିଲା, ପାନଖିଆ ବିମ୍ବାଧରରେ ସ୍ୱଭାବ ସୁଲଭ ହସ ଥିଲା। ଏହି ହସ ସ୍ମିତ ହସ ନିଶ୍ଚିତ। କାରଣ ବର୍ଣ୍ଣିତ ସମସ୍ତ ସ୍ୱଭାବ ଉତ୍ତମା ନାରୀର ଲକ୍ଷଣ ଅଟେ। ସଂଭ୍ରମ, କୁଳଶୀଳ, ଲଜ୍ଜାବତୀ ଓ ଧୀରଲଳିତ ସ୍ୱଭାବ। ସେ ଉତ୍ତମାନାରୀ ପ୍ରତି ତରୁଣ କବିଚିତ୍ତରେ ଚାଞ୍ଚଲ୍ୟ ଓ ଦୁର୍ବଳତା ଦେଖାଦେଇଛି। ତା'ଦେହର ବର୍ଣ୍ଣ ବର୍ଣ୍ଣନା କରିବାକୁ ଯାଇ ସେ କହିଛନ୍ତି ତା'ର ବର୍ଣ୍ଣ ଶୁଦ୍ଧ ସୁବର୍ଣ୍ଣ ବରବର୍ଣ୍ଣ ପରି। କୁଳଶୀଳା ଓଡ଼ିଶୀ ନାରୀର ଶାସ୍ତ୍ରୀୟ ଲକ୍ଷଣ ସବୁ ଅତି ଚଟୁଳ ଭଂଗୀରେ କବି ବର୍ଣ୍ଣନା କରିଛନ୍ତି ଏହି କବିତାରେ। କବିଙ୍କ ଭାଷାରେ-

"ଓଦା ଲୁଗାତଳୁ ଫୁଟି ଦିଶୁଥିଲା
ତାତିଲା ସୁନା ତା'ଦେହ।
ଜାଣେ ନା ସେ କାର କୁଳବୋହୂ ଅବା
କାହାର ବାଡୁଅ ଝିଅ।
ଚରମ ଆବୋରି ଝୁଲି ପଡ଼ିଥିଲା
କଳାମେଘ ପରି କେଶ
ପାନଖିଆ ଓଠେ ଲାଗି ରହିଥିଲା
ସ୍ୱଭାବ ସୁଲଭ ହସ।"

(ମହାନ୍ତି, ସହକାର, ୨୦/୧, ଏପ୍ରିଲ୍, ୧୯୩୯, ପୃ-୫୦)

ପ୍ରେମରେ ଯେ ସଂଭ୍ରମତା ସହ ଲାଜ କିପରି ସ୍ୱେଦ, ଉନ୍ମାଦ, ବେପଥୁ ଆଦି ଆଣିପାରେ ସେକଥା କବିଙ୍କ ଏହି ପଦଟିରୁ ବେଶ୍ ସ୍ପଷ୍ଟ ହୋଇପାରିଛି। ଲୁଗାକାନି ତଳେ ମନ ଭିତରେ ସେ ମଧ୍ୟ ଅନୁରୂପ ପୁଲକ ଓ ଚିତ୍ତଚାଞ୍ଚଲ୍ୟ ଅନୁଭବ କରିଛି। ଏଣୁ ଯଥାର୍ଥରେ ସେହି ପୁଲକକୁ ଇପ୍‌ସିତା ନାୟିକା ଅନୁଭବ କରିବା ସଂଗେସଂଗେ (କବିଙ୍କ ଭାଷାରେ) "ମନରେ ତା'ର ଖେଳିଯାଇଛି ଲୋହିତ ରକ୍ତର ଧାର।" ତାଳୁରୁ ତଳିପା ଯାଏଁ ସେ ମଧ୍ୟ ବେପଥୁ ଅନୁଭବ କରିଛି ଓ ସାରା ଦେହରେ ତା'ର ଝାଳ (ସ୍ୱେଦ) ପରିଦୃଷ୍ଟ ହୋଇଛି। ତା'ପରେ ସଂଭ୍ରମତାର ସହ ସେ ନିଜର ଓଢ଼ଣା ଟାଣି ନୟନ କଣେ ଚାହିଁ ବାଟ ଆଡ଼ ହୋଇ ଚାଲିଯାଇଛି। ଏଥିରୁ ଜଣାଯାଏ ଯେ, ସେ ଗାଧୋଇ

ଫେରିଲାବେଳେ ନାୟକ ସହ ସାମ୍ନାସାମ୍ନି ଏହିଠାରେ ହିଁ ତା'ର ଦେଖାହୋଇଛି ବା ପ୍ରତ୍ୟକ୍ଷ ସାକ୍ଷାତ୍ ହୋଇଛି। ଶୃଙ୍ଗାର ରସର ପ୍ରବାହ ବେଳେ ଯେଉଁ ନିର୍ବେଦ, ଆବେଗ, ଔତ୍ସୁକ୍ୟ, ତ୍ରାସ, ଲଜ୍ଜା, ହର୍ଷ ଓ ଅବହିତ୍‌ଥା ପ୍ରଭୃତି ବ୍ୟଭିଚାରୀ ଭାବ ଦେଖାଯାଏ, ତାହା ଏଠାରେ ସ୍ପଷ୍ଟ ଦେଖାଯାଇଛି। ଏହି 'ଅବହିତ୍‌ଥା' ହେଉଛି "ହୃଦ୍‌ଗତ ଭାବକୁ ଲଜ୍ଜା ଆଦି ଦ୍ୱାରା ଘୋଡ଼ାଇ ପକାଇବା ପାଇଁ ଚେଷ୍ଟା କରିବା।" (ରଥ, ୨୦୧୩ : ୨୭୨) ରାଧାନାଥଙ୍କ 'ମେଘଦୂତ'ର ପଙ୍‌କ୍ତି ଏଠାରେ ମନେପଡ଼େ । କବିଙ୍କ ଭାଷାରେ– "କାମେ ଉନ୍ମତ୍ତ କାନ୍ତ ଦୁକୂଳ ହରେ / ସୁନ୍ଦରୀ ଦିଗମ୍ବରୀ ଥରେ ଲାଜରେ।" (ମେଘଦୂତ) ସୌମ୍ୟଦର୍ଶନ ତରୁଣ ଗୁରୁପ୍ରସାଦଙ୍କୁ ଦେଖି ସେହି ସୁଦର୍ଶନା ତରୁଣୀଟି ମଧ୍ୟ ଅନୁରୂପ ପୁଲକ ଓ ଲଜ୍ଜା ଅନୁଭବ କରିଛି। କବିଙ୍କ ଭାଷାରେ–

"କାନି ତଳେ ତା'ର ଖେଳିଗଲା ମନେ
ଲୋହିତ ରକତ ଧାର
ତାଳୁରୁ ତଳିପା ଯାକେ ଗଲା ଥରି
ବହିଗଲା ଦେହୁଁ ଝାଳ
ସଂଭ୍ରମଭରେ ଓଢଣାଟି ଟାଣି
ନୟନର କଣେ ଚାହିଁ
ବାଟ ଆଡ଼ ହୋଇ ଲାଜକୁଳୀ ଲତା
ଗଲା ସେ ତା ପଥ ବାହି।"

(ମହାନ୍ତି, ସହକାର: ଏପ୍ରିଲ, ୧୯୩୯ : ୫୦)

ସ୍ୱାଧୀନତା ପୂର୍ବବର୍ତ୍ତୀ ଗ୍ରାମ୍ୟ ପରିବେଶ ଓ ତରୁଣ-ତରୁଣୀ ପ୍ରେମର ଏକ ନିଛକ ଓ ବିଶ୍ୱସ୍ତ ଚିତ୍ର ଏଠାରେ ଉଦ୍‌ଭାସିତ ହୋଇଛି ବୋଲି ନିର୍ଦ୍ୱନ୍ଦ୍ୱରେ କୁହାଯାଇପାରେ। ସେ ସମୟରେ ପ୍ରେମ କହିଲେ ଏହା ହିଁ ବୁଝାଉଥିଲା। ତାରୁଣ୍ୟର ରସୋଚ୍ଛ୍ୱଳ ମନ ଲଜ୍ଜା ଓ ସଂଭ୍ରମତାର ସୀମା ଉଲଙ୍ଘନ କରିପାରୁନଥିଲା। ସେ ସମୟରେ ଶରୀର ନୁହେଁ, ମନ ଓ ପ୍ରାଣରେ ଉଲ୍ଲାସ ଓ ଉତ୍ତେଜନା ଅଧିକ ଥିଲା। ଏହି କବିତା ତା'ର ଏକ ବିଶ୍ୱସ୍ତ ଦଲିଲ୍ ମାତ୍ର।

'ସେଦିନ' କବିତାରେ ଅନୁରୂପ ତକ୍‌ନିକ୍ ଓ ଅନୁରୂପ ଷ୍ଟାଇଲ୍ ପ୍ରୟୋଗ କରିଥିବାର ଦେଖାଯାଏ ଯାହା ତାଙ୍କର ପୂର୍ବାଲୋଚିତ 'ଲତା' କବିତାରେ ଦେଖାଯାଏ। ଗୋଟିଏ ପକ୍ଷରେ **Prosopopoiea** (ମାନବୀକରଣ)ର ପ୍ରୟୋଗ କଲାବେଳେ ଅନ୍ୟପକ୍ଷରେ 'ଅତିଶୟୋକ୍ତି' ଅଳଙ୍କାରକୁ ଅତ୍ୟନ୍ତ ଚାତୁର୍ଯ୍ୟ ସହ ପ୍ରୟୋଗ କରିଛନ୍ତି। ଏହା କବିର ଜ୍ଞାତସାର ବା ଅଜ୍ଞାତସାରରେ ମଧ୍ୟ ହୋଇପାରେ। କିନ୍ତୁ ଏଠାରେ ପ୍ରଥମ ପଦରେ

'ଅତିଶୟୋକ୍ତି' ଅଳଙ୍କାର ଯେ ସୁରକ୍ଷିତ ଏକଥାକୁ ଅସ୍ୱୀକାର କରାଯାଇନପାରେ। କବି ସାମାନ୍ୟ ନଷ୍ଟାଲ୍‌ଜିଆ ଭାବନେଇ ଅତୀତକୁ ମନେପକାଇଛନ୍ତି। ପରିବେଶ ଓ ପାରିପାର୍ଶ୍ୱିକ ଘଟଣା ତା'ର (ନାୟକର) ଅତୀତକୁ ମନେପକାଇ ରୋମନ୍ଥନ କରିବାରେ ସାହାଯ୍ୟ କରିଛି / ବା ଅନ୍ୟ ଭାଷାରେ କହିବାକୁ ଗଲେ, ତା'କୁ ବାଧ୍ୟ କରିଛି। ସେହି ଗ୍ରାମ୍ୟ ପରିବେଶ, ଗ୍ରାମ ପଥ, ଗ୍ରାମପଥ ପାର୍ଶ୍ୱରେ ଥିବା କିଆବଣର ସବୁଜିମା, ସେହି ସବୁଜିମା ଭିତରୁ ଉଙ୍କିମାରୁଥିବା ଶ୍ୱେତ ରଙ୍ଗର କିଆଫୁଲ, ସେ ଫୁଲର ମହମହ ବାସ, ଆକାଶର କଳାବଉଦ, ତା'ଫାଙ୍କରେ ନିର୍ମଳ ଜହ୍ନ, ସେ ଜହ୍ନର ଜ୍ୟୋତ୍ସ୍ନା ଓ ତା'ର ହସ- ଏହି କବିତାରେ ଆସର ଜମାଇଛନ୍ତି। ସେହି ଜୋଛନା ଏକପକ୍ଷରେ Personified ହୋଇ ରାଣୀ ହସ ହସିଛି ତ ଅନ୍ୟପକ୍ଷରେ ଏହି ଜୋଛନା (ଉପମାନ) ଠାରେ ଅନୁକ୍ତ ନାୟିକା ବା କବି ପ୍ରେୟସୀ (ଉପମେୟ)ର ଆରୋପ ମଧ୍ୟ ହୋଇଛି। କବିଙ୍କ ଭାଷାରେ-

"ସେଦିନ ଏମିତି କଳା ବଉଦର ଫାଙ୍କେ
ଝରି ପଡ଼ିଥିଲା ଜୋଛନା- ରାଣୀର ହସ,
କିଆବଣ କୋଲୁ ଭାସି ଆସୁଥିଲା
କିଆ କୁସୁମର ବାସ
ବାଉଁଶ ବଣର ତଳେ ଲାଗିଥିଲା
ଆଲୁଅ ଛାଇର ରାସ।"

(ମହାନ୍ତି, ସହକାର, ମେ, ୧୯୩୯ : ୧୬୫)

ବର୍ତ୍ତମାନରେ ଥାଇ କବି ଚିନ୍ତା କରିଛନ୍ତି ସେଦିନର କଥା। ସେଦିନ ଏହିପରି କଳାମେଘ ଆଢୁଆଳରେ ଜୋଛନାରାଣୀ ସ୍ମିତ-ହସିତ ହସ ହସୁଥିଲା। କିଆବଣରୁ ଭାସିଆସୁଥିଲା ମନୋହରୀ କିଆକୁସୁମର ବାସ୍ନା ଓ ସାମାନ୍ୟ ପବନରେ ଗାଁର ବାଉଁଶବଣର ଛାଇରେ ଆଲୁଅ ମଝିରେ ମଝିରେ ପଡ଼ି ଚିତ୍ରିତ ଦିଶୁଥିଲା। ଏଠାରେ ବାଉଁଶଗଛ ଛାଇ କଥା ଅଧିକ କୁହାଯାଇଛି। ମାତ୍ର ଏଠାରେ ବି ସେଇ ତାଳଗଛର ବର୍ଣ୍ଣନା ରହିଛି। ତୃତୀୟା ଜହ୍ନଟି ମେଘ ଆଢୁଆଳରୁ ସେ ବଙ୍କା ତାଳଗଛ ଉପରେ ଫୁଟିଉଠୁଥିଲା। ଏପରି ଏକ ରୋମାଣ୍ଟିକ୍ ପରିବେଶ ମଧ୍ୟରେ କବି ପ୍ରେୟସୀ ସଜଳ ଆଖିନୀରେ ଭସାଇ ଦେଇଛି। ପ୍ରେମିକାକୁ ଦେଖି ତରୁଣ ପ୍ରେମିକ କବି ମଧ୍ୟ ନିଜ ଆଖିରୁ ଅଶ୍ରୁ ସ୍ରବଣକୁ ଅଟକାଇପାରିନି। ଏହା ଦେଖି ସେହି ପ୍ରେମିକାଟି ପଚାରିଛି- ଏହି ଅଶ୍ରୁର କାରଣ କ'ଣ ତା'ପ୍ରତି ଥିବା ନିସର୍ଗ ସ୍ନେହ ଓ ଭଲପାଇବା? କବିଙ୍କ ଭାଷାରେ-

"ବିଲ ମଝିରେ ସେ ବଙ୍କା ତାଳଗଛ ଶିରେ
ମେଘ ଆଢୁଆଳୁ ଫୁଟି ଉଠୁଥିଲା ତୃତୀୟା ଜହ୍ନଟି ଧୀରେ।
ସେତିକି ବେଳେ ଗୋ କହିଥିଲ ତମେ ଭସାଇ ନୟନ ନୀରେ
"ସିନିହ କର କି ମତେ
ଲାଞ୍ଛିତା ଏହି ଅଭାଗିନୀ ପାଇଁ ଅଶ୍ରୁ ଝରାଅ ସତେ ?"

(ମହାନ୍ତି, ସହକାର, ମେ, ୧୯୩୯ : ୧୬୫)

ଏହାଥିଲା ଅତୀତର ଫ୍ଲାସ୍‌ବ୍ୟାକ୍। ଅତୀତରେ ଏମିତି ଏକ ରୋମାଣ୍ଟିକ୍ ପରିବେଶରେ କବି ତା ପ୍ରେୟସୀ ସହ ଆନନ୍ଦ ଓ ଦୁଃଖରେ ଅଶ୍ରୁସଜଳ ହୋଇଉଠିଥିଲେ। ଆଜି ପୁଣି ଅନୁରୂପ ପରିବେଶ ଆସିଛି। ପ୍ରୋଜୋପୋପିଆ ଦ୍ୱାରା ଜହ୍ନକିରଣ ଏଠି ପର୍ସନିଫାଏଡ୍ ଓ ଏ ସବୁର ସାକ୍ଷୀ ପାଲଟିଛି। ଆଜିବି ମେଘ ଭାସିଭାସି ଆକାଶରେ ଆସିଛି। ଜୋଛନା ହସିଛି। କିଆଫୁଲର ମହମହ ବାସ୍ନାକୁ ବାହିଆଣିଛି ସମୀରଣ। ଅବଶ୍ୟ ସେ ସମୀରଣ, ଏବେ ଗନ୍ଧବହ ନହୋଇ ପାଲଟିଛି 'ବତାସ'ରେ। ବାଉଁଶ ବଣର ଗହଳ ପତର ଫାଙ୍କରେ, ଛାଇ ଆଲୁଅରେ ଖେଳ ଅନୁରୂପ ଭାବରେ ଚାଲିଛି। ମାତ୍ର ଏତିକି ପ୍ରଭେଦ ରହିଛି ସେଦିନ ଓ ଏଦିନ ମଧ୍ୟରେ ଯେ, କବି ପ୍ରେୟସୀ ଆଉ କବି ପାଖରେ ନାହିଁ। ପୂର୍ବୋକ୍ତ 'ଲତା' କବିତା ପରି ଏହି ସେଦିନ କବିତାର କଥା ମଧ୍ୟ ବିପ୍ରଲମ୍ଭ ଜନିତ। ନାୟକ-ନାୟିକାର ମିଳନ ଘଟିନାହିଁ ଠିକ୍ ପୂର୍ବପରି। ବିରହାନଳରେ ନାୟକ କବି ଦହନଜ୍ୱାଳା ସହିବା ଛଡ଼ା ଅନ୍ୟକିଛି ବାଟ ନାହିଁ। କବିଙ୍କ ଭାଷାରେ-

"ଆଜିବି ସେମିତି ମେଘ ଭାସିଆସେ ଆକାଶେ
ଜୋଛନା ବି ହସେ ଆମରି ମିଳନ ସକାଶେ
କିଆ କୁସୁମର ବାସ ଭାସି ଆସେ ବତାସେ।
ବାଉଁଶ ବଣର ଗହଳ ପତର ଫାଙ୍କେ
ଛାଇ ଓ ଆଲୁଅ ଗଛ ବୁରୁଛର ଶାଖେ
ଏତିକି ଖାଲି ଗୋ ରହିଛି ପ୍ରଭେଦ
ତୁମେ ନାହଁ ମୋର ପାଶେ।"

(ମହାନ୍ତି, ସହକାର, ମେ, ୧୯୩୯ : ୧୬୫)

ଆଲୋଚ୍ୟ କବିତାରେ "କିଆ କୁସୁମର ବାସ"କୁ ସମୀରଣ ବା ଗନ୍ଧବହ ବା ପବନ ବାହି ନଆଣି 'ବତାସ' ବାହି ଆଣିବା ସୂଚାଇଛି ପ୍ରେମିକା ଠାରୁ ବିରହ ପାଇଁ ଯନ୍ତ୍ରଣା ଜର୍ଜରିତ ପ୍ରେମିକ ଛାତିର କୋହଭରା ଆର୍ତ୍ତନାଦପୂର୍ଣ୍ଣ ଅଶାନ୍ତ ପରିବେଶକୁ।

ଏହା ସୂଚାଇଛି ତା'ର ଅଶାନ୍ତ ମାନସିକ ସ୍ଥିତିକୁ। ଏଠାରେ ମଧ୍ୟ ପୂର୍ବବର୍ତ୍ତୀ କବିତା ଅପ୍ରେଲ୍ ମାସ ୧୯୩୯ ମସିହା 'ସହକାର'ରେ ପ୍ରକାଶିତ 'ଲତା' ପରି ବିପ୍ରଲମ୍ଭ ଶୃଙ୍ଗାର ରସର ଅସ୍ତିତ୍ୱକୁ ରସିକ ପାଠକ ଉପଲବ୍ଧି କରିପାରିବ। ଏହି ବିପ୍ରଲମ୍ଭ 'ପ୍ରବାସ ବିପ୍ରଲମ୍ଭ' ଜାତୀୟ। ନାୟକ ମନର ହା'ହୁତାଶ ଲକ୍ଷ୍ୟ କରିଥିଲାବେଳେ ରାଧାନାଥ ରାୟଙ୍କ 'ମେଘଦୂତ' କାବ୍ୟରେ ବର୍ଣ୍ଣିତ ଯକ୍ଷ ଓ ଯକ୍ଷ ନାୟିକା (ଭାବିନି) ମଧ୍ୟରେ ଘଟିତ ଘଟଣା ମନକୁ ଆସେ। କବିଙ୍କ ଭାଷାରେ- "କି ରୂପେ ଗମିବି ମୁଁ ଏ ଘୋର କାଳ / ଭାବ ଭାବିନି! କଷ୍ଟ କେଡ଼େ କରାଳ ॥ ସ୍ୱପନେ ବାଳା ତୋତେ ଲଭି ସକାଶେ / ପ୍ରସାରି ବେନିବାହୁ ଆଶ୍ଲେଷ ଆଶେ; ଶୂନ୍ୟକୁ ଭିଡ଼ଇ ମୁଁ ତା'ଦେଖି ଧନ! ବର୍ଷଇ ଅଶ୍ରୁ ବନ ଦେବୀ ନୟନ ॥" (ମେଘଦୂତ) ଏହିପରି ଆଲମ୍ବନ ବିଭାବ କବି ଓ କବି ପ୍ରେୟସୀ ମଧ୍ୟରେ ବିପ୍ରଯୋଗ ବ୍ୟକ୍ତ ହୋଇଛି। ଏସବୁ କବିତାର କାରିଗରୀକୁ ଲକ୍ଷ୍ୟକଲେ, ଗୁରୁପ୍ରସାଦଙ୍କ ଏହି ଅଧ୍ୟାୟ ବା ଏହି ପର୍ଯ୍ୟାୟର କବିତା ଗୁଡ଼ିକ ଦୁର୍ବଳ ଶିଳ୍ପକଳା ବିଶିଷ୍ଟ ନୁହେଁ ବୋଲି ସ୍ପଷ୍ଟ ଜଣାପଡ଼େ।

ଏହି ପର୍ଯ୍ୟାୟରେ ଲେଖା ହୋଇଥିବା ଗୋଟିଏ ବଳିଷ୍ଠ କବିତା ହେଉଛି 'ସପନତରୀ' ଯାହା 'ସହକାର' ପତ୍ରିକାର ୨୦ବର୍ଷ ୩ୟ ସଂଖ୍ୟା ଆଷାଢ଼, ୧୩୪୬ ସାଲ ତଥା ୧୯୩୯ ମସିହା ଜୁନ୍ ମାସ ସଂଖ୍ୟାର ୨୪୦ ପୃଷ୍ଠାରେ ପ୍ରକାଶ ପାଇଥିଲା। ଏଠାରେ କବି ଶ୍ରୀ ମହାନ୍ତି ଆପାତତଃ ଅଧିକ ସିରିୟସ୍ ଜଣାପଡ଼ିଛନ୍ତି। ଏହି କବିତାରେ 'ଅଦୃଶ୍ୟ'ର କାର୍ଯ୍ୟ ଓ କରାମତି କଥା କୁହାଯାଇଛି। ତା'ରି ନିର୍ଦ୍ଦେଶରେ ଜନ୍ମ, ମୃତ୍ୟୁ ଓ ତମାମ୍ ଜୀବନର କଥା ଘଟେ ବୋଲି କବି ସ୍ୱୀକାର କରନ୍ତି। ତା'ରି ଇଙ୍ଗିତରେ ଗୋଲାପ ବଧୂର ରକ୍ତ ଅଧରରେ ମଞ୍ଜୁଳ ମଧୁ ଅତୁଳ ହାସ୍ୟ ଫୁଟିଉଠେ, ରୂପ ଯୌବନ ଖେଳିଉଠେ, ଲାବଣ୍ୟ ରୂପବିଭା ଖେଳିଯାଏ। ପୁଣି ସେହି ଅଦୃଶ୍ୟର ଇଙ୍ଗିତରେ ବାର୍ଦ୍ଧକ୍ୟ ଆସେ, ଯୌବନ ମିଶିଯାଏ ମାଟିରେ, ପଞ୍ଚତତ୍ତ୍ୱର ଶରୀର ମିଶିଯାଏ ପଞ୍ଚଭୂତରେ। ଘନ ଅନ୍ଧାର କୋଳରେ ସବୁଦିନେ ମିଶିଯିବ, ନିଶ୍ଚିହ୍ନ ହୋଇଯିବ। ଏ ଯୌବନ କ୍ଷଣସ୍ଥାୟୀ, ରୂପ-ବିଭା ଚିରଦିନ ରହିବାର ନୁହେଁ। ଏଣୁ ଏ ରୂପ-ଯୌବନ ସୌନ୍ଦର୍ଯ୍ୟ ସବୁ ଘନ ବିସ୍ମୃତି ତଳେ ମିଶିଯିବ ଦିନେ ନା ଦିନେ। କବିଙ୍କ ଭାଷାରେ-

"ଇଙ୍ଗିତେ ଯାର ଗୋଲାପ ବଧୂର ରକ୍ତ ଅଧର ଠାରେ
ମଞ୍ଜୁଳ ମଧୁ ଅତୁଳ ହାସ୍ୟ ନିବିଡ଼ ପୁଲକେ ଝରେ
ସେଇ ଅଜଣାର ଇଙ୍ଗିତେ ପୁଣି ଗୋଟିଏ ଦିନର ଶେଷେ
ଗୋଲାପବାଳାର ଯୌବନ ମିଶେ ରୁକ୍ଷ ମାଟିର ଦେଶେ
ସେମିତି ସଖି ଗୋ, ଉଜ୍ଜ୍ୱଳ ଏଇ ଭରା ଯୌବନ ରୂପ

ସେଇ ଅଜଣାର ଇଙ୍ଗିତେ ଦିନେ ହେବ ଲୋ ମାଟିର ସ୍ତୁପ।
ତା'ପରେ ଗହନ ଘନ ଅନ୍ଧାର କୋଳେ
ପୃଥିବୀ ବକ୍ଷୁ ଲୁଚିଯିବୁ ଆମେ ଘନ ବିସ୍ମୃତି ତଳେ।"

(ମହାନ୍ତି, ସହକାର, ଜୁନ୍, ୧୯୩୯ : ୨୪୦)

ଏ ସମୟରେ ଜୀବନ ଓ ଯୌବନର କ୍ଷଣସ୍ଥାୟୀତ୍ୱ ଓ ନଶ୍ୱରତାକୁ ତରୁଣ କବି ଚିତ୍ତ ଲପଲବ୍ଧି କରିଛି। ପୁଣି ଯେଉଁ ଭଂଗୀରେ ନିଜର ପ୍ରେୟସୀକୁ ତରୁଣ କବି କହିଛନ୍ତି- ସେଥିରୁ କେବଳ ମେଚ୍ୟୁରିଟି ବା ପରିପୃକ୍ତିର ବାସ୍ନା ହିଁ ଆସେ। ଯୌବନର ଔଜଲ୍ୟରେ ଆଖି ଝଲସିଯିବା ବା ବାଟହୁଡ଼ିବା ତଥା ଏହି ଅଦୃଶ୍ୟ ସତ୍ତାର ନିୟନ୍ତ୍ରଣ ଓ ସର୍ବଶକ୍ତିମାନ ସତ୍ତାର କ୍ରିୟାକୁ ପାଶୋରି ଯିବା ସହଜ ମନେହେଲେ ହେଁ, କବି ଗୁରୁପ୍ରସାଦଙ୍କ ଠାରେ ଏହା ପରିଲକ୍ଷିତ ହୋଇନାହିଁ, ଅଧିକନ୍ତୁ ଜଣେ ସଚେତନ ପାଠକ ଏଠାରେ ମହାନ୍ତିଙ୍କ ସୂକ୍ଷ୍ମ କାବ୍ୟିକ ଓ ଚୈତନ୍ୟଗତ କ୍ଲାରିଟିକୁ ଉପଲବ୍ଧି କରିଥାଏ। କିନ୍ତୁ ଧୀରେଧୀରେ କବିତାକୁ ପ୍ରବେଶ କଲେ ଜଣାଯିବ ଯେ, କବିଚିତ୍ତ ଅନ୍ୟକିଛିକୁ ଗୁରୁତ୍ୱଦେଇ ଏହି ପ୍ରସଙ୍ଗକୁ ଏକ କାରକ ଭାବରେ ଉପସ୍ଥାପନ ମାତ୍ର କରିଛି। ଜୀବନ ଖୁବ୍ ଛୋଟ ଅବଧି ବିଶିଷ୍ଟ ଓ ଅନିଶ୍ଚିତତା ସଂପନ୍ନ। ତେଣୁ ତାକୁ ମନଭରି, ପ୍ରାଣଭରି ନିରୁତା ପ୍ରକୃତି ସହ ଜୀଇଁନେବାକୁ କବି ପସନ୍ଦ କରିଛନ୍ତି ଓ ଅଧିକରୁ ଅଧିକ ପ୍ରେରଣା ଦେଇଛନ୍ତି। 'ସପନତରୀ' ଆବଶ୍ୟକତା ଏଇଠି ଅନୁଭୂତ ହୋଇଛି। ଭୋଲ୍‌ଟାୟାର୍ ଥରେ କହିଥିଲେ- "The safest course is to do nothing against one's conscience. With this secret, we can enjoy life and have no fear from death." ଅର୍ଥାତ୍ ବିବେକକୁ ବାଧା ନଦେଇ ନିଜକୁ ଭଲ ଲାଗୁଥିବା କାମ କରିଯିବା ହିଁ ଜୀବନରେ ଆନନ୍ଦ ପାଇବାର ଅମୋଘ ରହସ୍ୟ। ଜେନ୍ ବରକିନ୍ (Jane Birkin) ଏ ସଂପର୍କରେ କହିଛନ୍ତି ଯେ, ଯେତେବେଳେ ତମେ ଜାଣିବ ଯେ ତୁମେ ଆନନ୍ଦରେ ଅଛ ଓ ସେହି ଆନନ୍ଦକୁ ଚିହ୍ନିପାରିବ, ସେତେବେଳେ ଜୀବନ ଆନନ୍ଦମୟ ହୋଇଯିବ। ଏଣୁ ବ୍ୟକ୍ତିକୁ ଏଥିପାଇଁ ବାହାରକୁ ନୁହେଁ, ଅଧିକନ୍ତୁ ନିଜ ଭିତରକୁ ଫେରି ଦେଖିବାକୁ ହେବ। Rachel Ann Nunes ତ ସିଧାସିଧା କହିଲେ- "Do what makes you happy, be with who makes you smile, laugh as much as you breathe, and love as long as you live." କେଡ଼େ ବଡ଼ ଓ ଗଭୀର ତତ୍ତ୍ୱର କଥା ଏ ଟିକକ ! ଟମି ବୋଲିନ୍‌ଙ୍କ ପରି ଜୀବନଦର୍ଶୀ କହନ୍ତି ଯଦି କୌଣସି କାର୍ଯ୍ୟ ଆନନ୍ଦମୟୀ ନୁହେଁ, ସେପରି କାର୍ଯ୍ୟ କରଣୀୟ ନୁହେଁ। କବି ଗୁରୁପ୍ରସାଦ ଯେପରି ଭାବରେ ସମାଜରୁ ଦୂରରେ, ନିର୍ଜନ ବନ ବୁକୁରେ, ପ୍ରକୃତିର ହୃଦୟ ଭିତରେ

ଏକାନ୍ତ ନିବିଡ଼ତାର ସହ ନୀଡଟିଏ ରଚିବାକୁ ଚାହିଁଛନ୍ତି କବି ଜର୍ଜ ଗର୍ଡନ ବାଇରନ୍ (୧୭୮୮-୧୮୨୪)ଙ୍କ Child Harold's Pilgirimage କାବ୍ୟରେ ଅନୁରୂପ ସ୍ୱରରେ ଗାଇଉଠିଛନ୍ତି ନିଜ ହୃଦୟର ସ୍ପନ୍ଦନର ଗାଥା। ତାଙ୍କରି ଭାଷାରେ-

"There is a pleasure in the pathless woods,
There is a rapture on the lonely shore,
There is society, where none intrudes,
By the deep sea, and music in its roar:
I love not man the less, but Nature more."

ବାଇରନ୍ ଏଇଟି ଲେଖିଲାବେଳକୁ ତାଙ୍କୁ ବୟସ ହୋଇଥିଲା ୨୩ ବା ୨୪ ବର୍ଷ। ସେ ମଧ୍ୟ ରୋମାଣ୍ଟିକ୍ କଥାଗୁଡ଼ିକୁ ବା ଗଳ୍ପ ଗୁଡ଼ିକୁ ପଦ୍ୟରେ ରଚନା କରୁଥିଲେ। ତାଙ୍କର ଜୀବନାୟନର ମାତ୍ର କେତୋଟି କଥା ଗୁରୁପ୍ରସାଦଙ୍କ ଜୀବନାୟନ ସହ ବେଶ୍ ସାମଞ୍ଜସ୍ୟ ମଧ୍ୟ ରକ୍ଷାକରେ। ତାଙ୍କର ପଦ୍ୟରେ ଲିଖିତ ପ୍ରସିଦ୍ଧ ବ୍ୟଙ୍ଗାତ୍ମକ ଉପନ୍ୟାସ 'ଡନ୍ ଜୁଆନ୍' (Don Juan) ପରି ଗୁରୁପ୍ରସାଦଙ୍କ ଦୀର୍ଘ କବିତା 'କାଳପୁରୁଷ' କଥା ଚିନ୍ତା କରାଯାଇପାରେ। ତେବେ ସବୁଜ କବିଙ୍କ ପରି ମର୍ତ୍ତ୍ୟରେ ଅମରାବତୀର ସ୍ୱପ୍ନ ସେ ଦେଖିନାହାଁନ୍ତି ସତ; କିନ୍ତୁ ଯୌବନକୁ ଅନୁଭବ କରିବା ପାଇଁ ସବୁଜ କବି ଅନ୍ନଦାଙ୍କ ପରି ଦୂର-ସୁଦୂରକୁ ଚାଲିଯିବାକୁ ଚାହିଁଛନ୍ତି। ଅନ୍ନଦାଶଙ୍କର ରାୟ ସେଦିନ ଗାଇଉଠିଥିଲେ-

"ଯିବି ପଳାଇ ଦୂରେ ସୁଦୂରେ
ସ୍ୱପନ ଲୋକେ ଗୋପନ ପୁରେ
ଗ୍ରହତାରକା ଏଡ଼ାଇ
ଯଉବନର ଝରଣାକୂଳେ
ମଳୟ ଯହିଁ ନିୟତ ବୁଲେ
କୁସୁମ କେତୁ ଉଡ଼ାଇ।"

(ପାଣିଗ୍ରାହୀ (ସଂ.), ୧୯୩୧ : ୧୩)

ଅନ୍ନଦାଶଙ୍କର ଆହୁରି ଏହି 'ସୃଜନସ୍ୱପ୍ନ'ରେ ଗାଇଛନ୍ତି- "ସୃଜନ ମୋହ ମାଦକ ପରି / ରହିଛି ମୋର ଚେତନା ଭରି / ଦେଇଛି ସବୁ ଭୁଲାଇ। ଏ ଲୋକେ ମୋର ବାସନା ଦଳ / ବ୍ୟର୍ଥ ବୃଥା ସିନା ସକଳ ! / ଏ ଲୋକୁ ଯିବା ପଳାଇ।" (ପାଣିଗ୍ରାହୀ (ସଂ.), ୧୯୩୧ : ୧୩) କବି ରାୟ ଯେଉଁ 'ଶୋଭାବନ' (ତତ୍ରୈବ- ପୃ. ୧୪) କଥା କହିଛନ୍ତି କବି ଗୁରୁପ୍ରସାଦ ଅବଶ୍ୟ ଏକ୍‌ଦମ୍ ସେହି ଆଲୋକିତ, ବ୍ୟଥାହୀନ,

ଲେଶମାତ୍ର ଦୁଃଖହୀନ, କ୍ଷୁଧା-ପିପାସା ରହିତ ବନ କଥା କହିନାହାଁନ୍ତି, କିନ୍ତୁ ଏ ସମାଜ, ଏ ଲୋକମେଳ, ଭିଡ଼, ଜନମତ ଠାରୁ ଦୂରରେ 'ନିର୍ଜନ ବନ ବୁକୁରେ' (ମହାନ୍ତି, ସହକାର, ଜୁନ୍, ୧୯୩୯ : ୨୪୦) ରହିବା କଥା କହିଛନ୍ତି। ଅବଶ୍ୟ ଏଇଠି ଅନ୍ନଦାଙ୍କ 'ପ୍ରଳୟ ପ୍ରେରଣା' କବିତାର ସ୍ୱର ଝଙ୍କୃତ ହୁଏ। କିନ୍ତୁ ଗୁରୁପ୍ରସାଦଙ୍କ କବିତାରେ ପୁରାପୁରି ଏକା କଥା ନାହିଁ। ଅନ୍ନଦା ଗାଇଲେ- "ଅନନ୍ତ ଜୀବନମୋଦେ / ଅବହେଳେ ସ୍ପର୍ଦ୍ଧିତ ମରଣେ / ସମାଜ ମାନିବି ନାହିଁ / ଲୋକମତ ଦଳିବି ଚରଣେ।" (ପାଣିଗ୍ରାହୀ (ସଂ.), ୧୯୩୧ : ୦୨) ମୃତ୍ୟୁ ଅବଶ୍ୟମ୍ଭାବୀ ବୋଲି କବି ଗୁରୁପ୍ରସାଦ ସ୍ୱୀକାର କରିଛନ୍ତି ଓ ଅନନ୍ତ ଶୟନରେ ଅଦୃଶ୍ୟ ନଟର ଇଙ୍ଗିତରେ ସବୁଦିନେ ଶେଷ ହୋଇଯିବ ବୋଲି କହିଛନ୍ତି ସତ କିନ୍ତୁ ଜୀବନକୁ ଜୀଇଁବା କଥା କହି ସେ ମଧ୍ୟ ମରଣକୁ ଆପଣାର ତଥା ଯୌବନର ପରୋକ୍ଷ ସ୍ପର୍ଦ୍ଧା ଦେଖାଇଛନ୍ତି। ପୁଣି ଏ ସମାଜରେ ପାପ, ମିଥ୍ୟା, ମୋହ, ପ୍ରବଞ୍ଚନା, ଧର୍ମ ନାମରେ, ନୀତି ନାମରେ, ଜାତି ନାମରେ ଓ ଅନ୍ୟାନ୍ୟ ମାନବକୃତ ଆବର୍ଜନାକୁ ଅସ୍ୱୀକାର କରି ଅନ୍ନଦାଙ୍କ ପରି ସେ ଏକାନ୍ତ ବାସ ତଥା ସୁଦୂରବର୍ତ୍ତୀ ସ୍ଥାନରେ ପ୍ରକୃତି ଭିତରେ କାଳାତିପାତ କରିବାକୁ ଇଚ୍ଛାପ୍ରକାଶ କରିଛନ୍ତି। ଗୁରୁପ୍ରସାଦଙ୍କ 'ସପନତରୀ' କବିତାର ପ୍ରଥମ ପଦ ବା ଷ୍ଟାଞ୍ଜାରେ ଯେଉଁ ମୃତ୍ୟୁ ବା ମୃତ୍ୟୁ ଓ ଜୀବନର କାରିଗରକୁ ଉପଲବ୍ଧି କରିବା କଥା କୁହାଯାଇଛି ତା'ର ଅନୁରୂପ ଅନୁଭବ ସବୁଜସଖା ହରିହର ମହାପାତ୍ରଙ୍କ 'ଯାଅଯାତ୍ରୀ' (ପାଣିଗ୍ରାହୀ (ସଂ), ୧୯୩୧ : ୫୫) ଓ 'ଭଗ୍ନବୀଣା' (ତତ୍ରୈବ : ୫୬-୫୭) କବିତାରେ ମିଳିଥାଏ। ସେହିପରି 'ଅଭିସାରିକା' କବିତାରେ କବି ଶରତଚନ୍ଦ୍ର ମୁଖାର୍ଜୀ ମଧ୍ୟ ସେଇ ବନକୁ ରୋମାନ୍ସର ସ୍ଥାନ ଓ ଜୀବନ ଯୌବନର ଉପଯୁକ୍ତ ସ୍ଥାନ ବୋଲି କହିଛନ୍ତି। ତାଙ୍କ ଭାଷାରେ-

"ଚଞ୍ଚଳ ପାଦ ଚାଲି ଯାଅ ଚାଲି କାହିଁ ଗୋ
ଅନ୍ଧାରୁଆ ବନପଥ ତିଳେ ଭୟ ନାହିଁ ଗୋ

XXX XXX XXX

ବନପଥେ ହୃଦନାଥ ଅଛନ୍ତି କି ଚାହିଁ ଗୋ?"

(ପାଣିଗ୍ରାହୀ (ସଂ), ୧୯୩୧ : ୧୦୩)

ସବୁଜ କବିର ପଳାୟନ ପ୍ରବୃତ୍ତି ପରି କବି ଗୁରୁପ୍ରସାଦ କଳ୍ପନାର ଲୋକରେ ନିଜକୁ ସୁରକ୍ଷିତ ଓ ସୁସ୍ଥ ମନେକରିଛନ୍ତି। ସେ କଳ୍ପନାର ଆୟୋଜନ ପାର୍ଥିବ ପ୍ରକୃତି କୋଳରେ ଦେଖାଯାଇଛି, ସବୁଜ କବିଙ୍କ ପରି ଗ୍ରହତାରକା ଏଡ଼ାଇ ସେ ଅନ୍ୟ ଏକ ଗ୍ରହ ବା ଅନ୍ୟଦେଶକୁ ଯିବାକୁ ଚାହିଁନାହାଁନ୍ତି। ସେଠି ଥିବ ବଣଲତା, ସେଥିରେ ଫୁଟିଥିବ କେତେ ରଙ୍ଗ, କେତେକେତେ ବାସ୍ନାର ଫୁଲ, ସେହି ଶ୍ୟାମଳିମା ଭିତରେ

ଗୁଞ୍ଜରି ଉଠୁଥିବ ଶତଶତ ପ୍ରକାରର ପକ୍ଷୀଙ୍କ କୂଜନ, ସେସବୁ ବିହଗକାକଳି ମିଶି ତୋଳୁଥିବ ଏକ ଅପୂର୍ବ ପ୍ରକୃତିର ଅନନ୍ୟ ମଧୁ ସଂଗୀତର ମୂର୍ଚ୍ଛନା। ରୂପସୀ ବର୍ଷା ସେ କାନନରେ ହସିହସି ଯାଏ, ଶରତ ରାଣୀ ସେଇଟି ନଇଁପଡ଼ି ତଟସ୍ଥ ହେଉଥାଏ, ନବବସନ୍ତ ସେହି ବଣ ଦ୍ୱାରା ନିଜ ଅଞ୍ଚଳକୁ ଫୁଲରେ ଭର୍ତ୍ତି କରିଥାଏ। ଧରାବକ୍ଷରେ ଭରିଯାଏ ସବୁଜ ଶସ୍ୟରାଜି, ସବୁଠି ସବୁଜ ସବୁଜ, ପୂର୍ଣ୍ଣ ପୂର୍ଣ୍ଣ, ହସିଲା ହସିଲା ଲାଗେ। ଗ୍ରୀଷ୍ମ ମଧ୍ୟ ସେଠାକୁ ଆସିବା କଥା କହିଛନ୍ତି କବି। ସେ ପୁଣି ନିଜର ଭୀମ ଭୈରବ ରାଗତୋଳି ନିଜର ଝାଞ୍ଜିପବନ ସାଥିରେ ବନରୁ ବନ ଜାଳିପୋଡ଼ି ପ୍ରୋସେସନ୍ କରି ମାତିବା କଥା କହିଛନ୍ତି। ସେଠାରେ ପ୍ରକୃତିର ସମସ୍ତ ସ୍ପର୍ଶ ରହିବା କଥା କବି କହିଛନ୍ତି। ଗ୍ରୀଷ୍ମ, ବର୍ଷା, ବସନ୍ତ, ଶରତାଦି ସବୁର ସ୍ପର୍ଶରୁ ଜଣାପଡୁଛି କବି ଆଲୋକ-ଆନନ୍ଦ ଓ ସବୁଜିମାମୟ ପ୍ରାକୃତିକ ପରିବେଶ ଓ ପରିସ୍ଥିତିକୁ କୃତ୍ରିମ ଦୁନିଆଁରେ ନପାଇ ଦୁଃଖିତ ଓ ସେଥିପାଇଁ ସେ ଏପରି ଇଚ୍ଛାପ୍ରକାଶ କରିଛନ୍ତି। ଶୀତ ଓ ହେମନ୍ତର ଅନୁପସ୍ଥିତି ଅବଶ୍ୟ ଯୌବନ ସାପେକ୍ଷ ଓ ଜୀବନ ସାପେକ୍ଷ ଦର୍ଶନ ଓ ଭାବନାଦିକୁ ସୂଚାଏ। କିନ୍ତୁ ଗ୍ରୀଷ୍ମର ତାଣ୍ଡବକୁ ସ୍ୱୀକାର କରିବା କଥା ଏକପ୍ରକାର ବିରୋଧୀ ଚିନ୍ତାର ଆଭାସ ପ୍ରଦାନ କରେ। ତେବେ କବି ଯେ, ପ୍ରକୃତିମୁଖୀ ଓ Natureକୁ ଫେରିଯିବା କଥା କହୁଛନ୍ତି, ତା'କୋଳରେ ବଞ୍ଚିବା କଥା କହୁଛନ୍ତି- ଏଥିରେ ଦ୍ୱିରୁକ୍ତି ଥାଇନପାରେ। ଏପରି ଏକ ପ୍ରାକୃତିକ ପରିବେଶରେ ମଣିଷର ସ୍ୱାର୍ଥସୃଷ୍ଟ ସମାଜ-ନିୟମ-କାନୁନ୍-ଧର୍ମ-ଜାତି-ସରମ-ଭୟାଦିର ଲେଶ ମାତ୍ର ନଥିବ। ଏଣୁ ଏ ଆର୍ଟିଫିସିଆଲ୍ ଜଗତରୁ, ମଟେରିଆଲ୍ ଜଗତରୁ ଦୂରରେ ଏକ ପ୍ରାକୃତିକ ଜଗତ ପାଖରେ ଜୀବନକୁ ନିଜ ପ୍ରାଣପ୍ରିୟା-ପ୍ରେୟସୀ ପାଖରେ ରହି ଅତିବାହିତ କରିବାକୁ କବି ଇଚ୍ଛାପ୍ରକାଶ କରିଛନ୍ତି। କବିଙ୍କ ଭାଷାରେ- "ସେଥିପାଇଁ ଦୂରେ ବହୁଦୂରେ ସଖି, ନିର୍ଜନ ବନବୁକେ / ପ୍ରକୃତି ସହ ଶାନ୍ତ ଉରସେ ରଚିବା ନୀଡ଼ଟି ସୁଖେ / ବଣଲତା ଘେରା ପୁଷ୍ପରେ ଭରା ଶ୍ୟାମଳକୁଞ୍ଜ କୋଳେ / କୁହୁ କେକା ଯହିଁ ଉତ୍‌ସବେ ମାତି ମଧୁସଂଗୀତ ତୋଳେ / ରୂପସୀ ବର୍ଷା ଗମ୍ଭୀର ନୀଳ ହାସ ହସିଯାଏ ଯହିଁ / ଶରତ ରାଣୀର ସ୍ୱଚ୍ଛ ନୟନ ବଣକୋଳେ ପଡ଼େ ନଇଁ / ନବ ବସନ୍ତ ଅଞ୍ଚଳ ତା'ର ସଜାଇ ପୁଷ୍ପ ଭାରେ / ସୁନ୍ଦର କରି ଭରିଦିଏ ମାଟି ସବୁଜ ଶସ୍ୟସାରେ / ଗ୍ରୀଷ୍ମ ଯେଉଁଠି ଭୈରବ ଭୀମ ଝାଞ୍ଜି ପବନ ସାଥେ / ଅଗ୍ନି ଜଳାଇ ବନ ବନାନ୍ତେ ଗୁରୁ ଗୌରବେ ମାତେ / ସେଇ କାନନର ନିରୋଳ ନୀରବ ପୁରେ/ ଆମେ ଦିହେଁ ସଖି ଲୋକ ଗହଳରୁ ଅପସରି ଯିବା ଦୂରେ / ନଥିବ ସମାଜ ଲୋକେ ଅପବାଦ ନଥିବ ସରମ ଭୟ / ରାଷ୍ଟ୍ର, ଧରମ, ନିୟମର ସାଥେ ନାହିଁ ଥିବ ପରିଚୟ।" (ମହାନ୍ତି, ସହକାର, ଜୁନ୍, ୧୯୩୯ : ୨୪୦) ଏ ସମସ୍ତ କଳ୍ପନା ଆଶ୍ରୟ ନେଇଛି

ସ୍ୱପ୍ନର। ତେଣୁ 'ସପନତରୀ'ରେ ଦୂରକୁ ଚାଲିଯିବା କଥା କବି କହିଛନ୍ତି। ଏହାର ଅର୍ଥ ମଧ୍ୟ ଏଇୟା ଯେ ସମାଜ ବିରୋଧରେ ସେ କରିଥିବା ଚିନ୍ତା ସହଜରେ ସଫଳ ହୋଇପାରିବନି ବୋଲି ମଧ୍ୟ ସେ ଜାଣିଥିଲେ। ଏଣୁ ସ୍ୱପ୍ନ ରାଜ୍ୟ, କଳ୍ପନା ରାଜ୍ୟର କଥା ଏଠାରେ ଉଠିଛି। ପ୍ରେମିକଟିଏ ନିଜେ ହିଁ ବିପ୍ଳବୀ। ସେ ବିପ୍ଳବ କରେ ସମାଜ ଓ ସାମାଜିକ ରୀତି-ନୀତି-ଧରାବନ୍ଧା ଫର୍ମୁଲା ବିରୁଦ୍ଧରେ। ଏଇ ସ୍ୱପ୍ନ ଜଗତରେ ମନମୁତାବକ ପ୍ରଣୟପୁଲକ, ଜ୍ୟୋସ୍ନା ଆଲୋକ ପ୍ରଭୃତିର ଉପସ୍ଥିତି କଥା ଭାବି ରୋମାଞ୍ଚିତ ହୋଇଛନ୍ତି। ଭଲ ପାଇବାର ଚରମ ସ୍ଥିତିରେ ଶେଷରେ ଅନ୍ଧାର ଦିନେ ଆସିବ ଓ ସେ ଅନ୍ଧାରର କାରିଗର, ଅଜ୍ଞାତ ବିରାଟ ସତ୍ତାର ବିପୁଳ ଶରୀରରେ ବିଲୀନ ହୋଇଯିବା କଥା କହିଛନ୍ତି। ଅର୍ଥାତ୍ ଏଠାରେ 'ମୃତ୍ୟୁଚେତନା' ଓ 'ରହସ୍ୟବାଦୀ ଚେତନା' ଉଭୟ ଆସିଛି। କବି ଏକାଧାରରେ ମୃତ୍ୟୁ ସଚେତନ ଓ ରହସ୍ୟ ସଚେତନ। ନାଚୁରାଲ୍ ରୋମାନ୍‌ସରୁ ବା ଫିଜିକାଲ୍ ରୋମାନ୍‌ସରୁ ମୃତ୍ୟୁ ସଚେତନ ହୋଇ ପାରାନେଚୁରାଲ୍ ରୋମାନ୍ସ ଅନୁଭବ କରିବା ପରେ ପରେ ସାଙ୍ଗେ ସାଙ୍ଗେ ରହସ୍ୟବାଦୀ ଦୃଷ୍ଟି ଓ ଦର୍ଶନ ନେଇ "ଅଜଣାର ବିରାଟ ବିପୁଳ ଦେହରେ" ମିଶିବାର ମିଷ୍ଟିକ୍ ଅନୁଭୂତି ଲାଭ କରିଛନ୍ତି କବି ଶ୍ରୀ ମହାନ୍ତି। ମଧୁର ନିବିଡ଼ ସ୍ନେହରେ ହସିହସି ଦୁହେଁ ଅଜଣାର ବିରାଟ ବିପୁଳ ଦେହରେ ମିଶିଯିବା ଏକ ପରିପୃକ୍ତ ଅନୁଭୂତି ମାତ୍ର। ଶେଷରେ ମାଟି ସଚେତନ- ପଞ୍ଚତତ୍ତ୍ୱ ବା ପଞ୍ଚଭୂତ ସଚେତନ ହୋଇ କବି କହିଛନ୍ତି ଶେଷରେ ଏଇ ମାଟି ସାଙ୍ଗରେ ଶେଷଦେଖା ହେବ ଓ ଶେଷରେ ଏ ଧରଣୀ ବୁକୁରୁ ଲିଭିଯିବ ଶେଷ ଚିହ୍ନରେଖା। କବି ଅତି ଅଳ୍ପ ବୟସରୁ ଅତି ପରିପକ୍ୱ ଭାବନା ଓ ଜୀବନାଦର୍ଶନର କଥା ଏହି କବିତାରେ ସୁରକ୍ଷିତ ରଖି ପାଠକକୁ ଏକ ବିସ୍ମିତଭରା ଭ୍ରୂକୁଂଚନ ମାତ୍ର ପ୍ରଦାନ କରିଛନ୍ତି। କବିଙ୍କର ଏ ଚମତ୍କାର ପଂକ୍ତିଟି ଲକ୍ଷ୍ୟକଲେ ତା'ର ଗାମ୍ଭୀର୍ଯ୍ୟ ଜାଣିହେବ। ତାଙ୍କରି ଭାଷାରେ-

"ସପନତରୀରେ ଦୂରେ ଦୂରେ ସଖି, ଆମେ ଦିହେଁ ଯିବା ବାହି
ପ୍ରଣୟ ପୁଲକେ ଜ୍ୟୋସ୍ନା ଆଲୋକେ ସଂଗୀତ ଗାଇଗାଇ
ଭଲପାଇ ସଖି, ଜୀବନ ହେବ ଲୋ ଭୋର
ତା'ପରେ ଆସିବ ଅନ୍ଧାର ଘନ ଘୋର
ସେଇ ଅଜଣାର ବିରାଟ ବିପୁଳ ଦେହେ
ହସିହସି ଦିହେଁ ମିଶିଯିବା ସଖି, ମଧୁର ନିବିଡ଼ ସ୍ନେହେ।
ଏ ମାଟିର ସାଥେ ସେଇ ହେବ ଶେଷଦେଖା
ଧରଣୀ ବୁକୁରୁ ଲିଭିଯିବ ସଖି, ଆମରି ଚିହ୍ନରେଖା।"

(ମହାନ୍ତି, ସହକାର, ଜୁନ୍, ୧୯୩୯ : ୨୪୦)

ଏଠାରେ ବିଶ୍ୱକବି ରବୀନ୍ଦ୍ରନାଥ ଟାଗୋର ଯେପରି ମୃତ୍ୟୁକୁ 'ପ୍ରିୟତମ ଶ୍ୟାମ' ବୋଲି କହିଛନ୍ତି ତରୁଣ କବି ଶ୍ରୀ ଗୁରୁପ୍ରସାଦ ଅନୁରୂପ ଭାବରେ ମୃତ୍ୟୁକୁ ନ ଡରି, ଭୟ ନକରି, ଜୀବନର ଏକ ସ୍ୱାଭାବିକ କ୍ରିୟା ଭାବରେ ଗ୍ରହଣ କରିଛନ୍ତି।

ଏ କବିତାର ତୁଳନାତ୍ମକ ଆଲୋଚନା କଲାବେଳେ ସବୁଜ କବି ବୈକୁଣ୍ଠନାଥ ପଟ୍ଟନାୟକଙ୍କ 'ଅଳକା' କବିତାକୁ ପ୍ରସଙ୍ଗୀକୃତ କରାଯାଇପାରେ। "ତରୁଣ କାଳର ରୋମାଣ୍ଟିକ୍ ଭାବାଳୁତାରେ ଯେଉଁ ସ୍ୱପ୍ନରାଜ୍ୟକୁ ଚାଲିଯିବାର କଳ୍ପନାରେ କବି ମନ ସ୍ୱପ୍ନିଳ ହୋଇଉଠିଛି ସେ ରାଜ୍ୟ ଶ୍ୟାମାୟିତ ହୋଇଉଠିଛି ପ୍ରକୃତିର ଆଶୀର୍ବାଦରେ। ବିଳାସ, ବ୍ୟସନ, ଭୋଗ, ପ୍ରାଚୁର୍ଯ୍ୟ କିଛି ପାଇଁ କବି ମନର ଆକାଂକ୍ଷା ପ୍ରକାଶ ପାଇନି। ତାଙ୍କର ନିଭୃତ କାମନା ରୂପାୟିତ ହୋଇଛି ଏପରି ଗୋଟିଏ ଦେଶର କଳ୍ପନାରେ ଯେଉଁଠି ପ୍ରକୃତି ତା'ର ଅସୀମ ରୂପମାଧୁରୀ ଉନ୍ମୁକ୍ତ କରିଦେଇଛି। ସେଇ ଦେଶ ଅଭିମୁଖେ କବିଙ୍କ ସ୍ୱପ୍ନର ତରୀ ଭାସମାନ।" (ବିଶ୍ୱାଳ, ୨୦୦୬ : ୨୮୯) କବି ବୈକୁଣ୍ଠଙ୍କ 'ଅଳକା' କବିତା ପ୍ରତି ଏ ଉକ୍ତି ଯେତିକି ପ୍ରଯୁଜ୍ୟ, ସେତିକି ପ୍ରଯୁଜ୍ୟ କବି ଗୁରୁପ୍ରସାଦଙ୍କ ଏହି 'ସପନତରୀ' କବିତା ପ୍ରତି। ଗୁରୁପ୍ରସାଦଙ୍କ ପରି ଆମେ ଲକ୍ଷ୍ୟ କରିବା ପଟ୍ଟନାୟକଙ୍କ 'ଅରୁଣଶ୍ରୀ' ସଂକଳନର 'ଅଳକା' କବିତା। କବି ଗାଇଛନ୍ତି- "ଯେ ଦେଶେ ନୀଳ ତଟିନୀ ଜଳେ/ ଯାଉଛି ଭାସି ସପନ ତରୀ; / ଯେ ଦେଶେ ରାତି ଲଜ୍ଜାବତୀ / ଦିବସ ଶେଯୁଁ ପଳାଏ ଥରି; / ପାଦପ ମୋହେ ଯେ ଦେଶେ ଲତା, / ନ ସହି ପ୍ରୀତି ସୋହାଗ ବ୍ୟଥା, / କୁସୁମ ଢାଳି ପଡ଼ଇ ଢଳି / ଫଗୁଣେ ନବ ପୀରତି ପରି / ଯାଉଛି ଭାସି ସପନତରୀ। ଯେ ଦେଶେ ଭରା ମଳୟ ଚୋର / ଫୁଲ ପରାଗ ଯାଏ ଗୋ ବୋଲି / ... / ମୁକୁଳ ମଦେ ମୁଗ୍ଧ ପିକ / ପ୍ରିୟାରେ ଡାକେ ଆକୁଳ ଭରେ, / ... / ଯାଏ ଗୋ ଭାସି ତଟିନୀ ଜଳେ / ପ୍ରିୟାରେ ଡାକେ ଆକୁଳ ଭରେ।" (କୁଞ୍ଜବିହାରୀ ଦାଶ (ସଂ.), ବୈକୁଣ୍ଠନାଥ ଗ୍ରନ୍ଥାବଳୀ (ପ୍ରଥମ ଭାଗ), ୧୯୭୬ : ଅରୁଣଶ୍ରୀ; ପୃ-୦୭) ରବୀନ୍ଦ୍ରନାଥ ଥରେ କହିଥିଲେ- "ଜୀବନେର ପଥେ ମାନୁଷ ଯାତ୍ରା କରେ ନିଜେକେ ଖୁଁଜେ ପାବାର ଜନ୍ୟୋ।" ଗୁରୁପ୍ରସାଦଙ୍କ ଏହି କବିତାରୁ ବୋଧହୁଏ ସେହି ଖୋଜିବା ଆରମ୍ଭ ହୋଇଛି ଓ ସେହି ଖୋଜିବାର ଅଭୀପ୍ସାରୁ ହିଁ ଦାର୍ଶନିକତାର ସର୍ଜନା। ବୈକୁଣ୍ଠନାଥ ମଧ୍ୟ ସେହି ଅଶେଷର କଥା କହିଛନ୍ତି। ତା'ରି ଭିତରେ ବିଲୀନ ହେବାର କଥା କହିଛନ୍ତି। ତାଙ୍କରି ଭାଷାରେ- "ସକଳ ସୌନ୍ଦର୍ଯ୍ୟବୋଧ, ଭ୍ରାନ୍ତ ଅବିଶ୍ୱାସ/ ସହସ୍ର ଆକ୍ଷେପ କ୍ଷୋଭ ଅଶାନ୍ତ ନିରାଶ। ସବୁ ସେହି ସୃଷ୍ଟି ଲାଗି / ଦେଇ ଶେଷ ଦାନ / ନିରବେ ଅଶେଷ ମଧ୍ୟେ ହେବୁରେ ନିର୍ବାଣ।" (ଅରୁଣଶ୍ରୀ, 'ସୃଷ୍ଟି', ୧୯୭୬ : ୮୪) ଏଇଟି 'ଉତ୍କଳ ସାହିତ୍ୟ' ପ୍ରତିକାର ୩୭ଶ ଭାଗ, ବୈଶାଖ

୧୩୩୫ ସାଲ ୧ମ ସଂଖ୍ୟାରେ ପ୍ରକାଶ ପାଇଥିଲାବେଳେ ପୂର୍ବୋକ୍ତ 'ଅଳକା' କବିତାଟି 'ଉତ୍କଳ ସାହିତ୍ୟ'ର ୩୪ଶ ଭାଗ ଆଶ୍ୱିନ ୧୩୩୮ ସାଲ୍, ୬ଷ୍ଠ ସଂଖ୍ୟାରେ ପ୍ରକାଶ ଲାଭ କରିଥିଲା। ହେଗେଲ୍‌ଙ୍କ ପରି ସେହି କବିତାରେ ଶ୍ରୀ ମହାନ୍ତିଙ୍କ ପାଇଁ "Beauty is merely the spiritual making it self sensuous." କଥାଟି ସତ। ଚାରିପାଖର ସେହି ପ୍ରାକୃତିକ ସୌନ୍ଦର୍ଯ୍ୟ ମଧ୍ୟରେ ପରମକୁ ସେ ଅନୁଭବ କରିଥାଆନ୍ତି। ରବୀନ୍ଦ୍ରନାଥ ଟାଗୋରଙ୍କ ଲିଖିତ 'ସୋନାର ତରୀ' କବିତାର ରହସ୍ୟବାଦୀ ଭାବଧାରା ଏଠାରେ ପ୍ରଣିଧାନଯୋଗ୍ୟ। କବି ପରମ ସତ୍ୟକୁ ଉପଲବ୍ଧି କରିଛନ୍ତି, ସ୍ୱୀକାର କରିଛନ୍ତି; କଳ୍ପନାରେ ବା ଯୌବନର ଉତ୍ତାଳ ତରଙ୍ଗରେ ଭାସିନଯାଇ ସେ ବରଂ ସପନର ସୁନାତରୀ ନେଇ, ସତ୍‌କର୍ମ କରି ପବିତ୍ର ରହି, ପରମର ଯୋଗ୍ୟ ହୋଇ ସେ ଅଦୃଶ୍ୟ ସତ୍ତା ପରମ ସହ ମିଶିବାକୁ ମନସ୍ଥ କରିଛନ୍ତି। ଏଇଟି କ'ଣ କମ୍ କଥା ! ରବୀନ୍ଦ୍ରନାଥ ଗାଇଉଠିଲେ- "ମରନରେ, ତୁହୁଁ ମମ ଶ୍ୟାମ ସମାନ। ମେଘ ବରନ ତୁଟ୍, ମେଘ ଜଟାଜୁଟ୍, ରକ୍ତ କମଲକ ର, ରକ୍ତ ଅଧରପୁଟ, ତାପବିମୋଚନ କରୁନ କୋର ତବ, ମୃତ୍ୟୁ-ଅମୃତ କରେ ଦାନ।" Czech କବି Brezina ତ ରୋମାଣ୍ଟିକ୍ ଭାବଦର୍ଶନରେ ମୃତ୍ୟୁକୁ 'A bath in the golden rain of star' ଓ 'a sweet kiss on the lips' ବୋଲି କହିଛନ୍ତି। ରବୀନ୍ଦ୍ରଙ୍କ ଆଉ ଏକ ପଙ୍‌କ୍ତି ଏହି ମାନସିକତାର, ଯାହା ଏ ପ୍ରସଙ୍ଗରେ ମନେପଡ଼େ।

"ପରାନ୍ କହିଛେ ଧୀରେ, ହେ ମୃତ୍ୟୁ ମଧୁର-
ଏହି ନୀଳାମ୍ବର ଏକି ତବ ଅନ୍ତଃପୁର।
ଆଜି ମୋର ମନେ ହୟେ ଏ ଶ୍ୟାମଲା ଭୂମି-
ଜଲେ ସ୍ଥଲେ ଲୀଳା ଆଜି ଏଇ ବରଷାର
ଏଇ ଶାନ୍ତି, ଏ ଲାବଣ୍ୟ ସକଲି ତୋମାର
ମନେ ହୟେ ଯେନ ତବ ମିଲନ ବିହୀନେ
ଅତିଶୟ, କ୍ଷୁଦ୍ର ଆମି ଏ ବିଶ୍ୱ ଭୁବନେ।"

ରୋମାଣ୍ଟିକ୍ ମନର ଏ ହେଉଛି ଅନନ୍ୟ ବିଭବ ଓ ବିଭାବ ମାତ୍ର। ଗୁରୁପ୍ରସାଦଙ୍କ ଏହି କବିତାକୁ ମର୍ମେମର୍ମେ ଅନୁଭବ କଲାପରେ କେହି କରିପାରିବେ ନାହିଁ ଯେ, ସେ ପ୍ରାଥମିକ ପ୍ରସ୍ତରେ ଦୁର୍ବଳ ଓ ତାରୁଣ୍ୟ ଜନିତ ଅସଚେତନ-ଦର୍ଶନ-ଜୀବନଦୃଷ୍ଟି ରହିତ ଚପଳମତି କବିତା ହିଁ ରଚନା କରିଛନ୍ତି। ବରଂ ଏହାର ପଠନ, ମନନ ଓ ଆତ୍ମୀକରଣ ପରେ ଜଣେ ମୁକ୍ତକଣ୍ଠରେ କହିପାରିବ ଯେ, ଗୁରୁପ୍ରସାଦ ନିଜର ତାରୁଣ୍ୟକୁ ଅତିକ୍ରମ କରି ତଦୀୟ ପ୍ରାଥମିକ ପର୍ଯ୍ୟାୟରେ ମଧ୍ୟ ଉତ୍ତୀର୍ଣ୍ଣ କାବ୍ୟ ଚେତନାରେ ଦୀକ୍ଷିତ

ହୋଇପାରିଛନ୍ତି। ଏଥିରୁ ତାଙ୍କର ଅଦ୍ଭୁତ କବିତ୍ୱକୁ ଅନୁଭବ କରିହୁଏ। ଗୁରୁପ୍ରସାଦ ବ୍ୟତିକ୍ରମ ଭାବରେ ତରୁଣ ସୁଲଭ ଚପଳତାର ପର୍ଯ୍ୟାୟକୁ କାହିଁ କେତେବର୍ଷ ଆଗରୁ ଛାଡ଼ିଆସିଲେଣି ଓ ଏ ବେଳକୁ ସେ ଯଥେଷ୍ଟ ମେଚ୍ୟୋର୍ ହୋଇସାରିଲେଣି ବୋଲି ଜଣାପଡ଼େ।

ତରୁଣ ଗୁରୁପ୍ରସାଦଙ୍କର ଆଉ ଏକ ସୁନ୍ଦର କବିତା ହେଉଛି 'ସହକାର' ପତ୍ରିକାର ୨୦ବର୍ଷ, ୫ମ ସଂଖ୍ୟା ଅର୍ଥାତ୍ ସେପ୍ଟେମ୍ବର ୧୯୩୯ରେ ପ୍ରକାଶିତ 'ଅସ୍ତରାଗ' କବିତା। ସେଠାରେ କବି ପଂକଜରାଣୀଙ୍କୁ ସମ୍ବୋଧନ କରି ତମାମ୍ କବିତାଟି ରଚନା କରିଛନ୍ତି। 'ପଂକଜ' ବା ପଦ୍ମକୁ ଏଠାରେ 'ରାଣୀ' ବୋଲାଯାଇଛି। ରାଣୀ ସମ୍ବୋଧନ ପଛରେ ଅବଶ୍ୟ ଭାରତୀୟ ତଥା ଉତ୍କଳୀୟ ମିଥ୍ ରହିଛି। ସୂର୍ଯ୍ୟ ହେଉଛନ୍ତି ପ୍ରେମିକ, ପତି ଓ ପଦ୍ମ ହେଉଛନ୍ତି ପ୍ରେମିକା ରାଣୀ। କବି ଏଠାରେ ତୃତୀୟ ପୁରୁଷ ବା ତୃତୀୟ ପକ୍ଷ ଭାବରେ ପଦ୍ମିନୀଙ୍କୁ ଅନୁରୋଧ କରିଛନ୍ତି। ସେ ଅବଗତ କରି କହିଛନ୍ତି ଯେ, ଏବେ ଓଢଣାଟାଣି ନିମିଳିତ ହେବାର ସମୟ ଆସିନାହିଁ, ଯେଣୁ ପଶ୍ଚିମ ଆଶାରେ ତଥାପି ରହିଛି ସୂର୍ଯ୍ୟଙ୍କ ସୁନେଲି କିରଣ। ସୀମାନ୍ତରେ ତଥାପି ଦିଗ୍‌ବଳୟ ସେପାଖେ ରହିଛି ସୂର୍ଯ୍ୟଙ୍କ ଅପଲକ ଚାହାଣୀର ଚମକ, ତା'ରି ଦୀପ୍ତି ଓ ସେ ଦୀପ୍ତିର ବ୍ୟାପ୍ତି ଏଯାଏଁ ରହିଛି। ସୂର୍ଯ୍ୟ ଏ ପର୍ଯ୍ୟନ୍ତ ତମକୁ ଚାହିଁ ରହିଛନ୍ତି, ତେଣୁ ତୁମେ ଓଢ଼ଣା ଟାଣନା। ଏଯାଏଁ ଅନ୍ଧାର ଆବୋରି ନାହିଁ, ରାତି ସ୍ପର୍ଶ ଏଯାଏ ଆସିନି ପୃଥିବୀରେ, ଏଣୁ ତୁମେ ଓଢ଼ଣା ଟାଣିବାର ଆବଶ୍ୟକତା ନାହିଁ। ମେହେର ତାଙ୍କର 'କୀଚକବଧ' କାବ୍ୟର ଦ୍ୱିତୀୟ ସର୍ଗରେ ଗ୍ରହରାଜ ସୂର୍ଯ୍ୟଙ୍କ ଦକ୍ଷିଣାୟନ ଗତିରେ ଅର୍ଥାତ୍ 'ଯମାଳୟ' ଗମନରେ ପଦ୍ମିନୀ ବିଷ୍ଣୁପଦସ୍ରୁତ ଜଳରେ ଝାସଦେଇ ଆତ୍ମହତ୍ୟା କରିବାର ବର୍ଣ୍ଣନା ଭାରତୀୟ ସଂସ୍କୃତି-ପରଂପରା-ବିଶ୍ୱାସବୋଧ ଓ ଚଳଣିର କଥାକୁ ବେଶ୍ ସ୍ପଷ୍ଟ କରିଥାଏ। ଗୁରୁପ୍ରସାଦଙ୍କ ଏହି କବିତାରେ ପଦ୍ମ ସେହିପରି ଏକ ପୁଷ୍ପ ବିଶେଷରେ ସୀମିତ ନରହି ଏକ ପବିତ୍ରତା, ସତୀତ୍ୱ ସଂପନ୍ନା, ସଂସ୍କୃତିପ୍ରାଣା ଭାରତୀୟ ନାରୀର ବ୍ୟକ୍ତିତ୍ୱକୁ ଧାରଣ କରିଛି। ଯଥାର୍ଥରେ ଏଠାରେ culture ର matrix ମଧ୍ୟରେ prospopoeia ଟେକ୍‌ନିକ୍‌ର କ୍ଷେପଣ ବା ପ୍ରୟୋଗ କରାଯାଇଛି ବୋଲି କହିବାକୁ ହେବ। ପଦ୍ମର ଅନନ୍ୟ ସୌନ୍ଦର୍ଯ୍ୟ ସାଙ୍ଗକୁ ଅସ୍ତରାଗର ସୂର୍ଯ୍ୟଙ୍କ ଅରୁଣିମା ଦ୍ୱାରା ସ୍ପର୍ଶ ହେବା ଚିତ୍ରକୁ ବିମ୍ବାଧରରେ ବା ଗୋଲାପୀ ଅଧରରେ ପଦ୍ମର କପୋଳରେ ଚୁମ୍ବନ ଆଙ୍କିବା ଚିତ୍ରର ପରିକଳ୍ପନା କରି ଏକ ରୋମାଣ୍ଟିକ୍ ପରିବେଶର ସର୍ଜନା କରିଛନ୍ତି କବି ଗୁରୁପ୍ରସାଦ। ତାଙ୍କରି ଭାଷାରେ-

"ପଙ୍କଜରାଣୀ ଓଢ଼ଣାଟି ତବ ଟାଣନା
ରାତି ଯେ ଆସିନି ସେ କଥା କି ତୁମେ ଜାଣନା ?

ପଶ୍ଚିମେ ସଖି, ଏବେବି ରହିଚି ଦିନର ସୁନେଲି ଆଲୋକ
ସୀମାବଳୟର ପ୍ରାନ୍ତେ ରହିଚି ଦିନର ଦୀପ୍ତି ଚମକ।
ଲୁଚିନାହିଁ ଦୂର ବନବିଲ ସଖି, ରାତିର ପରଶ ଲାଗିନି
ସୁରୂଯ ମୁହଁର ରକ୍ତିମା ଛାପି ଅନ୍ଧାର ସଖି, ଜାଗିନି।
ଲୁଚି ଯେ ଯାଉଚ ଓଢ଼ଣାର ତଳେ ପାରୁନ କି ଅନୁଭବି ଗୋ
ଗୋଲାପି ଆଲୁଅ ଏବେ ବି ଯେ ତୁମ କପୋଳରେ ଯାଏ ଚୁମି ଗୋ।
ତୁମରି ନିଜର ସୁରୂଯ ଦେବତା ଦେଖ ସଖି, ସୀମାରେଖାରେ
ଲିଭିଯିବା ଆଗୁଁ ମନ ଭରିନିଏ ଆକୁଳେ ନୟନ ଦେଖାରେ।"

(ମହାନ୍ତି, ସହକାର, ସେପ୍ଟେମ୍ବର, ୧୯୩୯ : ୪୧୦)

କବିତାର ରୋମାନ୍‌ସ ପ୍ରକୃତି ମଧ୍ୟଦେଇ କିପରି ପ୍ରବାହିତ ଲକ୍ଷ୍ୟ କରାଯାଇପାରେ। ପ୍ରେମିକଟିଏ ପ୍ରେମିକା ଠାରୁ ଦେଖାକରି ଗଲାବେଳେ ତା'ର ମନ ଓ ଛାତି ପୂରୁନଥିବା, ବୁଝିବାକୁ ରାଜିନଥିବା ବେଳେ ଆଖିର ଆକୁଳତା କିପରି ଅପଲକ ଦୃଷ୍ଟିରେ ଶେଷଯାଏଁ ଯଥାସମ୍ଭବ ନିଜ ପ୍ରେୟସୀକୁ ଦେଖିବାକୁ ଚେଷ୍ଟାକରେ, ତାହା ଅତ୍ୟନ୍ତ ଚମତ୍କାର ଭାବରେ ସୂର୍ଯ୍ୟାସ୍ତ ସମୟକୁ ନେଇ ପଦ୍ମ ଓ ସୂର୍ଯ୍ୟଙ୍କୁ ଯଥାକ୍ରମେ ସମୟର ଆଦେଶାଧୀନ ପ୍ରେମିକା ଓ ପ୍ରେମିକ ଭାବରେ ଚିତ୍ରିତ କରି ଦର୍ଶାଇ ଦିଆଯାଇଛି। ପୁଣି କବି ମନେପକାଇ ଦେଇଛନ୍ତି ସକାଳ ବା ଦିବସର ଆରମ୍ଭ ସମୟକୁ। ମନେପକାଇ ଦେଇଛନ୍ତି ସୂର୍ଯ୍ୟ କିପରି ଗଗନରେ ଉଇଁଲା ମାତ୍ରେ କଅଁଳ କିରଣେ ପଦ୍ମର ଓଠକୁ ଅତ୍ୟନ୍ତ ସନ୍ତର୍ପଣ ଓ ଶ୍ରଦ୍ଧାର ସହ ଚୁମ୍ବନ କରିଥିଲା। ସେ ଆହୁରି ମନେପକାଇ ଦେଇଛନ୍ତି- କିପରି ପଦ୍ମ ଧୀରେଧୀରେ ଆଖିଖୋଲି ଚାହିଁଲାବେଳେ ପାହାନ୍ତି କାକର ପାଣିରେ ନିଦମିଶା ଆଖି ଧୋଇଥିଲା, ସେ କାକର ବୁନ୍ଦା ତା'ମୁହଁରେ ଟୋପାଟୋପା ହୋଇ ଲାଗିଥିଲା ବେଳେ ସୂର୍ଯ୍ୟ ତା'ର ଗୋଲାପି ଆଲୋକରେ ବା କରରେ ଉଚ୍ଛୁଳା ଆବେଗରେ ଅତି ଧୀରେଧୀରେ କାକରର ଟୋପାକୁ ପୋଛି ଦେଇଥିଲା। ଏପରି ଛାତିରେ ଛାତିଏ ପ୍ରେମ, ସ୍ନେହ, ଶ୍ରଦ୍ଧା ଓ ସଂପ୍ରୀତି ରଖିଥିବା ପ୍ରେମିକ ସୂର୍ଯ୍ୟ ଲିଭିଯିବା ଆଗରୁ ଶେଷଥର ଲାଗି ଅତ୍ୟନ୍ତ ଆକୁଳ ଚିତ୍ତଭରା ଚକ୍ଷୁରେ ଚାହିଁରହିଛି। ଏଣୁ କବି ପଦ୍ମିନୀ ସୁନ୍ଦରୀକୁ ଅନୁରୋଧ କରିଛନ୍ତି ନ ରାଗି, ନ ରୁଷି, ଅଭିମାନ ନକରି ଆଉକିଛି ସମୟ ମୁହଁ ଦେଖାଇବା ପାଇଁ। କବି ଆହୁରି ବୁଝାଇ କହିଛନ୍ତି ଯେ, ରାତି ତ ଆସିନି, ଏତେ ତରତର କାହିଁକି ହେଉଛ ? ପୁଣି ଅସ୍ତରେଖାକୁ ଦେଖାଇ କହିଛନ୍ତି କିପରି ଥରଥର ଅରୁଣିମା ତଥାପି ରହିଛି। ପୂର୍ବ ଆକାଶକୁ ଠାରି ଦେଖାଇଛନ୍ତି ଏଯାଏଁ ଜହ୍ନ ଉଇଁନି, ତା'ର କିରଣ ନାହିଁ, ସନ୍ଧ୍ୟାରେ ଏଯାଏଁ କୂଳବଧୂ ତନୁ ମାଜଣା ମଧ୍ୟ କରିନି, ଅର୍ଥାତ୍ ସନ୍ଧ୍ୟା ଆସିନି।

ମାତ୍ର ଅଭିମାନିନୀ ପ୍ରିୟା ପଙ୍କଜରାଣୀ ଥରୁଟିଏ ମଧ୍ୟ ଅପେକ୍ଷମାଣ ପ୍ରେମିକ ସୂର୍ଯ୍ୟଙ୍କୁ ଫେରିଚାହିଁନି। କବିଚିତ୍ତ ଏହି କାରୁଣ୍ୟରେ କ୍ଷତାକ୍ତ ହୋଇ କହିଛି- 'ତୁମେ ଖୁବ୍ ନିଷ୍ଠୁର-ନିର୍ମମ।' କବିଙ୍କ ଭାଷାରେ-

"ମନେପଡ଼େନି କି ସକାଳେ ସେ ଯେବେ ପୂରୁବ ଗଗନେ ଉଇଁଲା
କେଡ଼େ ଶରଧାରେ କଅଁଳ କିରଣେ ଓଠଟି ତମରି ଛୁଇଁଲା।
ନିଦ ଅଳସରେ ତମେ ଯେବେ ସଖି, ଧୀରେ ଆଖି ଖୋଲି ଚାହିଁଲ
ପାହାନ୍ତି କାକର ପାଣିରେ ସଖି ଗୋ, ନିଦମିଶା ଆଖି ଧୋଇଲ।
ଗୋଲାପି ଆଲୋକେ ମୁହଁରୁ ତୁମରି ଉଛୁଳା ଆବେଗେ ସେହି ଗୋ
ଅତି ଧୀରେଧୀରେ କାକରର ଟୋପା ପୋଛିଦେଲା ନିଜ ହାତେ ଗୋ।
ଲିଭିଯିବା ଆଗୁଁ ଶେଷଥର ଲାଗି ଆକୁଳେ ସେ ଯାଏ ଚାହିଁ ଗୋ
ଅଭିମାନ ଭରେ ଲୁଚନାହିଁ ସଖି, ଆଖି ବୁଜିଦିଅ ନାହିଁ ଗୋ।
ରାତି ତ ଆସିନି କ୍ଷଣେ ରହୁ ସଖି, କିଆଁ ଏଡ଼େ ତରତର ଗୋ
ଅସ୍ତରେଖାରେ ଚାହିଁ ଦେଖ ଥରେ ଅରୁଣିମା ଥରଥର ଗୋ,
ଦେଖ ଦୂରେ ସଖି ପୁରୁବ ଗଗନେ ଏବେ ବି ଜାଗିନି ଜୋଛନା
କଳା ଅନ୍ଧାରେ ଦିଗ୍‌ବଧୂ ଚାହିଁ କରି ନାହିଁ ତନୁ ମାଜଣା।
ନିଷ୍ଠୁର ତୁମେ ଏଡ଼େ ଗୋ
ଲୁହ ଛଳଛଳ ସୁରୁଯ ଆଖିରେ ଚାହିଁଲ ବି ନାହିଁ ଥରେ ଗୋ।"

(ମହାନ୍ତି, ସହକାର, ସେପ୍ଟେମ୍ବର, ୧୯୩୯ : ୪୧୦)

ପଦ୍ମ କିନ୍ତୁ କବିଙ୍କ ଶତେକ ଅନୁରୋଧ, ଅନୁନୟ, ସ୍ମୃତିରୋମନ୍ଥନ ଓ ସୂର୍ଯ୍ୟଙ୍କ ଆକୁଳ ଚାହାଣୀ ସତ୍ତ୍ୱେ ନିଜର ଅଭିମାନରୁ ମୁକ୍ତ ହୋଇନାହିଁ। ଓଢ଼ଣା ଟାଣି ଆଖି ବୁଜିଦେଇଛି ସରୋଜିନୀ। ସେ ଦୁଃଖ, ଯନ୍ତ୍ରଣା ଓ ଅପମାନରେ ସୂର୍ଯ୍ୟ ଅସ୍ତମିତ ହୋଇଛନ୍ତି। ପଦ୍ମ ବା କମଳିନୀର ଓଢ଼ଣା ଟାଣିବା ଓ ଆଖିବୁଜିବା ସହ ସନ୍ଧ୍ୟାର ଚାରୁଛବି ମଉଳି ଯାଇଛି। କବି ବର୍ଣ୍ଣନା କରିଛନ୍ତି-

"ଏଡ଼େ ନିର୍ମମ ଟାଣିଲ ଓଢ଼ଣା ବୁଜିଦେଲ ସଖି, ନୟନ
କି ଆଘାତ ଦେଲ ସୁରୁଯ ହିୟାରେ ସେ କଥା କି ଥରେ ଭାବିନ।
ଅପମାନ ଭରେ କି ଯାତନା ପାଇ ସୁରୁଯ ଯାଏ ନିଭି ଗୋ
ତମ ପଛେ ମଉଳି ଗଲାଣି ସନ୍ଧ୍ୟାର ଚାରୁଛବି ଗୋ..."

(ମହାନ୍ତି, ସହକାର, ସେପ୍ଟେମ୍ବର, ୧୯୩୯ : ୪୧୦)

ପ୍ରେମ-ପ୍ରଣୟରେ ପ୍ରେମିକ ଓ ପ୍ରେମିକା ମଧ୍ୟରେ ଏହିପରି ଚାରିଚକ୍ଷୁର ମିଳନ,

ବିଚ୍ଛେଦ, ଅଭିମାନାଦି ଘଟଣା ଘଟିଥାଏ। ପ୍ରକୃତି ମାଧ୍ୟମରେ ନିର୍ମଳ ପ୍ରେମର ସଜଳ ଚିତ୍ର ଏତେ ନିଖୁଣ ଭାବରେ ଅଙ୍କନ କରି କବି ଅର୍ଥରେ ଚମତ୍କାରିତା ଆଣିଛନ୍ତି। ଯଦି କୌଣସି ମାନବୀ ପ୍ରେମିକ-ପ୍ରେମିକାକୁ ନେଇ ଏହା ବର୍ଣ୍ଣନା କରୁଥାଆନ୍ତି ତେବେ ଏହା ଚମତ୍କାର ଅତିଶୟୋକ୍ତି ଅଳଂକାରର ଆଖ୍ୟା ପାଇବ। ମାତ୍ର ଯଦି ଏହା ପ୍ରକୃତିକୁ ନେଇ ରଚନା ମାତ୍ର କରାଯାଇଥାଏ, ତେବେ ଏହା ଉପମା ରୂପକାଦି ଅଳଙ୍କାରଯୁକ୍ତ ଏକ ଚମତ୍କାର ବର୍ଣ୍ଣନା ମାତ୍ର ବୋଲି ସ୍ପଷ୍ଟ ହୋଇଥାଏ। କବିତା ଶେଷ ପଙ୍କ୍ତିରେ ସାର୍ବକାଳିକ ଦର୍ଶନଟି ସ୍ଥାନ ପାଇଛି। ଏ ଦର୍ଶନ ଜୀବନ ପ୍ରତି ରହିଥିବା ପ୍ରଗାଢ଼ ଅନୁଭୂତିର ଦର୍ଶନ। ଦୁନିଆଁର ଏ ଅଜବ ବିଚାର, ମଣିଷର ଏ ଅଜବ ପ୍ରକୃତି। ଯାହାଲାଗି ଛାତିରେ ଅନେକ ପ୍ରେମ, ସ୍ନେହ, ଶ୍ରଦ୍ଧା, ଦୁର୍ବଳତା ଥାଏ ଓ ତା'ପାଇଁ ସେ ଶତେକ ଯାତନା ସହିବାକୁ ପ୍ରସ୍ତୁତ ଥାଏ, ସେହି ପ୍ରେମ୍ୟ ବ୍ୟକ୍ତିଟି କିନ୍ତୁ ସେ ପ୍ରେମ, ସେ ଶ୍ରଦ୍ଧା ଓ ତ୍ୟାଗାଦିର ମୂଲ୍ୟ ବୁଝେନା। ତା'ର ମୁହଁ ଫେରାଇ ନେବାରେ ଯେ କି କଷ୍ଟ, କି ଯାତନା, ସେକଥା ସେ ବୁଝିପାରେନା। ପ୍ରେମରେ ଦୂରେଇଗଲେ ଯନ୍ତ୍ରଣା ହୁଏ। ପ୍ରେମ ଆହୁରି ଝଟକିଉଠେ ଶୁଦ୍ଧ ସୁବର୍ଣ୍ଣ ପରି। କବିଙ୍କ ଭାଷାରେ-

"ସାରା ଦୁନିଆର ଏଇ ତ ଅଟଇ ବିଚାର
ଯାହା ଲାଗି ବୁକୁ ହାଣିହୁଏ ସେ ଗୋ ବୁଝେନା ଦରଜ ହିୟାର।"

(ମହାନ୍ତି, ସହକାର, ସେପ୍ଟେମ୍ବର, ୧୯୩୯ : ୪୧୦)

ପ୍ରେମର ଏ ବୁକୁଫଟା ଦୃଶ୍ୟ ସହ ସଂସାରର ରୀତିକୁ ସାର୍ବଜନୀନ କରାଇ କବି ଗୁରୁପ୍ରସାଦ ଲେଖିଛନ୍ତି-

"ମରମ ଫଟାଇ ଯା ଲାଗି ଲୋତକ ଝରଝର ଝରେ ଆଖିରୁ
ସହାନୁଭୂତିର ନିଃଶ୍ୱାସ ଥରେ ଜାଗେ ନାହିଁ ତା'ର ଛାତିରୁ।
ଜଣକର ବୁକୁ ପୋଡ଼ିଯାଏ ସିନା ସେ କଥା ଅନ୍ୟ ବୁଝେ କି
ଝୁରିଝୁରି ଜଣେ ଜଳିପୋଡ଼ି ମରେ ସେ କଥା ଅନ୍ୟ ଭାବେ କି?
ଏତ ଦୁନିଆର ନିୟମ
ଜଣକର ଲାଗି ଜଳି ମରିବାକୁ ଆଉ ଜଣକର ଜନମ।"

(ମହାନ୍ତି, ସହକାର, ସେପ୍ଟେମ୍ବର, ୧୯୩୯ : ୪୧୧)

ସୂର୍ଯ୍ୟ ନିଜେ ଜଳି ଜଳି ଜୀବନ ଜୀଇଁବା କଥା ଏଠାରେ ଅତ୍ୟନ୍ତ ଚମତ୍କାର ଭାବରେ କୁହାଯାଇଛି। ଲର୍ଡ ଅଲଫ୍ରେଡ୍ ଟେନିସନ୍ ଥରେ ଗାଇଲେ-

"I hold it true, whate'er be fall;
I feel it when I sorrow most;

This better to have loved and lost

Than never to have loved at all."

(In Memoriam, verse XXVII)

ସେହିପରି Nicholas Sparks କହନ୍ତି- "I fell in love with her when we were together, then fell deeper in love with her in the years we were apart." ସୂର୍ଯ୍ୟ ଓ ପଦ୍ମିନୀଙ୍କ ପ୍ରଣୟସିକ୍ତ ଦୃଶ୍ୟକୁ ଦେଖିଲେ ମନରେ ଗୁଣୁଗୁଣୁ ହୁଏ ବିଶିଷ୍ଟ ଆମେରିକୀୟ ଲେଖିକା ଏଲିଜାବେଥ୍ ବର୍ଗଙ୍କ (Elizabeth Berg) ଉକ୍ତି- "There is love in holding and there is love in letting go." ଜୀବନରେ ଆମେ ଭିନ୍ନ ଭିନ୍ନ ରାସ୍ତା ଦେଇଯାଉ। ସୂର୍ଯ୍ୟ ଓ ପଙ୍କଜରାଣୀଙ୍କ ଜୀବନପଥ ମଧ୍ୟ ଅଲଗା ଅଲଗା। କିନ୍ତୁ ଉଭୟେ ଉଭୟଙ୍କ ପ୍ରେମରେ ପରସ୍ପରର ରଂଗକୁ ନିଜ ଦେହରେ ଅଳିଭା ଅବିର ପରି ପ୍ରେମର ସନ୍ତକ ଭାବି ବୋଲି ହୋଇଛନ୍ତି। Tim McGrawଙ୍କ ଉକ୍ତି ଏଠାରେ ମନକୁ ଆସେ- "we all take different paths in life, but no matter where we go, we take a little of each other everywhere." ସୂର୍ଯ୍ୟ ଓ ପଦ୍ମଙ୍କ ଶେଷ ପରିଣତି ଦେଖି Tabitha Suzumaଙ୍କ ପୁସ୍ତକ 'Forbidden'ର ଏକ ଧାଡ଼ି ମନେପଡ଼େ- "At the end of the day it's about how much you can bear, how much you can endure. Being together, we harm nobody; being apart, we extinguish ourselves." କି ଚମତ୍କାର ଅଙ୍ଗୀକାରବୋଧ, କି ଚମତ୍କାର ଅଭିବ୍ୟକ୍ତି ଓ କି ଚମତ୍କାର ସାମ୍ୟ, ସାଦୃଶ୍ୟ! ପରସ୍ପରର ବିରହରେ ସମୟ ସ୍ରୋତରେ ଉଭୟେ ପରସ୍ପରକୁ କ୍ଷତି ନ ପହଞ୍ଚାଇ ମଧ୍ୟ ନିଜକୁ ନିଃଶେଷ କରିଦେଇଛନ୍ତି। ପ୍ରକୃତିକୁ ନେଇ ମେହେରଙ୍କ ପରେ ଆଉ କିଏ ଏଡ଼େ ଚମତ୍କାର ଭାବରେ ବର୍ଣ୍ଣନା କରିବା ଓଡ଼ିଆ ସାହିତ୍ୟରେ ବିରଳ। ପୁଣି ଗୁରୁପ୍ରସାଦଙ୍କ ତରୁଣାବସ୍ଥାରେ ଏପରି ପରିପକ୍ୱ ବର୍ଣ୍ଣନା ଚିନ୍ତାତୀତ ଚେତନାର ପରିଚାୟକ ମାତ୍ର।

କବି ଶ୍ରୀଯୁକ୍ତ ମହାନ୍ତିଙ୍କ ଅନ୍ୟତମ କ୍ଷୁଦ୍ର କବିତା ହେଉଛି 'ଅପରାଜିତା', ଯାହା 'ସହକାର' ପତ୍ରିକାର ୨୦ଶ ବର୍ଷ, ୭ମ ସଂଖ୍ୟା ଅର୍ଥାତ୍ ନଭେମ୍ବର ମାସ ୧୯୩୯ ମସିହାରେ ପ୍ରକାଶ ପାଇଥିଲା। ଚମତ୍କାର ଅଳଙ୍କାର ପ୍ରୟୋଗ କରି କବି ଏହାର ସୌନ୍ଦର୍ଯ୍ୟଶ୍ରୀ ବୃଦ୍ଧି କରିଛନ୍ତି। କବିପ୍ରେୟସୀ ଆଖିରେ ଭରି ଆସୁଥିବା ଲୁହକୁ ଅପରାଜିତା ଶିଶିର ଟୋପା ବୋଲି କହିଛନ୍ତି କବି। ଏଠାରେ ଲୁହ ଟୋପାକୁ ଅର୍ଥାତ୍ ପ୍ରକୃତ ବର୍ଣ୍ଣନୀୟ ବସ୍ତୁକୁ ନିଷେଧ କରାଯାଇଛି ଓ ତାକୁ ଅନ୍ୟ ଏକ ପଦାର୍ଥ ବୋଲି ପ୍ରତିପାଦନ କରାଯାଇଛି। ତେଣୁ ଏଠାରେ ଅପହ୍ନୁତି ଅଳଙ୍କାରର ଆଭାସ ମିଳିଛି ଓ ଶିଶିର ଟୋପା

ସରି କହିବା ଦ୍ୱାରା ଉପମା ଅଳଙ୍କାରର ପ୍ରୟୋଗ ସ୍ପଷ୍ଟ ହୋଇଛି । ପ୍ରିୟାର ରକ୍ତ ଅଧରରେ ଫୁଟିଉଠୁଥିବା ସ୍ମିତହାସକୁ ହେମନ୍ତ ପାହାନ୍ତି ପ୍ରହରରେ ଫୁଟିଉଠୁଥିବା ଗୋଲାପ ଫୁଲ ସହ ତୁଳନା କରାଯାଇଛି । ଏଠାରେ ବାସ୍ତବରେ ପ୍ରକୃତ ବର୍ଣ୍ଣନୀୟ ପଦାର୍ଥ 'ହସ' ଫୁଟିଉଠିବା ସହ ଗୋଲାପ ଫୁଟିଉଠିବାର ସମ୍ଭାବନା କରାଯାଇଛି । ଅତଏବ ଏଠାରେ ପ୍ରତୀୟମାନୋତ୍‌ପ୍ରେକ୍ଷା ପରି ଆଭାସିତ ହେଲେ ହେଁ ଉତ୍‌ପ୍ରେକ୍ଷା ବାଚକ ଶବ୍ଦ 'କି'ର ପ୍ରୟୋଗ ଦ୍ୱାରା ଏଠାରେ 'ବାଚ୍ୟୋତ୍ ପ୍ରେକ୍ଷା' ଅଳଙ୍କାର ରହିଛି ବୋଲି ସ୍ପଷ୍ଟ ହୁଏ । କବି ଗୁରୁପ୍ରସାଦଙ୍କ ଭାଷାରେ–

"ତୁମରି ଆଖିକୋଣେ ଲୁହ ସେ ଆସେ ଭରି
ଅପରାଜିତା ସେ ଗୋ ଶିଶିର ଟୋପା ସରି
ରକତ ଓଠକୋଣେ ଯେ ଦରହାସ ଉଠେ
ହେମନ୍ତ ପାହାନ୍ତିରେ ଗୋଲାପ ସେ କି ଫୁଟେ !"

(ମହାନ୍ତି, ସହକାର, ନଭେମ୍ବର, ୧୯୩୯ : ୬୫୨)

ପ୍ରକୃତିର ସୁନ୍ଦରତା ସହ କବି ନିଜ ପ୍ରେୟସୀର ଲୁହ, ହସ ଉଭୟକୁ ତୁଳନା କରିଛନ୍ତି । ହେମନ୍ତ ପାହାନ୍ତିରେ ଗୋଲାପ ପରି କୋମଳମୁଖୀ ବିମ୍ବୋଷ୍ଠୀ ତରୁଣ ଯୁବାର ହସକୁ ଦେଖି, ମୁହଁରେ ଟୋପାଟୋପା ଶିଶିର ବିନ୍ଦୁର ସୌନ୍ଦର୍ଯ୍ୟକୁ ଦେଖି ବିମୋହିତ ହୋଇଛନ୍ତି । ପୁଣି ଦିନାନ୍ତରେ ରବି କିରଣର ଚିକ୍‌ମିକ୍ ଶୋଭା ମେଘର କପୋଳରେ ଅନନ୍ୟ ସୌନ୍ଦର୍ଯ୍ୟର ଫୁଆରା ସୃଷ୍ଟି କରିଥାଏ । ମେଘମେଦୁର ମଧ୍ୟରେ ସୂର୍ଯ୍ୟକିରଣ ଯେପରି ଚିକ୍‌ମିକ୍ କରୁଥାଏ, ତା'ର ଶୋଭା କ୍ଷୟ ହୋଇନଥାଏ ସନ୍ଧ୍ୟାର ସ୍ପର୍ଶରେ । କବି ଦୃଷ୍ଟିରେ ତାହା ଧରଣୀର ବୁକୁ ପରେ ମଧୁରୂପ ଢାଳିଦିଏ । ସେମିତି କବି ପ୍ରିୟାର ଅଧରକୋଣରେ ଫୁଟିଉଠୁଥିବା ହସ କେଇମାତ୍ର ମୁହୂର୍ତ୍ତ ପାଇଁ ଫୁଟିଉଠିଲେ ମଧ୍ୟ ସେ ହସ ପ୍ରେମିକ ପାଇଁ ସାରଧନ, ସ୍ମୃତିପଟ୍ଟରେ ଦାଉଦାଉ ଶୋଭିତ ଚାରୁଚିତ୍ରପଟ୍ଟ । ଛୋଟ କବିତାଟି ମଧ୍ୟରେ ପ୍ରେମର ଓ ସୌନ୍ଦର୍ଯ୍ୟପିପାସୁ ପ୍ରେମିକ ତଥା ତରୁଣ କବିର ଭାବାବେଗ ବେଶ୍ ସ୍ପଷ୍ଟ ଭାବେ ରୂପାୟିତ ହୋଇଛି । କବିଙ୍କ ଭାଷାରେ–

"ଅବଶ ଦିନଶେଷେ ରବିର ଜ୍ୟୋତିରେଖା
ବଉଦ କପୋଳରେ ଲେଖେ ଯେ, ରୂପ-ଲେଖା
ସଞ୍ଜର ଛାୟା ଲାଗି ମଉଳେ ନାହିଁ ସିଏ
ଧରଣୀବୁକେ ମଧୁରୂପ ସେ ଢାଳିଦିଏ
ସେମିତି ସଜନି ଗୋ ଅଧରକୋଣେ ତବ
ନିମିଷ ପାଇଁ ଫୁଟେ ଯେ ହସ ଗଉରବ

କ୍ଷଣକ ପରେ ସିନା ସେ ହସ ଯାଏ ଲିଭି
ସ୍ମୃତି ଯେ, ଧରିରଖେ ସେ ଚାରୁମୁହଁ ଛବି।"
(ମହାନ୍ତି, ସହକାର, ନଭେମ୍ବର, ୧୯୩୯ : ୬୫୨)

ଏହି ଶେଷ ପଦରେ କବି ଉପମାଳଙ୍କାର ପ୍ରୟୋଗ କରି ଅର୍ଥରେ ଚମତ୍କାରିତା ଆଣିଛନ୍ତି। ନୀଳଫୁଲ ରୋମାଣ୍ଟିକ୍ ଆନ୍ଦୋଳନର ଏକ ଗୁରୁତ୍ୱପୂର୍ଣ୍ଣ ପ୍ରେରଣା। ପାଶ୍ଚାତ୍ୟ କଳାକୃତିରେ ନୀଳଫୁଲର ଗୁରୁତ୍ୱ ଏତେ ଅଧିକ ଯେ, ଏହାକୁ ଏକ ମୋଟିଫ୍ ଭାବରେ ମଧ୍ୟ ବ୍ୟବହାର କରାଯାଏ ବୋଲି ଜନ୍ ଗେଜ୍ ତାଙ୍କର କାଲିଫର୍ଣ୍ଣିଆ ବିଶ୍ୱବିଦ୍ୟାଳୟ ପ୍ରେସ୍ ଦ୍ୱାରା ପ୍ରକାଶିତ (୧୯୯୯) 'Color and Meaning : Art, Science and Symbolism' ପୁସ୍ତକରେ ବିଶଦ ଭାବରେ ଆଲୋଚନା କରିଛନ୍ତି। ଇଂରାଜୀ ଓ ଜର୍ମାନ୍ ସାହିତ୍ୟରେ ମଧ୍ୟ ଏହି ନୀଳରଙ୍ଗର ଫୁଲକୁ ଏକ ପବିତ୍ର ପ୍ରତୀକ ବୋଲି କୁହାଯାଇଛି। ତାଙ୍କ ମତରେ "This blue flower is the watchword and sacred symbol of the Romantic school." (Boyesen, 1892 : 324) "It is meant to symbolize to deep and sacred longings of a poet's soul. Romantic poetry invariably deals with longing; not a definite, formulated desire for some obtainable object, but a dim, mysterious aspiration, a trembling unrest, a vague sense of kinship with the infinite, and a consequent dissatisfaction with every form of happiness which the world has to offer. (Boyesen, 1892 : 324) କବି ଗୁରୁପ୍ରସାଦଙ୍କ ଆଲୋଚ୍ୟ 'ଅପରାଜିତା' କବିତାଟି ସଂପୂର୍ଣ୍ଣରୂପେ ଓଡ଼ିଆ ସବୁଜଧାରାର କବିତା ଗୋତ୍ରୀୟ। ଅବଶ୍ୟ ଏଥିରେ ଏସ୍ଥେଟିକ୍ ଦୃଷ୍ଟିକୋଣଟି ରହିଛି। ଅପରାଜିତା ଉପରେ ଶିଶିର ଟୋପା ସହ ପ୍ରେୟସୀର ଆଖିକୋଣର ଲୁହ ବିନ୍ଦୁ, ହେମନ୍ତ ପାହାନ୍ତିରେ ଗୋଲାପ ଫୁଲ ଫୁଟିବା ସହ ପ୍ରେୟସୀର ରକ୍ତିମ ଅଧରରେ ହସ ଫୁଟିବା, ଦିନାନ୍ତର ରବିକିରଣ ମେଘ କପୋଳରେ ଚିକ୍‌ମିକ୍ ରୂପଶ୍ରୀ ଆଙ୍କିବା, ସଞ୍ଜର ଛାୟାଲାଗି ମଉଳୁ ନଥିବା ଓ ଧରଣୀବୁକୁରେ ମଧୁରୂପ ଢାଳୁଥିବା ପରି ସଜନୀର ଅଧରକୋଣରେ ନିମିଷେ ପାଇଁ ହସ ଫୁଟି ଗୌରବର ବିଷୟ ହେବା ଓ ହୃଦୟରେ ସ୍ମୃତି ହୋଇ ରହିଯିବା ପରି ତୁଳନା କବିତାରେ ଏସ୍ଥେଟିକ୍ ସେନ୍‌ସ କଥା ହିଁ କହିଥାଏ। କବିତାର ଆଉ ଗୋଟିଏ ଦିଗ ହେଉଛି 'ଅପରାଜିତା' ଫୁଲର ବର୍ଣ୍ଣନା। ଅପରାଜିତାର ଫୁଟିବା ଓ ସୌନ୍ଦର୍ଯ୍ୟକୁ ମଧ୍ୟ ଏଠାରେ ସମାନ୍ତରାଳ ଭାବରେ ବର୍ଣ୍ଣନା କରାଯାଇଛି। ମାତ୍ର କବି ପ୍ରେୟସୀର ବର୍ଣ୍ଣନା କଥା ପ୍ରଥମ ପଦର ତୃତୀୟ ଓ ଚତୁର୍ଥ ପାଦରୁ ଜଣାପଡ଼େ।

"ରକତ ଓଠକୋଣେ ଯେ ଦରହାସ ଉଠେ
ହେମନ୍ତ ପାହାନ୍ତିରେ ଗୋଲାପ ସେ କି ଫୁଟେ!"
(ଅପରାଜିତା)

ତେବେ ସର୍ବୋପରି ଏହି କବିତାଟି ଗୁରୁପ୍ରସାଦ ନିଜର ତରୁଣାବସ୍ଥାରେ ଲେଖିଥିଲେ ମଧ୍ୟ ଏଥିରେ ଥିବା ଅର୍ଥ ଚମତ୍କାରିତା ଓ ବର୍ଣ୍ଣନାପଟୁତା ପ୍ରଭୃତିକୁ ଅସ୍ୱୀକାର କରାଯାଇପାରିବ ନାହିଁ।

ସେହିପରି ସହକାରର ବିଂଶ ଭାଗର ୮ମ ଓ ୯ମ ମିଳିତ ସଂଖ୍ୟାରେ ୧୯୩୯ ମସିହା ଡିସେମ୍ବର ମାସରେ ପ୍ରକାଶ ପାଇଥିବା 'ଅଲାଜୁକୀ' କବିତା ଏକ ଗ୍ରାମ୍ୟ ଜୀବନର ନିଛକ ସ୍ମୃତିକଥା ମାତ୍ର। ଏକ ରୋମାଣ୍ଟିକ୍ ବାତାବରଣ ଭିତରେ ଅଳ୍ପବୟସ୍କା ତରୁଣୀର ରୋମାଣ୍ଟିକ୍ ସ୍ମୃତି ଉପରେ ପର୍ଯ୍ୟବେସିତ ଏହି କବିତା। ଗ୍ରାମ୍ୟ ବାଳିକାଟି ପାହାଡ଼ ତଳେ ନଦୀକୁ ପାଣି ଆଣିବାକୁ ଆସିଛି। କାଖରେ ତା'ର ମାଟି କଳସୀ। କଳସୀଟି ସୁନୀଳ ସ୍ୱଚ୍ଛ ଜଳରେ ଛଳଛଳ। ତହିଁରେ ଉଦିତ ସୂର୍ଯ୍ୟଙ୍କର ସୁନେଲି କିରଣ ପଡ଼ି ହୀରକଖଣ୍ଡ ପରି ଚକ୍‌ଚକ୍ କରୁଛି କଳସୀର ମୁହଁ। ନଈରେ ସୁନେଲି ଖରା ପ୍ରତିଫଳିତ ହୋଇ ଢେଉରେ କରିଛି ଚିକ୍‌ମିକ୍ ଖେଳ। ସେହି ଚିକ୍‌ମିକ୍ ସୁନେଲି ଖରାକୁ ଦେଖି ସେ ଝିଅଟି ଆନମନା ହୋଇଉଠିଛି। ଏଣୁ ସେ ଘରକୁ ଫେରିବାରେ ବିଳମ୍ବ ହୁଏ। ତେଣୁ ଧୀରେଧୀରେ ଘରପାଖ ହେଲାବେଳକୁ ଭାସି ଆସୁଥାଏ ବଡ଼ ଭାଉଜଙ୍କ ପାଟି ଶବ୍ଦ। ଗାଉଁଲି ଭାଷାରେ ବଡ଼ଭାଉଜ ଗାଳି ଦେଉଥାଆନ୍ତି 'ଅଲାଜୁକୀ' ବୋଲି ସମ୍ବୋଧନ କରି। ପାଣି ନେଲାପରେ ବୋଧହୁଏ ରନ୍ଧାରନ୍ଧି କାମ ହୋଇଥାଆନ୍ତା। ଏଣୁ ନିଜର ଚପଳତା ହେତୁ ସେ ବିଳମ୍ବ ହୋଇଛି। ସୁତରାଂ ସେ ବିଳମ୍ବ ହେତୁକ ଗାଳିମନ୍ଦ ସବୁ ମଥାପାତି ସହିଯାଏ ସେହି ଯୁବତୀ। କିନ୍ତୁ ମନେମନେ ଭାବେ କଅଁଳ ଖରାରେ ପାଣିଖେଳର ଆନନ୍ଦ ଓ ଖୁସି କଥା କିଏ ବୁଝିବ? ଏଠାରେ ଦେଖିବା କଥା କବିଙ୍କର ପ୍ରଥମ ପୁରୁଷ ବ୍ୟାଖ୍ୟାନ ସାଙ୍ଗକୁ ସଲିଲକି ଷ୍ଟାଇଲର ପାଦଚିହ୍ନ କିଛି ରହିଛି। କବିଙ୍କ ଭାଷାରେ-

"ବଡ଼ ଭାଉଜଙ୍କ ପାଟି ଶୁଭେ ବାରି ଆର ପାଖରୁ
ଆହା ଅଲାଜୁକୀ, ଏତେବେଳେ ପରେ, ନଈରୁ ଫେରୁ
ଯେତେ ଗାଳିମନ୍ଦ ସବୁ ମଥାପୋତି ସହି ମୁଁ ଯାଏ
କଅଁଳ ଖରାରେ ପାଣିଖେଳ କଥା ବୁଝିବ କିଏ?"
(ମହାନ୍ତି, ସହକାର, ଡିସେମ୍ବର, ୧୯୩୯)

ତଥାକଥିତ ଓଡ଼ିଶୀ ଗ୍ରାମ୍ୟ ଚଳଣି ଓ କିଶୋରୀ ମନର ମନସ୍ତାତ୍ତ୍ୱିକ ଚିତ୍ର ଏଠାରେ ସ୍ପଷ୍ଟ ହୋଇଛି।

ଗୁରୁପ୍ରସାଦଙ୍କ ଆଉ ଏକ କବିତା ସ୍ୱନାମଧନ୍ୟ ସାହିତ୍ୟ ପ୍ରତିକା 'ଉତ୍କଳ ସାହିତ୍ୟ'ର ୧୯୪୦ ଜାନୁଆରୀ ମାସରେ ପ୍ରକାଶିତ ୪୩ଶ ଭାଗ, ୯ମ ସଂଖ୍ୟାରେ ବାହାରିଥିଲା। କବିତାର ଶୀର୍ଷକ ଥିଲା 'ସଜଳ ଆଖିନୀରେ'। (ମହାନ୍ତି, ଉତ୍କଳ ସାହିତ୍ୟ, ଜାନୁଆରୀ, ୧୯୪୦ : ୩୦୮) ଯୌବନର ନୀରାଜନା କରୁଥିବା ତରୁଣ ପ୍ରାଣରେ ଜୀବନର କରୁଣ ସ୍ଥିତି ସଂପର୍କରେ ଉଦ୍‌ବେଳନ ସୃଷ୍ଟି ହୋଇଛି। ଜୀବନର ବିବିଧ ବାସ୍ତବ ଦିଗ ପ୍ରତି ସେ ସଚେତନ ହୋଇଛନ୍ତି। ନବଯୁଗ ସାହିତ୍ୟ ସଂସଦର ଉଦ୍‌ଭବ, 'ଆଧୁନିକ' ପତ୍ରିକାର ବିକାଶ ଓ ଭଗବତୀଚରଣ, ଅନନ୍ତ ପଟ୍ଟନାୟକ ଓ ସଚ୍ଚିଦାନନ୍ଦ ରାଉତରାୟଙ୍କ ପ୍ରଗତିବାଦୀ ସାହିତ୍ୟ ସର୍ଜନା ସମ୍ଭବତଃ ଗୁରୁପ୍ରସାଦଙ୍କୁ ପ୍ରଭାବିତ କରିଛି, ତାଙ୍କର ରୋମାଣ୍ଟିକ୍ ତରୁଣ ହୃଦୟକୁ ଦ୍ରବୀଭୂତ ଓ ଉଦ୍‌ବେଳିତ କରିପକାଇଛି। ସଚ୍ଚିରାଉତରାୟଙ୍କ 'ଅଭିଯାନ', ଅନନ୍ତ ଓ ସଚ୍ଚିଦାନନ୍ଦଙ୍କ ମିଳିତ ଉଦ୍ୟମରେ ପ୍ରକାଶିତ 'ରକ୍ତଶିଖା' ପୁସ୍ତକ ୧୯୪୦ ବେଳକୁ ପ୍ରକାଶ ପାଇସାରିଥିଲା। ଏହାର ପ୍ରଭାବ ମଧ୍ୟ ଖୁବ୍ ବେଶି ଥିଲା ସେ କାଳରେ। ବିଶେଷ କରି ବୈଜ୍ଞାନିକ ସାମ୍ୟବାଦ ଉପରେ ପ୍ରତିଷ୍ଠିତ ବ୍ରହ୍ମପୁରରୁ ପ୍ରକାଶିତ 'ନବୀନ' ପତ୍ରିକାର ତା-୨୩.୦୩.୧୯୩୫ରିଖ ସଂଖ୍ୟାରେ ପ୍ରକାଶ ଲାଭ କରିଥିବା 'ଶ୍ରମିକର ଶ୍ରୀପଞ୍ଚମୀ' କବିତା ଦ୍ୱାରା ଗୁରୁପ୍ରସାଦ ପ୍ରଭାବିତ ହୋଇଥାଇପାରନ୍ତି। କାରଣ ସେତେବେଳକୁ ଓଡ଼ିଶାରେ ପ୍ରଗତିବାଦୀ ଚେତନା ବିଚ୍ଛୁରିତ ହୋଇପଡ଼ିଲାଣି ଚାରିଆଡ଼େ, ସାଧାରଣଙ୍କ ମନ ଅଗଣାରେ।

ସେହିପରି ରାଉତରାୟଙ୍କ 'ମାନବ' ଶୀର୍ଷକ ଆଉ ଏକ କବିତା ଯାହା 'ଉତ୍କଳ ସାହିତ୍ୟ' ପତ୍ରିକାର ୩୬ଶ ଭାଗ, ୬ଷ୍ଠ ସଂଖ୍ୟା, ଆଶ୍ୱିନ ୧୩୩୯ ତଥା ୧୯୩୨ ମସିହାରେ ପ୍ରକାଶିତ ହୋଇଥିଲା, ତା'ର ପ୍ରଭାବ ମଧ୍ୟ ସ୍ପଷ୍ଟ ଏହି 'ସଜଳ ଆଖି ନୀରେ' କବିତାରେ। ସେହି ରାଉତରାୟଙ୍କ 'ମାଳା' କବିତାର ଏକ ଅଂଶ ଦେଖନ୍ତୁ। "ଜୀବନ ରାଜପଥେ, ଜନତାର ଭୀମ ସଂଘର୍ଷଣେ / ଏ ମାଳାର ପ୍ରତିଫୁଲ ଲୋଟିବ ଗୋ ଯେବେ ଅକାରଣେ / କଠିନ ସବଳ ବାହୁ ଛିନ୍ନ କରି ଲୋଡ଼ିବ ଆଘ୍ରାଣ / ମାଳାର ଗୌରବ ରକ୍ଷା ହେତୁ ରକ୍ଷୀ ଅସି କଲି ଦାନ/ ନୀରବିଲା କଣ୍ଠ ତବ, ବୁଝିଲିନି କିବା ପ୍ରୟୋଜନ / ରହସ୍ୟ ଅଦ୍ଭୁତ ପ୍ରଭୁ ଅଶ୍ରୁଖୋଲି ଧୋଇଲା ନୟନ।" (ରାଉତରାୟ, ଉତ୍କଳ ସାହିତ୍ୟ, ୩୯ଶ ଭାଗ, ୫ମ ସଂଖ୍ୟା, ଭାଦ୍ର, ୧୩୪୨ ବା ୧୯୩୩) ସେହି ସଚ୍ଚିଦାନନ୍ଦଙ୍କ 'ଉତ୍କଳ ସାହିତ୍ୟ' ପ୍ରତିକାରେ ପ୍ରକାଶିତ 'ମାନବ' (୧୯୩୨), 'ଭୟଙ୍କର' (୧୯୩୫), 'ଶେଷରାତ୍ରୀ' (୧୯୩୫), 'ଜୀବନ କବିତା' (୧୯୩୧) ଓ 'ମାଟିର ପତଙ୍ଗ' (୧୯୩୫) ପ୍ରଭୃତି କବିତା ଓଡ଼ିଆ ସାହିତ୍ୟରେ ଏକପ୍ରକାର ଜୀବନ ଓ ବାସ୍ତବତା କୈନ୍ଦ୍ରିକ ବାତାବରଣ ସୃଷ୍ଟି କଲାଣି ସେତେବେଳକୁ। ଗୁରୁପ୍ରସାଦଙ୍କ

'ସଜଳ ଆଖି ନୀରେ' କବିତାଟି ସେହି ବାତାବରଣ ଓ ଆତ୍ମସଚେତନତାର ଫଳପ୍ରସୂ ମାତ୍ର। ଏଣୁ 'ଜୀବନ' କବିଚିତ୍ତ ପାଇଁ ପାଲଟିଛି 'ମରୁପଥ'। ସମସ୍ତ 'କଳ୍ପନା' ପାଲଟିଛି 'କୁହୁକମାୟା'ରେ। ଏଣୁ ଏକ ନବଯୌବନ, ତା'ର ଉତ୍ତେଜନା, ଫଗୁଣର ସମୀରଣ, କୁହୁତାନ, ମଧୁର ବାସ୍ନା ପ୍ରଭୃତି କ୍ଷଣସ୍ଥାୟୀ। ଏହି ଉତ୍ତାପ ଓ ଉତ୍ତେଜନାର ଯୌବନ କଥା ନିମିଷକ ପାଇଁ। ମାତ୍ର ଅନନ୍ତ ଜୀବନର ସ୍ରୋତ କଥା ଏଇଠି ନାହିଁ। କବିଙ୍କ ଭାଷାରେ-

"କବିତା କାହିଁ ସତେ ?
ଜୀବନ ମରୁପଥେ
ସକଳ କଳାପନା
କୁହୁକ ମାୟାଖାଲି
ନୂତନ ଯଉବନେ
ଫଗୁଣ ସମୀରଣେ
ନିମିଷେ ଆସେ କେତେ
ନିମିଷେ ଯାଏ ଚାଲି ?"

(ମହାନ୍ତି, ଉତ୍କଳ ସାହିତ୍ୟ, ଜାନୁଆରୀ, ୧୯୪୦ : ୩୦୮)

ଦୁଃଖ, ଯନ୍ତ୍ରଣା, କଷ୍ଟରେ ଲୁହ ଗଡ଼ାଇ ଗଡ଼ାଇ ସାରାଜୀବନ ଯେ ଥରେ ହେଲେ ହସିନାହିଁ ସେ ଜୀବନ କି ପ୍ରକୃତ ଜୀବନ ପଦବାଚ୍ୟ! ସେ ଯନ୍ତ୍ରଣାଦଗ୍ଧ ପ୍ରାଣରେ କବିତାର ଚିହ୍ନ କାହିଁ? କବିତା କହିଲେ ଏଠାରେ ଚିରନ୍ତନ ଜୀବନ ଶିବତ୍ୱର କଥାକୁ ବୁଝାଏ। ନିଷ୍ଠୁର ବାସ୍ତବତା, ଯନ୍ତ୍ରଣାଦଗ୍ଧ ସତ୍ୟତା ପାଖରେ ସ୍ୱପ୍ନ-ଆକାଙ୍କ୍ଷା ଓ କଳ୍ପନାର ମାନେ କିଛି ନାହିଁ। ବରଂ ବାସ୍ତବତା ସହ ଯୁଝିହୋଇ ଜୀବନକୁ ସରସ-ସୁନ୍ଦର ଓ ସ୍ୱାଦିଷ୍ଟ କରିବା କଥା- ତାହାହିଁ କବି ଚକ୍ଷୁରେ ଶ୍ରେୟସ୍କର। କବିଙ୍କ ଭାଷାରେ-

"ବ୍ୟଥାର ପୂଜା କରି
ଉଷ୍ଣମ ଲୋତକରେ
ଜୀବନସାରା ଧରି
ହସି ନାହିଁ ଯେ ଥରେ
କବିତା କାହିଁ ସତେ !
ଆହତ ପ୍ରାଣେ ତା'ର
ସପନ ନୀଡ଼ ରଚି
କି ଲାଭ ହେବ ତା'ର।" (ତତ୍ରୈବ : ୩୦୮)

ଆହତ ପ୍ରାଣରେ ସ୍ୱପ୍ନର ମୂଲ୍ୟ କିଛିହେଲେ ନାହିଁ, ବରଂ ବାସ୍ତବତା ସହ ଯୁଝିହୋଇ ଜୀବନକୁ ଠିକ୍ ଭାବରେ ଜୀଇଁବା, ଜୀବନ ପଥକୁ ସୁଗମ କରିବା ହିଁ ଶ୍ରେୟସ୍କର। ଅତ୍ୟନ୍ତ ଦୁଃଖ ଓ ଶୋଚନାର ସହ କବି ବ୍ୟଙ୍ଗାତ୍ମକ ଭାବରେ କହିଛନ୍ତି ଯେ, ଯେଉଁମାନେ ଲୁହର ସ୍ରୋତରେ ଭାସିଯିବା ସାର, ଜୀବନ ଭରି ଯା'ର ଦୁଃଖ ଯାତନାର ଗୁରୁଭାର ସେ କାହୁଁ ସୁଖୀ ହେବ? ଅଶ୍ରୁର ପୂଜାରୀ ଭାବରେ ସେ ଚିରଦିନ ଅଶ୍ରୁସ୍ରବଣ କରିବା ସାର ହେବ ସିନା ଜୀବନ ତା'ର ଆନନ୍ଦରେ କଟିବା ସାତ ସପନ। ତେଣୁ କବି ବ୍ୟଞ୍ଜନାର ପ୍ରୟୋଗ କରି କହିଛନ୍ତି ସଜଳ ଆଖି ନୀରେ ଅର୍ଥାତ୍ ଲୁହରେ ଚିରକାଳ ସେ ସୁଖୀ ହେବ। ଅର୍ଥାତ୍ ଏପରି ଦରିଦ୍ର, ଅସହାୟ ମଣଷର ଦୁଃଖ, ଯାତନା ଓ କଷ୍ଟ ହିଁ ଚିର ସହଚର। କବିଙ୍କ ଭାଷାରେ-

"ବରଷା ଝରଝରେ
ଭାସି ଗୋ ଲୁହଜଳେ
ଅଶ୍ରୁର ପୂଜାହାରୀ
ଯିବି ଗୋ ବାହି ଧୀରେ
ଜୀବନ ଭରି ଯାର
ଯାତନା ଗୁରୁଭାର
ସେ ସିନା ସୁଖୀ ହେବ
ସଜଳ ଆଖିନୀରେ।"

(ମହାନ୍ତି, ଉତ୍କଳ ସାହିତ୍ୟ, ଜାନୁଆରୀ, ୧୯୪୦ : ୩୦୮)

ଏଇଠି କବି ଗୁରୁପ୍ରସାଦଙ୍କ ସ୍ୱର ଜୀବନର ଉତ୍ତପ୍ତ ଅଥଚ କୋମଳ ଦିଗ ପ୍ରତି ଯତ୍ନବାନ ହୋଇଛି। ଜୀବନର ଗୁରୁତ୍ୱ ବଢ଼ିଯାଇଛି। ସିରିୟସ୍‌ନେସ୍ ଢ଼େର୍ ବଢ଼ିଯାଇଛି। ଏହି ସିରିୟସ୍‌ନେସ୍‌ରେ ଆଖି ଛଳଛଳ ଓ କବିତ୍ୱ ଏକ ନୂଆରୂପ ନେବାର ପ୍ରସ୍ତୁତି ପର୍ଯ୍ୟାୟରେ ରହିଛି। ବସ୍ତୁତଃ ଏହି କବିତାରେ ତରୁଣ କବିଚିତ୍ତର ଆତ୍ମସଚେତନତା ସ୍ଫଟିକ ରୂପଧାରଣ କରିଛି। ଏହି ଆତ୍ମସଚେତନତା ହିଁ ଗୁରୁପ୍ରସାଦଙ୍କୁ ଏହି ଧାରାର କବିତା ରଚନାରୁ କ୍ଷାନ୍ତ ରଖିଛି ଓ ସମାଜ-ଜୀବନକୁ ନିରେଖି ଦେଖି ସମୀକ୍ଷା କରିବାକୁ ପ୍ରେରଣା ଦେଇଛି। ଏହି ପ୍ରେରଣା ଉଦ୍ଭୂତ ସ୍ୱାନୁଭୂତି ଓ ଅଭିଜ୍ଞତା ତାଙ୍କୁ ଉତ୍ତରକାଳରେ ଖାଲି ବାସ୍ତବବାଦୀ କରି ଗଢ଼ିତୋଳି ନାହିଁ, ଅଧିକନ୍ତୁ ଜୀବନ ପ୍ରତି ସେ ଅନେକାଂଶରେ ବ୍ୟଙ୍ଗାତ୍ମକ ହୋଇଉଠିଛନ୍ତି। ହଁ, ଅବଶ୍ୟ ଏ ଜୀବନ ପାରଂପରିକ ଜୀବନଧାରା ନୁହେଁ, ଏହି ଜୀବନ ହେଉଛି ତଥାକଥିତ ଆଧୁନିକ ଓ ଉଚ୍ଛୃଙ୍ଖଳ ଜୀବନଧାରା, ସ୍ୱେଚ୍ଛାଚାରୀ ଜୀବନଧାରା। ସମାଲୋଚକ ବାବାଜୀ ଚରଣ

ପଟ୍ଟନାୟକ କହନ୍ତି- "କାଳବକ୍ଷରେ ମହାକବି, ଉତ୍ପାଦକ କବି ଓ ଚିନ୍ତାମଣି କବିଏ କ୍ୱଚିତ୍ ଆବିର୍ଭୂତ ହୋଇଥାନ୍ତି। କିନ୍ତୁ ଶିଳ୍ପସାଧକ କବିଙ୍କ ସଂଖ୍ୟା ସବୁକାଳରେ ପ୍ରାୟଶଃ ଲୋକଯୋଗାଯୋଗ ଦୃଷ୍ଟିରୁ ନିରୂପିତ ହୋଇଥାଏ। ଏ ଧରଣର କବିଏ ପୂର୍ବବର୍ତ୍ତୀ ସ୍ରଷ୍ଟାଙ୍କ ପ୍ରଭାବରୁ ମୁକ୍ତ ରହିବେ କିପରି ? କିନ୍ତୁ ଦୁଇଟି ଗୁରୁତ୍ୱପୂର୍ଣ୍ଣ ପ୍ରସଙ୍ଗ ଅନୁସୃତ ହେବାରେ ଏମାନଙ୍କ ସୃଷ୍ଟିକାଳ ଅତିକ୍ରମରେ ସମର୍ଥ ହୁଏ। ତାହା ହେଉଛି ପ୍ରଭାବ ଅଂଗୀକାରର ଶକ୍ତି ଓ ସ୍ୱସଚେତନତା। ଗୁରୁପ୍ରସାଦଙ୍କ କବିସତ୍ତାରେ ଏ ଦୁଇଟିଯାକ ବ୍ୟକ୍ତିସତ୍ତା ପ୍ରତିପୋଷିତ ଓ କାବ୍ୟାଭିବ୍ୟକ୍ତିର ଉତ୍‌ପ୍ରେରକ।" (ପଟ୍ଟନାୟକ, ୨୦୦୭ : ୧୦) ସମାଲୋଚକ ପ୍ରଫେସର ନିତ୍ୟାନନ୍ଦ ଶତପଥୀ ଏ ବାବଦରେ କହନ୍ତି- "ମନେହୁଏ ୧୯୪୦ର ପ୍ରାରମ୍ଭରେ ଶ୍ରୀ ମହାନ୍ତି ତାଙ୍କ କାବ୍ୟ-ଆଭିମୁଖ୍ୟ ସଂପର୍କରେ ହୁଏତ ସଚେତନ ହୋଇଛନ୍ତି ଓ ଆତ୍ମସମୀକ୍ଷା କରିଛନ୍ତି। ଏହିବର୍ଷ ଜାନୁୟାରୀ ମାସରେ ପ୍ରକାଶିତ କବିତା 'ସଜଳ ଆଖିନୀରେ' ଏହି ଆତ୍ମୋପଲବ୍ଧିର ସ୍ୱର ବହନକରେ। .। ଏହି ମାନସିକ ଦ୍ୱନ୍ଦ୍ୱ ପରେ ତାଙ୍କ କାବ୍ୟସାଧନା ଅତ୍ୟନ୍ତ ଖଣ୍ଡିତ ପ୍ରାୟ କିଛିଦିନ ପାଇଁ ସଂପୂର୍ଣ୍ଣ ନୀରବ ମଧ୍ୟ। ଏହି ନୀରବତା ହିଁ ତାଙ୍କ କବିତାର ପରବର୍ତ୍ତୀ ପଦକ୍ଷେପ ପାଇଁ ଏକ ମାନସିକ ପ୍ରସ୍ତୁତି। କାରଣ ୧୯୪୦ରୁ ସ୍ୱାଧୀନତା ପର୍ଯ୍ୟନ୍ତ ତାଙ୍କ ସୃଷ୍ଟିର କୌଣସି ପରିଚୟ ସମସାମୟିକ ପତ୍ରପତ୍ରିକାରେ ମିଳେ ନାହିଁ। ବୋଧହୁଏ ଏଇ ସୁପ୍ତାବସ୍ଥା ଥିଲା ଏକ ଜୀର୍ଣ୍ଣ କାବ୍ୟ ନିର୍ମୋକକୁ ଫିଙ୍ଗି ଆଧୁନିକ କାବ୍ୟଚେତନାକୁ ଅବଲମ୍ବନ କରିବାର ଏକ ପ୍ରସ୍ତୁତି ପର୍ବ।" (ଶତପଥୀ, ୧୯୮୫ : ୫୧୭) ଗ୍ରାମ୍ୟ ଜୀବନରୁ ସହରୀ ଜୀବନ ଆଡ଼କୁ କବି ସମୀକ୍ଷକ ଭାବରେ ଆସି ଚିତ୍ରିତ କରିଛନ୍ତି ସହରର ସ୍ନାୟୁ ଜଗତକୁ, ତା'ର ଭିତ୍ତି, ଭୂତି ଓ ଅନୁଭୂତିକୁ। ଯୁଦ୍ଧୋତ୍ତର ପୃଥିବୀର ଧୂସର, ଧୂମିଳ, ବିଷାକ୍ତ ଓ ଅନ୍ଧକାରମୟ ପରିବେଶକୁ କବି ଯା'ରି ପର ପର୍ଯ୍ୟାୟରେ ଚିତ୍ରିତ କରିଛନ୍ତି।

ଗୁରୁପ୍ରସାଦଙ୍କ ଏହି ପର୍ଯ୍ୟାୟର ଶେଷ କବିତା ଆମେ 'ସହକାର' ପତ୍ରିକାର ୨୧ଶ ଭାଗ, ୧୩୪୨ ସାଲ ବୈଶାଖ ମାସ ସଂଖ୍ୟାରେ ଦେଖିଥାଉଁ ଯାହାର ଶୀର୍ଷକ ଥିଲା 'କାହାଣୀ' (ପୃଷ୍ଠା-୮୨)। ତରୁଣ କାଳରେ ତରୁଣୀଟିକୁ ଦେଖି କବି ପ୍ରାଣରେ ପ୍ରେମର ଉଚ୍ଛ୍ୱାସ ଅନୁଭବ ହୋଇଛି। ପ୍ରତିଦିନ ସେହି ଝିଅଟି ନଦୀକୁ ପାଣି ଆଣିବାକୁ ଯାଏ। ତେର-ଚଉଦ ବର୍ଷର ସେ ବାଳିକା। କବି ଉପମା ଅଳଙ୍କାର ପ୍ରୟୋଗ କରି ସେ ତରୁଣୀର ସୌନ୍ଦର୍ଯ୍ୟକୁ ବର୍ଣ୍ଣନା କରିଛନ୍ତି। ଦୂର ଆକାଶର ଧଳା ମେଘରେ ଚନ୍ଦ୍ର କିରଣ ପଡ଼ିଲେ ତାହା ଯେପରି ଶୁଭ୍ର ସୁନ୍ଦର ଦେଖାଯାଏ, ତା'ଚିକ୍‌ମିକ୍ କଳାପରି ସୁନାରଂଗୀ ଦେହରେ ସେହିପରି ଯୌବନ ନୂଆ କରି ଛୁଏଁ। କବିଙ୍କ ଭାଷାରେ-

"ଏଇ ବାଟେ ପ୍ରତିଦିନ ସେ / ଯାଏ ପାଣି ଆଣିବାକୁ ନଈକି / ତା'ର ବୟସ ଯେ ଅତି ଅଳପ / ହେବ ତେର କି ଚଉଦ ସରିକି। ଦୂର ଆକାଶର ଧଳା ବଉଦେ / ଲାଗେ ପ୍ରଥମେ ଜ୍ୟୋଛନା ଯେମିତି / ତା'ର ସୁନା ପରି ତୋରା ଦେହରେ / ଛୁଏଁ ନୂଆ ଯଉବନ ସେମିତି।" (ମହାନ୍ତି, ସହକାର, ମେ, ୧୯୪୦ : ୮୨) 'ପରି', 'ଯେମିତି', 'ସେମିତି' ପ୍ରଭୃତି ଉପମା ବାଚକ ଶବ୍ଦ ପ୍ରୟୋଗ କରି କବି ନିଜ ପ୍ରେମିକାର ରୂପ ଯୌବନକୁ ବର୍ଣ୍ଣନା କରିଛନ୍ତି। ଦୂର ଆକାଶର 'ଧଳା ବଉଦ' ସହ ତା'ର ସୁନାପରି 'ଦେହ' ସହ ଓ 'ଜ୍ୟୋଛନା' ସହ ତା'ର 'ଯୌବନ'କୁ ତୁଳନା କରାଯାଇଛି। ନୂଆ ଜୋଛନା ସହ ନୂଆ ଯଉବନକୁ କବି ଦେଖିଛନ୍ତି। ପୁଣି ଦେହର ରଂଗକୁ ସୁନାର ରଙ୍ଗ ସହ ତୁଳନା କରିଛନ୍ତି। ଏଠାରେ 'ଧଳା ବଉଦ', 'ଜ୍ୟୋଛନା', 'ସୁନା' ପ୍ରଭୃତି ଉପମାନ ଓ ତରୁଣୀ ପ୍ରେମିକାଟି 'ଉପମେୟ' ଓ ତା'ର 'ନୂଆ ଯୌବନ' ତଥା 'ଯୌବନ ନୂଆଁ କରି ଛୁଇଁବା' ପ୍ରଭୃତି ଉପମେୟ ଭାବରେ ବର୍ଣ୍ଣିତ। ଗାଁର ଧୂଳି ରାସ୍ତାରେ କାଖରେ ପାଣି କଳସୀ ଧରି ସାନ ସାନ ତା'ର ପାଦ ପକାଇ ସେ ଯେବେ ଅଳସ ମଧୁର ଚାଲିରେ ଚାଲିଥାଏ କବିଙ୍କୁ ମନେହୋଇଛି ବାଟର ଦୁଇପାଖରୁ କିଆବଣ ଗହୀରରୁ ପଛରୁ ଛପିଛପି ଆସି ବଡ଼ ଚାଲାକିରେ ପବନ ତା'ର ଫିକା ହଳଦିଆ ବସନକୁ ଓଟାରି ଦିଏ। ସେହି ପବନର ଦୁଷ୍ଟାମିକୁ ପ୍ରୋଜୋପୋପିଆ ଟେକ୍‌ନିକ୍ ଦ୍ୱାରା ସେ ଆହୁରି ବର୍ଣ୍ଣନା କରି କହିଛନ୍ତି- ଯେ, ସେହି ପବନ ଦୁଷ୍ଟାମି କରି ତା'ମଥାଲୁଗା ଟାଣି ଖସାଇ ଦିଏ, ପିଠିପଟ ଜୁଡ଼ା ଫିଟାଇଦିଏ। ପୁଣି ପବନ ଯେବେ ତା'ର ଛାତି ଲୁଗାକୁ ଧରି ଭିଡ଼େ, ତରୁଣୀଟି ଲାଜରେ ତା'ଲୁଗାକୁ ଛାତିରେ ଜାକିଧରେ। କବିଙ୍କ ଭାଷାରେ-

"ତା'ର ସାନସାନ ପାଦ ପକାଇ
ଯେବେ ଏଇ ଗାଆଁ ବାଟ ଧୂଳିରେ
ମାଟି କଳସୀଟି ଧରି କାଖରେ
ଯାଏ ଅଳସ ମଧୁର ଚାଲିରେ।
ବାଟ ଦୁଇପାଖ କିଆଗହୀରୁ
ପଛୁ ଛପିଛପି ଆସି ପବନ
କେଡ଼େ ଚଲାଖିରେ ଦିଏ ଓଟାରି
ତା'ର ଫିକା ହଳଦିଆ ବସନ।
ଦିଏ ମଥାଲୁଗା ଟାଣି ଖସାଇ
ତା'ର ଫିଟିପଡ଼େ ଜୁଡ଼ା ପିଠିରେ

ତା'ର ଛାତି ଲୁଗା ଧରି ଭିଡ଼ିଲେ
ତାକୁ ଜାକି ରଖେ ଲାଜେ ଛାତିରେ।"

(ମହାନ୍ତି, ସହକାର, ମେ, ୧୯୪୦ : ୮୨)

କିନ୍ତୁ ସ୍ୱାଧୀନତା ପୂର୍ବବର୍ତ୍ତୀ ଓଡ଼ିଶାରେ ପ୍ରେମର ପରିଭାଷା ଏଇ ନିମ୍ନ ପଙ୍କ୍ତିରୁ ବେଶ୍ ଜଣାପଡ଼େ। କେହି କାହାରି ସହ କଥା ହୋଇନାହାଁନ୍ତି ମାତ୍ର ପରସ୍ପର ପ୍ରତି ପ୍ରେମଭାବ ରହିଛି। ସମ୍ମୋହନ ରହିଛି। କବିଙ୍କ ଭାଷାରେ-

"ସେ ଯେ ଏଇବାଟେ ଯାଏ ଏମିତି
ନିତି ପାଣି ନେବା ପାଇଁ ସକାଳେ
ମୁଁ ଯେ ପରିଚୟ ତା'ର ସାଥିରେ
କେବେ କରି ନାହିଁ କଥା ଭାଷାରେ।"

(ତତ୍ରୈବ, ପୃ-୮୨)

ତା'ର କୃଷ୍ଣ ଗଭୀର ଆଖି ଯୋଡ଼ିକର ମାୟାରେ କବିଙ୍କ ତରୁଣ ପ୍ରାଣ ଦ୍ରବୀଭୂତ ହୋଇଯାଇଛି। ତା'ର ତରଳ ଚାହାଣୀରେ ଯୁଗଯୁଗର ପରିଚୟ, ଯୁଗଯୁଗର ସଂପର୍କ ଥିବାର କଥା କହେ। ମନେହୁଏ, ସତେଯେପରି ସେ ବହୁ ଯୁଗର ପୁରୁଣା ସାଥୀ। କବି କଳ୍ପନାରେ ରୋମାଣ୍ଟିକ୍ କାହାଣୀ ସ୍ଥାନ ପାଇଛି। କଳ୍ପନାରେ ପୂର୍ବଜନ୍ମ ସବୁର କାହାଣୀ କବି ଚିତ୍ତରେ ଉଦ୍‌ଭାସିତ ହୋଇଛି। ସେ ସେହି କାହାଣୀରେ ତଲ୍ଲୀନ ହୋଇ ବିପୁଳ ପ୍ରାପ୍ତିର ଆଶାରେ ତଟସ୍ଥ ହୋଇ ସେହି ତରୁଣୀକୁ ଅବଲୋକନ କରନ୍ତି। ଏମିତି ପରସ୍ପର କେହିକାହାକୁ କିଛି ନକହି ଆଖିରେ ଆଖିରେ ଚାହାଣୀରେ ପରସ୍ପରକୁ ଜୀବନର କାହାଣୀ କହିଛନ୍ତି। ଶେଷରେ ଅତି ଚମତ୍କାର ଭାବରେ କବି ସ୍ୱଷ୍ଟୋକ୍ତି ରଖି କହିଛନ୍ତି "ଆମେ ଦୁହେଁ ପରସ୍ପରକୁ ଭଲପାଉ ମାତ୍ର ସେ ଭଲପାଇବା ରହିଛି ଛାତିର ଗଭୀର ଅଥଚ ସୁରକ୍ଷିତ ସ୍ଥାନରେ- ଅତଳ ଦେଶରେ। କବିଙ୍କ ରୋମାଣ୍ଟିକ୍ କଲମରେ ଏହା ଗାୟନଯୋଗ୍ୟ ହୋଇ ଅତି ଚମତ୍କାର ରୂପ ନେଇଛି। ତାଙ୍କରି ଭାଷାରେ-

"ତା'ର କଳା କଳା ଆଖି ଯୋଡ଼ିକ
ତା'ର ତରଳ ମଧୁର ଚାହାଣୀ
କହେ କେତେ ଯୁଗ ପରିଚୟର
କେତେ ସ୍ନେହ ମଧୁବୋଳା କାହାଣୀ
ଆମେ ଦିହେଁ ନିତି ଏମିତି
ହେଉ କଥା କୁହାକୁହି ଆଖିରେ

ଆମେ ଭଲପାଉ ଦିହେଁ ଦିହିଁଙ୍କି
ଅତି ଗୋପନରେ ଛାତି ଭିତରେ।"

(ମହାନ୍ତି, ସହକାର, ମେ, ୧୯୪୦ : ୮୨)

ହୁଏତ ଏହି କବିତାଟି 'ସଜଳ ଆଖି ନୀରେ' କବିତା ଆଗରୁ ଲେଖା ଯାଇଥିଲା ମାତ୍ର ପରେ ପ୍ରକାଶ ପାଇଛି। ମାତ୍ର ଏହା ସ୍ପଷ୍ଟ ଯେ, କବିଙ୍କ ଉପରେ ଲୋହିତ ପ୍ରଭାବ ପଡ଼ିବା ପୂର୍ବ ସମୟର କବିତା ଏଇଟି। ଏଇ କବିତାର ରଙ୍ଗ-ରୂପ-ଗନ୍ଧ ସବୁକିଛି ସବୁଜ-ସବୁଜ ଓ ସବୁଜ ଧର୍ମରେ ଦୀକ୍ଷିତ ଓ ଏକ୍‌ଦମ୍ ରୋମାଣ୍ଟିକ୍ ତଥା ତାରୁଣ୍ୟର ଭାବୋଚ୍ଛ୍ୱାସ ମାତ୍ର। ଏହି କବିତା ପଢ଼ିଲେ ଦେଖାଯାଆନ୍ତି ଅନ୍ନଦା, ବୈକୁଣ୍ଠ, କାଳିନ୍ଦୀ, ଶରତ ଓ ହରିହର ମହାପାତ୍ରଙ୍କ ପରି ତରୁଣ ପଞ୍ଚସଖା।

କବି ଶ୍ରୀ ମହାନ୍ତି ସବୁବେଳେ ଜୀବନର ସେଇ ପ୍ରାକୃତିକ ଛନ୍ଦର ତଲାସ୍ କରିଛନ୍ତି। ସେ ପ୍ରେମ, ସେଇ ନିବିଡ଼ତା, ସ୍ୱଚ୍ଛତା ଓ ସରଳତା ପୂର୍ଣ୍ଣ ଜୀବନ। ତାଙ୍କ ଜୀବନାୟନକୁ ଲକ୍ଷ୍ୟକଲେ ଜାଣିହେବ ସେ ଗ୍ରାମ୍ୟ ଜୀବନକୁ, ଗାଁର ଲୋକଙ୍କୁ କେତେ ଭଲପାଉଥିଲେ, କେତେ ଝୁରିହେଉଥିଲେ। ସହରୀ ଜୀବନରେ ସେଇ ସ୍ୱଚ୍ଛତାକୁ ନପାଇ ସେହି ପ୍ରୀତି, ସଂପ୍ରୀତି, ସହାନୁଭୂତି, ସଫେଦିକୁ ନପାଇ ସେ କବିତାକୁ ଆଉ ରୋମାଣ୍ଟିକ୍ କରି ରଖିପାରି ନାହାଁନ୍ତି। ନା ସେ ପ୍ରଗତିବାଦର ଲୋହିତ ଶିଖାରେ ସଂପ୍ରୀତିର ଗୀତି ଗାଇଲେ ନା ସେ ରୋମାଣ୍ଟିକ୍ ଚେତନାର ସବୁଜ ଗୀତି ରଚନା କଲେ। ତାଙ୍କ ଆଗରେ ଧୂସର-ଧୂମିଳ ଜୀବନ ତାଙ୍କ କବିତାକୁ ସେହିପରି କରିପକାଇଲା ଏଣ୍ଟିରୋମାଣ୍ଟିକ୍। ଯେଉଁ ସ୍ୱଚ୍ଛତା ଓ ସୌନ୍ଦର୍ଯ୍ୟକୁ ସେ ଦେଖିଥିଲେ, ଚାହିଁଥିଲେ ସ୍ୱାଧୀନତା ପୂର୍ବରୁ, ତାକୁ କିନ୍ତୁ ପାଇଲେନି ସ୍ୱାଧୀନତା ପରେ। ଏପରିକି ସ୍ୱାଧୀନତାର ଅବ୍ୟବହିତ ପୂର୍ବରୁ ସମାଜ ଓ ବ୍ୟକ୍ତିର ରଂଗ-ରୂପ-ଚେହେରା, ଭିତର-ବାହାର ସବୁକିଛି ବଦଳିଗଲା- ଛିନ୍‌ଛତ୍ର ହୋଇଗଲା। ତା'ର କାରଣ ଅନେକ। କିଛି ସାମାଜିକ, କିଛି ରାଜନୀତିକ, କିଛି ଛଦ୍ମ ଅର୍ଥନୀତିକ ଆଉକିଛି ମାନସିକ, ବିକୃତ ମାନସିକ କାରଣ ତା'ଠି ରହିଛି। ନାରୀ ଜୀବନର ଏକ ଗୁରୁତ୍ୱପୂର୍ଣ୍ଣ ଫର୍ଦ୍ଦ। ଖାଲି ଜୀବନର କାହିଁକି ସମଗ୍ର ସମାଜର ସେ କେନ୍ଦ୍ର। ସେଇ ଫର୍ଦ୍ଦଟି, ସେଇ କେନ୍ଦ୍ରଟି ବଦଳିଯାଇଛି ମାନସିକ ସ୍ତରରେ। ତେଣୁ ତନୁମନରେ ରୋମାଣ୍ଟିକ୍ ଓ ସଦା ସବୁଜ ଗୁରୁପ୍ରସାଦ ପ୍ରଥମରୁ ଯେଉଁପରି ଜୀବନକୁ ଦେଖିଛନ୍ତି, ଚାହିଁଛନ୍ତି ଓ ପାଇଛନ୍ତି ପରବର୍ତ୍ତୀ ପର୍ଯ୍ୟାୟରେ ତାକୁ ନପାଇ, ତା'ର ଛାୟାକୁବି ଯେତେବେଳେ ପାଇବା ମୁସ୍କିଲ ହୋଇଯାଇଛି- ସେ ବିଳିବିଳେଇ ଉଠିଛନ୍ତି। ଜୀବନର କାରୁଣ୍ୟକୁ କବିତାରେ ନିଜ ବିଷାଦବୋଧ ଦ୍ୱାରା ପ୍ରକାଶ କରିଛନ୍ତି। ସେଇଟି ଲୋକଙ୍କୁ ଲାଗିଲା 'ନୂତନ'। ଏଣୁ ସେ ହେଲା 'ନୂତନ କବିତା, ଜୀବନ ପ୍ରତି ନୂଆ ଦୃଷ୍ଟି ଓ

ଦର୍ଶନଯୁକ୍ତ କବିତା, ଠିକ୍ ଜୀବନ ପ୍ରତି ବ୍ୟକ୍ତିର ଯେ ଚେତନା, ଯେ ଭାବ, ସେହିପରି କବିର ଏ କବିତା।

ଏହି ଗୁରୁପ୍ରସାଦୀୟ ଚେତନା କଥା ତାଙ୍କ କବିତାର ଟାଇଟଲ୍ ବା ଶୀର୍ଷକରୁ ବେଶ୍ ବାରିହୋଇପଡ଼େ। ଜଣେ ସରଳ, ସବୁଜ, ସତ୍ୟ-ଶିବ-ସୁନ୍ଦର ତଥା ସରସ ଜୀବନର ଆଶାୟୀ ବା ପୂଜାରୀ ନହୋଇଥିଲେ ସେ କେବେ ତାଙ୍କର ସବୁତକ କବିତାର ଶୀର୍ଷକ ସେହିପରି ରଖିନଥାନ୍ତେ। ଅବଶ୍ୟ 'ନୂତନ କବିତା' (୧୯୫୫) ପରେପରେ ଯେଉଁ କବିତା ତକ ସେ ଲେଖିଲେ ସେସବୁର ଶୀର୍ଷକ ଗୁଡ଼ିକ ଭାରି ରୋମାଣ୍ଟିକ୍ ପ୍ରତୀତ ହୋଇଛି ଯଦିଓ କବିତାର କଣ୍ଟେଣ୍ଟ ତଦନୁରୂପ ରୋମାଣ୍ଟିକ୍ ହୋଇପାରିନି। ଉଦାହରଣ ସ୍ୱରୂପ ତାଙ୍କ 'କପୋତ-କପୋତୀ', 'ଚଂପାଫୁଲ', 'ପ୍ରିୟବାନ୍ଧବୀ', 'ଶରତ ଋତୁରେ ଜହ୍ନ', 'ସୁନାର ଝରଣା', 'ଅଳକା ସାନ୍ୟାଲ୍', 'ଚିଠି', 'ଆଖିର କପୋତ ମୋର', 'ନିହିତ ଗୋଧୂଳି', 'ପିକ୍‌ନିକ୍', 'ଛୁଟିର ଖରା', 'ଦୃଷ୍ଟିର ଦିଗନ୍ତ', 'ସିଡ୍ନିଆ', 'କେଉଁଘାସ ? କେଉଁ ବାଲିଚର' ବା 'ଫେରନ୍ତା ବାଟର ପକ୍ଷୀ', 'ମାର୍ଶାଘାଇ', 'ସାମ୍ନାରେ ଶୀତ ରାତି', 'ବସନ୍ତ ସହିତ ଆସେ','ଏସ୍‌ରାଜ ଭାଓଲିନ୍', 'ସନେଟ୍‌ର ସେ ସ୍ତ୍ରୀ ଲୋକ', 'ଫାଲ୍‌ଗୁନର ଫୁଲ ସୁଖେ', 'ଏଠି ଭୋର୍ ପବନରେ', 'ତା' ଆଖିର ତୁଳନା ତ', 'ଦେହର ନିର୍ଲଜ୍ଜ ଭୋକ', 'ଏ ନାଲି ମାଟିର ରାସ୍ତା', 'ନିଭୃତ ଏକାନ୍ତ ମୋର', 'କ୍ୟାମ୍ପସ୍ ବ୍ଲୁଜ୍', 'ଆର ଶତାବ୍ଦୀକୁ', 'ମାଣିକେଶ୍ୱରୀ', 'ପିଣ୍ଟୁପାଇଁ ଗୋଟିଏ କବିତା', 'ବାବା ପାଇଁ ଦୁଇଟି କବିତା', 'କେତେ ସ୍ୱପ୍ନ ପରେ', 'ଖୋଲା କବାଟ', 'ଆପଣ ଆସନ୍ତୁ ଫେରି', 'ଅପେକ୍ଷା', 'ସେ ଆଖି ତ', 'ମୋ ବୁଢ଼ିମାଆର ରାତି', 'ସକାଳ କୁହୁଡ଼ି' ଓ 'ମୋର ସବୁ ସ୍ନେହ' ପ୍ରଭୃତି ଶୀର୍ଷକରୁ କବିଙ୍କର ରୋମାଣ୍ଟିକ୍ ଆଭିମୁଖ୍ୟ ସ୍ପଷ୍ଟ ହୋଇଛି। ମାତ୍ର କବିତାର କନ୍‌ଟେଣ୍ଟ ସବୁ ତଦନୁରୂପ ରୋମାଣ୍ଟିକ୍ ହୋଇପାରି ନାହିଁ। ଅବଶ୍ୟ ତାହା ଇଚ୍ଛାକୃତ ଓ ତା'ର କାରଣ ମଧ୍ୟ ରହିଛି। ଶେଷଜୀବନ ଯାଏଁ ସେ ଯେଉଁ କବିତା ସବୁ ଲେଖିଛନ୍ତି, ସବୁର ଶୀର୍ଷକରୁ ଏହି ସବୁଜିମାକୁ ଲକ୍ଷ୍ୟ ଅବଶ୍ୟ କରିହୁଏ। ସବୁଥିରେ ଲକ୍ଷ୍ୟ କରିହେବ ଜନାକୀର୍ଣ୍ଣ ସହରରେ ସେ କିପରି ଭୋଗିଛନ୍ତି ଡହଡହ ନିର୍ଜନତା, ଧୂସର ଆକାଶ ଆଉ ବିବର୍ଣ୍ଣ ପୃଥିବୀର ବ୍ୟଥା। ଏଣୁ ସେ କାମନା କରିଛନ୍ତି ସେଇ ପୂର୍ବ ସରଳତା, ସୌନ୍ଦର୍ଯ୍ୟ ଓ ସରସତାକୁ ଯେଉଁଥିରେ ସ୍ୱଚ୍ଛିକରେ ଗଢ଼ାହୋଇଛି ତାଙ୍କର ଜୀବନର ଭିତ୍ତିଭୂମି। ପାରସ୍ପରିକ ସହାନୁଭୂତି, ସାହଚର୍ଯ୍ୟ ଓ ଐକ୍ୟ ମଧ୍ୟରେ ସେ ଖୋଜିଛନ୍ତି ସତ୍ୟ ଜୀବନର ଶିବ ସ୍ୱରୂପକୁ ଓ ଅନୁଭବ କରିବାର ଆକାଂକ୍ଷା ରଖିଛନ୍ତି ସେହି ସତ୍ୟ-ଶିବର ସୁନ୍ଦରତାକୁ। ଏହାହିଁ ଗୁରୁପ୍ରସାଦଙ୍କ କବିତାର ଅସଲ ଭିତ୍ତି, ଅସ୍ଥିମଜ୍ଜା ବା ଗ୍ରାଉଣ୍ଡ ରିଏଲଟି ତଥା ଇନର୍'ଫ୍ୟାକ୍ଟ।

ପ୍ରଥମରୁ ଯେଉଁ ଆଡୋଲୋସେନ୍ସର କଥା କୁହାଯାଇଛି ତାହା ଏକ କାରଣ ମାତ୍ର ହୋଇପାରେ। କିନ୍ତୁ ଗୁରୁପ୍ରସାଦ ଯେ ଅନନ୍ୟ ଓ ଅସାଧାରଣ କବିତ୍ୱର ଉପାଦାନରେ ଗଢ଼ା ହୋଇଥିଲେ ସେ କଥାଟିକୁ ଅଣଦେଖା ଆଦୌ କରାଯାଇପାରିବ ନାହିଁ। ନୂତନ କବିତାର ପରଂପରାରେ ଏଲିଅଟ୍‌ଙ୍କ ପରି ସେ ମଧ୍ୟ ଯଥେଷ୍ଟ ସମାଲୋଚନାର ଶରବ୍ୟ ହୋଇଥିଲେ। 'ଝଙ୍କାର' ପତ୍ରିକାର ୭ମ ବର୍ଷ ୮ମ ସଂଖ୍ୟା (ବିଛା, ୧୩୬୨)ର ପୃ-୮୧୬ ରୁ ୮୧୮ ମଧ୍ୟରେ 'ପୁସ୍ତକ ପରିଚୟ' ବିଭାଗରେ 'ସଂବୁଦ୍ଧ'ଙ୍କ ଦ୍ୱାର ପ୍ରଦତ୍ତ ମନ୍ତବ୍ୟ ଦ୍ରଷ୍ଟବ୍ୟ। କିନ୍ତୁ କହିବା ବାହୁଲ୍ୟ ଯେ, କବିଙ୍କ କବିତା ଗୁଡ଼ିକର ଆଭିମୁଖ୍ୟ ପ୍ରାକ୍ ସ୍ୱାଧୀନତା ପର୍ଯ୍ୟାୟରେ ସିଧାସଳଖ ଥିଲାବେଳେ 'ନୂତନ କବିତା' ବା ଉତ୍ତର ସ୍ୱାଧୀନତା କାଳରେ ତାହା ହୋଇଯାଇଥିଲା ଏକାନ୍ତ ତୀର୍ଯ୍ୟକ୍। ଏଣୁ ଏଠାରେ statement poetry ଓ oblique poetry କଥା ମନଭିତରେ ଗ୍ରହଣ କରି ବିଚାର କଲେ କବି ଯେ ଉଚିତ୍ ନ୍ୟାୟ ପାଇପାରିବେ- ଏହା ନିଃସନ୍ଦେହ। ତେବେ ପ୍ରତ୍ୟେକ କବି ଯେ ରୋମାଣ୍ଟିକ୍ ହେବା ଉଚିତ୍- ତା'ର ମଧ୍ୟ କୌଣସି ଧରାବନ୍ଧା ଫର୍ମୁଲା ନାହିଁ। କିନ୍ତୁ କବି ନିଶ୍ଚିତ ଭାବେ ସମାଜକୁ ସନ୍ମାର୍ଗରେ ପ୍ରେରିତ କରିବା ଆବଶ୍ୟକ। ଏବଂ ଏହି ନ୍ୟାୟରେ କବି ଗୁରୁପ୍ରସାଦ ଉତ୍ତରକାଳରେ ଲେଖିଥିବା କବିତାର ଏହି 'ତୀର୍ଯ୍ୟକ ଶୈଳୀ'ର ସାହଚର୍ଯ୍ୟରେ ଉପର୍ଯ୍ୟୁକ୍ତ ପୋଏଟିକ୍ ଜଷ୍ଟିସ୍‌କୁ ଅକ୍ଷୁର୍ଣ୍ଣ ରଖିଛନ୍ତି। ଏସବୁ ଦିଗରୁ ବିଚାରକଲେ ଜଣାପଡ଼ିବ- କବି ଶ୍ରୀ ମହାନ୍ତିଙ୍କର ଏହି ଅନାଲୋଚିତ ଓ ଅନାଲୋକିତ ବା ଅଳ୍ପାଲୋକିତ କାବ୍ୟିକ ଦିଗଟି ଅନ୍ୟ ସବୁ କୃତିର ସଠିକ୍ ବିଚାର ନିମିତ୍ତ କେତେ ଅଧିକ ମହତ୍ତ୍ୱପୂର୍ଣ୍ଣ ଓ ଜରୁରୀ ଅଟେ। ଏଣୁ ଶେଷରେ ଏହି ନିଷ୍କର୍ଷରେ ଉପନୀତ ହେବାରେ କୌଣସି ଦ୍ୱନ୍ଦ୍ୱ ବା ଦ୍ୱିଧା ନାହିଁ ଯେ, ଏହି କବିତା ଗୁଡ଼ିକ କବିଙ୍କର ଆଦ୍ୟକାଳର ତଥା ଉନ୍ମେଷକାଳୀନ ସମ୍ଭାବନାମୟ କବିତ୍ୱର ଶକ୍ୟ ଫଳପ୍ରସୂ ମାତ୍ର।

■

ପ୍ରାଥମିକ ଉତ୍ସାବଳୀ (Primary Sources):

୧. ମହାନ୍ତି, ଗୁରୁପ୍ରସାଦ, 'ଅପରାଜିତା', ସହକାର, ୨୦ଶ ଭାଗ / ୭ମ ସଂଖ୍ୟା, କାର୍ତ୍ତିକ, ୧୩୪୭, ନଭେମ୍ବର, ୧୯୩୯।

୨. ମହାନ୍ତି, ଗୁରୁପ୍ରସାଦ, 'ଅଲାଜୁକୀ', ସହକାର, ୨୦ଶ ବର୍ଷ / ୮ମ ଓ ୯ମ ସଂଖ୍ୟା, ମାର୍ଗଶିର, ୧୩୪୭, ଡିସେମ୍ବର, ୧୯୩୯।

୩. ମହାନ୍ତି, ଗୁରୁପ୍ରସାଦ, 'ଅସ୍ତରାଗ', ସହକାର, ୨୦ଶ ବର୍ଷ / ୫ମ ସଂଖ୍ୟା, ଭାଦ୍ର, ୧୩୪୬, ସେପ୍ଟେମ୍ବର, ୧୯୩୯।

୪. ମହାନ୍ତି, ଗୁରୁପ୍ରସାଦ, 'କାହାଣୀ', ସହକାର, ୨୧ଶ ବର୍ଷ / ୧ମ ସଂଖ୍ୟା, ବୈଶାଖ, ୧୩୪୭, ମେ, ୧୯୪୦।
୫. ମହାନ୍ତି, ଗୁରୁପ୍ରସାଦ, 'ଲତା', ସହକାର, ୨୦ଶ ବର୍ଷ / ୧ମ ସଂଖ୍ୟା, ବୈଶାଖ, ୧୩୪୬, ଏପ୍ରିଲ୍, ୧୯୩୯।
୬. ମହାନ୍ତି, ଗୁରୁପ୍ରସାଦ, 'ସଜଳ ଆଖିନୀରେ', ଉତ୍କଳ ସାହିତ୍ୟ, ୪୩ଶ ଭାଗ / ୯ମ ସଂଖ୍ୟା, ପୌଷ, ୧୩୪୭, ଜାନୁଆରୀ, ୧୯୪୦।
୭. ମହାନ୍ତି, ଗୁରୁପ୍ରସାଦ, 'ସପନତରୀ', ସହକାର, ୨୦ଶ ବର୍ଷ / ୩ୟ ସଂଖ୍ୟା, ଆଷାଢ଼, ୧୩୪୬, ଜୁନ୍, ୧୯୩୯।
୮. ମହାନ୍ତି, ଗୁରୁପ୍ରସାଦ, 'ସେଦିନ', ସହକାର, ୨୦ଶ ବର୍ଷ / ୨ୟ ସଂଖ୍ୟା, ଜ୍ୟେଷ୍ଠ, ୧୩୪୬, ମେ, ୧୯୩୯।

ଅନୁସୃତ ଗ୍ରନ୍ଥାବଳୀ (Works Cited):

୧. Boyesen, Hjalmar, Essays on German Literature, New York: C. Scribner's Sons, 1892.
୨. Breinbauer, Cecilia, Youth : Choices and Change : Promoting Healthy Behaviours in Adolescents, Washington D. C. : Pan American Health Organisation, 2005.
୩. Cooper, David Graham, The Death of the Family, London: Penguin, 1974.
୪. Cox, Frank D. & Demmitt, Kelvin, Human Intimacy: Marriage, the Family and Its Meaning, Boston, Massachusetts: Cengage Learning, 2013.
୫. Erikson, Erik H., Childhood and Society, London : Penguin, 1973.
୬. Fenwick, Elizabeth & Smith, Tony, Adolescence : The Survival Guide for Parents and Teenagers, London : Piatkus Books, 1993.
୭. Goleman, Daniel, Emotional Intelligence, New York : Bantam Books, 1995.

୮. Hatfield, Nancy T., Brodribb's Introductory Pediatric Nursing, Philadelphia : Lippincott Williams and Wilkins, 2007.

୯. Klein, Mavis, Okay Paranting : A Psychological Handbook for Parents, London : Judy Piatkus Publishers Ltd., 1991.

୧୦. Landsberg, Michell, The World Children's Books, New York : Simon & Schuster, 1989.

୧୧. Skynner, Robib & Cleese, John, Families and How to Survive Them, London : Arrow, 1994.

୧୨. Spufford, Francis, The Child that Books Built, London : Faber and Faber, 2002.

୧୩. ଚାନ୍ଦ, ନୀତିରଂଜନ, 'ସମୁଦ୍ର ସ୍ନାନରେ ବିଷଣ୍ଣ ଅନୁରାଗର ସନେଟ୍", ତାରା ଖସିବାର ବେଳ, ସଂପା. ପ୍ରଫେସର ଗଣେଶ୍ୱର ମିଶ୍ର, ଭୁବନେଶ୍ୱର : ଗୁରୁପ୍ରସାଦ ମହାନ୍ତି ସ୍ମୃତି ସଂସଦ, ୨୦୦୫, ୧୫୯-୧୬୮ ।

୧୪. ଦାଶ, କୁଞ୍ଜବିହାରୀ (ସଂ.), ବୈକୁଣ୍ଠନାଥ ଗ୍ରନ୍ଥାବଳୀ, କଟକ : ଉତ୍କଳ ସାହିତ୍ୟ ସମାଜ, ୧୯୭୯ ।

୧୫. ନାୟକ, ସନ୍ତୋଷ କୁମାର, ଈକ୍ଷା-ବୀକ୍ଷା-ସମୀକ୍ଷା, ବାଲେଶ୍ୱର : ହାଇଫେନ୍, ନଭେମ୍ବର, ୨୦୧୩ ।

୧୬. ନାୟକ, ସନ୍ତୋଷ କୁମାର, ତୂଳୀ ଓ ତୁଳନା, ବାଲେଶ୍ୱର : ହାଇଫେନ୍, ଡିସେମ୍ବର, ୨୦୧୩ ।

୧୭. ପଟ୍ଟନାୟକ, ବାବାଜୀ ଚରଣ, ସାହିତ୍ୟର ବାଟେଘାଟେ, କଟକ : ଅଗ୍ରଦୂତ, ୨୦୦୭ ।

୧୮. ପାଣିଗ୍ରାହୀ, କାଳିନ୍ଦୀଚରଣ (ସଂ.) ସବୁଜ କବିତା, କଟକ : ସବୁଜ ସାହିତ୍ୟ ସମିତି, ୧୯୩୧ ।

୧୯. ପ୍ରହରାଜ, ଗୋପାଳଚନ୍ଦ୍ର ଓ ଅନ୍ୟାନ୍ୟ, ପୂର୍ଣ୍ଣଚନ୍ଦ୍ର ଓଡ଼ିଆ ଭାଷାକୋଷ, କଟକ : ଉତ୍କଳ ସାହିତ୍ୟ ପ୍ରେସ୍, ୧୯୩୪ ।

୨୦. ବିଶ୍ୱାଳ, ସ୍ନିଗ୍ଧା, ସବୁଜ କବିତା ଓ କବି ବୈକୁଣ୍ଠନାଥ, କଟକ : ବିଦ୍ୟାପୁରୀ, ୨୦୦୬ ।

୨୧. ମହାନ୍ତି, ଯତୀନ୍ଦ୍ର ମୋହନ, ସୂର୍ଯ୍ୟସ୍ନାତ : ଓଡ଼ିଆ କବିତା ଆଲୋଚନା, ଭୁବନେଶ୍ୱର : ବିଦ୍ୟା, ୧୯୯୯ ।

୨୨. ମିଶ୍ର, ସଂଘମିତ୍ରା, କବିତ୍ୱ ଓ ସୃଜନଶୀଳତା, କଟକ : ମିତା ବୁକ୍ସ, ୨୦୧୦।
୨୩. ରଥ, ପ୍ରଫୁଲ୍ଲ କୁମାର, କବି ସଚ୍ଚିଦାନନ୍ଦ ଓ ଗୁରୁପ୍ରସାଦ, କଟକ : ଅଧୁନା ପ୍ରକାଶନୀ, ୧୯୮୫।
୨୪. ରଥ, ବନମାଳୀ, ଭାରତୀୟ ସାହିତ୍ୟ ତତ୍ତ୍ୱ, ଭୁବନେଶ୍ୱର : ଓଡ଼ିଶା ରାଜ୍ୟ ପାଠ୍ୟ ପୁସ୍ତକ ପ୍ରଣୟନ ଓ ପ୍ରକାଶନ ସଂସ୍ଥା, ୨୦୧୩।
୨୫. ଶତପଥୀ, ନିତ୍ୟାନନ୍ଦ, ସତୁରୀରୁ ସହସ୍ରାବ୍ଦୀ, କଟକ : ପ୍ରାଚୀ ସାହିତ୍ୟ ପ୍ରତିଷ୍ଠାନ, ୨୦୧୩।
୨୬. ଶତପଥୀ, ନିତ୍ୟାନନ୍ଦ, ସବୁଜରୁ ସାଂପ୍ରତିକ, କଟକ : ଗ୍ରନ୍ଥମନ୍ଦିର, ୧୯୮୫।
୨୭. ଷଡ଼ଙ୍ଗୀ, ନୃସିଂହ ଚରଣ, କବିମାନସ : ଅତୀତ ଓ ସାଂପ୍ରତିକ, କଟକ : ଏସ୍. ବି. ପବ୍ଲିକେଶନ୍ସ, ୧୯୯୩।

ଅନୁସୃତ ପତ୍ରପତ୍ରିକା:

୧. Nayak, S. K., “A Coup D æil at the Life and Literature of Guruprasad Mohanty”, WWJMRD, 2018; 4 (2) : 252-261.
୨. ଜେନା, ସଂଗ୍ରାମ, “ନିହିତ ଗୋଧୂଳିରୁ ନଷ୍ଟ ନକ୍ଷତ୍ର”, କୋଣାର୍କ, ୨୦୦୫; ୧୩୫ ସଂଖ୍ୟା, ନଭେମ୍ବର-ଡିସେମ୍ବର-ଜାନୁଆରୀ, ପୃ- ୧୬୬-୧୬୯। ସଂପା, ଦୀପକ ମିଶ୍ର, ପ୍ରକାଶକ- ଓଡ଼ିଶା ସାହିତ୍ୟ ଅକାଦେମି।
୩. ବାରିକ୍, ସୌରୀନ୍ଦ୍ର, “ସମ୍ଭାବନାର ଅଭିସାର”, କୋଣାର୍କ, ୨୦୦୫; ୧୩୫ ସଂଖ୍ୟା, ନଭେମ୍ବର-ଡିସେମ୍ବର-ଜାନୁଆରୀ, ପୃ- ୧୪୭-୧୫୩। ସଂପା, ଦୀପକ ମିଶ୍ର, ପ୍ରକାଶକ- ଓଡ଼ିଶା ସାହିତ୍ୟ ଅକାଦେମି।
୪. ବେହେରା, ସୁଧୀର ଚନ୍ଦ୍ର, “ଚେତନାର ଚୌଛକିରେ ଚିହ୍ନିତ ଚରିତ୍ର : ହରେକୃଷ୍ଣ ଦାସ”, କୋଣାର୍କ, ୨୦୦୫; ୧୩୫ ସଂଖ୍ୟା, ନଭେମ୍ବର-ଡିସେମ୍ବର-ଜାନୁଆରୀ, ପୃ-୧୫୮-୧୬୫। ସଂପା, ଦୀପକ ମିଶ୍ର, ପ୍ରକାଶକ- ଓଡ଼ିଶା ସାହିତ୍ୟ ଅକାଦେମି।
୫. ମହାନ୍ତି, ଗୁରୁପ୍ରସାଦ, “କପୋତ କପୋତୀ”, “ନବଭାରତ, ସିଂହ, ୧୩୫୬, ଅଗଷ୍ଟ, ୧୯୫୦, ଦ୍ୱିତୀୟ ବର୍ଷ, ୧୦ମ ସଂଖ୍ୟା (ନୂଆପ୍ରସ୍ଥ),ପୃ- ୩୮୪-୮୫।
୬. ମହାପାତ୍ର, ସୀତାକାନ୍ତ, “ଗୁରୁପ୍ରସାଦ ଆମ ଦୁଃଖ, ଆମ ବିଷଣ୍ଣତାର ପ୍ରମୁଖ ପ୍ରବକ୍ତା”, କୋଣାର୍କ, ୨୦୦୫; ୧୩୫ ସଂଖ୍ୟା, ନଭେମ୍ବର-ଡିସେମ୍ବର-

ଜାନୁଆରୀ, ପୃ- ୧୩୩-୧୩୬। ସଂପା, ଦୀପକ ମିଶ୍ର, ପ୍ରକାଶକ- ଓଡ଼ିଶା ସାହିତ୍ୟ ଅକାଦେମି।

୭. ମିଶ୍ର, ତୀର୍ଥାନନ୍ଦ, "ପରାଶ ଓ ପରାସର କବି ଗୁରୁପ୍ରସାଦ", କୋଣାର୍କ, ୨୦୦୫; ୧୩୫ ସଂଖ୍ୟା, ନଭେମ୍ବର-ଡିସେମ୍ବର-ଜାନୁଆରୀ, ପୃ- ୧୭୦-୨୦୨। ସଂପା, ଦୀପକ ମିଶ୍ର, ପ୍ରକାଶକ- ଓଡ଼ିଶା ସାହିତ୍ୟ ଅକାଦେମି।

୮. ମିଶ୍ର, ହରିହର, "ଭିନ୍ନ ଜୀବନର ଭାଷ୍ୟକାର କବି ଗୁରୁପ୍ରସାଦ", କୋଣାର୍କ, ୨୦୦୫; ୧୩୫ ସଂଖ୍ୟା, ନଭେମ୍ବର-ଡିସେମ୍ବର-ଜାନୁଆରୀ, ପୃ- ୧୩୭-୧୪୬। ସଂପା, ଦୀପକ ମିଶ୍ର, ପ୍ରକାଶକ- ଓଡ଼ିଶା ସାହିତ୍ୟ ଅକାଦେମି।

୯. ଶତପଥୀ ନିତ୍ୟାନନ୍ଦ, "ଗୁରୁପ୍ରସାଦଙ୍କ କବିତାର ପ୍ରାରମ୍ଭିକ ପ୍ରସ୍ଥ (୧୯୩୯-୪୦)" କୋଣାର୍କ, ୨୦୦୫; ୧୩୫ ସଂଖ୍ୟା, ନଭେମ୍ବର-ଡିସେମ୍ବର-ଜାନୁଆରୀ, ପୃ- ୧୫୪-୧୫୭। ସଂପା, ଦୀପକ ମିଶ୍ର, ପ୍ରକାଶକ- ଓଡ଼ିଶା ସାହିତ୍ୟ ଅକାଦେମି।

୧୦. ସାହୁ, କୃଷ୍ଣଚରଣ, "ସମୁଦ୍ରସ୍ନାନ ଓ କବି ଗୁରୁପ୍ରସାଦ", ମୂଲ୍ୟାୟନ-୭,୨/୨, ଫେବୃୟାରୀ,୧୯୮୦, ପୃ- ୧୩-୨୨। ସଂପା. ପ୍ରଫୁଲ୍ଲ କୁମାର ଜଗଦ୍ଦେବ, ପ୍ରକାଶକ- ମହାନଦୀ ବୁକ୍ସ, ଭୁବନେଶ୍ୱର।

ବିଶ୍ୱଦୃଷ୍ଟିରେ ସାଂଧଭାଷାର ଅର୍ବାଚୀନ ଅର୍ଘ୍ୟ: ଚମ୍ପାଫୁଲ

॥ ୦୧ ॥

'ଚମ୍ପାଫୁଲ' ଏକ ପ୍ରକାର ସପୁଷ୍ପକ ଆବୃତବୀଜୀ ଉଦ୍ଭିଦର ପୁଷ୍ପବିଶେଷ ଅଟେ। ମାଗ୍ନୋଲିଆସି ପରିବାରଭୁକ୍ତ ଏହି ପୁଷ୍ପବିଶେଷ କୋଟିକୋଟି ବର୍ଷ ପୂର୍ବରୁ ବିଶେଷ ଭାବରେ ଦକ୍ଷିଣ-ପୂର୍ବ ଏସୀୟ ଅଞ୍ଚଳ ତଥା ହିମାଳୟର ପାଦଦେଶରେ ସୃଷ୍ଟି ହୋଇଥିବା ଜଣାପଡ଼େ। ଆଜିକୁ ୧୪୫ ରୁ ୧୬୫ କୋଟି ବର୍ଷ ପୂର୍ବରୁ ମାଗ୍ନୋଲିଆ ବଂଶୀୟ ପୁଷ୍ପବିଶେଷର ଜୀବାଶ୍ମ (Fossils) ବିଶେଷକରି କ୍ରେଟାସିଅସ୍ ପର୍ଯ୍ୟାୟରେ ମିଳିଥିବାର ପ୍ରମାଣ ମିଳେ। ତଥାକଥିତ ଚଂପାଫୁଲ (Magnolia Champaca)ର ଜୀବାଶ୍ମ ଆଜିକୁ ୫୬ ରୁ ୩୪ କୋଟି ବର୍ଷ ତଳେ ଆଦିନୂତନ ଯୁଗ ବା ଇୟୋସୀନ ଯୁଗ (Eocene Epoch)ରେ ମିଳିଥାଏ। ୧୦୦ କୋଟି ବର୍ଷ ତଳୁ ଦୀର୍ଘ ୫୦ କୋଟି ବର୍ଷ ବିବର୍ତ୍ତନୀୟ ବିଭେଦନ ସୂତ୍ରରେ ଆଜକୁ ମାତ୍ର ୫୦ ରୁ ୩୦ କୋଟି ବର୍ଷ ତଳୁ ଏହା ଏକ ସ୍ୱତନ୍ତ୍ର ପୁଷ୍ପଭାବେ ପୃଥିବୀର ଉଷ୍ଣକଟୀବନ୍ଧୀୟ ଓ ନାତିଶୀତୋଷ୍ଣ କଟୀବନ୍ଧୀୟ ଅଞ୍ଚଳର ଜଳବାୟୁ ସହ ଖାପଖୁଆଇ ବିଶେଷ ଭାବରେ ଦକ୍ଷିଣପୂର୍ବ ଏସୀୟ ଭୌଗୋଳିକ ଅଞ୍ଚଳରେ ଏକ ବିଶେଷ ଉଦ୍ଭିଦ ପ୍ରଜାତି ଭାବରେ ନିଜର ବଂଶବିସ୍ତାର ଦ୍ୱାରା ଅସ୍ତିତ୍ୱ ଜାହିର୍ କରିଆସିଛି। ଏଇ ମାତ୍ର ୫୦୦୦ ରୁ ୧୦ ହଜାର ବର୍ଷ ତଳେ 'ଚମ୍ପାଫୁଲ' ଗଛ ଏହାର ସୁବାସିତ ପୁଷ୍ପ, ଔଷଧୀୟ ଗୁଣାବଳୀ ଓ କାଠ ପାଇଁ ମାନବୀୟ କୃଷି ସହ ଉପଯୋଜିତ। ହୋମୋ ଇରେକ୍ଟସ୍ ଓ ହୋମୋ ସାପିଏନ୍‌ସର ଉଦ୍ଭବକାଳ ମାତ୍ର ଦୁଇଲକ୍ଷ ବର୍ଷ ତଳୁ। ଏହି ସୂତ୍ରରୁ ଚଂପାଫୁଲର ବାସ୍ନା ଓ ରୂପର ପ୍ରଭାବ ମଣିଷର ମସ୍ତିଷ୍କ, ଚେତନ, ଅବଚେତନ ଓ ଅଚେତନ ମନ, ତଥା ସଂସ୍କୃତି, ସଭ୍ୟତା ଓ ସାମାଜିକ ଦୃଷ୍ଟି ପ୍ରଭୃତି ଉପରେ କେତେ ଯେ, ପ୍ରାଚୀନ ଓ ଆଦିମ- ଏକଥା ଅନୁମାନ କରାଯାଇପାରେ। ଏଥିପାଇଁ ଏହା ମଣିଷ ସମାଜ ଓ ସଂସ୍କୃତିର ଏକ ଅବିଚ୍ଛିନ୍ନ ଅଙ୍ଗ ଭାବରେ ବିଭିନ୍ନ ରିଚୁଆଲ୍ ବା

ଧାର୍ମିକ ସଂସ୍କାର ସହ ଜଡ଼ିତ। ଆଶ୍ଚର୍ଯ୍ୟଜନକ ଭାବରେ ଏହା ପୃଥିବୀର ବିବିଧ ଭୂଖଣ୍ଡକୁ ସଂପ୍ରସାରିତ ଓ ସଂକ୍ରମିତ ହୋଇ ଅନୁରୂପ ପ୍ରଭାବ ମଣିଷର ମନ-ମସ୍ତିଷ୍କ ଉପରେ ପକାଇଛି। ଏସବୁ ଆଲୋଚନା କରିବା ଅଥବା ଏପରି ବୈଜ୍ଞାନିକ ତଥ୍ୟ ପରିବେଷଣର କାରଣ ହେଉଛି 'ଚଂପାଫୁଲ'କୁ ଏକ ଫୁଲ ମାତ୍ର ବା ପ୍ରତୀକ ମାତ୍ର ରୂପେ ଗ୍ରହଣ କରିବାଠାରୁ ବିଭିନ୍ନ ଭୂଖଣ୍ଡର ସମାଜ-ସଂସ୍କୃତି-ବିଶ୍ୱାସ ଓ ଚିନ୍ତନ ଉପରେ ଥିବା ଏହାର ପ୍ରଭାବ ସାଦୃଶ୍ୟ ତଥା ପ୍ରଭାବ ପ୍ରାଚୀନତା / ଆଦିମତାକୁ ଲକ୍ଷ୍ୟ ରଖି ଏହାକୁ ଏକ ଆଦିରୂପ (Archetype) ଭାବେ ଗ୍ରହଣ କରିନେବାର ଯୁକ୍ତିଯୁକ୍ତତା ଉପସ୍ଥାପନ କରିବା। କାରଣ ଆର୍କିଟାଇପ୍ ବା ଆଦିରୂପ ହେଉଛି ଏକ ସାର୍ବଜନୀନ ପ୍ରତୀକ ବିଶେଷ, (a universal symbol), ଏକ ସାର୍ବଜନୀନ ପାଟର୍ନ ବା ଢାଞ୍ଚା ତଥା ଏକପ୍ରକାର ବ୍ୟାବହାରିକ ନମୁନା (Behavioral Template)। ତେବେ ସେ ଯାହା ହେଉନା କାହିଁକି, 'ଚଂପାଫୁଲ'କୁ ନେଇ ବିବିଧ ଭାଷାରେ ବିବିଧ ଭୂଖଣ୍ଡରେ ଯେପରି ଚେତନାଗତ ଉଚ୍ଚାରଣ ଓ ଉତ୍ତରଣ ଦେଖିବାକୁ ମିଳେ, ସେସବୁର ଅନୁଧ୍ୟାନ ଓ ଅନୁଶୀଳନ ଉତ୍ତାରେ ଏକ ବିରଳ ବିସ୍ମିତି ଅନୁଭୂତ ହୁଏ। ତା'ଠାରୁ ଅଧିକ ବିସ୍ମୟକର ଲାଗେ ମାତ୍ର ବାଇଶିବର୍ଷ ବୟସରେ 'ଚଂପାଫୁଲ'ର ଏ ଆଦିମ / ଅବବୋଧ, ଏ ପ୍ରାଚୀନ ଚୈତନ୍ୟ, ଏ ବିଚିତ୍ର ବାଙ୍‌ମୟ ବର୍ଣ୍ଣାଢ୍ୟ ଜଣେ ନବ ପ୍ରଜନ୍ମର ସ୍ରଷ୍ଟା ଭିତରୁ ଆସିବାର ଓ ପ୍ରତିଫଳିତ ହେବାର ଦେଖି। ୧୯୯୩ ମସିହା ଅଗଷ୍ଟ ୩୧ ତାରିଖ ପ୍ରସନ୍ନ କୁମାର ମହାନ୍ତିଙ୍କ ସହ ଏକ ସାକ୍ଷାତ୍‌କାରରେ ନିଜେ କବି ଗୁରୁପ୍ରସାଦ ମହାନ୍ତି କହନ୍ତି ଯେ, ତାଙ୍କର ସ୍ମୃତିମତେ ୧୯୪୬ ମସିହାରେ 'ରେଭେନ୍ସାଭିଆନ୍' ପତ୍ରିକାରେ ତାଙ୍କର 'ଚଂପାଫୁଲ' କବିତା ପ୍ରକାଶ ପାଇଥିଲା। ୧୯୨୪ ରୁ ୧୯୪୬ର ଅନ୍ତର ମାତ୍ର ୨୨ ବର୍ଷ। ଏହି କବିତାଟିର ସଂରଚନା ଓ ସମ୍ଭାବନା ଏହାର ଅଦ୍ୱିତୀୟତାକୁ ପ୍ରମାଣ କରେ। ଏହି ଦୁଇଟି ବିଭାବ ଯଥାର୍ଥରେ ତାଙ୍କର ଏ କବିତାର ପ୍ରକୃତ ବିଭବ ତଥା ଅନନ୍ୟତାର ଅନନ୍ୟ ଇସ୍ତାହାର ଓ ଦସ୍ତାବିଜ୍- ଉଭୟ।

॥ ୦୨ ॥

ଚମ୍ପାଫୁଲ ମଣିଷର ସଂସ୍କୃତି-ପରଂପରା-ସଭ୍ୟତା-ଆଦିମତା ଓ ପ୍ରାଚୀନତା ସହ ଚିରକାଳ ଜଡ଼ିତ। ହିନ୍ଦୁଧର୍ମ ବା ସନାତନଧର୍ମ ଓ ସଂସ୍କୃତିରେ ଦେବୀଲକ୍ଷ୍ମୀ ତଥା ସମୃଦ୍ଧି, ସୌଭାଗ୍ୟ, ଦିବ୍ୟପ୍ରେମ, ତ୍ୟାଗ, ପବିତ୍ରତାକୁ ଇଙ୍ଗିତ କରୁଥିଲାବେଳେ ବୌଦ୍ଧଧର୍ମ ଓ ସଂସ୍କୃତିରେ ଏହା ବୁଦ୍ଧତ୍ୱ (Enlightment), ଆଧ୍ୟାତ୍ମିକ ଅଭିବୃଦ୍ଧି ବା ବିକାଶ (Spiritual Growth), କରୁଣା, ମନୀଷା ବା ବୁଦ୍ଧିମତ୍ତାକୁ ସୂଚାଇଥାଏ। ଜୈନଧର୍ମ ଓ ସଂସ୍କୃତିରେ

ଏହା ଆଧ୍ୟାତ୍ମିକ ବିକାଶ ଓ ଆତ୍ମାନୁଭବ (Spiritual growth and self-realisation)କୁ ବୁଝାଏ । ଜୈନଧର୍ମର ୨୪ତମ ତୀର୍ଥଙ୍କର 'ମହାବୀର' ଏହାକୁ ଅହିଂସା ଓ ଦୟା-ଅନୁକମ୍ପା ଓ ସହାନୁଭୂତିର ପ୍ରତିନିଧି ଭାବରେ ଗ୍ରହଣ କରନ୍ତି । ଚୈନିକ ସଂସ୍କୃତିରେ ସୌଭାଗ୍ୟ, ବିକାଶ, ଆନନ୍ଦ, ଏବଂ ଡ୍ରାଗନ୍ ସହ ଯୋଡ଼ିହୋଇ ଏହା କ୍ଷମତା, ଶକ୍ତି ଓ ପ୍ରଚଣ୍ଡତାକୁ ପ୍ରତୀକିତ କରିଥାଏ । ଜାପାନୀ ସଂସ୍କୃତିରେ ଚମ୍ପାଫୁଲ ଜୀବନର ନଶ୍ୱରତା (fleeting nature of life)କୁ ସୂଚାଉଥିଲା ବେଳେ ଚେରୀଫୁଲ ସହ ଯୋଡ଼ିହୋଇ ଏହା ନଶ୍ୱରତା ବା ଅଚିରନ୍ତନତାର ସୌନ୍ଦର୍ଯ୍ୟକୁ ସାଙ୍କେତିକ ଭାବେ ସୂଚାଇଥାଏ । ଜାପାନୀ ଭାଷାରେ ଏହାକୁ ନେଇ ଏକ ରୂଢ଼ି ରହିଛି "Mono no aware", ଯାହାର ଅର୍ଥ ହେଉଛି "the pathos of things" ବା ଅନ୍ୟ ଭାବରେ କହିଲେ ଏହା ଜିନିଷ ବା ଘଟଣାଟେ ପ୍ରତି ସମ୍ବେଦନଶୀଳ ବା ଅନୁକମ୍ପାଶୀଳ ମନୋଭାବ ଦେଖାଇବାକୁ ବୁଝାଇଥାଏ । "It is a key term in Japanese culture that conveys a deep awareness of the transience of things and the gentle sadness that comes with it." ଅଷ୍ଟାଦଶ ଶତାବ୍ଦୀର ବିଶିଷ୍ଟ ସାହିତ୍ୟବିଦ୍ୱାନ୍ ମୋତୁରି ନୋରିନାଗା (Motoori Norinaga) ଏହାକୁ ଏକ ବିଶେଷ ଅର୍ଥରେ ପରିପ୍ରକାଶ କରିଥିଲେ । ଜାପାନୀ ଭାଷାରେ 'ମୋନୋ' (Mono)ର ଅର୍ଥ ଜିନିଷ, ଏବଂ 'ଏୱା' (Aware)ର ଅର୍ଥ 'ସମ୍ବେଦନଶୀଳତା' ବା 'ଦୁଃଖ' । ଏହି ଦର୍ଶନଦ୍ୱାରା ଜୀବନରେ ଘଟୁଥିବା ଅନେକ କଥାକୁ ଦୃଷ୍ଟାନ୍ତ ଭାବରେ ନିଆଯାଇପାରେ । ଯଥା- ବଦଳି ଯାଉଥିବା ଋତୁ, ହଜିଯାଉଥିବା ମଣିଷ ଓ ଜିନିଷ, ଚନ୍ଦ୍ରର ହ୍ରାସବୃଦ୍ଧି, ପ୍ରିୟପରିଜନଙ୍କ ଅବର୍ତ୍ତମାନତା ପ୍ରଭୃତି ସବୁକିଛି । ଏ ସବୁଥିରେ ଜୀବନର କ୍ଷଣଭଙ୍ଗୁରତା, ଅଳୀକତା ପ୍ରଭୃତି ପ୍ରତୀକିତ ଓ ପ୍ରତିଫଳିତ ହେବା ସହ ସବୁ ପରିବର୍ତ୍ତନ ସହ ଦୁଃଖ-ଯାତନା-ବିଚ୍ଛେଦ-ଶୋଚନା ରହିବା ଅନିବାର୍ଯ୍ୟ ବୋଲି ବଜ୍ରକଣ୍ଠରେ ଏ ସଂସ୍କୃତି ଉଦ୍‌ଘୋଷଣା କରେ । ସେହିପରି ଫେଙ୍ଗ୍‌ସୁଇ ମତରେ ଏହା ବିଶେଷକରି ଦକ୍ଷିଣ-ପୂର୍ବ କୋଣରେ ବା ଦିଗରେ ରହି ସମୃଦ୍ଧିକୁ ଆକର୍ଷଣ କରିଥାଏ ଓ ଶୂନ୍ୟରେ ଶକ୍ତି ସମତା ରକ୍ଷା କରିଥାଏ । ସେହିପରି ଥାଇଲାଣ୍ଡ୍‌ର ସଂସ୍କୃତି ଚଂପାଫୁଲକୁ ସମ୍ମାନ ଓ ଗୁରୁତ୍ୱର ପ୍ରତୀକ ଭାବେ ଦେଖିଥିଲା ବେଳେ ଇଣ୍ଡୋନେସିଆର ସଂସ୍କୃତିରେ ପ୍ରେମ-ପ୍ରଣୟ-ରୋମାନ୍‌ସର ପ୍ରତୀକ ଭାବରେ ଏହା ଦଣ୍ଡାୟମାନ । ସେହିପରି ଶ୍ରୀଲଙ୍କାରେ ପାରଂପରିକ ବିବାହ ଉତ୍ସବରେ ଚଂପାଫୁଲକୁ ବ୍ୟବହାର କରାଯାଇଥାଏ । ମୋଟାମୋଟି ଭାବରେ ଚମ୍ପାଫୁଲ ଏକ ପ୍ରକାରର ଆଧ୍ୟାତ୍ମିକ ବିକାଶ, ଅନ୍ତର୍ନିହିତ ବିକାଶ, ଜ୍ଞାନର ସୁରଭି, ସୌନ୍ଦର୍ଯ୍ୟ, ସୌଷ୍ଠବ ଓ ଜୀବନର

ଭଙ୍ଗୁରତା ଓ କ୍ଷଣସ୍ଥାୟୀତ୍ୱକୁ ସୂଚାଇଥାଏ । ଅପରପକ୍ଷରେ ସେହି ହିନ୍ଦୁ ସଂସ୍କୃତି, ବୌଦ୍ଧସଂସ୍କୃତି ଓ ଭାରତୀୟ ସଂସ୍କୃତି ବା ତନ୍ତ୍ରସଂସ୍କୃତି ଅଥବା ଅନ୍ୟାନ୍ୟ ଦର୍ଶନରେ ଏହାକୁ ଆଧ୍ୟାତ୍ମିକ ବିକାଶ ସହିତ ପ୍ରେମ ଓ କାମ (Lust)ର ପ୍ରତୀକ ଭାବରେ ମଧ୍ୟ ଗ୍ରହଣ କରାଯାଇଛି । ଚମ୍ପାଫୁଲ ଏକ କାମୁକ ଇଚ୍ଛା (Sensual Desire)ର ସଂଯୋଜକ ମାତ୍ର । ଯେପରିକି 'ଚମ୍ପକ' ନାମଟି ଶିବ ଓ ଶକ୍ତିଙ୍କର ମିଳନ ବା ପୁରୁଷ ଓ ନାରୀଶକ୍ତିର ସମେକନକୁ ସୂଚାଇ ଥାଏ । 'କାମସୂତ୍ର'ରେ 'ଚମ୍ପକ' ଏକ ଏରୋଟିକ୍ (Erotic) ବା କାମୋଦ୍ଦୀପକ ପ୍ରେମ ଓ ରତ୍ୟାତ୍ମକ ଆନନ୍ଦ ବା କାମୁକାନନ୍ଦକୁ ପ୍ରତୀକିତ କରୁଥିବା କଥା କୁହାଯାଇଛି । ଏହାର ସୌରଭ ଦେବୀ ଲକ୍ଷ୍ମୀ ଓ ପ୍ରେମର ଦେବୀ ରତିଙ୍କ ସଂଯୋଜିତ । ବିଶେଷକରି ତାନ୍ତ୍ରିକ ଦର୍ଶନରେ ଶକ୍ତି ବା ଦେବୀଙ୍କ କ୍ଷମତା ଓ ନାର୍ଯ୍ୟତତ୍ତ୍ୱ (Feminine Principles)ର ପ୍ରତୀକ ଭାବରେ ଚମ୍ପାଫୁଲକୁ ଗ୍ରହଣ କରାଯାଇଛି । ତନ୍ତ୍ର ପରଂପରା ମଧ୍ୟରେ ଏହି ପୁଷ୍ପର ସୌରଭ କୁଣ୍ଡଳିନୀ ଶକ୍ତିକୁ ଜାଗ୍ରତ କରିବାର କ୍ଷମତା ରଖେ ବୋଲି ମଧ୍ୟ କୁହାଯାଇଛି । ମହାକବି କାଳିଦାସଙ୍କ 'ମେଘଦୂତମ୍'ରେ ଚଂପାଫୁଲ 'ପ୍ରେମ' ଓ 'ଲାଳସା'ର ପ୍ରତୀକ ଭାବେ ବର୍ଣ୍ଣିତ । ଅନେକ ସଂସ୍କୃତ କାବ୍ୟ କବିତାରେ ଏହାକୁ ପ୍ରିୟତମାର ସୌନ୍ଦର୍ଯ୍ୟ ନିମନ୍ତେ ରୂପକ ଭାବରେ ବ୍ୟବହାର କରାଯାଇଛି । ଦାର୍ଶନିକ ଦୃଷ୍ଟିରେ ଏହାର ସୁରଭି 'ସମ୍ମୋହନ' ଓ 'ଇଚ୍ଛାର ରହସ୍ୟ' (Allure and mystery of desire)କୁ ଇଙ୍ଗିତ କରେ ବୋଲି ବୁଝାଯାଏ । ପୁଣି ଲୈଙ୍ଗିକ ବୈପରୀତ୍ୟର ମିଳନ (Male-Female, Spiritual- Sensual) ଭାବରେ ଉପପାଦିତ ହେବା ସହ ଏହି ଫୁଲଟିର ସୌନ୍ଦର୍ଯ୍ୟ ଆନନ୍ଦର ଅଳୀକ ପ୍ରକୃତିକୁ ଇଙ୍ଗିତ କରିଥାଏ ।

ଚମ୍ପକ ପୁଷ୍ପର ସ୍ୱର୍ଣ୍ଣାଭ ବର୍ଣ୍ଣ ଉତ୍ସାହ, ସୌହାର୍ଦ୍ଦ୍ୟ, ଦ୍ରବଣଶୀଳତା ଓ ଇଚ୍ଛାର ଆବେଗ, ତଥା ଯୌନଲାଳସା, ବାସନା, ଅନୁରାଗ ଓ ଅଭିଳାଷାଦିକୁ ପ୍ରତିନିଧିତ୍ୱ କରିଥାଏ । ଏହି ପୁଷ୍ପଟିକୁ କାମପ୍ରତୀକ ଭାବରେ ଏହାର ସ୍ୱରୂପ ଓ ସୌରଭ ପାଇଁ ଗ୍ରହଣ ମଧ୍ୟ କରାଯାଇଥାଏ, ଯାହାର ଫଳସ୍ୱରୂପ ଏହାକୁ ଶୃଙ୍ଗାରିକ ଓ କାମୋଦ୍ଦୀପକ ଭାସ୍କର୍ଯ୍ୟ (Erotic Sculptures) ସହ ସଂପୃକ୍ତ କରାଯାଇଛି । ଆଧୁନିକ କାଳରେ ଚମ୍ପାଫୁଲକୁ 'ନାରୀର କାମୋତ୍ତେଜନା' ପ୍ରତୀକ ଭାବରେ ଗ୍ରହଣ କରିବା ସହ ଆତ୍ମପ୍ରତିଫଳନ ଓ ସଚେତନତାର ସ୍ୱରୂପ ଭାବରେ ଏହାର ସୌନ୍ଦର୍ଯ୍ୟକୁ ସ୍ୱୀକାର କରାଯାଇଛି ।

|| ୦୩ ||

'ଚମ୍ପାଫୁଲ' କବିତାରେ ଗୁରୁପ୍ରସାଦ ଯେଉଁ ନିଆଁ କଥା କହିଛନ୍ତି, ଯେଉଁ ଉତ୍ତାପ ଓ ଉତ୍ତେଜନାର କଥା କହିଛନ୍ତି, ଯେଉଁ ମଦ୍ୟ ଓ ମାଦକତାର କଥା କହିଛନ୍ତି- ତାହା ବାସ୍ତବିକ୍ ଅତୀବ ଗଭୀର-ଗହନ କଥା । ମହାକବି ଦାନ୍ତେ ଓ କବିଗୁରୁ ଏଲିଅଟ୍ 'ଗୋଲାପ' ଓ 'ନିଆଁ'କୁ ଏକ ଓ ଅଭିନ୍ନ ବୋଲି କହନ୍ତି । "And the Fire and the Rose are one" (Eliot) ମାନବତା ସ୍ୱର୍ଗର ନନ୍ଦନକାନନ (Eden)ରେ ଆରମ୍ଭ ହେଲା । Humanity originated in the garden of Eden but was cast into the world of weeds and briars after the Fall. ସ୍ୱର୍ଗର ନିଆଁ ସ୍ୱର୍ଗୀୟ ଗୋଲାପକୁ ନଷ୍ଟ କରେନାହିଁ । ବରଂ, ଏଦ୍ୱୟର ମିଶ୍ରଣ, ବା ଏକତ୍ରୀକରଣରେ ଫୁଟିଉଠେ ସୌନ୍ଦର୍ଯ୍ୟ ଓ ସୌହାର୍ଦ୍ଦ୍ୟ । ଏଠାରେ ଅବଶ୍ୟ ହଜିଯାଇଥିବା ସେଇ 'ସ୍ୱର୍ଗୀୟ ପ୍ରେମ' (Divine Love) କଥା କୁହାଯାଇଛି । ମାତ୍ର ଗୁରୁପ୍ରସାଦ ଚମ୍ପାଫୁଲରେ ସ୍ୱର୍ଗୀୟ ପ୍ରେମ କଥା କହିନାହାନ୍ତି । ଏଲିଅଟ୍‌ଙ୍କ ଭାଷାରେ "All manner of things shall be well / when the longues of flame are in folded / Into the Crowned Knot of fire / And the fire and the rose are one." (Little Gidding, 5.255-258) ଏକ ଡିଭାଇନ୍ ପ୍ରେମର 'ସ୍ଥିର ବିନ୍ଦୁ'କୁ ସୂଚାଇଲାବେଳେ ଦାନ୍ତେ ସ୍ୱର୍ଗ ବା ପାରାଡାଇଜ୍‌ର ସଂରଚନା ଗୋଲାପ ଫୁଲ ପରି ଓ ଆତ୍ମାଙ୍କର ସ୍ଥାନ ସେହି ଗୋଲାପର ପାଖୁଡ଼ାରେ ରହିବା କଥା କହିଛନ୍ତି । କିନ୍ତୁ ଗୁରୁପ୍ରସାଦଙ୍କ 'ବଣନିଆଁ' ଏଠାରେ ସବୁକିଛି ଛିନ୍ନଭିନ୍ନ କରିଦେଇଛି । ଗୋଲାପ ପ୍ରେମର ପ୍ରତୀକ । ନିଆଁ ଉଦ୍‌ବେଗ ଓ ଗାମ୍ଭୀର୍ଯ୍ୟର ପ୍ରତୀକ । ଏ ଦ୍ୱୟ ମିଶି ଏକ ଟ୍ରାନ୍‌ସ୍‌ଫର୍‌ମେସନ୍ ଓ ନବଜନ୍ମ ସୃଷ୍ଟି କରନ୍ତି । "Fire transforms the rose signifying growth and rebirth." ଗୋଲାପ ଓ ନିଆଁ କେତେବେଳେ transformation ଓ Renewalର ପ୍ରତୀକ ତ ଆଉ କେତେବେଳେ ସୌନ୍ଦର୍ଯ୍ୟ (Beauty) ଓ ବିଧ୍ୱଂସ (Destruction)ର ପ୍ରତୀକ । ପୁଣି କେତେବେଳେ ସ୍ୱର୍ଗୀୟ-ଅମର ପ୍ରେମ (Eternal Love)କୁ ଏହି ଗୋଲାପ ଓ ନିଆଁ ସୂଚାଇଥା'ନ୍ତି ।

ଉଇଲିଅମ୍ ସେକ୍‌ସପିୟର ତାଙ୍କ ରୋମିଓ ଓ ଜୁଲିଏଟ୍‌ରେ କହନ୍ତି- "Love is a rose, but you'd rather have the fire." ରୁମିଙ୍କ କବିତାରେ ଏହି 'ଗୋଲାପ' ଓ ଆଉ 'ନିଆଁ' ଏକ ଓ ଅଭିନ୍ନ ବୋଲି କୁହାଯାଇଥିଲା ବେଳେ (The rose and the fire are one) ପାବ୍ଲୋ ନେରୁଦାଙ୍କ କବିତାରେ ପ୍ରେମକୁ ନିଆଁ ଭିତରର ଗୋଲାପ ଫୁଲ ବୋଲି କୁହାଯାଇଛି । ତାଙ୍କରି ଭାଷାରେ- "Love is a rose in the fire." ନିଆଁର ଜ୍ୱାଳା, ତା'ର ତାତି, ତା'ର ଦହନ ଭିତରେ ହିଁ ଗୋଲାପର

ପାଖୁଡ଼ାର କୋମଳତା ରହିଛି । ଅପୂର୍ବ ଦର୍ଶନ ଏ ପ୍ରେମର । ସଂଗୀତରେ ଏହି ଗୋଲାପ ଓ ନିଆଁର ସମନ୍ୱୟ କଥା Debussy ଓ Ravel କହିଥିଲାବେଳେ ଭାସ୍କର୍ଯ୍ୟ କଳାରେ Rodin ଓ Calder ଗୋଲାପ ଓ ନିଆଁର ସଂପର୍କ କଥା ଦେଖାଇଛନ୍ତି । ସେହିପରି ଚିତ୍ରକଳା କ୍ଷେତ୍ରରେ Georgia O' Keefee ଓ Salvador Daliଙ୍କ ଦ୍ୱାରା ଗୋଲାପ ଓ ନିଆଁର ଅନ୍ୱିତି, ପ୍ରତ୍ୟନ୍ୱିତି ଓ ସମନ୍ୱିତି ଦର୍ଶାଯାଇଛି । ସାଂସ୍କୃତିକ ଦୃଷ୍ଟିକୋଣରୁ ପ୍ରାଚୀନ ଗ୍ରୀକ୍ ଓ ରୋମାନ୍ ପୁରାଣ କଥାରେ ଗୋଲାପ ଦେବୀ ଏଫ୍ରୋଡାଇଟ୍ ଏବଂ ଭେନସ୍ଙ୍କ ପରି ପ୍ରେମର ଦେବୀଙ୍କ ସହ ଜଡ଼ିତ ଥିବା କଥା କୁହାଯାଇଥିଲା ବେଳେ ହିନ୍ଦୁ ବା ସନାତନ ଧର୍ମରେ ଗୋଲାପକୁ ହୃଦୟଚକ୍ର ସହ ସଂପର୍କିତ କରାଯାଇଛି, ଯାହା ପ୍ରେମ ଓ ଉତ୍ସାହକୁ ସୂଚାଇଥାଏ ମାତ୍ର । ସେହିପରି ଇସ୍‌ଲାମ ପରଂପରାରେ ଗୋଲାପକୁ ଆଧ୍ୟାତ୍ମିକ ବିକାଶ ଓ ସ୍ୱର୍ଗୀୟ ପ୍ରେମର ପ୍ରତୀକ ଭାବରେ ଗ୍ରହଣ କରାଯାଇଛି । କିନ୍ତୁ କୌତୁକର କଥା ଯେ, ଦାର୍ଶନିକ ବିଚାର ଅନୁସାରେ ବିଶେଷକରି Alchemical Symbolismରେ ଗୋଲାପ ଓ ନିଆଁକୁ ବୈପରୀତ୍ୟର ସମନ୍ୱୟ ବା Union of opposite (Masculine- feminine, active- passive) ବୋଲି କୁହାଯାଇଥିଲା ବେଳେ ୟୁଙ୍ଗୀୟ ମନସ୍ତତ୍ତ୍ୱରେ ଗୋଲାପ ଓ ନିଆଁ ଚେତନ ଓ ଅଚେତନ (Conscious and unconscious) ମନର ମିଳନ କଥାକୁ ସୂଚାଇଥାଏ । ସେହିପରି ଅସ୍ତିତ୍ୱବାଦୀ ଦର୍ଶନରେ ଏହି ଗୋଲାପ ଓ ନିଆଁ ଜୀବନର ଅଳୀକତା ଓ ନଶ୍ୱରତାକୁ ସୂଚାଇଥାଏ । କହିବା ବାହୁଲ୍ୟ ଯେ, 'ଗୋଲାପ' ଓ 'ନିଆଁ'ର ଏ ଅଭିନ୍ନତା ଗୁରୁପ୍ରସାଦୀୟ 'ଚମ୍ପାଫୁଲ'ରେ ଏକ ନିଆରା ଢଙ୍ଗ ଓ ସ୍ୱାଦରେ ବର୍ତ୍ତମାନ । ଏଠାରେ ଏ ନିଆଁରେ "ପୋଡ଼ିଯାଏ ଜଳିଯାଏ ସବୁ", ଏ ନିଆଁରେ "ମନେପଡ଼େ ରୋମାଞ୍ଚରେ ଶୋଇ" ଏ ନିଆଁ ଏଠାରେ 'ବଣନିଆଁ' ଯେଉଁଥିରେ "ପୋଡ଼ିଯାଏ ଜଳିଯାଏ ସବୁ", ଏ ନିଆଁରେ "ମାଂସଫୁଟେ ଫୁଲହୋଇ", ଏ ନିଆଁରେ ପୃଥିବୀର ଛାତିରେ ଲୋଟିଯିବାକୁ ହୁଏ, ଏ ନିଆଁରେ ପୋଡ଼ି, ଜଳି, ପାଉଁଶ ହୋଇଯିବାକୁ ହୁଏ ଓ ତାହାର ଆନନ୍ଦରେ ରୋମାଞ୍ଚିତ ହେବାକୁ ପଡ଼େ । ଏ ହେଉଛି ଗୁରୁପ୍ରସାଦୀୟ 'ଚମ୍ପାଫୁଲ'ର 'ଗୋଲାପ ଓ ନିଆଁ'ର କଥା । ଚମ୍ପାଫୁଲ ମହକରେ ଭୀଷଣ କୁହୁକ ଥିବା କଥା କବି କହିଛନ୍ତି । କବିଙ୍କ ଭାଷାରେ "ଚମ୍ପାଫୁଲ ମହକରେ ଏଡ଼େ ସେ ଯେ ଦାରୁଣ କୁହୁକ / ରକ୍ତେଯାଏ ନିଆଁ ଲାଗି, ଛାତି ଆଉ ନିଶ୍ୱାସରେ ନିଆଁ / ଛାତି ଆଉ ନିଶ୍ୱାସରେ ନିଆଁ ସେ ଯେ ଦେହେଦେହେ ବିଜୁଳି ଚମକ / ବିଜୁଳି ଚମକ ସେ ଯେ ବଣନିଆଁ, ସବୁ ଯାଏ ଛିନ୍ନଭିନ୍ନ ହୋଇ,/ ପୃଥିବୀ ଛାତିରେ ଲୋଟି ପୋଡ଼ିଯାଏ ଜଳିଯାଏ ସବୁ / ମାଂସଫୁଟେ

ଫୁଲ ହୋଇ ମନେପଡ଼େ ରୋମାଞ୍ଚରେ ଶୋଇ।" (ମହାନ୍ତି, ଗୁରୁପ୍ରସାଦ ଓ ରାଓ, ଭାନୁଜୀ, ୧୯୫୫: ୧୬) ଚମ୍ପାଫୁଲରେ ଥିବା କୋମଳ ଗୋଲାପର କୁହୁକ ହୋଇଉଠିଛି ଦାରୁଣାତିଦାରୁଣ। ସେହି କୁହୁକର ଦାରୁଣ ପ୍ରକୃତିରୁ ରକ୍ତରେ ଲାଗିଛି ନିଆଁ। ସେ ନିଆଁ ରକ୍ତରୁ ଯାଇ ଲାଗିଛି ଛାତି ଆଉ ନିଃଶ୍ୱାସରେ। ସେ ନିଆଁ ଛାତି ଓ ନିଃଶ୍ୱାସରୁ ଯାଇ ସାରା ଦେହରେ ବିଜୁଳିର ଚମକରେ ପରିଣତ ହୋଇଛି ଓ ସେହି ବିଜୁଳି ଚମକ ବଣନିଆଁରେ ପରିଣତ ହୋଇ ସବୁକିଛି ଜାଳିପୋଡ଼ି ନଷ୍ଟଭ୍ରଷ୍ଟ କରିଦେଇଛି। ସବୁ ଛିନ୍ନଭିନ୍ନ ହେଲାପରେ ପୃଥିବୀ ଛାତିରେ ଲୋଟି ସବୁ ପୋଡ଼ି ଜଳିଗଲାପରେ ମାଂସ ଫୁଲହୋଇ ଫୁଟିଛି। ଗୋଲାପରୁ ନିଆଁ ଆସିଲା ପରି ଏଠାରେ ପୁଣି ନିଆଁରୁ ଗୋଲାପର ଜନ୍ମ ହୋଇଛି। ଗୋଲାପ ଫୁଟିଛି। ସବୁକିଛି ରୋମାଞ୍ଚମୟ ହୋଇଉଠିଛି। ଏହିଠାରେ ଏଲିଅଟ୍ ଓ ଦାନ୍ତେଙ୍କ ବର୍ଣ୍ଣନା, ରୁମିଙ୍କ କାବ୍ୟିକ ସିଦ୍ଧାନ୍ତ, ପାବ୍ଲୋ ନେରୁଦାଙ୍କ "ନିଆଁରେ ଫୁଟିଥିବା ଗୋଲାପର କଥା", ପ୍ରେମ-ପ୍ରଣୟ-ଲିବିଡୋ, ଯୌନାକାଂକ୍ଷା ଓ କାମନା ବାସନା ପ୍ରଭୃତିର କଥା ଆପେଆପେ ଯୋଡ଼ି ହୋଇଯାଏ। ଏଠାରେ ଆଲଡସ୍ ହକ୍ସଲେଙ୍କ କଥା ମନେପଡ଼େ। ସେ କହିଥିଲେ- "Beauty is worse than wine, it intoxicates both the holder and beholder." 'ଚମ୍ପାଫୁଲ'ର ସୌନ୍ଦର୍ଯ୍ୟ ବା ପ୍ରତୀକାତ୍ମକ ଆବେଦନର ମଞ୍ଜି କଥାଟି ହେଲା ପୃଥିବୀ ଛାତିରେ ଲୋଟି ସବୁକିଛି ପୋଡ଼ିଜଳି ନଷ୍ଟ ହୋଇଯିବା। ଏଣୁ ଏଠାରେ ଉଭୟପକ୍ଷ 'ପାଉଁଶ ହେବା' ସାର ମାତ୍ର।

॥ ୦୪ ॥

ଚମ୍ପାଫୁଲରେ ନିଆଁ ଓ ଜଳ ଏକାକାର ହେବାର ଦୃଶ୍ୟ ଏକ ଅନନ୍ୟ ଉପଲବ୍ଧି। ପ୍ରତୀକାତ୍ମକ ଦୃଷ୍ଟିରେ ପୁରୁଷ ଓ ନାରୀ, ବିଧ୍ୱଂସ ବିନିର୍ମାଣ, ବୈପରୀତ୍ୟ, ରୂପାନ୍ତରଣ, ସମନ୍ୱୟ ଓ ଆବେଗାତିଶଯ୍ୟର କଥା ଏଠାରେ କୁହାଯାଇଛି। ଗ୍ରୀକ୍ ପୁରାଣରେ ପ୍ରେମେଥିଅସ୍ ଅଗ୍ନିର ପ୍ରତୀକ ଭାବେ ଗୃହୀତ ହେଲାବେଳେ ପୋସିଡନ୍ (Poseidon) ଜଳତତ୍ତ୍ୱର ପ୍ରତୀକ ଭାବେ ଗୃହୀତ। ଜଳ ଓ ଅଗ୍ନି ଏକ ଆଧ୍ୟାତ୍ମିକ ରୂପାନ୍ତରଣକୁ ମଧ୍ୟ ସୂଚାଇଥାଏ। ଉଇଲିୟମ୍ ସେକ୍ସପିୟର କହନ୍ତି, "Fire and water, both destructive and creative." ସେହିପରି ହୋମରଙ୍କ ଇଲିଆଡ୍‌ରେ "The fiery passion of Achilles, tempered by the water of sorrow" କୁହାଯାଇଥିଲା ବେଳେ ରୁମିଙ୍କ କବିତାରେ "The fire of love, quenched by the water of wisdom" ବୋଲି କୁହାଯାଇଛି। ସେହିପରି ୟୁଙ୍ଗୀୟ ମନସ୍ତତ୍ତ୍ୱରେ

ନିଆଁ ଓ ଜଳ ଯଥାକ୍ରମେ ଚେତନ ଓ ଅଚେତନକୁ ବୁଝାଇଥାଏ। ହେରାକ୍ଲିଟସ୍ ନିଆଁ ଓ ଜଳକୁ ବୈପରୀତ୍ୟର ଐକ୍ୟ ବା ସହାବସ୍ଥାନ ବୋଲି କହିଲାବେଳେ Yin-Yang Taoismରେ ବୈପରୀତ୍ୟର ପାରସ୍ପରିକତା କଥା ହିଁ କହନ୍ତି। 'ଚମ୍ପାଫୁଲ' କବିତାରେ ଏହି ନିଆଁ ଓ ଜଳ ଉଭୟ ରହିଛନ୍ତି। ଏଠାରେ ଦେଖିବାକଥା ଯେ, ଚମ୍ପାଫୁଲର ମହକରେ ସମୁଦ୍ର ବାଟ ଭୁଲିବା, କୂଳ ଡେଇଁ ଆସିବା, ଭରା ନଈ ଛାତି ଶୁଖିଯିବା, ପଥର ତରଳିବା ଏବଂ ମଶାଣିର ଭୂତପ୍ରେତ ଛାଡ଼ି ରଜବତୀ କନ୍ୟା ଲାଗି ଯୋଗୀ ମଦନରେ ମାତିବା ଘଟଣା ଏହି ନିଆଁ ଆଉ ଜଳର କଥା। ଗୋଟିଏ ପଟରେ ଚମ୍ପାଫୁଲର ମହକ, ଯାହାକି 'ନିଆଁ' ଅଟେ, ଅପରପକ୍ଷରେ 'ସମୁଦ୍ର', 'ଭରାନଈ', 'ପଥର' ଓ 'ଯୋଗୀ' ପ୍ରଭୃତି 'ଜଳତତ୍ତ୍ୱ'କୁ ତୁମୁଳ ଭାବରେ ପ୍ରଭାବିତ କରୁଛି। କାହାକୁ ସେ ବାଟ ଭୁଲାଇ ବାଟବଣା କଲାଣି ତ, କାହାର ଛାତି ଶୁଖାଇଲାଣି, କାହାକୁ ତରଳାଇ ଦେଲାଣି ତ କାହାକୁ ପତଙ୍ଗ କରି ଆକର୍ଷିତ କରିସାରିଲାଣି। ପୁଣି ଏହି ଅଗ୍ନିତତ୍ତ୍ୱରେ ଯାଦୁକରୀ ପଥରକୁ ରଜାପୁଅ କରେ, ହାଡ଼ ସବୁ ହୁଏ ମୁକ୍ତାଫୁଲ। ଏହି ଅଗ୍ନିତତ୍ତ୍ୱରେ ରାଜାଝିଅ ବେଣୀଫୁଲ ଖସିଯାଏ ଶହଶହ ଥର, ଏହି ଅଗ୍ନିର ଆବେଶରେ କୋଟିଏ ମଣିଷଙ୍କ ମୂଳ ଗୋଟିଏ ଫୁଲରେ ହୋଇଥାଏ। 'ଚମ୍ପାଫୁଲ' କବିତାର ଦ୍ୱିତୀୟ କ୍ୱାଟ୍ରେନ୍‌ରେ ଏହି ଅଗ୍ନିତତ୍ତ୍ୱ ଜଳତତ୍ତ୍ୱକୁ ପ୍ରଭାବିତ କରୁଛି ସତ କିନ୍ତୁ ଏଥର ଏଥିରେ ବିଧ୍ୱଂସ ନୁହେଁ ବିନିର୍ମାଣ ହେଉଛି। 'ହାଡ଼' ସବୁ 'ମୁକ୍ତାଫୁଲ' ହେବା, 'ରାଜାଝିଅ ବେଣୀଫୁଲ', 'ପାଣିର ସୁଏ ସୁଏ ଭାସିଯିବା' ଓ 'ଗୋଟିଏ ଫୁଲରେ କୋଟିଏ ମଣିଷର ମୂଳ ହେବା' ଏକପ୍ରକାର ସର୍ଜନମୁଖୀ ବିଧ୍ୱଂସ ଓ ବିଧ୍ୱଂସମୁଖୀ ସର୍ଜନା ମାତ୍ର। ଏହିପରି ଏଠାରେ ନିଆଁ ଓ ପାଣି ଏକ, ଅଭିନ୍ନ, ଏକାକାର ଓ ଏକମୁଖୀ, ଏକ ଦେଶୀୟ ଓ ଏକ ଗୋତ୍ରୀୟ ହୋଇଉଠିଛନ୍ତି। କବିତାଟିର ଷଷ୍ଠକରେ ଏହା ଆହୁରି ସ୍ପଷ୍ଟ ଓ ପ୍ରାଞ୍ଜଳ। ଚମ୍ପାଫୁଲ ମହକରେ ଯେଉଁ 'ଦାରୁଣ କୁହୁକ' କଥା କୁହାଯାଇଛି, ତାହା ନିଶ୍ଚିତ ରୂପେ ଅଗ୍ନିତତ୍ତ୍ୱ। ତା'ରି ପାଇଁ ରକ୍ତରେ ନିଆଁ ଲାଗିଯାଏ, ଛାତି ଆଉ ନିଃଶ୍ୱାସରେ ନିଆଁ ଲାଗିଯାଏ। ଛାତି ଆଉ ନିଃଶ୍ୱାସରେ ନିଆଁ ଲାଗି ଦେହରେ ବିଜୁଳିର ଚମକ ଖେଳାଇଦିଏ। ଏହି ବିଜୁଳି ଚମକ ବଣନିଆଁ ହୁଏ ଓ ନିଜର ଅସଲ ଅସ୍ତିତ୍ୱକୁ ଜାହିର୍ କରି, ସବୁକିଛି ଜାଳିପୋଡ଼ି ନଷ୍ଟ କରିଦିଏ, ଛାରଖାର କରିଦିଏ। ଏହା ତ ନିଆଁର ସ୍ୱାଭାବିକ କାମ। କିନ୍ତୁ ବର୍ତ୍ତମାନ ଦେଖନ୍ତୁ ନିଆଁର ଏହି କାମର ପରିଣତି କ'ଣ ହେଲା। ମାଂସ ସବୁ ଫୁଲ ହୋଇ ଫୁଟିଲା। ରୋମାଞ୍ଚରେ ମନ ଭରିଗଲା। ଏହା ଏକ ୱାଟର୍ ଆକ୍ଟ ବା ଜଳଜନିତ କାର୍ଯ୍ୟ। ଏହା ସର୍ଜନାର କଥା। ଏହା ଜଳର କାମବିଶେଷ

ମାତ୍ର । ଏଣୁ ଜଳ ଯାହା କରିବା କଥା ନିଆଁ ତାହା କଲା; କିନ୍ତୁ ତା' ନିଜ ଭଂଗୀରେ । ଏଣୁ ଏଠାରେ ନିଆଁ ଓ ଜଳର ଅଭେଦତ୍ୱ ପ୍ରତିପାଦିତ ହୋଇଛି ବୋଲି କୁହାଯାଇପାରେ । ନିଆଁ ଓ ପାଣି ଏକ ଓ ଅଭିନ୍ନ ହୋଇଛନ୍ତି, ଏକାକାର ହୋଇଯାଇଛନ୍ତି । ହୁଏତ ଜଳ ଓ ନିଆଁ ମିଶିକରି ଏପରି ସର୍ଜନାର ପ୍ରଣବ ମନ୍ତ୍ର ଗାଇଉଠିଛନ୍ତି ଏଠାରେ । ଏ ଉଭୟତତ୍ତ୍ୱ ବିଧ୍ୱଂସ ଓ ବିନିର୍ମାଣର ଯଥାର୍ଥ କାରକ ମାତ୍ର । ଗୋଲାପ ଓ ନିଆଁ ପରି, ନିଆଁ ଓ ପାଣି ପରି- ରକ୍ତ ଓ ମଦ୍ୟ ମଧ୍ୟ ଏଠାରେ ଏକାକାର । Life ଆଉ Vitality, Sacrifice ଆଉ Redemption ଏବଂ Passion ଆଉ Intensityର କଥା ଏଠାରେ ରହିଛି । ଖ୍ରୀଷ୍ଟଧର୍ମରେ ଯେଉଁ TRANSUBSTANTIATION (Change of substance) କଥା କୁହାଯାଇଛି ଏଠାରେ ଚମ୍ପାଫୁଲ ମହକରେ ସେହିପରି 'ଟ୍ରାନ୍ସ-ସବ୍‌ଷ୍ଟାନ୍‌ସିଏସନ୍' ହିଁ ଘଟିଛି । ଦାରୁଣ କୁହୁକ ପରି ରକ୍ତ ଓ ଛାତି, ନିଶ୍ୱାସରୁ ନିଆଁ, ଦେହଯାକ ନିଆଁ ବଣନିଆଁ ପରି ଚରିଯାଏ ଓ ଶେଷରେ "ମାଂସ ଫୁଲ ପରି ହୋଇ ଫୁଟିବା" ଏକ ପ୍ରକାରର 'ଟ୍ରାନ୍ସ ସବ୍‌ଷ୍ଟାନ୍‌ସିଏସନ୍' ମାତ୍ର । "Transubstantiation ("Change of the substance") is the term used by Catholics to denote what is changed, not to explain how the change occurs, since the Catholic Church teaches that "the signs of bread and wine become, in a way surpassing understanding, the Body and Blood of Christ." ଖ୍ରୀଷ୍ଟଧର୍ମୀୟ ମିଥ୍‌ଠାରୁ ପ୍ରାଚୀନ ରୋମ୍ ଓ ଗ୍ରୀସ୍‌ର ମିଥ୍ ଆହୁରି ଅର୍ଥପୂର୍ଣ୍ଣ, ଆହୁରି ସଂଶ୍ଳିଷ୍ଟ ଥିଲା ପରି ମନେହୁଏ ଏ କବିତାର ହରକତ୍, ଥିମ୍ ଓ କାର୍ଯ୍ୟକଳାପ ସହ । 'ମଦ୍ୟ' ପ୍ରାଚୀନ ରୋମୀୟ ଓ ଗ୍ରୀକ୍ ସଭ୍ୟତା ଓ ସଂସ୍କୃତିରେ Dionysus / Bacchus ଦେବତାଙ୍କ ସହ ଜଡ଼ିତ । ମଦ୍ୟ ଓ ଉର୍ବରତାର ଦେବତା ଡାୟୋନିସସ୍‌ଙ୍କ କଥା ଏଠାରେ ସ୍ମୃତିଗୋଚର ହୁଏ । ପୂର୍ବୋକ୍ତ ବର୍ଣ୍ଣନା କ୍ରମେ 'ମଦ୍ୟ'ର ନିଶା ଓ ତଜ୍ଜନିତ ଶକ୍ତିଶାଳୀ ମାଦକତାର ପ୍ରଭାବ ବା ଚମ୍ପାଫୁଲର ମହକ/ନିଶା/ମଦ୍ୟରେ ସମୁଦ୍ର ବାଟ ଭୁଲିବାଠାରୁ, ସେହି ନିଶାରେ ବା ଚମ୍ପାଫୁଲର ସେହି ମାଦକତାରେ ନଈର ଭରାଛାତି ଶୁଖିବା, ପଥର ତରଳିବା, ଯୋଗୀ ଯୋଗ ତପାଦି ଛାଡ଼ି, ମଶାଣିର ଭୂତପ୍ରେତ ଛାଡ଼ି ରାଜବତୀ କନ୍ୟା ସହ ମଦନରେ ମାତିବା ଓ 'ହାଡ଼' 'ଫୁଲ' ହେବା, ଝରଣାର ସୁଅରେ ସୁଅରେ ବେଣୀଫୁଲ ଖସି ଭାସିଯିବା ଏବଂ ଦେହର ବିଜୁଳି ଚମକରୁ ପରିଶେଷରେ 'ମାଂସ ଫୁଲ ହୋଇ ଫୁଟିବା' ସର୍ବୋପରି ଉର୍ବରତା, ଜନ୍ମ, ସୃଷ୍ଟି ଓ ସନ୍ତୋଷର କଥା, ଦେହମନ ଓ ଆତ୍ମାରେ ରୋମାଞ୍ଚ ଖେଳିଯିବା ତଥା ବିଚିତ୍ର ବୈପରୀତ୍ୟକୁ ଅଙ୍ଗୀକାର କରିବା

କଥାକୁ ହିଁ ଇଙ୍ଗିତ କରିଥାଏ। ଲୋକକାହାଣୀରେ ରକ୍ତ ଓ ମଦ୍ୟ ରାକ୍ଷସୀୟ ପ୍ରକୃତି ଓ ପ୍ରବୃତ୍ତି ସହ ବିଜଡ଼ିତ। ସେହିପରି Judaismରେ ମଦ୍ୟକୁ Kiddush (blessing) ଏବଂ Passover rituals ମାନଙ୍କରେ ବ୍ୟବହାର କରାଯାଇଥାଏ। ତେବେ ଏକଥା ଏଠାରେ ଅନ୍ତତଃ ସ୍ପଷ୍ଟ ଯେ, ରକ୍ତ ଓ ମଦ୍ୟର ମିଥୋଲୋଜି ମଧ୍ୟ ଯାଦୁକରୀ ଶକ୍ତିର ପ୍ରଭାବ ଓ ଯୌନକାଂକ୍ଷାର ପୂର୍ତ୍ତି, ଅବପୂର୍ତ୍ତି ଓ ଅଭିପୂର୍ତ୍ତି ପ୍ରଭୃତି ମାଧ୍ୟମରେ ପ୍ରତିଫଳିତ।

ଅସ୍ତିତ୍ୱବାଦୀ ଦର୍ଶନରେ ଉପରୋକ୍ତ 'ମଦ୍ୟ' ଓ 'ରକ୍ତ' ମଣିଷର ଭଂଗୁରତା, ସାନ୍ଦ୍ରତା ଓ ଦୁର୍ବଳତାକୁ ସୂଚିତ କରିଥାଏ। ସେହିପରି Alchemical Symbolismରେ ରକ୍ତ ଓ ମଦ୍ୟ ଏକପ୍ରକାର ଆଧ୍ୟାତ୍ମିକ ରୂପାନ୍ତରଣ (Spiritual Transformation)କୁ ବୁଝାଇଥାଏ। 'ଚମ୍ପାଫୁଲ'କୁ ଏକ ବୀଜଗାଣିତିକ ଉପାୟରେ ଆଧ୍ୟାତ୍ମିକ ଉପାଦାନ ଓ ଦୃଷ୍ଟିଦେଇ ବିଚାର କଲେ ମଧ୍ୟ ପାଠକ- ସମାଲୋଚକକୁ ନିରାଶା ମିଳନଥାଏ। କାରଣ ଦେହର ବିନାଶ ପରେ ହିଁ ସେହିଠାରେ ଆତ୍ମାର- ଅନ୍ତର୍ଦେଶର ଅନ୍ତରତମ ଉପଲବ୍ଧି ମିଳିପାରେ ଓ ସେହିଠାରେ ଆଧ୍ୟାତ୍ମିକ ଉପଲବ୍ଧିର ଫୁଲ ଫୁଟିଥାଏ। ସହଜଯାନର ଦର୍ଶନ ଓ ତତ୍ତ୍ୱାନୁଯାୟୀ ଏଇ ଦେହ ଦେଇ, ଏହି ଦେହ ମାଧ୍ୟମରେ ଆମେ ବିଦେହର ଉପଲବ୍ଧି କରିପାରିବା। ସେ ବିଦେହର ସନ୍ଧାନ ବାହାରେ ନୁହେଁ, ବରଂ ଏହି ଦେହ ଭିତରେ ମିଳିଥାଏ। ଦେହରୁ ଦେହୋତ୍ତର ଚେତନାର ସଂକ୍ରମଣ- ଅଧିକ୍ରମଣ ଓ ଅତିକ୍ରମଣ ପାଇଁ ଏଇ ପଞ୍ଚଭୂତ- ପଞ୍ଚକୋଷାବୃତ ଶରୀର ହିଁ ଆବଶ୍ୟକ। ସବୁକିଛି ପୋଡ଼ିଯିବା, ଜଳିଯିବା, ଦେହର ପ୍ରତୀକାତ୍ମକ ବିଲୁପ୍ତି ବା ଶୂନ୍ୟତାକୁ ସୂଚିତ କରେ। ଏବଂ ମାଂସଫୁଲ ହୋଇ ଫୁଟିବାର ଅର୍ଥ ଦେହରେ ବିଦେହର ସମ୍ଭାବନା ତଥା ସଂଦର୍ଶନ ମିଳିବା। ରୋମାଞ୍ଚରେ ମନେପଡ଼ିବାର ଅର୍ଥ ରୋମାଣ୍ଟିସିଜିମ୍‌ର ଆଧିଭୌତିକ ଉପଲବ୍ଧିକୁ ମଧ୍ୟ ବୁଝିପାରିବା। ସହଜଯାନରେ ସାଧକ / ସାଧିକାର ସିଦ୍ଧିରେ 'ମୁଦ୍ରା'ର ଆବଶ୍ୟକତା ପରି ଏ ଦେହରେ ସେ ଫୁଲ ଫୁଟିବା ପାଇଁ ଯାଦୁକରୀ ରାଜାଝିଅ ଓ ଯୁବକର ଉପସ୍ଥିତିକୁ ଗ୍ରହଣ କରାଯାଇପାରେ। ଏହି କବିତାଟିକୁ Political Romanticism, Sublime Romanticism, Naturalistic Romanticism, Feministic Romanticism, Supernatural Romanticism ଏବଂ Impressionist Romanticism ଦୃଷ୍ଟିରୁ ମଧ୍ୟ ବିବେଚନା କରାଯାଇପାରେ। 'ରଜାଝିଅ'ର ଉପସ୍ଥିତି, ଯୋଗୀ ଚରିତ୍ରର ଉପସ୍ଥିତି, ବଣନିଆଁର ଉପସ୍ଥିତି, ଯାଦୁକରୀର କାର୍ଯ୍ୟକଳାପରେ ପୁରୁଷର ମେଣ୍ଢା ହେବା, ଭେଣ୍ଡା ହେବା, ହାଡ଼ ସବୁ ମୁକ୍ତାଫୁଲ ହେବା, ପଥର ରଜାପୁଅରେ ପାଲଟିବା, ନଈ ଶୁଖିବା, ସାଗର ବାଟ ଭୁଲିବା ଓ ମାଂସ

ଫୁଲ ହୋଇ ଫୁଟିବା ଘଟଣା ମାଧ୍ୟମରେ ଏସବୁ ବ୍ୟାଖ୍ୟା ସହଜରେ କରାଯାଇପାରେ। 'Champak Flower' is a Poem of paradox and polysemy, where every word, every phrase, every line, holds multiple, and contradictory meanings. It's a linguistic labyrinth, designed to delight, and confound where every path leads to multiple meanings and every meaning leads to multiple paths, inviting readers to explore, to discover and to create. ଚମ୍ପାଫୁଲର ଶୈଳୀ, ଶିଳ୍ପକଳା, ଥିମ୍ ଓ ଅର୍ଥବହତାକୁ ଲକ୍ଷ୍ୟ କଲେ ଜଣାପଡ଼ିବ ଏହା ଏକ କାବ୍ୟିକ ପ୍ରିଜିମ୍ ବା ବର୍ଣ୍ଣାଳୀ। It is a poetic prism, refracting light and meaning into a kaleidoscope of colours, and connotations each one revealing a new fact, a new truth, a new layer of significance. ଏଠାରେ ଥାକଥାକ ହୋଇ ଅର୍ଥ ସଜଡ଼ା ହୋଇ ରହିଛି। ପାଠକର ଦେଖିବା, ବୁଝିବା ଓ ଅବବୋଧ କରିବା ଉପରେ ଏହା କେବଳ ନିର୍ଭରଶୀଳ। It is a poem of protean possibility, shape- shifting, and morphing before our very eyes, like a mythological creature, defying fixed interpretation, inviting a conscious reader to engage in an ongoing dialogue of discovery. ଚମ୍ପାଫୁଲ କବିତା ଏକ ଆଶ୍ଚର୍ଯ୍ୟ, ଏକ ବିଚିତ୍ର ବିସ୍ମୟକର ସିମ୍ଫୋନି। ଏହାର ପ୍ରତିଟି ପଦ, ପାଦ, ପଙ୍କ୍ତି ଓ ବିରାମ ଚିହ୍ନ ଅତୀବ ଗୁରୁତ୍ୱପୂର୍ଣ୍ଣ। କୁହାଯାଇପାରେ ଏହା ହେଉଛି ଏକ symphony of signification ଯେଉଁଠି ପ୍ରତିଟି ନୋଟ୍, ପ୍ରତିଟି ବାକ୍ୟାଂଶ, ପ୍ରତିଟି ଷ୍ଟାଞ୍ଜା ବା ପଦ ଏକାଧିକ ଅର୍ଥ ଦୀପ୍ତି ଓ ଦ୍ୟୁତି ନେଇ ଉଭାହୁଏ। ଏହାର texture polyphonic ଓ ବଳିଷ୍ଠ। ଏହି ବଳିଷ୍ଠ ଅର୍ଥଦ୍ୟୁତି ସମୀପ ପଠନ ଓ ଗଭୀର ମନନଶୀଳ ଅନୁଶୀଳନ ଓ ଶ୍ରବଣ ମାଧ୍ୟମରେ ଲାଭ ହୋଇଥାଏ। ଏକ ଋଷୀୟ nesting doll ପରି ଏହି କବିତାଟିର ପ୍ରତ୍ୟେକ ଅଂଶ, କ୍ଷୁଦ୍ରାତିକ୍ଷୁଦ୍ର ଅବୟବ ଅର୍ଥଦ୍ୟୁତ, ଅର୍ଥଯୁକ୍ତ ଓ ଅର୍ଥାନ୍ୱିତ ହେବାକୁ ଅପେକ୍ଷା କରିଛି। ଯଥାର୍ଥରେ ଏହା ହେଉଛି ଏକ palimpsest of poetic possibility ବା କାବ୍ୟିକ ସମ୍ଭାବନାର ଫଳକ ମାତ୍ର। କବିତାଟିକୁ ରୋମାଣ୍ଟିକ୍, ଆଣ୍ଟିରୋମାଣ୍ଟିକ୍, ଆଧ୍ୟାତ୍ମିକ, ରହସ୍ୟବାଦୀ, ଅଭିବ୍ୟକ୍ତିବାଦୀ, ଅସ୍ତିତ୍ୱବାଦୀ, ପ୍ରତୀକବାଦୀ, ରୂପକଳ୍ପବାଦୀ ଓ ଏହିପରି ଅନେକ ଦୃଷ୍ଟି ଓ ଦର୍ଶନ କ୍ରମେ ଅନୁଧ୍ୟାନ, ଅନୁଶୀଳନ ଓ ପରିଶୀଳନ କରାଯାଇପାରେ। ବସ୍ତୁତଃ ଏହା ଏକ ଗୀତିକବିତା, ଏକ Labyrintine lyric, layered with labyrinthine meanings, ଏବଂ ଏହାର ସ୍ୱର ଉଚ୍ଚ, ଗମ୍ଭୀର ଓ ପ୍ରାଞ୍ଜଳ, ଯାହା ପାଠକକୁ Twist ଓ Turns of Interpretations ପାଇଁ ଆହ୍ୱାନ ଦିଏ, ଯେଉଁଠାରେ ଏହାର ପ୍ରତିଟି ପଦ ଓ ପାଦ ଓ କାବ୍ୟିକ ପାହାଚ ଏକ ନୂତନ ଉପଲବ୍ଧି, ଏକ ନୂତନ ସତ୍ୟର ସନ୍ଧାନ, ଏକ ନୂତନ ଚିତ୍ର, ଚରିତ୍ର ଓ ଚେହେରା, ସତ୍ୟର ଭିନ୍ନ ଏକ ରୂପକୁ ଦେଖାଇବା ପାଇଁ ସଂକଳ୍ପବଦ୍ଧ। ସଂକ୍ଷେପରେ ଏହି କବିତା ପାଇଁ ଏତିକି କୁହାଯାଇପାରେ ଯେ, ଏହା ହେଉଛି Trapestry of tantalizing tropes, woven with words that whisper secrets to the soul, unfolding a kaleidoscope of meanings that mesmerize and mystify the reader. ପାଠକକୁ ଏକ ଚେତନାଗତ ବିସ୍ତାରଣ ଓ ବିସ୍ଫୋରଣ ଦେବାପାଇଁ ଏହା ସର୍ବତୋ ଭାବେ ପ୍ରଯତ୍ନଶୀଳ ଓ ପ୍ରସ୍ତୁତ।

ମଦ୍ୟର ମାଦକତା ରକ୍ତରେ ମିଶେ। ସେ ନିଆଁ ହୁଏ। ରକ୍ତକୁ ସେ ନିଆଁ ଜାଳେ। ସବୁ ପୋଡ଼ିଯାଏ। ସବୁ ଜଳିଯାଏ। ସେ ରକ୍ତ ମାଂସରେ ଫୁଲ ଫୁଟାଏ, ସେ ନିଆଁ ମାଂସରେ ଫୁଲ ଫୁଟାଏ। ସେ ମଦ୍ୟର ମାଦକତା ଓ ଜ୍ୱାଳା ମାଂସରେ ଫୁଲ ଫୁଟାଇଦିଏ। ମଦ୍ୟ ଓ ରକ୍ତ ହୁଏ ଏକାକାର। ସବୁକିଛି ହୁଏ ଏକାକାର। Caravaggioଙ୍କ The Taking of Christ ଓ ଫ୍ରାନ୍ସିସ୍ ବେକନ୍‌ଙ୍କ Figure with Meat ଚିତ୍ରକଳା ମଧ୍ୟ ଏହି ରକ୍ତ ଓ ମଦ୍ୟର ଆଧ୍ୟାତ୍ମିକ ଉପସ୍ଥାପନା କରନ୍ତି, ଯାହା 'ଚମ୍ପାଫୁଲ'ର "ମାଂସ ଫୁଲ ହୋଇ ବିକଶିତ ହେବା" ଭିତରେ ପ୍ରତିଫଳିତ ହୁଏ। ପ୍ରତୀକାତ୍ମକ ଭାବରେ ଦେଖିବାକୁ ଗଲେ ଏହି "ମାଂସ ଫୁଲ ହୋଇ ଫୁଟିବା" ଏକ ଆଧ୍ୟାତ୍ମିକ ସଚେତନତା, ବୋଧିସତ୍ତା ଲାଭ ଓ ଉଚ୍ଚତର ଚେତନାକୁ ସୂଚାଇଥାଏ। ଏହା ମଣିଷର କ୍ଷମତା, ପ୍ରତିଭା ଓ ସର୍ଜନଶୀଳତା ତଥା ଆତ୍ମସଚେତନତା ଓ ମାନବର ବ୍ୟକ୍ତିଗତ ବିକାଶ ବା ପର୍ସୋନାର ବିସ୍ତାରଣକୁ ସୂଚାଇଥାଏ। ଜୀବନର ଚକ୍ର ଭାବରେ ଜନ୍ମ-ମୃତ୍ୟୁ, ବିକାଶ-ବିନାଶ, ପୁନର୍ଜନ୍ମ ଓ ପ୍ରାକୃତିକ ପୃଥିବୀ ଓ ମାନବୀୟ ପ୍ରତିଭା ଓ ଅଭିଜ୍ଞତାକୁ ଇଙ୍ଗିତ କରିବା ସଂଗେସଂଗେ Healing process, transformation ଏବଂ ଭୌତିକ, ଆବେଗିକ ଓ ଆଧ୍ୟାତ୍ମିକ ଶରୀରର ପୁନର୍ଜୀବନ ଓ ପୁନର୍ସଂଚାରକୁ ମଧ୍ୟ ପ୍ରତୀକିତ କରିଥାଏ। ଏହି ମାଂସ ଫୁଲ ହୋଇ ଫୁଟିବା ଭିତରେ ରହିଛି ଏକ କଳାତ୍ମକ ଓ ସର୍ଜନାତ୍ମକ ଝଲକ (Creative Spark), ଉତ୍ସାହ ଓ ପ୍ରୋତ୍ସାହନ (inspiration and the manifestation of artistic expression) ଏବଂ ସାରସ୍ୱତ ବୌଦ୍ଧିକ ସନ୍ତୁଷ୍ଟି।

॥ ୦୫ ॥

'ଚମ୍ପାଫୁଲ' ଗୁରୁପ୍ରସାଦ ମହାନ୍ତିଙ୍କର ଏକ ପ୍ରତୀକାତ୍ମକ କବିତା। ଏହା ହିଁ ଗୁରୁପ୍ରସାଦଙ୍କର ପ୍ରଥମ ପ୍ରୟୋଗବାଦୀ କବିତା ବୋଲି କୁହାଯାଇପାରେ। ବର୍ତ୍ତମାନ ପ୍ରତୀକର କଥା ଆସିଲାକ୍ଷଣି ଆମେ ବିବିଧ ପ୍ରତୀକ ପ୍ରତ୍ୟକ୍ଷ କରିଥାଉ, ଯଥା- ସାର୍ବଜନୀନ ପ୍ରତୀକ (Universal Symbol), ସାଂସ୍କୃତିକ ପ୍ରତୀକ (Cultural Symbol), ବ୍ୟକ୍ତିଗତ ପ୍ରତୀକ (Personal Symbol), ପ୍ରାଚୀନ ବା ଆଦିମ ପ୍ରତୀକ (Archaic Symbol), ଅମୂର୍ତ୍ତ ବା ଭାବାତ୍ମକ ପ୍ରତୀକ (Abstract Symbol), କଂକ୍ରିଟ ପ୍ରତୀକ (Concrete Symbol), ସୂଚୀବଦ୍ଧ ବା ଅନୁକ୍ରମଣ ପ୍ରତୀକ (Indexical Symbol), ପ୍ରତିଷ୍ଠିତ ପ୍ରତୀକ (Iconic Symbol), ଲାକ୍ଷଣିକ ବା ଚୈହ୍ନିକ ପ୍ରତୀକ (Emblematic Symbol) ଓ ରୂପକ ପ୍ରତୀକ (Metaphorical Symbol) ଇତ୍ୟାଦି। ପୁଣି ସେହି ପ୍ରତୀକ ବା କବିତାଟିର ବିବିଧ ସ୍ତରୀୟ ଅର୍ଥ ରହିଛି। ପାଠକ ସେହି ସ୍ତରଗୁଡ଼ିକୁ ଖୋଲିଖୋଲି ଯାଏ ଓ ପିଆଜ ପରି ପରସ୍ତ ପରସ୍ତ ଅର୍ଥ ବାହାର କରିକରି ଚାଲିଥାଏ। ଅବଶ୍ୟ ଏହି ପଠନ (Reading) ସେହି ପାଠକ ଓ ପାଠ (Text) ବା ଲେଖା (Writing) ଉପରେ ନିର୍ଭର କରିଥାଏ। ଲେଖା ବା କବିତାଟିର ବିବିଧ ଅର୍ଥ ରହିଛି। ଯଥା- ବାହ୍ୟଅର୍ଥ ବା ଅଭିଧାର୍ଥ (Lexical or Literal Meaning), ଆଳଂକାରିକ ଅର୍ଥ (Figurative Meaning), ସୂଚିତାର୍ଥ ବା ପରୋକ୍ଷାର୍ଥ ବା ଲକ୍ଷାର୍ଥ (Implied Meaning), ଅନୁମିତ ଅର୍ଥ (Inferred Meaning), ପ୍ରତୀକାତ୍ମକ ଅର୍ଥ (Symbolic Meaning), ସାଂକେତିକ ଅର୍ଥ ବା ଅପ୍ରକଟ / ଭ୍ରମାତ୍ମକ ଅର୍ଥ (Allusive Meaning), ସ୍ୱର ବା ତାନ ସମ୍ବନ୍ଧୀୟ ଅର୍ଥ ବା ବଳାଘାତୀୟ ଅର୍ଥ (Tonal Meaning), ଓ ଅନ୍ତର୍ପାଠୀୟ ଅର୍ଥ (Intertextual Meaning) ଇତ୍ୟାଦି ବିବିଧ ସ୍ତର ଓ ଆୟାମର ଅର୍ଥ ରହିଛି। ସାଧାରଣତଃ ଚାରି ପ୍ରକାରର ପାଠକ 'ପାଠ' (Text) ବା 'କବିତା'ର ଅର୍ଥ ନିରୂପଣ ବା ବିବେଚନା କରିଥାଆନ୍ତି, ଯଥା- ବାସ୍ତବିକ ପାଠକ (Actual Reader), ନିହିତ ପାଠକ (Implied Reader), ଆଦର୍ଶ ପାଠକ (Ideal Reader), ଓ ଅଧିପାଠକ (Super Reader)। ଏଣୁ ଏହା କହିବା ବାହୁଲ୍ୟ ଯେ, ପାଠକର ଭିନ୍ନ ଭିନ୍ନ ମୁଡ୍, ମିଜ୍ଞାସ୍, ଦୃଷ୍ଟି, ଦର୍ଶନ, ମନନଶୀଳତା, ପଠନଶୀଳତା ଓ ଗ୍ରହଣ ବା ଆହରଣଶୀଳତା ଉପରେ ପ୍ରତ୍ୟେକ 'ପାଠ' ପରି ଗୁରୁପ୍ରସାଦଙ୍କ 'ଚମ୍ପାଫୁଲ' କବିତାର ପାଠ, ପ୍ରପାଠ, ଅନୁପାଠ, ଅଧିପାଠ, ଅତିପାଠ, ପ୍ରତିପାଠ ଓ ଅଭିପାଠର ବିବେଚନା, ଆଲୋଚନା, ପ୍ରାଲୋଚନା, ଅଭ୍ୟାଲୋଚନା, ଅତ୍ୟାଲୋଚନା, ପ୍ରତ୍ୟାଲୋଚନା ଓ

ଅଧ୍ୟାଲୋଚନା ନିର୍ଭର କରେ। ପାଠକର Elementary Reading, Inspectional Reading, Analytical Reading ବା Syntopical Reading ଉପରେ ପାଠ (Text)ର ଇଣ୍ଟରପ୍ରିଟେସନ୍ ବା ବିବେଚନା, ଅଧିବେଚନା ଓ ଅଭିବେଚନାଦି ନିର୍ଭର କରିଥାଏ।

'ଚମ୍ପାଫୁଲ' କବିତାରେ ବ୍ୟବହୃତ 'ସମୁଦ୍ର', 'ନଦୀ' ବା 'ପୂର୍ଣ୍ଣଗର୍ଭାନଦୀ', ପଥର, ମଶାଣି, ଭୂତପ୍ରେତ, ଯୁବତୀ ବା ରଜବତୀ କନ୍ୟା, ଯୋଗୀ, ରଜାପୁଅ, ଚମ୍ପାଫୁଲ, ହାଡ଼, ମୁକ୍ତାଫୁଲ, ରଜାଝିଅ ବେଣୀଫୁଲ, ବଣନିଆଁ, ବିଜୁଳି ଚମକ ଓ ମାଂସ ଫୁଲ ହୋଇ ଫୁଟିବା ପ୍ରଭୃତି ଏକ ଏକ ବଳିଷ୍ଠ ପ୍ରତୀକ। ବର୍ତ୍ତମାନ ବିଭିନ୍ନ ସଂସ୍କୃତି, ଭିନ୍ନ ଭିନ୍ନ ଭୂଖଣ୍ଡର ପରଂପରା, ବିବିଧ ସଭ୍ୟତା ଓ ବିଭାଗ ବା ବିଦ୍ୟା ଅନୁସାରେ ଏସବୁର ପ୍ରତୀକାତ୍ମକ ଅର୍ଥ ସଂପର୍କରେ ଆଲୋଚନା କରିବା। 'ସମୁଦ୍ର' ଅବଚେତନ ମନର ବିଶାଳ ସାମ୍ରାଜ୍ୟ, ସ୍ୱପ୍ନ, ସୁଷୁପ୍ତି, ତୁରୀୟ (ମାଣ୍ଡୁକ୍ୟ ଉପନିଷଦ) ଅବସ୍ଥାର ଆବେଗ ଓ ଅନ୍ତର୍ଜଗତକୁ ନେଇ ଏକ ଆବେଗଗତ ଗଭୀରତାକୁ ଦର୍ଶାଏ, ଜୀବନର ଅସୀମତା, ଅଜ୍ଞାତ, ଅଦୃଷ୍ଟ ଭାଗ, ଏବଂ ଜୀବନର ରହସ୍ୟାବଳୀକୁ ନେଇ ଅସୀମତା ଓ ଅନନ୍ତତାକୁ ସୂଚାଇଥାଏ। ସମୁଦ୍ର ପ୍ରାକୃତିକ ଚକ୍ର ସହ ଅତ୍ୟନ୍ତ ନିବିଡ଼ ଭାବରେ ଜଡ଼ିତ ହୋଇଥିବାରୁ ବିବିଧ ରୂପାନ୍ତରଣ ବା ଟ୍ରାନ୍ସଫରମେସନ୍ ଏବଂ ନବୀକରଣ ପ୍ରଭୃତିକୁ ନେଇ ରୂପାନ୍ତରଣ ଓ ପରିବର୍ତ୍ତନ (Transformation and change)ର ଏକ ବିଶାଳ ପ୍ରତୀକ ହେଉଛି ସମୁଦ୍ର। ବିଶୁଦ୍ଧ ଶକ୍ତି, କ୍ଷମତା ଓ ପ୍ରକୃତିର ଶକ୍ତି / କ୍ଷମତାକୁ ଏହା ଦର୍ଶାଏ। ମଣିଷର ପବିତ୍ର ସ୍ୱର୍ଗୀୟ ଓ ଆଧ୍ୟାତ୍ମିକ ବିକାଶ ସହ ଏହା ଜଡ଼ିତ। ଅଚେତନ ଓ ସାମୂହିକ ଅଚେତନର ପ୍ରତୀକ ଭାବରେ ଆର୍କିଟାଇପ୍ ଓ ଅନୁଭୂତିର ମିଳିତ ସ୍ୱରୂପକୁ ଏହା ଦର୍ଶାଇଥାଏ। ସମୁଦ୍ର ସର୍ବାନ୍ତକରଣରେ ମାନବାତ୍ମାର ଯାତ୍ରା, ଅଭିଯାତ୍ରା ଓ ଅନ୍ତର୍ଯାତ୍ରାକୁ ସୂଚାଇଥାଏ। ସମୁଦ୍ର ଆବିଷ୍କାରର ପ୍ରତୀକ। ଏକ ବିଶାଳ-ଶୀତଳ ଓ ମହାନ୍ ଚେତନାର ପ୍ରତୀକ ବିଶେଷ ଅଟେ। ଗ୍ରୀକ୍ ପୁରାଣରେ ପୋସିଡନ୍ ବା ପୋଜିଡନ୍ ସମୁଦ୍ର ଦେବତା ହୋଇଥିଲା ବେଳେ ହିନ୍ଦୁଧର୍ମରେ ଏହାର ଅର୍ଥ ଅନନ୍ତ ସ୍ୱର୍ଗୀୟ, ବିଶାଳକାୟ ଅସ୍ତିତ୍ୱ ସଂପନ୍ନ ବରୁଣ ଓ ବିଷ୍ଣୁଙ୍କ ବାସସ୍ଥାନ ବୋଲି ମଧ୍ୟ କୁହାଯାଇଥାଏ। ବୌଦ୍ଧଧର୍ମରେ 'ସାଗର' ଓ ମନକୁ ଏକ ଓ ଅଭିନ୍ନ ମାନାଯାଇଥିଲା ବେଳେ ସାଗରକୁ 'ବୁଦ୍ଧତ୍ୱ' ଭାବରେ ଗ୍ରହଣ କରାଯାଇଥାଏ। ସେହିପରି ଆଫ୍ରିକୀୟ ପ୍ରବାସୀୟ ପରଂପରାରେ ସମୁଦ୍ର ପୂର୍ବପୁରୁଷ ଓ ମାତୃଭୂମି ସହ ସଂଯୋଗକୁ ପ୍ରତିନିଧିତ୍ୱ କରିଥାଏ। କାର୍ଲ ୟୁଙ୍ଗ୍‌ଙ୍କ ଭାଷାରେ- The Ocean represents the Collective unconscious and the process of individuation ଏବଂ ଡକ୍ଟର ସିଗ୍‌ମଣ୍ଡ ଫ୍ରଏଡ଼ କହନ୍ତି ସମୁଦ୍ର ମଣିଷ / ବ୍ୟକ୍ତିର ଅଚେତନ (The Unconscious) ମନ ଏବଂ ଅବଦମିତ ଇଚ୍ଛାନିଚୟର ପ୍ରତୀକ ବିଶେଷ। ମହାକବି ହୋମର୍ ତାଙ୍କର ପ୍ରସିଦ୍ଧ କ୍ଲାସିକ୍ କାବ୍ୟ 'ଓଡ଼େଶୀ'ରେ ସମୁଦ୍ର ଜୀବନଯାତ୍ରା ଓ ନାୟକ ସମ୍ମୁଖୀନ ହୋଇଥିବା ଘାତ ପ୍ରତିଘାତ ପ୍ରଭୃତିକୁ ସୂଚାଇଥାଏ ବୋଲି କହିଛନ୍ତି। ସେହିପରି ମେଲ୍‌ବିଲ୍ ତାଙ୍କ 'ମୋବିଡିକ୍'ରେ ସମୁଦ୍ର ଦ୍ୱାରା ଅର୍ଥର ଅନ୍ୱେଷଣ ଓ ମାନବର ସ୍ଥିତିକୁ ସୂଚାଇଛନ୍ତି। ଚିତ୍ରକଳାରେ ସମୁଦ୍ରକୁ ପ୍ରକୃତିର ସୌନ୍ଦର୍ଯ୍ୟ, ଶକ୍ତି ବା କ୍ଷମତା ପ୍ରଦର୍ଶନ ନିମନ୍ତେ ବ୍ୟବହାର କରାଯାଇଥାଏ। ଠିକ୍ ସେହିପରି ଭାସ୍କର୍ଯ୍ୟକଳାରେ ମଧ୍ୟ ସମୁଦ୍ରର ଉପରୋକ୍ତ ବିବେଚନା ଆଧାରରେ ବ୍ୟବହାର ହୋଇଥିବାର ଲକ୍ଷ୍ୟ କରିହେବ। 'ଚମ୍ପାଫୁଲ' କବିତାରେ ଯଥାର୍ଥରେ ସମୁଦ୍ରକୁ ଏହିସବୁ ପ୍ରତୀକାତ୍ମକ ଅର୍ଥମତେ ଗ୍ରହଣ କରି ପାଠକକୁ ଅର୍ଥର ଖିଅ ଧରିଧରି ଆଗକୁ ଚାଲିବାକୁ ହୁଏ। ଚଂପାଫୁଲର ମହକରେ ସମୁଦ୍ର ବାଟଭୁଲେ। ଏହାର ଅର୍ଥ ବିଶାଳ ବ୍ୟକ୍ତିତ୍ୱ, ବିଶାଳ ସମ୍ଭାବନା, ଗଭୀର ଆବେଗ, ଅନନ୍ତ ଅସୀମ ଚେତନାର ବ୍ୟକ୍ତି ମଧ୍ୟ ପରିବର୍ତ୍ତିତ ଓ ରୂପାନ୍ତରିତ ହୁଏ ଏବଂ ବ୍ୟକ୍ତିସତ୍ତା, ଶକ୍ତି ଓ କ୍ଷମତାଶାଳୀ ବ୍ୟକ୍ତିତ୍ୱ, ଆଧ୍ୟାତ୍ମିକତା ସଂପନ୍ନ ଦିବ୍ୟ ମଣିଷ ଓ ଏପରିକି ବ୍ୟକ୍ତିର ଅଚେତନ ଓ ସାମୂହିକ ଅଚେତନତା ମଧ୍ୟ ନିଜର ଗତିପଥ ବଦଳାଇ ଦେଇଥାଏ। ଚମ୍ପାଫୁଲ ଏକ ମ୍ୟାଜିକ୍ ଆକ୍ଟ କରିଥାଏ। ସୂର୍ଯ୍ୟ ବା ବ୍ଲାକ୍‌ହୋଲ୍ ପରି ଏହା ନିଜର ଆକର୍ଷଣରେ ସମସ୍ତଙ୍କୁ ମନ ଭୁଲାଇ ଟାଣିଆଣେ। ଏହା ମାୟା ମାତ୍ର।

ଚମ୍ପାଫୁଲ ମହକରେ ଘଟିଥିବା ପ୍ରଥମ ଘଟଣା ହେଉଛି ସମୁଦ୍ର ବାଟ ଭୁଲିବା। ପାରଂପରିକ, ସାଂସ୍କୃତିକ ଓ ପ୍ରତୀକାତ୍ମକ ଭାବରେ ଭୂମିରୁ ଭୂମା ଦୃଷ୍ଟି ଦର୍ଶନ ଦେଇ ସମୁଦ୍ରକୁ ପାଠକ ଅବବୋଧ କଲାପରେ ଅନ୍ୟ ଏକ ଆଶ୍ଚର୍ଯ୍ୟଜନକ ଘଟଣାର ପୁନଃ ସମ୍ମୁଖୀନ ହୋଇଥାଏ। ତାହା ହେଉଛି ସେହି ଚଂପାଫୁଲ ମହକରେ ଭରାନଈର ଛାତି ଶୁଖିଯିବା। ସେ ମହକରେ ଏତେ ନିଆଁ, ଏତେ ଜ୍ୱାଳା, ଏତେ ତାତି- ଏତେ ଯେ ଦହନ ଭରାନଈର ଛାତି ଏଠି ଶୁଖିଯାଏ। ମାତ୍ର ନଈର ଏପରି ଶୁଖିବା ପୁଣି ଚମ୍ପାଫୁଲର ମହକରେ ଶୁଖିବା କଥାଟିକୁ ଅଭିଧାର୍ଥକ୍ରମେ ଗ୍ରହଣ କରିବା ସହଜ ମନେହୁଏ ନାହିଁ, ଏଣୁ ଏଠାରେ ପ୍ରତୀକାତ୍ମକ ଅର୍ଥ ରହିଥିବା କଥା ସ୍ପଷ୍ଟ ଅବଶ୍ୟ ହୁଏ। ତେବେ ଏ ଭରାନଈ କାହାର ପ୍ରତୀକ? ପ୍ରାଚୁର୍ଯ୍ୟ ଓ ବିକାଶର, ସଂପଦ ଓ ସୌଭାଗ୍ୟର, ସର୍ଜନଶୀଳତା ଓ ସାନ୍ଦ୍ରତାର ଆବେଗାଦିକୁ ନେଇ ଏହା ଉତ୍ସାହ, ଉତ୍ସୁକତା ଓ

ସର୍ଜନଶୀଳତାର ପ୍ରତୀକବିଶେଷ ଅଟେ । ଭରାନଈ ଆଧ୍ୟାତ୍ମିକ ବିକାଶ ଓ ନବୀକରଣର ପ୍ରତୀକ । ସେହିପରି ଏହା Life, Force, Vitality, ପରିବର୍ତ୍ତନ ଓ ରୂପାନ୍ତରଣ (Transformation), ଜନମାନସ, ଗୋଷ୍ଠୀ ଓ ଲୋକଙ୍କ ସହ ପରିବେଶର ସମନ୍ୱୟ ସ୍ଥାପନ କରିବା ହେତୁ ଏହା ଐକ୍ୟ ଓ ସଂଯୋଗର ପ୍ରତୀକ ବିଶେଷ ଅଟେ । ଏହାମଧ୍ୟ ପ୍ରାକୃତିକ ଚକ୍ର (Natural Cycle) ଓ ଋତୁଚକ୍ର ପ୍ରଭୃତି ସହ ଜଡ଼ିତ । ଏହାଛଡ଼ା emotional depth ଓ Introspection ବା ଅନ୍ତର୍ଦୃଷ୍ଟି, ଯାତ୍ରା ଓ ଆବିଷ୍କାର, ଶୁଦ୍ଧିକରଣ ଓ ନିର୍ମଳୀକରଣ ପ୍ରଭୃତି ପ୍ରତୀକାତ୍ମକ ଅର୍ଥ ଏଠାରେ ରହିଛି । ହିନ୍ଦୁଧର୍ମ ଓ ସଂସ୍କୃତିରେ ଗଙ୍ଗାନଦୀକୁ ପବିତ୍ର ନଦୀ ଭାବରେ ଗ୍ରହଣ କରାଯାଇଥିଲାବେଳେ ଚୈନିକ ସଂସ୍କୃତିରେ ୟାଙ୍ଗ୍‌ସେ (The Yangtze River) ନଦୀ ପ୍ରାଚୁର୍ଯ୍ୟ, ସମୃଦ୍ଧି ଓ ସୌଭାଗ୍ୟର ପ୍ରତୀକ । ଆଫ୍ରିକୀୟ ସଂସ୍କୃତିରେ ନୀଳ ନଦୀ (The Nile River) ଜୀବନ, ଉର୍ବରତା ଓ ପ୍ରାକୃତିକ ଚକ୍ରକୁ ପ୍ରକାଶ ହିଁ କରିଥାଏ । ସେହିପରି ନେଟିଭ୍ ଆମେରିକୀୟ ସଂସ୍କୃତିରେ ନଦୀମାନଙ୍କୁ ଆଧ୍ୟାତ୍ମିକ ବିକାଶ, ପୁନର୍ଜୀବନ, ଓ ପ୍ରକୃତି ସହ ସଂପର୍କ ଓ ସାନ୍ନିଧ୍ୟର ସୂଚକ ଭାବରେ ଗ୍ରହଣ କରାଯାଇଛି । ମନସ୍ତତ୍ତ୍ୱ ଅନୁସାରେ କାର୍ଲ ୟୁଙ୍ଗ୍ (Carl Jung)ଙ୍କ ଦୃଷ୍ଟିରେ ପୂର୍ଣ୍ଣଗର୍ଭା ନଦୀ ଅଚେତନ ମନ (Unconsious mind)ର 'ସୂଚକ' (Signifier) ଅଟେ ଯାହା ବ୍ୟକ୍ତିର ଆବେଗ ଓ ସର୍ଜନାତ୍ମକ ଦକ୍ଷତାକୁ ଦର୍ଶାଇଥାଏ । ସେହିପରି ଡକ୍ଟର ସିଗ୍‌ମଣ୍ଡ ଫ୍ରଏଡ୍ ପୂର୍ଣ୍ଣଗର୍ଭା ନଦୀକୁ ଆବେଗ ଓ ଇଚ୍ଛାପୂର୍ଣ୍ଣ ଅଚେତନ ମନ ବା ମଣିଷର ଅଚେତନ ମନର ଆକାଂକ୍ଷା, ଆବେଗ ଓ ଆବେଶକୁ ବୁଝାଇଥାଏ ବୋଲି କହନ୍ତି । ହର୍‌ମନ୍ ମେଲ୍‌ଭିଲ୍ (Herman Melville)ଙ୍କ 'ମୋବୀ ଡିକ୍' ଉପନ୍ୟାସରେ ଏହା ଅର୍ଥ ଓ ପରିପୂର୍ଣ୍ଣତା ଖୋଜିବୁଲୁଥିବା 'ଜୀବନ ଯାତ୍ରା', 'ଅନ୍ତର୍ଯାତ୍ରା' ଓ 'ଅଭିଯାତ୍ରା'ର ପ୍ରତୀକ ବିଶେଷ ଅଟେ । ସେହିପରି ମାର୍କ ଟ୍ୱାଇନ୍ (Mark Twain)ଙ୍କ 'The Adventures of Huckleberry Finn'ରେ ମିସିସିପି ନଦୀ ମୁକ୍ତି, ଦୁଃସାହସ ଓ ଆତ୍ମ ଆବିଷ୍କାରର ଅଭିଯାତ୍ରାକୁ ସୂଚାଉଥିଲା ବେଳେ ଚିତ୍ରକଳାରେ ପୂର୍ଣ୍ଣଗର୍ଭା ନଦୀକୁ ପ୍ରାଚୁର୍ଯ୍ୟ, ସମୃଦ୍ଧି ଓ ଆଧ୍ୟାତ୍ମିକ ବିକାଶର ପ୍ରତୀକ ଭାବରେ ଗ୍ରହଣ କରାଯାଇଥାଏ । ଚମ୍ପାଫୁଲ ମହକରେ ସେହି ପୂର୍ଣ୍ଣଗର୍ଭା ନଦୀ ଶୂନ୍ୟଗର୍ଭା ହୋଇଯାଏ । ଚମ୍ପାଫୁଲର ବାସ୍ନାରେ ମଣିଷର ଅବଚେତନ ଓ ଅଚେତନ ମନର କଥା ହଜିଯାଏ । ଏହା ଏକପ୍ରକାର ସମ୍ମୋହନ ବା ହିପ୍ନୋଟିଜିମ୍‌ଦ୍ୱାରା ମନ ଅନ୍ତରାଳର କଥାକୁ ଜାଣିବା ଓ ତାହା ମଧ୍ୟରେ ଭିନ୍ନ ଇଚ୍ଛା ଓ ଭିନ୍ନ ତତ୍ତ୍ୱକୁ ରୋପଣ କରିବା କ୍ରିୟା ମାତ୍ର । Neuro-Linguistic Programming (NLP), Hypnotherapy, Mind Programming,

Subconscious Reprogramming, ବା Neuroplasticity ତଥା Self-Hypnosis ପରି ନଦୀ ବା ସମୁଦ୍ର ବା ପଥର ବା ଯୋଗୀ ବା ରଜାପୁଅର ଅଚେତନ ଓ ଅବଚେତନ ମନର ତମୂଳ ପରିବର୍ତ୍ତନ ସଂଘଟିତ ହୋଇଥାଏ। ଚମ୍ପାଫୁଲଦ୍ୱାରା ସ୍ୱୀୟ ସମ୍ମୋହନ ସମୁଦ୍ର ଓ ନଦୀଠାରେ ଦେଖାଯାଏ।

ଚମ୍ପାଫୁଲ ମହକରେ ଘଟିଥିବା ତୃତୀୟ ଘଟଣା ବା ତୃତୀୟ ପରିବର୍ତ୍ତନ ହେଉଛି ପଥର ତରଳିବା। ଚମ୍ପାଫୁଲର କୁହୁକ, ମହକ ଓ ପ୍ରଭାବରେ ତଥା ଚମ୍ପାଫୁଲର ଦାହରେ ପଥରର ଦେହ ତରଳିଥିଲା। ସେହି ପଥର ସାମାନ୍ୟ ନୁହେଁ, ବରଂ ଏହା ଏକ ପ୍ରତୀକ ବିଶେଷ ଅଟେ। ଚମ୍ପାଫୁଲରେ ତରଳିଥିବା ଏହି ପଥର Strength and Endurance, Spiritual growth and Enlightenment, Protection and Shielding, Grounding and Centering, Memory and Heritage, Purification and Cleansing, ଏବଂ Divine Connectionର ପ୍ରତୀକ ଅଟେ। ଏହି ପଥର ସ୍ଥାୟୀତ୍ୱ, ଦୀର୍ଘସ୍ଥାୟୀତ୍ୱ, ପରିବର୍ତ୍ତନ ବିରୋଧୀ ମନୋଭାବ, ନକାରାତ୍ମକ ଶକ୍ତି ବିରୋଧୀତତ୍ତ୍ୱ, କଠିନ ସମସ୍ୟା ବା ପରିସ୍ଥିତି, ପୃଥିବୀ ସହ ସଂପର୍କ, ସ୍ଥାୟୀତ୍ୱ ଏବଂ ସମନ୍ୱୟକୁ ସୂଚାଇଥାଏ। ପଥରର ସଂପର୍କ ସ୍ମୃତି, ପରଂପରା ଓ ସାଂସ୍କୃତିକ ଐତିହ୍ୟ, ପବିତ୍ରତା, ସ୍ୱଚ୍ଛତା ଓ ନବୀକରଣ ସହ ରହିଛି। ଏତଦ୍‌ବ୍ୟତୀତ ବିଶ୍ୱର ଉଚ୍ଚତର କ୍ଷମତା ବା ଶକ୍ତି ସହ ଏହା ସମନ୍ୱିତ ପ୍ରତୀକ ବିଶେଷ ଅଟେ। ପ୍ରାଚୀନ ଗ୍ରୀକ୍ ଓ ରୋମାନ୍ ସଂସ୍କୃତିରେ ପଥର ବିବିଧ ଐଶୀଶକ୍ତି ସଂପନ୍ନ ଦେବ-ଦେବୀଙ୍କ ସହ ଜଡ଼ିତ ଥିଲାବେଳେ ବୌଦ୍ଧଧର୍ମରେ ପଥର ଆଧ୍ୟାତ୍ମିକ ବିକାଶ, ବୁଦ୍ଧତ୍ୱ ଓ ନିର୍ବାଣମୁଖୀ ଅଭିଯାତ୍ରାକୁ ଇଙ୍ଗିତ କରିଥାଏ। ନେଟିଭ୍ ଆମେରିକୀୟ ସଂସ୍କୃତିରେ ପଥର ବୌଦ୍ଧିକତା, ଆଧ୍ୟାତ୍ମିକ ସଂଯୋଗ, ଏବଂ ପ୍ରାକୃତିକ ପୃଥିବୀର ପ୍ରତିନିଧି ବୋଲି ଗ୍ରହଣ କରିଥାଆନ୍ତି। ଅନୁରୂପ ଭାବରେ, କେଲ୍‌ଟିକ୍ (Celtic) ପରଂପରାରେ 'ପଥର'କୁ ପୂର୍ବପୁରୁଷ, ପୃଥିବୀ ଓ ଆତ୍ମାଜଗତ ସହ ଜଡ଼ିତ ଥିବାର ଗଭୀର ପ୍ରତ୍ୟୟ ରହିଛି। କାର୍ଲ ୟୁଙ୍ଗ୍‌ଙ୍କ ଭାଷାରେ- "Stones represent the unconscious mind, symbolizing the hidden, unexplored aspects of the self." ୟୁଙ୍ଗ୍‌ଙ୍କ ମନସ୍ତାତ୍ତ୍ୱିକ ବିବେଚନା କ୍ରମେ ପଥର ଅଚେତନ ମନର ପ୍ରତିନିଧି ହେବା ସଂଗେସଂଗେ ଅନ୍ତର୍ଦେଶସ୍ଥ ଆତ୍ମସତ୍ତାର ଅପରିସ୍ଫୁଟିତ, ସଂଗୁପ୍ତ ଓ ଅପରିପ୍ରକାଶିତ ଦିଗ ଓ ତତ୍ତ୍ୱାବଳୀ (Dimensions, directions and elements)କୁ ପ୍ରତୀକିତ କରେ। ସେହିଭଳି ଡକ୍ଟର ସିଗ୍‌ମଣ୍ଡ୍ ଫ୍ରଏଡ୍ ପଥରକୁ ବ୍ୟକ୍ତିର ଆବେଗ, ଇଚ୍ଛା, ଅଭୀପ୍‌ସା, ଓ ଅଚେତନ ମନର ସ୍ମୃତି ସହ ଯୋଡ଼ି ଏସବୁର

ସୂଚକ ଭାବରେ ଦେଖନ୍ତି। ହରମନ୍ ମେଲଭିଲ୍‌ଙ୍କ 'ମୋବୀ ଡିକ୍' ଉପନ୍ୟାସରେ ଶ୍ୱେତତିମି ଅପହଞ୍ଚର ପ୍ରତୀକ ହୋଇଥିଲାବେଳେ ଚିତ୍ରକଳାରେ ପଥର କ୍ଷମତା, ଶକ୍ତି, ଆଧ୍ୟାତ୍ମିକତା ଓ ପ୍ରକୃତି ସହ ସଂପର୍କକୁ ସୂଚାଇଥାଏ।

ସେହିପରି ସମୁଦ୍ର ଡେଇଁଥିବା କୂଳ ବା 'ସମୁଦ୍ରକୂଳ' ଟ୍ରାଞ୍ଜିସନ୍, ଟ୍ରାନ୍‌ସଫର୍‌ମେସନ୍ ବା ରୂପାନ୍ତରଣ, Emotional Turbulence, Spiritual Growth and Renewal, ଚେତନ ଓ ଅବଚେତନ ମନ ମଧ୍ୟରେ ପ୍ରାଚୀର, ଜୀବନ ଓ ମୃତ୍ୟୁର ଚକ୍ର, ଅନ୍ତର୍ନିହିତ ଶାନ୍ତି ଓ ସୁନ୍ଦରତା ଏବଂ ସାମୂହିକ ଅଚେତନତା ସହ ସଂଯୋଗକୁ ସୂଚାଇଥାଏ। ଏହି ସୂତ୍ରରେ ସମୁଦ୍ର କୂଳ ଡେଇଁବା ବା ଉଲ୍ଲଙ୍ଘନ କରିବା କଥାଟିକୁ ପ୍ରତୀକାତ୍ମକ ଭାବରେ ବିବେଚନା କରାଯାଇପାରେ।

କବିତାର ପରବର୍ତ୍ତୀ ପ୍ରତୀକ ହେଉଛି ଶ୍ମଶାନ। ଏହା ପୁନର୍ନବା, ରୂପାନ୍ତରଣ ଓ ନବୀକରଣର ପ୍ରତୀକ। ଏହିଠାରେ ଭୌତିକ ଶରୀର ଏକ ଆଧିଭୌତିକ ବା ଆଧ୍ୟାତ୍ମିକ ତତ୍ତ୍ୱରେ (Spiritual Element or Spiritual Entity) ପରିଣତ ହୋଇଥାଏ। ଏହା ମଣିଷ ଜୀବନର ମୃଣ୍ମୟତା ଓ ଅସାରତା ତଥା ଅଚିରତାକୁ ଦର୍ଶାଇଥାଏ। ଯଥାର୍ଥରେ ଶ୍ମଶାନ ଶୁଦ୍ଧତା ଓ ଶୁଭ୍ରତାର ପ୍ରତୀକ ଅଟେ। ଏହିଠାରେ ମଣିଷର Purification ଓ Cleansing ହୋଇଥାଏ। ଏହିଠାରେ ବିବିଧ ମାୟା, ମୋହ, ଲୋଭ, ଆବେଗ, ଅନୁଭୂତି, ସ୍ମୃତି ଓ ସଂଯୋଗରୁ ବିମୁକ୍ତି ମିଳିଥାଏ। ଏହା ଯଥାର୍ଥରେ ଜୀବନ, ମୃତ୍ୟୁ ଓ ପୁନର୍ଜନ୍ମ ତଥା ଜୀବନର ଚକ୍ରକୁ ପ୍ରତୀକିତ କରିଥାଏ। ହିନ୍ଦୁ (ସନାତନ) ଧର୍ମ ଓ ବୌଦ୍ଧଧର୍ମରେ ଶ୍ମଶାନ କ୍ରିୟା ବା 'ଦହନ' ବା ଭୌତିକ ଶରୀରକୁ ପଞ୍ଚଭୂତରେ ମିଶାଇବା କ୍ରିୟାକୁ ଅତ୍ୟନ୍ତ ପବିତ୍ର ବୋଲି ଗ୍ରହଣ କରାଯାଇଥାଏ। ଭୌତିକ ଶରୀର ମଧ୍ୟରୁ ଆତ୍ମାର ବିମୁକ୍ତି ଏହିଠାରେ ପୋଡିବା ବା ପୋଡ଼ିବାଦ୍ୱାରା ହୋଇଥାଏ। ପ୍ରାଚୀନ ଗ୍ରୀକ୍ ଓ ରୋମାନ୍ ସଂସ୍କୃତିରେ 'ଶବ ଦହନ' ଏକ ଏକ ସମ୍ମାନଜନକ ସାଂସ୍କୃତିକ ରୀତି ଥିଲା। ସେହିପରି ଜାପାନୀ ସଂସ୍କୃତିରେ ଶରୀରର ଦହନଦ୍ୱାରା ଆତ୍ମାର ପବିତ୍ରୀକରଣ (Purification) ହୋଇଥିବା କଥା କୁହାଯାଇଥାଏ। କାର୍ଲ ଯୁଙ୍ଗ୍ କହନ୍ତି- "The Crematorium represents the process of individuation, where the individual integrates their opposites and becomes a whole." ବିଶିଷ୍ଟ ମନସ୍ତତ୍ତ୍ୱବିଦ୍ ଡକ୍ଟର ସିଗ୍‌ମଣ୍ଡ୍ ଫ୍ରଏଡ୍ କହନ୍ତି- "The Crematorium symbolizes the repression of emotions and desires, which are 'burned away' through the process of cremation." ଯଥାର୍ଥରେ ଆମ ଜୀବନରେ ଶ୍ମଶାନ

ଏକ ଆଧ୍ୟାତ୍ମିକ ଅନୁଭୂତିର ସ୍ମାରକୀ ବା ପ୍ରତୀକ ବିଶେଷ ଅଟେ। ଆମେ ଏହାକୁ ଆମ ଜୀବନର ଏକ 'ସଭ୍ୟ ଆଦିକଳ୍ପ' ବା 'ସଭ୍ୟ ଆଦିରୂପ' ବା Sophisticated archetype ବୋଲି କହିପାରିବା। ଯଥାର୍ଥରେ ମହାନ୍ ସାହିତ୍ୟିକ, ଚିତ୍ରକର, ସ୍ଥାପତ୍ୟକାର ଓ ଭାସ୍କର୍ଯ୍ୟକାର ଶ୍ମଶାନକୁ ତାଙ୍କ ସାହିତ୍ୟ ଓ ଭାସ୍କର୍ଯ୍ୟ କୃତିରେ କଳାତ୍ମକ ଭାବରେ ରୂପାନ୍ତରଣ (Transformation)ର ପ୍ରତୀକ ଭାବରେ ଗ୍ରହଣ କରିଛନ୍ତି। ଗ୍ରାବିଏଲ ଗାର୍ସିଆ ମାର୍କ୍ୱେଜ୍‌ଙ୍କ "One Hundred Years of Solitude" ଏହାର ଏକ ଚମତ୍କାର ଦୃଷ୍ଟାନ୍ତ।

ଚମ୍ପାଫୁଲ କବିତାର ପରବର୍ତ୍ତୀ ପ୍ରତୀକ ହେଉଛି ଭୂତ ପ୍ରେତ (Spirits and Ghosts)। ବିଭିନ୍ନ ସଂସ୍କୃତି, ପରଂପରା, ବିଭିନ୍ନ ଭୂଖଣ୍ଡର ପରଂପରା, ରୀତି, ନୀତି, ବିଶ୍ୱାସ ଓ ବିଭିନ୍ନ ବିଭାଗର ସିଦ୍ଧାନ୍ତ କ୍ରମେ ଭୂତପ୍ରେତଙ୍କୁ ଅସମାହିତ, ଅସଂପୂର୍ଣ୍ଣ ତତ୍ତ୍ୱ (Unresolved & Unfinished Business), ଅସମାପ୍ତ ଇଚ୍ଛା ଓ ଆକାଂକ୍ଷାର ପ୍ରତିନିଧି ଭାବରେ ଗ୍ରହଣ କରାଯାଇଛି। ଜୀବନ ଓ ମୃତ୍ୟୁପରର ଜୀବନ ସହ ଏହା ସଂପର୍କାନ୍ୱିତ। ବେଳେବେଳେ ଏହା ଭୟ, ଉତ୍ତେଜନା ଓ ଅଜଣାର ପ୍ରତୀକ ହୋଇଯାଏ। ପୁଣି ଆଉ କେତେବେଳେ ଏହା ମାର୍ଗଦର୍ଶନ, ବୁଦ୍ଧି, ପ୍ରଜ୍ଞା ଓ ସୁରକ୍ଷାର ପ୍ରତୀକ ମଧ୍ୟ ହୋଇଥାଏ। ତେବେ ଭୂତପ୍ରେତଙ୍କୁ ମଧ୍ୟ ରୂପାନ୍ତରଣ ବା ଟ୍ରାନ୍ସଫରମେସନ୍‌ର, ପରିବର୍ତ୍ତନ ଓ ପୁନର୍ନବାର ପ୍ରତୀକ ଭାବରେ ଗ୍ରହଣ କରାଯାଇଥାଏ। ଆଫ୍ରିକୀୟ ପ୍ରବାସୀ ପରଂପରାକ୍ରମେ ଭୂତପ୍ରେତ Guidance ଓ Protectionର ପ୍ରତୀକ। କାରଣ ସେମାନେ କିଛି ପବିତ୍ର ବ୍ୟକ୍ତିଙ୍କ ସହ କଥାହୋଇ ବା ଯୋଗାଯୋଗ ରଖି ସେମାନଙ୍କୁ ସନ୍ମାର୍ଗରେ ପରିଚାଳିତ କରିଥାଆନ୍ତି। ଏସୀୟ ସଂସ୍କୃତି କ୍ରମେ ଭୂତପ୍ରେତ ପୂର୍ବପୁରୁଷ ଓ ମୃତ୍ୟୁ ପରବର୍ତ୍ତୀ ଜୀବନ ସହ ଜଡ଼ିତ। ସେହିପରି ପ୍ରତୀଚ୍ୟ ଲୋକକଥାରେ ଭୟ, କୁଦୃଷ୍ଟି ଆଦି ସହ ଭୂତ ପ୍ରେତଙ୍କୁ ଯୋଡ଼ାଯାଇଛି। ତେବେ ଆଲୋଚ୍ୟ ଚମ୍ପାଫୁଲ କବିତାରେ ଭୂତପ୍ରେତ spirituality, ରୂପାନ୍ତରଣ ବା ଟ୍ରାନ୍ସଫରମେସନ୍ ପ୍ରଭୃତିର ପ୍ରତୀକ ଭାବରେ ଅଧିକ ଗ୍ରହଣ କରାଯାଇଥିବା ମନେହୁଏ। ତେବେ ଅନ୍ୟାନ୍ୟ ପ୍ରତୀକାତ୍ମକ ଅର୍ଥ ମଧ୍ୟ ଏଠାରେ ଅପ୍ରଯୁଜ୍ୟ ବୋଲି ଏକାବେଳେ କହିହେବ ନାହିଁ। ସ୍ଥାନ-କାଳ-ପାତ୍ର ଓ ଅବବୋଧର ସ୍ତର ଅନୁସାରେ ଏହାର ଅର୍ଥ ବଦଳି ଯାଇପାରେ। Carl Jungଙ୍କ ଭାଷାରେ- "Spirits and Ghosts represent the Collective unconscious, Symbolizing the shared human experiences and emotions." ଯୁଙ୍ଗ୍ ଏହାକୁ ଏକ ସାମୂହିକ ଅଚେତନତାର ସୂଚକ କହିବାବେଳେ, ଡକ୍ଟର ସିଗ୍‌ମଣ୍ଡ

ଫ୍ରଏଡ୍‌ଙ୍କ ପରି ବିଶିଷ୍ଟ ମନୋବିଜ୍ଞାନୀ ଓ ମନୋବିଶ୍ଳେଷଣକାରୀ କହନ୍ତି- ମଣିଷ ମନର ଅବଦମିତ ଇଚ୍ଛା, ଆବେଗ, ଅନୁଭୂତିକୁ ବ୍ୟକ୍ତିର ଅଚେତନ ମନ ପ୍ରଖ୍ୟାପିତ କରିଥାଏ ଏହି ଭୂତ-ପ୍ରେତଙ୍କ ଅନୁଭୂତିଦ୍ୱାରା। ଉଇଲିୟମ୍ ସେକ୍ସପିୟରଙ୍କ 'ହାମ୍‌ଲେଟ୍' ନାଟକର ଭୂତ / ପ୍ରେତ ଓ ଚାର୍ଲସ୍ ଡିକେନ୍ସଙ୍କ 'ଏ କ୍ରିସ୍‌ମାସ୍ କାରୋଲ୍'ର ଭୂତପ୍ରେତ ଚିତ୍ରଣ ତଥା ଚିତ୍ରକଳା ଓ ଭାସ୍କର୍ଯ୍ୟକଳା ପ୍ରଭୃତି କ୍ଷେତ୍ରରେ ଏସବୁର ପ୍ରତିପାଦନ ଏ ଦିଗରେ ବିଶେଷ ଭାବରେ ପ୍ରଣିଧାନଯୋଗ୍ୟ।

କବିତାର ପରବର୍ତ୍ତୀ ପ୍ରତୀକ ହେଉଛି 'ରଜବତୀ କନ୍ୟା' (Newly Matured Girl)। ଏହା ଏକ ସର୍ବୋତ୍କୃଷ୍ଟ ଓ ସର୍ବାପେକ୍ଷା ଗୁରୁତ୍ୱପୂର୍ଣ୍ଣ ପ୍ରତୀକ ବିଶେଷ ଅଟେ। ଏହି 'ରଜବତୀ କନ୍ୟା'ଦ୍ୱାରା କବି Feminine Power and Potential, Transition and Growth, Innocence and Purity, Beauty and Sensuality, Vulnerability and Resilienceର ପ୍ରତିପାଦନ ଓ ଅଭିବ୍ୟକ୍ତି ବାଢ଼ିଛନ୍ତି ମାତ୍ର। ଗୋଟିଏ ପକ୍ଷରେ ଏହା untainted nature of youth ସହ ସଂପୃକ୍ତ ଥିଲାବେଳେ ଅପରପକ୍ଷରେ physical beauty ଓ sensuality ଯୌବନର ଦାୟିତ୍ୱ ଗ୍ରହଣ ସାଙ୍ଗକୁ ବିବିଧ ସମ୍ଭାବନାର ସମ୍ମୁଖୀନ ହେବାପାଇଁ ଚାଲେଞ୍ଜ୍ ଗ୍ରହଣ କରିଛି। ଗ୍ରୀକ୍ ପୁରାଣ, ଆଫ୍ରିକୀୟ ସଂସ୍କୃତି ଓ ହିନ୍ଦୁଧର୍ମରେ ଉପର୍ଯ୍ୟୁକ୍ତ ଭାବରେ ରଜବତୀ କନ୍ୟାକୁ ଗ୍ରହଣ କରାଯାଇଆସିଛି। କାର୍ଲ୍‌ୟୁଙ୍ଗ୍‌ଙ୍କ ଦୃଷ୍ଟିରେ- "The newly matured girl represents the anima, the feminine aspect of the male psyche, symbolizing the integration of opposites." ସେହିପରି ବିଖ୍ୟାତ ମନୋବିଜ୍ଞାନୀ ଫ୍ରଏଡ୍ ନବରଜବତୀ କନ୍ୟାକୁ ନେଇ ଇଡିପସ୍ କମ୍ପ୍ଲେକ୍ସ କଥା କହନ୍ତି। ତାଙ୍କ ଦୃଷ୍ଟିରେ- "The newly matured girl represents the Oedipal Complex, symbolizing the emergence of adult desires and conflicts." ଜେନ୍ ଅଷ୍ଟିନ୍‌ଙ୍କ 'Pride and Prejudice' ଏବଂ J. D. Salingerଙ୍କ 'The Catcher in the Rye' ପରି ସାହିତ୍ୟକୃତି ବା ବିବିଧ ଚିତ୍ରକଳା ଓ ସ୍ଥାପତ୍ୟ-ଭାସ୍କର୍ଯ୍ୟ କଳାରେ ରଜବତୀ କନ୍ୟାକୁ ନେଇ ଅନେକ ତାତ୍ତ୍ୱିକ ଏବଂ ଅର୍ଥପୂର୍ଣ୍ଣ ଉପସ୍ଥାପନା କରାଯାଇଛି।

'ଚମ୍ପାଫୁଲ' କବିତାର ସବୁଠାରୁ ଗୁରୁତ୍ୱପୂର୍ଣ୍ଣ ପ୍ରତୀକ ହେଉଛି 'ମଦନ' ବା 'ମଦନରେ ମାତିବା', ଯାହାକୁ SEX ବୋଲି କୁହାଯାଇପାରେ। ଏହା ଐକ୍ୟ ଓ ମିଳନର ପ୍ରତୀକ, ସର୍ଜନା ଓ ଉର୍ବରତାର ପ୍ରତୀକ। ଏହା ପ୍ରେମ ଓ ନିବିଡ଼ତାର ପ୍ରତୀକ, ଉତ୍ସାହ ଓ ଆବେଗ ସହ ଇଚ୍ଛା (କାମନା)ର ପ୍ରତୀକ। ସର୍ବୋପରି ଏହା ରୂପାନ୍ତରଣରୁ

ପ୍ରରୂପାନ୍ତରଣ ଓ ନବପ୍ରଜନ୍ମରୁ ପୁନର୍ଜନ୍ମ-ପୁନର୍ନବାର ପ୍ରତୀକ। It represents the union of opposites, such as masculine and feminine, or spiritual and physical symbolizing the creative power of nature and the fertility of the human experience, human experience driving intense emotion and desires. Further, it represents the transformative power of sex and its ability to renew and revitalize the human spirit. ରୂପକ ଭାବରେ ଯୌନକ୍ରିୟା ବା ମଦନ ଏକ ଆଧ୍ୟାତ୍ମିକ ଉଜାଗର / ଉତ୍‌ଥାନ ବା ସର୍ଜନାତ୍ମକ ପ୍ରୋତ୍ସାହନ (Spiritual Awakening or Creative Inspiration)ର ପ୍ରତୀକ ମାତ୍ର। ପୁଣି ଇମେଜେରୀ ବା ରୂପକଳ୍ପ ଦୃଷ୍ଟିରେ ଦେଖିଲେ କବିମାନେ ସମ୍ବେଦନଶୀଳତା ଓ ଆବେଗର ସାନ୍ଦ୍ରତା ପରିପ୍ରକାଶ ସକାଶେ ଯୌନକ୍ରିୟାକୁ କାବ୍ୟିକ ଉପକରଣ ଭାବେ ବ୍ୟବହାର କରିଥାଆନ୍ତି। ପୁଣି Sexକୁ ଦର୍ଶାଇବା ପାଇଁ ଫୁଲ, ଗଛ ଓ ଢେଉକୁ ପ୍ରତୀକ ଭାବରେ ବ୍ୟବହାର କରାହୋଇଥାଏ। ବାଇବେଲୀୟ କବିତା 'The Song of Solomon', ଏଜ୍‌ରା ପାଉଣ୍ଡଙ୍କ 'The Cantos' ବା ଟି.ଏସ୍ ଏଲିଅଟ୍‌ଙ୍କ 'The Waste Land' କବିତାରେ ଏହି ଯୌନତା ବା ଯୌନକ୍ରିୟା ଏକ ରିଚୁଆଲ୍ ଭାବରେ ଗୃହୀତ ହେବା ସଂଗେସଂଗେ ଏକାଧିକ ସ୍ତରରେ ଏହା ଅର୍ଥପୂର୍ଣ୍ଣ ହୋଇଉଠିଛି। ସର୍ବୋପରି ଏହା ଉର୍ବରତାର ପ୍ରତିନିଧି ଓ ପ୍ରତିଭୂ ମାତ୍ର। ତାନ୍ତ୍ରିକ ପରଂପରାରେ ଶିବ ଓ ଶକ୍ତିର, ପୁରୁଷ ଓ ନାରୀ ଶକ୍ତିର ମିଳନ ଭାବରେ ଗ୍ରହଣ କରାଯାଇଥିଲା ବେଳେ ଏଠାରେ ଏକ ଡିଭାଇନ୍ ମାସ୍କୁଲାଇନ୍ ଓ ଫେମିନାଇନ୍ ପ୍ରିନ୍ସିପଲ୍ କାର୍ଯ୍ୟକାରୀ ହୋଇଥାଏ। ପୁଣି ପାଶ୍ଚାତ୍ୟ ସଂସ୍କୃତିରେ ଏହି Sex ପ୍ରେମ, ନିବିଡ଼ତା, ଆନନ୍ଦ, ନିରାନନ୍ଦ, ଦୋଷାବହତା, ଲଜ୍ଜା ଓ ହତୋତ୍ସାହତା ସହ ଜଡ଼ିତ ଥିଲାବେଳେ ଆଫ୍ରିକୀୟ ସଂସ୍କୃତିରେ Sexକୁ ଉର୍ବରତା, ପ୍ରାଚୁର୍ଯ୍ୟ ଓ ସମୃଦ୍ଧିର ପ୍ରତୀକ ଭାବରେ ଗ୍ରହଣ କରାଯାଇଥାଏ। କାର୍ଲଯୁଙ୍ଗ୍‌ଙ୍କ ଭାଷାରେ "Sex represents the integration of the opposites, symbolizing the union of the conscious and unconscious mind." ଚେତନା ଓ ଅଚେତନ ମନର ମିଳନ ଭାବରେ ସେକ୍ସ ବା ଯୌନକ୍ରିୟାକୁ ଯୁଙ୍ଗ୍ ଗ୍ରହଣ କରିଥିଲାବେଳେ ଡକ୍ଟର ସିଗ୍‌ମଣ୍ଡ୍ ଫ୍ରଏଡ୍‌ଙ୍କ ଦୃଷ୍ଟିରେ- "Sex represents the repression of desires and the struggle between the id and the superego." 'ଇଡ୍' ଓ 'ସୁପରଇଗୋ' ମଧ୍ୟସ୍ଥ ସଂଘର୍ଷ ଭାବରେ ଏହାକୁ ଚିତ୍ରଣ କରାଯାଇଛି ଡକ୍ଟର ସିଗ୍‌ମଣ୍ଡ୍ ଫ୍ରଏଡ୍‌ଙ୍କ ଦୃଷ୍ଟିରେ। 'ଚମ୍ପାଫୁଲ' କବିତାର

ଆୟାମ ଏହି ଦୃଷ୍ଟିରୁ ଅଧିକରୁ ଅଧିକ ପ୍ରସାରିତ ଓ ବ୍ୟାପ୍ତ ମନେହୁଏ। ଗୋଟିଏ ଦୃଷ୍ଟିରେ ଚମ୍ପାଫୁଲକୁ 'ଲିବିଡୋ' ବା 'ଯୌନକାଂକ୍ଷା'ର ପରମ ପ୍ରତୀକ ଭାବରେ ଦେଖିଲାବେଳେ ସେହି ଚମ୍ପାଫୁଲ ନିଆଁର କୁହୁକ ଓ ଜ୍ୱାଳା ଧରି ଆଧାତ୍ମିକ ପ୍ରସ୍ଫୁଟନ (Spiritual Blooming) ପାଇଁ ଦାୟୀ ମଧ୍ୟ ହୋଇଥାଏ। ଏଣୁ କବିତାଟିର ବୀଜଗାଣିତିକ ସଂରଚନା (Algebraic Structure) ଏହାର ଅର୍ଥ ନିରୂପଣରେ Pluralityକୁ ଆବାହନ ଡାକରା ଦେଇ ଅର୍ଥବହଳତା ସୃଷ୍ଟି କରିଥାଏ। ଗୋଟିଏ ବାକ୍ୟରେ କହିବାକୁ ଗଲେ- ଏଥିଲିନ୍ ଗ୍ଲାଇକଲ୍‌ର ବହୁଳୀକରଣ ବା ପଲିମେରାଇଜେସନ୍‌ଦ୍ୱାରା ପଲିଥିନ୍ ସୃଷ୍ଟି ହେବାପରି ଏକାଧିକ ସାଂସ୍କୃତିକ, ପାରଂପରିକ ଓ ପ୍ରତୀକାତ୍ମକ ଦୃଷ୍ଟି ଓ ଦର୍ଶନ କ୍ରମରେ ଏକାଧିକ ଅର୍ଥର ବହୁଳୀକରଣରୁ ସୃଷ୍ଟି ହୋଇଥିବା ଏକ ଜଟିଳାତିଜଟିଳ ପଲିମର୍ ହେଉଛି ଏହି 'ଚମ୍ପାଫୁଲ' (କବିତା)। ପୁଣି ଏହି ପଲିମର୍‌ର ଅର୍ଥ ବହୁସ୍ତରୀୟ, ବହୁଗୁଣୀୟ, ବହୁବର୍ଣ୍ଣୀୟ ଓ ବହୁଜାତୀୟ। ଏଇଟି ଗୁରୁପ୍ରସାଦଙ୍କ 'ଚମ୍ପାଫୁଲ'ର ବ୍ୟଂଜନା ଶକ୍ତି ବାବଦରେ ଏକ ସାମୂହିକ ଇସ୍ତାହାର ମାତ୍ର। ଏଜ୍‌ରା ପାଉଣ୍ଡ୍‌ଙ୍କ The Cantos କବିତାରେ ଆଧୁନିକ କବିତାର କଳାକାରୀ ଓ ଯାଦୁକରୀ ମାଧ୍ୟମରେ ପ୍ରେମ, ଇଚ୍ଛା ଓ ରୂପାନ୍ତରଣର କଥା ପ୍ରତୀକ ଓ ଚିତ୍ରକଳ୍ପ ମାଧ୍ୟମରେ ଉପସ୍ଥାପନ କରାଯାଇଛି ଠିକ୍ ଏହି କବିତା ପରି।

'ଚମ୍ପାଫୁଲ' କବିତାର ଦ୍ୱିତୀୟ କ୍ୱାଟ୍ରେନ୍ ବା ଦ୍ୱିତୀୟ ପଙ୍‌କ୍ତି ଆରମ୍ଭ ହୁଏ 'ଯାଦୁକରୀ'ର ଯାଦୁକ୍ରିୟାରୁ। "ଚମ୍ପାଫୁଲ ହାତେଧରି ମନାସିଲା ଯାଦୁକରୀ ଥରେ।" ଏହି ଯାଦୁକରୀ ନିଜର ତନ୍ତ୍ର ଉଚ୍ଚାରଣ ବା ମନ୍ତ୍ର ଉଚ୍ଚାରଣ ମାଧ୍ୟମରେ ପଥରକୁ ରଜାପୁଅରେ ପରିଣତ କରିଛି। ଏହା ଏକ Mystique ଏବଂ Enchantmentକୁ ଇଙ୍ଗିତ କରିଥାଏ। ଏଠାରେ କହିବା ବାହୁଲ୍ୟ ଯେ, 'ଯାଦୁକରୀ' ଶବ୍ଦ ଦ୍ୱାରା ଏକ ନାରୀଶକ୍ତି ବା Feminine Power ତଥା Mystery ଏବଂ Intrigue କଥା ଆଗକୁ ଆସିଥାଏ। ତା'ପାଖରେ ସର୍ଜନଶୀଳତା, ପୋଷଣ ଓ ଅନ୍ତର୍ଜ୍ଞାନ ବା ସହଜଜ୍ଞାନ ରହିଥାଏ। ଏହି ସହଜଜ୍ଞାନ ବା ସହଜବୋଧ ପ୍ରତୀକାତ୍ମକ ଭାବରେ ଅନ୍ତଃପ୍ରଜ୍ଞାକୁ ବିକିରିତ କରିବା ସହ ପ୍ରତିଫଳିତ ଓ ପ୍ରତିସୃତ କରିଥାଏ। The lady magician is often shrouded in mystery, creating an aura of intrigue and fascination. ଏଥିପାଇଁ 'ଯାଦୁକରୀ' ଏକ ଅଜ୍ଞାତ (the unknown), ଏକ ଅଦୃଷ୍ଟ (the unseen) ଓ ଏକ ରହସ୍ୟମୟତା (the mystical)କୁ ପ୍ରତିପାଦନ ବା ଉପସ୍ଥାପନ କରିଥାଏ। ଅପରପକ୍ଷରେ ଯାଦୁକରୀ 'ରୂପାନ୍ତରଣ' ଓ 'ପରିବର୍ତ୍ତନ' (Transformation and change)ର ପ୍ରତିଭୂ ହୋଇଥିଲାବେଳେ ଏହି ଚରିତ୍ରଦ୍ୱାରା କବି ସଶକ୍ତୀକରଣ ଏବଂ ଆତ୍ମାବିଷ୍କାର (ସ୍ୱାବିଷ୍କାର) କଥା ମଧ୍ୟ ଅନ୍ତର୍ସ୍ତରରେ ବ୍ୟକ୍ତ କରିଥାଆନ୍ତି। The lady magician is often associated with transformation, change and renewal and she represents the power to transform and transcend limitations. ଅପରପକ୍ଷରେ ଯାଦୁକରୀ ଚରିତ୍ରଟି ସର୍ଜନଶୀଳତା, କ୍ଷମତା ଓ ଦକ୍ଷତାକୁ ତ୍ୱରାନ୍ୱିତ କରିଥାଏ। ଯାଦୁକରୀ ଚରିତ୍ରଟି ବାସ୍ତବତା ଓ କଳ୍ପନା (Reality and Fantasy) ମଧ୍ୟରେ ଏକ ଧୂମାଭରେଖା ବା ଅସ୍ପଷ୍ଟ ରେଖା ସୃଷ୍ଟି କରେ। ଏଣୁ ଯାଦୁକରୀ Illusion, deception, ଏବଂ misdirection ସହ ଜଡ଼ିତ / ସଂଶ୍ଳିଷ୍ଟ। ଅନେକ ସମୟରେ ଯାଦୁକରୀ ସଂଗୁପ୍ତ ସତ୍ୟାବଳୀ ଉପରୁ ପରଦା ଉଠାଇବାରେ ସାହାଯ୍ୟ କରିଥାଏ। ଆଦିକଳ୍ପୀୟ ଗୁରୁତ୍ୱ ବା ଆଦିରୂପୀୟ ଗୁରୁତ୍ୱ (Archetypal significance) ମଧ୍ୟ ଏହି ଚରିତ୍ରଟି ସହ ଅନେକ ମାତ୍ରାରେ ରହିଛି। ଦୁଇ ପ୍ରକାରର ଆର୍କିଟାଇପ୍ କଥା ଏଠାରେ ଆସେ। ଯଥା-

୧. ଦୈବୀକ ଆଦିକଳ୍ପ / ଆଦିରୂପ (The Goddess Archetype)
୨. ଧୂର୍ତ୍ତ ଆଦିକଳ୍ପ / ଆଦିରୂପ (The Trickster Archetype)

କବିତାଟିରେ ଉପରସ୍ତରୀୟ ଅର୍ଥ ଦେଖିଲାବେଳେ ବା ଏହାର ଅନୁଲୋମ ମୂଲ୍ୟାଙ୍କନ କାଳରେ ଯାଦୁକରୀ ଧୂର୍ତ୍ତ ଆଦିରୂପର ସୂଚନା ପ୍ରଦାନ କରିଥିଲାବେଳେ ସାମାନ୍ୟ ଭିତରକୁ ଗଲେ ବା ଓଲଟା ଭାବରେ, ପ୍ରତିଲୋମ ବିବେଚନାକ୍ରମେ କବିତାଟିକୁ ମୂଲ୍ୟାଙ୍କନ କଲେ ଯାଦୁକରୀ ଚରିତ୍ରଟି ଏକ ଦୈବୀ ରୂପକଳ୍ପ ହୋଇ ଆମ ଆଗରେ ଉଭା ହୁଏ। ଗୋଟିଏ ପକ୍ଷରେ ଯାଦୁକରୀ ଦୁଷ୍କୃତି, ଧୂର୍ତ୍ତତା, ରୂପାନ୍ତରଣ ଓ ଦୁଷ୍ଟପ୍ରକୃତିର ଶକ୍ତିକୁ ଉପସ୍ଥାପନ କରୁଥିଲାବେଳେ ଅପରପକ୍ଷରେ ଏକ ସକାରାତ୍ମକ ଶକ୍ତିର କାରିକା ଭାବରେ ଏହା ସର୍ଜନା, ପରିପୋଷଣ ଓ ରୂପାନ୍ତରଣ କୈନ୍ଦ୍ରିକ ନାରୀଶକ୍ତିର ଆଦିକଳ୍ପ ହୋଇ ପାଠକକୁ ଭିନ୍ନ ଉପଲବ୍ଧି ପ୍ରଦାନ କରିଥାଏ।

କବିତାରେ ଯାଦୁକରୀ ଘଟାଇଥିବା ଘଟଣାଟି ହେଉଛି ପଥରକୁ ରଜାପୁଅରେ ପରିଣତ କରିବା। ଏହାର ଅର୍ଥ ହେଉଛି:

(କ) ରୂପାନ୍ତରଣ ଓ ବିମୁକ୍ତିକରଣ (Transformation and Liberation)
(ଖ) ନାରୀଶକ୍ତି ଓ ସଶକ୍ତିକରଣ (Feminine Power and Empowerment)

(ଗ) ଆଧ୍ୟାତ୍ମିକ ଉତ୍ତରଣ / ଉତ୍‌ଥାନ ଓ ପ୍ରବୋଧନ (Spiritual Awakening and Enlightenment)

(ଘ) କିମୀୟ ରୂପାନ୍ତରଣ / ଅଭିରୂପାନ୍ତରଣ (Alchemical Transformation)

(ଙ) ପୁରାକଳ୍ପୀୟ ଓ ଆଦିକଳ୍ପୀୟ ଗୁରୁତ୍ୱ (Mythological and Archetypal Significance)

ପଥରଟିଏ ରାଜପୁତ୍ରରେ ପରିଣତ ହେବା କିଛି କମ୍ ବଡ଼ ରୂପାନ୍ତରଣ ଅବଶ୍ୟ ନୁହେଁ। ଯଦିଓ ରାତିରେ ମେଣ୍ଢାକୁ ଭେଣ୍ଡା ଓ ଦିନରେ ଭେଣ୍ଡାକୁ ମେଣ୍ଢା କରିବାର ଲୋକକଥା ରହିଛି ଯାହା ମୂଳେମୂଳେ ଅନେକ ସମାଲୋଚକ ଏହି ପଥର ପାଲଟି ରଜାପୁଅ ହେବା କଥା ସହ ମିଶାଇ କାଉଁରୀ କାମାକ୍ଷା ନଗରୀର ଲୋକମିଥ୍‌କୁ ଏଠାରେ ପ୍ରାସଙ୍ଗିକ କରିଥାଆନ୍ତି, ତେବେ ଏଠାରେ ଏହି ଘଟଣାଟିକୁ Inner Transformation ଏବଂ External Liberationର ଏକ ଗୂଢ଼ ପ୍ରତୀକ ଭାବେ ଆମେ ଗ୍ରହଣ ମଧ୍ୟ କରିପାରିବା। ମଣିଷ ମଧ୍ୟରେ ଥିବା ପଥରର ସ୍ଥାଣୁତା ବା ଜଡ଼ତାକୁ ଜୀବନ୍ମୟ କରି ଗଢ଼ିତୋଳିଛି ଏହି ଘଟଣା। ବ୍ୟକ୍ତିର ନିଜ କ୍ଷମତା ଏଠି ଉନ୍ମୁକ୍ତ ହୁଏ, ଏକପ୍ରକାର ଅନ୍ତରୀଣ ରୂପାନ୍ତରଣ ଏଠି ଦେଖାଦିଏ। "The lady magician's chantings symbolize the power of inner transformation, where an individual's true potential is unlocked and they are liberated from their limitations." ପୁଣି ପଥରର ପ୍ରକୃତିକୁ ଦେଖିଲେ ଜଣାଯିବ ଏହାର Rigidity ଏବଂ stagnation ପ୍ରକୃତି ରଜାପୁଅରେ ପରିଣତ ହେଲାପରେ ବିମୁକ୍ତି, ଗତି ଓ ସଶକ୍ତିକରଣର ପ୍ରତୀକ ହୋଇ ଏହା ଏକ ମହାନ୍ ରୂପାନ୍ତରଣର ପରମ ସୂଚକ ମାତ୍ର ହୋଇଛି। ସମାଲୋଚକଙ୍କ ଦୃଷ୍ଟିରେ ନାରୀଶକ୍ତିର ଅଖଣ୍ଡ ସିଦ୍ଧି ଓ ସାଧନାଗତ ସାମର୍ଥ୍ୟକୁ ଏହା ସୂଚାଇଥାଏ ମାତ୍ର। "The event symbolizes the empowerment of the feminine principle, highlighting the potential for women to shape and transform their reality." ଆଧ୍ୟାତ୍ମିକତାର ଦୃଷ୍ଟି ଓ ଦର୍ଶନ କ୍ରମେ ପଥର ରଜାପୁଅ ହେବାର ଅର୍ଥ ବ୍ୟକ୍ତିର ଚେତନାଗତ ସ୍ତରରେ ଅଭ୍ୟୁତ୍‌ଥାନ ବା ଉତ୍ତରଣ। ସମୀକ୍ଷକଙ୍କ ଦୃଷ୍ଟିରେ "The transformation of the stone into a prince represents spiritual awakening, where an individual's consciousness is elevated, and they gain a deeper understanding of themselves and the world.

The lady magician's chanting symbolize the attainment of enlightement, where the individual transcends their limitations and achieves a state of higher consciousness." ସମସ୍ତ ବାଧାବିଘ୍ନ, ଜଡ଼ତା ଓ ନିଥର ନିସ୍ତେଜ ସ୍ୱରୂପକୁ ତ୍ୟାଗ କରି ସର୍ବୋପରି ଏହା ବ୍ୟକ୍ତିର ଚୈତନ୍ୟଗତ ଉତ୍‌ଥାନକୁ ସୂଚିତ କରିଥାଏ। ପଥର ପରି ନିର୍ଜୀବରୁ ଜଣେ ସଚେତନ ସଜୀବ ରାଜପୁତ୍ର ସୃଷ୍ଟି ହେବାର ବୈଚିତ୍ର୍ୟକୁ ଏକ Alchemical Transformation ରୂପେ ଦେଖାଯାଇପାରେ। ସାଧାରଣ ବା ମୌଳିକ ବସ୍ତୁରୁ ଏପରି ଉଚ୍ଚତର ଚେତନାର ସୃଷ୍ଟିହେବା ପଥରର ଗୁଣାଭିବୃଦ୍ଧିକୁ ସୂଚାଏ ମାତ୍ର। ଏକପକ୍ଷରେ ଏଠାରେ ଭୌତିକ ରୂପାନ୍ତରଣ (Material Transformation) ଦେଖାଯାଇଥିବା ବେଳେ ଅପରପକ୍ଷରେ ଏକ ଆଧ୍ୟାତ୍ମିକ ରସାୟନ ବିଦ୍ୟା ବା Spiritual Alchemy ଏଠାରେ ଦେଖାଯାଏ। କାରଣ ଏଠାରେ ବ୍ୟକ୍ତିର ମୌଳିକ ଗୁଣଗୁଡ଼ିକ ଅଧିକ ସୂକ୍ଷ୍ମ, ପରିଶୋଧିତ ଓ ପ୍ରବୁଦ୍ଧ ହୋଇଉଠିଛି। ଆର୍କିଟାଇପ୍ ଦୃଷ୍ଟିରୁ ଏଠାରେ ଏହି ଘଟଣା ଏକ ସାମୂହିକ ଅଚେତନତା ବା Collective Unconsciousnessକୁ ଦର୍ଶାଇଥାଏ ଯଦ୍ୱାରା ରୂପାନ୍ତରଣ, ସଶକ୍ତିକରଣ, ଆଧ୍ୟାତ୍ମିକ ଉତ୍ତରଣ ଓ ଅଭ୍ୟୁତ୍‌ଥାନର ସୂଚନା ହିଁ ମିଳିଥାଏ। ଏଣୁ କବିଙ୍କର ଏହି ଉକ୍ତିଦ୍ୱାରା ଏକ ପ୍ରକାରର ସାନ୍ଦ୍ରତର ଆର୍କିଟାଇପାଲ୍ ବା ଆଦିକଳ୍ପୀୟ ପ୍ରତିଧ୍ୱନି (Archetypal Reasonance) ସୃଷ୍ଟି ହୋଇ କବିତାଟିକୁ ଗୁରୁଗମ୍ଭୀର କରି ଗଢ଼ିତୋଳିଛି।

ଏହି କବିତାଟିର ପରବର୍ତ୍ତୀ ପ୍ରତୀକବିଶେଷ ହେଉଛି 'ରଜାପୁଅ'। ପ୍ରଥମେ ପାଠକ ଦେଖେ- ଚମ୍ପାଫୁଲ ମହକରେ ପଥର ତରଳିଥିଲା। ଏଠାରେ ସେହି ପଥରକୁ ଏକ ସାଧାରଣ ପ୍ରତୀକ ଭାବରେ ଗ୍ରହଣ କରାଯାଇପାରେ ଯାହା ଚମ୍ପାଫୁଲର ମହକରେ ତରଳିଥିଲା। କିନ୍ତୁ ଅପରପକ୍ଷରେ ଏହି ପଥରକୁ ପରବର୍ତ୍ତୀ ପର୍ଯ୍ୟାୟର ପଥର ସହ ଅଭେଦ ମଧ୍ୟ କରାଯାଇପାରେ। କିନ୍ତୁ ଏ ପଥର ଚମ୍ପାଫୁଲ ମହକରେ ନୁହେଁ, ଯାଦୁକରୀର ମନାସିବାରେ ରଜାପୁଅ ହେବାକୁ ବାଧ୍ୟ ହୁଏ। ହୁଏତ ଯାଦୁକରୀର ମନାସିବା ସହ ଚମ୍ପାଫୁଲ, ଯାହା ସେ ହାତରେ ଧରିଥିଲା, ତା'ରି ମହକରେ ମଧ୍ୟ ତରଳିପାରେ ବା ରୂପାନ୍ତରଣ ଲାଭ କରିପାରେ। ରଜାପୁଅ Heroism ଓ Chivalryର ପ୍ରତୀକବିଶେଷ ହୋଇଥିଲା ବେଳେ Royalty ବା ରାଜକୀୟତା, କ୍ଷମତା (Power), ସଂପଦ, ପ୍ରାଧିକାର (Authority), ରୋମାନ୍ସ, ପ୍ରେମ, ପ୍ରଣୟ, ରୂପାନ୍ତରଣ (Transformation), ବିକାଶ (Growth), ଆଦର୍ଶବାଦ (Idealism) ଓ ପୂର୍ଣ୍ଣତା

(Perfection)କୁ ସୂଚାଇ ଏହାର ଅର୍ଥଗତ ବ୍ୟଂଜନାଶକ୍ତିର ଅପୂର୍ବ ପରିଚୟ ମିଳିଥାଏ । Adolescenceରୁ Adulthood ଆଡ଼କୁ ଯାତ୍ରା ବା ଅପୂର୍ଣ୍ଣରୁ ପୂର୍ଣ୍ଣତା, ପୂର୍ଣ୍ଣତାରୁ ପରିପୂର୍ଣ୍ଣତା ଆଡ଼କୁ ଏକ ଅଭିଯାତ୍ରା ଭାବରେ ଏହି ରୂପାନ୍ତରଣକୁ ଦେଖାଯାଇପାରେ । ପୃଥିବୀର ତିନି ପ୍ରମୁଖ ସଂସ୍କୃତି ହେଉଛି- ୟୁରୋପୀୟ ଲୋକକଥାରେ ଥିବା ସଂସ୍କୃତି, ଆଫ୍ରିକୀୟ ସଂସ୍କୃତି ଓ ଏସୀୟ ସଂସ୍କୃତି । ୟୁରୋପୀୟ ଲୋକ ସଂସ୍କୃତିରେ ରାଜାପୁଅ ସବୁବେଳେ ବୀରତ୍ୱପୂର୍ଣ୍ଣ ପ୍ରକ୍ରିୟାରେ ବିପଦରେ ଥିବା ଯୁବତୀମାନଙ୍କୁ ରକ୍ଷା କରି ଆଣୁଥିବା ଚରିତ୍ର ଭାବରେ ଚିତ୍ରିତ ହୋଇଥିଲାବେଳେ ଆଫ୍ରିକୀୟ ସଂସ୍କୃତିରେ ରାଜକୁମାର ରାଜକୀୟତ୍ୱ, କ୍ଷମତା ଏବଂ ଆଧ୍ୟାତ୍ମିକ କର୍ତ୍ତୃତ୍ୱର ଅଧିକାରୀ ଭାବେ ଚିତ୍ରିତ । ସେହିପରି ଏସୀୟ ସଂସ୍କୃତିରେ ରାଜପୁତ୍ରମାନେ ସର୍ବଦା କନ୍‌ଫ୍ୟୁସିୟସ୍‌ବାଦୀ ଆଦର୍ଶର ବାହକ ଭାବରେ ଚିତ୍ରିତ । ମନସ୍ତତ୍ତ୍ୱବିତ୍ କାର୍ଲୟୁଙ୍ଗ୍‌ଙ୍କ ଦୃଷ୍ଟିରେ- "The prince represents the animus, the masculine aspect of the female psyche, symbolizing the integration of opposites." ମାତ୍ର ଡକ୍ଟର ସିଗ୍‌ମଣ୍ଡ୍ ଫ୍ରଏଡ୍ ଏହାକୁ କହନ୍ତି- "Oedipal Complex, symbolizing the desire of power, authority, and romantic love." ପୃଥିବୀର ବିଭିନ୍ନ କଳାତ୍ମକ ପରିପ୍ରକାଶନରେ ରାଜକୁମାରମାନଙ୍କୁ କ୍ଷମତା, ରୋମାନ୍ସ ଓ ରାଜକୀୟତାର ପ୍ରତୀକ ଭାବରେ ଦେଖାଯାଇଆସିଛି ।

'ଚମ୍ପାଫୁଲ' କବିତାର ପରବର୍ତ୍ତୀ ପ୍ରତୀକବିଶେଷ ହେଉଛି 'ହାଡ଼' । ଚମ୍ପାଫୁଲକୁ ହାତରେ ଧରି ଯାଦୁକରୀ ଯେତେବେଳେ ମନ୍ତ୍ର / ତନ୍ତ୍ର / ଯାଦୁ ମାଧ୍ୟମରେ ଚମତ୍କାର ସୃଷ୍ଟି କରିଛି ହାଡ଼ ସବୁ ମୁକ୍ତାଫୁଲରେ ପରିଣତ ହୋଇଛି । ପ୍ରତୀକାତ୍ମକ ଦୃଷ୍ଟିରେ ହାଡ଼ ନଶ୍ୱରତା ଓ ମୃଣ୍ମୟ ଜଗତର ପ୍ରତିନିଧି ଭାବରେ ମରଣ ଓ ମରଣଶୀଳତାର ପ୍ରତୀକ ମାତ୍ର । ବିଭିନ୍ନ ଭାବରେ ବିଭିନ୍ନ ଦୃଷ୍ଟି ଓ ଦର୍ଶନାନୁକୋଣରୁ ହାଡ଼ ପ୍ରତୀକଟି ଭିନ୍ନାର୍ଥବୋଧକ । କେତେବେଳେ ଏହା Resilience ଏବଂ Endurance ପ୍ରତୀକ ତ ଆଉ କେତେବେଳେ Ancestry ଓ ଐତିହ୍ୟର ପ୍ରତୀକ । ପୁଣି କେତେବେଳେ ଏହା ଆଧ୍ୟାତ୍ମିକତା ଓ ମରଣୋତ୍ତର ଜୀବନ / ଜଗତ ସହ ଜଡ଼ିତ ତ ଆଉ କେତେବେଳେ ଏହା Healing ଓ Transformation ସହ ଜଡ଼ିତ । ବିଭିନ୍ନ ସଂସ୍କୃତି ଓ ସାଂସ୍କୃତିକ ଭାବଧାରା ଏବଂ ବିଚାରଧାରା ସହ ଏହା 'ହାଡ଼' ବା 'ଅସ୍ଥି'ର ସଂପର୍କ ଭିନ୍ନଭିନ୍ନ ଭାବରେ ରହିଛି । ଆଫ୍ରିକାର ସଂସ୍କୃତିରେ ହାଡ଼ରେ ଆଧିଭୌତିକ ବା ଆଧ୍ୟାତ୍ମିକ ଶକ୍ତି ରହିଥିବା କଥା ବିଶ୍ୱାସ କରନ୍ତି । ସେହିଭଳି ସ୍ଥାନୀୟ ଆମେରିକୀୟ ସଂସ୍କୃତିରେ ହାଡ଼ଗୁଡ଼ିକ ପାରତ୍ରିକ ଜୀବନ, ପୂର୍ବଜ ଓ ଭୂତପ୍ରେତ ବା ଆତ୍ମାମାନଙ୍କ ସହ ଜଡ଼ିତ ।

କିନ୍ତୁ ୟୁରୋପୀୟ ସଂସ୍କୃତି ମୁତାବକ ହାଡ଼ ସବୁ ମୃତ୍ୟୁ, ମରଣଶୀଳତା ଓ ଆଧିଭୌତିକତାକୁ ଇଙ୍ଗିତ ମାତ୍ର କରିଥାଏ। କାର୍ଲୟୁଙ୍ଗ୍‌ଙ୍କ ଭାଷାରେ "Bones represent the collective unconscious, symbolizing the shared human experiences and archetypes." କିନ୍ତୁ ସିଗ୍‌ମଣ୍ଡ୍ ଫ୍ରଏଡ୍ ଏ ସନ୍ଦର୍ଭରେ ଭିନ୍ନ ମତପୋଷଣ କରି କହନ୍ତି- "Bones represent the repressed emotions, desires, and memories of the unconscious mind." କଳାତ୍ମକ ଭାବରେ ଅସ୍ଥି ବା ହାଡ଼କୁ ବିଭିନ୍ନ କଳା ରୂପରେ, ଚିତ୍ରକଳାରେ, ସ୍ଥାପତ୍ୟ ଓ ଭାସ୍କର୍ଯ୍ୟ କଳାରେ, ମରଣଶୀଳତା, ଆଧ୍ୟାତ୍ମିକତା ଓ ରୂପାନ୍ତରଣର ପ୍ରତୀକ ଭାବରେ ଗ୍ରହଣ କରାଯାଇଥିବାର ଲକ୍ଷ୍ୟ କରିହେବ।

ହାଡ଼ ସବୁ ମୁକ୍ତାଫୁଲ ହେବାର ଅର୍ଥ ବିଶୁଦ୍ଧତା ଓ ନିଷ୍ପାପଭାବ, ହୃଦୟର ପବିତ୍ରତା, ବିଶୁଦ୍ଧତା ଓ ସତୀତ୍ୱ ଭାବକୁ ଦର୍ଶାଇଥାଏ। ହାଡ଼ ମୁକ୍ତାଫୁଲରେ ପରିଣତ ହେବା ଏକ ଆଧ୍ୟାତ୍ମିକ ବିକାଶ ଓ ବୋଧିସତ୍ତା (Enlightenment)ର କଥା କହିଥାଏ। ଏହା ଅପରପକ୍ଷରେ ପ୍ରେମ, ଉର୍ବରତା ଓ ପ୍ରକୃତି ଚକ୍ରକୁ ମଧ୍ୟ ଏହା ସୂଚିତ କରିଥାଏ। ମୁକ୍ତାଫୁଲ ସଂପଦ ଓ ସମୃଦ୍ଧିର ପରମ ସୂଚକ। ହିନ୍ଦୁଧର୍ମ ଓ ବୌଦ୍ଧଧର୍ମରେ ମୁକ୍ତାଫୁଲ ଆଧ୍ୟାତ୍ମିକ ବିକାଶ, Enlightenment ବା ଜ୍ଞାନପ୍ରାପ୍ତିର ସୂଚକ ଭାବରେ ସୁବିଦିତ। ଖ୍ରୀଷ୍ଟଧର୍ମରେ ଏହା ପବିତ୍ରତା, ସରଳତା, ନିଷ୍ପାପପଣିଆ, ନିର୍ଦ୍ଦୋଷପଣିଆ ଓ ସତୀମେରୀଙ୍କୁ ସାଙ୍କେତିକ ଭାବେ ସୂଚାଇଥାଏ। ସେହିପରି ଜାପାନୀ ସଂସ୍କୃତିରେ ଏହି ମୁକ୍ତାଫୁଲ ସଂପଦ, ସମୃଦ୍ଧି ଏବଂ ସୌଭାଗ୍ୟର ପ୍ରତିନିଧିବିଶେଷ ଅଟେ। ଆଫ୍ରିକୀୟ ସଂସ୍କୃତିରେ ମୁକ୍ତାଫୁଲ ପ୍ରେମ, ଉର୍ବରତା ଓ ପ୍ରକୃତିର ଚକ୍ର ସହ ଜଡ଼ିତ। କାର୍ଲ ୟୁଙ୍ଗ୍‌ଙ୍କ ଦୃଷ୍ଟିରେ ଏହି ମୁକ୍ତାଫୁଲ ବୈପରୀତ୍ୟର ମିଶ୍ରଣ ବା ବୈପରୀତ୍ୟର ସମଷ୍ଟି (Integration of Opposites) ଭାବରେ ସଚେତନ ଓ ଅଚେତନ ମନର ମିଶ୍ରଣ ବା ସମଷ୍ଟିକୁ ସୂଚାଇଥାଏ। ସେହିପରି ପ୍ରସିଦ୍ଧ ମନୋବୈଜ୍ଞାନିକ ଡକ୍ଟର ସିଗ୍‌ମଣ୍ଡ୍ ଫ୍ରଏଡ୍‌ଙ୍କ ଭାଷାରେ- ମୁକ୍ତାଫୁଲଗୁଡ଼ିକ ଅଚେତନ ମନର ଅବଦମିତ ଇଚ୍ଛା, ଆକାଂକ୍ଷା, ଆବେଗ ଓ ସ୍ମୃତିନିଚୟକୁ ସୂଚାଇଥାଏ ମାତ୍ର। ସେକ୍ସପିୟରଙ୍କ The Tempest, ଓସ୍କାର ୱାଇଲଡ୍‌ଙ୍କ 'The Picture of Doroian Gray' ତଥା ଅନେକ ପ୍ରସିଦ୍ଧ ଭାସ୍କର୍ଯ୍ୟ, ସ୍ଥପତି ଓ ଚିତ୍ରକଳାରେ ଏଯାବତ୍ ବହୁଭାବରେ ଏହା ଚିତ୍ରିତ ଓ ପୁଲକିତ। ସର୍ବୋପରି ଏହା ଏକ ଆଧ୍ୟାତ୍ମିକ ବିକାଶ ଆଡ଼କୁ ସୂଚାଇଥାଏ ମାତ୍ର।

କବିତାଟିର ପରବର୍ତ୍ତୀ ଚାବି ହେଉଛି 'ରଜାଝିଅ ବେଣୁଫୁଲ' ଯାହା ସୁଅରେ

ସୁଅରେ ଭାସିଯାଇ ଖସିଯାଇଛି। ରଜାଝିଅ ବେଣୀଫୁଲ ଖସିଯିବାର ଅର୍ଥ ରଜାଝିଅ ତା'ର ପ୍ରେମିକ ସହ ବା ପ୍ରଣୟସାଥୀ ସହ ଅନ୍ତରଙ୍ଗ ହୋଇଛି। ଆବେଗ ଓ ବୈୟକ୍ତିକ ସ୍ତରରେ ସେ ମର୍ମବିଦ୍ଧ ହୋଇଛି। ଆଲେକ୍‌ଜାଣ୍ଡାର୍ ପୋପ୍‌ଙ୍କ 'ରେପ୍ ଅଫ୍ ଦ'ଲକ୍'ରେ ଏହି ବେଣୀଫୁଲ ରାଜକୁମାରୀର କ୍ଷମତା, ଆଭିଜାତ୍ୟ, ରାଜକୀୟ ସ୍ଥିତି ବା ଦର୍ଜାକୁ ବୁଝାଏ। ପୁଣି ଏହି ବେଣୀଫୁଲ ସୌନ୍ଦର୍ଯ୍ୟ ଓ ଆକର୍ଷଣର ପ୍ରତୀକ। ଏହି ଆକର୍ଷଣ ଦୈହିକ, ପାର୍ଥିବ ଓ ଭୌତିକ ଆକର୍ଷଣ ମାତ୍ର। ଅପରପକ୍ଷରେ ଏହା ପୁଣି ରାଜକୁମାରୀର ସତୀତ୍ୱ ଓ ବିଶୁଦ୍ଧତାକୁ ଇଙ୍ଗିତ କରିଥାଏ। ପ୍ରେମିକ ପାଇଁ ପ୍ରେମିକାର ବେଣୀଫୁଲ ଖସିଯିବା ଏକ ପ୍ରେମ ଓ ତ୍ୟାଗର କଥା ବୋଲି କୁହାଯାଇପାରେ। ଏଠାରେ ଏହି 'ରଜାଝିଅ' ବା ଯୋଗୀ ପାଇଁ ସେହି ରଜବତୀ କନ୍ୟା ଏକ ଏକ 'ମୁଦ୍ରା'ର ଭୂମିକା ମଧ୍ୟ ନିର୍ବହଣ କରିପାରନ୍ତି। ପଞ୍ଚ- 'ମ'କାର ସାଧନାରେ 'ମୁଦ୍ରା' ଓ 'ମୈଥୁନ'ର ଗୁରୁତ୍ୱ ଯଥେଷ୍ଟ ଅଧିକ। ଏହି ବାଟେ ହିଁ ସାଧକ ଦେହରୁ ବିଦେହକୁ ଯାଇଥାଏ ଓ 'ପରମସୁହ' ବା 'ମହାସୁହ' ତଥା 'ପରମାନନ୍ଦ' ବା 'ପରମ ସୁଖ' ଲାଭ କରିଥାଏ। ଏହିବାଟେ ହିଁ ସାଧକ ଯାଇ 'ସହସ୍ରାଚକ୍ର'ରେ ପହଞ୍ଚିଥାଏ। ସବୁରି ମୂଳରେ ଏହି ନିଆଁ, ପାଣି, ପବନ, ମାଟି ଓ ଆକାଶର ପାଞ୍ଚଭୌତିକ ଶରୀର। ସେହି ଶରୀରରୁ ଅଶରୀରର କଥା, ଅସାରରୁ ସାରତମ ତତ୍ତ୍ୱର କଥା ଉତ୍ସୃତ, ଉଦ୍ଭୁତ। ୟୁରୋପୀୟ ଲୋକକଥା ହେଉ କି ଆଫ୍ରିକୀୟ ଲୋକସଂସ୍କୃତି ହେଉ ଅଥବା ଏସୀୟ- ଭାରତୀୟ ଲୋକସଂସ୍କୃତି ହେଉ- ସବୁଥିରେ ଏହାକୁ ପ୍ରେମ, ପ୍ରଣୟ ଓ ବ୍ୟକ୍ତିଗତ ସଂପର୍କର ନିବିଡ଼ତମ ମୁହୂର୍ତ୍ତ ଭାବରେ ଗ୍ରହଣ କରାଯାଇଛି। ବିଶେଷକରି ଏସୀୟ ସଂସ୍କୃତିରେ ଏହାକୁ ସତୀତ୍ୱ, କୌମାର୍ଯ୍ୟ ଓ ବିଶୁଦ୍ଧତାକୁ ସୂଚାଇବାର ମାଧ୍ୟମ ବା ସୂଚକ ତଥା ରୂପକ ଭାବରେ ଗ୍ରହଣ କରାଯାଇଛି। ଆଫ୍ରିକୀୟ ସଂସ୍କୃତିରେ ଏହା ଏକ ଆକର୍ଷଣ ତଥା ସୌନ୍ଦର୍ଯ୍ୟର ଗୁଣକ ଭାବରେ ଚିତ୍ରିତ ଯାହା ତା'ର (ରାଜକନ୍ୟାର) ଭୌତିକ ବା ଦୈହିକ ସୌନ୍ଦର୍ଯ୍ୟର ସୂଚକ ମାତ୍ର। ମନସ୍ତତ୍ତ୍ୱ ଦୃଷ୍ଟିରେ ଯଦି ଏହି ବେଣୀଫୁଲ ଖସିଯିବା କଥାକୁ ବିଚାର କରାଯାଏ, ତେବେ ଦୁଇ ବିଶିଷ୍ଟ ମନସ୍ତତ୍ତ୍ୱବିତ୍ କାର୍ଲ୍‌ୟୁଙ୍ଗ୍ ଓ ଡକ୍ଟର ସିଗ୍‌ମଣ୍ଡ୍ ଫ୍ରଏଡ୍‌ଙ୍କ ଅନୁଧ୍ୟାନ, ଅନୁସନ୍ଧାନ ଓ ବିଚାର କଥା ଆସିବ। Carl Jungଙ୍କ ଭାଷାରେ- "A Princess's hair lock represents the anima, the feminine aspects of a male psyche, symbolizing the integration of opposites." ୟୁଙ୍ଗ୍ ଏହାକୁ ବୈପରୀତ୍ୟର ସମେକନ ଭାବରେ ଗ୍ରହଣ କରିଛନ୍ତି। ମାତ୍ର ଡକ୍ଟର ସିଗ୍‌ମଣ୍ଡ୍ ଫ୍ରଏଡ୍ କହନ୍ତି- "A princess's hair lock represents the repressed emotions, desires, and memories of the unconscious mind.” ଅଚେତନ ମନର ଅବଦମିତ ଇଚ୍ଛା, ଆବେଗ, ସ୍ମୃତି, ଆକାଂକ୍ଷା ଓ ଅଭୀପ୍ସା ପ୍ରଭୃତିର ଏକ ଫେଣ୍ଟାଫେଣ୍ଟି ଅନୁଭବ ଏହାରି ଭିତରେ ପ୍ରକଟିତ ଓ ପ୍ରତିଫଳିତ ହୋଇଥାଏ। ତେବେ ଏହି ବେଣୀଫୁଲ ଖୋଲିଯିବାର ଅର୍ଥ ରାଜକୁମାରୀ ‘ମୁଦ୍ରା’ ପାଲଟିଯିବା ବା ସମର୍ପିତ ହେବା, ଅଥବା କାମନାକୁ ଚରିତାର୍ଥ କରିବା ଅବା ଅଭିସାରମଗ୍ନ ହେବା। Shakespeareଙ୍କ ‘The Tempest’, ଆଲେକ୍‌ଜାଣ୍ଡାର ପୋପ୍‌ଙ୍କ ‘Rape of the lock’ ବା Brothers Grimmଙ୍କ ‘Rapunzel’ ପ୍ରଭୃତିରେ ଏହି ବେଣୀଫୁଲ ବା Hair lock କଥା କୁହାଯାଇଛି। କଳାତ୍ମକ ଭାବରେ ଚିତ୍ରକଳାଠାରୁ ସ୍ଥାପତ୍ୟ-ଭାସ୍କର୍ଯ୍ୟ କଳା ପର୍ଯ୍ୟନ୍ତ, ମୂର୍ତ୍ତିକଳାଠାରୁ ଅନ୍ୟାନ୍ୟ ସାରସ୍ୱତ କଳା ପର୍ଯ୍ୟନ୍ତ ସବୁଥିରେ ଏହି ବେଣୀଫୁଲ ସ୍ଥାନିତ ହୋଇଛି ଏବଂ ଏହା ପ୍ରେମ, ସୌନ୍ଦର୍ଯ୍ୟ ଓ କ୍ଷମତାର ଧାରକ, କାରକ ଓ ଗୁଣକ (Holder / Base, Factor, and Multiplier / Coefficient) ଭାବରେ ଗୃହୀତ ହୋଇଛି। ପ୍ରକାଶ ଥାଉକି ଏହି ଘଟଣା ବାରମ୍ବାର ପୁନରାବୃତ୍ତି ହୋଇଛି। ସେହି ଗୋଟିଏ ଫୁଲରେ କୋଟିକୋଟି ମଣିଷଙ୍କ ମୂଳ ରହିଛି। ଗୋଟିଏ ଉଦ୍ଦେଶ୍ୟରେ କୋଟି ଜୀବନର ଉଦ୍ଦେଶ୍ୟ ଅନ୍ତର୍ନିହିତ। ବାହ୍ୟାର୍ଥରେ ଏହା ଲିବିଡୋର ପ୍ରତୀକ ଭାବରେ ଗୃହୀତ ହେଲେ ହେଁ ଗୁହ୍ୟାର୍ଥରେ ଏହା ଅନନ୍ୟ ‘ସିଦ୍ଧି’, ‘ସଫଳତା’, ‘ମହାସୁଖ’, ‘ନିର୍ବାଣ’ ଓ ‘ମୁକ୍ତି’ର ହେତୁ ପାରମାର୍ଥିକ ଆଧ୍ୟାତ୍ମିକ ଅନ୍ୱେଷାକୁ ଇଙ୍ଗିତ କରିଥାଏ। ଏହା ହିଁ ଗୁରୁପ୍ରସାଦୀୟ ଚମ୍ପାଫୁଲର ଏକ ଅନୁପମ ଅନନ୍ୟତା, ବିଚିତ୍ର ବ୍ୟଂଜନା ତଥା ଅର୍ଥଗତ ବିସ୍ମୟ ମାତ୍ର। ଏଇଠି ଏଇ ଗୋଟିଏ ଫୁଲରେ କୋଟି ମଣିଷ ମୂଳ ରହିବା ସହ ପୌନପୌନିକ ଘଟଣାର ପରିସମାପ୍ତି ହୋଇଛି। ଏହା ସନେଟ୍ ବା ଚତୁର୍ଦ୍ଦଶପାଦୀ କବିତାର ପ୍ରଥମ ଆଠଧାଡ଼ିର ‘ଘଟଣାର ଅବତାରଣା’ ନ୍ୟାୟସଂଗତ କାବ୍ୟଚର୍ଯ୍ୟା ମାତ୍ର। ଏହାପରେ ଆରମ୍ଭ ହୁଏ ସନେଟ୍‌ର ଶେଷ ଛ’ଧାଡ଼ି, ଯେଉଁଥିରେ ପ୍ରତିଫଳିତ ହୋଇଥାଏ ଘଟଣାର ଫଳାଫଳ ତଥା ଆଭ୍ୟନ୍ତରୀଣ କ୍ରିୟା-ଅଭିକ୍ରିୟାବଳୀ। ସନେଟ୍‌ରେ ଏହି ଭୋଲ୍ଟା (Volta) ଏହାକୁ ଏକ ସ୍ୱତନ୍ତ୍ର ପରିଚୟ ପ୍ରଦାନ କରେ। ଏହି Turn / Fulcrum / Hinge ଚଂମ୍ପାଫୁଲ କବିତାରେ ଅନନ୍ୟ। କାରଣ ଏଠାରେ ପେଟ୍ରର୍କୀୟ ସନେଟ୍ ପରି ୮+୬ ସନ୍ଧିସ୍ଥଳ ଓ ସେକ୍ସପେରୀୟ ସନେଟ୍ ପରି ୧୨+୨ ସନ୍ଧିସ୍ଥଳ ଉଭୟଠାରେ ଦୁଇଟି ଭୋଲ୍ଟା ରହିଛି। ଅର୍ଥାତ୍ ସନେଟ୍‌ର ପ୍ରଥମ ଆଠଧାଡ଼ି ପରେ ଓ ପୁଣି ପ୍ରଥମରୁ ୧୨ ଧାଡ଼ି ପରେ ଚମତ୍କାର ଚିନ୍ତନଗତ ପରିବର୍ତ୍ତନ ଦେଖାଯାଏ।

ଅତ୍ୟନ୍ତ ଚମତ୍କାର ଭଂଗୀରେ କବି ଗୁରୁପ୍ରସାଦ ତାରୁଣ୍ୟ ବା ବୟସର ଅପରିପକ୍ୱତାକୁ ପଛରେ ପକାଇ ଅତ୍ୟନ୍ତ ପରିପୃକ୍ତି ଓ ସାମର୍ଥ୍ୟ ତଥା ଶକ୍ତି ଓ ଅଜସ୍ର ସମ୍ଭାବନା ବାଢ଼ିଛନ୍ତି। ଏକ ସଫଳ ସନେଟ୍‌ର ବା ସଫଳ ଚତୁର୍ଦ୍ଦଶପାଦୀ କବିତାର ଯେଉଁ ପ୍ରମୁଖ ଲକ୍ଷଣ ବା ଯୋଗ୍ୟତା ରହିବା ଅନିବାର୍ଯ୍ୟ ବା ଅବଶ୍ୟମ୍ଭାବୀ- ତାହାକୁ ସୁରକ୍ଷା ପ୍ରଦାନ କରିବାରେ କବି ଶ୍ରୀ ମହାନ୍ତି ସର୍ବତୋଭାବେ ସଫଳ ହୋଇଛନ୍ତି ବୋଲି କହିବାକୁ ହେବ।

ଚମ୍ପାଫୁଲର ମହକରେ ପଥର ତରଳେ ସତ, ଚମ୍ପାଫୁଲ ମହକରେ ସମୁଦ୍ର ବାଟଭୁଲେ, କୂଳଡିଏଁ ସତ, ଚମ୍ପାଫୁଲର ତୀବ୍ର ମହକରେ ଭରାନଈ ଛାତି ଶୁଖେ ସତ, ପୁଣି ରାଜବତୀ କନ୍ୟା ଲାଗି ଚମ୍ପାଫୁଲ ମହକରେ ଯୋଗୀଟିଏ ମଶାଣିର ଭୂତପ୍ରେତ ଛାଡ଼ି ମଦନରେ ମାତିଥାଏ ସତ, ଚମ୍ପାଫୁଲର କୁହୁକ ଓ ମହକରେ ପଥର ପାଲଟି ରଜାପୁଅ ହୁଏ ସତ, ତା'ର ହାଡ଼ ସବୁ ମୁକ୍ତାଫୁଲ ହେବା ଅଥବା ରଜାଝିଅ ବେଣୀଫୁଲ ଏହି ଚମ୍ପାଫୁଲର ଦାରୁଣ କୁହୁକ ଓ ମହକରେ ଫିଟିଯାଏ, ଖସିଯାଏ, ଭାସିଯାଏ ସୁଏ ସୁଏ ସତ, ବା ଗୋଟିଏ ଫୁଲରେ କୋଟିକୋଟି ମଣିଷର ମୂଲ ହେବା କଥା ମଧ୍ୟ ସତ ହୋଇପାରେ। କିନ୍ତୁ ଏସବୁ ପରିବର୍ତ୍ତନ ବା ରୂପାନ୍ତରଣ ହୁଏ କିପରି ? ତା'ଭିତରେ ଏମିତି କେଉଁସବୁ ପରିବର୍ତ୍ତନ ବା କ୍ରିୟା-ପ୍ରତିକ୍ରିୟା-ଅଭିକ୍ରିୟାଦି ଘଟେ ଯେ, ପଥର ବେଳେ ତରଳିଯାଏ ତ ଆଉ ବେଳେ ରଜାପୁଅରେ ପରିଣତ ହୁଏ ? ପୁଣି ହାଡ଼ ସବୁ ମୁକ୍ତାଫୁଲ ହୁଏ ତ, ରଜାଝିଅ ବେଣୀଫୁଲ ଖସିଯାଏ, ଭାସିଯାଏ ସୁଏ ସୁଏ ବା ଭରାନଈ ଛାତି ଶୁଖିଯାଏ ତ ପୁଣି ଯୋଗୀଟିଏ ମଦନରେ ମାତିଯାଏ ! ଏହି Action-Reaction ବା କ୍ରିୟା-ଅଭିକ୍ରିୟା ମଧ୍ୟବର୍ତ୍ତୀ କ୍ରିୟା-ପ୍ରତିକ୍ରିୟାଦି ସନେଟ୍‌ର ଶେଷ ଛଅ ଧାଡ଼ିରେ ରହିଛି।

ଚମ୍ପାଫୁଲ ମହକରେ ଏତେ ଦାରୁଣ କୁହୁକ ରହିଛି ଯେ, ରକ୍ତରେ ନିଆଁ ଲାଗିଯାଏ। ଏହି ରକ୍ତରେ ନିଆଁ ଲାଗିବାର ଅର୍ଥ ଗଭୀର, ସାନ୍ଦ୍ର, ଭୀଷଣ ଶକ୍ତିର ସଂଚରଣ ହେବା। "Fire in blood represents intense passion, drive and energy. Fire is often associated with purification and transformation, suggesting that the individual's emotions and desires are being refined and transformed." ଏ ଦୃଷ୍ଟିରୁ ରକ୍ତରେ ନିଆଁ ଖେଳିଯିବା ଏକ ବିଶୁଦ୍ଧିକରଣ ଓ ରୂପାନ୍ତରଣର ପ୍ରତୀକ ମାତ୍ର। ରକ୍ତରୁ ନିଆଁ ସଂଚରିତ ହୋଇ ଛାତିରେ ଲାଗିବାର ଅର୍ଥ ହୃତ୍‌ଚକ୍ରରେ ପ୍ରେମ, ଉଷ୍ମତା ଓ ସୌହାର୍ଦ୍ଦ୍ୟ ସୃଷ୍ଟି ହେବା। ଏହାପୁଣି ଆଭ୍ୟନ୍ତରୀଣ

ଆଲୋକ ବା ମାନବର ଇଚ୍ଛା, ଆବେଗ ଓ କ୍ରିୟାଗୁଡ଼ିକୁ ବୁଝାଏ। ସେହିପରି ଛାତିରୁ ଏ ନିଆଁ ଯାଇ ଖେଳିଯାଏ, ଚରିଯାଏ ନିଃଶ୍ୱାସରେ ସାରା ଦେହରେ। ଏହା ଏକପ୍ରକାର Life force ଏବଂ vitalityକୁ ଦର୍ଶାଇବା ସହିତ ଏକପ୍ରକାର ଆଧ୍ୟାତ୍ମିକ ଉତ୍‌ଥାନ ବା Spiritual Awakeningକୁ ବୁଝାଏ। ଏହାର କାରଣ ମଧ୍ୟ ସ୍ପଷ୍ଟ। "Breath is often associated with the life force, and fire represents vitality and energy. Together, they symbolize the spark of life that animates the body. Again, in some spiritual tradition, the breath of fire represents the awakening of the Kundalini energy, which is said to reside at the base of the spine." ମୂଳାଧାର ଚକ୍ରଠାରୁ ଊର୍ଦ୍ଧ୍ୱକୁ ଏହି କୁଣ୍ଡଳିନୀ ଜାଗ୍ରତ ହୋଇ ସହସ୍ରା ଆଡ଼କୁ ଉଠିଥାଏ। ସାରା ଦେହରେ ଔଜଲ୍ୟ ଖେଳିଯାଏ। କବିଙ୍କ ଭାଷାରେ ଦେହରେ ଖେଳିଯାଏ ବିଜୁଳି ଚମକ। ଏହି ବିଜୁଳି ଚମକ ଖେଳିଯିବା ମଧ୍ୟ Illumination, ଅନ୍ତର୍ଦୃଷ୍ଟି (Insight) ଏବଂ ଆଧ୍ୟାତ୍ମିକ ଉତ୍‌ଥାନ (Spiritual Awakening) ଓ ବୁଦ୍ଧତ୍ୱ (Enlightenment)ର ପରମସୂଚକ ଓ ଗୁଣକ ଉଭୟ।

ପୁଣି ଏହି ବିଜୁଳି ଚମକ ଯାହା ଦେହରେ ଦେହରେ ଖେଳିଯାଉଥିଲା, ଚରିଯାଉଥିଲା, ବିସ୍ତରି ଯାଉଥିଲା, ତାହା ପୁଣି ପୁଞ୍ଜିଭୂତ ହୋଇ ବଣନିଆଁରେ ପରିଣତ ହୋଇଛି। ଏଠାରେ ଗୁରୁପ୍ରସାଦ ବ୍ୟବହାର କରିଥିବା ଏହି 'ବଣନିଆଁ' ବାସ୍ତବପକ୍ଷେ ଅତୀବ ଅର୍ଥପୂର୍ଣ୍ଣ ଓ ଗୁରୁତ୍ୱପୂର୍ଣ୍ଣ। ଏକପକ୍ଷରେ ଏହା Transformation ବା ରୂପାନ୍ତରଣ, Renewal ବା ନବୀକରଣର ପ୍ରତୀକ ହେଲାବେଳେ ଅପରପକ୍ଷରେ ଏହା ପବିତ୍ରକରଣ (Purification) ଓ ନିର୍ମଳୀକରଣ / ବିମଳୀକରଣ (Cleansing)ର ପ୍ରତୀକ। ପୁଣି ଏହି ବଣନିଆଁ ବିଧ୍ୱଂସ ଓ ପୁନର୍ଜନ୍ମ ଉଭୟକୁ ଏକତ୍ର କରେ, ଇଙ୍ଗିତ କରେ, ହାତଠାରି ଡାକେ, ଆଖିଠାରେ ଓ ସର୍ଜନଶୀଳତାର ନୂଆ ପଥ ଆବିଷ୍କାର କରେ। ବଣନିଆଁ ଜୀବନର ଚାକ୍ରିକ ପ୍ରକୃତିକୁ ଦର୍ଶାଏ। ସେଥିପାଇଁ କୁହାଯାଇଛି "Forest fire represents the cyclical nature of life, where destruction precedes rebirth." ପୁଣି ବଣନିଆଁ ପୁରାତନକୁ ନଷ୍ଟ କରି ନବ ପ୍ରଜନ୍ମକୁ କଅଁଳିବାର ବାଟ ଫିଟାଏ। ଯଥାର୍ଥରେ ବଣନିଆଁ ତା'ର ପ୍ରକୃତି କ୍ରମେ ରୂପାନ୍ତରଣ, ପୁନର୍ନବା, ନବାୟନ ଓ ପୁନର୍ଜନ୍ମର ପ୍ରତୀକ, କାରଣ ଓ ଗୁଣକ ମାତ୍ର। ବଣନିଆଁ ବିଧ୍ୱଂସ ସହ ପ୍ରଚଳିତ ସଂରଚନା ଓ ଗତାନୁଗତିକତାର ବିଧ୍ୱଂସ ବା ବିନିର୍ମାଣକୁ ବୁଝାଏ। ପୁଣି ଏହା ଭୟ, ବିପଦ, ଉତ୍ସାହ, ସାନ୍ଦ୍ରତା, ବଳିଷ୍ଠ ଇଚ୍ଛା, ସର୍ଜନାତ୍ମକ ଶକ୍ତି, ସମନ୍ୱୟ ସୁରକ୍ଷା ପ୍ରଭୃତିର

ପ୍ରତୀକ ମଧ୍ୟ । ନେଟିଭ୍ ଆମେରିକାନ୍ ସଂସ୍କୃତିରେ ବଣନିଆଁ ଆଧ୍ୟାତ୍ମିକ ପୁନର୍ନବା ବା Spiritual Renewal, ବିଶୁଦ୍ଧୀକରଣ ଓ ପ୍ରାକୃତିକ ଜଗତ ସହ ସଂଯୋଗକୁ ବୁଝାଇଥିଲା ବେଳେ ଗ୍ରୀକ୍ ପୁରାଣ ଅନୁସାରେ ଏହା ହେଉଛି ଦିବ୍ୟ କ୍ଷମତା, ସର୍ଜନାଶକ୍ତି ଓ ରୂପାନ୍ତରଣ ପ୍ରଭୃତିର ପ୍ରତୀକବିଶେଷ । ଆଫ୍ରିକୀୟ ସଂସ୍କୃତିରେ ବଣନିଆଁକୁ ଗୋଷ୍ଠୀଜୀବନ, ସହାୟତା, ସମନ୍ୱୟ ଓ ପ୍ରାତିକୂଲ୍ୟ ବିରୋଧରେ ଲଢ଼େଇ କରିବାର ପ୍ରତୀକ ଭାବରେ ଗ୍ରହଣ କରାଯାଇଥାଏ । ମନସ୍ତତ୍ତ୍ୱ ଦୃଷ୍ଟିରେ ବଣନିଆଁର ଗୁରୁତ୍ୱ ଅନେକ । କାର୍ଲଯୁଙ୍ଗ୍‌ଙ୍କ ପରି ମନୋବିଜ୍ଞାନୀମାନେ ବଣନିଆଁକୁ ସାମୂହିକ ଅଚେତନ (Collective Unconscious)କୁ ପ୍ରତିନିଧିତ୍ୱ କରିବା କଥା କହିବା ସହ ଏହାକୁ Shared human experience ଏବଂ ଆର୍କିଟାଇପ୍ ଭାବରେ ଦେଖନ୍ତି । ଠିକ୍ ସେହିପରି ସିଗ୍‌ମଣ୍ଡ ଫ୍ରଏଡ୍ ଏହି ବଣନିଆଁକୁ ଅଚେତନ ମନ (The unconscious mind)ରେ ଥିବା ସ୍ମୃତି ଓ ଅବଦମିତ ଆବେଗ ଓ ଇଚ୍ଛାଶକ୍ତି ବୋଲି କହନ୍ତି । Ray Bradburyଙ୍କ 'Fahrenheit 451' ଏବଂ Cormac McCarthyଙ୍କ 'The Road'ରେ ଏହି ବଣନିଆଁ କଥା ମଧ୍ୟ କୁହାଯାଇଛି । ସେହିପରି T. S. Eliotଙ୍କ 'The Waste Land'ରେ ବଣନିଆଁ ଆଧ୍ୟାତ୍ମିକ ନବଜୀବନ ଓ ରୂପାନ୍ତରଣର ପ୍ରତୀକ ଭାବରେ ବ୍ୟବହୃତ । ସେହିପରି ଡିଲାନ୍ ଥୋମାସ୍‌ଙ୍କ 'Do Not Go Gentle into That Good Night'ରେ ବଣନିଆଁ ଉତ୍ସାହ ଓ ଜୀବନଶକ୍ତିର ପ୍ରତିନିଧି ବା ଗୁଣକ ଭାବରେ ବ୍ୟବହୃତ ।

'The Waste Land'ର 'The Fire Sermon'ରେ ଏଲିଅଟ୍ ବ୍ୟବହାର କରିଥିବା ନିଆଁ ପୁରୁଣା ମୂଲ୍ୟବୋଧ ଓ ରୂଢ଼ିବାଦୀ ମନୋବୃତ୍ତିର ବିଧ୍ୱଂସ କରି ନବନିର୍ମାଣ କରିବା ପାଇଁ ଅଭିପ୍ରେତ । ଏଣୁ ଏହା ନବଜନ୍ମ, ପୁନର୍ଜନ୍ମ, ପୁନର୍ନବା ବା ନବପ୍ରଜନ୍ମର ପ୍ରତୀକ ବିଶେଷ ଅଟେ । ସେହିପରି ରବର୍ଟ ଫ୍ରଷ୍ଟଙ୍କ 'Fire and Ice'ରେ ଏହି ବଣନିଆଁ ଇଚ୍ଛା, ଉତ୍ସାହ ପ୍ରଭୃତି ବିଧ୍ୱଂସ ଓ ନିର୍ମାଣ ଉଭୟକୁ ବୁଝାଏ । 'The Hollow Men'ରେ ଏଲିଅଟ୍ ଏହି ନିଆଁଦ୍ୱାରା ପୀଡ଼ନ, ଯନ୍ତ୍ରଣା ଓ କଷ୍ଟଦ୍ୱାରା ବିଶୁଦ୍ଧୀକରଣକୁ ସୂଚାଇଲା ବେଳେ Langston Hughes ତାଙ୍କ 'Song of the Smoke'ରେ ପ୍ରକୃତିର ବିଶୁଦ୍ଧୀକରଣ ଓ ବିମଳୀକରଣ (Cleansing Power)କୁ ଦର୍ଶାଇଛନ୍ତି । ସେହି ସୂତ୍ରରେ Gwendolyn Brooks ତାଙ୍କ 'The Fire This Time'ରେ ବଣନିଆଁ Social Unrest ଏବଂ ସମୟର Racial Tensionକୁ ପ୍ରତୀକିତ କରିବା କଥା କହିଥିଲାବେଳେ Mark Doty ତାଙ୍କ 'Fire Sermon'ରେ ମଣିଷର ବେଖିଆଲି ଭାବର କୁପରିଣାମ

(ଦୁଷ୍ପରିଣାମ) ଓ ପାରିବେଶିକ ଅବକ୍ଷୟ- ଅଧଃପତନକୁ ସୂଚାଇଛନ୍ତି ମାତ୍ର। ଏହା ଏକ ପ୍ରକାରର ସୋସିଆଲ କମେଣ୍ଟାରି ହୋଇଛି ବୋଲି କୁହାଯାଇପାରେ। ସେହିପରି Mary Oliverଙ୍କ 'Wildfire'ରେ ବଣନିଆଁ ପ୍ରକୃତିର Transformative Power ଓ ମଣିଷର ଅନୁଭୂତିକୁ ଦର୍ଶାଇଥିଲା ବେଳେ Warsan Shireଙ୍କ 'Fire'ରେ ପୁରୁଣା ଘା'ର ଜ୍ୱଳନ ଓ ବ୍ୟକ୍ତିଗତ ଯନ୍ତ୍ରଣାରୁ ମୁକ୍ତିର ପଥ ଓ ପ୍ରକ୍ରିୟା ଭାବରେ ବଣନିଆଁକୁ ଗ୍ରହଣ କରାଯାଇଛି। ସେହିପରି ଚିତ୍ରକଳା, ସ୍ଥାପତ୍ୟକଳା, ଭାସ୍କର୍ଯ୍ୟକଳା ଓ ଅନ୍ୟାନ୍ୟ କଳାରୂପରେ ରୂପାନ୍ତରଣ, ବିଧ୍ୱଂସ ଓ ପୁନର୍ଜନ୍ମ-ପୁନର୍ନବା ତଥା ବିଶୁଦ୍ଧୀକରଣ ଓ ପବିତ୍ରକାରୀ କାରକ ଭାବରେ ବଣନିଆଁକୁ ଗ୍ରହଣ କରାଯାଇଆସିଛି। ସେ ସୂତ୍ରରେ ଏଠାରେ ବଣନିଆଁର ଗୁରୁତ୍ୱ ଅନୁମେୟ।

ପୁଣି ରକ୍ତର ନିଆଁ, ଛାତି-ନିଃଶ୍ୱାସର ନିଆଁ ସାରା ଦେହର ବିଜୁଳି ଚମକ ବଣନିଆଁରେ ପରିଣତ ହୋଇ ସବୁକିଛି ଜାଳିପୋଡ଼ି ଦେଲାପରେ ମାଂସ ଫୁଲ ହୋଇ ଫୁଟିଛି। ଏହି 'ମାଂସଫୁଲ' ଏକ ଗୁରୁତ୍ୱପୂର୍ଣ୍ଣ ପ୍ରତୀକବିଶେଷ ଅଟେ। ପ୍ରତୀକାତ୍ମକ ଭାବରେ କବି ଗୁରୁପ୍ରସାଦଙ୍କ ଏହି କବିତାରେ ମାଂସ ଫୁଲ ହୋଇ ଫୁଟିବା ଏକ ଗଭୀର ଓ ଗମ୍ଭୀର ସାଂସ୍କୃତିକ ଅବବୋଧ ଆଡ଼କୁ ଇଙ୍ଗିତ କରିଥାଏ। ଗୋଟିଏ ପକ୍ଷରେ ଏହା Transformation ବା ରୂପାନ୍ତରଣ କ୍ରମେ ଏକ Spiritual Awakening ବା ଆଧ୍ୟାତ୍ମିକ ଅଭ୍ୟୁତ୍‌ଥାନ, ପ୍ରବୁଦ୍ଧନ (Enlightenment), ଆଧ୍ୟାତ୍ମିକ ଜାଗରଣ, ସଚେତନ ଓ ଉଚ୍ଚତର ଚେତନାଗତ ଉପଲବ୍ଧିକୁ ବୁଝାଏ। ଅପର ପକ୍ଷରେ ଏହା ବ୍ୟକ୍ତିଗତ ବିକାଶ, ମଣିଷର ଅସୀମ କ୍ଷମତା ଓ ବିଭବ (Human Potential), ସର୍ଜନଶୀଳତା (Creativity) ଓ ଆତ୍ମଜିଜ୍ଞାସା ବା ଆତ୍ମାନୁଭୂତି (Self-realization) ପ୍ରଭୃତିକୁ ସୂଚାଇଥାଏ। ମାଂସଫୁଲ ହୋଇ ଫୁଟିବାର ଅର୍ଥ healing process, transformation ଏବଂ ଭୌତିକ, ଆବେଗିକ ଓ ଆଧ୍ୟାତ୍ମିକ ବସ୍ତୁର ପୁନର୍ନବା ବା ପୁନର୍ଜନ୍ମ ସହ ସଂଶ୍ଳିଷ୍ଟ। ଏଥିରେ ସର୍ଜନାତ୍ମକ ଝଲକ ମଧ୍ୟ ରହିଛି। ଏଣୁ ଏକପକ୍ଷରେ ଏହାକୁ କଳାତ୍ମକ ଅଭିବ୍ୟକ୍ତିର Manifestation ମଧ୍ୟ କୁହାଯାଇପାରେ। ମାଂସ ଫୁଲ ହୋଇ ଫୁଟିବା ପୁଣି ସବୁ କିଛି ଜଳିପୋଡ଼ି ନଷ୍ଟ ହୋଇଗଲା ପରେ- ଏକପକ୍ଷରେ ସ୍ପଷ୍ଟ ଭାବରେ Life after Death ବା ପୁନର୍ଜନ୍ମ, ପୁନର୍ଜୀବନର କଥା ହିଁ କୁହାଯାଇଛି। ଏଣୁ ଏହା ଜନ୍ମର ଚକ୍ର, ମାନବର ବିକାଶ, ପତନ, ବିଧ୍ୱଂସ ଓ ପୁନର୍ଜନ୍ମ ପ୍ରଭୃତିକୁ ଦର୍ଶାଇଥାଏ। ପ୍ରାକୃତିକ ଜୀବନ ଓ ଜୀବନର ପ୍ରାକୃତିକ ସ୍ୱରୂପ ଏତଦ୍ୱାରା ପ୍ରତିଫଳିତ ଓ ଅଭିବ୍ୟଂଜିତ ହୋଇପାରିଛି ବୋଲି କହିବାକୁ ହେବ।

ହିନ୍ଦୁଧର୍ମରେ ଏବଂ ତନ୍ତ୍ରମାର୍ଗରେ ମାଂସ ଫୁଲ ହୋଇ ଫୁଟିବାର ଅର୍ଥ କୁଣ୍ଡଳିନୀ ଶକ୍ତି ଜାଗ୍ରତ ହେବା ସହ ଆତ୍ମ ଉପଲବ୍ଧି, ଆଧ୍ୟାତ୍ମିକ ବିକାଶ ଓ ବ୍ୟକ୍ତିର ଆତ୍ମିକ ଉତ୍ତରଣ ହେବା। ଖ୍ରୀଷ୍ଟଧର୍ମରେ ଏହି ଧାରଣା ଦେହ ଓ ଆତ୍ମାର ପୁନର୍ଜୀବନ (Resurrection)କୁ ବୁଝାଏ। ଏତଦ୍ଦ୍ୱାରା ବ୍ୟକ୍ତିର ରୂପାନ୍ତରଣ ଓ ନବାୟନ ଘଟିଥାଏ। ସେହିପରି ଗ୍ରୀକ୍ ପୁରାଣରେ Dionysus (ଡାୟୋନିସସ୍) ଏବଂ ଅଙ୍ଗୁରଲତାର ପୁଷ୍ପାୟନ କାହାଣୀ ମାଧ୍ୟମରେ ଜୀବନଚକ୍ର, ତଥା ଜୀବନ, ମୃତ୍ୟୁ ଓ ପୁନର୍ଜୀବନର ଚାକ୍ରିକ ପ୍ରକ୍ରିୟା କଥା କୁହାଯାଇଛି। ମନସ୍ତତ୍ତ୍ୱବିତ୍ କାର୍ଲ୍‌ଯୁଙ୍ଗ୍ କହନ୍ତି- "The flowering of flesh represents the process of individuation, where the individual integrates their opposites and becomes a whole." ତାଙ୍କ ମତରେ ବିରୋଧାଭାସ ଓ ବୈପରୀତ୍ୟ ମଧ୍ୟରେ ଦୁଇ ପାରସ୍ପରିକ ବିରୋଧୀ ଗୋଷ୍ଠୀଗତ ସମେକନ ବା ସମନ୍ୱୟ- ମାଧ୍ୟମରେ ଏକ ପରିପୂର୍ଣ୍ଣ ବ୍ୟକ୍ତିତ୍ୱ ଫୁଟି ଉଠିବାର ସୂଚନା ମିଳିଥାଏ। ସେହିପରି ବିଖ୍ୟାତ ମନସ୍ତତ୍ତ୍ୱବିତ୍ ଡକ୍ଟର ସିଗ୍‌ମଣ୍ଡ ଫ୍ରଏଡ୍ ଏହି ମାଂସ ଫୁଲହୋଇ ଫୁଟିବାକୁ ଭିନ୍ନ ଭାବରେ ଗ୍ରହଣ କରିଛନ୍ତି। ସେ କହନ୍ତି ମାଂସ ଫୁଲହୋଇ ଫୁଟିବାର ଅର୍ଥ ହେଉଛି ଅଚେତନ ମନ (Unconscious Mind)ରେ ଥିବା ଅବଦମିତ ସ୍ଥିତି, ଇଚ୍ଛା, ଆବେଗ ନିଚୟର ପରିପ୍ରକାଶ। ମୋଟାମୋଟି ଭାବରେ ଏହା ଏକ ଚରମ ଓ ପରମ ବିକାଶ, ଅଭ୍ୟୁଦୟ, ରୂପାନ୍ତରଣ, ନବାୟନ, ପୁନର୍ନବା ଓ ପୁନର୍ଜନ୍ମକୁ ବୁଝାଏ, ଯାହା ସର୍ବୋପରି ସାଧକ (ବ୍ୟକ୍ତି)ର ଚୈତନ୍ୟଗତ ସର୍ବଶ୍ରେଷ୍ଠ ଉପଲବ୍ଧି ବା ଜାଗରଣକୁ ସୂଚାଏ। ସାଧକର କୁଣ୍ଡଳିନୀ ଜାଗ୍ରତ ହୋଇ ବିବିଧ ମାଧ୍ୟମରେ (ସେ ମୁଦ୍ରା ହେଉ କି ମୈଥୁନ, ସେ ମଦ ହେଉ କି ମତ୍ସ୍ୟ ବା ମାଂସ) ତା'ର ଶରୀରରେ ବିବିଧ ଚକ୍ର ଜାଗ୍ରତ ହୁଏ ଏବଂ ଏହିପରି ତା'ର ଅନ୍ତର୍ଦୃଷ୍ଟି ବଢ଼ିଥାଏ, ଅନ୍ତର୍ମୁଖୀ ଦୃଷ୍ଟି ବଳରେ ସେ ନିଜକୁ ଜାଣିପାରେ ଓ ଦେହ ମାଧ୍ୟମରେ ସେ ବିଦେହର ସଂଧାନ ଲାଭ କରିଥାଏ। ଏ ସୂତ୍ରରେ ଚମ୍ପାଫୁଲକୁ ବାହ୍ୟ ଭାବରେ ଯୌନତା, ଲିବିଡୋ, Lust ବା କାମନାର ପ୍ରତୀକ ଭାବରେ ଗ୍ରହଣ କଲେ ମଧ୍ୟ ପରବର୍ତ୍ତୀ କାଳରେ ଉତ୍ତରିତ ଚେତନାରେ ଉତ୍ତରଣ କ୍ରମେ ପାଠକ ଏହାକୁ ଦେହ ମାଧ୍ୟମରେ ବିଦେହକୁ ଯିବାର ସାଧନ ଭାବରେ ଆବିଷ୍କାର କରିଥାଏ। ପୃଥିବୀର ବିଭିନ୍ନ ଧର୍ମ, ସଂସ୍କୃତି, ପ୍ରଥା- ପରଂପରା, ଲୋକବିଶ୍ୱାସ ପ୍ରଭୃତି ଆଧାରରେ ବିଚାର ମୀମାଂସା କଲେ 'ଚମ୍ପାଫୁଲ' କବିତାରେ ଘଟିଥିବା ଘଟଣା ଓ ତା'ର ଫଳାଫଳକୁ ଆଖିଆଗରେ ରଖି ଏତକ କୁହାଯାଇପାରେ ଯେ, ଗୁରୁପ୍ରସାଦ ଏଠାରେ ମାତ୍ର ଚଉଦ ଧାଡ଼ି ମଧ୍ୟରେ ମାନବ ସଭ୍ୟତା ଓ ମାନବ ସଂସ୍କୃତି ବା ମାନବ

ଜାତିର ଓ ମାନବାତ୍ମାର କ୍ରମାନ୍ୱୟୀ ବିବର୍ତ୍ତନର ମନ୍ମୟ ଦସ୍ତାବିଜ୍ ତଥା ତନ୍ମୟ ଇସ୍ତାହାର ମାତ୍ର। ମାନବାତ୍ମାର ବିଶୁଦ୍ଧନ, ବିକାଶ, ପ୍ରକ୍ଷାଳନ ପାଇଁ ଏତେ ଜନ୍ମ, ଏତେ ଛନ୍ଦ, ଏତେ ମୃତ୍ୟୁ, ଏତେ ଜ୍ୱାଳା, ଏତେ ନିଆଁ, ଏତେ ପଥ, ଏତେ ମତର ଆବଶ୍ୟକତା ପଡ଼ିଛି। ଏଣୁ ତାକୁ ଲାଭା ପରି ଉତ୍ତପ୍ତ ନିଆଁରେ ପଥର ହୋଇ ବି ତରଳିବାକୁ ପଡ଼ିଛି। ଏଥିପାଇଁ ତାକୁ ନିଆଁରେ ଜଳିପୋଡ଼ି ଛାରଖାର ହୋଇଯିବାକୁ ପଡ଼ିଛି। ତେବେ ଯାଇ ସେ ହେବ ଶୁଦ୍ଧ ସୁବର୍ଣ୍ଣ ସମ ଦେଦୀପ୍ୟମାନ, ଜାଜ୍ୱଲ୍ୟମାନ ଏବଂ ଅଧିକରୁ ଅଧିକ ଅମ୍ଳାନ ଓ ମନ୍ୟୁମାନ।

ପ୍ରତୀକ ବିଭିନ୍ନ ପ୍ରକାରର ରହିଛି। ଯଥା- ସାର୍ବଜନୀନ ପ୍ରତୀକ (Universal Symbol), ସାଂସ୍କୃତିକ ପ୍ରତୀକ (Cultural Symbol), ବ୍ୟକ୍ତିଗତ ପ୍ରତୀକ (Personal Symbol), ଆଦିମ ପ୍ରତୀକ ବା ପୁରାତନ ବା ପ୍ରାଚୀନ ପ୍ରତୀକ (Archaic Symbol), ଅମୂର୍ତ୍ତ ବା ଭାବାତ୍ମକ ପ୍ରତୀକ (Abstract Symbol), କଂକ୍ରିଟ୍ ବା ମୂର୍ତ୍ତ ପ୍ରତୀକ (Concrete Symbol), ଅନୁସଂକେତକ ବା ଚିହ୍ନାତ୍ମକ ବା ପ୍ରାରୂପାତ୍ମକ ପ୍ରତୀକ (Iconic Symbol), ଆନୁକ୍ରମିକ ପ୍ରତୀକ (Indexical Symbol), ଲାକ୍ଷଣିକ ବା ଚୈହ୍ନିକ ପ୍ରତୀକ (Emblematic Symbol) ଓ ରୂପକ ପ୍ରତୀକ (Metaphorical Symbol)। ଆଲୋଚ୍ୟ କବିତାରେ ବିବିଧ ଭାବରେ ବିବିଧ ପ୍ରତୀକ ପ୍ରୟୋଗ ହୋଇଛି ବୋଲି ଜଣେ ସଚେତନ ପାଠକ ବିବେଚନା କରିପାରେ। କାରଣ କବିତାଟି ଆମୂଳାନ୍ତ ବିରୋଧାଭାସରେ ଜୁଡୁବୁଡୁ। ଅପର ଅର୍ଥରେ କବିତାଟି ବା ସନେଟ୍‌ଟି କବିତାର ଭାଷା (ବିରୋଧାଭାସ)ରେ ଆମୂଳାନ୍ତ ରଚିତ, ଦୀକ୍ଷିତ ଓ ପ୍ରଗଲ୍‌ଭ। ଏଥିପାଇଁ କବିତାଟିରେ ପଥର ଚମ୍ପାଫୁଲ ମହକରେ ତରଳେ ବା ସମୁଦ୍ର ବାଟଭୁଲେ ବା ଭରାନଈ ଛାତି ହଠାତ୍ ଶୁଖିଯାଏ। କହିବା ବାହୁଲ୍ୟ ଯେ, ଏହି ପ୍ରତୀକ ସବୁର ସଫଳ ପ୍ରୟୋଗଦ୍ୱାରା କବିତାଟିର ବ୍ୟଂଜନା ଶକ୍ତି ଅତ୍ୟନ୍ତ ବୃଦ୍ଧି ଲାଭ କରିପାରିଛି। ଏଣୁ ଏପରି ଏକ ରହସ୍ୟମୟ ଆଧୁନିକ କବିତା ତଥା **"ନୂତନ ସାଂଧ କବିତା"** ସମଗ୍ର ଓଡ଼ିଆ ସାହିତ୍ୟ କାହିଁକି ଅଧିକନ୍ତୁ ସମସ୍ତ ଭାରତୀୟ ସାହିତ୍ୟରେ ବିରଳ। ଏକ ବାକ୍ୟରେ କହିବାକୁ ଗଲେ ପ୍ରକୃତପକ୍ଷେ ଏହା ଖାଲି 'ଆଧୁନିକ କବିତା' ବା 'ନୂତନ କବିତା' ନୁହେଁ, ବରଂ ଏହା ଏକ ଅନନ୍ୟ ଅନୁପମ, ଅଦ୍ୱିତୀୟ **"ଆଧୁନିକ ସନ୍ଧାଭାଷାର କବିତା"**, **"ନୂତନ ସନ୍ଧ୍ୟାଭାଷାର କବିତା"** ବା **"ନୂତନ ଚର୍ଯ୍ୟାଗୀତିକା"** ମାତ୍ର।

■

ସହାୟକ ଗ୍ରନ୍ଥାବଳୀ :

୧. ମହାନ୍ତି, ଗୁରୁପ୍ରସାଦ, ରାଓ, ଭାନୁଜୀ, ନୂତନ କବିତା, କଟକ: ଜନଶକ୍ତି ପୁସ୍ତକାଳୟ, ୧୯୫୫।

୨. Cirlot, J. E., A Dictionary of symbols (Translated from the Spanish by Jack Sage), London: Routledge, 1971.

୩. Chwalkowski, Farrin, Symbols in Arts, Religion and Culture: The Soul of Nature, Cambridge Scholars Publishing, 2016.

୪. Hodder, Ian (Ed.), The Meanings of Things: Material Culture and Symbolic expression, London & New York: Routledge, 2004.

୫. Geertz, Clifford, The Interpretation of Cultures, New York: Basic Books Inc. Publishers, 1973.

୬. Ferber, Michael, A Dictionary of Literary Symbols, Cambridge University Press, 1999.

୭ Jung, Carl G., Man and his Symbols, New York: Doubleday, 1988.

ପୁରୁଷ ଦୃଷ୍ଟିରେ ନାରୀସୃଷ୍ଟି: 'ଅଳକା'ରୁ 'ଅଳକା' ପର୍ଯ୍ୟନ୍ତ

[ଜୀବନାନନ୍ଦଙ୍କ 'ବନଲତା'ଠାରୁ ସଚ୍ଚିଦାନନ୍ଦଙ୍କ 'ପ୍ରତିମା ନାୟକ', 'ଅଳକା ସାନ୍ୟାଲ' ଓ ଗୁରୁ ପ୍ରସାଦଙ୍କ 'ଅଳକା ସାନ୍ୟାଲ୍' ପର୍ଯ୍ୟନ୍ତ]

ନାରୀକୁ ନେଇ ପୁରୁଷ ସ୍ରଷ୍ଟା ରଚନା କରିଆସିଛି ଅସଂଖ୍ୟ ସାହିତ୍ୟ କୃତି। ପୂର୍ବରୁ ସ୍ରଷ୍ଟାକୁ ଲିଙ୍ଗଭେଦ ବା ଲୈଙ୍ଗିକ ବିବିଧତାର ଖୁବ୍ ଊର୍ଦ୍ଧ୍ୱରେ ସମାଲୋଚକ ରଖୁଥିଲେ। କିନ୍ତୁ ଏକବିଂଶ ଶତକରେ ଛିଡ଼ା ହୋଇ ଆଜି ଆଉ ଅନୁରୂପ ଭାବନାକୁ ଛାତିରେ ସ୍ଥାନଦେବା ନ୍ୟାୟୋଚିତ ମନେହୁଏ ନାହିଁ। ନାରୀବାଦୀ ଆନ୍ଦୋଳନର ଆଲୋକରେ ଅନ୍ତତଃ ନାରୀର ବିଶୁଦ୍ଧ ଇଚ୍ଛା କେତେ ବାରି ହୋଇପଡ଼ିଛି। ଏହାଦ୍ୱାରା ନାରୀର ଭିନ୍ନ ଏକ ସ୍ୱର ଓ ସ୍ୱରୂପ ଉଦ୍‌ଘାଟିତ ହୋଇଛି। ଏହିଠାରୁ ହିଁ ସ୍ୱତଃ ଦୁଇଟି କଥା ଆସେ : "ପୁରୁଷ ଦୃଷ୍ଟି" ଓ "ନାରୀ ଦୃଷ୍ଟି"। ପୁଣି ଏ ଦ୍ୱୟ ପ୍ରତ୍ୟେକ କରି ଦ୍ୱିବିଧ ଅଟନ୍ତି, "ପୁରୁଷ ସ୍ରଷ୍ଟାର ପୁରୁଷ ପ୍ରତି ଦୃଷ୍ଟି ଓ ଦର୍ଶନ ଓ "ପୁରୁଷ ସ୍ରଷ୍ଟାର ନାରୀ ପ୍ରତି ଦୃଷ୍ଟିଦର୍ଶନ।" ଠିକ୍ ସେହିକଥା ନାରୀ ସ୍ରଷ୍ଟାଟିଏ କ୍ଷେତ୍ରରେ ମଧ୍ୟ ଦେଖାଯାଏ। ଉଭୟଙ୍କର ଉଭୟଙ୍କ ପ୍ରତି ଭିନ୍ନ ଭିନ୍ନ ଦୃଷ୍ଟିଭଙ୍ଗୀ। ସ୍ରଷ୍ଟାଟିଏର ଦୃଷ୍ଟିରେ ନାରୀ ବା ପୁରୁଷଟିଏ 'ସୃଷ୍ଟି'ରେ ପରିଣତ ହୁଏ; କାଳଜୟୀ ଚରିତ୍ରଟି ହୁଏ କିନ୍ତୁ ସେହି ଚରିତ୍ରଟି ଚିତ୍ରିତ ହୁଏ ନିର୍ଦ୍ଦିଷ୍ଟ ଲେଖକଟିଦ୍ୱାରା। କାରଣ ଲେଖକ ଯେତେ ବାସ୍ତବବାଦୀ ବା କ୍ଷେତ୍ର ଅଧ୍ୟୟନ ମୂଳକ ହେଲେ ମଧ୍ୟ ଚରିତ୍ରଟିଏର ବା ସାମାଜିକ ବ୍ୟକ୍ତିଟିଏର ମନସ୍ତତ୍ତ୍ୱ ଅନ୍ତର୍ନିହିତ ଭାବନା ଓ ମନୋଭାବକୁ କଦାପି ମାପି ପାରି ନଥାଏ। ଏସବୁ କହିବା ଅସହଜ ନହେଁ, ଅସମ୍ଭବ ମଧ୍ୟ- ଏସବୁ କଳ୍ପନାତୀତ । ଗୋପୀନାଥଙ୍କ 'ଦାନାପାଣି'ରେ 'ବଳିଦତ୍ତ' ଓ 'ସରୋଜିନୀ' ପ୍ରତି ଲେଖକୀୟ ଦୃଷ୍ଟିଭଙ୍ଗୀକୁ ବିଚାର କରାଯାଉ।

ସେହିପରି ଲେଖକ ମହାନ୍ତିଙ୍କ 'ହରିଜନ'ର ପୁନି, ଜେମା ପ୍ରମୁଖ ଚରିତ୍ର ଓ 'ରାହୁର ଛାୟା' ଉପନ୍ୟାସରେ 'ସତୀ' ଚରିତ୍ର ଚିତ୍ରଣକୁ ଲକ୍ଷ୍ୟ କରାଯାଉ । ବର୍ତ୍ତମାନ ଆଲୋଚ୍ୟ ପ୍ରସଙ୍ଗ ନାରୀର ବିବର୍ତ୍ତିତ ତଥା ବିପର୍ଯ୍ୟସ୍ତ ଅସ୍ତିତ୍ୱ। ନାରୀ ସମଗ୍ର ଜଗତରେ ଏକ ଅମୂଲ୍ୟ ଓ ବିସ୍ମୟକର ସୃଷ୍ଟି। ନାରୀ ଓ ପୁରୁଷର ପାରସ୍ପରିକ ଆକର୍ଷଣ ପୁଣି ଅନ୍ୟ ଏକ ବୈଚିତ୍ର୍ୟ ଏ ପୃଥିବୀର ତଥା ମାନବୀୟ ସ୍ୱଭାବର। ଆକର୍ଷଣ-ବିକର୍ଷଣ, ଅଶ୍ରୁ-ସ୍ୱାଦ ଓ ଆହ୍ଲାଦର ଏ ରୀତି ସଂପୂର୍ଣ୍ଣ ବିଚିତ୍ର। ତେବେ ନାରୀକୁ ନେଇ ପୁରୁଷ ସ୍ରଷ୍ଟା ଅନେକ କବିତା ରଚନା କରି ଯାଇଛନ୍ତି। ଆମେ ଆରମ୍ଭ କରିବା ଓଡ଼ିଆ କବିତା 'ଅଳକା ସାନ୍ୟାଲ' (୧୯୪୭) ଠାରୁ ଯାହାର ସ୍ରଷ୍ଟା ହେଉଛନ୍ତି କବି ସଚ୍ଚିଦାନନ୍ଦ ରାଉତରାୟ। କିନ୍ତୁ ଏହି କବିତାଟିର ସ୍ୱାତନ୍ତ୍ର୍ୟ ଆମେ ଜାଣିବା ପାଇଁ କବିଙ୍କଦ୍ୱାରା ଉକ୍ତ ବଙ୍ଗୀୟ କବି ଜୀବନାନନ୍ଦ ଦାସଙ୍କ 'ବନଲତା ସେନ୍' (୧୯୪୨)କୁ ଆଲୋଚନାର ପ୍ରାଙ୍ଗଣକୁ ଆଣିବାକୁ ପଡ଼ିବ। ପୁଣି ରାଉତରାୟ ଯେଉଁପରି ସାମାନ୍ୟ ସ୍ୱତନ୍ତ୍ର ଦୃଷ୍ଟିରେ ନାରୀକୁ 'ଅଳକା ସାନ୍ୟାଲ' ରୂପରେ ଦେଖିଲେ, ତା'ଠାରୁ ଖୁବ୍ ଅଲଗା ଓ ଖୁବ୍ ସ୍ୱତନ୍ତ୍ର ଦୃଷ୍ଟିରେ ଦେଖିଲେ କବି ଗୁରୁ ପ୍ରସାଦ ମହାନ୍ତି। ମହାନ୍ତି ଜଣେ ବାସ୍ତବତା ଓ ବିପର୍ଯ୍ୟୟର କବି ଅଟନ୍ତି। ତଥାପି ଏହିଠାରେ ଦେଖିବା କଥାଟି ହେଉଛି, ସେ 'ବନଲତା' ହେଉ କି 'ଅଳକା' ହେଉ, ସବୁଥିରେ ନାରୀକୁ ଭିନ୍ନ ଭିନ୍ନ ଦୃଷ୍ଟିରେ ଦେଖାଯାଇ ଆସିଛି। ପୁଣି ତିନିଥର ଯାକ ପୁରୁଷ ହିଁ ଦେଖିଛି ନାରୀକୁ। ପୁରୁଷ ତା' ଦୃଷ୍ଟିରେ ନାରୀ କୈନ୍ଦ୍ରିକ ସୃଷ୍ଟି ତୋଳିଛି- ନାରୀର ଦୃଷ୍ଟି ଓ ଦର୍ଶନ, ଭାବନା ଓ ଚିନ୍ତାଧାରା ଏଠାରେ ଏହି ସୃଷ୍ଟି ନିଚୟରେ ନାରୀସ୍ରଷ୍ଟାର ବିଶୁଦ୍ଧ ଦୃଷ୍ଟି-ଦର୍ଶନ ବା ଭାବନା ନୁହେଁ। କାରଣ ଏହା ହେଉଛି "ପୁରୁଷର ଆନୁମାନିକ ଭାବନା" ଓ ଏକ ପାକ୍ଷିକ ଭାବନା । ବସ୍ତୁତଃ, ଏସବୁ ଦ୍ୱିତୀୟକ ଓ ଏହାର "ନାରୀର ଦୃଷ୍ଟି" ହେବାର ସମ୍ଭାବନା ଯେତିକି "ନାରୀ ପ୍ରତି ପୁରୁଷର ଦୃଷ୍ଟି" ହେବାର ଯଥାର୍ଥତା ମଧ୍ୟ ସେତିକି। ମାତ୍ର ଏହା ବୋଲି ଏସବୁ ମିଥ୍ୟା ନୁହେଁ। ଏଗୁଡ଼ିକ ଅମୂଳକ ଓ ଅଯୌକ୍ତିକ ମଧ୍ୟ ନୁହେଁ। ମାତ୍ର ଏହା ଆପେକ୍ଷିକ (Relative), ଆଂଶିକ ସତ୍ୟ (partial truth) ଅଟେ। ହୁଏତ ଏହାର "ସମ୍ପର୍କ" ବା "ସାଦୃଶ୍ୟ" ବା ଏପରିକି "ସାମ୍ୟ" ନାରୀର ସ୍ୱକୀୟ ଚେତନା-ଚିନ୍ତା-ଭାବନା ସହ ଥାଇପାରେ। କିନ୍ତୁ ପ୍ରାଥମିକ କଥାଟା ସର୍ବଦା ପ୍ରାଥମିକ ଓ ଦ୍ୱିତୀୟକ (Secondary) କଥାଟା ସବୁବେଳେ ଦ୍ୱିତୀୟକ ହିଁ ହୋଇଥାଏ। ଅବଶ୍ୟ ଏହା ସତ୍ୟ ଯେ, କୌଣସିଟି ଦର୍ଶନ ଅନପେକ୍ଷିତ ବା ସମ୍ପୂର୍ଣ୍ଣ ସତ (Absolute) ନୁହେଁ। ତେବେ ଏଠାରେ ଆଲୋଚନାଟିକୁ ଜୀବନାନନ୍ଦଙ୍କଠାରୁ ଆରମ୍ଭ କରି ସଚ୍ଚିଦାନନ୍ଦଙ୍କ ବାଟ ଦେଇ

ଗୁରୁପ୍ରସାଦଙ୍କଠାରେ ସାରିବାର ଯଥାର୍ଥତା ରହିଛି ବୋଲି ମନେକରି ସେହିମୂଳେ **ଜୀବନାନନ୍ଦ, ସଚ୍ଚି ରାଉତରାୟ** ଓ **ଗୁରୁ ପ୍ରସାଦ**ଙ୍କ ବିଶେଷତ୍ୱ ଉପରେ ତଥା କାବ୍ୟଦୃଷ୍ଟି ଉପରେ ଆଲୋକପାତ କରାଯାଉଛି।

ନାରୀ ସମୟ ସୁଅରେ ଯେତେ ପ୍ରଶଂସାର ମୁକୁଟ ପିନ୍ଧୁ ନା କାହିଁକି, ଯେତେ ମହାନ କାମ କରୁନା କାହିଁକି ଅଥବା ଯେତେ ବଳିଦାନ ଦେଉନା କାହିଁକି ବେଳେବେଳେ ତାକୁ ତୁଚ୍ଛାତିତୁଚ୍ଛ ବସ୍ତୁ ଠାରୁ ମଧ୍ୟ ହୀନ ବ୍ୟବହାର କରାଯାଏ। ସମାଜ ତା'ପ୍ରତି ନିଷ୍ଠୁର, କ୍ରୁର, ଅନ୍ୟାୟୀ ଓ ହିଂସ୍ର ହୋଇଉଠେ। "ଦେଶ ବିଭାଜନ କାଳର ସାମାଜିକ ତଥା ପାରିବାରିକ ବ୍ୟବସ୍ଥାକୁ ନିରୀକ୍ଷଣ କଲେ ଏହାର ପ୍ରକାଶ ମିଳିଥାଏ।" (ଶତପଥୀ :୨୦୦୯:୨୮) ଦେଶ ବିଭାଜନ କାଳର ନାରୀ ପ୍ରତି ପୁରୁଷର ହୋଇଥିବା ହିଂସ୍ରତା ଏଯାବତ୍ ଲିଭିନାହିଁ। ଏହା ସମଗ୍ର ରାଷ୍ଟ୍ରପାଇଁ ଏକ କଳଙ୍କିତ ଅଧ୍ୟାୟ ମାତ୍ର। ମାନବିକତାର ଅପମୃତ୍ୟୁ ଅସମୟରେ ଘଟିଛି ବୋଲି ଏଠାରେ ହୋଇଛି ପ୍ରମାଣିତ। ଦେଶ ବିଭାଜନ କାଳରେ ନାରୀ ନିର୍ଯାତନାର ବିଭତ୍ସ ଓ ଅମାନବିକ ପରିସ୍ଥିତି ସର୍ବକାଳରେ ଅକଥନୀୟ ଓ ଲଜ୍ଜାଜନକ ହୋଇରହିବ। "କାରଣ ସେତିକିବେଳେ ହିଁ ସମାଜରେ ନାରୀ ନିର୍ଯାତନା Permissible (ଆଇନ୍‌ସମ୍ମତ ବା ଆଇନଗତ ବିରୋଧରହିତ) ହୋଇଗଲା, ଖୋଲାଖୋଲି ଚାଲିଲା, ତା'ର ପ୍ରତିରୋଧ କରିବାକୁ କେହି ନଥିଲେ। ଧର୍ଷଣ, ହତ୍ୟା ସହ ଯାବତୀୟ ଆସୁରିକ କ୍ରିୟାକଳାପକୁ କେହି ଦୋଷାବହ ମନେକଲେ ନାହିଁ। ଧର୍ମାନ୍ଧତାର ଦାଢ଼ରେ ନାରୀ ସକଳ ପ୍ରକାର ବିଭୀଷିକାର ଭୁକ୍ତଭୋଗୀ ହୋଇପଡ଼ିଲା, ସେହି କାଳରେ ଭାରତୀୟ ନାରୀ କେବେ ନିଜ ଇଚ୍ଛାରେ ତ କେବେ ପରିବାରର ସ୍ୱୀକୃତିକ୍ରମେ ଆତ୍ମଘାତୀ ହେଲା। ଏହି ସାମ୍ପ୍ରଦାୟିକ ଦଙ୍ଗା କାଳରେ କେତେକ ଗ୍ରାମରେ ନିଜ ଲୋକମାନେ ଝିଅ ଓ ବୋହୂମାନଙ୍କୁ କୂଅରେ ପକାଇଦେଲେ, କେତେକ ସ୍ଥାନରେ ଟ୍ରେଞ୍ଚ୍ ଖୋଳି ଜୀଅନ୍ତା ପୋତିଦେଲେ, ଅନ୍ୟ କେତେକଙ୍କୁ ଜୀଅନ୍ତା ପୋଡ଼ି ଦିଆଗଲା। ଆଉ କେତେକ ମଧ୍ୟ ଇଲେକ୍‌ଟ୍ରିକ୍ ତାରକୁ ଛୁଇଁ ମୃତ୍ୟୁବରଣ କଲେ। ଉଦ୍ଦେଶ୍ୟ, କିପରି ସେମାନଙ୍କୁ ଭିନ୍ନ ସମ୍ପ୍ରଦାୟର ଉତ୍ୟକ୍ତ ଲୋକମାନେ ନ ଛୁଅନ୍ତୁ।" (ଶତପଥୀ:୨୦୦୯:୨୯) ସମୟଖଣ୍ଡରେ ଏ ଯୁଦ୍ଧ ମଣିଷର କି ମାନବିକତାର ନୁହେଁ। ଏ ଯୁଦ୍ଧ ପୁରୁଷର, ପୁରୁଷକୈନ୍ଦ୍ରିକ ପୃଥିବୀର ଆଉ ପୁରୁଷର ମିଛ ଅହମିକା ଓ ଆଦିମ ପ୍ରକୃତିର, ହୃଦୟହୀନ ବର୍ବରତାର। ଏ ଯୁଦ୍ଧ ଅପସଂସ୍କୃତିର, ଅପବିଶ୍ୱାସ ଆଉ ବଦପରମ୍ପରାର। କିଛି ବିଭତ୍ସ ଚିତ୍ର ଏହାର ସାକ୍ଷୀ। "ଦେଶ ବିଭାଜନ କାଳରେ ଡାକିବଜେଇ ଶତ୍ରୁ ସମ୍ପ୍ରଦାୟ

ଆସିଲେ-ପୁରୁଷ ଲୋକମାନଙ୍କୁ ବାନ୍ଧିନେଲେ, ଯୁବା ଝିଅବୋହୂଙ୍କୁ ଧର୍ଷଣ କଲେ, ମୁଖକୁ କ୍ଷତାକ୍ତ କରିପକାଇଲେ, ସ୍ତନକୁ କାଟିଦେଲେ ଓ ଫିଙ୍ଗିଦେଇ ଚାଲିଗଲେ। ଝିଅବୋହୂଙ୍କ ସାରା ଦେହରେ ଦାନ୍ତ-ଚିହ୍ନ। ସେଇ ଝିଅବୋହୂଙ୍କ ପରିବାର ଲୋକେ କହିଲେ, "ଏଇଲେ ଆମେ ୟାଙ୍କୁ ରଖିବୁ କେଉଁଠି? ଏମାନେ ମରିଗଲେ ଭଲ।" ଅତ୍ୟାଚାରିତାମାନଙ୍କ ମଧ୍ୟରୁ ଅଧିକାଂଶ ଅଠର, ପନ୍ଦର, ଚଉଦବର୍ଷ ବୟସର।" (ଶତପଥୀ: ୨୦୦୯:୨୯) ରୀତା ମେନନ୍ଙ୍କ Borders and Boundaries ଏହାର ଆହୁରି ପକ୍କା ପ୍ରମାଣ ସଦୃଷ୍ଟାନ୍ତ ପ୍ରଦାନ କରିଥାଏ। "ଏଭଳି ନାରକୀୟ ଅତ୍ୟାଚାର ଦେଶ ବିଭାଜନର ପ୍ରାକ୍‌କାଳରୁ ଆରମ୍ଭ ହୋଇ ପଞ୍ଚମ ଦଶକଯାଏଁ ଚାଲୁ ରହିଥିଲା। ଏହାର ପୃଷ୍ଠପଟରେ ଯଦିଓ ଐତିହାସିକ କାଳ ଓ ସାମ୍ପ୍ରତିକ ହିଂସା ରହିଥିଲା, ତଥାପି ଏସବୁଥିରୁ ଆମେ ଅଧିକାଂଶ ନାରୀ ଭୋଗୁଥିବା ପ୍ରାତ୍ୟହିକ ଦୁର୍ଦ୍ଦଶା ସମ୍ପର୍କରେ ବେଶ୍ କିଛି ଅନୁମାନ କରିପାରିବା।" (ଶତପଥୀ: ୨୦୦୯:୨୯-୩୦) ନାରୀ ସେତେବେଳେ ରାଜକୁମାରୀ, ଯଜ୍ଞଜନ୍ମା, ବିଦ୍ୟାର୍ଥୀ ବା ଅପ୍‌ସରୀ ନୁହେଁ ବରଂ କୀଟପତଙ୍ଗ ଓ ବସ୍ତୁଠାରୁ ମଧ୍ୟ ହୀନ ହୋଇ ପଡ଼ିଥିଲା। ଅଦରକାରୀ ବସ୍ତୁ ପରି ସମାଜ ତାକୁ ବ୍ୟବହାର କରିଥିଲା। ଏଣୁ କବି ତାକୁ ନୂଆଖାଲି ପଠାଣ ବସ୍ତିରୁ, ମଶାଣିରୁ ପାଇଥିଲେ। ଏଠି ନୂଆଖାଲି କହିଲେ କି ଶ୍ମଶାନ କହିଲେ କେବଳ ବଙ୍ଗଦେଶର "ନୂଆଖାଲି" ଗତ ଶ୍ମଶାନକୁ ବୁଝାଏ ନାହିଁ, ଅଧିକନ୍ତୁ ପ୍ରତ୍ୟେକ ରାଜ୍ୟ, ପ୍ରତିଟି ଅଂଚଳକୁ ବୁଝାଏ। କାରଣ ଏହା 'ନାରୀ'ର ଦୁର୍ଦ୍ଦଶା ମାତ୍ର ଥିଲା, ନୂଆଖାଲି କି ବଙ୍ଗ ଦେଶର ନାରୀର ନୁହେଁ। ପୁରୁଷକୈନ୍ଦ୍ରିକ ସମାଜରେ ନାରୀଟିଏ ବାସକରେ ମାତ୍ର। ତା'ର ସ୍ୱାଧିକାର, ସମ୍ମାନ ଓ ସ୍ୱାଧୀନତା ସମ୍ପର୍କରେ କେହି ସ୍ୱପ୍ନରେ ହେଲେ ଥରେ ଭାବିନାହିଁ। ଏହାଥିଲା ପଞ୍ଚମ ଦଶକ ପର୍ଯ୍ୟନ୍ତ ପୃଥିବୀ (ଭାରତବର୍ଷ)ର କଥା। ଲେଖିକା ଆହୁରି କହନ୍ତି- "ବହୁ ମହିଳା ଲୁଗାପଟା, ବିଛଣାପତ୍ର ଏକାଠି କରି ନିଆଁ ଲଗାଇ, ସେହି ନିଆଁ ଭିତରକୁ ଡେଇଁପଡ଼ି ପ୍ରାଣ ହରାଇଥିଲେ। ମିରଟ୍, ସୁରଟ୍, ଭାଗଲ୍‌ପୁର, ଅହମଦାବାଦ୍ ଆଦି ସ୍ଥାନରେ ମହିଳାମାନଙ୍କ ପ୍ରତି ସାମ୍ପ୍ରଦାୟିକ ହିଂସାଚରଣ, ବବର୍ରତା ଓ ଯୌନ ବୀଭତ୍ସତାକୁ କଳନା କରି ହେବନାହିଁ। ସାରା ବିଶ୍ୱରେ ନାରୀ ପ୍ରତି ହିଂସାଚରଣର ପଟାନ୍ତର ନାହିଁ। ଏଭଳି ଧର୍ଷଣରେ ନାରୀର ଗର୍ଭାଶୟ ହିଁ ଅଧିକୃତ ଅଞ୍ଚଳ ରୂପେ ସାବ୍ୟସ୍ତ ହେଉଛି।" (ଶତପଥୀ: ୨୦୦୯:୩୦) ଏସବୁ ଘଟଣାକୁ ସାହିତ୍ୟରେ ରୂପ ଦେବା ପ୍ରତ୍ୟେକ ସାହିତ୍ୟିକର କର୍ତ୍ତବ୍ୟ। ଏହି କର୍ତ୍ତବ୍ୟ ଲିଙ୍ଗ, ଜାତି, ବର୍ଣ୍ଣ ଓ ବାଦ-ବିବାଦର ଅନେକ ଊର୍ଦ୍ଧ୍ୱରେ; ମୌଳିକ ଓ ବାଧ୍ୟତାମୂଳକ ଏ କର୍ତ୍ତବ୍ୟ।

ଏହି କର୍ତ୍ତବ୍ୟ ଦାୟରେ ବୋଧହୁଏ ରାଉତରାୟ ଲେଖିଛନ୍ତି ଯେ, ଜୀବନାନନ୍ଦଙ୍କ କବିତାର ଅଭାବଟିକୁ ସେ ନିଜ କବିତାରେ ପୂରଣ କରିଛନ୍ତି ବୋଲି। କିନ୍ତୁ ଏହା ରାଉତରାୟଙ୍କ ଦୃଷ୍ଟିର ଭିନ୍ନତା ମାତ୍ର; ଏକ ସମ୍ବେଦନଶୀଳ ଓ ସୂକ୍ଷ୍ମଦୃଷ୍ଟି ସମ୍ପନ୍ନ ତଥା 'ଆରପାଖ' ଟିକୁ ଦେଖିବାକୁ ଚାହୁଁଥିବା କବି ସେ। ତା'ରି ଫଳଶ୍ରୁତି ହେଉଛି 'ଅଳକା ସାନ୍ୟାଲ୍'। କିନ୍ତୁ ଏଠାରେ ନାରୀ ଦୃଷ୍ଟି କାହିଁ, ନାରୀର ଇଚ୍ଛା କାହିଁ? ନାରୀ ଚାହେଁ କ'ଣ? ପାଇବା କଥାତ ବର୍ଣ୍ଣନା ହେଲା। ବୋଧହୁଏ ଗୁରୁପ୍ରସାଦ ତା'ର ଉତ୍ତର ରଖିଛନ୍ତି ନିଜ 'ଅଳକା ସାନ୍ୟାଲ୍' କବିତାରେ। ଜୀବନାନନ୍ଦଙ୍କଠାରୁ ପ୍ରସୂତ **"ବନଲତା", 'ଅଳକା'** ଓ **'ପ୍ରତିମା'** ପ୍ରଭୃତିର ରହସ୍ୟ ଏକଏକ। ଏସବୁର ସତ୍ୟତା ମିଳେ ଓ ଗଣ୍ଠି ଖୋଲିଯାଏ ଗୁରୁପ୍ରସାଦଙ୍କ କବିତା ମଧ୍ୟରେ। "ଜୀବନାନନ୍ଦ ଏକ ପୃଥିବୀ। ପୃଥିବୀଟି ଅନ୍ଧକାର ଓ ଅନିର୍ବଚନୀୟ ଆଲୋକର।" ଏହି ଯୁଗାନ୍ତକାରୀ ଉକ୍ତି ଯେଉଁ ସ୍ରଷ୍ଟାଙ୍କ ଉଦ୍ଦେଶ୍ୟରେ ବଢ଼ା ଯାଇଛି ତାଙ୍କରି ପାଖରୁ ଉତ୍ସରିତ ହୋଇଥିଲା ଏଇ ଅସ୍ମିତାର କଥା, "ବନଲତାଠାରୁ" "ଅଳକା ସାନ୍ୟାଲ"ର କଥା। ସମୀକ୍ଷକ ନାରାୟଣ ଗଙ୍ଗୋପାଧ୍ୟାୟଙ୍କ ଭାଷାରେ "ନବୀନ୍ କବିର୍ କାଛେ ଜୀବନାନନ୍ଦ କେବଲ୍ ବ୍ୟକ୍ତି ବିଶେଷ୍ ନଏନ୍। ତିନି ଏକ୍‌ଟି ଇନ୍‌ଷ୍ଟିଚ୍ୟୁସନ୍- ଏକ୍ ସଂସ୍ଥା, ଜୀବନାନନ୍ଦେର ଆର୍ ଏକ୍ ନାମ୍ କବିତା।" ଏହି ମହାନ ଓ ପ୍ରତିଭାଧାରୀ, ପ୍ରଭାବଶାଳୀ କବି ଆମ ଓଡ଼ିଆ କବିକୁଳକୁ କିଛି ଗୁଣରେ କମ୍ ପ୍ରଭାବିତ କରିନାହାଁନ୍ତି। ଏଇ କବିଙ୍କ ମାନସ କନ୍ୟା 'ବନଲତା ସେନ୍' (୧୯୪୨) ହିଁ ସଚ୍ଚିବାବୁଙ୍କ "ଅଳକା ସାନ୍ୟାଲ" (୧୯୪୭) ଓ ଗୁରୁ ପ୍ରସାଦଙ୍କ ପ୍ରତ୍ୟୁତ୍ତରଧର୍ମୀ 'ଅଳକା ସାନ୍ୟାଲ୍' (୧୯୫୫)ର ମୂଳୋତ୍ସ। 'ବଙ୍ଗ' ଦେଶସ୍ଥ କ୍ଷୁଦ୍ର ସହର 'ରାଜସାହି' ସ୍ଥିତ 'ନାଟୋର୍' ଅଞ୍ଚଳର କନ୍ୟା 'ବନଲତା ସେନ୍' ଜୀବନାନନ୍ଦଙ୍କଦ୍ୱାରା ହୋଇଗଲା ନାରୀତ୍ୱର ସ୍ମାରକୀ। ତା'ର ରହସ୍ୟମୟ ଜୀବନ, ସୌନ୍ଦର୍ଯ୍ୟ ଓ ପ୍ରେମର ପ୍ରତିଭୂ-ପରମ। 'ବନଲତା' ନାମଟି ସେକାଳରେ, ବିଶେଷକରି ଜୀବନାନନ୍ଦଙ୍କ ବାପାଙ୍କ ଅମଳରେ, ମଧ୍ୟବିତ୍ତ ବଙ୍ଗାଳୀ ଭଦ୍ରଲୋକମାନଙ୍କ ପରିବାରରେ ବହୁଳ ଭାବରେ ପ୍ରଚଳିତ ଥିଲା। 'ସେନ୍' ସଂଜ୍ଞାଟି ଜୀବନାନନ୍ଦଙ୍କ ନିଜର। 'ବୈଦ୍ୟ' ଜାତି ଅନ୍ତର୍ଗତ ଏହି ସଂଜ୍ଞା ଦେଖା ଯାଇଥାଏ। ଜୀବନାନନ୍ଦଙ୍କ ପରିବାର 'ବ୍ରାହ୍ମଧର୍ମୀ' ହେବା ପୂର୍ବରୁ ସେ ଏଇ ଜାତିଗତ ଥିଲେ। 'ନାଟୋର୍' ଜାଗାଟି ବର୍ତ୍ତମାନ୍ 'ବାଙ୍ଗଲାଦେଶ' ଅନ୍ତର୍ଗତ। କିନ୍ତୁ ଜୀବନାନନ୍ଦ ଏଠାରେ ବନଲତାକୁ ସମୟ ରଜ୍ଜୁରେ ବାନ୍ଧି ନ ରଖି କରିଛନ୍ତି 'ସମୟାତୀତ'(Timeless) "Her name indicates that she is a contemporary woman, but her description in terms of forgotten classical locations makes it plain that she is timeless." (1965:639-40) କିନ୍ତୁ ଜୀବନାନନ୍ଦ ଏହି ନାମଟିକୁ ଏଠାରେ ପ୍ରଥମଥର ପାଇଁ ବ୍ୟବହାର କରିନାହାଁନ୍ତି, ଅଧିକନ୍ତୁ ୧୯୩୨ ମସିହାରେ ରଚନା କରା ଯାଇଥିବା ତାଙ୍କର 'କରୁବସୋନା' ନାମକ ଆତ୍ମଜୀବନୀମୂଳକ ଦୀର୍ଘକାୟ ଉପନ୍ୟାସରେ, ସେ ସଂଘର୍ଷକାରୀ ନାୟକ ପ୍ରତିବେଶୀ ମହିଳା ଭାବରେ ଚିତ୍ରିତ କରିଥିଲେ। ଏହି ଉପନ୍ୟାସଟି ଦାସଙ୍କ ମୃତ୍ୟୁର ୩୨ବର୍ଷ ପରେ ୧୯୮୬ରେ ପ୍ରକାଶ ଲାଭ କରିଥିଲେ ହେଁ, ଏହା ଯଥେଷ୍ଟ ପୂର୍ବର, ଯାହାକୁ ବିଶେଷ ଭାବରେ ଆଲୋକ ବା ଆଲୋଚନା ପରିସରଭୁକ୍ତ କରାଯାଇପାରି ନାହିଁ।

'ବନଲତା ସେନ୍' ଆଲୋଚନା କଥା ଆସିଲେ ଏଡ୍‌ଗର୍ ଆଲନ୍ ପୋ'ଙ୍କ "To Helen"(1831) କବିତାର ଚିତ୍ର ଆପେ ଆପେ ମନ ଭିତରକୁ ପଶିଆସେ। ଏହା କବିଙ୍କ ବାଲ୍ୟବନ୍ଧୁଙ୍କ ମା'ଙ୍କ ସମ୍ମାନ ଓ ସ୍ମୃତି ଉଦ୍ଦେଶ୍ୟରେ ପୋ'ଙ୍କଦ୍ୱାରା ଲେଖା ଯାଇଥିଲା ଓ "Poems of Edgar Poe" ସଂକଳନରେ ସବପ୍ରଥମେ ୧୮୩୦ରେ Southern Literary Messengerର ୧୮୩୬ ମାର୍ଚ୍ଚ ସଂଖ୍ୟାରେ ଏବଂ ପରିଶେଷରେ 'The Ravan and Other Poems' (୧୮୪୫)ରେ ସଂଶୋଧିତ ହୋଇ ପ୍ରକାଶ ଲାଭ କରିଥିଲା। ତେବେ ପୋ'ଙ୍କ ଏହି କବିତାର ବର୍ଣ୍ଣନା ଓ ଚେତନା ଜୀବନାନନ୍ଦଙ୍କ 'ବନଲତା'ର ବର୍ଣ୍ଣନା ସମାନ ନହଲେ ମଧ୍ୟ ଆପାତତଃ ସାଦୃଶ୍ୟ ମୂଳକ। ଆମ ଓଡ଼ିଆ କବି ରାଉତରାୟ କିନ୍ତୁ 'ବନଲତା ସେନ୍'ରୁ ପ୍ରେରଣା ପାଇ ତିଆରି କଲେ ନିଜ ଭିତରେ ନାୟକ ପଣିଆ ଓ ଗଢ଼ିତୋଳି ଆଣି ଥୋଇଦେଲେ ଗୋଟାଏ ମଡ଼େଲ୍ ନାରୀର; ଯୁଗନାରୀର। ତ୍ରେତୟାଯୁଗରୁ ନାରୀର ସ୍ୱର ଓ ସ୍ୱରୂପ ଆଙ୍କି ଆଙ୍କି ଦ୍ୱାପର, ଦ୍ୱାପରରୁ କଳିଯୁଗର ବିବିଧ ଚିତ୍ର ପାଖରେ ସେ ପହଞ୍ଚିଛନ୍ତି। ରାଜା ରାମଚନ୍ଦ୍ରଙ୍କର ପ୍ରାଣପ୍ରିୟା ପତ୍ନୀ ଦେବୀ ସୀତାଙ୍କ ଦୁରବସ୍ଥା ଏଠାରେ କେନ୍ଦ୍ରକଥା ରୂପରେ ଚିତ୍ରାୟିତ। ବିଦେହର ରାଜପୁରରେ ସ୍ୱୟମ୍ବର ଚାଲିଥିଲା। କିନ୍ତୁ ଏହି କଥାର ବିନିର୍ମାଣ (Deconstruction) ଆପେ ହୋଇଯାଏ, ଯେତେବେଳେ ଆମେ ଏହି ଘଟଣାଟିକୁ ସାମାନ୍ୟ ଭିନ୍ନ ଭାବରେ ଦେଖୁ। ଦେବୀ ସୀତା "ନିଜ ପସନ୍ଦର ବରଣ କରିବା" (ପତିବରଣ) ଭିନ୍ନ ଏକ ପ୍ରେକ୍ଷାପଟ। କାରଣ ସେଠାରେ "ସ୍ୱୟଂବରଣ"ଠାରୁ "ପ୍ରତିଯୋଗିତା" ଅଧିକ ଚାଲିଥିଲା। ସେ ପୁଣି ବଳର ପରୀକ୍ଷା। କିଏ ଶିବଧନୁ (ପିନାକ) ଭଙ୍ଗ କରିପାରିବ ଓ ଟେକି ପାରିବ, ଏହା ହିଁ ସର୍ତ୍ତ ଥିଲା। ବସ୍ତୁତଃ ସର୍ତ୍ତଦ୍ୱାରା ତାପ-ଚାପ ଓ ବିନା ସ୍ୱାଧୀନତାରେ ଏହି ବରଣ ହୋଇଥିବା ଜଣା

ପଡ଼ିବ। ଆମେ ପୁରାଣକୁ ସିନା ଗ୍ରହଣ କରି ନେଉଛୁ, କିନ୍ତୁ ଏହା କ'ଣ ବାସ୍ତବରେ ଯୁକ୍ତିସଙ୍ଗତ ନା ଔଚିତ୍ୟମୂଳକ ? ଏହା ଏକ ସାମାଜିକ ପ୍ରଥା ହୋଇପାରେ, ମାତ୍ର ଏହି ପ୍ରକ୍ରିୟାରେ 'ନାରୀ' ଏକ 'ଉପହାର ବସ୍ତୁ' ସଦୃଶ। ଏକ ପଣ୍ୟ, ବିଜେୟ ବସ୍ତୁ ପରି 'ସୀତା' ଏଠାରେ ଚିତ୍ରିତା। ଏହି ପଦଟିକୁ ଲକ୍ଷ୍ୟ କଲେ ସହଜରେ ତାହା ଜ୍ଞାତ ହୋଇ ପାରିବ।

"ପ୍ରଥମେ ତୁମକୁ ଯେବେ ଦେଖିଥିଲି ଅଳକା ସାନ୍ୟାଲ
ବିଦେହର ରାଜପୁରେ, ଲକ୍ଷ ସ୍ୱର୍ଣ୍ଣ ହରିଣର ଛାଲ
ଛାଇଥିଲା ପୃଥିବୀରେ ଫଗୁଣର ଆଶ୍ଚର୍ଯ୍ୟ ଗୋଧୂଳି
ଦେଖିଚିକି ଦେଖି ନାଇଁ ମନେମନେ ଯେବେ ଭାବୁଥିଲି..."

(ରାଉତରାୟ: ୨୦୦୧:୮୬୧)

ସ୍ୱର୍ଣ୍ଣ ମୃଗର ମାୟା ମରୀଚିକା କଥା ଏଠାରେ ଉତ୍‌ଥାପିତ ହୋଇଛି ବୋଲି କୁହାଯାଇପାରେ। ନାରୀ କିପରି ମାୟା ମରୀଚିକା ପଛରେ ଅନୁଧାବନ କରେ, ସେ କଥା ମଧ୍ୟ ଏଠାରେ ବ୍ୟକ୍ତ କରାଯାଇପାରେ। ପୁଣି ତ୍ରେତୟାରୁ ଦ୍ୱାପରକୁ ଆଖି ବୁଲେଇ ଆଣିବା ସମୟରେ 'ସୀତା' ଓ 'ଦ୍ରୌପଦୀ' (କୃଷ୍ଣା)ଙ୍କ ମଧ୍ୟରେ ଅଭେଦ କଳ୍ପନା ନିମନ୍ତେ ଅତି ଚମତ୍କାର ଭାବରେ (ଅବଶ୍ୟ ଜୀବନାନନ୍ଦଙ୍କ ଶୈଳୀରେ) କବି ଏକ ଯୋଗସୂତ୍ର ସ୍ଥାପନ କରିଛନ୍ତି। ଏହି ଯୋଗସୂତ୍ରଗୁଡ଼ିକ ନିମନ୍ତେ ଏହିପରି ବର୍ଣ୍ଣନା ରହିଛି।

"ହଠାତ୍ ଯେ ହଜିଗଲ, ତୁମକୁ ମୁଁ କେତେଇ ଖୋଜିଲି
ବହୁଦିନ ବହୁଯୁଗ ଅଂତେ ଯେବେ ଶେଷେ ଠାବ କଲି
ଚାହୁଁ ଚାହୁଁ ଗଲ ନିଭି, ତାହାପରେ ମନେପଡ଼େ ମୋ'ର
ହୁଏତ ବା ଦେଖା ଆମ ହୋଇଥିଲା ବାରୁଣାବନ୍ତର
ନିର୍ଜନ ପ୍ରାସାଦେ ଏକ, ଝଲମଲ ଜଡ଼ଉ, ସ୍ତମ୍ଭରେ
ତୁମରି ଧର୍ଷିତ ଛାଇ ଫାଙ୍କିଦେଇ ଦୃଷ୍ଟି ପ୍ରଦୀପରେ
କ୍ଷଣକେ ଉଭେଇ ଗଲା (...)" (୨୦୦୧: ୮୬୧)।

କି ବୈଦର୍ଭୀ 'ସୀତା' କି ଦ୍ରୁପଦ କନ୍ୟା 'କୃଷ୍ଣା'- ଉଭୟ ସଂଭ୍ରାନ୍ତ, ରାଜକୀୟ ଶକ୍ତିଶାଳୀ ବଂଶ ସମ୍ଭୂତା। ଏପରି ବଳିଷ୍ଠ ରାଜନୀତିକ, ସାମାଜିକ ଓ ସାଂସ୍କୃତିକ ପୃଷ୍ଠଭୂମି ଥାଉ ଥାଉ ଯଦି ଏମାନେ ଧର୍ଷିତା, ଅବହେଳିତା, ନିର୍ଯାତିତା ଓ ନିଷ୍ପେଷିତା ତେବେ ସାଧାରଣ ନାରୀଟିଏର ଅବସ୍ଥା ସେ ସମୟରେ କିପରି ଥିବ ତାହା ଚିନ୍ତା

କରିବାର ବିଷୟ। ପୁଣି ନାରୀର ଅବସ୍ଥା ଏହି ସମ୍ଭ୍ରାନ୍ତ ସମାଜମାନଙ୍କରେ ଏପରି ବୋଲି କବି ସୂଚନା ମଧ୍ୟ ଦେଇଥାଇପାରନ୍ତି ବୋଲି କେହିକେହି ଭାବି ପାରନ୍ତି। କିନ୍ତୁ ଏହା ନୁହେଁ। କାରଣ କବିତାର ଉତ୍ତରାର୍ଦ୍ଧରେ ଏହି ଯୋଡ଼ିବା ପରମ୍ପରା ଅର୍ଥାତ୍ ଗୋଟିଏ ଚରିତ୍ରରୁ ଅନ୍ୟ ଏକ ଚରିତ୍ରକୁ ଯାତ୍ରା କାଳରେ ଅବ୍ୟାହତ ରହିଛି। ପ୍ରଥମେ ପ୍ରଥମେ ଜନକ କନ୍ୟା ସୀତାଙ୍କଠାରୁ ଏହି କଥା ଆରମ୍ଭ ହୋଇ ପରେ ପରେ ଦ୍ରୁପଦକନ୍ୟାଙ୍କ ଠାରୁ 'ଉର୍ବଶୀ' (ଅପ୍‌ସରୀ) ଓ ନାଳନ୍ଦାର ଛାତ୍ରୀବିଶେଷ ତଥା ପରିଶେଷରେ ଏବର ସମୟର ନୂଆଖାଲି ଦଙ୍ଗାରେ କ୍ଷତାହତା ବା ମୃତାହତା ଜନୈକା 'ନାରୀବିଶେଷ' ପାଖକୁ ଲମ୍ବି ଆସିଛି। ଏହାର ଅର୍ଥ କବି ଏକ ସାଧାରଣ 'ନାରୀସତ୍ତା' ଆଡ଼କୁ ଇଙ୍ଗିତ ହିଁ କରିଛନ୍ତି। ନାରୀସତ୍ତାଟିର 'ଅସ୍ତିତ୍ୱ' କିପରି ଚିର ଦୋଦୁଲ୍ୟମାନ, ସନ୍ଦିହାନ ଓ ବିପର୍ଯ୍ୟସ୍ତ ତା'ର ଦସ୍ତାବିଜ୍ ହେଉଛି ଏହି 'ଅଳକା ସାନ୍ୟାଲ୍' କବିତା। ଏସବୁରୁ ଗୋଟିଏ କଥା ସ୍ପଷ୍ଟ ହୁଏ ଯେ, ନାରୀ ଚିର ନିର୍ଯାତିତା। ନାରୀ ପାଖରେ ଉପଭୋଗ୍ୟ ବସ୍ତୁ ହେଉଛି ତା'ର ଶରୀର। ସେ ସନ୍ଦେହର ଯୋଗ୍ୟ, ସେ ଦୁର୍ବଳା, ସେ ବାଧ୍ୟ ଏକ ଶିଶୁ ପରି ସବୁବେଳେ କିଂକର୍ତ୍ତବ୍ୟବିମୂଢ଼ା, ସେ ପରାଶ୍ରୟୀ ତା'ର ଡେଣା ନାହିଁ ଉଡ଼ିବାକୁ, ଥିଲେ ତହିଁରେ ସାମର୍ଥ୍ୟ ନାହିଁ- ଏହିପରି ବର୍ଣ୍ଣନା ହୋଇଛି ରାଉତରାୟଙ୍କ 'ଅଳକା ସାନ୍ୟାଲ୍'ରେ। ଏସବୁ ୧୯୪୭ର କଥା। ନହେଲେ ରାଉତରାୟ କାହିଁ ବର୍ଣ୍ଣନା କରିଥାନ୍ତେ-

"ମନେପଡ଼େ ତୁମକୁ ମୁଁ ଚିତ୍ରରଥ ଗନ୍ଧର୍ବ ହାତରୁ
ଆଉଦିନେ ଉଦ୍ଧରିଲି, ପୁରସ୍କାର ଦେଇଥିଲେ ମତେ
ଦୁଇଟି କନକଶଙ୍ଖ ନଚାଇ ମୋ' ବକ୍ଷ ପାଶେ ସତେ...।"

(୨୦୦୧:୮୬୧)

ପୁଣି କାବ୍ୟନାୟକ କହିଛି: *"ତୁମ ବିନେ ଶୂନ୍ୟ ଦିଶେ ଧରଣୀର ବିଚିତ୍ର ଛାଉଣୀ।"* (୨୦୦୧:୮୬୧) କାବ୍ୟନାୟକ ଅଳକା ସାନ୍ୟାଲ୍ (ନାରୀ)କୁ ଖୋଜିଛି, ଆଉ ଖୋଜି ଆସିଛି ଯୁଗ ଯୁଗାନ୍ତରରୁ। ତା' ବିନା କାବ୍ୟନାୟକକୁ ସବୁ ଶୂନ୍ୟଶୂନ୍ୟ ଲାଗୁଛି। ସେ ତା'ର ମନ ଓ ଦେହର ସଙ୍ଗିନୀ। ନାରୀ ସମାଜର ଏକ ଅପରିହାର୍ଯ୍ୟ ଅଙ୍ଗ; ଏକ ଅମୂଲ୍ୟ ଆବଶ୍ୟକତା। ତେଣୁ ନାରୀକୁ ବାଦ୍ ଦେଇ ପୁରୁଷ ଚିନ୍ତା କରିପାରିନି। କିନ୍ତୁ ଏଠାରେ ପ୍ରଶ୍ନ ଯେ, ପ୍ରକୃତରେ ଏଠାରେ ଏକ ଗଠନାତ୍ମକ ଦୃଷ୍ଟିକୋଣରୁ 'ନାରୀ'କୁ ଖୋଜାଯାଇଛି ନା କେବଳ ଶାରୀରିକ ଆବଶ୍ୟକତା, ମାନସିକ ଶାନ୍ତି ଓ ନିଜର ଆଦିମ ବିକୃତି ସବୁର (କ୍ରୋଧ, ସନ୍ଦେହ, ଘୃଣା, ଯୌନତା, ହିଂସ୍ରତା) ପରିପ୍ରକାଶ

ନିମନ୍ତେ ଖୋଜା ଯାଇଛି।

ଏହାପରେ ସେହି 'ହଜିବା-ପାଇବା' ରୀତିରେ କବି 'ଉର୍ବଶୀ'ଠାରୁ ଯାଇ ସାଧାରଣ ଏକ ଛାତ୍ରୀ ମଧ୍ୟରେ ଏହି 'ସତ୍ତା'କୁ ପାଇଛନ୍ତି। ନାୟକ ମଧ୍ୟ ଏଠାରେ 'ଗଣ'ରେ ସାମିଲ ହୋଇଛି। ସହପାଠିନୀ ହିସାବରେ ସେ 'ନାରୀସତ୍ତା'କୁ ଲାଭ କରିଛି। ଏହା ଏକ ଐତିହାସିକ ସତ୍ୟ, ଯାହା ଏକ ବିକୃତ ମାନସିକତା ତଥା କଳଙ୍କିତ, ବୌଦ୍ଧଧର୍ମର ଅଧଃପତନ-କାଳୀନ ମାନସିକତାକୁ ପ୍ରତିଫଳିତ କରିଛି। ଅତି ସଂଭ୍ରାନ୍ତପଣିଆର ସହିତ କବି ରାଉତରାୟ ଏଠାରେ ଯୌନକ୍ରିୟା, ଅବାଧ ଯୌନକ୍ରିୟା ଓ ଅନୈତିକ, ଅଧଃପତିତ ଯୌନକ୍ରିୟାକୁ ବ୍ୟକ୍ତ କରିଛନ୍ତି। କବିଙ୍କ ଭାଷାରେ-

"ଏହାପରେ ମନେପଡ଼େ ଯେତେଦୂର ଆଜି ବାରେବାରେ,
ମୋ' ସହପାଠିନୀ ହୋଇ ନାଳନ୍ଦାର ନିର୍ଜନ ବିହାରେ
ଦେଖାହେଲା ତୁମେ ଦିନେ ପଚାରିଲ ଏକାନ୍ତେ କୁଶଳ
ତୁମ କୃଷ୍ଣ କବରୀର କାରୁକାର୍ଯ୍ୟ ଲାଗିଥିଲା ଭଲ।"

(୨୦୦୧:୮୬୧)

ଏଠାରେ ପ୍ରଶ୍ନ ଉଠିପାରେ ଯେ, ଏଥିରେ ପରକୀୟା ବା ଅଯଥା ବା ଅନୈତିକତା କେଉଁଠୁ ଆସିଲା? ତେବେ ପ୍ରଥମ କଥା ନାଳନ୍ଦାର ନିର୍ଜନ ବିହାର ହେଲେ ମଧ୍ୟ ତାହା ଥିଲା ବିଖ୍ୟାତ ଏକ ଶିକ୍ଷାନୁଷ୍ଠାନ। ଏହା ଶିକ୍ଷାନୁଷ୍ଠାନରେ ଅକରଣୀୟ। ଦ୍ୱିତୀୟତଃ, ଏହାର ଉତ୍ତରଧାଡ଼ିରେ କବି କହିଛନ୍ତି: *"ତାହାପରେ ନିଜ ପଥେ ତୁମେ ଗଲ, ମୁହିଁ ମୋର ପଥେ / ସେଦିନୁ ତୁମକୁ ଖୋଜେ ସମୟର ନିରୋଳା ସୈକତେ।"* (୨୦୦୧:୮୬୨) ଏହା ହେଉଛି ସେହି ପ୍ରେମ ବା ସମ୍ପର୍କର ଅବସ୍ଥା ବା ସତ୍ୟତା। ଶେଷରେ ଏହା ଦେଖାଯାଇଛି ଅତି ସାଧାରଣରୁ ସାଧାରଣ ଜନମାନସ ମଧ୍ୟରେ। ନୂଆଖାଲିର ମରଣାନ୍ତକ ଦଙ୍ଗା ଓ ନାରକୀୟ କାଣ୍ଡରେ ହିନ୍ଦୁ ଓ ମୁସଲ୍‌ମାନ୍ ମଧ୍ୟରେ ହୋଇଥିବା ଦ୍ୱନ୍ଦ୍ୱ ଏକ ଭୟାବହ ପରିସ୍ଥିତି ଖାଲି ସୃଷ୍ଟି କରିନଥିଲା ବରଂ ନାରୀର ଅସ୍ତିତ୍ୱକୁ ମାଟିରେ ମିଶାଇ ଦେଇଥିଲା। ନାରୀ ଏଠାରେ ଜାତି-ଧର୍ମ-ବର୍ଣ୍ଣ ନିର୍ବିଶେଷରେ କୁଣ୍ଠିତା, ନିର୍ଯ୍ୟାତିତା, ଧର୍ଷିତା, ପୀଡ଼ିତା ଓ ଅବେହଳିତା ହୋଇଥିଲା। ଉଭୟେ ହିନ୍ଦୁ ଓ ମୁସଲମାନମାନେ ନିଜର ନାରୀମାନଙ୍କୁ ହତ୍ୟା କଲେ। ପରସ୍ପର ପରସ୍ପର ଉପରେ ପ୍ରତିଶୋଧ ପାଇଁ ସେମାନଙ୍କର (ପରସ୍ପରର) ନାରୀମାନଙ୍କୁ ଧର୍ଷଣ, ଲୁଣ୍ଠନ, ହତ୍ୟା, ଏପରିକି ଅର୍ଦ୍ଧଦଗ୍ଧ କରି ଛାଡ଼ି ଦେଲେ। ଏହି ସମୟରେ ନିନ୍ଦନୀୟ ଏକ ପ୍ରଥା ଆସିଲା ଯାହାକୁ 'ସମ୍ମାନଜନକ ମରଣ' ବୋଲି କୁହାଗଲା। ଅନ୍ୟଧର୍ମର

ଲୋକେ ନାରୀକୁ ହତ୍ୟା କରିବା ଆଗରୁ ନିଜେ ସେମାନଙ୍କୁ ପାଣିରେ ବୁଡ଼ାଇ ବୁଡ଼ାଇ ମାରି ଦେଉଥିଲେ । ଯଥାର୍ଥରେ ନାରୀର ସ୍ଥାନ ସମାଜରେ ନଥିଲା । ବରଂ ଥିଲା ଭଙ୍ଗା ନୂଆଖାଲିର ଶ୍ମଶାନରେ ।

ଜୀବନାନନ୍ଦ କିନ୍ତୁ ପାଠକମାନଙ୍କ ସହ ଏକାତ୍ମ ଥିଲେ । 'ବନଲତା ସେନ୍' ଲେଖି ସାରିଲା ପରେ ତାଙ୍କୁ ଅନେକ ପ୍ରଶ୍ନର ଶରବ୍ୟ ହେବାକୁ ପଡ଼ିଥିଲା । ଏପରିକି ନିଜ ପରିବାର ତରଫରୁ ସନ୍ଦେହର ଛୁରୀକାଘାତ ମଧ୍ୟ ସେ ପାଇଥିଲେ । ଜଣେ ବିବାହିତ ହିସାବରେ ତାଙ୍କୁ ବନଲତା ସେନ୍ ସହ ଯୋଡ଼ି ଏକ ଭ୍ରାନ୍ତ ଧାରଣା ସୃଷ୍ଟି ହୋଇଥିଲା । ଏଥିରୁ ଲେଖାଟିଏର ବାସ୍ତବତା ଏବଂ କଳାପକ୍ଷଟିକୁ ଅନୁମାନ କରାଯାଇପାରେ । ସଚ୍ଚିବାବୁଙ୍କ କ୍ଷେତ୍ରରେ ସେହିପରି ଆମେ ଲକ୍ଷ୍ୟ କରୁ ଦୁଇଜଣଙ୍କୁ । ଜଣେ ହେଉଛନ୍ତି "ଅଳକା ସାନ୍ୟାଲ୍" ଓ ଅନ୍ୟଜଣେ ହେଉଛନ୍ତି "ପ୍ରତିମା ନାୟକ" ।

ବୁଦ୍ଧଙ୍କର ଅବଲୋକିତେଶ୍ୱର ମୁଦ୍ରା ପରି ପ୍ରତ୍ୟେକ ଆଧୁନିକ କବିତା ଏହି ଜଟିଳ-ଜଞ୍ଜାଳମୟ ଜୀବନର ଅନୁଭାଷ୍ୟ-ବୈପ୍ଲବିକ ପଦକ୍ଷେପ—ଏକ ମୌନ ସଂଘର୍ଷର ସ୍ୱର ଓ ସ୍ୱାକ୍ଷର । ଜୀବନାନନ୍ଦ ବାରମ୍ବାର ପଚାରିଛନ୍ତି- "ଏତୋ ଦିନ୍ କୋଥାଏ ଛିଲେନ୍ ?" ତା'ଛଡ଼ା ତାଙ୍କର ଅନ୍ୟ ଏକ ଉକ୍ତି : *"ପାଖିର୍ ନୀଡ଼େର୍ ମତୋ ଚୋଖ୍ ତୁଲେ ନାଟୋରେର୍ ବନଲତା ସେନ୍"* କବିତାର ଅନ୍ୟ ଏକ ଦିଗକୁ ଚିହ୍ନାଇ ଦେଇଛି । ତାହା ହେଉଛି ନାରୀପକ୍ଷ; ନାରୀର ମନ, ଇଚ୍ଛା ଆକାଂକ୍ଷା ଓ ସମ୍ଭାବନା । "ଏଠାରେ ବନଲତା ଏକ ଚିରନ୍ତନୀ ନାରୀସତ୍ତା । ହୁଏତ ଏକ ଆଦିନାରୀ । ତା'ର କାମାୟିନୀ ରୂପ ବଡ଼ ଚାକ୍ଷୁସ । ପ୍ରାକ୍-ଐତିହାସିକ ପ୍ରେକ୍ଷାପଟ୍ଟ ମଧ୍ୟରେ ବନଲତା ସେନ୍‌ର ଆକସ୍ମିକ ସାନ୍ନିଧ୍ୟ କବିଙ୍କୁ ମୁଗ୍ଧ କରେ । ଏହାକୁ ଆର୍କିଟାଇପର ଆଦିଜନନୀ ସହ ସମୀଭୂତ କରାଯାଇପାରେ । ସେ ସମ୍ମୋହନୀ ହୋଇ ପ୍ରେମିକା ପାଲଟିଯାଏ । ଅସଂଖ୍ୟ ଘଟଣାବହୁଳ ଜୀବନପୁସ୍ତକରେ ସ୍ମରଣୀୟ ଅଧ୍ୟାୟ ପରି କବି ଚେତନାକୁ ବାନ୍ଧିରଖେ ।" (ରଥ:୨୦୦୬:୫୮) ବନଲତା ପ୍ରତି ଏଠାରେ କବି ଦାସ ଅଧିକ ଆନତ ଥିଲା ପରି ଓ ତାର ସୌନ୍ଦର୍ଯ୍ୟର ଅବଗାହନ କଲା ପରି ମନେହୁଏ । ଯଥାର୍ଥରେ ସେ କହିଛନ୍ତି "ଚୂଲ୍ ତା'ର୍ କବେକାର୍ ଅନ୍ଧକାର୍ ବିଦିଶାର ନିଶା / ମୁଖ୍ ତାର୍ ଶ୍ରାବସ୍ତୀର୍ କାରୁକାର୍ଯ୍ୟ... ।" (ବ:ସେ:) କବି ରାଉତରାୟ ଜୀବନାନନ୍ଦଙ୍କ ବର୍ଣ୍ଣନା କ୍ରମରେ କିପରି ଅନୁରୂପ ବର୍ଣ୍ଣନା ତାଙ୍କ କାବ୍ୟ ନାୟିକା ଅଳକା ସାନ୍ୟାଲ ଠାରେ ବାଢ଼ିଛନ୍ତି ତାହା ଏଠାରେ ଉଦ୍ଧାର କରାଯାଇପାରେ । *"ଦେଖାହେଲ ତୁମେ ଦିନେ ପଚାରିଲ ଏକାନ୍ତେ କୁଶଳ / ତୁମ କୃଷ୍ଣ କବରୀର କାରୁକାର୍ଯ୍ୟ ଲାଗିଥିଲା ଭଲ ।"* (୨୦୦୧:୮୬୧)

ନାୟକ କଳିଙ୍ଗ, କଳିଙ୍ଗଠାରୁ ଅନେକ ଦୂରରେ ଥିବା ଲବଙ୍ଗ, ଅଳେଇଚ ଓ ଡାଳିମ୍ବ ଦ୍ୱୀପରେ ମଧ୍ୟ ଖୋଜିଛି; କାଚ-କରତର ଦୁର୍ଗମ ବାଟ ଦେଇ କ୍ଷତାକ୍ତ ହୋଇ ସେ ଖୋଜିଛି। ଆହୁରି ସେ କହିଛି:

"କଳିଙ୍ଗ କଟକୁ ଦୂରେ ଅଳେଇଚ ଦ୍ୱୀପର ବନ୍ଦରେ
ତୁମକୁ ମୁଁ ଖୋଜି ବୁଲେ ତୁମ କୃଷ୍ଣ କେଶର ଗନ୍ଧରେ।"

(୨୦୦୧:୮୬୨)

ବନଲତା ସେନ୍‌ର ଆଖି ଦୁଇଟିକୁ ନୀଡ଼ସ୍ଥ ପକ୍ଷୀର ଆଖି ସହ ତୁଳନା କରିବା ଭିତରେ କବି ତା'ର ଅପୂର୍ବ ରୂପଲାବଣ୍ୟରେ ବିମୋହିତ ହେବା କଥା ଅନ୍ତତଃ ପକ୍ଷେ ସ୍ପଷ୍ଟ ହୋଇଛି। ଡାରଉଇନ୍ ମଧ୍ୟ କହିଛନ୍ତି ଯେ, ଅନେକ ଜୀବଜନ୍ତୁଙ୍କ ଆକର୍ଷଣ ପଶ୍ଚାତ୍‌ରେ ଏହି ସୌନ୍ଦର୍ଯ୍ୟ ହିଁ ଥାଏ। "ସବ୍ ପାଖି ଘରେ ଆସେ /ସବ୍ ନଦୀ ପୁରାୟ ଏ ଜୀବନେ ସବ୍ ଲେନ୍‌ଦେନ୍ / ଥାକେ ଶୁଧୁ ଅନ୍ଧକାର୍ ମୁଖୋମୁଖି ବସିବାର୍ ନାଟୋରେର୍ ବନଲତା ସେନ୍।" (ବନଲତା ସେନ୍) କବି ଜୀବନାନନ୍ଦ ଇତିହାସରୁ ସାଉଁଟି ଆଣିଛନ୍ତି ବନଲତାକୁ କିନ୍ତୁ କବି ରାଉତରାୟ ପୁରାଣଠାରୁ ଆରମ୍ଭ କରି, ଇତିହାସ ଓ ବର୍ତ୍ତମାନରୁ (ସ୍ୱାଧୀନତା ପୂର୍ବର ଓ ସ୍ୱାଧୀନତା ସମୟର ଭୟାବହ ପରିସ୍ଥିତି ମଧ୍ୟସ୍ଥ ବାତାବରଣରୁ) ସାଉଁଟିଛନ୍ତି ଅଳକାକୁ। 'ବନଲତା ସେନ୍'ରେ କବି ଦାସ ଅଧିକ ସୌନ୍ଦର୍ଯ୍ୟଗ୍ରାହୀ କିନ୍ତୁ 'ଅଳକା ସାନ୍ୟାଲ୍'ରେ କବି ରାଉତରାୟ ଅଧିକ ବାସ୍ତବତାମୁଖୀ ହୋଇଛନ୍ତି, ଯଦିଓ ସେଥି ମଧ୍ୟରେ ରୋମାନ୍ସ ଓ କଳ୍ପନାର ପୁଟ ଭର୍ତ୍ତି ହୋଇ ରହିଛି। *"ସମସ୍ତ ଦିନେର୍ ଶେଷେ ଶିଶିରେର୍ ଶବ୍ଦେର୍ ମତନ"*, ଅଥବା *"ସନ୍ଧ୍ୟା ଆସେ ଡାନାର୍ ରୌଦ୍ରେ ଗନ୍ଧେ ମୁଖେ ଫେଲେଛିଲ"* ପ୍ରଭୃତି ଚିତ୍ରକଳ୍ପ କବି ଦାସଙ୍କର ସୌନ୍ଦର୍ଯ୍ୟଗ୍ରାହୀ ମନୋବୃତ୍ତି ଆଡ଼କୁ ସ୍ପଷ୍ଟ ଇଙ୍ଗିତ କରେ। ଏହାରି ଭିତରେ ଜୀବନାନନ୍ଦ ରବୀନ୍ଦ୍ରୀୟ ପରମ୍ପରା ନିଗଡ଼ରୁ ବାହାରି ଆସି ଏକ ନୂତନ ଧାରା ପାଇଁ ଆହ୍ୱାନ ଦେଇଛନ୍ତି। ଓଡ଼ିଆ ସାହିତ୍ୟରେ ଏହିଧାରାର ଏକ ଉପଧାରା ବା ଅନୁଧାରା ଭାବରେ ରାଉତରାୟଙ୍କ 'ପାଣ୍ଡୁଲିପି' (୧୯୪୭) ବା ଗୁରୁ ପ୍ରସାଦ ଓ ଭାନୁଜୀଙ୍କ 'ନୂତନ କବିତା' (୧୯୫୫)କୁ ପ୍ରତ୍ୟକ୍ଷ କରିଥାଉଁ। ନାରାୟଣ ଗଙ୍ଗୋପାଧ୍ୟାୟ ଏହି ମର୍ମରେ ଲେଖିଲେ: "ଜୀବନାନନ୍ଦ ବାରବାର ଆଲୋକିତ ଏବଂ ବ୍ୟାଖ୍ୟାତ ହବେନ୍। ତା'ର୍ ରୋମାଣ୍ଟିକ୍ ମନନ୍, ଆତ୍ମମଗ୍ନତା, ବିଶିଷ୍ଟ ଭାଷାରୀତି ଏବଂ ଛନ୍ଦ ସ୍ୱାତନ୍ତ୍ର୍ୟ, ଶବ୍ଦ ବ୍ୟବହାରେର ନିଜସ୍ୱ। ପ୍ରତୀକ ଏବଂ ଚିତ୍ରକଳ୍ପେର ପ୍ରୟୋଗ, ଜୀବନବୋଧର୍ ମୌଳିକ ସ୍ୱର କ୍ରମୋନ୍ନୟନ ପରିନତି, ଏଗୁଲୋ ନିଶ୍ଚିତ ଭାବେ ନିର୍ବାଚିତ ହୟୋୟାର୍ ଜନ୍ୟେ

ଆରୋ ଅନେକ ଚିନ୍ତା ନିୟୋଜିତ ହବେ।" ଏପଟେ ନିଜେ ରାଉତରାୟ ନିଜର 'ଅଲକା ସାନ୍ୟାଲ୍' କବିତା ସମ୍ପର୍କରେ କହିଛନ୍ତି ଯେ, "ବଙ୍ଗୀୟ କବି ଜୀବନାନନ୍ଦ ଦାସଙ୍କ 'ବନଲତା ସେନ୍' ଉତ୍ତରରେ ଲେଖା ଏକ ବାସ୍ତବଧର୍ମୀ ଐତିହାସିକ ପୃଷ୍ଠପଟ- ଯାହା ତାଙ୍କ କବିତାରେ ଅଭାବ ଥିଲା, ରଚନା କରିବା ହିଁ ଏହି କବିତାର ଲକ୍ଷ୍ୟ।" (୨୦୦୧:୮୬୨) ବିଶେଷକରି ନୂଆଖାଲି ଦଙ୍ଗା ଓ ହିଂସାତ୍ମକ ଘଟଣା ହିଁ ଏହି 'ଅଲକା ସାନ୍ୟାଲ୍' (୧୯୪୭)ର ମୁଖ୍ୟ କଥାବସ୍ତୁ। 'ଅଲକା ସାନ୍ୟାଲ୍' ଲେଖିବାର କାରଣ ବୋଧହୁଏ ନୂଆଖାଲିର ବର୍ବର କାଣ୍ଡ ଓ ନାରୀର ତହିଁରେ ଦୁରବସ୍ଥା। କିନ୍ତୁ ଗୁରୁପ୍ରସାଦ ଯେଉଁ ଅଲକା ସାନ୍ୟାଲ୍ କଥା କହିଛନ୍ତି ସେ ଅଲକା ସାନ୍ୟାଲ୍ ଏଇ 'ଅଲକା' ନୁହେଁ। ସେ ଭିନ୍ନ ଏକ ଅଲକା; ନାରୀର ଭିନ୍ନ ଏକ ରୂପ। ବିଶେଷ କରି ସ୍ୱାଧୀନତା ପରବର୍ତ୍ତୀ ସମୟର ନାରୀର କଥା ଗୁରୁବାବୁ କହିଛନ୍ତି। ସେ ସିଧାସିଧା ନିଜର କବିତା ଆରମ୍ଭରୁ ଏହା ସ୍ପଷ୍ଟ କରିଦେଇଛନ୍ତି।

"ତୁମକୁ ବା ସଚ୍ଚିବାବୁ ଦେଖିଥିଲେ କେବେ
ଜାଣେ ନାହିଁ ଅଲକା ସାନ୍ନ୍ୟାଲ
ସେତେବେଳେ ଆକାଶରେ ସ୍ୱର୍ଣ୍ଣ ଚିତାବାଘ ଅବା ହରିଣର ଛାଲ
ଅବା ଥିଲା ଗୋଲ ହୋଇ ହଳଦିଆ ଜହ୍ନର ମଶାଲ।"

(୧୯୫୫:୨୦)

ସଚ୍ଚିବାବୁଙ୍କ 'ଅଲକା ସାନ୍ୟାଲ୍' ଓ ଗୁରୁବାବୁଙ୍କ 'ଅଲକା ସାନ୍ୟାଲ୍' ମଧ୍ୟରେ ଆକାଶ ପାତାଳର ଫରକ ରହିଛି। ଗୁରୁବାବୁ ସଚ୍ଚିବାବୁଙ୍କ ଏକ ତରଫା ବର୍ଣ୍ଣନାରେ ସନ୍ତୁଷ୍ଟ ନଥିଲେ। ସଚ୍ଚି ରାଉତରାୟ ସବୁବେଳେ, ତମାମ୍ କବିତାଟିର ଛତ୍ରେଛତ୍ରେ, ସ୍ଥାନେସ୍ଥାନେ, କାଳେକାଳେ ପ୍ରତି ଛକରେ ନାରୀକୁ ଏକ ନିର୍ଯାତିତା ତଥା ଅବେହଳିତା ଏବଂ ସର୍ବୋପରି ଏକ ଦୁର୍ବଳ, ଇଚ୍ଛାରହିତ ଜୀବ ହିସାବରେ ଆଙ୍କିଛନ୍ତି। ବିଧୁପ୍ରଭା ରଥ କହନ୍ତି: "ଅଲକା ସାନ୍ୟାଲ୍‌ର ପୃଷ୍ଠଭୂମି ତାତ୍କାଳିକ ପୃଥିବୀ। ଏଠାରେ ଇତିହାସର ଏକ କ୍ରମିକ ବିବର୍ତ୍ତନର ପ୍ରେକ୍ଷାପଟ୍ଟ ଥିଲେ ହେଁ ସମକାଳୀନ ଶ୍ମଶାନିତ ଭଙ୍ଗା ନୂଆଖାଲିର ବିବର୍ଣ୍ଣ ପାଣ୍ଡୁର ଚିତ୍ର ହିଁ ଅଧିକ ସୁସ୍ପଷ୍ଟ। ତେବେ କବିତାର ମୌଳ ଧାରାଟି ହେଲା ନାରୀସତ୍ତାର ଐତିହାସିକ ବିବର୍ତ୍ତନ। ଏଠି ବି ସେଇ ଅନ୍ୱେଷାର ସ୍ୱର ଧ୍ୱନିତ।" (୨୦୦୬:୬୦) କିନ୍ତୁ ଏଠାରେ ପ୍ରଶ୍ନ ଉଠେ ପ୍ରକୃତ ପକ୍ଷେ ପରିବର୍ତ୍ତିତ ସମୟ ସ୍ରୋତରେ ନାରୀର "ପରିବର୍ତ୍ତନ" କି "ବିବର୍ତ୍ତନ" ହୋଇଛି କି? ଯଦି ହୋଇଛି, ତେବେ ରାଉତରାୟଙ୍କ କବିତାରେ ସେ ବିବର୍ତ୍ତନ ମୁତାବକ ଫଳାଫଳ ବା ସମାଜର

ଦୃଷ୍ଟି ଓ ବ୍ୟବହାରର ସ୍ୱର ଓ ସ୍ୱରୂପ ବଦଳି ଯାଇଛି କି ? ନା, ଆଦୌ ବଦଳି ଯାଇନି। ରାଉତରାୟଙ୍କ କବିତାର ପ୍ରତ୍ୟେକ ମୋଡ଼ରେ ଅଳକା ପ୍ରତି ସାମାଜିକ ଦୃଷ୍ଟିଭଙ୍ଗୀ ପ୍ରାୟ ସମାନ ରହିଥିଲା ପରି ମନେହେବ। କିନ୍ତୁ ହଁ, ଗୁରୁ ପ୍ରସାଦଙ୍କ ଅଳକା ସାନ୍ୟାଲ୍ କଥା ଆଲୋଚନା କଲାବେଳକୁ ଏତକ କଥା ଏକ୍‌ଦମ୍ ସତ ଜଣାପଡ଼େ। କାରଣ ଗୁରୁ ପ୍ରସାଦଙ୍କ ଅଳକା ସାନ୍ୟାଲ୍‌ଠାରେ କାଳଗତ ଓ ଚରିତ୍ରଗତ ଉଭୟ ପରିବର୍ତ୍ତନ ଦେଖା ଦେଇଛି। ସେତେବେଳେ ଶୋଷଣ ଓ ନିର୍ଯ୍ୟାତନାର ସଂଜ୍ଞାକୁ ସେ ପ୍ରଭାବିତ କରିଛି ନିଜର ସ୍ୱେଚ୍ଛାଚାରୀ ସ୍ୱାଧୀନପଣିଆର ଅସ୍ତ୍ରରେ। "ଆଜି ନାରୀ ଜୀବନ ବିଡ଼ମ୍ବିତ। ବହୁ ଦୁଃଖ, ଯନ୍ତ୍ରଣା ଦେଇ ସେ ସଂଗ୍ରାମରତ। ତା'ଠାରେ ପରମ୍ପରାବୋଧ ନାହିଁ, ନିଷ୍ଠା ନାହିଁ, ସେ କୁଟୁମ୍ବିନୀ ହୋଇ ବି ସ୍ୱୈରିଣୀ। ସେ ସବର୍ଦା ସିଗାରେଟ୍, କୋଇଲା ଚୂଲିର ଧୂମକୁଣ୍ଡଳୀ ଘେରା ଖାକୀ ଆଉ ଫିଲଡ଼୍ ଗ୍ରେ ଧୂଳି ପୃଥିବୀରେ ଆତଯାତ। ବହୁ ବେଶଭୂଷାରେ ସେ ବିମଣ୍ଡିତା, ଅଭିନୟ କଳାରେ ସେ ନିପୁଣା। ସେ କୁଟୁମ୍ବିନୀରେ ଅଭିନୟ କରି ଜୋତାଷ୍ଟ୍ରାପ୍ ଖୋଲିପାରେ ପୁଣି ସ୍ୱୈରିଣୀ ଭାବରେ ଅସଂଯତ ବେଶଭୂଷାରେ ବିଛଣାରେ ଶୋଇରହେ। ପୁଣି କେତେବେଳେ ଟାଉନ୍‌ହଲ୍ ସଭାରେ ପ୍ରତିସ୍ପର୍ଦ୍ଧୀ ହୋଇ ପୁରୁଷ ସହ ମିଶିପାରେ।" (ରଥ :୨୦୦୬:୬୧) କିନ୍ତୁ ଏଠାରେ ଦେଖିବାର କଥା ଯେ, ଗୁରୁବାବୁ ଯେଉଁ ଅଳକା ସାନ୍ୟାଲ୍ କଥା କହିଛନ୍ତି ତାହା ଗୋଟିଏ ମାତ୍ର କାଳର; ସମକାଳର ତଥା ସ୍ୱାଧୀନତୋତ୍ତର କାଳର। କିନ୍ତୁ ରାଉତରାୟଙ୍କ ଅଳକା ସାନ୍ୟାଲ୍ ଭିନ୍ନ ଭିନ୍ନ କାଳଖଣ୍ଡର। କିନ୍ତୁ ଗୁରୁପ୍ରସାଦଙ୍କ ଯୁକ୍ତି ଏଠାରେ ଅଧିକତର ବାସ୍ତବମୁଖୀ ସତ୍ୟତା ଓ ଆଧୁନିକ ଜୀବନର ନିକଟବର୍ତ୍ତୀ। ଆଧୁନିକ ନାରୀର ଜୀବନଚର୍ଯ୍ୟା ଏଠାରେ ବ୍ୟଙ୍ଗାତ୍ମକ ହୋଇ ଉଠିଛି। ନାରୀର ଆଧୁନିକ ସଂସ୍କରଣରେ ତାର ମହନୀୟ ଗୁଣାବଳୀ ଲାଜ-ରକ୍ଷଣଶୀଳତା, ମାତୃତ୍ୱ, ଜନନୀତ୍ୱ ଏବଂ ଅନେକ କଥା ନିଷ୍ପ୍ରଭ ଓ ମଳିନ ଦିଶିଛି। ଅନେକ ପୁରୁଣା ପୃଷ୍ଠା ହଜି ଯାଇଛି ଏ ସଂସ୍କରଣରେ ଓ ଅନେକ ନୂତନ ପୃଷ୍ଠା ଯୋଡ଼ିଯାଇଛି ଏଠାରେ।

କବି ଏଲିଅଟ୍ ପୂର୍ବସୂରୀଙ୍କ କବିତା ସହ ସନ୍ଧି ସ୍ଥାପନ ଓ ଅଥବ୍ୟାପ୍ତି କଥା କହିଥିଲେ। କୌଣସି କବି ତା'ର ପୂର୍ବବର୍ତ୍ତୀ ପୀଢ଼ି ଠାରୁ ସଂପୂର୍ଣ୍ଣ ମୁକ୍ତ ନୁହେଁ। ଅଧିକନ୍ତୁ କବିଟିଏ ତା'ର ପୂର୍ବପୀଢ଼ିକୁ ନେଇ ସନ୍ଧିକ୍ରମେ ଆଗକୁ ଗଲେ ସୁଫଳ ମିଳିଥାଏ। ଏଠାରେ ରାଉତରାୟଙ୍କଠାରୁ ମହାନ୍ତି ଏହି ଉକ୍ତି ଯଥାର୍ଥତାକୁ ବେଶ୍ ପ୍ରମାଣିତ କରି ପାରିଛନ୍ତି।

"ତିନୋଟି କବିତାରେ କବିଙ୍କର ନଟସତ୍ତା କାବ୍ୟନାୟକ ରୂପେ ପ୍ରକଟିତ।

କବିତା ମଧ୍ୟରେ କେବଳ ସ୍ଥାନଗତ ଭିନ୍ନତା ରହିଛି ତା' ନୁହେଁ, ପରନ୍ତୁ କାଳଗତ ପାର୍ଥକ୍ୟ ମଧ୍ୟ ବିଶେଷ ଉଲ୍ଲେଖନୀୟ। ଜୀବନାନନ୍ଦଙ୍କ କବିତାରେ କବି ଅସ୍ଥିର, କ୍ଳାନ୍ତ, ଶ୍ରାନ୍ତ, ଅବସନ୍ନ ମାନସିକତା ନେଇ 'ବନଲତା' ସହ ଥରଟିଏ ସାନ୍ନିଧ୍ୟ ଲାଭ କରନ୍ତି। ଗୋଟିଏ ମୁହୂର୍ତ୍ତର ଅନୁଭୂତି ହିଁ କବି ମାନସରେ କୋଟିସ୍ମୃତିର ରୂପନିଏ। ସଚ୍ଚି ରାଉତରାୟଙ୍କ କବିତାରେ କାବ୍ୟ ନାୟିକା ସହ ବିଭିନ୍ନ ରୂପରେ ଏକାଧିକ ଥର ଦେଖାହୁଏ କିନ୍ତୁ ଗୁରୁପ୍ରସାଦ ଅଳକାଙ୍କୁ ସର୍ବତ୍ର ବିଭିନ୍ନ ରୂପରେ ଦେଖିବାକୁ ପାଆନ୍ତି।" (ରଥ :୨୦୦୬:୬୨) ଗୁରୁବାବୁ ଆଜିର ନାରୀ କିପରି ବ୍ୟଭିଚାରିଣୀ, ସ୍ୱେଚ୍ଛାଚାରିଣୀ ଓ ବିପର୍ଯ୍ୟସ୍ତ ଅସ୍ତିତ୍ୱସଂପନ୍ନା ହୋଇଯାଇଛି ସେହିକଥା ହିଁ କହିଛନ୍ତି। କବି ଗୁରୁପ୍ରସାଦ ମଧ୍ୟ ପୂର୍ବୋକ୍ତ କବିତାଗୁଡ଼ିକ ପରି ନିଜେ ଏକ ପର୍ଯ୍ୟବେକ୍ଷକ ଓ ଭୁକ୍ତଭୋଗୀ ଚରିତ୍ର ପରି ଘଟଣାରେ ସାମିଲ୍ ଅଛନ୍ତି। ଯଥାର୍ଥରେ ସେ କହୁଛନ୍ତି ଜଣେ ପ୍ରତ୍ୟକ୍ଷଦର୍ଶୀ ପରି-

"ମୁଁ ତୁମକୁ ଦେଖେ ଆଜି ତୁମେ ଦିଅ ବ୍ଲାଉଜ୍‌ର ବୋତାମ
ଚା' ଦାଗ ତୁମେ ଧୁଅ ସେମିଜ୍‌ରୁ ଗରମ ପାଣିରେ
ତୁମେ ପୁଣି କଥାକୁହ ମୁହଁପୋତି ଟେବୁଲ୍ ସେ ପାଖେ
ତୁମେ ପୁଣି ଉଠି ଆସି ଆସ୍ତେ ବସ ପାଖ ଚଉକିରେ।"

(୧୯୫୫:୨୦)

ଏହା ଏକ କମ୍ପ୍ଲିଟ୍ ସିନ୍ - ଏକ ଦୃଶ୍ୟ, କିଛି ଅଙ୍ଗେନିଭା ସମୟର। କବି ଏଠି କେମେଷ୍ଟେର; ଜଣେ ବିବରଣୀ ପ୍ରଦାନକାରୀ- ଜଣେ ପ୍ରତ୍ୟକ୍ଷଦର୍ଶୀ। ଖାଲି ସେତିକି ନୁହେଁ, କବି ଗୁରୁପ୍ରସାଦ ପ୍ରତ୍ୟକ୍ଷଦର୍ଶୀ ଭାବରେ ଜଣେ କାବ୍ୟନାୟକ ହେଉ ଅଥବା ସୂତ୍ରଧର ହେଉ- ସାହିତ୍ୟ ଜଗତର ନ୍ୟାୟ ଦରବାରରେ କବିତାର କାଠଗଡ଼ାରେ ଛିଡ଼ା ହୋଇ କବି ମନୀଷୀ-ପରିଭୂ ହିସାବରେ ନୁହେଁ ବରଂ ଜଣେ ପ୍ରତିବଦ୍ଧ ଓ ଦାୟିତ୍ୱସଂପନ୍ନ ସ୍ରଷ୍ଟା ହିସାବରେ, ଜଣେ ସିରିୟସ୍ ସାହିତ୍ୟିକ ହିସାବରେ- ସାହିତ୍ୟର କର୍ତ୍ତବ୍ୟଦାୟରେ କହିଛନ୍ତି- ଅଳକା ସାନ୍ନ୍ୟାଲ୍ ବା ଯୁଗନାରୀର ନଗ୍ନସତ୍ୟ, ବଖାଣିଛନ୍ତି ତାଙ୍କ ଆଖିଦେଖା-କାନଶୁଣା ଓ ଅଙ୍ଗେନିଭା ନାରୀର ବିବର୍ତ୍ତିତ-ବିଧ୍ୱସ୍ତ ଅସ୍ତିତ୍ୱର କଥା। କେତେକଥା ପ୍ରତୀକ ମାଧ୍ୟମରେ ମଧ୍ୟ ସେ କହିଛନ୍ତି। କିନ୍ତୁ ସିଧାସିଧା କେତେକଥା କହିଛନ୍ତି ଦେଖନ୍ତୁ। କବି କହନ୍ତି-

"ତୁମକୁ ମୁଁ ଦେଖିପାରେ ଜୋତାଷ୍ଟ୍ରାପ୍ ତୁମେ ଧୀରେ ଖୋଲ
ତୁମେ ଆସି ଲୋଟିପଡ଼ ବିଛଣାରେ ବେଣୀ ଆଉ ଶାଢ଼ି ଅସଂଯତ
ତୁମେ ପୁଣି ଆସ୍ତେ ଉଠ ଲୁଗାପଟା ଠିକ୍‌ଠାକ୍ କରି

ଟାଉନ୍‌ହଲ୍ ସଭାରେ ମୁଁ ପାଏ ପୁଣି ତୁମରି ସାକ୍ଷାତ।" (୧୯୫୫:୨୦)

ପୁଣି କହୁଛନ୍ତି-

"ମୁଁ ତୁମର ଶୁଣେ ଆଜି ଝଡ଼ ପରି ଭୀଷଣ ବକ୍ତୃତା
ମୁଁ ଦେଖେ ତୁମର ଦେହ ହଠାତ୍ ଯାଏ କାଦୁଅ ପାଲଟି
ଛିଣ୍ଡା ଚିଠି କାଗଜରେ ତୁମର ଯା' ଅବଶିଷ୍ଟ ରହେ
ପବନ ସେତକ ନିଏ ସଡ଼କରୁ ସାଉଁଟି ସାଉଁଟି।" (୧୯୫୫:୨୧)

କବିତାଟିର ଶେଷ ପଂକ୍ତିରେ ବା କବିଙ୍କର ଶେଷ ଷ୍ଟେଟ୍‌ମେଣ୍ଟ୍‌ରେ ସେ ସ୍ପଷ୍ଟ କରିଛନ୍ତି ଯେ, ସେ ମଧ୍ୟ ଏହି ବିପର୍ଯ୍ୟସ୍ତ ଅସ୍ତିତ୍ୱଧାରୀ ନାୟିକାର ଅନ୍ୟତମ ପ୍ରେମିକ ଓ କାବ୍ୟନାୟକ। ସେ କବି ଓ କାବ୍ୟପୁରୁଷର ଉକ୍ତିଟି ଏହିପରି :

"(...) ତା' ଭିତରେ ତୁମେ ପୁଣି ପ୍ରେମ କର ଗର୍ଭବତୀ ହୁଅ
ସିନେମାର ହ୍ୟାଣ୍ଡ୍‌ବିଲ୍ ମୁଁ ଦେଖିଛି ତୁମର ଦେହରେ
ପବନ ତୁମକୁ ଯେବେ ଆସ୍ତେ ନିଏ ବାଲିରୁ ସାଉଁଟି
ମୁଁ ତୁମକୁ ସ୍ୱପ୍ନ ଦେଖେ ମୋର ଢିଲା ପାଇଜାମା
କାମିଜ୍‌ର ଅମରାବତୀରେ।" (୧୯୫୫:୨୧)

ଏସବୁ ଉକ୍ତିରୁ ନାୟିକାର ସତ୍ୟ-ସ୍ୱରୂପ ଜାଣିବାରେ ଆଉ କିଛି ଅସୁବିଧା ଥିଲା ପରି ମନେହୁଏ ନାହିଁ।

ବନଲତା ହେଉଛି ଜୀବନାନନ୍ଦଙ୍କ କାବ୍ୟନାୟିକା ପୁଣି ମାନସ ନାୟିକା। ଅଳକା କିନ୍ତୁ ଯଦିଓ ସଚ୍ଚି ରାଉତରାୟ ଓ ଗୁରୁ ମହାନ୍ତିଙ୍କ କବିତାର କେନ୍ଦ୍ର ତଥାପି ଖୁବ୍ ବିବର୍ତ୍ତମାନା, ପରିବର୍ତ୍ତନଶୀଳା। ସଚ୍ଚିବାବୁଙ୍କ ଯାଏଁ ଅବଶ୍ୟ ଜୀବନାନନ୍ଦଙ୍କ ପ୍ରଭାବରେ ଅଳକାକୁ କବିର ନାୟିକା ବୋଲି କହିହେବ। କାରଣ ଶେଷଯାଏଁ କବି ରାଉତରାୟ ଅଳକାକୁ ନାୟିକା ପରି ହିଁ ଦେଖିଛନ୍ତି, ଯଦିଓ ତାର ପରିଣତି ଦୁଃଖଦ ଓ ମର୍ମାନ୍ତକ ହୋଇଛି। ଆଉ ଗୋଟିଏ କଥା ଲକ୍ଷ୍ୟ କରି ହେବ ଯେ, ଜୀବନାନନ୍ଦଙ୍କ ଦ୍ୱାରା ସଚ୍ଚିଦାନନ୍ଦ ଖୁବ୍ ପ୍ରଭାବିତ ହୋଇଛନ୍ତି। ସେମିତି ଦେଖିଲେ ରବୀନ୍ଦ୍ର ଓ ବୁଦ୍ଧଦେବ ପ୍ରମୁଖ ବଙ୍ଗଳା କବିଙ୍କଦ୍ୱାରା ରାଉତରାୟ ପ୍ରଭାବିତ ମଧ୍ୟ ହୋଇଛନ୍ତି। କିନ୍ତୁ ଏଠାରେ ଉଲ୍ଲେଖ କରିବା ନିହାତି ଦରକାର ଯେ, ରାଉତରାୟ ଜୀବନାନନ୍ଦ ଦାସଙ୍କ ଅନେକ ଧାଡ଼ି, ଶବ୍ଦ ପ୍ରୟୋଗଧାରା ପ୍ରଭୃତିକୁ ସିଧାସଳଖ ଗ୍ରହଣ କରିଛନ୍ତି। କିନ୍ତୁ ସବୁଠାରୁ ବଡ଼କଥାଟା ହେଲା ଏହି ପ୍ରୟୋଗ ସମାନ ହେଲେ ମଧ୍ୟ ତା'ର ବ୍ୟଙ୍ଗାର୍ଥକ ପ୍ରୟୋଗଗୁଡ଼ିକ ଅନନ୍ୟ, ଯାହା ଜୀବନାନନ୍ଦ ମଧ କରିପାରି ନାହାଁନ୍ତି। ସେ ବାଚ୍ୟାର୍ଥ

ଉପରେ ଗୁରୁତ୍ୱ ଦେଲାବେଳେ ରାଉତରାୟ ସମାନ କଥାର ପ୍ରୟୋଗ ଏପରି କରିଛନ୍ତି ଯେ, ସେଠାରେ ଆପଣାଛାଏଁ ପାଠକ ବ୍ୟଞ୍ଜନାର୍ଥଟିକୁ ଖୋଜିବାକୁ ଆଉଟୁ ପାଉଟୁ ହୁଏ।

"ବନଲତା ସେନ୍ ଓ ଅଳକା ସାନ୍ୟାଲ୍ ବିଂଶ ଶତକର କାବ୍ୟ ନାୟିକା, ଯେଉଁମାନେ କି ୧୯୪୨ ଓ ୧୯୪୭ରେ କବି ଚକ୍ଷୁରେ ଆବିର୍ଭୁତ ହୁଅନ୍ତି ନାଟୋର ଓ ନୂଆଖାଲିରୁ।" (ହୋତା:୧୯୯୩:୩୨୩) କିନ୍ତୁ ଗୁରୁପ୍ରସାଦଙ୍କ ଅଳକା ସାନ୍ୟାଲ୍ କୌଣସି ସ୍ଥାନର ନୁହେଁ, ବରଂ ଏକ ସମୟର, ଆଧୁନିକ ତଥା ସ୍ୱାଧୀନତୋତ୍ତର କାଳର। କିନ୍ତୁ କବି ରାଉତରାୟ ଯେଉଁ ସମୟର ନାରୀ ଅସ୍ତିତ୍ୱ ସମ୍ପର୍କରେ କହିଛନ୍ତି ତାହା ଅତ୍ୟନ୍ତ ମର୍ମନ୍ତୁଦ ଓ ହୃଦୟ ବିଦାରକ ଅଟେ। ଦେଶ ବିଭାଜନ କାଳରେ ହିଂସା ଦାଢ଼ରେ ନାରୀ କିପରି ଭୟାବହ ପରିସ୍ଥିତିରେ ବୁଡ଼ିଥିଲା- ତାହା ରାଉତରାୟଙ୍କ କବିତାର କେନ୍ଦ୍ରକଥା। କିନ୍ତୁ ଏସବୁ ସତ୍ତ୍ୱେ ଏକ ସାବର୍କାଳିକ ଆବେଦନ ମଧ୍ୟ ସେହି କବିତାଟିରେ ରହିଛି। ମଥୁରାନାଥ ହୋତା ସଚ୍ଚିରାଉତରାୟଙ୍କ 'ଅଳକା ସାନ୍ୟାଲ୍' ସମ୍ପକର୍ରେ ଯେଉଁ ମତ ପ୍ରଦାନ କରିଛନ୍ତି, ତାହା ଉପର୍ଯ୍ୟାଲୋଚ୍ୟ କଥାଠାରୁ ଭିନ୍ନ। ସେ କହନ୍ତି, "(....) ସଚ୍ଚି ରାଉତରାୟଙ୍କ ଅଳକା ସାନ୍ୟାଲ ପ୍ରଥମେ ଦେଖା ଦେଇଛି ବିଦେହର ରାଜପୁରରେ। ବୈଦେହୀ ସୀତା ପ୍ରଣୟ ପ୍ରବୀଣା ହୋଇ ରାମଚନ୍ଦ୍ରକୁ ଗ୍ରହଣ କରନ୍ତି। ନାରୀର କୌତୂହଳ ଚରିତାର୍ଥ କରିବା ପାଇଁ ପୁରୁଷ ସ୍ୱର୍ଣ୍ଣମୃଗ ଧରିବା ଆଶାରେ ଧାଇଁ ଯାଇଛି, ଦ୍ରୌପଦୀର ସମ୍ମାନ ରକ୍ଷା କରିବା ପାଇଁ ଦୁଃଶାସନର ରକ୍ତପାନ କରିବାକୁ ପଛେଇ ନାଇଁ। କବିତାର ଦ୍ୱିତୀୟ ଭାଗରେ ମଧ୍ୟଯୁଗୀୟ ନାୟିକା 'ପରିମଳା'କୁ ଚିତ୍ରରଥ ଗନ୍ଧର୍ବ ହାତରୁ ମୁକ୍ତ କରିଛନ୍ତି। ମକର କେତୁ ଓ ଚିତ୍ରରଥ ଉଭୟେ ଚାହାନ୍ତି 'ପରିମଳା'କୁ। ନାରୀର ଦ୍ୱୈତ ରୂପ ଏଠାରେ ସୁସ୍ପଷ୍ଟ। ପରେ ଅବଶ୍ୟ ବିଜୟ ହୋଇଛି ମକରକେତୁର। ନାଳନ୍ଦାର ନିର୍ଜନ ବିହାରରେ ପୁରୁଷ ସହିତ ସମ ଅଧିକାର ପାଇଛି ଏଇ ନାରୀ। ସଚ୍ଚିବାବୁଙ୍କ ଲେଖାରେ ନାରୀର ଏଇ କ୍ରମ ବିକାଶ ସବୁଠାରୁ ଉଲ୍ଲେଖଯୋଗ୍ୟ ବିଷୟ। କବିତାର ତୃତୀୟ ଭାଗରେ କଳ୍ପଲୋକର ନାୟିକା ପୁରୁଷ ଦୃଷ୍ଟିର ମାୟାଞ୍ଜନ ସାମଗ୍ରୀ। ରୂପକଥାରେ କଳିଙ୍ଗ କଟକରୁ ଲବଙ୍ଗ ଡାଳିମ୍ବ ଦ୍ୱୀପ ଦେଇ, ସସାଗରା ପୃଥିବୀ ତା'ର ବିହାରଭୂମି। ଶେଷ ଭାଗରେ କବି ନୂଆଖାଲିରୁ ତା'ର ବିଖଣ୍ଡିତ, ବିକ୍ଷତ ରୂପକୁ ଉଦ୍ଧାର କରିଛନ୍ତି। ତା'ର ସ୍ୱପ୍ନ ରଚନା ବ୍ୟର୍ଥତାରେ ପର୍ଯ୍ୟବସିତ ହୋଇଛି।" (ହୋତା:୧୯୯୩:୩୨୪-୨୫) କିନ୍ତୁ ଏ କଥାଟି ଯଥାର୍ଥ ମନେହୁଏ ନାହିଁ। ବିଗଠନ ମୂଳେ ଦେଖିଲେ ଏହି 'ପାଠ' ଟିର ଅର୍ଥ ଏହା ନୁହେଁ। କାରଣ ଏହାର ପ୍ରଥମ,

ଦ୍ୱିତୀୟ ଓ ତୃତୀୟ ଭାଗଟି ଚତୁର୍ଥ ବା ଶେଷ ଭାଗ ସହ ଏକମତ ନୁହେଁ। କିନ୍ତୁ କବିତାଟି ଗୋଟିଏ ଟୋନ୍ ଓ ଗୋଟିଏ ଥିମ୍‌ର। ଏଠାରେ ଲେଖକଙ୍କ ଅଭିପ୍ରାୟ ଅପରିବର୍ତ୍ତିତ ରହିଲା ପରି ଅଧିକ ମନେ ହେଉଛି। ଏଣୁ ରାମଚନ୍ଦ୍ର ଓ ସୀତାଙ୍କ ସମ୍ପର୍କ ହେଉ ବା ଦ୍ରୌପଦୀ ଓ ଭୀମଙ୍କ ପ୍ରେମ ହେଉ- ଏସବୁଥିରେ ସମାଲୋଚକ ହୋତା ବନଲତା ଛାପରେ ରୋମାଣ୍ଟିକ୍ ପ୍ରବୃତ୍ତିରୁ ବାହାରି ଆସିପାରି ନାହାଁନ୍ତି। କିନ୍ତୁ ପ୍ରକୃତପକ୍ଷେ ନାରୀର ନାଚାରପଣ ତଥା ସବୁ ଯୁଗରେ ସବୁ ଘଟଣା ଦୁର୍ଘଟଣାରେ ନାରୀର କପାଳରେ ଦୁର୍ଭାଗ୍ୟତକ ଲଦିଦେବା ଚିରନ୍ତନୀ ନଦୀ ପରି ଦେଖା ଯାଇଛି। ସୀତାଠାରୁ ନୂଆଖାଲି ଯାଏଁ ଆମେ ସବୁଥିରେ ଅଳକାକୁ ଏକ ଦୁର୍ଭାଗ୍ୟଗ୍ରସ୍ତା ଭୁକ୍ତଭୋଗୀ ହିସାବରେ ହିଁ ଚିତ୍ରିତ କରିଛନ୍ତି। ଯେପରି ଲଙ୍କାରୁ ଫେରିଲା ପରେ ଅଯୋଧ୍ୟା ମୌନ ରହି ସୀତାଙ୍କ ପ୍ରତି ହୋଇଥିବା ଅନ୍ୟାୟକୁ ଦେଖିଥିଲା ଓ ଚୁପ୍ ରହିଥିଲା, ଯେପରି ବାରୁଣାବନ୍ତରେ ଦ୍ରୌପଦୀଙ୍କ ପ୍ରତି ହୋଇଥିବା ବ୍ୟଭିଚାରକୁ ସମଗ୍ର ହସ୍ତିନାପୁର ଉପଭୋଗ କରିଥିଲା ଓ ନିରୁତ୍ତର ତଥା ପ୍ରତିବାଦହୀନ ହୋଇଥିଲା, ଯେଉଁପରି ନାଳନ୍ଦାର ଶିକ୍ଷାୟତନ ଓ ଗୁଣୀଜ୍ଞାନୀ ସମାଜ ତା'ର ଅବକ୍ଷୟରେ ପ୍ରତିକ୍ରିୟାହୀନ ହୋଇପଡ଼ିଥିଲା ତଥା ସମଗ୍ର ଦେବସତ୍ତା ନିସ୍ତବ୍ଧ ଦିଶିଥିଲା ସେହିପରି ନୂଆଖାଲିର ବର୍ବରତା ଦେଖି ନାରୀର ବୁକୁଫଟା ଚିତ୍କାରକୁ ଶୁଣି ପୁରୁଷତାନ୍ତ୍ରିକ ସମାଜ ନିଜର ଛାତିତଳେ ତା'ର କବର ଖୋଳି, ଶ୍ମଶାନରେ ତା'ର ବିଖଣ୍ଡିତ ଶବ, ଇଚ୍ଛା ଓ ଆକାଂକ୍ଷାକୁ ଲୁଚାଉଥିଲା। ଏହା ହିଁ ପୃଥିବୀର ସାର୍ବକାଳିକ ସତ୍ୟ। ଏହା ହିଁ ନାରୀର ସାର୍ବକାଳିକ ଓ ସାର୍ବସ୍ଥାନିକ ଭାଗ୍ୟ।

"ନାରୀ ନିର୍ଯ୍ୟାତନାର ପରିଧି ବହୁ ବ୍ୟାପକ ଓ ଏହାର ବିଭିନ୍ନ ସ୍ୱରୂପ ସମୟକ୍ରମେ ପ୍ରକଟିତ ହୋଇ ଚାଲିଛି। ଅନ୍ୟପକ୍ଷରେ ସମାଜ ଓ ପରିବାରରେ ନାରୀର ସ୍ଥିତି ଅପରିହାର୍ଯ୍ୟ। ପୁରୁଷ ପାଇଁ ନାରୀଟିଏ ନହେଲେ ନ ଚଳେ। ଅଥଚ ତାକୁ ନିଜ ଭଳି ବିଚାରି ଗ୍ରହଣ କରିନେବାରେ ଅନେକ କାର୍ପଣ୍ୟ। କିନ୍ତୁ ପତ୍ନୀର ବ୍ୟକ୍ତିତ୍ୱକୁ ସମ୍ମାନ ଦେବା, ନିଜ ପ୍ରତି ଯେଉଁ ବ୍ୟବହାର ସହ୍ୟ ହେବ ନାହିଁ ସେପରି ବ୍ୟବହାର ପତ୍ନୀ ପ୍ରତି ନକରିବା, ନିଜ କନ୍ୟାକୁ ତା'ର ପ୍ରାପ୍ୟ ସମ୍ପତ୍ତି ଦାନ କରିବା, ଏହା ହୋଇପାରେ ନାହିଁ। ପୁଣି ସମାଜରେ ଯେଉଁ କର୍ମ ପାଇଁ ପୁରୁଷ ନିନ୍ଦିତ ହୁଏ ନାହିଁ, ସେହି କର୍ମ ପାଇଁ ନାରୀଟିଏ ନିନ୍ଦା ଭୋଗେ, ସମାଜ ଓ ପରିବାର ତା'ଠାରୁ କେବଳ ଆତ୍ମୋତ୍ସର୍ଗ ଚାହେଁ, ନିଜ ଇଚ୍ଛାନୁସାରେ କଣ୍ଢେଇକୁ ନଚାଇଲା ଭଳି ନଚାଇବାକୁ ଚାହେଁ। ଅନେକତ୍ର ନାରୀ ପଣ୍ୟ ଭାବେ ବ୍ୟବହୃତ ହୁଏ।" (ଶତପଥୀ:୨୦୦୯:୨୮) ନାରୀ ସଂପୂର୍ଣ୍ଣ ରୂପେ ଏକ ପୁରୁଷକୈନ୍ଦ୍ରିକ ସମାଜରେ କବଳିତା। ମାନସିକ, ଶାରୀରିକ,

ଆର୍ଥିକ, ସାମାଜିକ ଓ ଅନ୍ୟାନ୍ୟ ଅନେକ ଦୃଷ୍ଟିରୁ (କେବଳ ଜୈବିକ ଦୃଷ୍ଟିକୁ ଛାଡ଼ିଦେଲେ) ନାରୀ ଆଜି ପରାଧୀନା, କବଳିତା, ଅସୁସ୍ଥା। ନିତ୍ୟନୈମିତ୍ତିକ ଜୀବନଧାରାରେ ବିବିଧ କ୍ଷେତ୍ରରେ ଏପରିକି କୌଣସି ମୁହୂର୍ତ୍ତରେ ମଧ୍ୟ ନାରୀଟିଏ ନିର୍ଯ୍ୟାତିତା ହେବାର ସମ୍ଭାବନା ବିପୁଳ। କିନ୍ତୁ ସର୍ବୋପରି ଏଠାରେ କବି ରାଉତରାୟ ଯେଉଁ କଥାଟି ଆଲୋଚ୍ୟ ଅଳକା ସାନ୍ୟାଲ୍ ପ୍ରସଙ୍ଗରେ ଉଠାଇଛନ୍ତି, ତାହା ହେଉଛି ସମୟର ନିଷ୍ଠୁରତା, ନାରୀ ପ୍ରତି ବୈର ଦୃଷ୍ଟିପାତ। "ଏଠାରେ ଦୁଇଗୋଟି ବିବର୍ତ୍ତିତ ପ୍ରକ୍ଷାପଟରେ ନାୟିକା ପ୍ରତି ସୌନ୍ଦର୍ଯ୍ୟମୁଗ୍ଧ ଅନ୍ୱେଷଣ ଯେତିକି ଗୁରୁତ୍ୱପୂର୍ଣ୍ଣ ହୋଇ ନାହିଁ, ଗୁରୁତ୍ୱପୂର୍ଣ୍ଣ ହୋଇଛି ସମୟର ପ୍ରାଣସ୍ପନ୍ଦନକୁ ରୂପଦେବା।" (ପାଣ୍ଡବ:୧୯୯୮:୮୪) କିନ୍ତୁ ଏହା ସତ୍ୟ ଯେ, ସଚ୍ଚିବାବୁଙ୍କ ଅଳକା ଏକ ରୋମାଣ୍ଟିକ ଦୃଷ୍ଟିସଂଭୂତା- ଏ ଅଳକା ସାନ୍ୟାଲ୍ ଏକ ରୋମାଣ୍ଟିକ୍ ମୁହୂର୍ତ୍ତର କଥା। କିନ୍ତୁ ଗୁରୁ ପ୍ରସାଦଙ୍କ 'ଅଳକା' ବାସ୍ତବତା ଓ ବିପର୍ଯ୍ୟୟର କଥା କହେ। ଅବଶ୍ୟ ଏହା ପୁରୁଷ ଦୃଷ୍ଟିରୁ ନିର୍ମିତ। ଗୁରୁପ୍ରସାଦ ଏକ ଆଣ୍ଟିରୋମାଣ୍ଟିକ୍ ଦୃଷ୍ଟିରେ ଅଳକା ସାନ୍ୟାଲ୍ ସୃଷ୍ଟି କରିଛନ୍ତି। ସଚ୍ଚିବାବୁ ଜୀବନାନନ୍ଦ ଦାସଙ୍କ ଶୈଳୀ ପାଖରେ ଋଣୀ। କିନ୍ତୁ ଗୁରୁପ୍ରସାଦ ନା ଜୀବନାନନ୍ଦ ନା ସଚ୍ଚିଦାନନ୍ଦ- କାହାରିଠାରେ ଋଣୀ ନୁହଁନ୍ତି। ଏ ଷ୍ଟାଇଲ୍ ତାଙ୍କର ନିଜର- ନିଜ ବ୍ୟକ୍ତିତ୍ୱର- ସ୍ୱାତନ୍ତ୍ର୍ୟର ଏକ ନୂଆସ୍ୱରର।

ସମୟ ସ୍ରୋତରେ ନାରୀର ରୂପ ଓ ସ୍ଥାନ ବଦଳିଛି ସିନା ହେଲେ ମାନ ବଦଳିନି। ତା'ର ଅସ୍ମିତା ବାବଦରେ ତା' ନିଜର ବକ୍ତବ୍ୟକୁ କେହି କେବେ ଅପେକ୍ଷା ରଖିନାହିଁ। କବି ରାଉତରାୟଙ୍କ ଉକ୍ତିଟିକୁ ଦେଖିଲେ ଆହୁରି କିଛି କଥା ସ୍ପଷ୍ଟ ହେବ।

"କଳିଙ୍ଗ କଟକୁ ଦୂରେ ଅଳେଇଚ ଦ୍ୱୀପର ବନ୍ଦରେ
ତୁମକୁ ମୁଁ ଖୋଜିବୁଲେ ତୁମ କୃଷ୍ଣକେଶର ଗଂଧରେ
ସୁଦୂର ଡାଲିମ୍ବ ଦ୍ୱୀପେ ଡେଇଁ କାଚ କରତର ବାଡ଼
ବନ୍ଦିନୀ ତୁମକୁ ଲୋଡ଼େ ଦେବା ପାଇଁ ମୁକ୍ତି ଉପହାର।"

(ରାଉତରାୟ:୨୦୦୧:୮୬୨)

ଏଥିରୁ ଅନ୍ତତଃ ଏହା ସ୍ପଷ୍ଟହୁଏ ଯେ, ନାରୀ ବିମୁକ୍ତା ନଥିଲା। ସେ ବନ୍ଦିନୀ ଥିଲା, ଆବଦ୍ଧ ଓ ରୁଦ୍ଧ କାରାଗାରରେ ରହିଆସିଥିଲା। ଏଣୁ ନାୟକର ଏ ଉକ୍ତି। ନାୟକ ମନସ୍ଥ କରିଛି ନାୟିକା ଅଳକାକୁ ମୁକ୍ତିର ଉପହାର ଦେବ। ପୁରୁଷ ନିର୍ଣ୍ଣୟ ନେଇଛି ନାରୀକୁ ଉପହାର ଦେବ ମୁକ୍ତିର। କିନ୍ତୁ ସେ ମୁକ୍ତି ହୋଇଛି ମୃତ୍ୟୁ; "ଅପମୃତ୍ୟୁର ମୁକ୍ତି"। ସେ ହୋଇଛି ଶୋଷିତା, ପେଷିତା, କ୍ଲୁଶିତା ଓ ପୁନର୍ବାର ନିର୍ଯ୍ୟାତିତା। ସ୍ଥାନ

ମିଳିନି ତାକୁ ସମାଜରେ। ସମାଜରୁ ମିଳିଛି ତାକୁ ମୁକ୍ତି। ପୁରୁଷ ସମାଜରୁ, ପୁରୁଷର ଅହଙ୍କାର, ଅନ୍ଧବିଶ୍ୱାସ ଓ ଭିତ୍ତିରହିତ ବୁନିଆଦିର ସମାଜରୁ ସେ ହୋଇଛି ବିତାଡ଼ିତା ଓ ଆଶ୍ରୟ ନେଇଛି ଟ୍ରେଞ୍ଚ୍ ତଳେ, ନୂଆଖାଲି ମଶାଣିର ଯୁଦ୍ଧଗାତ୍ରରେ। ଡାଳିମ୍ବ, ଅଳେଇଚ କି ଲବଙ୍ଗ ଦ୍ୱୀପ, ଅଥବା ଜାଭା ସୁମାତ୍ରାରେ ଖବର ନାହିଁ ଅଳକାର। କାରଣ ସେ ସବୁଠି ମଧ୍ୟ ପୁରୁଷର ଖିଆଲ୍ ରାଜତ୍ୱ କରେ। ଏଣୁ ଅଳକା(ନାରୀ)କୁ ଲୁଚାଇଥିଲା ଭଙ୍ଗାରୁଜା, ଜଳି ଯାଇଥିବା, ପୋଡ଼ି ଯାଇଥିବା ଅଙ୍ଗାରବତ ନୂଆଖାଲି ମଶାଣି।

ଗୁରୁପ୍ରସାଦଙ୍କ ଦୃଷ୍ଟି କିନ୍ତୁ ପୂରାପୂରି ଅଲଗା। ନାରୀ ଆଉ ଆବ୍ରୁ ଭିତରେ ନାହିଁ। ସେ ନିଜେ ଖୋଲି ଦେଇଛି ନିଜର ଆବ୍ରୁ। ପୂର୍ବରୁ ଆଉଜଣେ କିଏ (ପୁରୁଷ) ଖୋଲୁଥିଲା ତା'ର ବସ୍ତ୍ର। କିନ୍ତୁ ଆଜି ନାରୀ ନିଜକୁ ନିଜେ ବିବସ୍ତ୍ର କରି ପ୍ରସ୍ତୁତ କରୁଛି ଟାଉନହଲ୍ ସଭାଠାରୁ, ସିନେମାହଲ୍, କାନ୍ଥବାଡ଼, ହେଣ୍ଡବିଲ୍, ପୋଷ୍ଟର ବା ଆଉ କେଉଁ ନିଭୃତ କୋଠରୀ ମଧ୍ୟରେ। ସେ ଆଜି କ୍ଷମତା-ପ୍ରମତ୍ତା ପୁଣି ଧ୍ୱସ୍ତଅସ୍ତିତ୍ୱା। ମହାନ୍ତି ଯେଉଁପରି ରାଉତରାୟଙ୍କୁ ଚାଲେଞ୍ଜ୍ କରିଛନ୍ତି ତା'ର ପଟାନ୍ତର ନାହିଁ। ସିଧାକଥା। ସେ ନିଜେ ପ୍ରମାଣ-ଚାକ୍ଷୁଷ ପ୍ରମାଣ, ଯାହାକୁ ଆମେ ଓକିଲାତି ଭାଷାରେ **eye witness** ବୋଲି କହିପାରିବା। ଏଣୁ ଏଥିରୁ ସ୍ପଷ୍ଟ ହୁଏ ଯେ, ରାଉତରାୟଙ୍କ ଉକ୍ତି ଆଂଶିକ ସତ୍ୟତାନତ। ଗୁରୁପ୍ରସାଦ ଆଧୁନିକ ନାରୀର ଅନ୍ୟ ପାଖଟି ଉପରେ ବେଶ୍ ଆଲୋକପାତ କରିଛନ୍ତି। ହୋଇପାରେ ଏହା ହିଁ ଆଧୁନିକତା ଓ ସ୍ୱାଧୀନତାର ଆଉ ଏକ ପ୍ରଭାବ-ନାରୀର ଅନ୍ୟ ଏକ ଇଚ୍ଛା ବା ସ୍ୱାଧୀନତାର ପାର୍ଶ୍ୱ ପ୍ରତିକ୍ରିୟା (**Side effect**): "ଏକ ବ୍ୟାଧିଗ୍ରସ୍ତ ସଭ୍ୟତାର ଶିକାର ଏଇ ନାରୀର ରୁଗ୍ଣ ଜୀବନର ଚିତ୍ର ଦେବାକୁ ଯାଇ ପୁନଶ୍ଚ ଏ କବିତାଟିରେ 'ଛିଣ୍ଡାଚିଠି', 'କାଦୁଅ', 'ବାଦୁଡ଼ି' ଓ 'କୁଆର ଚେଁ ଚାଁ', 'ସିନେମାର ହ୍ୟାଣ୍ଡ୍‌ବିଲ୍' ଆଦି ପ୍ରତୀକଗୁଡ଼ିକ ବ୍ୟବହାର କରାଯାଇଛି। ଏହି ପ୍ରତୀକଗୁଡ଼ିକ ଅତି ଦ୍ରୁତ ଭାବରେ ନାରୀ ଜୀବନର ଅସହାୟ ସାଂପ୍ରତିକ ସ୍ଥିତିକୁ ପ୍ରକାଶ କରୁନାହିଁ କି?" (ଶତପଥୀ: ୧୯୯୪: ୪୮୭) ଗୁରୁପ୍ରସାଦ କେତେ ସମୟୋପଯୋଗୀ ଚିତ୍ରଗୁଡ଼ିକ ଦେଇଛନ୍ତି ଓ ଯୁଦ୍ଧ ପରେପରେ ନାରୀର ଅସ୍ତିତ୍ୱ କିପରି ଅପଘଟିତ ହୋଇଛି ଦେଖାଇଛନ୍ତି- ସେସବୁ ତାଙ୍କ କବିତାଟିକୁ ସୂକ୍ଷ୍ମ ଦୃଷ୍ଟିରେ ପାଠ କଲେ ଜଣାପଡ଼େ। ସଚ୍ଚି ରାଉତରାୟ ଅଳକାକୁ ଦେଖାପାଇଛନ୍ତି ଓ ପୁଣି ସେ ହଜିଯାଇଛି। କିନ୍ତୁ ଗୁରୁପ୍ରସାଦ ସିଧା ସିଧା ନିରନ୍ତର ଅନ୍ୱେଷଣ ଓ ଠାବ ପରେ ଇସ୍ତାହାର ରଖିଛନ୍ତି। "(...) ନୂଆଖାଲିର ପଠାଣବସ୍ତିଠାରୁ ଭାରତୀୟ ସ୍ୱାଧୀନତା ବାଟଦେଇ ଚା' ଦୋକାନ, ଗଳି ରାସ୍ତା, ଟାଉନ୍‌ହଲ୍ ପର୍ଯ୍ୟନ୍ତ ତାଙ୍କ ସନ୍ଧାନର ଭୌଗୋଳିକ

ସୀମା ଅତ୍ୟନ୍ତ ସମୟୋପଯୋଗୀ। ସଚ୍ଚିବାବୁଙ୍କ କାବ୍ୟଚେତନାର ପ୍ରତିକ୍ରିୟାର ତଥା କାବ୍ୟ ସୂଚନାରେ ସଙ୍ଗଠିତ ଶ୍ରୀ ମହାନ୍ତିଙ୍କ କବିତାର ଏଇ ବାସ୍ତବବାଦୀ ଆଭିମୁଖ୍ୟ ଯଥାର୍ଥରେ ଯୁଦ୍ଧ ପରବର୍ତ୍ତୀ ସମୟ ଓ ଜୀବନଯନ୍ତ୍ରଣାର ଚମତ୍କାର ପ୍ରତିନିଧିତ୍ୱ କରେ। ସେଇ ମହୀୟସୀ ଭାରତୀୟ ନାରୀର ଜୀବନ ଆଜି କେଡ଼େ ବିପନ୍ନ। ସେ ସହରର ଗଳି ଓ ରାସ୍ତାକଡ଼ରେ ସନ୍ତାନ ପ୍ରସବ କରେ; ପୁଣି ରୁଗ୍ଣ ଶିଶୁ ଜନ୍ମ ବି କରେ। କଟକଠାରୁ କଲିକତା ଓ କଲିକତାରୁ ନୂଆଦିଲ୍ଲୀ- ସବୁଠାରେ ଏଇ କରୁଣ ଚିତ୍ର ଆମ ଆର୍ଥନୀତିକ ସ୍ଥିତିର ବାସ୍ତବ ଦିଗ ପ୍ରକାଶ କରିଥାଏ।" (ଶତପଥୀ:୧୯୯୪:୪୮୬)
ପ୍ରେମର ଏହି ବିକ୍ଷଣ୍ଡ, ବିପର୍ଯ୍ୟସ୍ତ ଓ ଅବକ୍ଷୟର ଚିତ୍ର ଏଠାରେ ବର୍ତ୍ତମାନ। ସେହିପରି ଆଉ ଏକ ଗୁରୁତ୍ୱପୂର୍ଣ୍ଣ ସୃଷ୍ଟି ହେଉଛି ସଚ୍ଚିଦାନନ୍ଦଙ୍କ 'ପ୍ରତିମା ନାୟକ'। "ପ୍ରତିମା ନାୟକ ହେଉଛି ଯୁଦ୍ଧର ଭୁକ୍ତାବିଶେଷ। ତା' ଜୀବନର ସମସ୍ତ ସମ୍ଭାବନା ଲୁଣ୍ଠିତ।" (ଶତପଥୀ : ୧୯୮୫:୮୯) କବି ରାଉତରାୟ ତା' ଓଠରେ ଯେଉଁ 'ଖାକିର ହସ' ଦେଇଛନ୍ତି, ମୁଖରେ 'ବ୍ରଣର ବିକାର' ଭରିଦେଇଛନ୍ତି, ସେଥିରେ ତା'ର ଅନ୍ତର୍ମଣିଷର ସଂଜ୍ଞା ବେଶ୍ ବାରି ହୋଇ ପଡ଼ିଥାଏ। ରାଉତରାୟ କହନ୍ତି –

"ପ୍ରତିମା ନାୟକ ହସେ, ଓଠେ ତା'ର ସ୍ୱପ୍ନର ଆଭାସ
ମୁହଁରେ ଖାକୀର ହସ, ଆଖିରେ ତା' ରାତିର ଇସାରା
ଦୁଇ ପାଖେ ଦ୍ରୁତ ବନ, ଗତିବାନ ନକ୍ଷତ୍ରର ଧାରା।"

(୨୦୦୧:୭୯୪)

ଚକ୍ରବାକ କାନ୍ଦିବାକୁ ପ୍ରତିମା ନାୟକ ଦେଖାଇବା ଏକ ପ୍ରତୀକାତ୍ମକ ସଂଯୋଗ। 'ପ୍ରେମ' ହିଁ କଥାବସ୍ତୁ। କିନ୍ତୁ ଏଠି ପ୍ରେମରେ ସ୍ୱଚ୍ଛତା କି ଶୁଦ୍ଧତା ନାହିଁ।

"ଶୀର୍ଣ୍ଣ ସାଧାଗାଲେ ଫୁଟେ ବ୍ୟର୍ଥତାର ଅକପଟ ଦାଗ
ତନୁ ତା'ର ରୋଗଜୀର୍ଣ୍ଣ, ବ୍ରଣେ ତା'ର ମ୍ଳାନ ମୁହଁଯାକ
ଶ୍ଲଥ, ରକ୍ତୁ ଦେହ- ଶିଖା ଢାଙ୍କିଅଛି ଖାକୀର ପୋଷାକ।"

(ରାଉତରାୟ:୨୦୦୧:୭୯୩)

ଏସବୁ ବର୍ଣ୍ଣନା ଭିତରେ ନାରୀର ଆଉ ଏକ ରୂପ ଓ ତା'ର ଅସ୍ତିତ୍ୱକୁ ଆମେ ପ୍ରତ୍ୟକ୍ଷ କରିଥାଉ। ସ୍ୱପ୍ନ ଆଉ ବାସ୍ତବତା ଏଠି ମୁହାଁମୁହିଁ ହୁଅନ୍ତି। ଧୂସର, ଧୂମାଳ, ଧ୍ୱାନ୍ତ ଭୟଙ୍କର ରୂପ ଏଠି ବର୍ତ୍ତମାନ। କବି ନାରୀର ଏପରି ଅସ୍ମିତାର ଚିତ୍ର ଆଙ୍କିଛନ୍ତି ଏହି କବିତାରେ। ପୁଣି ଲାସ୍‌କଟା ଘରେ ହାରିକେନ୍ ବତୀ ଜଳିବା କଥାଟା ଅତ୍ୟନ୍ତ ପ୍ରତୀକାତ୍ମକ ଓ ନାରୀର ପୁରୁଷ ସହ ପ୍ରେମ ସମ୍ପର୍କ ଓ ତା'ର କଦାକାର ଆଦିମ ରୂପ

ଆଡ଼କୁ ହିଁ ଇଙ୍ଗିତ କରେ। ଏଥିପାଇଁ ଏମ.ଏ. ପଢ଼ିଲାବେଳେ ପ୍ରତିମାର ବାହାଘର ଭାଙ୍ଗିଛି ଓ ପିତୃଋଣ ଶୁଝିବାକୁ ସେ ଖାକୀର ହସ ଓ ପୋଷାକକୁ ଆଦରି ନେଇଛି। ଗୁରୁ ପ୍ରସାଦଙ୍କର ଅନେକ କବିତାରେ ଆମେ ଏହି ଦୁଇ ଚରିତ୍ରଙ୍କୁ ପ୍ରତ୍ୟକ୍ଷ କରୁ- ଅଳକା ଓ ପ୍ରତିମା। ହୁଏତ ଏହାର ଅନେକ କାରଣ ଥାଇପାରେ। କିନ୍ତୁ ଏହା ସତ ଯେ, ଅଳକା ସାନ୍ୟାଲ୍ ଓ ପ୍ରତିମା ନାୟକ ସେ କାଳରେ ଅତୀବ ଚର୍ଚ୍ଚିତ ଚେହେରା ଥିଲେ ସାହିତ୍ୟ ମହଲରେ। କିନ୍ତୁ 'ଅଳକା ସାନ୍ୟାଲ୍'ରେ ବର୍ଣ୍ଣିତ ନାରୀର ହାବଭାବ ବା ବର୍ଣ୍ଣନାରୀତି ସହ ଗୁରୁପ୍ରସାଦ ଏକମତ ନଥିଲା ପରି ମନେ ହୁଅନ୍ତି। ଅବଶ୍ୟ ସେକଥାକୁ ସେ ନିଜେ ମଧ୍ୟ ତାଙ୍କ 'ଅଳକା ସାନ୍ୟାଲ୍'ରେ ସ୍ପଷ୍ଟ କରିଛନ୍ତି। କାରଣ 'ପ୍ରତିମା' ଚରିତ୍ର ଗୁରୁପ୍ରସାଦଙ୍କ 'ଅଳକା'ର ସନ୍ନିହିତ ଚରିତ୍ର। ଅବଶ୍ୟ ସେଠାରେ ମଧ୍ୟ ରାଉତରାୟ ପ୍ରତିମାକୁ ସଂପୂର୍ଣ୍ଣ ଦୋଷମୁକ୍ତ ଓ ପରିସ୍ଥିତିର ଦାସ ହିସାବରେ ଜଣେ ଅତ୍ୟାଚାରିତା ହିସାବରେ ଚିତ୍ରଣ କରିବାରେ ଢିଲା ଦେଇ ନାହାଁନ୍ତି। କିନ୍ତୁ ଗୁରୁପ୍ରସାଦଙ୍କ 'ଅଳକା ସାନ୍ୟାଲ୍'ର ଉଦ୍ଦେଶ୍ୟ ଏକଦମ୍ ସ୍ପଷ୍ଟ ଓ ସିଧାକଥା। ଆମେ ଏଲିଅଟ୍‌ଙ୍କୁ ଗୁରୁପ୍ରସାଦଙ୍କଠାରେ ଅଧିକ ଦେଖୁ। "ରେସ୍ତୋରାଁଠାରୁ ଟାଉନ୍‌ହଲ୍ ଯାଏଁ, ପ୍ରେମିକର ଶଯ୍ୟାରୁ ଜୀବନ ସଂଗ୍ରାମର ରାଜପଥ ପର୍ଯ୍ୟନ୍ତ, ସବୁଠାରେ ତାର ଅସ୍ତିତ୍ୱ ମିଶି ରହିଛି।" (ଶତପଥୀ:୧୯୮୫:୧୩୧) ପ୍ରଫେସର ଶତପଥୀ ଯଥାର୍ଥରେ କହିଛନ୍ତି- "ମୋର ଯେପରି ମନେହୁଏ ଏଇ ପ୍ରତିମା ନାୟକ ହିଁ 'କାଳପୁରୁଷ'ରେ ଚିତ୍ରିତ ନାୟିକାମାନଙ୍କ ଭୂମିକାରେ ପଦାର୍ପଣ କରିଛି। ଏପରିକି ଶ୍ରୀ ମହାନ୍ତି ଏଇ ନାମଟିର ଲୋଭକୁ ମଧ୍ୟ ପ୍ରତ୍ୟାହାର କରିପାରି ନାହାନ୍ତି। କାରଣ ତାଙ୍କ ନାୟିକା ଓ ଯୁଦ୍ଧ ପରବର୍ତ୍ତୀ ସମୟକ୍ଷତ ପ୍ରତିମା ନାୟକର ମାନସିକ ଓ ସାମାଜିକ ପରିସ୍ଥିତିରେ ରହିଛି ଅଦ୍ଭୁତ ତଥା ଅଭୂତ ପୂର୍ବ ସାମଞ୍ଜସ୍ୟ। ଏପରିକି ରାଉତରାୟଙ୍କ 'ଅଳକା ସାନ୍ୟାଲ୍' କବିତାର ସୂଚନାତ୍ମିକତା ଉପରେ ଶ୍ରୀ ମହାନ୍ତିଙ୍କ 'ଅଳକା ସାନ୍ୟାଲ୍'ର କାବ୍ୟରୂପ ଏକ ମାନସିକ ପ୍ରକ୍ରିୟାର ସମ୍ମୁଖୀନ ହୋଇଛି- ଏହା ଅସ୍ୱୀକାର କରାଯାଇ ପାରିବନାହିଁ।" (ଶତପଥୀ:୧୯୮୫:୧୪୯) ଗୁରୁପ୍ରସାଦ କବି ରାଉତରାୟଙ୍କଦ୍ୱାରା ଖୁବ୍ ପ୍ରଭାବିତ ଥିଲେ। ତାର ପ୍ରମାଣ ଆଲୋଚ୍ୟ 'ଅଳକା ସାନ୍ୟାଲ୍' କବିତାରେ ସେ ପ୍ରଦାନ କରିଛନ୍ତି ରାଉତରାୟଙ୍କ ନାମ ଉଲ୍ଲେଖ କରି। ପୁଣି 'କପୋତ କପୋତୀ'ରେ ସେ ଲେଖିଛନ୍ତି:

"ଏ ରାତି ବିଛାଇ ଦିଏ ସ୍ୱପ୍ନ ଆଉ ଯୁଗ ଯୁଗ
କଞ୍ଚକଞ୍ଚ ତାରା ଆଉ ତାରା
ତୁମରି ଭ୍ରୂଲତା ତଳେ ମିଶିଯାଏ ଦିଗ୍‌ବଳୟ

ରାଧାନାଥ ରାୟ ଆଉ ସଚ୍ଚି ରାଉତରା...
ସେ କହିଲା, "ଏହି ମୋର ସିଲ୍କ ଶାଢ଼ି ଆକାଶୀ ରଂଗରେ
ଆକାଶରୁ ଖସିଆସେ ତାରା ଆଉ ସଚ୍ଚି ରାଉତରା ।"
(ମହାନ୍ତି: ୨୦୦୫: ୧୪)

ପୁଣି ପ୍ରତିମା ନାୟକରେ କବି ରାଉତରାୟ ବ୍ୟବହାର କରିଥିବା 'ଧାନସିଡ଼ି' ନଈକଥା (*"ବହୁଦୂରେ ଯଂତ୍ରଶାଳେ ଚିମ୍‌ନିଟା କାଶେ ନିଜ ଛାଏଁ / ଧାନସିଡ଼ି ନଦୀ ଟପି ଆଠଟାର, ଡାକଗାଡ଼ି ଧାଏଁ ।"*) (୨୦୦୧: ୭୯୩) ଗୁରୁପ୍ରସାଦ ମଧ୍ୟ ତାଙ୍କ 'ସିନ୍ଧୁଆ' କବିତାରେ ଉଠାଇଛନ୍ତି । କହିବାବାହୁଲ୍ୟ ଯେ, *"**ଧାନସିଡ଼ି** ନଈ ସିନା ଏଠି ନାହିଁ ଏଠି ଏହି **ସିନ୍ଧୁଆର** ଧାର ।"* (ମହାନ୍ତି: ୨୦୦୫: ୮୩) ଅଥବା *"**ଧାନସିଡ଼ି** ନଈ ସିନା ଏଠି ନାହିଁ, ଏଠି ଶୀର୍ଣ୍ଣ **ସିନ୍ଧୁଆ** ସୁଅ ।"* (୨୦୦୫: ୮୫) ପ୍ରଭୃତି କବିଙ୍କର ଇଚ୍ଛାକୃତ ଓ ସ୍ୱତନ୍ତ୍ର ଲକ୍ଷ୍ୟମୂଳକ ବ୍ୟବହାର ମାତ୍ର । ମହାନ୍ତିଙ୍କ ପ୍ରସିଦ୍ଧ ଦୀର୍ଘ କବିତା 'କାଳପୁରୁଷ'(୧୯୬୦)କୁ ଦେଖାଯାଉ । ଏଥିରେ ପ୍ରତିମା ଓ ଅଳକା କିପରି ଗୁରୁତ୍ୱପୂର୍ଣ୍ଣ ସ୍ଥାନାଧିକାର କରିଛନ୍ତି ଦେଖା ଯାଇପାରେ ।

"ସ୍ମାର୍ତ୍ତଦାସ ଇଂଜିନିୟର ଛିଡ଼ା ହୁଏ କାର୍ ରଖି ସାକାର ଓ
ପୁଣି ନିରାକାର
ପ୍ରତିମା ନାୟକ ହସେ ତା' ଦେହରେ କଳା ଶାଢ଼ି
ରୁଜ୍ ଆଉ ବ୍ରଣର ବିକାର ।"
(ମହାନ୍ତି: ୨୦୦୫: ୬୮)

ଅଥବା,

ସହର ଉପରେ ଯାଏ ଭାସି ଭାସି ଅସରନ୍ତି ଧୂସର ବଉଦ
*ଧୂସର ଏ ଆକାଶରେ ନେଶି ହୋଇ ରହିଯାଏ **ପ୍ରତିମା**, ମିନତି, ମିରା*
ରୁଜ୍, ବ୍ରଣ, ଚକୋଲେଟ୍, ଲାଲ୍‌ଛେପ ରଖିଯାଏ ଦାଗ ।"
(୨୦୦୫: ୬୮)

ପୁଣି ମହାନ୍ତିଙ୍କ ଷ୍ଟାଇଲ୍‌କୁ ଏଠାରେ ଲକ୍ଷ୍ୟ କଲେ ସେଠାରେ ରାଉତରାୟ ଆପେ ଉଭା ହେବେ ।

"ମୁଁ ତୁମକୁ ଖୋଜିଥିଲି କେତେ ରେଲ୍ ପୋଲ ଡେଇଁ
କେତେ ଯୁଗଯୁଗାନ୍ତର ସିଂହଳ ଓ ମଳୟ ଦ୍ୱୀପରେ
କେତେଗଳି କୋଠା ଡେଇଁ ବିବର୍ଣ୍ଣ ପଥର ସ୍ତୁପ

ବାରବାଟି ପାଚିରୀ ଭିତରେ

ଗଡ଼ଖାଇ ତଳେ କେତେ ସୁଡ଼ଙ୍ଗ ଓ ଅରମା ଭିତରେ

ତୁମକୁ ଖୋଜିଲି ପୁଣି ଚଉଦ୍ୱାର ବାଙ୍କି କଟକରେ।" (୨୦୦୫:୭୫)

ଏହା ରାଉତରାୟଙ୍କ ଶୈଳୀ (ଅଳକା ସାନ୍ୟାଲ୍ କବିତାସ୍ଥ) ସଦୃଶ। ଏହିପରି ନାରୀର କଥା, ସମାଜରେ ନାରୀର ସ୍ଥିତି ଓ ପୁରୁଷ ମନରେ ନାରୀର ସ୍ୱରୂପ ତଥା ପୁରୁଷର ମୂଲ୍ୟବୋଧଭିତ୍ତିକ ସମାଜରେ ନାରୀର ଉତ୍ତରଣ ଓ ବିପର୍ଯ୍ୟସ୍ତର ଚିତ୍ର ଏଠାରେ ଚିତ୍ରିତ।

ପରିଶେଷରେ ଏହା କୁହାଯାଇପାରେ ଯେ, ରାଉତରାୟଙ୍କ ଅଳକା ସାନ୍ୟାଲଠାରୁ ଗୁରୁପ୍ରସାଦଙ୍କ ଅଳକା ସାନ୍ୟାଲ୍ ଅଧିକ ଆଧୁନିକ ରୁଚିସଂପନ୍ନା। ଗୁରୁପ୍ରସାଦ ଅପେକ୍ଷାକୃତ ଅଧିକ ବାସ୍ତବତାମୁଖୀ। ରାଉତରାୟ ପୁରୁଷ ହେଲେ ମଧ୍ୟ ନାରୀକୁ ନିର୍ଯ୍ୟାତିତା ବୋଲି ପ୍ରମାଣ କରିଛନ୍ତି ଓ ଏଥିପାଇଁ ପୁରୁଷ ଦାୟୀ ବୋଲି କହିଛନ୍ତି। କିନ୍ତୁ ମହାନ୍ତି ଏ କଥାକୁ ଅସ୍ୱୀକାର କରିଛନ୍ତି। ନାରୀ ଅଧୁନା ହୋଇଛି ସ୍ୱେଚ୍ଛାଚାରିଣୀ। ତାର ବିପର୍ଯ୍ୟସ୍ତ ଅସ୍ତିତ୍ୱ ହେଉ କି ଆଧୁନିକତାର ଅସ୍ମିତା ହେଉ–ଏସବୁର ସ୍ୱର ଓ ସ୍ୱାକ୍ଷର ବହନ କରିଛି ମହାନ୍ତିଙ୍କ କବିତା। ରାଉତରାୟଙ୍କ ସ୍ୱରଟି ନାରୀବାଦ ଆଡ଼କୁ ଆନତ ଥିଲାପରି ଜଣା ପଡୁଥିଲା ବେଳେ ମହାନ୍ତିଙ୍କ ମନୋବୃତ୍ତି ରକ୍ଷଣଶୀଳତା ଆଡ଼କୁ ଯାଇଛି। ଏଣୁ ନାରୀର ଏତାଦୃଶ ନଗ୍ନ ଓ ଭଗ୍ନ ଅସ୍ତିତ୍ୱକୁ ସେ ସହଜରେ ସ୍ୱୀକାର କରିପାରି ନାହାଁନ୍ତି। ଏହା ଏକ ବ୍ୟଭିଚାର ପରି ମନେ ହୋଇଛି କବି ମହାନ୍ତିଙ୍କୁ। କିନ୍ତୁ ଏହା ମହାନ୍ତି କହିଲେ ମଧ- କଥାଟା ନାରୀମନର, ନାରୀର ଅନ୍ତରାତ୍ମାର ଇଚ୍ଛା ହୋଇପାରେ। ଏଣୁ ଏ ଦୁଇଟି ଯାକ କବିତାର ଆୟାମ (dimensions) ଅନେକ ଓ ଅନେକ କୋଠରୀର କବାଟ ଖୋଲିବା ବାକି ଅଛି। ସର୍ବୋପରି ଓଡ଼ିଆ କବିତା କ୍ଷେତ୍ରରେ ଏହି ଦ୍ୱୟ ଯେ ଅଦ୍ୱିତୀୟ ଓ ବହୁମୂଲ୍ୟ କବିତା ଏହା ଅସ୍ୱୀକାର କରାଯାଇ ନପାରେ।

■

ଅନୁସୃତ ଗ୍ରନ୍ଥସୂଚୀ:

(୧) ନନ୍ଦ, ବିଜୟ କୁମାର (୧୯୯୯), ସାହିତ୍ୟ ଓ ସଂସ୍କୃତି, କଟକ: ଆର୍ଯ୍ୟ ପ୍ରକାଶନ।

(୨) ପାଣ୍ଡବ ଶତ୍ରୁଘ୍ନ (୧୯୯୮), ଆଧୁନିକ ଓଡ଼ିଆ କବିତା ପରିଚର୍ଚ୍ଚା, କଟକ, ଫ୍ରେଣ୍ଡସ ପବ୍ଲିଶର୍ସ।

(୩) ମହାନ୍ତି, ଗୁରୁପ୍ରସାଦ (୧୯୫୫). ନୂତନ କବିତା, କଟକ, ଜନଶକ୍ତି ପୁସ୍ତକାଳୟ।

(୪) ମହାନ୍ତି, ଗୁରୁପ୍ରସାଦ (୨୦୦୫), ଗୁରୁପ୍ରସାଦ କବିତା, ଭୁବନେଶ୍ୱର, ସୁବର୍ଣ୍ଣରେଖା।

(୫) ରଥ ପ୍ରଭାତୀ (୨୦୦୬), ଆଧୁନିକ କବିତାରେ ରୂପତତ୍ତ୍ୱ, କଟକ, ପାଦଟୀକା।

(୬) ରାଉତରାୟ, ସଚ୍ଚିଦାନନ୍ଦ (୨୦୦୧), ସଚ୍ଚି ରାଉତରାୟ ଗ୍ରନ୍ଥାବଳୀ, ଭୁବନେଶ୍ୱର, ଓ.ସା.ଏ.।

(୭) ଶତପଥୀ, ନିତ୍ୟାନନ୍ଦ (୧୯୮୫), ପ୍ରମୁଖ କବି କତିପୟ, କଟକ, ନାଳନ୍ଦା।

(୮) ଶତପଥୀ, ନିତ୍ୟାନନ୍ଦ (୧୯୯୪), ସବୁଜରୁ ସାଂପ୍ରତିକ ଆଧୁନିକ ଓଡ଼ିଆ କବିତା ୧୯୨୦-୬୭, କଟକ, ଗ୍ରନ୍ଥମନ୍ଦିର।

(୯) ଶତପଥୀ, ପ୍ରତିଭା (୨୦୦୯), ନାରୀ ଅସ୍ତିତ୍ୱର ବାସ୍ତବତା ବିବର୍ତ୍ତିତ ଓଡ଼ିଆ କବିତା, କଟକ, ବିଦ୍ୟାପୁରୀ।

(୧୦) ହୋତା, ମଥୁରାନାଥ (୧୯୯୩) କବି ସଚ୍ଚି ରାଉତରାୟଙ୍କ ପାଣ୍ଡୁଲିପି ଏକ ନୂତନ ଯୁଗର ପ୍ରସ୍ତୁତି, ପୁରୀ, ନିଜସ୍ୱ ପ୍ରକାଶନ।

'କାଳପୁରୁଷ'ରେ କବି ଗୁରୁପ୍ରସାଦଙ୍କ ଶୈଳୀସ୍ୱାତନ୍ତ୍ର୍ୟ ଓ ଅନ୍ତର୍ଚେତନାର ଜୟଯାତ୍ରା

॥ ୧ ॥

ରାଧାନାଥଙ୍କ ପରେ ପରେ ରାଧାନାଥୀ ସମୀକରଣ ଓ ଆତ୍ମୀକରଣ ଏତେ ସଫଳଭାବେ ଓ ସମାନଭାବେ ଆଦୃତ ଓ ପ୍ରୟୋଗ ହୋଇଥିବାର ଗୁରୁପ୍ରସାଦଙ୍କ ପୂର୍ବରୁ କୌଣସି ସୃଷ୍ଟି ବା ସ୍ରଷ୍ଟାଠାରେ ଦେଖିବାକୁ ମିଳେନାହିଁ। 'ମହାଯାତ୍ରା' କବି ରାଧାନାଥଙ୍କୁ ଅମର କଲା। ଏହା ହେଲା ତାଙ୍କର ଶ୍ରେଷ୍ଠ ସୃଷ୍ଟି। ଏକଥା ସମସ୍ତଙ୍କର ମନେଥିବ। ଆଉ ଏକଥା ସାଙ୍ଗକୁ ମୁଦ୍ରାର ଅନ୍ୟପାଖଟି ମଧ୍ୟ ମନେଥିବା କଥା। ନତୁବା ମୁଦ୍ରା ଅଚଳହେଲା ପରି ଗୋଟିଏ ପକ୍ଷ କଥାରେ ବିଶେଷ ଫଳ ଫଳିବ ନାହିଁ। ଦାନ୍ତେଙ୍କ 'ଡ଼ିଭାଇନ କମେଡ଼ି' ଠାରୁ ହୋମ୍‌ରଙ୍କ 'ଇଲିଆଡ୍', 'ଓଡ଼େଶୀ', ଭର୍ଜିଲ୍‌ଙ୍କ 'ଏନିଡ୍', ମିଲ୍‌ଟନ୍‌ଙ୍କ 'ପାରାଡାଇଜ୍ ଲଷ୍ଟ୍' ଟେନିସନ୍‌ଙ୍କ 'ପାସିଙ୍ଗ୍ ଅଫ୍ ଆର୍ଥର୍' ବଂଗଳା କବି ମାଇକେଲ୍ ମଧୁସୂଦନ ଦତ୍ତଙ୍କ 'ମେଘନାଦ ବଧ', ହେମଚନ୍ଦ୍ରଙ୍କ 'ଭାରତ ସଂଗୀତ' ତଥା ସଂସ୍କୃତ-ଓଡ଼ିଆ 'ରାମାୟଣ', 'ମହାଭାରତ' ସହିତ କାଳିଦାସ, ମାଘ, ଶୀହର୍ଷ ପ୍ରମୁଖ ସଂସ୍କୃତ ପଣ୍ଡିତ ଏବଂ ସାରଳା, ବଳରାମ ଓ ଜଗନ୍ନାଥ ପ୍ରଭୃତିଙ୍କୁ ସେ ଆତ୍ମୀକୃତ କରି 'ମହାଯାତ୍ରା' ରଚାନ କରିଥିଲେ। ଏଥିରେ ମୌଳିକତା ଅପେକ୍ଷା ଶିଳ୍ପ-ସୌକର୍ଯ୍ୟ ହେଲା ଅଧିକ ଗୁରୁତ୍ୱପୂର୍ଣ୍ଣ। ପୁଣି ଏ ଶିଳ୍ପ-ସୌକର୍ଯ୍ୟ ବା Style ଥିଲା ଏକାନ୍ତ ରାଧାନାଥୀ। ଅଥଏବ ରାଧାନାଥ କିଛି ମୌଳିକ କଥାକୁ ନନେଇ ମଧ୍ୟ ନିଜର ବ୍ୟକ୍ତିତ୍ୱକୁ ଜାହିର କରିପାରିଲେ ନିଜସ୍ୱ ଶୈଳୀସ୍ୱାତନ୍ତ୍ର୍ୟ ଓ ବିଶେଷକରି ନିଜର ସମୀକରଣ କ୍ଷମତା ଦ୍ୱାରା। ଏସୂତ୍ରରେ ମହାଯାତ୍ରା ଯଦି ରାଧାନାଥଙ୍କ କବିପ୍ରତିଭା, କାବ୍ୟଜୀବନ ଓ ଅନ୍ତର୍ଚେତନାର ଜୟଯାତ୍ରା ହୋଇପାରିଲା, ତେବେ ଗୁରୁପ୍ରସାଦଙ୍କ 'କାଳପୁରୁଷ' କ୍ଷେତ୍ରରେ ଏହା କାହିଁକି ହୋଇନପାରିବ ? ନେଇ ଆଣି ଥୋଇ ପାରିଲେ ସବୁ କାର୍ଯ୍ୟ ସୁନ୍ଦର। ସୁତରାଂ ଆମ୍ଭେ କୃତିଟିର କୃତିତ୍ୱ ବିଚାର ଲାଗି ଏହାର ଦେଶୀ-

ବିଦେଶୀ ଗୁଣ କାଢ଼ିବା ଅପେକ୍ଷା ତା'ର ସ୍ୱଚ୍ଛତା, ସ୍ପଷ୍ଟତା, ଚେରର ଗଭୀରତା, ପତ୍ରର ବହଳତା, ବୃକ୍ଷର ସାମଗ୍ରିକ ଅଭିବୃଦ୍ଧି ଓ ଫଳ ଉପରେ ଧ୍ୟାନପୂର୍ବକ ପରୀକ୍ଷା-ପର୍ଯ୍ୟବେକ୍ଷଣ କରିବା ଆବଶ୍ୟକ। ଏସବୁ ଦୃଷ୍ଟିରୁ ସୃଷ୍ଟିଟି ସବଳଥିଲେ ଏହାକୁ ସଫଳ-ସବଳ ତଥା ସଜଳ ଆଖ୍ୟା ପ୍ରଦାନ କରିବାରେ ଦ୍ୱିଧା ରହୁଛି କେଉଁଠି ? ମନେକରାଯାଉ ମଣିଷ ବେକରେ ମଣିଷ ମୁଣ୍ଡ ବଦଳରେ ହାତୀମୁଣ୍ଡ ଲଗାଯାଉଛି। ଯଦି ହାତୀ ମୁଣ୍ଡଟି ମଣିଷ ମୁଣ୍ଡ ପରି ସେଠାରେ ସଠିକ୍ ଭାବେ ଲାଗିଯାଉଛି। ଅସଂଲଗ୍ନ, ଅସୁନ୍ଦର ବା ଅବାନ୍ତର ପରି ପ୍ରତୀତ ହେଉନାହିଁ। ତେବେ ଏଥିରେ ଏହାକୁ କାହିଁକି ଅଗ୍ରାହ୍ୟ କରିବା ? ବରଂ ବେଳେବେଳେ ଏହିପରି ପରୀକ୍ଷଣରେ ଶତେକ ଅସଫଳତା ସତ୍ତ୍ୱେ ଏକ ଏକ ବଳିଷ୍ଠ ଓ ଗରିଷ୍ଠ ସଫଳତା ମଧ୍ୟ ମିଳିଥାଏ। ଏ ଦୃଷ୍ଟିରୁ 'କାଳପୁରୁଷ' ଯେ ସମ୍ମାନର ଅଧିକାରୀ ଏକଥାକୁ ଅସ୍ୱୀକାର କରାଯାଇନପାରେ। ଶିଳ୍ପକଳା, ଶବ୍ଦ ବସାଣ, ଭାବସଂଚାର ଓ ମସୃଣତା ଦୃଷ୍ଟିରୁ ବରଂ ଏହା ଏକ ଉତ୍ତରିତ ସ୍ଥାନରେ ପହଞ୍ଚିପାରିଛି ବୋଲି କହିବାକୁ ହୁଏ। ହୁଏତ ପାଶ୍ଚାତ୍ୟ ଭୂମିର ବାସ୍ନା ଆମକୁ ନିଆରା ନିଆରା ଲାଗୁଛି, କିନ୍ତୁ ଆକାଶତ ଏକ ଓ ଅଭିନ୍ନ ! ଏ ସୂତ୍ରରେ ସାହିତ୍ୟ ବି ଏକ ଓ ଅଭିନ୍ନ। କାରଣ ଏ ସାହିତ୍ୟ ଶବ୍ଦର ଆକାଶ। ମୋଟାମୋଟି ରୂପେ ଏହା ମୁକ୍ତକଣ୍ଠରେ ସ୍ୱୀକାର କରିହେବ ଯେ, ପାଶ୍ଚାତ୍ୟ ପ୍ରବୃତ୍ତି ଓ କିଛି ପ୍ରତୀଚ୍ୟ ବିବୃତ୍ତି ହେତୁ ଆମକୁ କିଛି ଭିନ୍ନ ସ୍ୱାଦ ମିଳୁଥିଲେ ମଧ୍ୟ ଏହା ବାସ୍ତବରେ ତିକ୍ତ ବା ତ୍ୟକ୍ତ୍ୟ (ତ୍ୟଜ୍ୟ) ନୁହେଁ। ବରଂ ପ୍ରକୃତପକ୍ଷେ ଏହା ମୌଳିକ ଭାବସତ୍ତା ଠାରୁ ଖୁବ୍ ଅଧିକ ଭାବସାନ୍ଦ୍ର ଓ ସଂଚରଣଶୀଳ ହୋଇପାରିଛି। ଏ ସୂତ୍ରରେ 'କାଳପୁରୁଷ'ର ଉଚ୍ଚତା ଖାଲି ସ୍ୱତନ୍ତ୍ର ଓ ପ୍ରଶଂସାର୍ହ ନୁହେଁ, ଅପରନ୍ତୁ ଅଦ୍ୱିତୀୟ ବୋଲି ସ୍ୱୀକାର କରିବାକୁ ହେବ।

ମହାକାବ୍ୟ 'ମହାଯାତ୍ରା' 'ଉତ୍କଳପ୍ରଭା'ରେ ବାହାରୁଥିଲା ପରି କଳାଜୟୀ କାବ୍ୟ 'କାଳପୁରୁଷ' କଳପୁରୁଷର (Machine Man) ଧ୍ୱନିନେଇ ଶବ୍ଦ ରୂପେ ପ୍ରକାଶିତ ହେଲା 'ପ୍ରଜ୍ଞା' ତ୍ରୈମାସିକ ପ୍ରତିକାରେ। 'ମହାଯାତ୍ରା'ର ରଚନା ରାଧାନାଥଙ୍କ ପକ୍ଷେ ଥିଲା ଯଥେଷ୍ଟ ସମୟ ସାପେକ୍ଷ। ସେହିପରି କବି ଗୁରୁପ୍ରସାଦଙ୍କ ଲାଗି 'କାଳପୁରୁଷ' ମଧ୍ୟ ଥିଲା ଏକ ଅୟାସସାଧ୍ୟ ବ୍ୟାପାର। ଏହି ଦୀର୍ଘ କବିତାଟି ରଚନା କରିବା ଲାଗି ତାଙ୍କୁ ଲାଗିଥିଲା ଦୁଇବର୍ଷରୁ ଅଧିକ କାଳ। ବହୁଚର୍ଚ୍ଚିତ କବି ଟି. ଏସ୍. ଏଲିଅଟ୍‌ଙ୍କ ପ୍ରସିଦ୍ଧ କାବ୍ୟ 'The Waste Land'ର ରଚନା ଇତିହାସ ମଧ୍ୟ ସେହିପରି ସମୟ ସାପେକ୍ଷ। ଏ ତିନୋଟି ଯାକ କବିତା ଯଥା- 'ମହାଯାତ୍ରା', 'The Waste Land' ଏବଂ 'କାଳପୁରୁଷ' ରଚିତ ହେଲାବେଳେ ଏମାନଙ୍କର ରଚୟିତାମାନଙ୍କ ମାନସିକ ପୃଥିବୀ ଖୁବ୍ ସାଂଘାତିକ ଦ୍ୱନ୍ଦ୍ୱ-ଝଡ଼, ବାତ୍ୟା-ସଂଘାତ-ସଂଘର୍ଷାଦିର ସମ୍ମୁଖୀନ ହେଉଥାଏ।

ଏଇ ଝଡ଼ ପୁଣି ମାନସିକ ଦୁରବସ୍ଥାରେ ସୀମିତ ନରହି ଶାରୀରିକ ଓ ଆଧାତ୍ମିକ ବିକୃତି ଆଡକୁ ଗତି କରୁଥିଲା। ଏଇଠାରୁ ହିଁ କବି ଚେତନାର ଉତ୍ତରଣ ଓ ଏହି ଉତ୍ତରିତ ଚେତନାରୁ ପ୍ରସୂତିଲାଭ କରି ଜନ୍ମ ହୁଅନ୍ତି ଏହି କାବ୍ୟସବୁ। ସ୍ୱର୍ଣ୍ଣ ଓ ଅଗ୍ନିଝାସ, ମୂର୍ତ୍ତି ଓ କଷଟି ପଥର ବା ନିହାଣର ଚିରାଚରିତ ସଂପର୍କ ପରି ଶ୍ରେଷ୍ଠ ଓ କ୍ଲିଷ୍ଟର ସଂପର୍କ ଶାଶ୍ୱତ ଓ ନିରନ୍ତର।

ଯେତେଦୂର 'କାଳପୁରୁଷ' କଥା ଏହା ଆଦୌ ସହଜ କଥାଟିଏ ନୁହେଁ। ଏହାଥିଲା ପୂରାପୂରି Experimental Poetry ବା ପ୍ରୟୋଗବାଦୀ କବିତା। ନିଜେ କବି ଗୁରୁପ୍ରସାଦ କହନ୍ତି ଖାଲି ଭାବ ନୁହେଁ ଭାଷା ଉପରେ ମଧ୍ୟ ଏଠାରେ ଏକ ପ୍ରୟୋଗାତ୍ମକ ପରୀକ୍ଷା କରାଯାଇଛି। ଓଡ଼ିଆ ଭାଷାର poetry, ଓଡ଼ିଶା ମାଟିର poetryକୁ ମାପିବା ପାଇଁ ଏସବୁ ପାଶ୍ଚାତ୍ୟ ଶବ୍ଦ ସେ ଏଠାରେ ନିକ୍ଷେପ କରିଥିଲେ। ସୁଖର ବିଷୟ ଏ ମାଟି, ଏ ଜାତି ଓ ଏ ଭାଷା ବନ୍ଧ୍ୟା ବା ଦୁର୍ବଳା ପ୍ରମାଣିତ ନହୋଇ ବରଂ ସଫଳ-ବଳିଷ୍ଠ ଓ ଗରିଷ୍ଠ ଚେତନାର ଉଦାର ତଥା ସଂସ୍କାରଶୀଳ ମାଟି ରୂପେ ପ୍ରମାଣିତ ଓ ପ୍ରତୀତ ହେଲା। ସଂସ୍କାର ଗୋଟିଏ ପଟରେ ଧ୍ୱସ୍ତ ହୋଇଯାଉ ଥିଲାବେଳେ, ଭାଷା ଓ ଶୈଳୀ କ୍ରମଶଃ ଉର୍ବରତର ବୋଲି ପ୍ରମାଣିତ ହୋଇପାରିଛି। 'କାଳପୁରୁଷ'ର ଏହା ଅନନ୍ୟ ବିଶେଷତା ମାତ୍ର।

॥ ୨ ॥

'କାଳପୁରୁଷ' ଏଲିଅଟ୍‌ଙ୍କ 'ଦ' ୱେଷ୍ଟଲାଣ୍ଡ'ର ଅନୁସୃଜନ ହେଉ ବା କଟକୀ ସଂସ୍କରଣ ହେଉ ବା ଉଡ଼ିଶୀ ସଂସ୍କରଣ ହେଉ, ଏହା ସମାଲୋଚନାର ଶରବ୍ୟ ହୋଇଥିଲା ଏହାର ଏକାନ୍ତ ଆହରଣ ଓ ଶବ୍ଦ ବପନ ପାଇଁ। ଅବଶ୍ୟ ଏଠାରେ ସେପରି ବିଶେଷ ସମୀକରଣ ହୋଇଥିବାର ମନେହୁଏ ନାହିଁ। ତଥାପି ଏହା ସତ୍ୟ ଯେ 'କାଳପୁରୁଷ'ର ସ୍ୱାତନ୍ତ୍ର୍ୟ ଅକ୍ଷୁର୍ଣ୍ଣ ଓ ଅଦ୍ୱିତୀୟ। ଏହାର କାରଣ 'କାଳପୁରୁଷ' ରଚନା କଲାବେଳେ ଯେଉଁ ମୁଖ୍ୟ ତିନୋଟି ଜିନିଷ ଗୁରୁପ୍ରସାଦ ଏଲିଅଟ୍‌ଙ୍କ ଠାରୁ ଅବିକଳ ଆଣିଲେ ତାହା ହେଉଛି (କ) ମିଥ୍, (ଖ) ଚିତ୍ରକଳ୍ପ ଓ (ଗ) ପ୍ରତୀକ। ଏଠାରେ ଏହା କହିରଖିବା ଉଚିତ୍ ଯେ ଏଲିଅଟ୍‌ଙ୍କୁ ଅନୁକରଣ କଲାବେଳେ ଗୁରୁବାବୁ ଆଣିଥିବା ପ୍ରଥମ (ମିଥ୍) ଓ ଶେଷ (ପ୍ରତୀକ) ଉପକରଣ ଦୁଇଟି ତାଙ୍କ ଗୌରବକୁ ଅକ୍ଷୁର୍ଣ୍ଣ ରଖିବାରେ ଅଧିକ କାର୍ଯ୍ୟକ୍ଷମ। ଏ ଦ୍ୱୟ ତୃତୀୟଟିର ଯଥାର୍ଥତା ବହନ କରନ୍ତି। ତେବେ ମୋଟାମୋଟି ଉପରେ ଏ ତିନୋଟିଯାକ ଭାରତୀୟ ପରିବେଶରେ ଯଥାର୍ଥ ହୋଇପାରିଛନ୍ତି। କାରଣ ମିଥ୍‌ର ବ୍ୟାପକତା ଦେଶୀୟ ସୀମା ବାହାରେ। ପ୍ରତୀକ କ୍ଷେତ୍ରରେ ମଧ୍ୟ ଏହା ଅନେକଟା ସମାନ। ଅତଏବ ଏ ଦ୍ୱୟ ଯଦି ପାଶ୍ଚାତ୍ୟ ମିଥ୍ ଓ

ପ୍ରତୀକ ଦୃଷ୍ଟିକୋଣରୁ ସିଦ୍ଧ, ସଠିକ୍ ଓ ଗ୍ରହଣୀୟ ତେବେ ଲୋକଙ୍କ ଚିତ୍ର ଦେଖିବାରେ ଅସୁବିଧା କିଆଁ ହେବ? ହଁ, ଅବଶ୍ୟ ଏହା ସତ୍ୟ ଯେ, ଗୁରୁପ୍ରସାଦଙ୍କୁ ଏଠାରେ ଅବବୋଧ କରିବା ଲାଗି ସାଧାରଣ ପାଠକ ନୁହେଁ, ଅପରନ୍ତୁ ଓଡ଼ିଶାର ବରିଷ୍ଠ ବୁଦ୍ଧିଜୀବୀ ତଥା ବିଦଗ୍ଧ ପାଠକମାନେ ସକ୍ଷମ ହୋଇପାରିବେ। ଗୋଟିଏ ଦୃଷ୍ଟିରୁ ଦେଖିଲେ ଏହା ମଧ୍ୟ ସଂଗତ ମନେହେବ। ସେ କଥାଟି ହେଉଛି- ଗୁରୁ ଏଲିଅଟ୍‌ଙ୍କ କଥା। ଏଲିଅଟ୍‌ଙ୍କ କାବ୍ୟ କବିତା କ'ଣ ସାଧାରଣ ଲୋକମାନଙ୍କ ଲାଗି କି? ସେହିପରି ଯଦି ସେ ମହାନ୍ ହୋଇପାରିଲେ ତେବେ ଗୁରୁପ୍ରସାଦଙ୍କ ଜଟିଳତାରେ କଥା ଅଟକିବାର ପ୍ରଶ୍ନଉଠୁଛି କେଉଁଠି? ଏଣୁ ମୋଟାମୋଟି ଉପରେ ଗୁରୁପ୍ରସାଦଙ୍କ ବିଶ୍ୱଦୃଷ୍ଟି ଓ ଦର୍ଶନକୁ ଆଖିଆଗରେ ରଖି ଆମ୍ଭେ ଏଠାରେ ନା କେବଳ ଶିଳ୍ପକଳା ଅପରନ୍ତୁ ଅନ୍ତଃକାରୁକାର୍ଯ୍ୟ ଓ ଭାବପ୍ରବାହକୁ ମଧ୍ୟ ଅଣଦେଖା କରିପାରିବା ନାହିଁ। ଅପର ପକ୍ଷରେ ବରଂ ଏହା କହିବା ସଂଗତ ହେବ ଯେ ଗୁରୁପ୍ରସାଦଙ୍କର ଏହି କବିତାଟି ଏକ କାଳଜୟୀ କଳା ମାତ୍ର।

॥ ୩ ॥

ଅସ୍ତିତ୍ୱବାଦ 'କାଳପୁରୁଷ' ଏକ ଆନ୍ତରିକ ଆବେଦନ ମାତ୍ର। "ସ୍ଥିତିବାଦୀ ଦର୍ଶନକୁ ଆନ୍ତରିକତାର ସହିତ ଗ୍ରହଣକରି କାବ୍ୟାଦର୍ଶରେ ପରିଣତ କରିଥିବା ବିଶିଷ୍ଟ କବି ହେଉଛନ୍ତି ଗୁରୁପ୍ରସାଦ ମହାନ୍ତି। 'ନୂତନ କବିତା' (୧୯୫୫)ରେ ଏହାର ପ୍ରାଥମିକ ପଦଚାରଣ ଶ୍ରୁତିଗୋଚର ହୋଇଥିଲେ ମଧ୍ୟ 'ସମୁଦ୍ରସ୍ନାନ'ରେ ହିଁ ଏହା ଅଧିକ ତୀବ୍ର ହୋଇଥିଲା।"[୧] ଏକଥା ସମାଲୋଚକ କେବଳ 'କାଳପୁରୁଷ' ଓ ଅନ୍ୟ କେତେକ କବିତାକୁ ଦେଖି ହିଁ ମନ୍ତବ୍ୟ ପ୍ରଦାନ କରିଛନ୍ତି। କାରଣ ଏଇଗୋଟି କେତେ କବିତା, ବିଶେଷକରି ଏହି 'କାଳପୁରୁଷ' ହିଁ ଗୁରୁପ୍ରସାଦଙ୍କୁ ଆଣିଦେଇଛି ଅଭୂତପୂର୍ବ ସଫଳତା। ଏହା ମୋଟାମୋଟି ରୂପେ ସ୍ଥିତିବାଦୀ କାବ୍ୟପ୍ରବାହ ବା ଅନ୍ୱେଷାର ସମଗୋତ୍ରୀୟ ବୋଲି ବିନା ଦ୍ୱିଧା ବା ବିନା ଦ୍ୱନ୍ଦ୍ୱରେ ମୁକ୍ତକଣ୍ଠରେ ସ୍ୱୀକାର କରାଯାଇପାରେ। ଏହାର ପ୍ରମାଣ ହେଉଛି 'କାଳପୁରୁଷ'ର ନାୟକ ବା ଚରିତ୍ରରାଜି ଖୁବ୍ ନିଃସଂଗ ଓ ଏକମ୍ଳାନ ଜୀବନରୁ ଆସି ବଞ୍ଚୁଛନ୍ତି। ଭିଡ଼ ଭିତରେ ବି ସେମାନେ ଏକାକୀ ଅନୁଭବ କରୁଛନ୍ତି। ଏହି ନିଃସଂଗତାବୋଧ ବା ବିଚ୍ଛିନ୍ନତାବୋଧ ଅସ୍ତିତ୍ୱବାଦ ଆଡ଼କୁ ଏକ ପଦକ୍ଷେପ ନୁହେଁ ତ ଆଉ କ'ଣ? ଯଥାର୍ଥରେ ସମାଲୋଚକ ଡକ୍ଟର ପଟ୍ଟନାୟକ କହନ୍ତି- " 'କାଳପୁରୁଷ'ରେ ସ୍ଥିତିବାଦର ସର୍ବବିଧ ଲକ୍ଷଣ ମଧ୍ୟରୁ ପ୍ରଧାନ ହେଉଛି କବିଙ୍କର ବିଚ୍ଛିନ୍ନତାବୋଧ ଓ ମୃତ୍ୟୁ ସଚେତନତା।"[୨] ଆହୁରି ସେ କହନ୍ତି- "ଆଧୁନିକ ଓଡ଼ିଆ

କବିତାରେ ଏ ଉଭୟ ଉପାଦାନ ପ୍ରଥମେ ନିବିଡ଼ ରୂପରେ ଉପଲବ୍ଧ ହୋଇଛି ଶ୍ରୀ ମହାନ୍ତିଙ୍କ କବିତାରେ।"[୩]

'କାଳପୁରୁଷ'ରେ ଗାନ୍ଧୀ, ମାର୍କସ୍, ଜଗନ୍ନାଥ ଦାସ ପ୍ରମୁଖ ନେତା ତଥା ପ୍ରମୁଖ ବ୍ୟକ୍ତି ବିଶେଷଙ୍କର ମାନେକିଛି ନାହିଁ। ରାସ୍ତକ'ର ଅନାମ ମଣିଷ ସାଙ୍ଗରେ ସେମାନେ ଏବେ ବରାବର। କାରଣ ଏବେ ଉଠିଛି ଅସ୍ତିତ୍ୱର ପ୍ରଶ୍ନବାଚୀ। ଏଇ ଦେଖନ୍ତୁ କବି ଶ୍ରୀଯୁକ୍ତ ମହାନ୍ତି କିପରି ହକାରୁଛନ୍ତି-

"ଦେଶର ଜନତା ମୋର ମୋ ଦେଶର...
ସଡ଼କର ବର୍ଷାପାଣି ପଚାସଢ଼ା ପରିବା ଚୋପାରେ,
ମୁଁ ଆଜି ପାଏ ନା ଖୋଜି ପାଦଚିହ୍ନ ନିଶବ୍ଦ ପ୍ରାଚୀ ତୀରେ ତୀରେ,
ମୁଁ ଆଜି ପାରେ ନା ଶୁଣି ପଦଧ୍ୱନି ମଣିଷର,
ନିଛାଟିଆ ବାଲିରେ ବାଲିରେ,
ମୁଁ ଆଜି କେବଳ ଶୁଣେ ଛିଡ଼ାହୋଇ ରାଣିହାଟ ପଥର ପୋଲରେ,
ଅସଂଖ୍ୟ ଛାୟାର ଏତେ ଯାତାୟତ ଆଷାଢ଼ର ପ୍ରାଣାନ୍ତ ପ୍ରୟାସ,
ମୋ ଦେଶର ନିରନ୍ନ ଜନତା...।" (କାଳପୁରୁଷ- ୨୪୬-୨୫୩)

ଉଭୟ କବି ଓ କାବ୍ୟନାୟକ ଖାଲି sensitive ନୁହନ୍ତି ବରଂ ଖୁବ୍ ଅସ୍ତିତ୍ୱ ସଚେତନ ଓ ସମ୍ବେଦନଶୀଳ। ଅସ୍ତିତ୍ୱବାଦୀ ଦର୍ଶନରେ କବି ଓ କାବ୍ୟନାୟକ ପ୍ରବଳ ଆସକ୍ତ। ତେଣୁ ଅସ୍ତିତ୍ୱବାଦୀ ଦାର୍ଶନିକ ବା ଏହି ଚେତନାର ଅନନ୍ୟ ବଳିଷ୍ଠ ଭାଷ୍ୟକାର କିର୍କେଗାର୍ଡଙ୍କ ଭାଷାରେ ସେ ଉଦ୍‌ଭାଷିତ ଓ ଖୁବ୍ ବେଶୀ ଉଦ୍‌ବୁଦ୍ଧ। ଜନତା ଏକ ସମୁତୁଲକାରୀ ବସ୍ତୁ। ଏହା ପୁଣି ଏକ ଅତିକାୟ ରୋଲର୍ ପରିକା, ଯାହା ବ୍ୟକ୍ତିକୁ ମଣିଷ ମଧ୍ୟରେ ପେଷିଦେଇ ଏକାକାର କରିଦିଏ, ଯେଉଁଠାରେ ବ୍ୟକ୍ତି ନିଜର ଆତ୍ମପରିଚୟକୁ ପାଇବା କଷ୍ଟକର ଓ ଦୁରୁହ ବ୍ୟାପାର ମାତ୍ର। ଜନତାର ଇସ୍ତାହାର ଓ ବ୍ୟକ୍ତିର ବ୍ୟକ୍ତିଗତ ଦସ୍ତାବିଜ୍ ମଧ୍ୟରେ ଥିବା ଅନ୍ତର ହେଉଛି ଏହି ଅସ୍ତିତ୍ୱବାଦୀ ଆନ୍ଦୋଳନ। ଏହା ଏକ ପ୍ରଚେଷ୍ଟା ଯେଉଁଥିରେ ବ୍ୟକ୍ତି ନିଜକୁ ପ୍ରତିଷ୍ଠିତ ଓ ଆତ୍ମସତ୍ତାକୁ ଅନୁଭବ କରିବାର ସୁଯୋଗ ପାଇପାରିଥାଏ। ଏଣୁ କବି ଶ୍ରୀଯୁକ୍ତ ମହାନ୍ତି ବ୍ୟଙ୍ଗାତ୍ମକ ହୋଇଉଠିଛନ୍ତି ଜନତାମାନଙ୍କ ପ୍ରତି ଏବଂ କହିଛନ୍ତି-

"ଏ ସହର ମୁହଁପରେ ଗୋଳିଗୋଳି ପାଉଁଶ ଅଙ୍ଗାର,
ରାତିର କୁହୁଡ଼ି ଚାଲେ ବାଟବାରି ଗଳି ଗଳି ସଡ଼କେ ସଡ଼କେ,
ରାତିର ଅଫିମ ନିଶାଯାକିଯୁକି ଯେବେ ଘୋଟିଆସେ,
ସଙ୍କୁଚିତ ଢ଼େଣାକରି ଯେବେ ଆସେ ଓହ୍ଲାଇ ଆକାଶ,

ମୁଁ ଭାବିଲି ଏତେଲୋକ ଏତେ ମାଂସ ଏତେ ସ୍ୱାଦୁ କଳାଧଳା ସାନବଡ଼,
ଏତେ ହାତ ଗୋଡ଼ର ସମଷ୍ଟି,
ଇତିହାସ କାଗଜରୁ ଅବାକାର ଖିଆଲ ଭିତରୁ,
ଏମାନେ ଆସିଲେ କାହୁଁ ଝରଣାର ପାଣିଖୋଜି,
ଏତେ ଭୂତ ଭବିଷ୍ୟତ ଗୋତ୍ରହୀନ,ଗାତ୍ରହୀନ ଏ ଅଦ୍ଭୁତ ପଂଗପାଳ ଗୋଷ୍ଠୀ।"

(କାଳପୁରୁଷ- ୬୦-୬୮)

ଏଠାରେ ଦ୍ରଷ୍ଟବ୍ୟ ଯେ, ମଣିଷ ଆତ୍ମଅସ୍ତିତ୍ୱ ସଂକଟବେଳେ କିପରି ଅନ୍ୟକୁ ଓ ଦରକାର ପଡ଼ିଲେ ସମଗ୍ର ସମାଜକୁ ଧିକ୍କାର କରେ, ଆଙ୍ଗୁଠି ଉଠାଏ ଓ ବ୍ୟଙ୍ଗ କରେ। କବି ସମାଜକୁ ପଙ୍ଗପାଳ ଗୋଷ୍ଠୀସହ ତୁଳନାକରି ନିଜର ଭାବକୁ ଜାହିର କରିବା ସଂଗେ ସଂଗେ ଅସ୍ତିତ୍ୱର ସଙ୍କଟ ନିମନ୍ତେ ଯେଉଁ ଭୟ ରହିଛି, ତାହା ମଧ୍ୟ ଫସଲ ହାନିକାରକ ପଙ୍ଗପାଳଙ୍କ ଦ୍ୱାରା ଅଙ୍କ ବହୁତେ ଅଭିବ୍ୟକ୍ତ। ପୁଣି ଗଣତନ୍ତ୍ର ବ୍ୟକ୍ତି ସ୍ୱାଧୀନତାର ଏକ ପ୍ରତିଭୂ ବା ବ୍ୟକ୍ତି ସ୍ୱାଧୀନତା ନିମନ୍ତେ ଏହା ଏକ ବରଦାନ ପରି। ମାତ୍ର ସାଂପ୍ରତିକ ସମାଜରେ ଗଣତନ୍ତ୍ର ଏକ ଶୋଷଣତନ୍ତ୍ର ମାତ୍ର। ଏଠାରେ ବ୍ୟକ୍ତିର ଶ୍ୱାସରୁଦ୍ଧ ହେବା ଏକ ମାମୁଲି କଥା। ଏଠାରେ ସ୍ୱାଧୀନତା ବା ମୁକ୍ତି ପ୍ରତିବଦଳରେ ବ୍ୟକ୍ତି ସ୍ୱାତନ୍ତ୍ର୍ୟକୁ ମିଳେ ରୁଦ୍ଧ କାରାଗାର। ଏଠି ମରିବା ସହଜ, ବଞ୍ଚିବା କଷ୍ଟକର। ଅତଏବ "ଏହି ରାଜନୀତି କେବଳ ଜନତାକୁ ଗିଳିବା ଜାଣେ" ବୋଲି ସମୀକ୍ଷକ ତଥା ଦାର୍ଶନିକ ଅନେକ ପର୍ଯ୍ୟବେକ୍ଷଣ ଉତ୍ତାରେ ମତବ୍ୟକ୍ତ କରନ୍ତି। "କିଅର୍‌କେଗାର୍ଡ କହିଛନ୍ତି ଯେ, ଜଣେ ଅସ୍ତିତ୍ୱବାଦୀ ଲେଖକ ତା ନିଜ ଲେଖାରେ ଆପଣାକୁ ହିଁ ଚିତ୍ରଣ କରିଥାଏ। କଥାଟି ନିରାଟ ସତ। ଅସ୍ତିତ୍ୱବାଦୀର ଜୀବନ ଏବଂ ତା'ର ଲେଖା ଓ ଚିନ୍ତାକୁ ଅଲଗା ଅଲଗା କରାଯାଇନପାରେ।"[୪]

ସମସାମୟିକ ସମାଜର ରାଜନୀତି, ଅର୍ଥନୀତି ଓ ସମାଜନୀତିକୁ ନେଇ ମଣିଷ ମନର କ୍ରିୟା ପ୍ରତିକ୍ରିୟା ପ୍ରକାଶ ପାଇଲାବେଳେ ଗୁରୁପ୍ରସାଦ ଏହାର ଏକ ଏଲିଅଟୀୟ ରୂପ ଆଙ୍କିଛନ୍ତି। ପୁଣି କବିତାର ଅନନ୍ୟ ବିଶେଷତା ହେଉଛି ଏଥିରେ ହୋଇଥିବା ପ୍ରାଚୀନ ଓଡ଼ିଆ କାବ୍ୟ କବିତା ପଙ୍କ୍ତିର ସଫଳ ପ୍ରୟୋଗ। ଏଠାରେ ଉଲ୍ଲେଖଯୋଗ୍ୟ ଯେ, ଭାରତୀୟ ମିଥ୍ କେତେଦୂର ବ୍ୟବହାର ହୋଇପାରିଛି ନପାରିଛି ତାହା ଅଲଗା କଥା, କିନ୍ତୁ ଏତଦ୍ୱାରା ଉକ୍ତ ପଙ୍କ୍ତି ଗୁଡ଼ିକର କାଳବାଚକତା ବା ସାର୍ବକାଳିକତା ବା ସାଂପ୍ରତିକ ପ୍ରସଂଗକୁ ସଠିକ୍‌ରୂପେ ବ୍ୟକ୍ତ କରାହୋଇପାରିଛି- ଏଥିରେ ଦ୍ୱିରୁକ୍ତି ମାତ୍ର ନାହିଁ। ଏଲିଅଟ୍‌ଙ୍କ ଟାଇପିଷ୍ଟ୍ ତରୁଣୀ ବା ଶସ୍ୟମିଥ୍ ପରି ଏଠି ପ୍ରେମର ସୀମା ସବୁ ହଜିଯାଇଛି, ଲିଭିଯାଇଛି। ଏଣୁ ସେ ଗାଇଉଠିଛନ୍ତି-

"ଏ ରାତିର ସୀମା ନିଭେ ଭଦ୍ରତାର ଶିଷ୍ଟତାର ଗାନ୍ଧିବାଦ,
ସାମ୍ୟବାଦ ଆଉ ପ୍ରେମ କରିବାର ସୀମା,
ରକ୍ତିସିନା ପାଣିଫାଟେ, ତଥାପି ଆଖିରେ ଘୋଟେ ଭାରିହୋଇ,
ଏ ରାତିର ଫୁଲଭରା ବିଜନ ନୀଳିମା।"

ଏଣୁ ଏହି ନିର୍ଜନତା ମଧ୍ୟରେ ବ୍ୟକ୍ତି ଆପଣା ଅସ୍ତିତ୍ୱକୁ ଖୋଜୁଛି। ଖୋଜିବ ଲାଗି ଆପଣା ଦେହର ନେଉଛି ସାହାଯ୍ୟ। ପୁଣି ସେ ଗାଇଉଠିଛି-

"ମୁଁ ଶୁଣେ ଅସ୍ପଷ୍ଟ ପାଦ ଶହ ଶହ ହଜିଯାଏ
ପାଣି ଖୋଜି ମାଟି ଖୋଜି ଏ ବାଲିର ଅନ୍ଧାର ଭିତରେ।"

(କୋପତ କପୋତୀ)

ତେବେ ଏଇ ଗଛର ଛାଇ ପ୍ରାୟ ସମଗ୍ର 'ସମୁଦ୍ର ସ୍ନାନ'ରେ ପଡ଼ିଥିବାର ମନେହୁଏ। ଡକ୍ଟର ପ୍ରସନ୍ନ ପଟ୍ଟନାୟକଙ୍କ ଭାଷାରେ Man is useless passion- ଏହା କାଳପୁରୁଷର ଅନ୍ତର୍ବାଣୀ। ଅତଏବ ସର୍ବୋପରି 'କାଳପୁରୁଷ'ର ଶେଷକଥା ଓ ଶ୍ରେଷ୍ଠତମ କଥାଟି ହେଉଛି ବ୍ୟକ୍ତିସ୍ଥିତି- ବ୍ୟକ୍ତିସ୍ଥିତି ଏବଂ ବ୍ୟକ୍ତିସ୍ଥିତି।

॥ ୪ ॥

ମିଥ୍ କାଳପୁରୁଷର ପ୍ରାଣସତ୍ତା। କାଳପୁରୁଷର ଅସ୍ଥିସାର ହେଉଛି ମିଥ୍। ମିଥ୍ ଏ କବିତାର କଙ୍କାଳ, ବାକିସବୁ ମେଦ-ମାଂସ ରକ୍ତ ମାତ୍ର। ନିଜେ କାଳପୁରୁଷ ହିଁ ଏକ ମିଥ୍ ମାତ୍ର। ୱେଷ୍ଟଲାଣ୍ଡର କାବ୍ୟପୁରୁଷ ପରି 'କାଳପୁରୁଷ'ର କାବ୍ୟପୁରୁଷ ମୁକ୍ତି ଖୋଜିଛି। ସେ ମୁକ୍ତିକୁ ତା'ଜୀବନ କେଦାରରେ ଯେପରି ଖୋଜିଚାଲିଛି ଅନୁରୂପ ଭାବରେ ଯେକୌଣସି ଧରାବନ୍ଧା ଫର୍ମୁଲାର ଜାଲ ଭିତରୁ ମଧ୍ୟ ମୁକ୍ତି ଅନ୍ୱେଷଣ କରିଛି। କିନ୍ତୁ ଯେତେଦୂର ସମସାମୟିକ ଓଡ଼ିଶା ବା ଭାରତବର୍ଷର କଥା, ତାହା ଏପରି ଅବସ୍ଥାକୁ ଆସିନଥିଲା। ଏଣୁ ଏ ମର୍ମରେ ଗୁରୁପ୍ରସାଦ ସିଧାସଳଖ ଏକ ଅନୁକାରୀ ବୋଲି ଧରାପଡ଼ିଯାଆନ୍ତି। କିନ୍ତୁ ଏକଥା ମଧ୍ୟ କୁହାଯାଇପାରେ ଯେ, ଗୁରୁବାବୁ ଏ ମାଟି, ପାଣି, ପବନରେ ସେ କିସମର ଶବ୍ଦ ବପନ କରି କେତେ ସଫଳ ହେଉଛନ୍ତି- ବୋଧହୁଏ ତାହା ପରୀକ୍ଷା କରୁଥିଲେ। ଏକଥାର ସପକ୍ଷରେ ଗୁରୁବାବୁଙ୍କ ନିଜସ୍ୱ ବକ୍ତବ୍ୟକୁ ଏଠାରେ ଉପସ୍ଥାପନ କରାଯାଇପାରେ- "ଦ୍ୱିତୀୟ ବିଶ୍ୱଯୁଦ୍ଧ ପରର ଓଡ଼ିଆ ସାମାଜିକ ଜୀବନ ଓ ମିଲିଉ (Milieu)କୁ ତ ମୁଁ କାଳପୁରୁଷରେ ରୂପଦେବାକୁ ଚେଷ୍ଟାକରିଛି। ଦ' ୱେଷ୍ଟଲାଣ୍ଡର ଲଣ୍ଡନ ବ୍ରିଜ୍ ଉପରେ ସେ କ୍ରାଉଡ୍ (Crowd) ଓ କାଳପୁରୁଷର ରାଣୀହାଟ ପୋଲରେ ନିରନ୍ନ ଜନତାର ଯାତାୟତ ମଧ୍ୟରେ ବିଶେଷ କିଛି ପାର୍ଥକ୍ୟ ଅଛି ବୋଲି ମୋର ମନେହୋଇ ନାହିଁ। ଅନ୍ତତଃ ମୁଁ ଯେତେଥର

ଲକ୍ଷ୍ୟକରିଛି ସେମାନଙ୍କ ମୁହଁରେ ସେ 'Crowd' କଥା ମନେପକାଇ ଦେଇଛି। ଏବଂ 'ଦ' ଓ୍ୱେଷ୍ଟଲାଣ୍ଡ'ର ସେ ଟାଇପିଷ୍ଟ୍ ଗାର୍ଲ ଘଟଣା ଭଳି ଆମ ସମାଜରେ କାଳପୁରୁଷର ବୋଷବାବୁ ସହରର ବ୍ୟବସାୟୀ ଓ ସେ ଝିଅ (ଯେ କହୁଛି ବାପା ଥିଲେ କଟିରିରେ ବୋଉ ଗଲା ଧାର ମାଗି) ମଧ୍ୟରେ ଥିବା ସଂପର୍କ ମଧ୍ୟ ଖୁବ୍ ସହଜ। ଏହା ବୋଧହୁଏ ଆମ ସମାଜର ଗୋଟିଏ ସାଧାରଣ ଘଟଣା।"[୫] କାଳପୁରୁଷର ଜୀବନବୋଧ ଅନେକାଂଶରେ ଏଲିୟଟ୍‌ଙ୍କ ଜୀବନ ଅଙ୍କର ବରାବର ଛବି। ଗୁରୁବାବୁ ବ୍ୟକ୍ତିଗତ ଭାବେ ଅନେକ କଥା ଦେଖିଥିବେ, ଜାଣିଥିବେ, ଯାହାର ଫଳସ୍ୱରୂପ ସେ ଏପରି ଏକ ମନ୍ତବ୍ୟ ପ୍ରଦାନ କରିଛନ୍ତି। ଅବଶ୍ୟ ଯୌନତା (sex) ପ୍ରତିଟି ସମାଜରେ ରହିଛି। ମାତ୍ର ଏହା ବ୍ୟଭିଚାରର ରୂପନେଲେ ବା ଉତ୍କଟରୁ ଉତ୍କଟତର ହେଲେ ସଙ୍କଟ।

'କାଳପୁରୁଷ'ର ବକ୍ତବ୍ୟ 'The Waste Land'ର ବକ୍ତବ୍ୟ ଅନୁରୂପ। ମଣିଷର ମାନସିକ କ୍ଲାନ୍ତି, ଅବସାଦ, ଆଧ୍ୟାତ୍ମିକ ବନ୍ଧ୍ୟାତ୍ୱ, ଚାରିତ୍ରିକ ବିପର୍ଯ୍ୟୟ, ସାମାଜିକ ବିଘଟନ ପ୍ରଭୃତି 'କାଳପୁରୁଷ'ର ସ୍ୱାତନ୍ତ୍ର୍ୟ। ଏହା କୌଣସି ବଡ଼କଥା ବା ନୂଆକଥା ନୁହେଁ। ସ୍ପେନ୍‌ର ଅନ୍ୟତମ ବିଶିଷ୍ଟ କବି ଉନା ମୁନୋଙ୍କ କାବ୍ୟାୟନରେ ମୃତ୍ୟୁ ଓ ଜୀବନ ଜଂଜାଳ, ଅମସୃଣ ପଥ ତାଙ୍କୁ ଈଶ୍ୱରାଭିମୁଖୀ କରି ରଖିଛି ବୋଲି କୁହାଯାଇପାରେ। ତାଙ୍କର ପଟ୍ଟଶିଷ୍ୟ ମାଚାପୋ ମଧ୍ୟ ଉତ୍ତର ବିଶ୍ୱଯୁଦ୍ଧ କାଳର ସମାଜକୁ ରିକ୍ତଗର୍ଭ (Womb with emptyness) ଓ ବିଧ୍ୱସ୍ତ ମୂଲ୍ୟବୋଧର ପ୍ରାଚୀରଯୁକ୍ତ ତଥା ବିପର୍ଯ୍ୟସ୍ତ ପୃଷ୍ଠଭୂମିର ଦୂଷିତ ରକ୍ତର ନିଳୟ ରୂପେ ଚିତ୍ରିତ କରିଛନ୍ତି। ସମଗ୍ର ସ୍ପେନ୍ ତାଙ୍କ ଆଗରେ ଏକ ଉଷର ମରୁର କାରା। ଏଣୁ ନାଚାର ହୋଇ ସେ ଈଶ୍ୱରଙ୍କ ଉପରେ ବିଶ୍ୱାସ କରିବାକୁ ବାଧ୍ୟ ହୋଇଛନ୍ତି।

ଖାଲି ଏଲିଅଟ୍ କାହିଁକି ବରଂ ଫ୍ରାନ୍‌ସର ଆପୋଲିନ୍ୟାରଙ୍କ କାବ୍ୟର ନାୟକ ମଧ୍ୟ ଏଲିଅଟ୍‌ଙ୍କ ଫମ୍ପା ମଣିଷ ପରି ଅନ୍ତଃସାରଶୂନ୍ୟ, ରିକ୍ତଗର୍ଭ ଓ ବିଧ୍ୱସ୍ତ ମୂଲ୍ୟବୋଧର ମଣିଷ। ଦରଜୀ ଦୋକାନର ସାର୍ଟ ପ୍ୟାଣ୍ଟପିନ୍ଧା ଡମିଟିଏ- ସେଠାରେ ସେଇ ଜୀବନର ପ୍ରତୀକ, ଯାହା ଏକାବେଳେ ବିନଷ୍ଟ, ବିଧ୍ୱସ୍ତ, ମୂଲ୍ୟବୋଧହୀନ ଓ ଭିତ୍ତିହୀନ।

ଇଟାଲୀର ଅନ୍ୟତମ କବି ମନ୍ତାଲଙ୍କୁ ଦେଖାଯାଉ। ଏଲିଅଟ୍‌ଙ୍କ କବିତାର କୋଠରୀ ଭିତରେ ଯେଉଁସବୁ ଚିତ୍ରପଟ୍ଟ ଝୁଲାଯାଇଛି ମନ୍ତାଲଙ୍କ ଅନେକ କବିତାରେ ସେଇ ଧରଣର ଚିତ୍ର ସୁରକ୍ଷିତ। ଦୁହେଁ ଅନ୍ଧାରୁଆ, ପଙ୍କିଳ ଓ ଦୁଃସ୍ଥ ପରିବେଶରେ ଆଲୋକ ଓ ସୁଗନ୍ଧ ଅନ୍ୱେଷଣ କରିଛନ୍ତି। ଏଇ ଧରିନିଅନ୍ତୁ ଔପନ୍ୟାସିକ ଜେମ୍‌ସ ଜଏସ୍‌ଙ୍କ କଥା। James Joyceଙ୍କ ୟୁଲିସେସ୍ ସହିତ Fisherkingର ରୋଗଗ୍ରସ୍ତ ଜୀବନ ଓ ଆରୋଗ୍ୟ ପଦ୍ଧତି ଏକାନ୍ତ ସମାନ୍ତରାଳ।

ଡି. ଏଚ୍. ଲରେନ୍ସ ତାଙ୍କ ଉପନ୍ୟାସରେ ଯେଉଁ ପ୍ରେମର କଥା କହିଛନ୍ତି ତାହା କ'ଣ କ୍ଲାସିକ୍ ନା ଶାଶ୍ୱତ ? କେଉଁଠି ନୁହେଁ। ବୀର୍ଯ୍ୟହୀନ ପ୍ରେମର ବ୍ୟର୍ଥତା ଏକପାଖରେ ରଖି ସମୀକରଣର ଅନ୍ୟପାଖରେ ଡକ୍ଟର ସିଗ୍‌ମଣ୍ଡ ଫ୍ରଏଡ଼ଙ୍କୁ ଅବଲମ୍ବନ କରି ମିଥ୍ ପ୍ରୟୋଗ କରିଛନ୍ତି। ଜୀବନର ମିଥ୍, ବନ୍ଧ୍ୟାତ୍ୱର ମିଥ୍ (The myth of unfertile life)। ଯୌନତା, ଭୟ ଓ ପାପକୁ ନେଇ (ଇଟା, ସିମେଣ୍ଟ ଓ ବାଲି ପରି) ଢଳେଇ ପକେଇ ଯେଉଁପରି ଦୃଢ଼ ପୃଷ୍ଠଭୂମି ସେ ତିଆରି କରିଛନ୍ତି, ତା'ର ପଟାନ୍ତର ନାହିଁ। କେବଳ ଗୁରୁପ୍ରସାଦ କାହିଁକି, ଅନେକ କବି ଏପରି ବଳିଷ୍ଠ ଭିତ୍ତିଭୂମି ଉପରେ ଆତ୍ମ ଆସ୍ଥା ପ୍ରତିଷ୍ଠା କରିଛନ୍ତି। ଏହାର ସ୍ଥାୟୀତ୍ୱ ଉପରେ ଭରସାରଖି ଅନେକେ ସଫଳ ମଧ୍ୟ ହୋଇପାରିଛନ୍ତି।

ଉପନିଷଦ, ଓଡ଼ିଆ ଭାଗବତ, ମହାଭାରତ, କାଳିଦାସ, ଭଞ୍ଜ ଓ ବାଇବେଲ୍ ଠାରୁ ଆରମ୍ଭ କରି ଲୋକଗଳ୍ପ ପର୍ଯ୍ୟନ୍ତ ଅନେକ ବିଭାବରୁ ଉପାଦାନ ସଂଗ୍ରହ କରି ସେ ଗଢ଼ିଛନ୍ତି 'କାଳପୁରୁଷ'ର କାଳଜୟୀ ଅଟ୍ଟାଳିକା। ଏଠି ସ୍ମୃତି ଓ ତଥ୍ୟ ଏକାକାର। ଅନୁଭୂତି ଓ କଳ୍ପନା ସାଙ୍ଗକୁ ତତ୍ତ୍ୱ ଏଠି ସମ୍ମିଳିତ।

କାଳପୁରୁଷର ଅନୁର୍ବର ଜୀବନକୁ ଶସ୍ୟଶ୍ୟାମଳା କରିବାର ସାମର୍ଥ୍ୟ ଆଉ ଏଇ ବର୍ଷାରେ ନାହିଁ। ଏଲିଅଟ୍ ପ୍ରୟୋଗ କରିଥିବା ଶସ୍ୟ ମିଥ୍ ଏଠାରେ ମଧ୍ୟ ପ୍ରୟୋଗ ହୋଇଛି। କାଳପୁରୁଷ ନିଜେ ହିଁ ଏକ ମିଥ୍। ଆତାପୀ ବାତାପୀ ନାମ୍ନୀ ଦୁଇ ରାକ୍ଷସ ଦୁଷ୍ଟ ମାୟାବୀଙ୍କ କାହାଣୀ। ଛେଳି ହୋଇମରିବା ଓ ଅତିଥି ପେଟରୁ ମାଂସଖଣ୍ଡ ସବୁ ପେଟଚିରି ବାହାରି ଆସିବା କଥାଟା- ଏ ଘଟଣାସବୁ ସାଙ୍ଗକୁ ମନେପଡ଼େ ନାହିଁକି ? ଏହା ବି ତ ଏକ ମିଥ୍।

ଏଠି ଯୌନତା ଅଛି ମାତ୍ର ପ୍ରେମ ନାହିଁ, ଶୀତଳତା ନାହିଁ। ଏଠି ବର୍ଷା ଅଛି କିନ୍ତୁ ଏତେ ବର୍ଷାସତ୍ତ୍ୱେ ମରୁଭୂମି ଚାରିଆଡ଼େ ନିଜର ଜାଲ ପକାଇ ବସିଛି। ଯୁଦ୍ଧପରେ ଏ ମରୁଭୂମି ଏମିତି ଆବୋରି ବସିଛି ସବୁ ଶ୍ୟାମଳିମା ଉପରେ। ଏଠି ଏ ବର୍ଷାଠାରେ ସେତେ ଶକ୍ତି ନାହିଁ ଯେ, ଏହା ମରୁଭୂମିରେ ସବୁଜିମା ହସାଇପାରିବ। 'କାଳପୁରୁଷ'ର ଆଭିମୁଖ୍ୟ ଅନେକ। ଯଥା-

୧. ଆଧ୍ୟାତ୍ମିକତାର ଅନ୍ତଃସାରଶୂନ୍ୟତା
୨. ପଙ୍ଗୁ ଦର୍ଶନର ଆର୍ତ୍ତଚିତ୍କାର
୩. ସଭ୍ୟତାର ଅର୍ଥହୀନତା
୪. ଜୀବନର ଅସଂଗତି
୫. ପାଶବିକ ଯୌନତା

୬.	ବ୍ୟଭିଚାର ଓ ଦୁରାଚାର
୭.	ଅସୁସ୍ଥ ଯୌନାଚାର
୮.	ପରାକ୍ରାନ୍ତ ମୃତ୍ୟୁର ବିକଟାଳ ରୂପଚର୍ଯ୍ୟା
୯.	ସ୍ୱପ୍ନଭଂଗ
୧୦.	ନିଃସଂଗତାବୋଧ
୧୧.	ପାପବୋଧ
୧୨.	ଧାର୍ମିକ ସଂକଟ
୧୩.	ସାଂସ୍କୃତିକ ସଂକଟ
୧୪.	ମାନବିକ ମୂଲ୍ୟବୋଧର ସଂକଟ
୧୫.	ଦାର୍ଶନିକ ଦାରିଦ୍ର୍ୟ
୧୬.	ପ୍ରେମର ବିଫଳ ରୂପ
୧୭.	ଅଭିଶପ୍ତ ସିସିଫସ୍‌ର ଜୀବନଚର୍ଯ୍ୟା ଇତ୍ୟାଦି।

'କାଳପୁରୁଷ'ର କାବ୍ୟ ନାୟକର ଗୋଟିଏ ରୂପ ନାହିଁ କି ଗୋଟିଏ ଯୂପ ନାହିଁ। ସେ କେତେବେଳେ 'ଭାଗବତ' ପୃଷ୍ଠାରେ ତ ଆଉ କେତେବେଳେ ଅନ୍ୟକେଉଁ ପୁରାଣ ପୃଷ୍ଠାରେ ରହିଥାଏ। ସେ କେତେବେଳେ ପୁରୁଷ ଭିତରେ ତ ଅନ୍ୟ କେତେବେଳେ ନାରୀ ଭିତରେ ବିଦ୍ୟମାନ। କେତେବେଳେ ସେ ଉଭୟ ପୁରୁଷ ଓ ନାରୀ। ଅର୍ଥାତ୍ ଉଭୟ ଲିଙ୍ଗକୁ ସେ ଏକତ୍ର ଅନୁଭବ ମଧ୍ୟ କରିପାରିଛି। ଏଥିଲାଗି ଗୁରୁବାବୁ ଏଲିଅଟ୍‌ଙ୍କ ପରି ଟାଇରେସିଆସ୍ ଚରିତ୍ର ପରି ଇଳା ଚରିତ୍ରକୁ ଗ୍ରହଣ କରିଛନ୍ତି। ଦୁହେଁ ଉଭୟଲିଙ୍ଗୀ, ଓ୍ୱେଷ୍ଟଲାଣ୍ଡର କାବ୍ୟନାୟକ ରହିଛି ଟାଇରେସିଆସ୍ ଭିତରେ। ଏଣୁ ଏଲିଅଟ୍ ଦେଖନ୍ତୁ କ'ଣ କହୁଛନ୍ତି- "Tiresias, although a mere spectator and not indeed a character, is yet the most inportant personage in the poem; uniting all the rest...what Tiresias sees, infact, is the substance of the poem."[୬] ଅନୁରୂପ ଭାବରେ ମନୁ ଓ ଶ୍ରଦ୍ଧାଙ୍କ କନ୍ୟା 'ଇଳା' ହୋଇଛି ଗୁରୁପ୍ରସାଦଙ୍କ କାବ୍ୟ ନାୟକର ବାସସ୍ଥାନ। କାଳପୁରୁଷର କାବ୍ୟନାୟକର ଆତ୍ମା ଇଳା ଦେହରେ ବାସକରି ଅନୁଭବ କରିଛି। ଇଳା ପଛରେ ଥିବା ମନୁଙ୍କ ଇଚ୍ଛା, ମାତା ଶ୍ରଦ୍ଧାଙ୍କ ଇଚ୍ଛା, ଆକାଂକ୍ଷା, ଶିବଙ୍କ ଆଶିଷ, ସୁକୁମାର ବନ ପ୍ରବେଶ ପ୍ରଭୃତି ଘଟଣା ଏକ ମିଥ୍ ବଳୟ ଭିତରକୁ ପାଠକକୁ ଟାଣିନିଏ ନାହିଁ କି?

ମିଥ୍ 'କାଳପୁରୁଷ' କବିତାର ଗତି ଓ ଗନ୍ତବ୍ୟ। ମିଥ୍ 'କାଳପୁରୁଷ'କୁ ଅନେକତଃ ସ୍ୱାତନ୍ତ୍ୟ ପ୍ରଦାନ କରିଛି। କେହିକେହି କଳିକାଳକୁ କାଳପୁରୁଷ ସହ ସମାନ

କରିଥାଆନ୍ତି। ଏହି ସୂତ୍ରରେ ଭାଗବତୀ ମିଥ୍ ହିଁ କାଳପୁରୁଷ କାବ୍ୟର ଭାରକେନ୍ଦ୍ର। ଏକ ସୀମିତ ବର୍ତ୍ତମାନରୁ କାବ୍ୟଟିର ଆରମ୍ଭ। ମିଥ୍‌ରୁ ଏହାର ଆରମ୍ଭ ଓ ମିଥ୍‌ରେ ଏହାର ପରିଣାମ। ବିଷାଦକ୍ରାନ୍ତ ସ୍ୱଗତୋକ୍ତିରେ କବିତାଟି ବର୍ଣ୍ଣିଳ। ତାଙ୍କରି ଭାଷାରେ-

"ଏଠାରେ ଅନ୍ଧାର ଉଠେ ଗିଳିରେଖା ଆକାର ପ୍ରକାର,
ସୀମିତ ମୋ ପୃଥିବୀର ଦିଗହଜେ, ହଜିଯାଏ ଉପର ଓ ତଳ,
କ୍ଳାନ୍ତ ମୋର ଦେହ ଚାପି ମାଡ଼ିଆସେ ବାଲିଚର,
ମାଡ଼ିଆସେ ବାଲି ଓ ଅନ୍ଧାର।"

(ସମୁଦ୍ରସ୍ନାନ- କାଳପୁରୁଷ-୨୩-୨୫)

କବିତାଟିର ସେହିପରି ଅନେକ ସ୍ଥାନରେ ମିଥ୍‌ର ସଫଳ ସଜଳ ପ୍ରୟୋଗ ହୋଇଥିବାର ପ୍ରମାଣ ନିମ୍ନ କେତେକ ଦୃଷ୍ଟାନ୍ତରୁ ବୁଝିହେବ। ଯଥା-

୧. "ପଶ୍ଚିମରୁ ଯେ ଆସିବ ନାରୀ ଅବା ଅର୍ଦ୍ଧନାରୀ କିମ୍ବା ଖଞ୍ଜ ବିକୃତ ପୁରୁଷ
ବାମ ଅଂଗ ପଙ୍ଗୁ ତାର ବର୍ଣ୍ଣ ହେବ ଇଷତ୍ ପିଙ୍ଗଳ,
ତା ସହିତ ସହବାସ ଅବା ଉପବାସ,
କଦାଚିତ ନ କରିବ ଚକ୍ଷୁହାନି ଅଂଗହାନି,
ହାନିହେବ ଆୟୁଷ ତୁମର।

(ସମୁଦ୍ରସ୍ନାନ- କାଳପୁରୁଷ- ୪୭-୫୦)

୨. ମୁଁ କହିଲି ଭଲପାଅ, ଭଲପାଅ ସତେ ଭଲପାଅ,
ମୁଁ ଶୁଣିଲି କାନରେ ମୋ ହାଡ଼ ଆଉ ମାଂସର ସ୍ପନ୍ଦନ,
ମୁଁ ଦେଖିଲି ବାମ ଅଂଗ ପଙ୍ଗୁମୋର ବର୍ଣ୍ଣମୋର ଇଷତ୍ ପିଙ୍ଗଳ।

(ସମୁଦ୍ରସ୍ନାନ- କାଳପୁରୁଷ- ୫୮-୬୦)

୩. "ହେ ଅକ୍ରୁର ହେ ଉଦ୍ଧବ ସଖା ମୋର ପ୍ରାଣର ଦୋସର,
ରୁହ ରୁହ ଛିଡ଼ାରୁହ ପିଠିରେ ମୋ ତୁମପରି ବୋଝ,
ମୁଁ ଯିବି ତୁମରି ପରି ତାରା ଖୋଜି ଜହ୍ନ ଖୋଜି
ଖୋଜି ଖୋଜି ଝରଣାର ସୁଅ,
ମୁଁ ଯିବି ତୁମରି ପରି ଖୋଜି ମୋର ପିତାମାତା,
ନିର୍ମୂଳି ନଟାରେ ଖୋଜି
ଅରୁନ୍ଧତୀ ତାରାର ଆଲୁଅ।"

(ସମୁଦ୍ରସ୍ନାନ- କାଳପୁରୁଷ- ୧୭୨-୧୭୫)

୪. ହେ ଅକ୍ରୂର ସଖା ମୋର ରୁହ ରୁହ ଛିଡ଼ା ହୁଅ
ସମ୍ମୁଖେ ତୁମର
ଅନ୍ଧାର ଆସିବ ଖସି ଆକାଶରୁ ଆବୋରି ପୃଥିବୀ।
(ସମୁଦ୍ରସ୍ନାନ- କାଳପୁରୁଷ- ୨୩୭-୨୩୮)

୫. ଏକଦେହେ ଜନ୍ମ ହେଲି
ପୁରୁଷ ମୁଁ ସେହି ଦେହେ ନାରୀର ଶୃଙ୍ଗାର
ମୋ ପାଖେ ଏକାଠି ହେଲା ସିଲ୍‌କୀଶାଢ଼ୀ
ପେଣ୍ଟ୍-କୋଟ୍ ଧ୍ଵଜଭଂଗ ପ୍ରସୂତି ଯନ୍ତ୍ରଣା
ମୁଁ କାନ୍ଦିଲି ଯେତେବେଳେ ଯାଜପୁର କଟକରେ
ରାଜାଙ୍କର ଇଳା ନାମେ
ଏକମାତ୍ର ପୁତ୍ର ଓ ଦୁହିତା....।
(କାଳପୁରୁଷ-୩୩୪-୩୩୭)

୬. "ଆହେ ରାଜା ପରୀକ୍ଷିତ ତକ୍ଷକର ଦଂଶନେ ତୁମର
ଦେହାନ୍ତ ହେଲାତ ରାଜା ପ୍ରାୟଶ୍ଚିତ ଗୋଟିଏ ପାପର
କିନ୍ତୁ ମୋର ସମ୍ମୁଖରେ ଏ ବିଚିତ୍ର ଏକ ପାଦ ବିଶିଷ୍ଟ ବୃଷଭ
ପୁଣି ଏକ ଭଦ୍ରଲୋକ ଧଳାଧୋତି ଓ ପଞ୍ଜାବୀ ଓ
ଧଳା ଟୋପି ଧଳା କାର ବର୍ଣ୍ଣ ପୁଣି ଈଷତ୍ ପିଙ୍ଗଳ
ଯଷ୍ଟିର ଆଘାତ ଆଉ ବୃଷଭର ଆର୍ତ୍ତନାଦ...
ଏ କାକତୀର୍ଥରେ ରାଜା ଶେଷକ୍ରିୟା ସମାପ୍ତ ତୁମର।"

୭. ଚେତନା ଯଦିବା ଫେରେ କାନନ ଓ ଉପବନ ପରେ
ଅସଂଯତ ନୀଳବେଣୀ ତ୍ରସ୍ତନୀଳ ଆଖିପତା ତଳେ
ଆଷାଢ଼ ବର୍ଷାର ମ୍ଳାନ ସ୍ଵପ୍ନ କେଉଁ ତାପସ କନ୍ୟାର
ଚେତନା ଯଦିବା ଫେରେ କୁରୁରବ କଦମ୍ବରେ
ହୋମ ଅଗ୍ନି ପରେ,
ସକାଳର ଆକାଶରେ ବୀଣା ଅବା ଧ୍ଵନିତ ଝଙ୍କାର
ଚେତନା ଯଦିବା ଫେରେ
ଯଦି ଫେରେ ମୁମୂର୍ଷୁ ଦେହରେ
ଥୁଣ୍ଟା ଗଛ ମୂଳେ ମୂଳେ
କୋରଡ଼ ଭିତରେ

ଝିଙ୍କାରୀର ଶୋଷ ନୁହେଁ...
ପାଣି ନୁହେଁ ମେଘ ନୁହେଁ, ବାଲି ଆଉ
ଖାଲି ବାଲିଚର।"

୮. କିଏ ତୁମ ପାଖେ ପାଖେ କିଏ ତୁମ ଆଗରେ ପଛରେ
ଚାଲୁଚାଲୁ ତୁମେ ଯଦି ଠିଆହୁଅ ହଠାତ୍ ବାଲିରେ
ମୁଁ ଗଣେ ତୁମେ ଓ ମୁଁ ଏକ ଦୁଇ ଆମେ ଦୁହେଁ
କିଏ ତୁମ ପାଖେ ପାଖେ ନିଛାଟିଆ ଏ ବାଲି ଭିତରେ
ନାହିଁ ଗୋତ୍ର ପରିଚୟ ନାହିଁ ଲେଖା ଆକାର ପ୍ରକାର
ନାରୀ ବା ପୁରୁଷ ଅବା ନପୁଂସକ ଅବା ବନ୍ଧ୍ୟା ପୃଥିବୀର ଶୋଷ
କାହାର ଆହତ ଦେହ ହତ ହୁଏ ଏ ବାଲିରେ
କିଏ ତୁମ ପାଖେପାଖେ ପ୍ରେତାତ୍ମା ବା ମାଟିର ମଣିଷ।

ଏହିପରି ବିଭିନ୍ନ ସ୍ଥଳେ ବିଭିନ୍ନ ଭାବେ କବି ଗୁରୁପ୍ରସାଦ ମିଥର ବୌଦ୍ଧିକ ଓ ଯୁଗାନ୍ତକାରୀ ପ୍ରୟୋଗ କରିଛନ୍ତି। ଏଗୁଡ଼ିକ ଭବିଷ୍ୟତରେ ଏକ ଏକ ମାଇଲ୍‌ଖୁଣ୍ଟ ହୋଇ ରହିବା ସଂଗେ ସଂଗେ ଆଦର୍ଶ ସ୍ଥାନୀୟ ହୋଇରହିବ- ଏଥିରେ ଦ୍ୱିରୁକ୍ତି ନାହିଁ।

॥ ୫ ॥

'କାଳପୁରୁଷ'ର ଶୈଳୀ କେବଳ 'ସମୁଦ୍ର ସ୍ନାନ' ବା 'ନୂତନ କବିତାର' ଇତିହାସରେ ଏକ ବଳିଷ୍ଠ ସ୍ତମ୍ଭ ନୁହେଁ, ଅପରନ୍ତୁ ସମଗ୍ର ଆଧୁନିକ ଓଡ଼ିଆ କବିତା କ୍ଷେତ୍ରରେ ଏହା ଏକ ମାଇଲ୍‌ଖୁଣ୍ଟ ମାତ୍ର। ଏହାର ଧାଡ଼ିସଂଖ୍ୟା ୩୭୯। ବ୍ୟଂଜନା ଓ ସୂକ୍ଷ୍ମତା ଏହାର ପ୍ରତ୍ୟେକ ଶବ୍ଦର ଶିରାରେ ପ୍ରଧାବିତ। "ଫରାସୀ ପ୍ରତୀକୀ କବିତା ମେଟାଫିଜିକାଲ୍ କବିତାର ଐତିହ୍ୟ, ମୁକ୍ତଛନ୍ଦର ସ୍ୱତନ୍ତ୍ର ସ୍ୱାଦ, କଥ୍ୟରୀତି ସହିତ କାବ୍ୟରୀତିର ସୁସମନ୍ୱୟ ଏଠାରେ ଅନୁଭବ୍ୟ।" ଗୁରୁପ୍ରସାଦଙ୍କ ସଂପର୍କରେ ସମାଲୋଚିକା ଆହୁରି କହନ୍ତି ଯେ, କାଳପୁରୁଷର "ଶୈଳୀ ବଡ଼ ଜଟିଳ। କବି ଗୁରୁପ୍ରସାଦ ଏଥିରେ ଉନ୍ନତ ଇଉରୋପୀୟ ଐତିହ୍ୟ ସହିତ ଓଡ଼ିଶାକୁ ନୂତନ ଭାବରେ ସଂଯୁକ୍ତ କରିଛନ୍ତି।"[୭] ଏଠାରେ ମଧ୍ୟ ଏହା ଅବଶ୍ୟ ସ୍ୱୀକାର କରାଯାଇପାରିବ ଯେ, ଗୁରୁବାବୁ ଏଠାରେ ଅନେକାଂଶରେ କବିଗୁରୁ ଏଲିୟଟ୍‌ଙ୍କ ଠାରେ ଋଣୀ। ଦ' ୱେଷ୍ଟଲାଣ୍ଡ୍‌ର ଶୈଳୀଠାରୁ ଆରମ୍ଭ କରି ଏଲିଅଟ୍‌ଙ୍କ ଅନ୍ୟାନ୍ୟ କାବ୍ୟ କବିତା ଗୁଡ଼ିକରୁ ପୋଷକ ଶୋଷଣ କରି ଆଲୋଚ୍ୟ କାବ୍ୟ ଓ ଅନ୍ୟାନ୍ୟ କବିତାକୁ ସେ ସମୃଦ୍ଧ କରିଅଛନ୍ତି ମାତ୍ର। ପୁଣି ତୁଳନାତ୍ମକ ପରିପ୍ରେକ୍ଷୀରେ 'The Waste Land' ଓ 'କାଳପୁରୁଷ'କୁ ଦେଖିଲାବେଳେ ଏହାର ଶୈଳୀ ସ୍ୱାତନ୍ତ୍ର୍ୟ ଆଲୋଚନା କାଳରେ

ଏକ ବଳିଷ୍ଠ ପ୍ରମାଣ ମିଳିଥାଏ। ତାହା ହେଉଛି The Waste Land ଓ କାଳପୁରୁଷ ଉଭୟ କବିତାର ବିଭାଗ ଓ ବିଭାବ। "The Waste Land କାବ୍ୟ ପରି କାଳପୁରୁଷ ୫ଟି ଉଚ୍ଛ୍ୱାସରେ ବିଭକ୍ତ।"[୮] ଅବଶ୍ୟ ଏଠାରେ (କାଳପୁରୁଷରେ) ବିଭାଗ ଗୁଡ଼ିକର ନାମକରଣ The Waste Land ପରି ହୋଇନାହିଁ।

ଗୁରୁପ୍ରସାଦ କବିଗୁରୁ ଏଲିଅଟ୍‌ଙ୍କ ଠାରୁ ଋଣଆଣି କାବ୍ୟ-କୋଣାର୍କ ଗଢ଼ିଛନ୍ତି ସତ, କିନ୍ତୁ ସେ ମଧ୍ୟ ଏଲିଅଟ୍‌ଙ୍କ ସର୍ତ୍ତ ମୁତାବକ ଋଣ ପରିଶୋଧ କରିଦେଇଛନ୍ତି। କାରଣ ଏଲିଅଟ୍ ମଧ୍ୟ ବିଶ୍ୱାସ କରନ୍ତି ଯେ, ଜଣେ ଅନ୍ୟ କବି ଠାରୁ କୌଣସି ଜିନିଷ ନେବାରେ ଦୋଷନାହିଁ, ଯଦି ତାହାର ପ୍ରୟୋଗ ଉକ୍ତ କବି ନୂତନ ଓ ଅଭିନବ ଉପାୟରେ କରିପାରିଥାଏ। ନିଜେ ଏଲିଅଟ୍ ମଧ୍ୟ ପୂର୍ବସୂରିମାନଙ୍କ ଠାରୁ ଅନେକ କିଛି ଉଦ୍ଧାର ଆଣିଛନ୍ତି। କିନ୍ତୁ ଏସବୁର ପ୍ରୟୋଗ ବା Interpretation ଟି ହେଉଛି ବଡ଼କଥା। ଯଦି ଏଲିଅଟ୍‌ଙ୍କ ପକ୍ଷରେ ଏସବୁ କ୍ରିୟାକଳାପ ଯଥାର୍ଥତା ରକ୍ଷାକରେ, ତେବେ ଗୁରୁବାବୁଙ୍କ କ୍ଷେତ୍ରରେ ଏହା ହେବାରେ ଅସୁବିଧା କେଉଁଠି ? ଏଣୁ ଗୁରୁବାବୁ ଯେ ନେଇଆଣି ଅନେକ ଦ୍ରବ୍ୟ ସଠିକ୍ ରୂପେ ଥୋଇପାରିଛନ୍ତି, ସଠିକ୍ ପ୍ରୟୋଗ କରିପାରିଛନ୍ତି, ତେଣୁ ସେ ପ୍ରଶଂସାର ଯଥାର୍ଥ ପାତ୍ର।

କବି ଗୁରୁପ୍ରସାଦ ଶୈଳୀ ଠାରୁ ଆରମ୍ଭ କରି ଚେତନା ପର୍ଯ୍ୟନ୍ତ ସବୁକ୍ଷେତ୍ରରେ କେବଳ ଯେ ଏଲିଅଟ୍‌ଙ୍କୁ ଅନୁକରଣ କରିଛନ୍ତି ତାହା ନୁହେଁ, ବରଂ ବେଳେବେଳେ ଅବିକଳ ପ୍ରୟୋଗ ମଧ୍ୟ କରିଥିଲା ପରି ମନେହୁଏ। ଅବଶ୍ୟ ଏସବୁରେ ସେ ନବେରୁ ଅଧିକ ପ୍ରତିଶତ ସଫଳ ହେବା ସଂଗେ ସଂଗେ ବଳିଷ୍ଠ ଭାବଧାରାର ପ୍ରତିନିଧି ମଧ୍ୟ ହୋଇପାରିଛନ୍ତି। କାବ୍ୟିକ ଉପକରଣ ଠାରୁ ବାକ୍ୟଭଂଗୀର ଅନୁକରଣ ପର୍ଯ୍ୟନ୍ତ ସବୁଥିରେ ଗୁରୁବାବୁ ଏଲିଅଟ୍‌ଙ୍କୁ ଦ୍ରୋଣ ମନେକରି ତୀର ସଂଚାଳନ ଶିକ୍ଷା କରିଛନ୍ତି। କିନ୍ତୁ 'କାଳପୁରୁଷ'ର କେବଳ ପ୍ରାରମ୍ଭ କାହିଁକି ଅପରନ୍ତୁ ଅନ୍ୟାନ୍ୟ ସ୍ଥାନ ମାନଙ୍କରେ ଠାବେ ଠାବେ ଏହା The Waste Landର ଅନୁବାଦ ପରି ମନେହୁଏ। ମାତ୍ର ବେଳେବେଳେ ଏହା The Waste Landର ପ୍ରକୃତ ଗଭୀରତା ଓ ଉଚ୍ଚତାକୁ ଅତିକ୍ରମ କରିଯିବା କଥାଟା ମଧ୍ୟ ସଂପୂର୍ଣ୍ଣ ସତ। କେହି କେହି ଏହାକୁ ଅନୁସୃଜନ ବୋଲି କହିଥାଆନ୍ତି। ମୋଟାମୋଟି ଉପରେ ଏକଥାଟି ଆପେକ୍ଷିକ ଭାବେ ସତହେଲେ ମଧ୍ୟ ସ୍ଥାନ ଓ ସ୍ୱାତନ୍ତ୍ୟ ଏହାକୁ ଏକ ବିଶିଷ୍ଟ ମର୍ଯ୍ୟାଦା ସଂପନ୍ନ ଆସନରେ ଆସୀନ କରିବାକୁ ବାଧ୍ୟ କରେ।

ପୂର୍ବସୂରିମାନଙ୍କୁ ଅନୁକରଣ କରିବା ସଂଗେ ସଂଗେ, ସେଥିରୁ ଖୋରାକ୍ ଅନ୍ୱେଷଣ କରିବା ସଂଗେ ସଂଗେ ନିଜସ୍ୱ ମିଶ୍ରଣ ବା ସ୍ୱାତନ୍ତ୍ୟ ସେଠାରେ ରଖିବା ଉଚିତ। କାରଣ

ଏହିଠାରେ ସ୍ରଷ୍ଟା ନିଜର ସ୍ୱାତନ୍ତ୍ର୍ୟ ଛାଡ଼ିଯିବା ସଂଗେ ସଂଗେ ନିଜର ସମୟ ଓ ସମାଜର ଛାପ ଛାଡ଼ିଯାଏ। ପୁଣି ଯଦି ବକ୍ତବ୍ୟଟି ଶାଶ୍ୱତ ହୋଇଥାଏ, ତେବେ ତାହା କାଳଜୟୀ ହୋଇଯାଏ। ଏକଥା ଯଦି ସତ ନୁହେଁ, ତେବେ ଏଲିଅଟ୍‌ଙ୍କ ପରି ବିଦଗ୍ଧ ସମାଲୋଚକ କାହିଁକି ସେଦିନ କହିଲେ- "There is for each time, for each artist all kind of alloy required to make the metal workable into art, and each generation prefers its own alloy to any other."୯ ଏଣୁ ଏ ଦୃଷ୍ଟିରୁ 'କାଳପୁରୁଷ'ର ଧାତବ ଭବିଷ୍ୟକୁ କଦାପି ଅସ୍ୱୀକାର କରାଯାଇନପାରେ। ଧାଡ଼ି ବା ଶବ୍ଦ ଗୁଡ଼ିକର ଧାତବ ଭବିଷ୍ୟତ କବିତାଟିକୁ ଅନେକ ଦିନଯାଏ ଅମର ରଖିବା ସଂଗେ ସଂଗେ ଏକ ଅଦ୍ୱିତୀୟ ଉଚ୍ଚତାକୁ ନେଇଯାଉଥିବା ପରି ପ୍ରତୀତ ମାତ୍ର ହୁଏ। ଏହାହିଁ ଶବ୍ଦ ଶକ୍ତି। ଏହାହିଁ ପ୍ରକୃତ କାବ୍ୟର ଶକ୍ତି ସ୍ୱରୂପ। ଏହି ଶୈଳୀ ହିଁ କାବ୍ୟଟିର ସ୍ୱାତନ୍ତ୍ର୍ୟ ଓ ସୌନ୍ଦର୍ଯ୍ୟ। ଏହି ଶୈଳୀ ହିଁ କାବ୍ୟଟିର ସଫଳତାର ରହସ୍ୟ।

'କାଳପୁରୁଷ'ର ଆମୂଳାନ୍ତ ପାଠ କଳାପରେ ଜଣେ ପାଠକ ଏପରି ଲୋଭନୀୟ ଶୈଳୀ ମୋହରେ ପଡ଼ିଯାଏ ଯେ, ସେଥିରୁ ବାହାରି ଆସିବାର ଉପାୟ ନଥାଏ। ଏହା ହିଁ ଗୁରୁପ୍ରସାଦଙ୍କ ବିଶେଷତା। ସଚ୍ଚିବାବୁଙ୍କ ପରେ ଗୁରୁବାବୁଙ୍କ ଏ ପଦାଙ୍କକୁ ଆଜିଯାଏ ଅନେକ କବି ନିଜ କଲମର ତାଳ ଲୟ ଭାବେ ଗ୍ରହଣ କରିନେଇଛନ୍ତି। ଏହା ଯେ ଗୁରୁପ୍ରସାଦଙ୍କ ଶୈଳୀର ଶ୍ରେଷ୍ଠତ୍ୱର ଶ୍ରେଷ୍ଠ ନିଦର୍ଶନ ଏଥିରେ କି ଦ୍ୱିରୁକ୍ତି ଥାଇପାରେ?

॥ ୬ ॥

'କାଳପୁରୁଷ'ରେ ଭାରତୀୟ ଆତ୍ମାର ଉଦାର ଆବେଦନ ଏହାର ଅନ୍ୟ ଏକ ବଳିଷ୍ଠ ଆୟାମ (Dimension) ମାତ୍ର ସୃଷ୍ଟି କରିଥାଏ। ପ୍ରଥମରୁ ଏହା ସ୍ପଷ୍ଟ କରିଦେବା ଦରକାର ଯେ, ଭାରତବର୍ଷର ଧୂଳିକଣା ବେଦ-ବେଦାନ୍ତରୁ ନିସୃତ ଶ୍ଳୋକର ରୂପାନ୍ତରିଣ ମାତ୍ର। ସେସବୁ ପୂଣ୍ୟ ଶବ୍ଦର ରୂପାନ୍ତରଣ ଭାରତୀୟ ଆତ୍ମାର କୋଷ-କୋଷରେ ବିଦ୍ୟମାନ। ସମଗ୍ର ପୃଥିବୀ ଯେତେବେଳେ ଭୁଷୁଡ଼ି ପଡ଼ିବ, ଭାଜିରୁଜି ବିନିଷ୍ଟ ହୋଇଯାଉଥିବ, ସେ ଦଗ୍ଧ ଭୂମିରୁ ଭସ୍ମର ପାହାଡ଼ ତଳୁ ଶିକ୍ଷାନେଇ ସମସ୍ତେ ଧାଇଁବେ ଏଇ ଭାରତବର୍ଷକୁ। ଆଧ୍ୟାତ୍ମିକତାକୁ ହରାଇ ସମସ୍ତେ ଅନ୍ତଃସାରଶୂନ୍ୟ ହୋଇଗଲାପରେ ଶେଷରେ ଏଇ ବେଦ-ବେଦାନ୍ତର ଭୂମିକୁ ଭୂମାଦର୍ଶନ ନିମନ୍ତେ ଧାଇଁବେ। ଭାରତବର୍ଷ ହେବ ସମଗ୍ର ପୃଥିବୀର ଗୁରୁ, ଆଦର୍ଶ ଓ ପାଥେୟ। ଏହା ଏକ ଦିବ୍ୟ ଉକ୍ତି। ବିବେକାନନ୍ଦଙ୍କ ଠାରୁ ଅନେକ ପାଶ୍ଚାତ୍ୟ ମନୀଷୀ ଏଥିରେ ଏକମତ। ତେବେ 'କାଳପୁରୁଷ'ରେ ଭାରତୀୟତା ପ୍ରସଂଗ ଉଠିଲାବେଳକୁ ସର୍ବପ୍ରଥମେ ଆମେ ଏହାର ମୂଳୋତ୍ସ ପାଶ୍ଚାତ୍ୟ କବି ଟି. ଏସ୍. ଏଲିଅଟ୍‌ଙ୍କ ମହାନ୍ ସୃଷ୍ଟି 'ଦ' ଓ୍ୱେଷ୍ଟଲାଣ୍ଡ'କୁ

ଦେଖୁ। ଏଥିରେ ସର୍ବାନ୍ତକରଣରେ କବି ଗୁରୁ ଏଲିଅଟ୍ ଯେଉଁ ଦତ୍ତ, ଦମ୍ୟତଃ, ଦାତବ୍ୟମ୍ କଥା କହିଛନ୍ତି ତାହା ଭାରତୀୟମାନଙ୍କ ଉକ୍ତି ନୁହେଁ ତ ଆଉ କ'ଣ?

ଗୁରୁପ୍ରସାଦ ଦେହର କବି ହୋଇପାରନ୍ତି। ବିପର୍ଯ୍ୟୟ ଓ ବିଘଟନର କଥାକାର ଭାବେ ଗୁରୁପ୍ରସାଦ ପ୍ରସିଦ୍ଧି ଲାଭ କରିଥାଇ ପାରନ୍ତି। ଦେହସର୍ବସ୍ୱ ବ୍ୟଭିଚାରକୁ ସେ ରୂପ ଦେଇପାରନ୍ତି। ମାତ୍ର ଏସବୁର ଭିତରେ ଭିତରେ ଫଲ୍‌ଗୁ ପରି ଯେଉଁ ଆଧ୍ୟାତ୍ମିକ ଅନ୍ୱେଷା ରହିଛି, ତାହା ବାସ୍ତବ ପକ୍ଷେ ପ୍ରଶଂସନୀୟ। ସେଇ ଆଧ୍ୟାତ୍ମିକ ଅବବୋଧ ବା ଆକାଂକ୍ଷା ହିଁ ଶ୍ୱେତ ନୀଳାଭ ଭାରତୀୟ ଚେତନାର ଦୀପ୍ତି ଓ ଦ୍ୟୁତି। 'କାଳପୁରୁଷ'ର ଶେଷତମ ବକ୍ତବ୍ୟକୁ ଦେଖାଯାଉ। ସେଠାରେ ଗୁରୁବାବୁ କହିଥିବା କଥା ବେଦାନ୍ତର 'ଅସତୋ ମା ସଦ୍‌ଗମୟ', ତମସୋ ମା ଜ୍ୟୋତିର୍ଗମୟ, ଓ 'ମୃତ୍ୟୋର୍ମାଽମୃତଂ ଗମୟ' ଉକ୍ତି ସବୁକୁ ମନେପକାଇ ଦେଉ ନାହିଁକି? ଏହା ଯଦି ନହୋଇଥାଆନ୍ତା ତେବେ ଖାଲିଟାରେ କ'ଣ ଗୁରୁବାବୁ ବ୍ୟଂଜନା, ବୈଦ୍ଧିକତା ଓ ବ୍ୟଙ୍ଗର ତ୍ରିରଂଗା ହଲାଇ କପୋତର ଡେଣା ପିଟି କହିଥାଆନ୍ତେ-

"ଏ ଗ୍ରହର ନଷ୍ଟ ଯାତ୍ରା ଆଜି ଯଦି ଅନ୍ଧାରରୁ...
ଏ ଗ୍ରହଣ ନଷ୍ଟ ଯାତ୍ରା ଆଜି ଯଦି ମରଣରୁ...
ଏ ଗ୍ରହଣ ନଷ୍ଟ ଯାତ୍ରା ଆଜି ଯଦି ଅସତରୁ....
ମୃତ୍ୟୁର୍ମାଂ
ଅସତୋ ମା
ତମସୋ ମା
ମୃତ୍ୟୁର୍ମାଂ...ମୃତ୍ୟୁର୍ମାଂ...ମୃତ୍ୟୁର୍ମାଂ...
ଅମୃତଂ
ଗମୟ।"

(କାଳପୁରୁଷ- ୩୭୧-୭୯)

ଏହାଛଡ଼ା ଭାରତୀୟ ମିଥ୍ ଗୁଡ଼ିକର ବ୍ୟବହାର ତଦୀୟ ଭାରତୀୟତାକୁ ସ୍ପଷ୍ଟ କରୁ ନାହିଁକି? ନିଜେପରା ଗୁରୁବାବୁ କହନ୍ତି- ସେ ଭଂଜ, ରାଧାନାଥ, ମାନସିଂହ, ଜଗନ୍ନାଥ ଦାସ, ସାରଳା ଦାସ ପ୍ରଭୃତିଙ୍କୁ ପଢ଼ିଛନ୍ତି। ରାମାୟଣ, ମହାଭାରତ ଓ ଭାଗବତରୁ ସେ ଅନେକ ରସ ଆହରଣ କରିଛନ୍ତି। ଏସବୁର ପ୍ରମାଣ କାବ୍ୟଟିର ଛତ୍ରେ ଛତ୍ରେ ବିଦ୍ୟମାନ। ମାତ୍ର ଏଥିଲାଗି କାବ୍ୟରୁ ଅନ୍ତର୍ଦେଶକୁ ଆମକୁ ଯିବାକୁ ହେବ।

'କାଳପୁରୁଷ'ରେ ଆଧୁନିକ ଜନ-ଜୀବନ ବା ସମାଜ ଜୀବନ ରହିଛି ସତ, ମାତ୍ର ଏସବୁ ସତ୍ତ୍ୱେ ଏକ ନଗ୍ନ ଭାରତୀୟ ଆତ୍ମାର ନିଃଶ୍ୱାସ ଏଠାରେ ବିଦ୍ୟମାନ।

ଏକଥା ମଧ୍ୟ ସତ ଯେ, "କବି ଗୁରୁପ୍ରସାଦ ବିଂଶ ଶତାବ୍ଦୀର ଯୁଗବୋଧ (Sensibility)ରୁ ନିଃଶ୍ୱାସ ଗ୍ରହଣ କରିଛନ୍ତି। ସାହିତ୍ୟ ଓ ଶିଳ୍ପକଳା ଏକ ଓ ଅଖଣ୍ଡ- ମଣିଷ ଜାତି ବି ଏକ ଓ ଅଖଣ୍ଡ। ତେଣୁ ଗୋଟିଏ ଯୁଗର ବିଶ୍ୱ ସାହିତ୍ୟରେ ଗୋଟିଏ ପ୍ରାଣସ୍ପନ୍ଦନ ଦେଖାଦେବା ବିଚିତ୍ର ନୁହେଁ। କିନ୍ତୁ କବି ଗୁରୁପ୍ରସାଦ The Waste Land କାବ୍ୟରୁ କାଳପୁରୁଷର ଆରମ୍ଭ ଓ ଉପନିଷଦର ମନ୍ତ୍ର ସମୃଦ୍ଧ ଉପସଂହାର ଭଙ୍ଗିମା ଯେପରି ସଚେତନ ଭାବରେ ଗ୍ରହଣ କରିଛନ୍ତି ସେଥିରେ ତାଙ୍କ ଅନନ୍ୟ ଶରଣକୁ ସ୍ୱୀକାର କରିବାକୁ ହୁଏ।"[୧୦]

କାବ୍ୟଟିରେ ପ୍ରତିଫଳିତ ଭାରତୀୟତାକୁ ସଂକ୍ଷେପରେ ନିମ୍ନମତେ ଗ୍ରହଣ କରାଯାଇପାରେ। ଯଥା- ଏଥିରେ ରହିଛି-

କ) ଭାରତୀୟ ମିଥ୍ ମନସ୍କତା
ଖ) ଐତିହ୍ୟ ଓ ପରଂପରାର ସ୍ମରଣ ଓ ଶରଣ
ଗ) ଭାରତୀୟତାର ପରିପ୍ରେକ୍ଷୀରେ ସମୟବୋଧ
ଘ) ପଲ୍ଲୀ ଆମୁଖତା ଓ ସହରୀ ସଭ୍ୟତା ପ୍ରତି ବିମୁଖ ମନୋଭାବ
ଙ) ଆଧ୍ୟାତ୍ମିକ ଆକୃତି
ଚ) ବିଭୁଚେତନା ଓ ଆତ୍ମଅନ୍ୱେଷା
ଛ) ଭାରତୀୟ ଓ ଓଡ଼ିଶୀ ସାହିତ୍ୟରୁ ରସ ଆହରଣ
ଜ) ଶାନ୍ତି-ସ୍ୱସ୍ତି ଓ ସ୍ୱାସ୍ଥ୍ୟ ଅନ୍ୱେଷା

ଏହିପରି ଭାରତୀୟତା ଏଠାରେ ଅଳ୍ପାଧିକେ ସୁରକ୍ଷିତ ଥିଲାପରି ମନେହୁଏ।

ସର୍ବୋପରି ଏଠାରେ ଖାଲି ଗୋଟିକେତେ ଇଜିମ୍ ଓ ବାଦ ରହିନାହିଁ ବରଂ ମଣିଷର ଅସ୍ତିତ୍ୱ, ଶୂନ୍ୟତା (Nihilism) ଠାରୁ ଆରମ୍ଭ କରି ନଗ୍ନ ଆଧୁନିକତାର ପଦାଙ୍କ, ଚିତ୍ରକଳ୍ପ, ପ୍ରତୀକ, ମିଥ୍, ବାସ୍ତବତା, ଅସ୍ତିବାସ୍ତବତା, ଡାଡାବାଦୀ ଚିନ୍ତା ପ୍ରଭୃତି ଏଠାରେ ମନ୍ଦ୍ରଧ୍ୱନିରେ ନିନାଦିତ। ଏସବୁ ଦୃଷ୍ଟିରୁ 'କାଳପୁରୁଷ'କୁ ଅବବୋଧନ କରିବାରେ ଆହୁରି ଯେ ଅନେକ କିଛି ବାକି ରହିଗଲା, ଏଥିରେ ଦ୍ୱିରୁକ୍ତି ନାହିଁ।

■

ପୃଷ୍ଠଟୀକା

୧. ପଟ୍ଟନାୟକ, ଡକ୍ଟର ପ୍ରସନ୍ନ କୁମାର: ଆଧୁନିକ ଓଡ଼ିଆ କବିତାରେ ଶାସ୍ତ୍ରୀୟ ଚିନ୍ତାଧାରା- ଗ୍ରନ୍ଥମନ୍ଦିର- କଟକ-୨- ପ୍ରଥମ ସଂସ୍କରଣ- ୧୯୮୪-ପୃ-୨୧୦।

୨. ତତ୍ରୈବ- ପୃ- ୨୧୦।

୩. ତତ୍ରୈବ- ପୃ- ୨୧୦।

୪. ମହାନ୍ତି, ଶରତ କୁମାର: ଅସ୍ତିତ୍ୱବାଦର ମର୍ମକଥା- ଅଗ୍ରଦୂତ- କଟକ-୨- ତୃତୀୟ ସଂସ୍କରଣ- ୨୦୧୦- ପୃ-୫୪।

୫. ଗୁରୁପ୍ରସାଦଙ୍କ ସହ ସାକ୍ଷାତକାର। ମୂଲ୍ୟାୟନ (୭)- ଦ୍ୱିତୀୟ ବର୍ଷ- (୧୯୮୦)- ପୃ- ୧୫୩-୧୫୪।

୬. Eliot, T. S.- Notes on the Waste Land- ***selected poems-*** London- 1952- page-68.

୭. ରାୟ, ଡକ୍ଟର ମାଳବିକା: ***ମିଥ୍ ଓ ଆଧୁନିକ ଓଡ଼ିଆ କବିତା-*** ଅଗ୍ରଦୂତ- କଟକ- ୨- ପ୍ରଥମ ସଂସ୍କରଣ- ୧୯୯୩- ପୃ-୨୧୦।

୮. **ତତ୍ରୈବ-** ପୃ- ୨୧୪।

୯. The Use of Poetry and the Use of Criticism- ***selected prose-*** Kermode- page-87.

୧୦. ରାୟ, ଡକ୍ଟର ମାଳବିକା: *ମିଥ୍ ଓ ଆଧୁନିକ ଓଡ଼ିଆ କବିତା-* ଅଗ୍ରଦୂତ- କଟକ-୨- ପ୍ରଥମ ସଂସ୍କରଣ- ୧୯୯୩- ପୃ-୨୧୩।

ସୂକ୍ଷ୍ମ ଆଶୟ ଓ ବିଷୟର ନିରୁପମ ରୂପକାର କବି ରମାକାନ୍ତ ରଥଙ୍କ ସାରସ୍ୱତ ଜୀବନୀ ଓ ପ୍ରତିଭା

"ଲେଖିବାର ଇଚ୍ଛାରୁ ଲେଖକ ଲେଖେ ନିଶ୍ଚୟ, କିନ୍ତୁ ଇଚ୍ଛାନୁସାରେ ଇଚ୍ଛା କରିହୁଏ ନାହିଁ। ଅନ୍ୟ କେତେକ ଇଚ୍ଛାପରି ଏହି ଇଚ୍ଛା ମଧ୍ୟ ଆକସ୍ମିକ। ତା'ର କାରଣ ନିର୍ଦ୍ଦିଷ୍ଟ ଭାବରେ କହିପାରିବି ନାହିଁ। ନିଜକୁ ନିଜର ଅକିଞ୍ଚନତା ଭୁଲାଇବା ପାଇଁ ଚେଷ୍ଟା, ଲେଖାର କାରଣ ବି ହୋଇପାରେ। କିନ୍ତୁ ଏହାହିଁ କାରଣ ବୋଲି ନିଶ୍ଚିତ ଭାବେ କହିପାରିବି ନାହିଁ। ଯଦି ତାହାହିଁ କାରଣ ହୋଇଥାନ୍ତା, ତେବେ ଏତେଦିନପରେ ନିଜର ଅକିଞ୍ଚନତା ବିଷୟରେ ମୋର ସବୁ ସନ୍ଦେହ ତୁଟିଯିବା ପରେ ଲେଖିଚାଲିଛି କାହିଁକି ? ଲେଖା ପଛରେ ଅନିବାର୍ଯ୍ୟତା, ବର୍ତ୍ତମାନ, ପ୍ରେରଣା ଅଛି। ପ୍ରେରଣା କେଉଁଠୁ ଆସେ କହିପାରିବି ନାହିଁ। କିନ୍ତୁ ତାହା ଅଛି ବୋଲି ମୁଁ ଜାଣେ, ତାକୁ ଅନୁଭବ କରେ। ବେଳେବେଳେ ଗୁଡ଼ିଏ ପକ୍ଷୀ ବସିଥିବା ଗଛ ଦେଖାଇ କବିକୁ କହେ, ଏହାକୁ କବିତା କର, ବେଳେବେଳେ ଧାଡ଼ିଟିଏ କବି ଆଗରେ ଥୋଇଦେଇ କହେ, ଏ ଧାଡ଼ି ଯେଉଁ କବିତାର ସେହି କବିତାକୁ ସଂପୂର୍ଣ୍ଣ କର। ୍ କବିତା ହିଁ ମୋର ଭାଗ୍ୟ। ଜୀବନ ଆରମ୍ଭ କବିତାରେ। ୍ ତଥାପି କବିତା ହିଁ ନିୟତି। ଶେଷକୁ ସ୍ୱୀକାର କରିବାକୁ ଦ୍ୱିଧା ନାହିଁ ଯେ, ପ୍ରତିଟି ଲେଖା ଲେଖିସାରିଲା ପରେ ଅନୁଭବ କରେ ହାରିଯାଇଥିବା ପରି। ମୋର ସବୁଠୁ ଭଲ କବିତାଟି ଲେଖିପାରି ନାହିଁ। ଭଲ କବିତାଟିକୁ ପଢ଼ିଲାମାତ୍ରେ ଆପେ ଆପେ ଚିହ୍ନି ହୋଇଯାଏ। କିନ୍ତୁ ସେ କବିତାଟି କାହିଁକି ଭଲ ହୋଇଛି ବୁଝାଇ କହିବା କଷ୍ଟକର। ଯେଉଁ କବିତା ପଢ଼ିଲା ମାତ୍ରେ ପାଠକ ନିଜକୁ କହିବ ଯେ ଏ କବିତାରେ ତ ମୁଁ ଯାହା ଅନୁଭବ କରିଛି, ତାହା କୁହାଯାଇଛି। ପୁଣି ତାର ଭାଷା ବି ମୁଁ କହିବାକୁ ଚାହୁଁଥିବା ଭାଷା। ଏଭଳି କବିତାକୁ ଭଲ କବିତା ବୋଲି ବୁଝିବାକୁ ହେବ। ଏହି

କବିତାରେ ପାଠକ କବି ହୋଇଯାଏ, କବି ଓ ପାଠକ ଅଲଗା ଅଲଗା ହୋଇରହନ୍ତି ନାହିଁ।" (ରମାକାନ୍ତ ରଥ / ମୁଁ କାହିଁକି ଲେଖେ)

ରମାକାନ୍ତ ରଥ ଆଧୁନିକ ଓଡ଼ିଆ କାବ୍ୟକବିତା କ୍ଷେତ୍ରରେ ଏକ ବଳିଷ୍ଠ ଉଚ୍ଚାରଣ। ଏକ ପରିଣତ ପ୍ରତିଭାର ସ୍ୱର ଓ ସ୍ୱାକ୍ଷର ବହନ କରୁଥିବା ଶ୍ରୀ ରଥଙ୍କର କାବ୍ୟମାନସ ଏବର କାଳର ସମାଲୋଚକମାନଙ୍କ ପାଇଁ ଶିରପୀଡ଼ାର କାରଣ ହୋଇପଡ଼ିଛି। କିନ୍ତୁ ଏହା ସତ ଯେ, ରମାକାନ୍ତ ଜଣେ ପଦ୍ୟକାର ନୁହେଁ, ଜଣେ କବି। ଅନ୍ତର୍ଛନ୍ଦ ତାଙ୍କ କବିତାର ଛତ୍ରେ ଛତ୍ରେ ବିଦ୍ୟମାନ। ସ୍କୁଲ୍ ଜୀବନରୁ ସାହିତ୍ୟ ପ୍ରତି ବିଶେଷ କରି କବିତା ପ୍ରତି ସେ ନିଜର ଦୁର୍ବଳତା ବା ଭଲପାଇବା ପ୍ରକାଶ କରିଥିଲେ। ତା'ଛଡ଼ା ତାଙ୍କର ଆଦ୍ୟପର୍ଯ୍ୟାୟର 'କେତେଦିନର' ଗ୍ରନ୍ଥ ଠାରୁ 'ଅନେକ କୋଠରୀ', 'ସନ୍ଦିଗ୍ଧ ମୃଗୟା' ଯାଏଁ ସବୁଥିରେ ସେ ଚିନ୍ତାଚେତନାର ଅତି ସୂକ୍ଷ୍ମତର ସ୍ତରକୁ ଯାଇ ପହଞ୍ଚିଛନ୍ତି। ଏହିପରି ଏକାନ୍ତ ବ୍ୟକ୍ତିଗତ, ଗଭୀର ଚିନ୍ତାଚେତନା ଭିତ୍ତିକ କବିତା ରଚନା କରି ବସ୍ତୁତଃ ସେ ଯଦିଓ ସାରସ୍ୱତ ଜଗତର ବାଣୀଶ୍ରୀ ଭଣ୍ଡାର ସମୃଦ୍ଧ କରିଛନ୍ତି, ତଥାପି ଏହା କହିବା ବାହୁଲ୍ୟ ଯେ, ଅନେକ ସ୍ଥଳରେ ସେ ସମାଲୋଚକ ଓ ପାଠକମାନଙ୍କୁ ଚାଲେଞ୍ଜ୍ କରିଛନ୍ତି, ନାରିକେଳର ଟାଣ ଖୋଳପାକୁ ଆହୁରି ଟାଣ କରି ଭାବସତ୍ତାକୁ ରଖିଛନ୍ତି ତା'ଭିତରେ। ତେବେ ସର୍ବୋପରି ତାଙ୍କର 'କେତେଦିନର' କବିତା ଗ୍ରନ୍ଥରେ ସ୍ଥାନିତ ଦୁଇଟିଯାକ ପର୍ଯ୍ୟାୟ (ଅଳ୍ପଦିନର ଓ ଅନେକ ଦିନର)ର କବିତା ଗୁଡ଼ିକ ରସିକ ପାଠକକୁ ଆଣ୍ଠେଇଦିଏ, ନାକେଦମ୍ କରିଦିଏ ମାନସିକ ପଞ୍ଝାଳଢ଼େଇ ଓ କସରତ୍ ମଧ୍ୟରେ। ଚିନ୍ତା ଓ ଚେତନାର ଆହୁରି ଗଭୀର ଦେଶରେ ପହଞ୍ଚି ଲେଖକ ଆଙ୍କିଛନ୍ତି ଅନେକ ଛୋଟ ଛୋଟ କୋଠରୀ। ସେ କୋଠରୀର ଅନ୍ଧକାର ଭିତରେ ସାତତାଳ ପାଣି ତଳର ସାତତାଳ ପଙ୍କ ମଧ୍ୟରେ ଥିବା ସିନ୍ଦୁକ ଭିତରର ଫରୁଆ ଭିତରେ ଥିବା ଭଁଅର ପରି ଚିନ୍ତାର ଗ୍ରନ୍ଥଟି ଥାଏ। ପୁଣି ଏକ ବୌଦ୍ଧିକ ନିୟମର ଚାବିରେ ସେ ତାଲାପକାଇ ବିଚରା ସାଧାରଣ ପାଠକକୁ ବେଦମ୍ କରି କରି ଲେଖକ ମାରନ୍ତି। ଏଣୁ ଲେଖକଙ୍କ ଏହି 'ଅନେକ କୋଠରୀ'ର ଦ୍ୱାର ସାଧାରଣ ପାଠକମାନଙ୍କ ପାଇଁ ବନ୍ଦ ବୋଲି କୁହାଯାଇଛି। କବି ରମାକାନ୍ତ ରଥ ଯଥାର୍ଥରେ ଆମ ଭାଷାସାହିତ୍ୟ ପାଇଁ ଗର୍ବ ଓ ଗୌରବର ବିଷୟ। ଜଣେ ପ୍ରଶାସକ ଭାବରେ ସେ ଯେତେ ଚିହ୍ନା ନୁହଁନ୍ତି, ସାହିତ୍ୟିକଟିଏ ହିସାବରେ ସେତେ ଅଧିକ ଚିହ୍ନା, ସେତେ ଅଧିକ ଜଣାଶୁଣା।

ରମାକାନ୍ତଙ୍କ ଜନ୍ମ ପୁରୀ ଜିଲ୍ଲାରେ ହୋଇଛି। ପୁରୀର ଦାମୋଦରପୁର ଶାସନରେ ଏକ ବ୍ରାହ୍ମଣ ପରିବାରରେ ଜନ୍ମଗ୍ରହଣ କରିଥିଲେ ଶ୍ରୀଯୁକ୍ତ ରଥ। ପିତା

ଥିଲେ ଲୋକନାଥ ମହାପାତ୍ର। ଲୋକନାଥ ମହାପାତ୍ର ଜଣେ ଉଚ୍ଚଶିକ୍ଷିତ ବ୍ୟକ୍ତି ଥିଲେ। ସେ କଲିକତା ବିଶ୍ୱବିଦ୍ୟାଳୟରୁ ପ୍ରଥମ ଶ୍ରେଣୀରେ ଏମ୍.ଏ. ପାଶ୍ କରିଥିଲେ। କାବ୍ୟକବିତା ଓ ସାରସ୍ୱତ ରଚନା ପ୍ରତି ତାଙ୍କର ମଧ ଥିଲା ଅନେକ ଦୁର୍ବଳତା। ମାଆଙ୍କ ନାମ ଥିଲା ପାର୍ବତୀ ଦେବୀ। ରମାକାନ୍ତ ଛୁଆବେଳୁ ମାମୁଘରେ ଥିଲେ। ପ୍ରକୃତରେ ତାଙ୍କୁ ତାଙ୍କ ମାମୁଘରେ ପୁଅ କରି ନିଆଯାଇଥିଲା। ସେଠାରେ ସେ ରମାକାନ୍ତ ମହାପାତ୍ରରୁ ରମାକାନ୍ତ ରଥ ହେଲେ। "ତାଙ୍କ ପିତାମହଙ୍କ ନାମ ପଣ୍ଡିତ ବିଶ୍ୱନାଥ କାବ୍ୟତୀର୍ଥ ଏବଂ ମାତାମହୀଙ୍କ ନାମ ଶ୍ରୀମତୀ ଦୁର୍ଗାଦେବୀ ଥିଲା।"[୧]

ରମାକାନ୍ତ ଛୋଟବେଳୁ ମାମୁଘରେ ରହିଲେ। ସେଇଠି ପାଠପଢ଼ାପଢ଼ି ଚାଲିଲା। "ଦାମୋଦରପୁର ଗ୍ରାମ୍ୟ ସ୍କୁଲ୍‌ରେ କବି ରମାକାନ୍ତଙ୍କ ବାଲ୍ୟ ଶିକ୍ଷାର ଏକବର୍ଷ ବିତିଛି।"[୨] ଏଠାରୁ ବର୍ଷେଖଣ୍ଡେ ପଢ଼ିଲାପରେ ରମାକାନ୍ତଙ୍କୁ ପୁରୀ ସହରର ଆଙ୍ଗ୍‌ଲୋ ବେଙ୍ଗଲି (Anglo-Bengali) ସ୍କୁଲ୍‌ରେ ଭର୍ତ୍ତି କରାଗଲା। ବର୍ତ୍ତମାନ ସେହି ସ୍କୁଲ୍‌ର ନାମ ହେଉଛି 'ବିଶ୍ୱମ୍ଭର ବିଦ୍ୟାପୀଠ'। ତା'ପରେ ଭବାନୀପାଟଣାର ବ୍ରଜମୋହନ ହାଇସ୍କୁଲରେ ତିନିବର୍ଷ ଅଧ୍ୟୟନ କରି ବଲାଙ୍ଗୀରର ପୃଥ୍ୱୀରାଜ ହାଇସ୍କୁଲ୍‌ରେ ପଢ଼ିଲେ। ସେଠାରେ ପ୍ରାୟ ଦୁଇବର୍ଷ ଅଧ୍ୟୟନ କରିବାର ସୁଯୋଗ ପାଇଥିଲେ ସେ। ଶେଷରେ ମାଟ୍ରିକ୍ ପରୀକ୍ଷା ଦେଇ ସେ ଦ୍ୱିତୀୟ ଶ୍ରେଣୀରେ କୃତକାର୍ଯ୍ୟ ହେଲେ। ରମାକାନ୍ତ ପିଲାଟି ଦିନରୁ ବହୁତ ଭଲ ବା ଆଗଧାଡ଼ିର ଛାତ୍ରନଥିଲେ। କିନ୍ତୁ ଛୋଟବେଳରୁ ପ୍ରାୟ ଦଶମଶ୍ରେଣୀ ପର ଠାରୁ ସେ ଡାକ୍ତର ହେବାର ଇଚ୍ଛା ରଖିଥିଲେ। ତାଙ୍କର ଗଣିତ ଭଲ ହେଉନଥିଲା। ସୁତରାଂ ବିଜ୍ଞାନ ପାଠରେରେ ଗଣିତର ଗୁରୁତ୍ୱ ତଥା ପଦାର୍ଥ ବିଜ୍ଞାନରେ ଅତ୍ୟଧିକ ଗୁରୁତ୍ୱ ଥିବାରୁ ସେ ବିଜ୍ଞାନ ପଢ଼ିଲେ ନାହିଁ। "ବିଜ୍ଞାନ ନ ପଢ଼ିପାରିବା ଫଳରେ ଡାକ୍ତର ହୋଇପାରିଲେ ନାହିଁ।"[୩] ବି.ଏ. ପଢ଼ିଲେ। କଳାର ଛାତ୍ର ହେଲେ। କାଳପ୍ରବାହରେ କଳା ସହ ଏକାତ୍ମ ହେବାର ସୁଯୋଗ ପାଇଲେ। ତ୍ରିଲୋଚନ ମିଶ୍ର, ସର୍ବେଶ୍ୱର ଦାଶ, ପ୍ରଫେସର ବିଧୁଭୂଷଣ ଦାସ ପ୍ରମୁଖ ବଡ଼ ବଡ଼ ଜ୍ଞାନୀଲୋକଙ୍କ ସଂସ୍ପର୍ଶରେ ଆସିଲେ। ନିୟତି ବାଟ କଢ଼େଇ ନେଉଥିଲା ତାଙ୍କୁ। ବି.ଏ. ପାଶ୍ କଲେ। ଏମ୍. ଏ. ପଢ଼ିଲେ। ପାଶ୍ କଲେ। ତା'ପରେ ଭାରତୀୟ ପ୍ରଶାସନିକ ସେବା (Indian Civil Service) ପରୀକ୍ଷାରେ କୃତକାର୍ଯ୍ୟ ହୋଇ ଯୋଗଦେଲେ। ଭାରତର ବିଭିନ୍ନ ଜାଗାରେ ଚାକିରୀ କରି ଶେଷରେ ଓଡ଼ିଶାର ବିବିଧ ପଦପଦବୀ ଅଳଂକୃତ କଲେ। "ଅବଶ୍ୟ କିଛିକାଳ ଫକୀରମୋହନ କଲେଜରେ ଅଧ୍ୟାପନା କରିଥିଲେ।"[୪] ଶେଷରେ ଓଡ଼ିଶା ସରକାରଙ୍କ ମୁଖ୍ୟ ଶାସନ ସଚିବ (Chief Secretary) ପଦରୁ ଅବସର ଗ୍ରହଣ କରିଛନ୍ତି

ଶ୍ରୀଯୁକ୍ତ ରଥ। କବି ରମାକାନ୍ତଙ୍କ ଧର୍ମପତ୍ନୀଙ୍କ ନାମ ଶ୍ରୀମତୀ ଶାନ୍ତିଦେବୀ। ଆଜୀବନ, ହାତଧରିଲା ଦିନରୁ ସେ ଅକୁଣ୍ଠ ସାହାଯ୍ୟ ଓ ସହଯୋଗରେ ଭରିଦେଇଛନ୍ତି ରମାକାନ୍ତଙ୍କ ଆକାଂକ୍ଷାର ଶତେକ ବିବର। ଶାସ୍ତ୍ରରେ କୁହାଯାଇଛି- ଯାହାର ପତ୍ନୀ ବା ଭାର୍ଯ୍ୟା ସହଯୋଗିନୀ, ଉଚ୍ଚମନା, ଧର୍ମପରାୟଣା, ଉଚ୍ଚମାନସିକତାଧର୍ମୀ ସେହି ପୁରୁଷର ଶ୍ରୀବୃଦ୍ଧି ହେବା ଏକ ସାଧାରଣ କଥା ଠିକ୍ ସୂର୍ଯ୍ୟ ଉଦୟରେ ପୃଥ୍ୱୀପୃଷ୍ଠରୁ ତମ ଦୂରୀଭୂତ ହୋଇ ଆଲୋକ ଭର୍ତ୍ତି ହେଲାପରି। ରମାକାନ୍ତଙ୍କ ଲାଗି ଉତ୍ସାହର ଓ ପ୍ରେରଣାର ଅନ୍ୟତମ ପ୍ରମୁଖ ଉତ୍ସ ହେଉଛନ୍ତି ଶ୍ରୀମତୀ ଶାନ୍ତିଦେବୀ। ଏଠାରେ ଶାସ୍ତ୍ରର ଏକ ଉକ୍ତି ମନେପଡ଼େ-

"ଉତ୍ସାହ ବଳବାନାର୍ଯ ନାସ୍ତ୍ୟୁତ୍ସାହାତ୍ପରଂ ବଳମ୍।
ସୋ ତ୍ସାହସ୍ୟ ହି ଲୋକେଷୁ ନ କିଞ୍ଚିଦପି ଦୁର୍ଲଭମ୍।"

ମେଟ୍ରିକ୍‌ରେ ଦ୍ୱିତୀୟ ଶ୍ରେଣୀରେ ପାଶ୍ କରିବା ଅବଶ୍ୟ ସେକାଳରେ କିଛି କମ୍ ଗୌରବର କଥା ନଥିଲା। ତେବେ ବି ଲେଖକ ସେଇଠୁ ଗଣିତ ପ୍ରତି ଦୂରେଇ ଦୂରେଇ ରହିବାକୁ ଅଧିକ ପସନ୍ଦ କଲେ। ଫଳରେ କଳା ପଢ଼ିଲେ। ସାହିତ୍ୟ ପ୍ରତି ସେ ଥିଲେ ଯଥେଷ୍ଟ ଆଗ୍ରହୀ। କିନ୍ତୁ ସାହିତ୍ୟ ସୃଷ୍ଟିକରି ସେ ଯେ ଅକ୍ଷୟ ପ୍ରତିଭାର ଅଧିକାରୀ ହେବେ ଏକଥା ସ୍ୱପ୍ନରେ ସୁଦ୍ଧା ଭାବିପାରିନଥିଲେ। "ସାହିତ୍ୟ ଯେ' ତାଙ୍କ ହୃଦୟରେ ରହିଛି ଏକଥା ପ୍ରଥମରୁ ସେ ଅନୁଭବ କରିଛନ୍ତି।"[୫] ମାମୁଘରେ ରହିଥିଲେ ପୁଅ ହୋଇ। ସେଠିକାର ପ୍ରଭାବରେ ସେ ପ୍ରଭାବିତ। କିନ୍ତୁ ନିଜ ପିତା ଲୋକନାଥ ମହାପାତ୍ରଙ୍କ ପ୍ରଭାବରେ ସେ ଅନେକ ପ୍ରଭାବିତ। ଗାଁ, ଗାଁରୁ ପୁରୀର ଆଙ୍ଗ୍‌ଲା-ବେଙ୍ଗଲି ସ୍କୁଲ୍, ସେଠୁ ଭବାନୀପାଟଣା, ଭବାନୀପାଟଣାରୁ ବଲାଙ୍ଗୀର, ବଲାଙ୍ଗୀର୍‌ରୁ କଟକର ରେଭେନ୍‌ସା କଲେଜ୍ ପ୍ରଭୃତି ବିବିଧ ଶିକ୍ଷାନୁଷ୍ଠାନରେ ସେ ପାଠ ପଢ଼ିଛନ୍ତି।

ପିତା ଲୋକନାଥଙ୍କ ଚାକିରୀ ବଦଳି ଏହାର କାରଣ। ତାଙ୍କ ପିତା ପ୍ରଥମେ ଏକ ପ୍ରଧାନଶିକ୍ଷକ ଥିଲେ ଭାବାନୀପାଟଣାରୁ ବଲାଙ୍ଗୀର ରାଜେନ୍ଦ୍ର କଲେଜକୁ ଅଧ୍ୟାପକ ହୋଇ ସେ ଆସିଲେ। ଫଳରେ ରମାକାନ୍ତ ମଧ୍ୟ ବଲାଙ୍ଗୀର ଆସି ପଢ଼ିଲେ। ତାଙ୍କ ବ୍ୟକ୍ତିତ୍ୱର ପ୍ରଭାବ ରମାକାନ୍ତଙ୍କ ଉପରେ ସ୍ପଷ୍ଟ ଥିଲା। ଜଣେ ଆଦର୍ଶ ପିତା ହିସାବରେ ସେ ବେଶ୍ ଅନୁପ୍ରାଣିତ କରିଛନ୍ତି ପୁତ୍ର ରମାକାନ୍ତଙ୍କୁ। "ତଥାପି କବିଙ୍କର ଅବଶୋଷ ଯେ ପିତାଙ୍କ ପରି ଭଲମଣିଷ ହୋଇପାରି ନାହାଁନ୍ତି।"[୬] ବଲାଙ୍ଗୀରରେ ପଢ଼ିଲାବେଳେ ବିଶିଷ୍ଟ ସାହିତ୍ୟ ସମାଲୋଚକ ଡକ୍ଟର ଗୋବିନ୍ଦ ଚନ୍ଦ୍ର ଉଦ୍‌ଗାତା ତାଙ୍କ ପ୍ରତ୍ୟକ୍ଷ ଶିକ୍ଷକ ଥିଲେ। ସାହିତ୍ୟ କ୍ଲାସ୍‌ରେ ଅନେକ ପ୍ରବନ୍ଧ, କବିତା ଓ ମୌଳିକ ରଚନା ବାବଦରେ ତର୍କ-ବିତର୍କ ଆଲୋଚନାଦି ଚାଲୁଥିଲା। ପିଲାମାନେ ପ୍ରୋତ୍ସାହିତ ହେଉଥିଲେ। ଦିନେ

ରମାକାନ୍ତ ମଧ୍ୟ ଯୋଡ଼ିଏ ପ୍ରବନ୍ଧ ଲେଖିଥିଲେ। ତାକୁ ସାରା କ୍ଲାସ୍ ଆଗରେ ପାଠକରି ରମାକାନ୍ତଙ୍କୁ ଅତ୍ୟନ୍ତ ପ୍ରଶଂସା କରିଥିଲେ ଅଧ୍ୟାପକ ଡକ୍ଟର ଉଦ୍‌ଗାତା। ଏହି ପ୍ରଶଂସା ମଣିଷକୁ ମନସ୍ତାତ୍ତ୍ୱିକ ଦିଗରେ ଯଥେଷ୍ଟ ତାକତ୍ ଦିଏ, ଶାନ୍ତି ଯୋଗାଏ, ଲେଖିବା ପାଇଁ ଦମ୍ଭ ଓ ଖୋରାକ୍ ଉଭୟ ଯୋଗାଏ। "ସାହିତ୍ୟ ସୃଷ୍ଟି ପାଇଁ ସେହି ସ୍ନେହ କବିଙ୍କ ଅବଚେତନ ସ୍ତରରେ ସଂଭବତଃ ପ୍ରେରଣା ଯୋଗାଇଛି।"[୭] ବାସ୍ତବରେ କବି ରମାକାନ୍ତ ଗୋବିନ୍ଦ ଚନ୍ଦ୍ର ଉଦ୍‌ଗାତାଙ୍କ ପରି ମନୀଷୀ ତଥା ଜଣେ ବିଦଗ୍ଧ ବ୍ୟକ୍ତିଙ୍କ ସ୍ନେହ ଓ ଉତ୍ସାହର ଶଯ୍ୟାରେ ଶୋଇ ପ୍ରଜ୍ଞାର ଆଲୋକରେ ସ୍ନାନ କରି ପ୍ରକ୍ଷାଳିତ ହୋଇଛନ୍ତି- ଏକ ବଳିଷ୍ଠ କବି ସତ୍ତାକୁ ଗୁରୁଙ୍କ ମନ୍ତ୍ର ଉଚ୍ଚାରଣ ଓ ଆତ୍ମଚେଷ୍ଟା ଦ୍ୱାରା ଜାଗ୍ରତ କରିପାରିଛନ୍ତି।

ରମାକାନ୍ତଙ୍କ ଜନ୍ମ ହୁଏ ୧୯୩୫ ମସିହା ଡିସେମ୍ବର ୧୩ ତାରିଖରେ। ତା'ପରେ ୧୯୫୬ରେ ରେଭେନ୍‌ସା ମହାବିଦ୍ୟାଳୟରୁ କୃତିତ୍ୱର ସହ ଇଂରାଜୀରେ ଏମ୍. ଏ. ପାଶ୍ କଲାପରେ ୧୯୫୭ ମସିହାରେ ICS ପରୀକ୍ଷାରେ ଉତ୍ତୀର୍ଣ୍ଣ ହୋଇ ଚାକିରୀ ଜୀବନ ଆରମ୍ଭ କଲେ। ଜାତିସଂଘ (United Nations) ର ଖାଦ୍ୟ ଓ କୃଷି ସଂସ୍ଥା ତରଫରୁ ପ୍ରତିନିଧି ଭାବରେ ଘାଏନାରେ Advisor ପଦବୀ ମଣ୍ଡନ କରିଥିଲେ। କେନ୍ଦ୍ର ସରକାରଙ୍କ ଦୁଇଟି ବିଭାଗରେ ମଧ୍ୟ ସେ ସଚିବ ଭାବରେ କାମ କରିଛନ୍ତି। "ଭାରତୀୟ ପ୍ରଶାସନ ସେବାରେ ଅଭିଜ୍ଞ, ଦକ୍ଷ ପ୍ରଶାସକ ତଥା ବୌଦ୍ଧିକ ମନିଷୀ ଏବଂ ଅନୁଭବୀ ଆତ୍ମବିଭୋର କବି ରମାକାନ୍ତ ରଥ କେନ୍ଦ୍ରସାହିତ୍ୟ ଏକାଡେମୀରେ ୧୯୯୮ ମସିହାରେ ନିର୍ବାଚିତ ହେବା ଏକ ଅପୂର୍ବ ଗର୍ବ ଓ ଗୌରବର କଥା। କବି ରମାକାନ୍ତ ରଥ ପୂର୍ବସୂରୀମାନଙ୍କ ଅମ୍ଳାନ ସୃଷ୍ଟିର ଜାତୀୟ ଓ ଆନ୍ତର୍ଜାତୀୟ ସ୍ତରରେ ଯଥାର୍ଥ ଉପସ୍ଥାପନା ନିମନ୍ତେ ସର୍ବଦା ଚେଷ୍ଟିତ। ଓଡ଼ିଆ ଭାଷାର ବିକାଶ ଓ ପ୍ରସାର ପାଇଁ ସେ ସର୍ବଦା ଚିନ୍ତିତ।"[୮] ରମାକାନ୍ତ କେବେ ଭାବିନଥିଲେ ଯେ, ସେ ଏପରି ଉତ୍ତୀର୍ଣ୍ଣ କାବ୍ୟ ପ୍ରତିଭାର ଦିନେ ଅଧିକାରୀ ହେବେ।

କବି ରମାକାନ୍ତ ଜୀବନର କବି। ମଣିଷର ବିଶେଷ କରି ତଥାକଥିତ ଆଧୁନିକ ସମାଜର ମଣିଷ ଜୀବନକୁ ସେ ବେଶ୍ ନିଖେଇ ଦେଖିଛନ୍ତି, ସୂକ୍ଷ୍ମ ଦୃଷ୍ଟିରେ ଦେଖିଛନ୍ତି। "ସେଇ ପରିପୂର୍ଣ୍ଣ ଜୀବନକୁ ନେଇ ଅଜସ୍ର କବିତା ରଚନା କରିଛନ୍ତି। କବିତା ରଚନା କଲାବେଳେ ପ୍ରକୃତି ଓ ମାନସିକ ଅବସ୍ଥାକୁ ଭିତ୍ତି ରୂପେ ଗ୍ରହଣ କରିଛନ୍ତି।"[୯] ରମାକାନ୍ତ ଜଣେ ଅନୁଭୂତିପ୍ରବଣ କବି। ଜୀବନର ପ୍ରଗଣାରୁ ଲେଖକ ସାଉଁଟିଛନ୍ତି ଅନେକ ଅନୁଭୂତି, ଅନେକ ଚିତ୍ର, ଅନେକ ଅଭିଜ୍ଞତା। ଆକାଶ, ଜହ୍ନ, ଜଙ୍ଗଲ, ରାସ୍ତା, ତାରା, ଅନ୍ଧାର, ଆଲୋକ, ସୂର୍ଯ୍ୟ, ବର୍ଷା, ସମୁଦ୍ର, ଦୁଃଖ, ସୁଖ,

ଆଶା, ନିରାଶା ପ୍ରଭୃତିର ରହସ୍ୟାଚ୍ଛନ୍ନ ରୂପ ଓ ଗୁଣକୁ ବେଶ୍ ଚିହ୍ନିଛନ୍ତି ରମାକାନ୍ତ। ତାଙ୍କ କବିତାରେ ଏସବୁର ଫଟୋଗ୍ରାଫ୍ ବେଶ୍ ସଂଯୋଜିତ। "ତାଙ୍କର ସ୍ମୃତିପଟ୍ଟରେ ରହିଛି ଚନ୍ଦ୍ର କିପରି ଦିଶୁଥିଲା, ଜଙ୍ଗଲ କିଭଳି ରହସ୍ୟାଚ୍ଛାଦିତ ହୋଇଥିଲା, ବର୍ଷା କିପରି କହୁଥିଲା, ଯେ ଘରେ ବସି ରହିବା ଅପେକ୍ଷା ବାହାରକୁ ଆସି ଭିଜିଯିବା ଭଲ, ଅନ୍ଧାର କିଭଳି ଏକ ସମୟରେ ନିମନ୍ତ୍ରଣ ଓ ଆତଙ୍କିତ କରୁଥିଲା, କେଉଁ ବିଷାଦରୁ ସେ ନିଜକୁ ଦୂରେଇ ଦେବାକୁ ଚେଷ୍ଟା କରୁଥିଲେ ବା କେଉଁ ଅଭିଳାଷରେ ମଜ୍ଜିଯିବାକୁ ଚାହୁଁଥିଲେ।"[୧୦] ରମାକାନ୍ତ ଛୋଟବେଳୁ ନିଜର କାବ୍ୟପ୍ରତିଭାର ପରିଚୟ ଦେଇଛନ୍ତି। "୧୯୬୨ରେ ଏକ ପୁରସ୍କାର ବିତରଣୀ ଉତ୍ସବରେ 'ଧର୍ମପଦର ଆତ୍ମହତ୍ୟା' ଆବୃତ୍ତି କରାଇବାର ଅନୁଭୂତି ଭୁଲିବାର ନୁହେଁ। ଜଣେ ଅଷ୍ଟମ ଶ୍ରେଣୀର ଛାତ୍ର ରମାକାନ୍ତଙ୍କ କବିତାର ଆବେଦନ ଅନୁରଣିତ କରିଥିଲେ କିଶୋର ହୃଦୟରେ, ସେଇ ସ୍ୱର ପ୍ରଜ୍ଞାର ପୁଲକ ସଂଚାର କରିଥିଲା ବୟୋଜ୍ୟେଷ୍ଠଙ୍କ ପ୍ରାଣରେ। ତେଣୁ ସେ ସ୍ୱତନ୍ତ୍ରଭାବେ ପୁରସ୍କୃତ ହୋଇଥିଲେ।"[୧୧] ରମାକାନ୍ତ ଯେ ନିଜର ବଳିଷ୍ଠ ପ୍ରତିଭା ତଥା Versatile talentର ପରିଚୟ ଦେଇଛନ୍ତି- ଏଥିରେ ଦ୍ୱିରୁକ୍ତି ମାତ୍ର ନାହିଁ। 'ସଚିତ୍ର ଅନ୍ଧାର'କୁ ସ୍ରଷ୍ଟା ନିଜେ ନିଜର ପ୍ରିୟ ରଚନା ବୋଲି କହିଛନ୍ତି। ସେ ମୃତ୍ୟୁ, ଅନ୍ଧାର, ବିଷାଦ, ଧୂସର ଓ ଧୂମିଳ ଚେତନାର କବି।

ରମାକାନ୍ତ ରଥ ଜଣେ ଉଚ୍ଚଦରର କବି। ଆଧୁନିକ କାଳର ଜଣେ ଈର୍ଷଣୀୟ ପ୍ରତିଭା ହେଉଛନ୍ତି ରମାକାନ୍ତ। ସେ ଖାଲି କାଳସଚେତନ କବି ନୁହଁନ୍ତି ବରଂ ଆତ୍ମସଚେତନ ସ୍ରଷ୍ଟା ମଧ୍ୟ। "ତାଙ୍କ କବିତାର ଗଭୀର ଜୀବନ ଜିଜ୍ଞାସା, ବୁଦ୍ଧିଦୀପ୍ତ ଭାବାବେଗର ସଂଯତ ପ୍ରକାଶ ଏବଂ ନୂତନ ତଥା ପାରଂପରିକ କାବ୍ୟଶୈଳୀର କୁଶଳୀ ପ୍ରୟୋଗ ଆଧୁନିକ ଓଡ଼ିଆ କବିତାକୁ ଏକ ନୂତନ ଦିଗ୍‌ଦର୍ଶନ ଦେଇଛି। ଦୁଇ ଦୁଇଟି ବିଶ୍ୱଯୁଦ୍ଧର ଭୟାବହ ଧ୍ୱଂସଲୀଳା, ବିଜ୍ଞାନର ଅଭାବିତ ଅଗ୍ରଗତି, ପରମାଣୁ ଯୁଦ୍ଧର ଆତଙ୍କ, ପାରଂପରିକ ବିଶ୍ୱାସ ଓ ମୂଲ୍ୟବୋଧର ଅବକ୍ଷୟ ପାଶ୍ଚାତ୍ୟ ଜଗତରେ ଯେଉଁ ନୈରାଶ୍ୟବୋଧ, ଅନିଶ୍ଚିତତା, ନିଃସଂଗତା ଓ ମାନସିକ ସଙ୍କଟ ସୃଷ୍ଟି କରିଛି ତାହାର ମାର୍ମିକ ପ୍ରକାଶ ହୋଇଛି ସେମାନଙ୍କର କାବ୍ୟ, କବିତା, ନାଟକ ଇତ୍ୟାଦି ସାହିତ୍ୟର ବିଭିନ୍ନ ବିଭାଗରେ। ବର୍ତ୍ତମାନର ସଙ୍କୁଚିତ ପୃଥିବୀରେ ଏସବୁ ଯୁଗ ସମସ୍ୟା କୌଣସି ଏକ ନିର୍ଦ୍ଦିଷ୍ଟ ଭୂଖଣ୍ଡରେ ଆଉ ସୀମିତ ହୋଇ ରହିନାହିଁ। ନୂତନ ଯୁଗ ଯନ୍ତ୍ରଣାକୁ ରୂପ ଦେବାପାଇଁ ପାରଂପରିକ କାବ୍ୟଶୈଳୀ ଅନୁପଯୋଗୀ ବିବେଚିତ ହେବାରୁ ନୂତନ କାବ୍ୟଶୈଳୀର ଯେ ସମସ୍ତ ପରୀକ୍ଷା ନିରୀକ୍ଷା ହୋଇଛି ତାହା ମଧ୍ୟ ବିଭିନ୍ନ ଦେଶର

କାବ୍ୟଧାରାକୁ ବହୁଭାବରେ ପ୍ରଭାବିତ କରିଛି । ଇମେଜିଜ୍ମ୍, ସିମ୍ବଲିଜିମ୍, ଏକ୍ସପ୍ରେସନିଜିମ୍ ଇତ୍ୟାଦି ନୂତନ କାବ୍ୟଶୈଳୀ ବିଭିନ୍ନ ଦେଶର ଆଧୁନିକ କାବ୍ୟ କବିତାରେ ଏବେ ବହୁଳଭାବେ ବ୍ୟବହୃତ । ଯୁଗ ସଚେତନ କବି ରମାକାନ୍ତ ନୂତନ କବିତାର ଆଭିମୁଖ୍ୟ ଏବଂ ଶୈଳୀ ସଂପର୍କରେ ସଂପୂର୍ଣ୍ଣ ଅବହିତ, କିନ୍ତୁ ଅବିଚାରିତ ଭାବେ ସେ କେଉଁଟିକି ହେଲେ ପୂରାପୂରି ଗ୍ରହଣ କରିନେଇ ନାହାଁନ୍ତି ।"[୧୨] ଅନୁଭୂତିର ଗାମ୍ଭୀର୍ଯ୍ୟ ଓ ଶିଳ୍ପସୌକର୍ଯ୍ୟ ଆଜି ମଧ୍ୟ ତାଙ୍କୁ ଅନ୍ୟାନ୍ୟ କବିମାନଙ୍କ ଠାରୁ ସ୍ୱତନ୍ତ୍ର କରି ରଖିଛି । "ତାଙ୍କର କାବ୍ୟମାନସ ପ୍ରେମ, ମୃତ୍ୟୁ, ନିଃସଂଗତା ଭଳି ଜୀବନର କେତେକ ମୌଳିକ ଅନୁଚିନ୍ତା ଦ୍ୱାରା ସନ୍ତୁଳିତ । ପ୍ରେମ ଓ ମୃତ୍ୟୁ ଚିନ୍ତା ତାଙ୍କର ବହୁ କବିତାର ମୁଖ୍ୟ ଉପଜୀବ୍ୟ । ପ୍ରେମକୁ ଜୀବନ ସହିତ ଏବଂ ମୃତ୍ୟୁକୁ ଶୂନ୍ୟତା ସହିତ ଚିହ୍ନିତ କରାଯାଇପାରେ । ନିଃସଂଗତାବୋଧ ମଣିଷର ଏକ ସହଜାତ ପ୍ରବୃତ୍ତି । ମଣିଷ ଏକାହୋଇ ପୃଥିବୀକୁ ଆସେ ଏବଂ ଏକାହୋଇ ସଂସାରରୁ ବିଦାୟ ନିଏ । ଦୁନିଆରେ ସମସ୍ତ କୋଳାହଳ ଓ ସଂପର୍କ ସତ୍ତ୍ୱେ ନିରୋଳା ମୁହୂର୍ତ୍ତରେ ମଣିଷର ଏ ସହଜାତ ନିଃସଂଗତାବୋଧ ତାକୁ କମ୍ ଉତ୍ପୀଡ଼ିତ କରେନାହିଁ । ଜୀବନ ସମ୍ବନ୍ଧୀୟ ଏ ପ୍ରକାର ଅନୁଚିନ୍ତା ଓ ଯନ୍ତ୍ରଣାବୋଧ ଯୁଗେ ଯୁଗେ କବି, ଲେଖକ ଓ ଚିନ୍ତାଶୀଳ ବ୍ୟକ୍ତିମାନଙ୍କ ରଚନାରେ ପ୍ରକାଶ ପାଇଆସିଛି ।"[୧୩] ରମାକାନ୍ତଙ୍କ ଅଧିକାଂଶ ସୃଷ୍ଟିରେ ଏହାଠାରୁ ଅଲଗା ଆଉ କିଛି କଥା ହୁଏତ ନାହିଁ । ଏଇ ମଣିଷର ଯନ୍ତ୍ରଣା ଓ ମାନସିକତା କଥା ହିଁ ଏଠାରେ ବିଦ୍ୟମାନ ।

"ଉତ୍ତର ପଚାଶରେ ଓଡ଼ିଆ କବିତା କ୍ଷେତ୍ରରେ ଆତ୍ମପ୍ରକାଶ କରି ଶ୍ରୀ ରମାକାନ୍ତ ରଥ ସ୍ୱାଧୀନତା ପରବର୍ତ୍ତୀ ଓଡ଼ିଆ କାବ୍ୟଧାରାର ଜଣେ ଶକ୍ତିଶାଳୀ କବି ଭାବେ ନିଜକୁ ପ୍ରତିଷ୍ଠିତ କରିପାରିଛନ୍ତି । ତାଙ୍କ କାବ୍ୟ-ଆତ୍ମିକ ଓ ଶୈଳୀରେ ପ୍ରଥମରୁ ପ୍ରକାଶ ପାଇଥିବା ସ୍ୱକୀୟତା ହିଁ ଏହି ସ୍ୱୀକୃତି ପାଇଁ ଦାୟୀ । ତାଙ୍କ ପ୍ରାଥମିକ କବିତାଗୁଡ଼ିକ ଯୁବସୁଲଭ ପ୍ରେମ, ପ୍ରତୀକ୍ଷା, ହତାଶା ଓ ତଦ୍ଦ୍ୱାରା ତାଙ୍କ ଆତ୍ମିକ ସ୍ପନ୍ଦନ ଓ ପ୍ରତିକ୍ରିୟାର କାବ୍ୟରୂପ ନେଇ ପ୍ରକାଶିତ ହେଲେ ବି ଏ କବିତା ଗୁଡ଼ିକରେ ପ୍ରେମରେ ଗତାନୁଗତିକ 'ଢାଳିଯିବା' ଓ 'ଢଳିଦେବା' ପରି ଆସକ୍ତ ରୋମାଣ୍ଟିକ୍ ଉଚ୍ଛ୍ୱାସ ଦେଖାଯାଏ ନାହିଁ; ବରଂ ପ୍ରେମପ୍ରତି ଅଛି ଗଭୀର ନିରୀକ୍ଷା ଓ ସମୀକ୍ଷାତ୍ମକ ମନୋବୃତ୍ତି । ଏପରିକି ତାଙ୍କ ପ୍ରାରମ୍ଭିକ କାବ୍ୟସ୍ୱରରେ ଏକ ନୈରାଶ୍ୟକାତର ମଗ୍ନ ବ୍ୟକ୍ତିତ୍ୱକୁ ବେଶ୍ ଛୁଇଁହୁଏ ।"[୧୪] ଏ ମର୍ମରେ 'ଡଗର' ୧୫ବର୍ଷ / ୧୨ ସଂଖ୍ୟା, ତା-୧୬.୧୨.୧୯୫୨ ରିଖରେ ପ୍ରକାଶିତ 'ବାସନା' କବିତା, 'ଝଙ୍କାର' ୪ର୍ଥ ବର୍ଷ / ୮ମ ସଂଖ୍ୟା, ନଭେମ୍ବର ୧୯୫୨ରେ ପ୍ରକାଶିତ 'ଅବୋଧ' କବିତା, 'ଡଗର' ୧୭ ବର୍ଷ / ୧୦ମ ସଂଖ୍ୟା,

ଏପ୍ରିଲ୍ ୧୯୫୪ରେ ପ୍ରକାଶିତ 'ଅନ୍ଧ' କବିତା, 'ଝଙ୍କାର'ରେ ଫେବୃୟାରୀ, ୧୯୫୫ରେ ପ୍ରକାଶିତ 'ଘଣ୍ଟା' ସ୍ମରଣୀୟ। ରମାକାନ୍ତଙ୍କ କାବ୍ୟ ପ୍ରତିଭାର ଆଦ୍ୟତମ ପରିଚୟ ଏକ ସଂକଳନ ଭାବରେ ୧୯୬୨ରେ ମିଳେ। 'କେତେଦିନର' କବିତାଗ୍ରନ୍ଥ ଏହାର ସ୍ମାରକୀ। ଏହି ଗ୍ରନ୍ଥଟି ଦୁଇଟି ପର୍ଯ୍ୟାୟରେ ବିଭକ୍ତ; 'ବହୁତ ଦିନର' ଓ 'ଅଳ୍ପଦିନର'। ତା'ପରେ ପ୍ରକାଶ ପାଏ 'ଅନେକ କୋଠରୀ' (୧୯୬୭)। ଏହି କ୍ରମରେ ୧୯୭୧ରେ ପୁଣି ଏକ ଗ୍ରନ୍ଥ ପ୍ରକାଶ ପାଏ- 'ସନ୍ଦିଗ୍ଧ ମୃଗୟା'।

କବି ରମାକାନ୍ତଙ୍କ ସାରସ୍ୱତ କୃତିବିଶେଷ ଗୁଡ଼ିକ ମଧ୍ୟରେ 'କେତେଦିନର', 'ଅନେକ କୋଠରୀ', 'ସନ୍ଦିଗ୍ଧ ମୃଗୟା', 'ସପ୍ତମ ଋତୁ', 'ସଚିତ୍ର ଅନ୍ଧାର', 'ଶ୍ରୀରାଧା', 'ଶ୍ରୀ ପଳାତକ', 'ସୀମାନ୍ତବାସ', 'ଫେରିଚାହିଁଲେ', 'ନୟା ନୟା କହୁକହୁ', 'ସବୁଦିନ ସେପାଖେ', 'ସରଳ ହୃଦ୍‌ଗଣିତ', 'ଜାହାଜ ଆସିବ ଓ ଆଉ କେତୋଟି', 'ପବନରେ ଚିତ୍ରାଙ୍କନ' ପ୍ରଭୃତି ଏକ ଏକ ବଳିଷ୍ଠ ସ୍ମାରକୀ; ଆଧୁନିକ କାବ୍ୟ ଜଗତର ଏକ ଏକ ବିସ୍ମୟ ସୂଚକ ମାଇଲ୍‌ଖୁଣ୍ଟ ମାତ୍ର। ରମାକାନ୍ତଙ୍କ କବିତାର ଆଉ ଏକ ମୁଖ୍ୟ କଥା ହେଉଛି ପ୍ରତାରଣାଜନିତ ଯନ୍ତ୍ରଣାବୋଧ। ବିଷାଦବାଦ, ପ୍ରେମର ବିଫଳତା, ଆତ୍ମମଗ୍ନତା, ହତାଶା, କାରୁଣ୍ୟ, ଆତ୍ମ ସମୀକ୍ଷା ପ୍ରଭୃତି ତାଙ୍କ କବିତା- କଲିଜାର ପ୍ରତି ହେପାଟିକ୍ କୋଷରେ ରହିଛି, ତାଙ୍କର କବିତାର ରକ୍ତରେ ଏସବୁ ଜୁଡୁବୁଡୁ।

ପ୍ରେମ, ପ୍ରେମହୀନତା ଓ ମୃତ୍ୟୁଭାବନାକୁ ନେଇ ରମାକାନ୍ତଙ୍କ କାବ୍ୟାୟନ ପରିପୁଷ୍ଟ ହୋଇଛି। ଉତ୍ତର ସତୁରୀକାଳରେ ରମାକାନ୍ତଙ୍କ କାବ୍ୟଧାରା ବିଚିତ୍ର ବୈରାଗ୍ୟ ଧାରଣ କରିଛି। "ପ୍ରେମକୁ କବି ଏ ପର୍ଯ୍ୟାୟରେ ଏକାନ୍ତ ଅନୁତ୍ପାଦକ ଭାବେ ଭେଟିଛନ୍ତି।"[୧୫] କିନ୍ତୁ 'ସଚିତ୍ର ଅନ୍ଧାର' (୧୯୮୨) ପରେପରେ 'ଶ୍ରୀରାଧା' ବେଳକୁ ମିଥର deconstruction ଘଟିଛି। 'ଶ୍ରୀରାଧା' (୧୯୮୫) ପ୍ରେମର ଏକ ଚିରନ୍ତନ ଆର୍କିଟାଇପ୍‌କୁ ଘେନି ଉଭା ହୋଇଛି। ସତକୁ ସତ ଗୋଟିଏ ଝୁଙ୍କରେ ସବୁ ପାରିହୋଇ ଯିବାପରି ରମାକାନ୍ତ ଏଠାରେ ସମସ୍ତ ପ୍ରାକ୍‌ଚେତନାର ଗଡ଼ଡାଳିକୁ ଅତିକ୍ରମ କରି ନୂଆ ଓ ଓଲଟା ଚେତନାରେ ପଦାର୍ପଣ କରିଛନ୍ତି। 'ଶ୍ରୀରାଧା' ପ୍ରେମକୁ ନେଇ ରଚିତ କିନ୍ତୁ ମିଥର ନବୀକରଣ ଏଠି ହୋଇଛି। ରମାକାନ୍ତଙ୍କ 'ଶ୍ରୀରାଧା' ଯଦିଓ ସେଇ ପ୍ଲଟ୍ ଓ ସେଇ ପରିବେଶରେ ଅଛି ତଥାପି ତା'ର ଆନ୍ତରିକ ପରିବର୍ତ୍ତନ ଘଟିଛି।

'ଅଳଂକାର ପ୍ରସଙ୍ଗ' ଓ 'କାବ୍ୟଶିଳ୍ପୀ ଗଂଗାଧର'ର ସୁଯୋଗ୍ୟ ସ୍ରଷ୍ଟା ଗୋବିନ୍ଦ ଚନ୍ଦ୍ର ଉଦ୍‌ଗାତା (୧୯୨୦-୧୯୯୯) ତାଙ୍କର ନିଜର ଶିକ୍ଷକ। ଅଧ୍ୟାପକ ଉଦ୍‌ଗାତାଙ୍କ deconstructive ଦୃଷ୍ଟି, ତାପସୀ ସୀତାଙ୍କ ଚିତ୍ରକୁ ଗଂଗାଧର କିପରି ଆଙ୍କିଛନ୍ତି ଓ

ଉଦ୍‌ଗାତା କିପରି ତାକୁ ଚିତ୍ରିତ କରିଛନ୍ତି, କିପରି ମୂଲ୍ୟାୟନ କରିଛନ୍ତି ତାହା ହିଁ ସବୁଠାରୁ ବଡ଼କଥା । ଏହାର ପ୍ରଭାବରେ ରମାକାନ୍ତ 'ଶ୍ରୀରାଧା' ପରି ଅଭିନବ କଳ୍ପନା କରିଥାଇପାରନ୍ତି । ଅବଶ୍ୟ ପିତା ଲୋକନାଥଙ୍କ ପ୍ରଭାବ ତାଙ୍କ ଉପରେ ଅହରହ ରହିଥିବା କଥା ସେ ନିଜେ ସ୍ୱୀକାର କରିଥାଆନ୍ତି । ସେହିପରି ଏହା ମଧ୍ୟ ସତ ଯେ, ରମାକାନ୍ତଙ୍କ ଠାରେ କବିଟେ ଥିଲା, ତାଙ୍କରି ଭିତରେ ରହିଥିଲା, ତାଙ୍କ ଛୋଟବେଳୁ । ରମାକାନ୍ତ ଛୋଟବେଳୁ ଅନେକ ବହି ଦେଖିବାର ଓ ପାଠ କରିବାର ସୁଯୋଗ ପାଇଥିଲେ । "ଉଭୟ ଓଡ଼ିଆ ଓ ଇଂରାଜୀ ଭାଷା ସାହିତ୍ୟ, ବିଶେଷକରି କବିତା ପ୍ରତି ତାଙ୍କର ଝୁଙ୍କ୍ ଶୈଶବରୁ ପରିଲକ୍ଷିତ ହୋଇଥିଲା । ସ୍କୁଲ୍‌ର ବହିପାଠକୁ ପଛକୁ ରଖି ସେ ଅବକାଶ ପାଇବା ମାତ୍ରେ କବିତା ରଚନାରେ ମନୋନିବେଶ କରୁଥିଲେ ।"[୧୬] ଯେଉଁପିଲାଟି ପଢ଼ାବହିକୁ ରଖି ଗପ, ଉପନ୍ୟାସ, କବିତା, ପ୍ରବନ୍ଧ ପ୍ରଭୃତି ପ୍ରତି ଆକର୍ଷିତ ହେଲାଣି, ସେ କି ସାଧାରଣ ଛାତ୍ରଟେ ହୋଇପାରେ ? ନା, ଏହା ଆଦୌ ସମ୍ଭବ ନୁହେଁ । ବରଂ ଏହି ଘଟଣାରୁ ଏହା ସ୍ପଷ୍ଟହୁଏ ଯେ, ରମାକାନ୍ତ ଛୋଟବେଳୁ ନିଜର ପ୍ରତିଭାର ପରିଚୟ ଦେଇଥିଲେ । କିନ୍ତୁ ଦୀପତଳ ଅନ୍ଧାର ହେଲାପରି "ନିଜପିଲା, ଆମପିଲା...."କହି ଲୋକେ ତାଙ୍କୁ ସିନା ଆଦର କରିଛନ୍ତି ହେଲେ ତାଙ୍କ କବିତାକୁ ନୁହେଁ, ତାଙ୍କ ଆଦ୍ୟ ପ୍ରତିଭାର ସ୍ଫୁରଣକୁ ନୁହେଁ । ପ୍ରତିଭାର ଆଦ୍ୟ ସ୍ଫୁରଣ ଏଠି ଘଟିଥିଲେ ମଧ୍ୟ ସହଜରେ ଲୋକାୟନକୁ ଆସିପାରିନି । ହୁଏତ ଏହା ହେଉଛି ଏକ ସାମୂହିକ ସାମାଜିକ ମାନସକତା ବା ମନସ୍ତତ୍ତ୍ୱର ପରିଣାମ । (The consequence of the collective social psychology) । ଏହିପରି ସେ ବିବିଧ ପ୍ରାଚୀନ କବିଙ୍କ ଦ୍ୱାରା ମଧ୍ୟ ପ୍ରଭାବିତ ହୋଇଛନ୍ତି । କବି ରମାକାନ୍ତ 'ମଥୁରାମଙ୍ଗଳକାର' ଭକ୍ତଚରଣ, କାଳିନ୍ଦୀଚରଣ ପାଣିଗ୍ରାହୀ, ବିନୋଦଚନ୍ଦ୍ର ନାୟକ ପ୍ରମୁଖ ଲେଖକଙ୍କ ଦ୍ୱାରା ଖୁବ୍‌ବେଶୀ ପ୍ରଭାବିତ ଥିଲେ । ଓଡ଼ିଆ ପୁରାଣ ଓ ଶାସ୍ତ୍ରମାନଙ୍କୁ ରମାକାନ୍ତ ଖୁବ୍ ଭଲରେ ହଜମ କରି ଲେଖନୀ ଧରିଛନ୍ତି । ଅତଏବ ତାଙ୍କ କାବ୍ୟ ସଂସାରକୁ ପଶିଲେ ସେସବୁରେ ରମାକାନ୍ତଙ୍କ ନୂଆ ନୂଆ ଚେହେରା ଆଗକୁ ଆସେ ସତ, କିନ୍ତୁ ଏସବୁ ଭିତରେ ଦେଖାଯାଆନ୍ତି ସାରଳା ଦାସ, ଜଗନ୍ନାଥ ଦାସ, ବଳରାମ ଦାସ, ଅଚ୍ୟୁତ, ଅନନ୍ତ, ଯଶୋବନ୍ତ, ଉପେନ୍ଦ୍ର, ରାଧାନାଥ, ଫକୀରମୋହନ, ମଧୁସୂଦନ ରାଓ, ଗୋପବନ୍ଧୁ, ନୀଳକଣ୍ଠ, କାଳିନ୍ଦୀଚରଣ, ବୈକୁଣ୍ଠ ଓ ଗୁରୁପ୍ରସାଦ, ସଚ୍ଚିଦାନନ୍ଦ, ବେଣୁଧର ରାଉତ, ଚିନ୍ତାମଣି ବେହେରା, ବିନୋଦ ଚନ୍ଦ୍ର ନାୟକ, ଜ୍ଞାନୀନ୍ଦ୍ର ବର୍ମା ପ୍ରମୁଖ ଓଡ଼ିଆ ଲୋକ ଓ ଅନେକ ଇଂରେଜୀ ଓ ପାଶ୍ଚାତ୍ୟ ସ୍ରଷ୍ଟାଙ୍କ ପ୍ରଭାବ ସହିତ ଦେଖାଯାଏ ସେମାନଙ୍କର ଶୈଳୀ, ସ୍ୱାତନ୍ତ୍ର୍ୟ ଓ ଦାୟବଦ୍ଧତା ।

ରମାକାନ୍ତ ନିଜେ 'ସପ୍ତମଋତୁ' କବିତା ଗ୍ରନ୍ଥର ପୃଷ୍ଠବନ୍ଧରେ ଏକଥା ସ୍ୱୀକାର କରିଛନ୍ତି। ଗୋପ, ମଥୁରାକୁ ନେଇ ରଚିତ 'ମଥୁରାମଂଗଳ' କାବ୍ୟର ସ୍ରଷ୍ଟାଙ୍କ ପ୍ରତି ସେ ନିଜର କୃତଜ୍ଞତା ପ୍ରକାଶ କରିଛନ୍ତି। ତା'ଛଡ଼ା ପ୍ରତିଟି କବି ଆଧୁନିକ ହେବା ପ୍ରସଙ୍ଗରେ ମଧ୍ୟ ସେ 'ସନ୍ଦିଗ୍ଧ ମୃଗୟା' ଗ୍ରନ୍ଥର ପୃଷ୍ଠବନ୍ଧରେ ବେଶ୍ ସଫା concept ରଖିଛନ୍ତି। "ଏ ଟିପ୍‌ପଣୀ ଅବଶ୍ୟ ଆଧୁନିକ କବିତା ସଂପର୍କରେ, ତେବେ ପ୍ରଥମରୁ କହିରଖିବା ଉଚିତ୍ ହେବ ଯେ, ଆଧୁନିକ କବିତା ଯେପରି ସାହିତ୍ୟର ଏକ ନିର୍ଦ୍ଦିଷ୍ଟ ବିଭାଗ ରୂପେ କ୍ରମଶଃ ଗଢ଼ିଉଠୁଛି, ତାହା ପ୍ରୀତିକର ନୁହେଁ। ଏହା ପାରଂପରିକ କାବ୍ୟ ବିଭାଗରୁ ବହିର୍ଭୁତ ହେବାକୁ ବସିଲାଣି ସତେଯେପରି କାବ୍ୟିକ ଆବେଗକୁ ଛାଡ଼ିଦେଲେ ଏହାର ଏକ ସ୍ୱତନ୍ତ୍ର ଭିତ୍ତି ଅଛି। ପ୍ରତ୍ୟେକ ଯୁଗର କବିତା ସେହିଯୁଗ ପାଇଁ ଆଧୁନିକ ଏବଂ ସେହି ଯୁଗର ଦୃଷ୍ଟିରେ ପୂର୍ବବର୍ତ୍ତୀ ଯୁଗର କବିତା ଗତାନୁଗତିକ। ଆଜି ଯେଉଁ କବିତା ଲେଖାଯାଉଛି ତାହା ସୁତରାଂ ଆଧୁନିକ ହେବାକୁ ବାଧ୍ୟ, ମାତ୍ର ଏ ଆଧୁନିକତା କୌଣସି ଉଲ୍ଲେଖଯୋଗ୍ୟ କୃତିତ୍ୱ ବା ଅସାଧାରଣ ସାଫଲ୍ୟ ସୂଚାଏ ନାହିଁ। ଆଧୁନିକ କବିତା ସମ୍ବନ୍ଧୀୟ ଅଧିକାଂଶ ମନ୍ତବ୍ୟରେ ତା'ର ଏକ ନିର୍ଦ୍ଦିଷ୍ଟ ଗୁଣାତ୍ମକ ଅସ୍ତିତ୍ୱ ଓ ସେ ଅସ୍ତିତ୍ୱର ଆପେକ୍ଷିକ ଉତ୍କର୍ଷ ଧରିନିଆଯାଇଥାଏ। ଏ ଦୃଷ୍ଟିଭଂଗୀ ପ୍ରତି ମୋର କୌଣସି ସହାନୁଭୂତି ନାହିଁ ଯେହେତୁ ରଚନାକାଳ ସାହିତ୍ୟିକ ବିଚାର ପାଇଁ ଏକ ଅନୁପଯୁକ୍ତ ଓ ପ୍ରବଞ୍ଚନାପୂର୍ଣ୍ଣ ମାନଦଣ୍ଡ।"[୧୭] ରମାକାନ୍ତଙ୍କ ଏସବୁ ବକ୍ତବ୍ୟ ତାଙ୍କର ମାନସିକତା ଓ ଦୃଷ୍ଟିକୋଣକୁ ସ୍ପଷ୍ଟକରେ।

ରମାକାନ୍ତଙ୍କ କୈଶୋରୋତ୍ତର ଜୀବନର ଏକ ଅନୁଭୂତି ବିଶେଷ ତଥା ଏକ ବିଶେଷ ଘଟଣା ମନେପଡ଼େ। ଏଠାରେ ତାହା ଉଲ୍ଲେଖ କରିବା ଜରୁରୀ ବୋଧହୁଏ। ସେ ଛୁଆବେଳୁଁ କବିତା ଲେଖାଲେଖି କରୁଥିଲେ। ମୌଳିକ ସୃଷ୍ଟି ସେ ଅନେକ ପଢୁଥିଲେ ଓ ଯାହା ବୁଝୁଥିଲେ, ନିଜର ହଜମଶକ୍ତି ଅନୁସାରେ ଯାହା ଜାଣୁଥିଲେ, ଭାବୁଥିଲେ, ତାକୁ କବିତାରେ ଲେଖିଦେଉଥିଲେ। ଅବଶ୍ୟ ସେତେବେଳକୁ ମୁକ୍ତଛନ୍ଦର ପ୍ରବର୍ତ୍ତନ ହୋଇସାରିଲାଣି। ରାଉତରାୟ, ଅନନ୍ତ ପଟ୍ଟନାୟକ, ଗୁରୁପ୍ରସାଦ, ବିନୋଦ ନାୟକ, ଭାନୁଜୀ ରାଓ, ବେଣୁଧର ରାଉତ, ଚିନ୍ତାମଣି ପ୍ରମୁଖ ଏକ ନୂଆ ଟ୍ରେଣ୍ଡ୍ ସୃଷ୍ଟି କରିସାରିଲେଣି। ଏଣୁ ଆଉ ବିଶେଷ ଅସୁବିଧା ହେଉନଥିଲା ନୂଆ କବିତା ଲେଖିବା ଲାଗି। ଚିନ୍ତାଚେତନାର ପ୍ରସ୍ଥକୁ ଯଥେଚ୍ଛା ରୂପଦେବାକୁ ଆଉ ସ୍ରଷ୍ଟାକୁ ଭୀଷଣ ପରିଶ୍ରମ କରିବାକୁ ପଡୁନଥିଲା। ଏଣୁ ରମାକାନ୍ତ ମଧ୍ୟ ତା'ପ୍ରଭାବରେ ଲେଖିଥିଲେ- 'ନଡ଼ିଆ ଫୁଲର ବାସ୍ନା' କବିତା। ସେ ଆଉ ଯାହା କବିତା ଗାରାଗାରି କରନ୍ତୁ ନା କାହିଁକି

ଏଇଟିକୁ ଗବେଷକ ପ୍ରଥମ କବିତା ଭାବରେ ଦେଖିଥାଏ। ଏହାର ଉଦ୍‌ଘାଟନ ଇତିହାସ ଏକ କୌତୁହଳପୂର୍ଣ୍ଣ କାହାଣୀ ଅଟେ। ଥରେ ରମାକାନ୍ତ ନିଜ ଖାତାରେ ଏକ କବିତା ଲେଖିଥିଲେ। କବିତାଟିର ନାଆଁକୁ ଦେଖି ତାଙ୍କ ବାପା ତାଚ୍ଛଲ୍ୟ କରିଥିଲେ। ତାଙ୍କ ବାପା ହଠାତ୍ ସେଦିନ ରମାକାନ୍ତଙ୍କ ପଢ଼ାଖାତାରୁ କବିତାଟିକୁ ଦେଖି ତାଙ୍କୁ ଆଖିକାଢ଼ି ଦେଖିଲେ। ଶୀର୍ଷକ ରହିଛି 'ନଡ଼ିଆ ଫୁଲର ବାସ୍ନା'। ଲୋକନାଥ ରାଗିଗଲେ। କହିଲେ, "ମୂର୍ଖ, କବିତା ଲେଖିଛି, ନଡ଼ିଆ ଫୁଲରେ ବାସ୍ନା ଥାଏ ?"[୧୮] "କିଶୋର ରମାକାନ୍ତ ସେଦିନ ବାପାଙ୍କ ବିରକ୍ତିରେ ଶଙ୍କିଯାଇଥିବେ ଓ ଲଜ୍ଜିତ ହୋଇଥିବେ ନିଶ୍ଚିତ ଏକଥା ଭାବି ଯେ କବିତା ଲେଖୁଥିବା ବିଷୟ ବା ବସ୍ତୁଟି ସଂପର୍କରେ ତାଙ୍କର ଯଥେଷ୍ଟ ଧାରଣା ନାହିଁ। କିନ୍ତୁ ସେଦିନର ସେହି ଅର୍ଦ୍ଧଭ୍ରାନ୍ତ ପ୍ରୟାସ କ୍ରମଶଃ ତାଙ୍କୁ ଯେ କବିତାର କ୍ରମୋଚ୍ଚ ସୋପାନ ମାନଙ୍କରେ ଅଧିରୁଢ଼ କରାଇଲା ଏକଥା କହିବା ବାହୁଲ୍ୟମାତ୍ର।"[୧୯] ଡକ୍ଟର ସୁରେନ୍ଦ୍ର କୁମାର ମହାରଣା କହନ୍ତି- "ରମାକାନ୍ତ ରଥ (୧୯୩୪) ଆଧୁନିକ ଓଡ଼ିଆ କବିତା କ୍ଷେତ୍ରରେ ଏକ ଉଲ୍ଲେଖନୀୟ ଆସନର ଅଧିକାରୀ।"[୨୦]

ପରାଧୀନ ଭାରତବର୍ଷରେ ଜନ୍ମଗ୍ରହଣ କରିଥିଲେ କବି ରମାକାନ୍ତ। ଦୀର୍ଘ ଦେଢ଼ଦଶନ୍ଧିରୁ ଊର୍ଦ୍ଧ୍ୱକାଳ ପରାଧୀନତାର ସ୍ୱାଦ ଚାଖିଛନ୍ତି ବାଲ୍ୟ ଓ କୈଶୋର ଜୀବନରେ। ସତ୍ୟବାଦୀର ଦୀପନିର୍ବାପନ ଓ ପ୍ରଗତିର ଲେଲିହାନ ଶିଖା ତେଜିଉଠିବା କାଳର କବି ସେ। କିନ୍ତୁ ମଝିରେ ସ୍ୱପ୍ନଭଂଗ ଓ ପଳାୟନର ଟ୍ରେଣ୍ଡ୍ ଚାଲିଥିଲା। ଏହାର ପ୍ରଭାବ କିଛି କମ୍ ଦେଖାଯାଏନି ରମାକାନ୍ତଙ୍କ ଠାରେ। "ପ୍ରଥମ ଓ ଦ୍ୱିତୀୟ ବିଶ୍ୱଯୁଦ୍ଧର ମଧ୍ୟ ମାର୍ଗରେ ସୁଗମ ନଥାଏ ଭାରତୀୟ ରାଜନୀତି ଓ ସମାଜନୀତିର ଗତିପଥ। ନୂଆ ନୂଆ ଗଠିତ ହୋଇଥାଏ ଷଢ଼େଇକଳା ଓ ଖରସୁଆଁ ଦ୍ୱାରା ବିତର୍କିତ ସାନି ଓଡ଼ିଶା। ୧୯୩୮ରେ ଗଡ଼ଜାତର କୃଷକ ଆନ୍ଦୋଳନ ଓଡ଼ିଶାର ଭିତ୍ତିଭୂମିକୁ ଦୋହଲାଇ ଦେଇଥାଏ।"[୨୧] ଏ ବେଳେ ପ୍ରସ୍ତୁତିପର୍ବରେ ଥାଏ ରମାକାନ୍ତଙ୍କ ଜୀବନଧାରା। ୧୯୫୬ ମସିହା ସୀମା ଆନ୍ଦୋଳନ ଉପଗତ। ରମାକାନ୍ତ ଏବେଳେ ରେଭେନ୍‌ସା କଲେଜ୍‌ର ସ୍ନାତକୋତ୍ତର ଶେଷବର୍ଷ ଛାତ୍ର। ଇଂରେଜୀ ପାଠ। ଇଂରେଜୀ ସାହିତ୍ୟର ପାସ୍‌କଲେ କୃତିତ୍ୱର ସହ। ଓଡ଼ିଆ କବିତା, ଓଡ଼ିଆ ସାହିତ୍ୟର କଥା। ବଡ଼ ବିପନ୍ନ। "୧୯୫୫ରେ ଭାଙ୍ଗିଥିବା ଦଳେଇଘାଇ ଓଡ଼ିଶାର ପ୍ରଥମ ଗ୍ରାମ୍ୟ ଅର୍ଥନୀତିକୁ ଦୋହଲାଇ ଦେଇଥାଏ। ପାଖେ ମାନସିଂ-ଗଡ଼ନାୟକ-କାଳିନ୍ଦୀ ଓ ଅନନ୍ତ ଆଉ ପାଖେ 'ପାଣ୍ଡୁଲିପି' ପ୍ରକାଶ ପୂର୍ବରୁ ଦୋ'ଦୋ' ପାଞ୍ଚ ସଚ୍ଚି ରାଉତରାୟ ମଝିରେ ଝୁଲି ରହିଥାଏ ତ୍ରିଶଙ୍କୁ ପରି ଓଡ଼ିଆ କବିତା।"[୨୨] ଟାଗୋର୍ ସାହିତ୍ୟରୁ ହଟିଗଲେଣି। ତାଙ୍କ ଛାଇ ଆଉ ନାହିଁ। ଗାନ୍ଧୀ

ମଲେଣି। ହତ୍ୟା ହୋଇସାରିଲାଣି। ମଣିଷ ମରିଗଲାଣି। ନୀତି, ନିୟମ, ଅହିଂସା ପ୍ରଭୃତି କଟାଛଟା, ଦରଭଙ୍ଗା ଅବସ୍ଥାରେ ଶୁକ୍‌ଶୁକ୍ ହେଉଥାଆନ୍ତି। ଲେଖିବା ଆରମ୍ଭ କରନ୍ତି ରମାକାନ୍ତ। ସେଥିପାଇଁ ତ ଚନ୍ଦ୍ର ବେହେରାଣୀର ଏ ରୂପ। ସେଥିପାଇଁ ଗୁରୁବାବୁ, ସଚ୍ଚିବାବୁଙ୍କର ଅଳକାର ଏ ଦଶା। ହରେକୃଷ୍ଣ ଦାସ, ଗୋବର ଗଣେଶର ଏ ଦଶା, ଏ ରୂପ। ଧର୍ମପଦ ଏଥିଲାଗି ବାରମ୍ବାର ଆତ୍ମହତ୍ୟା କରେ। ଆତ୍ମହତ୍ୟାର ପ୍ରବଣତା ବାରମ୍ବାର ଖାସ୍ ଏଥିପାଇଁ ଉକୁଟି ଆସେ। ଅରୁନ୍ଧତୀ ଏଥିଲାଗି ଆଜି ମଳିନ। ଏଥିପାଇଁ ରଥଙ୍କ କବିତାରେ ଯତ୍ରତତ୍ର ମୃତ୍ୟୁ ନୀଳମେଘ ପରି ଆଚ୍ଛନ୍ନ। ଏଣିକି ପ୍ରେରଣା ଥିଲେ ଏଲିଅଟ୍, ପାଉଣ୍ଡ, ଲୋର୍‌କା, ଜୀବନାନନ୍ଦ, ବୋର୍‌ହେସ୍, ଜଏସ୍, ଲରେନ୍‌ସ ପ୍ରମୁଖ ସ୍ରଷ୍ଟା। ଫାଡ଼େୟେଭ୍, ୟେସ୍‌ନିନ୍, ଦସ୍ତୋସ୍କୋଭସ୍କି, ମାୟାକୋଭସ୍କି, ନଜରୁଲ୍ ଇସ୍‌ଲାସ୍, ରବୀନ୍ଦ୍ରନାଥ ପ୍ରଭୃତି ଅସ୍ତହେଲେଣି ପ୍ରେରଣାପଞ୍ଚର ଆକାଶରୁ। ଦବିଗଲେଣି ମାନସିଂହ, କାଳିନ୍ଦୀ, ଅନ୍ନଦା, ରାଧାମୋହନ ପ୍ରମୁଖ କବିଗଣ।

ରମାକାନ୍ତଙ୍କ ପ୍ରତିଭା ଆକଳନ କରିବା ଏକ ସହଜସାଧ୍ୟ ବ୍ୟାପର ନୁହେଁ। ରମାକାନ୍ତ ଜଣେ ଭାଷା, ଶୈଳୀ ଓ କନ୍‌ସେପ୍ଟ୍ ସଚେତନ କବି। ଲେଖକ କହନ୍ତି- ଜଣେ ଲେଖକ ଲେଖେ କାରଣ ସେ ନଲେଖି ରହିପାରେନି, ସେ ଲେଖା ବନ୍ଦ କରିପାରେ ନାହିଁ। କବି ରମାକାନ୍ତ କରୁଣ ରସର ମହାକବି ଭବଭୂତିଙ୍କ କଥା ସହ ଏକମତ। (*ଉତ୍‌ପତ୍‌ସ୍ୟତେଽସ୍ତି ମମକୋଽପି ସମାନ ଧର୍ମା / କାଲୋହ୍ୟୟଂ ନିରବଧି ବିପୁଳାଚ ପୃଥ୍ୱୀ*।) ଲୋକମତ, ଲୋକସମର୍ଥନ ସଂଗ୍ରହ କରିବା ସଚ୍ଚା ଲେଖକର କାମ ନୁହେଁ। ସେ ତ ଜନ୍ମ ହୋଇଛି ତା'ର ପ୍ରବୃତ୍ତିକୁ ନେଇ- କବି ପ୍ରବୃତ୍ତି / ସ୍ରଷ୍ଟାର ପ୍ରବୃତ୍ତିକୁ ନେଇ। ତେଣୁ ସେ ସେହି ପ୍ରବୃତ୍ତି ପାଇଁ, ତା'ରି ଠାରରେ ତାହାରି ବରାଦ୍‌ରେ ଲେଖେ, କଲମ ଧରେ। ଲୋକ ସମର୍ଥନ ପଛରେ ଗୋଡ଼ାଇଲେ କି ଧାଇଁଲେ କାଇଦା କାନୁନ୍, ଆଇନ୍‌ର ସୂକ୍ଷ୍ମଜାଲ ଓ ଫାଶରେ ଫାଶିବାକୁ ପଡ଼େ। "ଯଦି ଲୋକସମର୍ଥନ ସଂଗଠିତ କରିବା ଲେଖକର ଦାୟିତ୍ୱ ହୁଏ, ସେ ଦାୟିତ୍ୱ ତୁଲାଇବା ପାଇଁ ନିଜର କାବ୍ୟମାନସକୁ ତଳକୁ ଓହ୍ଲାଇ ଆଣିବାକୁ ପଡ଼ିବ, ଲୋକମତ ସଂଗଠନର କାଇଦା ପାଖରେ ଆତ୍ମସମର୍ପଣ କରିବାକୁ ପଡ଼ିବ।"[୨୩] ଏହା ନିର୍ଦ୍ୱନ୍ଦ୍ୱରେ କୁହାଯାଇପାରିବ ଯେ, ରମାକାନ୍ତ ଜଣେ ଉଚ୍ଚ ଦରର କବିମଣିଷ। ଏହା ତାଙ୍କର ବୌଦ୍ଧିକକୋଟରୀ ନିସୃତ ବାଣୀରୁ ଆପତ ସ୍ପଷ୍ଟ ବାରିହୁଏ। ରମାକାନ୍ତଙ୍କ ଏକ ଉଦ୍ଧୃତି ଏଠାରେ ରଖାଗଲା- "ସାହିତ୍ୟରେ ଏ ଯନ୍ତ୍ରଣାବୋଧ ଯେଉଁ ଭାଷା ମାଧ୍ୟମରେ ପ୍ରକାଶିତ ହୁଏ ତା ବ୍ୟଂଜନାତ୍ମକ, ବର୍ଣ୍ଣନାତ୍ମକ ନୁହେଁ। ଯନ୍ତ୍ରଣାନୁଭୂତି ଚେତନାକୁ ଏପରି ଗୋଟିଏ ସ୍ତରକୁ

ନେଇଯାଏ ଯେଉଁଠାରେ ଭାଷାର ଭୂମିକା ଅତି ଗୌଣ ଏବଂ ଯେଉଁଠାରେ ଆମର ପରିଚିତ ଭାଷା ବାସ୍ତବତାର ସଂଜ୍ଞା ଜ୍ଞାପନ କରିବାକୁ ଅସମର୍ଥ। ଖୁବ୍ ବେଶିରେ ଭାଷା ଚେତନାର ଏ ରାଜ୍ୟ ବିଷୟରେ କିଛି ଇଂଗିତ ଦେଇପାରେ କିନ୍ତୁ ସେ ବାସ୍ତବତାର ଅନୁଭୂତି ପ୍ରତ୍ୟକ୍ଷ ହେବା ଆବଶ୍ୟକ।"[୨୪] ଲେଖକ ଆହୁରି ବିଶ୍ୱାସ ରଖନ୍ତି ଯେ, "ସାହିତ୍ୟର ସାଫଲ୍ୟ ଇଂଗିତ ଦେବାର ସାଫଲ୍ୟ ଦ୍ୱାରା ନିରୂପିତ ହୁଏ, ବର୍ଣ୍ଣନାର ସଂପୂର୍ଣ୍ଣତା ଦ୍ୱାରା ନୁହେଁ।"[୨୫] ଆଗରୁ ଲେଖକଙ୍କ 'ମଥୁରା ମଙ୍ଗଳ' କଥା ମଧ୍ୟ ଆଲୋଚିତ ହୋଇଛି। ମଧ୍ୟଯୁଗୀୟ କବି ଭକ୍ତଚରଣ ଦାସଙ୍କର 'ମଥୁରା ମଙ୍ଗଳ' କାବ୍ୟର ସମନ୍ୱୟ (Relevence) ଆଧୁନିକ କାଳ ସହ ରହିଛି, ସମାଜ, ସଂସ୍କୃତି ଓ ପରଂପରା ଆଦି ବୃତ୍ତି ପ୍ରବୃତ୍ତି ସହ ରହିଛି ଏକଥା ଶ୍ରୀରଥ ମଧ୍ୟ ସ୍ୱୀକାର କରିଛନ୍ତି। "ଆଜିକାଲି ଯେଉଁ ବିଚ୍ଛିନ୍ନତା ଓ ନିଃସଂଗତା କଥା କୁହାଯାଉଛି, 'ମଥୁରା ମଙ୍ଗଳ', ତାର ଏକ କାବ୍ୟିକ ଅନୁଶୀଳନ ଏବଂ ସେ ଦୃଷ୍ଟିରୁ ସଚେତନ ବିଚ୍ଛିନ୍ନତାବୋଧ ଦ୍ୱାରା ଅନୁପ୍ରାଣିତ ଅନେକ ଆଧୁନିକ ସାହିତ୍ୟ କୃତି ଅପେକ୍ଷା ତାହା ସଫଳତର। ଗୋଟିଏ ଦିଗରେ ବିଚ୍ଛିନ୍ନତା ଓ ଏକ ଆତ୍ମସର୍ବସ୍ୱ ବ୍ରହ୍ମାଣ୍ଡରେ ବ୍ୟକ୍ତିର ବିକାଶର ସମସ୍ତ ସମ୍ଭାବନାର ନିଶ୍ଚିତ ବିନାଶ, ଅନ୍ୟ ଦିଗରେ ଏପରି ବ୍ରହ୍ମାଣ୍ଡର ପରିଧି ଅତିକ୍ରମ କରି ପୃଥକ୍ ବ୍ୟକ୍ତିତ୍ୱ ସହିତ ଘନିଷ୍ଠ ଭାବେ ସଂଯୁକ୍ତ ହେବା ଦ୍ୱାରା ବ୍ୟକ୍ତିତ୍ୱର ସାର୍ଥକତା, ଏ ଦୁଇଟି ଦିଗର ଦ୍ୱନ୍ଦ୍ୱ ମୂଲ୍ୟାୟନ ସମ୍ଭବତଃ 'ମଥୁରା ମଙ୍ଗଳ'ର ପ୍ରକୃତ କାବ୍ୟ-ପ୍ରେରଣା।"[୨୬] ସାହିତ୍ୟ ସୃଷ୍ଟି କ୍ଷେତ୍ରରେ ଭାଷାକୁ ଗୁରୁତ୍ୱଦେଇ ଲେଖୁଥିବା ସ୍ରଷ୍ଟା ସବୁବେଳେ କ୍ଷଣସ୍ଥାୟୀ। କ୍ଷଣସ୍ଥାୟୀ ଉତ୍ତେଜନା ସୃଷ୍ଟିକରି ସେମାନେ ହଜିଯାଆନ୍ତି କାଳଗର୍ଭରେ। ରାମାକାନ୍ତଙ୍କ ପରି ପ୍ରତିଭାଧାରୀ କବି ଭାଷାକୁ କେଡ଼େ ସହଜରେ ବୁଝିଛି, ଧରିପାରିଛି- ତାହା ତାଙ୍କର ଏ ବକ୍ତବ୍ୟରୁ ଜଣାପଡ଼େ- "ସାହିତ୍ୟିକ ଭାଷା ବ୍ୟବହାର କରେ, କିନ୍ତୁ ଯେଉଁମାନେ ଭାଷାକୁ ସାଫଲ୍ୟ ଅର୍ଜନ କରିବା ପାଇଁ ବା ନିଜର ଫାଇଦା ପାଇଁ ବ୍ୟବହାର କରନ୍ତି ସେମାନଙ୍କ ବ୍ୟବହାର ପ୍ରଣାଳୀ ଠାରୁ ସାହିତ୍ୟିକର ବ୍ୟବହାର ପ୍ରଣାଳୀ ଅଲଗା। ଯେଉଁ ସାହିତ୍ୟିକମାନେ ଭାଷାକୁ ସାଫଲ୍ୟାଭିମୁଖୀ ପ୍ରଣାଳୀରେ ବ୍ୟବହାର କରନ୍ତି, ସେମାନେ ସବୁବେଳେ ତୃତୀୟ ଶ୍ରେଣୀର ସାହିତ୍ୟିକ, ଯେଉଁମାନଙ୍କର ବ୍ୟବହାର ପ୍ରଣାଳୀ ସାହିତ୍ୟୋଚିତ ଅର୍ଥାତ୍ ଯେଉଁମାନେ ଭାଷାକୁ ଏକ ଉଚ୍ଚତର ମୂଲ୍ୟବୋଧର ପ୍ରକାଶ ପାଇଁ ବ୍ୟବହାର କରନ୍ତି, ସେମାନେ ସାହିତ୍ୟର ପରଂପରାକୁ ପୁଷ୍ଟ କରନ୍ତି। ସ୍ୱୀକୃତି ଓ ଆଦର ଖୋଜିବାକୁ ଯିବା ମାତ୍ରେ ହିଁ ସାହିତ୍ୟିକ ଭାଷାକୁ ଅନ୍ୟ ଲୋକଙ୍କ ପ୍ରଣାଳୀରେ ବ୍ୟବହାର କରିବାକୁ ସମ୍ମତ ହେଉଛି, ସାହିତ୍ୟିକ ଓ ପାଠକଙ୍କ ଭିତରେ ଆଦର୍ଶ ସଂପର୍କରେ ଯେତେ ଦ୍ୱାହି

ଦିଆଯାଉ ନା କାହିଁକି, ଜଣେ ସାହିତ୍ୟିକ ପକ୍ଷରେ ଏହାହିଁ ସବୁଠୁଁ ବଡ଼ ଅପରାଧ।"[୨୭] ରମାକାନ୍ତଙ୍କ ପ୍ରତିଭାର ଜବାବ୍ ନାହିଁ- ଅତୁଳନୀୟ ସେ ପ୍ରତିଭା। ତେବେ ସେ 'କଳାକୈବଲ୍ୟବାଦ'ରେ ଏକମତ ନୁହଁନ୍ତି। Platoଙ୍କ ମତାନୁସାରୀ ସୌନ୍ଦର୍ଯ୍ୟ ଓ ପ୍ରତିଭା (Ideal)ର ସିଦ୍ଧାନ୍ତ ଏଠାରେ ରମାକାନ୍ତଙ୍କ ଠାରେ ପ୍ରଯୁଜ୍ୟ।

ରମାକାନ୍ତ ରଥ **ନୂତନ କବିତାର ପରଂପରା**ରେ ଜଣେ ସଫଳ ତଥା ବଳିଷ୍ଠ ଉତ୍ତରଦାୟାଦ। ସଚ୍ଚିଦାନନ୍ଦ, ଗୁରୁପ୍ରସାଦ ଓ ଭାନୁଜୀଙ୍କଦ୍ୱାରା ଆରମ୍ଭ ହୋଇଥିବା ଏଇ ଟ୍ରେଣ୍ଡ୍ର ପ୍ରବାହ ଯଦି କାହାଦ୍ୱାରା ଅକ୍ଷୟ ରହିପାରିଛି ତେବେ ସେମାନଙ୍କ ମଧ୍ୟରେ ଆଗଧାଡ଼ିର ସ୍ରଷ୍ଟାମାନଙ୍କ ମଧ୍ୟରେ ରମାକାନ୍ତ ହିଁ ପ୍ରଧାନ ସ୍ଥାନ ଗ୍ରହଣ କରନ୍ତି। ୧୯୫୫ରେ ଗୁରୁପ୍ରସାଦ ଓ ଭାନୁଜୀଙ୍କ ମିଳିତ ଉଦ୍ୟମରେ ଗଢ଼ିଉଠିଥିବା 'ନୂତନ କବିତା' ସଂକଳନର ପ୍ରଭାବ ଥିଲା ସୁଦୂରପ୍ରସାରୀ। ଏହା ଅବଶ୍ୟ ଏକ ଗହୀର, ବଳିଷ୍ଠ ପରଂପରାକୁ ଜନ୍ମଦେଲା। ରମାକାନ୍ତଙ୍କ 'କେତେଦିନର' ଠାରୁ 'ଅନେକ କୋଠରୀ', 'ସନ୍ଦିଗ୍ଧ ମୃଗୟା', 'ସପ୍ତମଋତୁ', 'ସଚିତ୍ର ଅନ୍ଧାର' ପ୍ରଭୃତି ଏହାର ସ୍ମାରକୀ।

ମୃତ୍ୟୁ ଓ ଜୀବନୋତ୍ତର ଜଗତର ଲୀଳାଖେଳା, ରୂପଚିତ୍ର ଓ ଚେତନା ରମାକାନ୍ତଙ୍କ ପ୍ରତିଭାର ଗ୍ରେଡ୍‌ବିମ୍-ବେସ୍‌ମେଣ୍ଟ ମେମ୍ବ୍ରେନ୍ (Basement Membrance)। ରାଜ୍ୟ, ଜାତୀୟ ଓ ଆନ୍ତର୍ଜାତୀୟ ସ୍ତରରେ ଶ୍ରୀଯୁକ୍ତ ରଥ ଯଥେଷ୍ଟ ପ୍ରଖ୍ୟାତ ଓ ପ୍ରସିଦ୍ଧ ପୁରସ୍କାର, ସମ୍ମାନ, ସ୍ୱୀକୃତି, ସମ୍ବର୍ଦ୍ଧନା ଓ ଉପାୟନ ପ୍ରଭୃତି ସ୍ୱତନ୍ତ୍ରଶ୍ରୀ ଲାଭ କରିଛନ୍ତି। ୧୯୭୮ ମସିହାରେ ଲେଖକ ନିଜର ଚତୁର୍ଥ କବିତା ଗ୍ରନ୍ଥ 'ସପ୍ତମଋତୁ' (୧୯୭୭) ପାଇଁ ମର୍ଯ୍ୟାଦାସଂପନ୍ନ ସାହିତ୍ୟ ଅକାଦେମୀ ପୁରସ୍କାର (Sahitya Akademi) ଲାଭ କରିଥିଲେ। ସେହିପରି ୧୯୮୪ ମସିହାରେ ଇମ୍‌ଫା ଗ୍ରୁପ୍‌ସ୍ ଦ୍ୱାରା ପ୍ରଦତ୍ତ ସାରଳା ସମ୍ମାନ (ପୁରସ୍କାର) ତାଙ୍କର 'ସଚିତ୍ର ଅନ୍ଧାର' (୧୯୮୨) ପାଇଁ ଲାଭ କରିଥିଲେ। ଏହାଥିଲା ପଞ୍ଚମ ସାରଳା ପୁରସ୍କାର। ୧୯୯୦ ମସିହାରେ ଲେଖକ ଜାତୀୟ ସଂହତି ପୁରସ୍କାର ପ୍ରାପ୍ତ। ତା'ଛଡ଼ା ୧୯୮୮ରେ ଜାତୀୟ କବିଗୋଷ୍ଠୀର ପ୍ରତିନିଧି ଭାବରେ ଭାରତବର୍ଷରୁ Soviet Union ପରିଦର୍ଶନରେ ଯିବା, ଭୋପାଳର 'ଭାରତ ଭବନ' ତରଫରୁ ଆୟୋଜିତ ବିଶ୍ୱ କବିତା ଉତ୍ସବରେ ଏସୀୟ କବି ଭାବରେ ଅଂଶଗ୍ରହଣ କରିବା, ରାଜ୍ୟ ଓ ଦେଶ ଉଭୟ ପାଇଁ ଆଣିଦେଇଛି ସମ୍ମାନ, ସ୍ୱୀକୃତି ଓ ସମ୍ଭାବନାର ସ୍ୱର୍ଣ୍ଣିମ ଉତ୍କଣ୍ଠା। ଓଡ଼ିଆ ସାହିତ୍ୟ ବିଶ୍ୱସ୍ତରରେ ପ୍ରତିଷ୍ଠିତ ହେବାର ସମ୍ଭାବନା ଉଙ୍କୁଟି ଆସିଛି କବି ରମାକାନ୍ତଙ୍କୁ ନେଇ। ଲେଖକ ରଥଙ୍କର ବହୁଚର୍ଚ୍ଚିତ କବିତା ଗ୍ରନ୍ଥ 'ଶ୍ରୀରାଧା' (୧୯୮୫) ପାଇଁ ୧୯୯୨ ମସିହାରେ ତାଙ୍କୁ କେ. କେ. ବିର୍‌ଲା

ଫାଉଣ୍ଡେସନ୍ ଦ୍ୱାରା ପ୍ରଦତ୍ତ ସର୍ବଭାରତୀୟ ସ୍ତରର ମର୍ଯ୍ୟାଦାବନ୍ତ 'ସରସ୍ୱତୀ ସମ୍ମାନ'ରେ ସମ୍ମାନିତ କରାଯାଇଥିଲା । ଏହାଦ୍ୱାରା ସେ ସମଗ୍ର ଓଡ଼ିଆ ଭାଷା ଓ ସାହିତ୍ୟ ପାଇଁ ଅଶେଷ ଗର୍ବ ଓ ଗୌରବ ଆଣିଦେଇଛନ୍ତି । ଓଡ଼ିଆ ସାହିତ୍ୟର ସର୍ବପ୍ରଥମ ଓ ସର୍ବଭାରତୀୟ ସ୍ତରରେ ହରିବଂଶ ରାୟ ବଚନ (ପ୍ରଥମ ସରସ୍ୱତୀ ସମ୍ମାନ ପ୍ରାପ୍ତ ଲେଖକ)ଙ୍କ ପରେ ଦ୍ୱିତୀୟ ସରସ୍ୱତୀ ସମ୍ମାନ ପାଇବାର ଗୌରବ ଲାଭକରିଛି ଏହି ପୁସ୍ତକ । ୧୯୯୧ ମସିହାରେ ରାଜ୍ୟ ସଂସ୍କୃତି ପରିଷଦ ତରଫରୁ ରାଜ୍ୟପାଳଙ୍କ ଦ୍ୱାରା ସେ ଅଭିନନ୍ଦିତ । ୧୯୯୧ରେ ପ୍ରଜାତନ୍ତ୍ର ପ୍ରଚାର ସମିତି (ଫାଉଣ୍ଡେସନ୍) ଦ୍ୱାରା ପ୍ରଦତ୍ତ ବିଷୁବ ପୁରସ୍କାର, ୨୦୦୧ରେ ରାଷ୍ଟ୍ରଭୂଷଣ ସମ୍ମାନ, ୨୦୦୨ରେ ଗଂଗାଧର ଜାତୀୟ କବିତା ପୁରସ୍କାର, ୨୦୦୬ରେ ଭାରତ ସରକାରଙ୍କଠାରୁ ମର୍ଯ୍ୟାଦାବନ୍ତ ପଦ୍ମଭୂଷଣ ଉପାଧି ଓ ୨୦୦୭ରେ ସାହିତ୍ୟ ଭାରତୀ ସମ୍ମାନ ପ୍ରାପ୍ତ ହୋଇ ଲେଖକ ଇତିହାସ ପୃଷ୍ଠାର ସ୍ୱତନ୍ତ୍ର ଏକ ଜାଗା ସୃଷ୍ଟି କରିଛନ୍ତି ନିଜପାଇଁ । ନିଜର ନିରଳସ ସାଧନା ଓ ଈର୍ଷଣୀୟ ପ୍ରତିଭା ପ୍ରସୂତ ସୃଷ୍ଟିସମ୍ଭାର ପାଇଁ ସେ ଏହି ସମ୍ମାନ ସବୁ ପାଇଛନ୍ତି । ଯଥାର୍ଥରେ କବି ରମାକାନ୍ତ ଓଡ଼ିଆ ସାହିତ୍ୟର ବାଣୀଭଣ୍ଡାର ତଥା ଚେତନା ଭଣ୍ଡାରକୁ ବେଶ୍ ସମୃଦ୍ଧି କରି ଗଢ଼ିତୋଳିଛନ୍ତି- ଏଥିରେ ଦିରୁକ୍ତି ବା ଦ୍ୱିମତ ଥାଇନପାରେ ।

ରମାକାନ୍ତ ଜଣେ ଦରଦୀ କବି ମଣିଷ । ପତ୍ନୀ ଶାନ୍ତିଦେବୀ ଖୁବ୍ ସହଯୋଗୀ ଏବଂ ଜଣେ ଉପଯୁକ୍ତ ପ୍ରେରଣା ପ୍ରଦାୟିନୀ ସହଯାତ୍ରୀ । କନ୍ୟା ତିନୋଟି ଓ ପୁତ୍ର ଗୋଟିଏ । ଜୀବନରେ ବୌଦ୍ଧିକ, ଆଧ୍ୟାତ୍ମିକ ଓ ଚୈତନ୍ୟଭିତ୍ତିକ ଉତ୍ତରଣ ହିଁ ଲକ୍ଷ୍ୟ । ଲେଖକ ଜଣେ କବି, ଜଣେ ଗାଳ୍ପିକ ମଧ୍ୟ ('ମେଘ ଓ ଅନ୍ୟାନ୍ୟ ଗଳ୍ପ' ୨୦୦୨ରେ ପ୍ରକାଶିତ) । କିନ୍ତୁ ଏହାଠାରୁ ଆହୁରି ଦୁଇଟି ବଡ଼କଥା ହେଉଛି ସେ ଜଣେ ଉଚ୍ଚଦରର ପ୍ରାବନ୍ଧିକ- ଜଣେ ଦାର୍ଶନିକ (Philosopher)। His philosophy advocates in between the trench of life and death. He wants to experience and evaluate the prisim of life. ଏକଥାର ସତ୍ୟତା ବା ଯଥାର୍ଥତା ସେଇ ଜାଣିପାରିବ, ଯିଏ ତାଙ୍କର କବିତା ପୁସ୍ତକର ପୃଷ୍ଠବନ୍ଧକୁ ପାଠକରିଛି, ବୁଝିଛି, ଜାଣିଛି । ବିଶେଷକରି 'ସନ୍ଦିଗ୍ଧ ମୃଗୟା', 'ସପ୍ତମଋତୁ' ଓ 'ଶ୍ରୀରାଧା' ପରି ଗ୍ରନ୍ଥ ଗୁଡ଼ିକର ପୃଷ୍ଠବନ୍ଧ ଏକ ଏକ ଅତୀବ ଉଚ୍ଚଦରର ମୌଳିକ ସାହିତ୍ୟ ବିଷୟକ ପ୍ରବନ୍ଧ । କି ଚମତ୍କାର ଭାବାବେଗ ! ଦେଖିଲେ ହିଁ ଜାଣିହେବ । ଏବେ ଯେଉଁ ଜାକ୍ ଡେରିଡ଼ାଙ୍କ ବିନିର୍ମାଣବାଦ (deconstruction) କଥା ଉଠୁଛି- ସେଇକଥା ବେଶ୍ ଭଲଭାବରେ ନିଜ ପ୍ରବନ୍ଧରେ ଓ କବିତାରେ ଦେଖାଇଛନ୍ତି ଓ କରିଛନ୍ତି କବିସ୍ରଷ୍ଟା ରମାକାନ୍ତ । 'ମଥୁରା ମଙ୍ଗଳ'ର

deconstruction ଓ reconstruction, 'ଶ୍ରୀରାଧା' ମିଥ୍‌ର deconstruction ଓ reconstruction ଏହାର ପ୍ରମାଣ। କାରଣ ଏକ ପ୍ରଶ୍ନର ଉତ୍ତର ଦେବାକୁ ଯାଇ ସେ ଖୋଦ୍ କହନ୍ତି- "ମିଥ୍‌ର ପୁନର୍ନ୍ୟାସ ଓ ବିକଳ୍ପ ସୃଷ୍ଟି ହିଁ ହେଉଛି ଭାରତୀୟ ରାଧା-ପରଂପରାରେ 'ଶ୍ରୀରାଧା'ର ବିଶେଷତ୍ୱ। ରାଧାଙ୍କର ଏହି ନବନିର୍ମାଣ ହିଁ ହେଉଛି ଗ୍ରନ୍ଥଟିର କାଳଜୟୀ କବଚ।"[୨୮] ଶେଷରେ ଏକ ଆଲେଖ୍ୟରୁ ଧାଡ଼ିଏ ଉଦ୍ଧାର କରିବା ଉଚିତ୍ ମନେହୁଏ। "ଜୀବନରେ କ'ଣ ହୋଇଛନ୍ତି ନା ନାହିଁ ସେକଥା କହିପାରିବେ ନାହିଁ। ମାତ୍ର ସାହିତ୍ୟ ଯେ ତାଙ୍କ ଜୀବନ ହୃଦୟରେ ଅଛି- ଏକଥା ସର୍ବଦା ଅନୁଭବ କରନ୍ତି।"[୨୯] ଏଥିରୁ ରମାକାନ୍ତଙ୍କ କବି ପ୍ରତିଭାକୁ ମାପିହୁଏ। ଯଥାର୍ଥରେ ରମାକାନ୍ତ ରଥ ସାରସ୍ୱତ କାବ୍ୟାୟନରେ ଏକ ଅଦ୍ୱିତୀୟ ଉଚ୍ଚାରଣ, ଏକ ଈର୍ଷଣୀୟ ବ୍ୟକ୍ତିତ୍ୱ- ଏଥିରେ ଦ୍ୱିମତ ଥାଇନପାରେ।

ହାଡ଼-ରକ୍ତ-ମାଂସର, ସ୍ପନ୍ଦନ ଓ କ୍ରନ୍ଦନର, ନନ୍ଦନ ଓ ବନ୍ଦନର, କୁନ୍ଦନ ଓ ଚନ୍ଦନର ସୁନ୍ଦର ସ୍ୟନ୍ଦନ ହେଉଛି ଜୀବନ। ଏହି ଜୀବନରେ ସୁଖ-ଦୁଃଖ, ଯିବା-ଆସିବା, ପାଇବା-ହଜାଇବା, ହାରିବା-ଜିତିବା, ଛାଇ-ଆଲୁଅ ପରି ଦିନ-ରାତି ପରି ଲାଗିରହିଛି। ଏହି ଗୂଢ଼ ଦର୍ଶନଟିକୁ କବି ଶ୍ରୀ ରଥ ସୁଲଳିତ ଢଂଗରେ ପରିବେଷଣ କରି କହନ୍ତି –

> *"ପ୍ରାଣ ଯାଉ, ପ୍ରାଣ ରହୁ,*
> *ପାଇ ନ ପାଇବା ନ ପାଇ ପାଇବା*
> *ଦୁଃଖ ସୁଖ ଲାଗିଯାଉ।"* (୩୨, ଶ୍ରୀରାଧା)

ପୁଣି ପ୍ରକୃତି ଓ ପୁରୁଷତତ୍ତ୍ୱ ମାଧ୍ୟମରେ ପ୍ରେମର ଶାଶ୍ୱତ ସ୍ୱରୂପ ସଂପର୍କରେ ସେ କହନ୍ତି – *"ତମେ ଯଦି ତାଙ୍କପାଇଁ ନମରି ଥା'ନ୍ତ ମୁଁ / ଗୋଟାପଣେ ପାଇଥାନ୍ତି କିପରି ତୁମକୁ ?"* (ଏକଷଠୀ, ଶ୍ରୀରାଧା) ଏହିଠାରେ ଜୀବନରେ ଉତ୍ତରଣମୁଖୀ ପ୍ରେମଚେତନା ସ୍ପଷ୍ଟ। ଏଣୁ ସେ କହନ୍ତି,-

> *"କାହାରିକୁ ଜଣାନାହିଁ ତମେ ଅଛ, ତେଣୁ*
> *ମୁଁ ନଈକୁ ଆସିବା ବାଟରେ*
> *ପଛେପଛେ ଆସିବେନି କେହି,*
> *ସେମାନେ ସମସ୍ତେ ମତେ ଭୁଲିଯିବେ କିମ୍ବା*
> *ଶୋଇଥିବେ ଅଚେତନ ହୋଇ ,*
> *ଯେତେବେଳେ ମରିପାରୁ ନ ଥିବି ଅଥଚ*
> *ଜୀଇଁବା ବି ପୂରା ଅସମ୍ଭବ।"* (ଏକଷଠୀ, ଶ୍ରୀରାଧା)

ଏଠାରେ କବି ପ୍ରେମର ସୂତ୍ରରେ ଜୀବନ ଓ ମରଣ ତଥା ମରଣ ପରବର୍ତ୍ତୀ ପର୍ଯ୍ୟାୟକୁ ଅଭିନ୍ନ ଓ ଏକାକାର କରି ଦେଖିଛନ୍ତି। ଏହି ମହାନ୍ ମହାଭାରତୀୟ ଉପନିଷଦୀୟ ବକ୍ତବ୍ୟର ନିର୍ଯ୍ୟାସ କି ସହଜରେ କୁହାଯାଇପାରେ ସତେ! ଏହାକୁ ହୃଦ୍‌ବୋଧ କରିବାକ୍ଷଣି ପାଠକ ଚମକୃତ ହେବାକୁ ବାଧ୍ୟ-ବିବଶ ହୁଏ।

ଉଭୟ ବ୍ୟକ୍ତିତ୍ୱ ଓ ସାହିତ୍ୟରେ, ଆଚରଣ ଓ ଉଚ୍ଚାରଣରେ, କବିତ୍ୱ ଓ କବିତାରେ, ସ୍ରଷ୍ଟାପଣ ଓ ଦ୍ରଷ୍ଟାପଣ – ଏ ଦୁଇଟିଯାକ ବିଭାବର ବିଭବରେ କବି ଶ୍ରୀରଥ ବୈଭବାନ୍ୱିତ, ଗୌରବାନ୍ୱିତ ଓ ମହିମାନ୍ୱିତ। କବିଟିଏ କବିତା କେବେ ଲେଖିପାରେ ନାହିଁ। କବିତ୍ୱରୁ କବିତାର ସୃଷ୍ଟି ହୋଇନଥାଏ। ବରଂ କବିତା ପାତ୍ରତ୍ୱ ବାଛି ନିଜକୁ ଲେଖେଇ ନିଏ କେଉଁ ନିର୍ଦ୍ଦିଷ୍ଟ ବ୍ୟକ୍ତିଦ୍ୱାରା। ତାକୁଇ ଆମେ 'କବି' କହିପାରୁ। ତେବେ ଆଗେ 'କବିତା', ତା'ଠାରେ 'କବି' ଓ ତା'ପରେ ଯାଇ ଆସେ 'କବିତ୍ୱ'। ବ୍ୟକ୍ତିକୁ ନିଜ ମଧ୍ୟରେ ପାତ୍ରତ୍ୱ ସୃଷ୍ଟି କରିବାକୁ ହୁଏ, କାହିଁକି ନା କବିତା ତ କେତେବେଳେ ପକ୍ଷୀ ହୋଇ ତ ଆଉ କେତେବେଳେ ମେଘ ହୋଇ 'ଆକାଶ'ରେ ଘୂରିବୁଲେ, ଉଡ଼ିବୁଲେ। କେତେବେଳେ ମନ ଆକାଶରେ ତ କେତେବେଳେ ଆଖିର ଆକାଶରେ ଘୂରିବୁଲେ, ଉଡ଼ିବୁଲେ କବିତା ତା'ର ସଫେଦ ମେଦୁର ଡେଣା ପିଟି। ମାତ୍ର ଉଚିତ୍ ପାତ୍ରତ୍ୱ ଦେଖି ମେଘ ବର୍ଷା ହୋଇ ଝରିଯାଏ। ସେଥିପାଇଁ ରମାକାନ୍ତ କହନ୍ତି – "ନିଜକୁ ଲୋପ କରିଦେଇ ନଥିଲେ କ'ଣ ଏ ସୌଭାଗ୍ୟ ଟିକକ ତାକୁ ମିଳିଥାଆନ୍ତା?" ('ଜାହାଜ ଆସିବ ଓ ଆଉ କେତୋଟି'ର ପୃଷ୍ଠବନ୍ଧ)

ଏଣୁ ପୋଖରୀ, ଗାଡ଼ିଆ, ଖାଲ, ସମୁଦ୍ରର 'ପାତ୍ରତ୍ୱ' ବା 'ଗଭୀରତା' ବା 'ଶୂନ୍ୟତା' ବା 'ଅହଂଶୂନ୍ୟତା' ଦେଖି ମେଘ ବର୍ଷିବା ପରି, କବିତା ଝରିପଡ଼େ। ନିଜକୁ ଲୋପ କରିଦେଇ, ନିଜ ଛାତିକୁ ଅହଂକାରଶୂନ୍ୟ କରି, ଛାତିକୁ ନ ଫୁଲାଇ ଉଦାର-ବୃହତ୍ତର ବ୍ୟକ୍ତିତ୍ୱର ଅଧିକାରୀ ହୋଇପାରିଲେ ନଦୀ ବା ସମୁଦ୍ର ପରି ଗଭୀର-ବିଶାଳ ହୋଇପାରିଲେ ହିଁ କବିତା ସେଠାରେ ସେତିକି ମାତ୍ରାରେ, ସେତିକି ଭାବରେ ଝରିପଡ଼େ ଓ କୁଳୁକୁଳୁ ନାଦରେ ବହିଯାଏ। କବିତାର ରଙ୍ଗ, ତରଙ୍ଗ, ଅନ୍ତରଙ୍ଗ ସୃଷ୍ଟି ହେବା ସହ ସେଠି ତା'ର ଉଦୟରାଗିଣୀ ନିନାଦିତ ହୋଇଥାଏ। ଏଣୁ କବିର ସାତ୍ତ୍ୱିକ ଅହଂକାର ଟିକକୁ ମଧ୍ୟ ଧୂଳିସାତ୍ କଲାପରେ କବି ନିଜକୁ ତିଳତିଳ କରି ନଷ୍ଟ କରିସାରିଲା ପରେ, ନିଜକୁ ହଜାଇ, ନିଜର ନିଖୋଜ ପଣିଆରେ ନିଜତ୍ୱଶୂନ୍ୟ ନିଜକୁ ମଜ୍ଜାଇ ସାରିଲାପରେ କବିତାର ଆବାହନୀ ମନ୍ତ୍ର ଶୂନ୍ୟରେ ନିନାଦିତ ହୋଇ ନିର୍ଝରିଣୀ ପରି ଝରିଆସେ କବିତାର ଅପୂର୍ବ ଓ ଅନନ୍ୟ ରାଗିଣୀ।

ସ୍ୱାଧୀନତୋତ୍ତର ପ୍ରୟୋଗବାଦୀ ଓଡ଼ିଆ କବିତା କ୍ଷେତ୍ରରେ ଜଣେ ନିରୁତା କାବ୍ୟପ୍ରାଣ, ସୂକ୍ଷ୍ମଚେତନା ଓ ସୂକ୍ଷ୍ମଜଗତର ସଫଳ ସ୍ଥାପତ୍ୟ ଓ ଭାସ୍କର୍ଯ୍ୟକାର ତଥା ଅନ୍ତର୍ଜଗତର ଅନୁପମ ଟୀକାକାର ହେଉଛନ୍ତି କବି ରମାକାନ୍ତ। ମୃତ୍ୟୁଚେତନାରେ ତଲ୍ଲୀନ ଓ ବିଭୋର ହୋଇ ଭୋର୍ ପକ୍ଷୀର କାକଳି ପରି ରବ ସୃଷ୍ଟି କରୁଥିବା ବିଶୁଦ୍ଧ କବିତା ଲେଖିଛନ୍ତି କବି ରମାକାନ୍ତ। ମରଣ କାଳରେ ବ୍ୟକ୍ତିକୁ ପରଜଗତର କଥା ଶୁଣାଇବାକୁ 'ଭାଗବତ' ବା 'ବାଇବେଲ୍' ଶୁଣାଇବାଦ୍ୱାରା ଯେପରି ଚିତ୍ତଶୁଦ୍ଧି ଓ ଚିତ୍ତମୁକ୍ତି ଲାଭ ହୋଇଥାଏ, ଅନୁରୂପ ଭାବରେ ରମାକାନ୍ତଙ୍କ କବିତାର ସେହି ବିମଳ ତାକତ୍ ରହିଛି। କବିତାରେ 'ଇମ୍ପର୍ସନିଫିକେଶନ୍' କଥା ସେଦିନ ଏଲିଅଟ୍ କହିଥିଲେ। କିନ୍ତୁ ରମାକାନ୍ତ ରଥ ସେହି 'ଇମ୍ପର୍ସନିଫିକେଶନ୍' କଥା କହି ତହିଁରୁ ଆଉ ଚାରିପାଦ ଆଗେଇ ଯାଇଛନ୍ତି ନିଶ୍ଚିତ। ଖାଲି କବିତାରେ ନୈର୍ବ୍ୟକ୍ତିକତା ନୁହେଁ, ଅଧିକନ୍ତୁ କବିର ସ୍ୱକୀୟ ସତ୍ତା ସହ ନିର୍ଲିପ୍ତିକରଣ ଓ କବିର ଆତ୍ମସତ୍ତାର ନିଃଶେଷୀକରଣଦ୍ୱାରା ହିଁ କବିତା ରଚନା ସମ୍ଭବପର ହୋଇପାରେ ବୋଲି କୁହନ୍ତି କବି ରମାକାନ୍ତ। ତା'ଛଡ଼ା ଏଲିଅଟୀୟ ଶୈଳୀ, ଷ୍ଟିଫେନ୍ ମାଲାର୍ମ (Stephane Mallarme), ଏଜରା ପାଉଣ୍ଡ (Ezra Pound), ଆର୍ଥର ରାମ୍ବୋ (Arthur Rimboud), ଚାର୍ଲସ୍ ବୋଦ୍‌ଲେୟାର (Charles Boudelaire) ପ୍ରମୁଖ ବିଶ୍ୱପ୍ରସିଦ୍ଧ କବିଙ୍କ କବିତାର କାରିଗରୀ ଓ କଳାକାରୀକୁ ଆପଣେଇବା ସହିତ ଓଡ଼ିଆ କବିତାରେ ଏକ ନୂତନ ରାଗିଣୀ ତୋଳିଥିଲେ ସେ। ମଣିଷର ଅବଚେତନ ଓ ଅଚେତନ ମନର କଥା-ବ୍ୟଥା, ଅବସ୍ଥା ଓ ବ୍ୟବସ୍ଥା ପ୍ରଭୃତିକୁ କବିତାର ଅନ୍ତର୍ଛନ୍ଦରେ ରୂପାୟିତ କରିବାରେ ସେ ହୋଇଛନ୍ତି ସିଦ୍ଧହସ୍ତ। ସୂକ୍ଷ୍ମତତ୍ତ୍ୱ, ସୂକ୍ଷ୍ମଚେତନା, ସୂକ୍ଷ୍ମଶରୀର ବା ସୂକ୍ଷ୍ମାତିସୂକ୍ଷ୍ମ ଜଗତର ଚିତ୍ରଣ କରିବାରେ ସେ ଯେଉଁ ସିଦ୍ଧି ଓ ସଫଳତା ଲାଭ କରିଛନ୍ତି, ତା'ର ଏକମାତ୍ର କାରଣ ହେଉଛି କବିତା ପ୍ରତି ତାଙ୍କର ଥିବା ଅଗାଧ ଅବବୋଧ। କବିତା ରାଜ୍ୟର ଗଭୀର ଏଷଣା ଓ ଧୀଷଣା ହିଁ ଶ୍ରଦ୍ଧା ଓ ସହୃଦୟତା ସହକାରେ ତାଂକୁ ଏପରି ପ୍ରଥିତଯଶା କବିତ୍ୱର ପ୍ରାଧିକାରୀ କରାଇଛି। ସର୍ବୋପରି ଏକଥାକୁ ସ୍ୱୀକାର କରିବାକୁ ହେବ ଯେ, କବିତାକୁ କବି କସ୍ମିନ୍‌କାଳେ ଲେଖେ ନାହିଁ ବା ଲେଖିପାରେ ନାହିଁ; ଅପରନ୍ତୁ ଏହାର ଅପର ପକ୍ଷର କଥାଟି ହେଉଛି କବିତା ନିଜ ଇଚ୍ଛାରେ ଯୋଗ୍ୟତମର ଉଦ୍‌ବର୍ତ୍ତନ ନିୟମରେ ପରିଚାଳିତ ହୋଇ ନିଜକୁ ନିଜେ ଲେଖାନିଏ; କାହାର ଛାତିରେ, ମନରେ, ମସ୍ତିଷ୍କରେ, ଓଠରେ ଅବା ସାଦାକାଗଜର କିଆରିରେ।

ରମାକାନ୍ତଙ୍କ କବିତାକୁ ଲକ୍ଷ୍ୟକଲେ, ଅନୁଶୀଳନ ଓ ପର୍ଯ୍ୟବେକ୍ଷଣ କଲେ ଜଣାଯାଏ,

ସେସବୁ ଅଜବ ଇଲାକାର କଥା । 'କେତେ ଦିନର'ର 'ବହୁତ ଦିନର' ଓ 'ଅଳ୍ପ ଦିନର' ପରି ବିଭାଗ ଓ ସର୍ବୋପରି ତନ୍ମଧ୍ୟସ୍ଥ କବିତାଗୁଡ଼ିକର ଶୀର୍ଷକ ରମାକାନ୍ତଙ୍କ କାବ୍ୟିକ ଗାମ୍ଭୀର୍ଯ୍ୟର ପରିଚାୟକ ମାତ୍ର । ଏଇ ଯେପରି 'ପାରିଷଦର ରାତ୍ରି', 'ନବଗୁଞ୍ଜର', 'ମଟର ଭିତରୁ ରାସ୍ତାର ସୌନ୍ଦର୍ଯ୍ୟ', 'ଯୋଡ଼େ ଚମ୍ପୂ', 'ଛାୟା ଚୁମ୍ବନ', 'ଚଉପହରା', 'ନଭେମ୍ବର ୩୦, ଡିସେମ୍ବର-୧' ଓ 'ଦ୍ୱିତୀୟ ମଧ୍ୟାହ୍ନ' ପରି ଶୀର୍ଷକ ବିରୋଧାଭାସ (Paradox) ଓ 'ବିରୋଧାଳଙ୍କାର' (Oxymoron)ର ସୂଚନା ଦେବା ସଂଗେସଂଗେ କବିତାଗୁଡ଼ିକର ସୁଦୂର-ପ୍ରସାରୀ ଡେଣା ଓ ତା'ର ଉଡ଼ାଣ-କ୍ଷମତା ଓ ଦକ୍ଷତା ସମ୍ପର୍କରେ ପାଠକକୁ ଅବଗତ କରିଥାଏ । ସେହିପରି ଦ୍ୱିତୀୟ କବିତାଗ୍ରନ୍ଥ ଭାବରେ 'ଅନେକ କୋଠରୀ' (୧୯୬୭) ନାମକରଣ ଅତ୍ୟନ୍ତ ବ୍ୟଂଜନାପୂର୍ଣ୍ଣ । ଏହି 'ଅନେକ କୋଠରୀ' ବସ୍ତୁତଃ ଆଧ୍ୟାତ୍ମିକ ଓ ରହସ୍ୟବାଦୀ ପ୍ରସଂଗକ୍ରମେ ଆତ୍ମଅନ୍ୱେଷା, ଅନ୍ତର୍ଯାତ୍ରା ଓ ଆତ୍ମାବିଷ୍କାର ପ୍ରକ୍ରିୟାକୁ ପ୍ରତୀକିତ କରିଥାଏ । ଏତେବେଳେ ବିଶିଷ୍ଟ ଆମେରିକୀୟ କବି ଲାଙ୍ଗ୍‌ଷ୍ଟାନ୍ ହ୍ୟୁଜ୍ (Langston Hughes)ଙ୍କ କବିତାରେ କୃଷ୍ଣକାୟ ମଣିଷର ଜୀବନଯନ୍ତ୍ରଣା ଓ ଜଟିଳତା ମଧ୍ୟରେ ପରିଚୟ ଅନ୍ୱେଷା ନିମନ୍ତେ କବିସତ୍ତା ଭିତରେ ଥିବା ଏକାଧିକ କୋଠରୀପୂର୍ଣ୍ଣ ସମ୍ଭାବନାର ଚିତ୍ରାଙ୍କନ କଲାପରି ରମାକାନ୍ତ ଆଧୁନିକ ମଣିଷର ଜଟିଳ ଜଞ୍ଜାଳମୟ ଜୀବନର ଅନ୍ୱେଷା ଓ ଅଭୀପ୍ସା କଥା କହିଛନ୍ତି । ସ୍ଥାପତ୍ୟକଳାତ୍ମକ ପ୍ରତୀକବାଦ ଅନୁସାରେ 'ଅନେକ କୋଠରୀ'ର ପ୍ରତ୍ୟେକ କୋଠରୀ ଭିନ୍ନଭିନ୍ନ ପ୍ରକାର୍ଯ୍ୟ ଓ କ୍ରିୟାକଳାପ ମଧ୍ୟରେ ଥିବା ପ୍ରଭେଦ ଓ ସ୍ୱତନ୍ତ୍ରତାକୁ ସୂଚାଏ । ଅନ୍ୟଭାଷାରେ କହିଲେ, ଏହାଦ୍ୱାରା ବ୍ୟକ୍ତି ଆବେଗର କୋଠରୀକରଣ (Compartmentalization) ଓ ବ୍ୟକ୍ତି ପରିଚୟର ବିଖଣ୍ଡନ (Fregmentation of Identity)ର ସୂଚନା ମିଳିଥାଏ । ଅବଶ୍ୟ ଏହା ସ୍ୱୀକାର କରିବାରେ କୌଣସି ଦ୍ୱିଧାନାହିଁ ଯେ, ରମାକାନ୍ତଙ୍କ କବିତା ଉଭୟ ବ୍ୟକ୍ତିସତ୍ତା ଓ ଅଧିସତ୍ତାର ଏକ ନିରନ୍ତର ଅନ୍ତର୍ଯାତ୍ରା; ଏକ ନିରବଧି ନିରାଜନା । ଏଣୁ ଏହାଦ୍ୱାରା ଏକ ପ୍ରକାର ଆଧ୍ୟାତ୍ମିକ ବିକାଶ (Spiritual Growth) ଓ ରୂପାନ୍ତରଣ (Transformation) ପ୍ରତିଭାତ ହେବା ଅଥବା ପ୍ରତିଫଳିତ ହେବା ଆଦୌ ବିଚିତ୍ର ନୁହେଁ । ଏଣୁ ଏ ଦୃଷ୍ଟିରୁ 'ଅନେକ କୋଠରୀ' ଆଧ୍ୟାତ୍ମିକ ଅନ୍ୱେଷା, ଆଧ୍ୟାତ୍ମିକ ଉତ୍ତରଣ ଓ ରୂପାନ୍ତରଣର ସାମୂହିକ ପ୍ରତିନିଧି ହେଲାବେଳେ ଏହାର ପ୍ରତ୍ୟେକ କୋଠରୀ ଆଧ୍ୟାତ୍ମିକ ବିକାଶର ବା ଅନ୍ତର୍ଜାଗତିକ ଅଭିବୃଦ୍ଧିର ଏକ ସ୍ୱତନ୍ତ୍ର ସ୍ତରକୁ ବୁଝାଇଥାଏ । ସାଂସ୍କୃତିକ ଓ ଐତିହାସିକ ପ୍ରସଂଗକ୍ରମେ ଏହି ଅନେକ କୋଠରୀର ଅନେକ ଅର୍ଥ ସୃଷ୍ଟିହୁଏ । ବିଭିନ୍ନ ସଂସ୍କୃତିରେ ଅନେକ

କୋଠରୀକୁ ନେଇ ଅନେକ ରିଚୁଆଲ୍ ଓ ସ୍ୱତନ୍ତାର୍ଥ ରହିଛି। ଉଦାହରଣ ସ୍ୱରୂପ, କିଛି ଆଫ୍ରିକୀୟ ସଂସ୍କୃତିରେ "ଅନେକ କୋଠରୀ"ର ଅର୍ଥ ବିବିଧ "ତାନ୍ତ୍ରିକ" ବା "ମାନ୍ତ୍ରିକ ଉପଚାର"ର ବିବିଧ ସ୍ତର ହେଲାବେଳେ ମାଥ୍ୟୁ ଆର୍‌ନୋଲ୍ଡଙ୍କ ପରି ବିଶିଷ୍ଟ କବି ଓ ସମାଲୋଚକଙ୍କ ଦୃଷ୍ଟିରେ ଅନେକ କୋଠରୀର ଅର୍ଥ 'ପରିଚୟ', 'ମୃଣ୍ମୟତା', 'ଅସ୍ତିତ୍ୱ', 'ସାମାଜିକ ପ୍ରତିବଦ୍ଧତା' ଓ 'ସାମାଜିକ ବିବରଣୀ' ପ୍ରଭୃତି ଅନେକ। ସେହିପରି ମନସ୍ତାତ୍ତ୍ୱିକ ଓ ଆବେଗଗତ ଦୃଷ୍ଟିରୁ ଅନେକ କୋଠରୀ କହିଲେ ଆମେ ମଣିଷର ବିବିଧ ଆବେଗ, ଆବେଶ, ଚିନ୍ତା-ଚେତନା, ଅନୁଭବ ଓ ଅନୁଭୂତି ନିଚୟକୁ ବୁଝିଥାଉ। ତେବେ ସର୍ବୋପରି ଅନେକ କୋଠରୀ ବସ୍ତୁତଃ ମାନବାତ୍ମାର ବିଭିନ୍ନ ଦିଶାବିଦିଶା ଓ ଅବସ୍ଥାଦିକୁ ପ୍ରତୀକିତ କରିବା ସହିତ ମଣିଷମନର ଚେତନ, ଅବଚେତନ ଓ ଅଚେତନ (Conscious, Subconscious and Unconscious) ଅବସ୍ଥାକୁ ମଧ୍ୟ ଦର୍ଶାଇଥାଏ। ରମାକାନ୍ତଙ୍କ ଶବ୍ଦଚୟନ ଓ ଶୀର୍ଷକୀକରଣ ପ୍ରକ୍ରିୟା ଅତୀବ ସୁନ୍ଦର ଓ ସ୍ୱତନ୍ତ୍ର। ବାସ୍ତବରେ ଦେଖିବାକୁ ଗଲେ ରମାକାନ୍ତଙ୍କ କବିତାର ଅସଲ ଆରମ୍ଭ ବା ଆଦ୍ୟ ପାଦଚିହ୍ନ ପଡ଼ିଥାଏ ଥା'ର ଶୀର୍ଷକରୁ। ପୁଣି ବେଳେବେଳେ କବିତାର ଯବନିକାପାତ ମଧ୍ୟ ଏହି ଶୀର୍ଷକରୁ ହିଁ ହୋଇଥାଏ। ସେହିପରି କବିଙ୍କର ପରବର୍ତ୍ତୀ କବିତାଗ୍ରନ୍ଥର ନାମ ଦେଖାଯାଉ। 'ସନ୍ଦିଗ୍ଧ ମୃଗୟା' (୧୯୭୧) ନାମକରଣଟି ଅତୀବ ବ୍ୟଂଜନାପୂର୍ଣ୍ଣ ହୋଇଛି। ମୃଗୟା ସନ୍ଦିଗ୍ଧ ହେଲେ ଅସଫଳ ହୁଏ। ନିଜ ଭିତର ଛାଡ଼ି ବାହାରେ ଖୋଜିବାର ନିଶା ଦେଖି କବି ଏହାର କରୁଣ ଅଥଚ ବିଫଳ ପରିଣତିକୁ ଲକ୍ଷ୍ୟ କରି 'ମୃଗୟା' ଶବ୍ଦରେ 'ସନ୍ଦିଗ୍ଧ' ବିଶେଷଣ ଯୋଡ଼ିଛନ୍ତି। ଯଥାର୍ଥରେ ଏହି ଶୀର୍ଷକର ବ୍ୟଞ୍ଜନାଗତ ଦୀପ୍ତି ଓ ବ୍ୟାପ୍ତି ଏଠାରେ ପ୍ରତିଭାତ ହୁଏ। ସେମିତି 'ସପ୍ତମ ଋତୁ' (୧୯୭୭) ଓ ଠିକ୍ ସେମିତି 'ସଚିତ୍ର ଅନ୍ଧାର' (୧୯୮୨) କବିତା ଗ୍ରନ୍ଥର ନାମକରଣ। ଷଡ଼ଋତୁ ପରେ ସପ୍ତମଋତୁର ଚିତ୍ରାଙ୍କନ କରିବା ପରି ଅନ୍ଧାରର ଚିତ୍ରାଙ୍କନ କରିବା ଏକ ଏକ ବିରୋଧାଭାସିକ ଉକ୍ତିବିଶେଷ ଅଟେ। କିନ୍ତୁ ଏହାଦ୍ୱାରା ଯେ, ଅବ୍ୟକ୍ତ୍ୟ, ବ୍ୟକ୍ତ ହୋଇପାରିବ ଓ ଅକଥ୍ୟ କୁହାଯାଇପାରିବ - ଏଥିରେ ଦ୍ୱିରୁକ୍ତି ଥାଇ ନପାରେ। 'ସନ୍ଦିଗ୍ଧ ମୃଗୟା'ଦ୍ୱାରା କବିପ୍ରାଣ ସତ୍ୟର ଅନୁସନ୍ଧାନ କରିବା ସଂଗେ ସଂଗେ ଅଭୀପ୍‌ସାକୁ ପ୍ରଶ୍ନ କରିବାକୁ ଇଂଗିତ ଦେଇଥାଏ। ଅନିଶ୍ଚିତତା ଓ ଦ୍ୱନ୍ଦ୍ୱପୂର୍ଣ୍ଣତା ମଧ୍ୟରେ ମଣିଷର ସ୍ଥିତାବସ୍ଥାକୁ ନେଇ ଏହି ଜୀବନ ଓ ଜଗତର କିଛି ମନ୍ମୟଚିତ୍ର ଓ ତନ୍ମୟ ଚରିତ୍ରଙ୍କ କଥା ଓ ଗାଥା ଉପସ୍ଥାପନ କରାଯାଇଛି ଏ ଗ୍ରନ୍ଥରେ। ସନ୍ଦିଗ୍ଧ ମୃଗୟାର ଏହା ମଧ୍ୟ ଅର୍ଥ ହୋଇପାରେ ଯେ, ଚିରାଚରିତ ଗତାନୁଗତିକତା ବିରୁଦ୍ଧରେ ସ୍ୱରୋତ୍ତଳନ

କରିବା ଓ ପ୍ରଚଳିତ ନୀତିନିୟମ ବା ତଥାକଥିତ ସୀମାକୁ ନେଇ ନବୀନ ଭାବନା ଓ ସମ୍ଭାବନାର କଥା କହିବା । ଏଣୁ ଏକାଧାରରେ 'Questioning Assumptions' ଓ 'Challenging established norms' ଉଭୟକୁ ଏହା ବୁଝାଇଥାଏ । ପୁଣି "ସନ୍ଦିଗ୍ଧ ମୃଗୟା" ମଧ୍ୟରେ "ଅଜଣାର ଅନ୍ୱେଷଣ" ଯେତିକି ମାତ୍ରାରେ ରହିଛି ସେତିକି ମାତ୍ରାରେ "ଅନାଗତ-ଅଜ୍ଞାତ ପ୍ରତି ଭୟ" ମଧ୍ୟ ରହିଛି । ଭବିଷ୍ୟତର ଅନିଶ୍ଚିତା ଓ ଅଜ୍ଞାତର ଭୀତି ବାସ୍ତବରେ ଏହି ଗ୍ରନ୍ଥର ଶିରାପ୍ରଶିରାରେ ପ୍ରବାହିତ । ଏଣୁ ଏଠାରେ କାବ୍ୟନାୟକର ଧମନୀରେ, ସ୍ନାୟୁତନ୍ତ୍ରିକାରେ ପ୍ରବାହିତ ହୋଇଛି ବିବ୍ରତ ଓ ବ୍ୟତିବ୍ୟସ୍ତ ମନୋଦଶାର କଣିକା । ଏଠାରେ ଉଭୟ Anxiety ଓ Apprehension ରହିଛି ଏହି ଶିକାର ମଧ୍ୟରେ । ଏଠାରେ ବାସ୍ତବରେ କାହାର ଶିକାର ହୋଇଛି, କିଏ କାହାର ଶିକାର କରିଛି - କହିବା ଦୁରୂହ-ଦୁଷ୍କର । କିନ୍ତୁ ଅଜ୍ଞାତକୁ ଭେଟିବାର ଭୟ ଯେ, ଏଠାରେ ରହିଛି - ଏକଥାକୁ କଦାପି ଅସ୍ୱୀକାର କରାଯାଇ ନପାରେ । ସର୍ବୋପରି ଏଥିର କବିତାମାନଙ୍କରେ କବି ମାନବର ଦଶା ଓ ଦିଶାକୁ ଦର୍ଶାଇଛନ୍ତି । ଜୀବନର ଅର୍ଥ ଖୋଜିଲା ପରି ଆଲବର୍ଟ କାମ୍ୟୁଙ୍କ ପରି ରମାକାନ୍ତ ରଥ ମଧ୍ୟ ଜୀବନର ଘଟଣା-ଦୁର୍ଘଟଣାର ସାପ-ସିଢ଼ି ବା ପଶା-ପାଲିର ଅର୍ଥ କରିବାକୁ ଚେଷ୍ଟା କରିଛନ୍ତି । "Doubtful hunting can represent the human search for meaning and purpose in life." ଜୀବନର ଅଭିବ୍ୟକ୍ତି ଓ ଅଭିପ୍ରାୟ ସାଂଗକୁ ଜୀବନ ସଂଗୀତରେ ଥିବା ଉତ୍‌ଥାନ-ପତନର ଅର୍ଥ କରିବା ପାଇଁ କବି ରମାକାନ୍ତ ସାଜିଛନ୍ତି ଉଭଟ-ଆଧୁନିକ; ଜଟିଳ ଜୀବନର ତାନ୍‌ସେନ୍ । ପୁଣି ଶିକାର ବା ମୃଗୟାର ଅର୍ଥ ମାନବୀୟ ଅଭିଜ୍ଞତା ଓ ଅନୁଭୂତିର ଜଟିଳତା ଓ ଜଂଜାଳକୁ ଦର୍ଶାଇପାରେ । ଏଣୁ ଯଥାର୍ଥରେ ଆଧୁନିକ ଜୀବନର ଜଟିଳତା, ଅସହଜ, ଅସଲଖ ଅନୁଭୂତି ପାଇଁ ଏହା ପ୍ରକୃଷ୍ଟ ଏକ ରୂପକ, ଜୀବନ ଜଂଜାଳର ସଂଘାତ-ସଂଘର୍ଷ ହେତୁକ ଯଥାର୍ଥ ମେଟାଫର୍ । ସେହିପରି ମଣିଷ ଜୀବନ ଓ ମଣିଷର ଅବସ୍ଥା ପ୍ରଭୃତିର ଯଥାର୍ଥ ପ୍ରତୀକ ହେଉଛି 'ମୃଗୟା' ବା 'ସନ୍ଦିଗ୍ଧ ମୃଗୟା', ଯେଉଁଠାରେ କାବ୍ୟପୁରୁଷର ଅନ୍ତର୍ଯାତ୍ରା ଆରମ୍ଭ ହୋଇଛି ଜୀବନର ଅର୍ଥ, ଉଦ୍ଦେଶ୍ୟ, ଅଭିବ୍ୟକ୍ତି, ଅଭିପ୍ରାୟ, ଅଭିଜ୍ଞତା, ଅନୁଭବ-ଅନୁଭୂତି ଓ ଉଦ୍ଦେଶ୍ୟକୁ ନେଇ । ଏହି ଅର୍ଥ ପୁଣି ବ୍ୟକ୍ତିଗତ (ପାଠକୀୟ) ଅଭିରୁଚି, ଅଭିଦୃଷ୍ଟି ଓ ଅଭିଜ୍ଞତା ତଥା ସଂସ୍କୃତି ପରଂପରା ଓ ପ୍ରସଂଗ ଆଧାରରେ ପରିବର୍ତ୍ତିତ ହେବା ଅସ୍ୱାଭାବିକ ନୁହେଁ । ରମାକାନ୍ତଙ୍କ କାବ୍ୟିକ ଅନନ୍ୟତା ତାଙ୍କ ଶବ୍ଦଚୟନରେ ରହିଛି । ରାଶିରାଶି ପାରାଡକ୍ସ ଓ ଅକ୍ସିମୋରନ୍ ବ୍ୟବହାର କରି ବାସ୍ତବରେ ସେ ସୂକ୍ଷ୍ମ କାବ୍ୟିକ ପ୍ରସଂଗଗୁଡ଼ିକୁ ହିଁ ଚୟନ କରିଛନ୍ତି ।

ଏଣୁ ତାଙ୍କ କବିତାରେ ଅଧିକ କାବ୍ୟିକ ଉପାଦାନ ଓ ଅନୁଦାନ ଥିଲା ପରି ସମାଲୋଚକ ବା ପାଠକଟିଏ ଅନୁଭବ କରିବାକୁ ବାଧହୁଏ। ରମାକାନ୍ତଙ୍କ ଅନ୍ୟତମ ବହୁଚର୍ଚ୍ଚିତ କବିତାଗ୍ରନ୍ଥ ହେଉଛି 'ସପ୍ତମରତୁ'। ଏହାର ନାମକରଣରୁ ହିଁ ଦେଖିନିଅନ୍ତୁ। ତେବେ ସୂକ୍ଷ୍ମ ଓ ଅଦୃଶ୍ୟ ଜଗତର ଚିତ୍ର ଆଙ୍କିବାକୁ ସେ ଚେଷ୍ଟା କରିଛନ୍ତି ! ଗୋଟିଏ ଦେଶ ବା ଇଲାକା ଓ ଗୋଟିଏ ଜଗତ୍‌ର କଳ୍ପନା ଆମରି କୃତି, କୀର୍ତ୍ତି, ଭାବନା ଓ ଭୁବନକୁ ନେଇ ସେ କରିଛନ୍ତି। ଏହା କ'ଣ ଛୋଟିଆ କଥା କି ? ଆମେରିକୀୟ କବି କାର୍ଲ ସାଣ୍ଡ୍‌ବର୍ଗଙ୍କ କଥାଟିଏ ଏହି ମର୍ମରେ ମନରେ ସ୍ୱତଃ ମର୍ମରିତ ହୋଇଉଠେ। ସେ କହନ୍ତି - "Poetry is the journal of a sea animal living on land, wanting to fly in the air." ରମାକାନ୍ତଙ୍କ କାବ୍ୟିକ ପ୍ରତ୍ୟୟାନୁରୂପ ପ୍ରତ୍ୟୟବୋଧ ଅନ୍ୟତମ ବିଶିଷ୍ଟ ଆମେରିକୀୟ କବି ରବର୍ଟ ଫ୍ରଷ୍ଟଙ୍କର ରହିଛି। ସେ କହିଲେ "Poetry is when an emotion has found its thought, and the thought has found words." ଅବଶ୍ୟ ରମାକାନ୍ତ ଏସବୁ ପାଇଁ କବିର ଏକ ପ୍ରକାର ମୃତ୍ୟୁ (ସାରସ୍ୱତ ସ୍ଥିତି ଓ ଅସ୍ମିତା ଜନିତ ଅହଂଭାବର ମୃତ୍ୟୁ ଓ ନିଶ୍ଚିହ୍ନତା) ଏବଂ ସ୍ଥୂଳ ନିଖୋଜପଣ ବା ସ୍ଥୂଳ ନିଶ୍ଚିହ୍ନତାକୁ ଲୋଡ଼ିଛନ୍ତି। ରମାକାନ୍ତଙ୍କ 'କେତେଦିନର'(୧୯୬୨)ଠାରୁ 'ଅନେକ କୋଠରୀ' (୧୯୬୭), 'ସନ୍ଦିଗ୍ଧ ମୃଗୟା' (୧୯୭୧), 'ସପ୍ତମରତୁ' (୧୯୭୭) ଓ 'ସଚିତ୍ର ଅନ୍ଧାର' (୧୯୮୨) ପର୍ଯ୍ୟନ୍ତ ସବୁଠି ସେ ଆପାତତଃ ଦୁର୍ବୋଧ ମନେହେଲେ ହେଁ 'ଶ୍ରୀରାଧା' (୧୯୮୫), 'ଶ୍ରୀପଳାତକ' (୧୯୯୬)ଠାରୁ ଆରମ୍ଭ କରି 'ସୀମାନ୍ତବାସ' (୨୦୦୨), 'ଫେରି ଚାହିଁଲେ' (୨୦୦୪), 'ନ' ଯା ନ' ଯା କହୁକହୁ' (୨୦୦୭), 'ସବୁଦିନ ସେପାଖେ' (୨୦୦୯), 'ସରଳ ହୃଦ୍‌ଗଣିତ', 'ଜାହାଜ ଆସିବ ଓ ଆଉ କେତୋଟି', 'ପବନରେ ଚିତ୍ରାଙ୍କନ' ପ୍ରଭୃତି କବିତାଗ୍ରନ୍ଥମାନଙ୍କରେ ସରଳ-ସାବଲୀଳ-ସହଜ-ସୁବୋଧ-ତରଳପଣରେ ସେ ସେତିକି ମାତ୍ରାରେ ଆଚ୍ଛନ୍ନ ହୋଇପଡ଼ିଥିବାର ଲକ୍ଷ୍ୟ କରିହେବ। ଏକ ପକ୍ଷରେ ମଣିଷର ବିବିଧ ଆୟାମର ବିବିଧ ଅବସ୍ଥା (ମାନସିକ, ଶାରୀରିକ, ଆଧ୍ୟାତ୍ମିକ, ରାଜନୀତିକ, ଆର୍ଥନୀତିକ, ନୈତିକ, ଦାର୍ଶନିକ, ନୃତାତ୍ତ୍ୱିକ ଓ ସର୍ବାଧିକ ଗୁରୁତ୍ୱପୂର୍ଣ୍ଣ ରୂପରେ ତା'ର ଧାର୍ମିକ ଓ ସାଂସ୍କୃତିକ, ସାମାଜିକ ସ୍ଥିତାବସ୍ଥା)ର ଚିତ୍ରଣ ଓ ଅନ୍ୱେଷଣ କରାଯାଇଥିଲା ବେଳେ ମଣିଷର ଜନ୍ମ, ମୃତ୍ୟୁ, ବାର୍ଦ୍ଧକ୍ୟ, ଯୌବନ, ଜରା ଓ ବିଭିନ୍ନ ଅନୁଭୂତିର ଚିତ୍ରଣ ରମାକାନ୍ତଙ୍କ କବିତାକୁ ଅଦ୍ୱିତୀୟତା ପ୍ରଦାନ କରିଥାଏ। ପ୍ରତୀକବାଦୀ ଚିନ୍ତନ ସହ ମେଟାଫିଜିକ୍ସର ବହୁଳ ପ୍ରୟୋଗ ରମାକାନ୍ତଙ୍କ ଦୀପ୍ତି ଓ କାବ୍ୟିକ ଦ୍ୟୁତିକୁ ଅଧିକରୁ

ଅଧିକ ଔଜ୍ଜ୍ୱଲ୍ୟ ପ୍ରଦାନ କରିଛି। ସର୍ବୋପରି ଭାରତୀୟ ଦର୍ଶନ ଓ ସଂସ୍କୃତିରେ ଜୁଡୁବୁଡୁ କବି ଶ୍ରୀ ରଥଙ୍କ କାବ୍ୟମାନସ ଏହି ମହାଭାରତୀୟ – ଉପନିଷଦୀୟ ଚେତନାରେ ଦୀକ୍ଷିତ।

ବର୍ତ୍ତମାନ, ତାଙ୍କ କବିତାରେ ସୂକ୍ଷ୍ମଚେତନାର ଚିତ୍ରଣ ବା ଅନ୍ତର୍ଜଗତର ଚିତ୍ରୋତ୍ତୋଳନର ଏକ ବୈବର୍ତ୍ତନିକ ଚିତ୍ର ପ୍ରଦାନ କରାଯାଉ। ଆଦ୍ୟ ପର୍ଯ୍ୟାୟର କବିତା 'ଲଣ୍ଠନ' (୧୯୫୬)ରେ ଯେଉଁ "**ନିଆଁ** " "ଜଳେ ପୋଷା ମାନ", "ମାନି ଏଇ ଟିଣର ପରିଧି" ତଥା କବି ବର୍ଣ୍ଣନା କରିଥିବା "ସର୍କସର ବାଘପରି ଏ ଦୁର୍ଦ୍ଦାନ୍ତ **ନିଆଁ** ସୁନାପିଲା", "ସତେ ବା ଏ କଳାକଳା ଟିଣ ସାଙ୍ଗେ ପରିଚୟ ନାହିଁ / ସତେ ବା ସେ ଜାଣେ ନାହିଁ କିପରି ଏ ଲଣ୍ଠନ ତାତିଲା!" ପରି ଉକ୍ତି ମାଧ୍ୟମରେ ମଣିଷର ଅବଚେତନ ମନର ***'ଲିବିଡୋ'*** ବା ଅବଦମିତ ଅତୃପ୍ତ ***'ଯୌନାକାଂକ୍ଷା'*** ବା ***'ଆଦିମ ଜାନ୍ତବତା'*** ବା ***'ଆଦିମ ପ୍ରକୃତି'*** କଥା କହିଲାବେଳେ କବି 'ଶ୍ରୀରାଧା' କବିତା ବେଳକୁ *ଶାଶ୍ୱତ, ଆପାର୍ଥିବ, ଅମୂର୍ତ୍ତ* ଚେତନାର *ଚିତ୍ରଲିପି ଆଙ୍କିଛନ୍ତି* ବୋଲି କହିବାକୁ ହେବ। ଏହି ଟ୍ରାନ୍ସଫର୍‌ମେସନ୍ ବା ରୂପାନ୍ତରଣ ନିମନ୍ତେ ସେ ସାହାଯ୍ୟ ନେଇଥିବା ଦୁଇଟି ଉପକରଣ ହେଉଛି : (କ) ମୃତ୍ୟୁଚେତନା (ଖ) ମେଟାଫିଜିକ୍ସ। ସେହି କାଳର କବିତା 'ଜହ୍ନରାତି' (୧୯୬୪)କୁ ଦେଖାଯାଉ।

"ଯେତେକ ପଡ଼ିଆ ଜମି ସବୁ ମିଶି ଗୋଟିଏ ସଫେଦ୍
ବିଛଣା ଚାଦର ଯାର ଶେଷ କାହିଁ ଆରମ୍ଭ ବି କାହିଁ,
ଠିକ୍ ମୋ'ର ଦେହ ପରି।
ଆକାଶ ବି ପ୍ରାୟ ତମ ପରି।"

ଏଠାରେ ଯେଉଁ ପ୍ରତୀକ ଓ ମେଟାଫିଜିକ୍‌ସର କଥା କୁହାଯାଉଛି, ତାହା ବାସ୍ତବରେ ଏହି କବିତାର ଚୈତନ୍ୟଗତ ଆୟାମକୁ ବିଶେଷ ଭାବରେ ବିସ୍ତାରିତ କରିଛି। ଏଣୁ କବିଙ୍କର କାବ୍ୟପୁରୁଷର ଉପଲବ୍ଧିରେ ବେଳେବେଳେ ମନେହୁଏ-

"ମୁଁ ଆକାଶ, ପ୍ରଶସ୍ତ ଅଥଚ
ଫାଙ୍କା, ଏବଂ ଦେଖୁଅଛି ପୃଥିବୀ ଯେପରି
ତମେ ଠିକ୍ ସେହିପରି ମେଲା କରିଅଛ ହାତମାନ,
ଯେଉଁଠାରେ ଓହ୍ଲାଇଲେ ସେହିଠାରେ ତମ ଆଲିଙ୍ଗନ।"

ମୃତ୍ୟୁ ଓ ଆଧ୍ୟାତ୍ମିକତାର ଯୁଗଳବନ୍ଦୀରେ ଜୀବ-ପରମର, ଦେହ-ବିଦେହର ଓ ମୂର୍ତ୍ତ ସହ ଅମୂର୍ତ୍ତର ମିଳନ ବେଶ୍ ବିଜଡ଼ିତ, ସୁରକ୍ଷିତ ଓ ସୁଚିତ୍ରିତ। ରାଶିରାଶି ଆର୍କିଟାଇପ୍‌ର

ବ୍ୟବହାରରେ ପାଠକର ମନ-ମସ୍ତିଷ୍କ ଓ ଭାବନା ବେଶ୍ ପ୍ରଭାବିତ ହୋଇଥାଏ ରମାକାନ୍ତୀୟ କାବ୍ୟପ୍ରସ୍ଥରେ। ପ୍ରତୀକ (Symbol), ରୂପକଳ୍ପ(Imagery), ମିଥ୍ (Myth), ଆର୍କିଟାଇପ (Archetype), ପ୍ରୋଜୋପୋପିଆ (Prosopopoeia) ପ୍ରଭୃତିରୁ ଆରମ୍ଭ କରି ସ୍ଥିତିବାଦ (Existentialism), ବାସ୍ତବବାଦ (Realism), ଡାଡାବାଦ (Dadaism), ଆଧ୍ୟାତ୍ମବାଦ (Spiritualism), ମାର୍କ୍ସବାଦ (Marxism), ରହସ୍ୟବାଦ (Mysticism) ଓ ଅନେକ ପ୍ରାଚ୍ୟ-ପ୍ରତୀଚ୍ୟ ଚିନ୍ତା-ଚେତନା ପର୍ଯ୍ୟନ୍ତ ସବୁକିଛି ତାଙ୍କ କବିତାରେ ସୁବିନ୍ୟସ୍ତ। 'ମାଷ୍ଟ୍ରାଣୀ' (୧୯୬୭) କବିତାରେ "ଦୁଇ ଆଉ ଦୁଇ ମିଶି ଚାର" ବୋଲି ଆଜି, କାଲି, ବର୍ଷବର୍ଷ ଧରି ଏବଂ ଚିରକାଳ କହିବାକୁ ହେବ ବୋଲି ଯେଉଁ ବିବୃତ୍ତି ରହିଛି, ତାହା ଯଥାର୍ଥରେ ଏକାନ୍ତ କ୍ଲାସିକ୍ ଓ ନିରୋଳା ସତ୍ୟ। 'ସପ୍ତମ ଋତୁ'ର 'ଧୀବର' କବିତାରେ "ଜୀବନରେ ଥିବାମାନେ ହଲ୍‌ଚଲ୍ ହେବା" କହିବା ଭିତରେ ଗଭୀର ସ୍ଥିତିବାଦର ରାଗିଣୀ ଶୁଣାଇଛନ୍ତି କବି ଶ୍ରୀ ରଥ। ଜୀବନ ଓ ମୃତ୍ୟୁକୁ ନେଇ ଏଡ଼େ ଚମତ୍କାର ବର୍ଣ୍ଣନା କରିବାରେ କୌଣସି ଓଡ଼ିଆ କବି ତାଙ୍କୁ ଅତିକ୍ରମ କଲାପରି ମନେହୁଏ ନାହିଁ। ଶେଷରେ କବିଙ୍କ 'ବନ୍ଧୁ ଦର୍ଶନ' (୧୯୮୩) କବିତାର କେଇ ପଙ୍‌କ୍ତିକୁ ଏ ମର୍ମରେ ସ୍ମୃତିମନ୍ଥନ କରାଯାଉ।

"ଏ ରୋଗଶଯ୍ୟାରୁ ତମେ ଉଠିବନି, ଆଉ
ଦିନ କେତେଟାରେ ଚାଲିଯିବ ବୋଲି ଜାଣେ,
ଜାଣେ ଯେ ତମକୁ ଆଗପରି ଜାକିଧରି ଦୋହଲାଇ ହେବ ନାହିଁ।"

ପୁଣି କବି ବର୍ଣ୍ଣନା କରନ୍ତି -

"ମୁଁ ତମକୁ ଆଉଁସିଲା ବେଳେ ମନେହୁଏ
ତମେ ଆଉ ଏଠି ନାହଁ, ମୁଁ କେବଳ ତମେ
ଛାଡ଼ି ଦେଇ ସାରିଥିବା ଶରୀରକୁ ଛୁଏଁ,
ସମସ୍ତଙ୍କ ଅଲକ୍ଷ୍ୟରେ ପହଞ୍ଚି ଗଲଣି
ସେଠାରେ ଯେଉଁଠି ସ୍ପର୍ଶ, ଶ୍ରବଣ, ଆସ୍ୱାଦ,
ଆଘ୍ରାଣ ଓ ଦୃଷ୍ଟି କିଛି ପହଞ୍ଚୁ ନଥାଏ।"

ଏହାରି ଭିତରେ କବି ଶ୍ରୀ ରଥ ଜୀବନରେ ଥିଲାବେଳେ ମରଣର ସ୍ୱାଦ, ଭେଦ ଓ ସ୍ୱେଦକୁ ଅଙ୍ଗେନିଭେଇଛନ୍ତି। ପରିଶେଷରେ ତାଙ୍କର ଜୀବନାୟନ ଓ ସାହିତ୍ୟାୟନ ଆଧାରରେ କୁହାଯାଇପାରେ ଯେ ଯଥାର୍ଥରେ ରମାକାନ୍ତ ରଥଙ୍କ ପରି ବିରଳ କବି ଉପାଦାନରେ ଗଢ଼ା ନମ୍ର-କମ୍ର, ଅଭ୍ର-ଶୁଭ୍ର ବ୍ୟକ୍ତିତ୍ୱ ଅତୀବ ବିରଳ। ■

ପୃଷ୍ଠଟୀକା:

୧. ପରିଡ଼ା, ଡକ୍ଟର ନୀଳମଣି: ***ସରସ୍ୱତୀ ରମାକାନ୍ତ***- ପ୍ରଥମ ପ୍ରକାଶ- ଫେବୃଆରୀ- ୨୦୧୩- ବସୁନ୍ଧରା, ଭୁବନେଶ୍ୱର- ପୃ-୫୭।

୨. ସାହୁ, ଡକ୍ଟର ମିହିର କୁମାର: ***ମୋ' ସ୍କୁଲ୍‌ଦିନ: ରମାକାନ୍ତ ରଥ***- ସମ୍ବାଦ- ଏକାଦଶ ସଂସ୍କରଣ- ଏପ୍ରିଲ୍- ୧୯୯୯- ପୃ-୦୪।

୩. ବାରିକ୍- ଡକ୍ଟର ଅଭୟ: ***ଆମର ବିମର୍ଷ ଭାଗ୍ୟ***- ପ୍ରଥମ ସଂସ୍କରଣ- ୧୯୯୭- ଲାର୍କ୍‌ବୁକ୍‌ସ, ଭୁବନେଶ୍ୱର- ପୃ- ୧୩।

୪. ପରିଡ଼ା, ଡକ୍ଟର ନୀଳମଣି: ***ପୂର୍ବୋକ୍ତ ଗ୍ରନ୍ଥ***- ପୃ- ୫୭।

୫. ସାହୁ, ଡକ୍ଟର ମିହିର: ***ପୂର୍ବୋକ୍ତ ଗ୍ରନ୍ଥ***- ପୃ- ୦୪।

୬. ***ତତ୍ରୈବ***- ପୃ- ୦୪।

୭. ***ତତ୍ରୈବ***- ପୃ- ୦୪।

୮. ପରିଡ଼ା, ଡକ୍ଟର ନୀଳମଣି: ***ପୂର୍ବୋକ୍ତ ଗ୍ରନ୍ଥ***- ପୃ- ୫୮-୫୯।

୯. ***ତତ୍ରୈବ***- ପୃ- ୫୯।

୧୦. ରଥ, ରମାକାନ୍ତ: 'ପ୍ରାକ୍‌ଭାଗ'- ***ରମାକାନ୍ତଙ୍କ ଶ୍ରେଷ୍ଠ କବିତା***- ପ୍ରଥମ ପ୍ରକାଶ- ୧୯୯୨- ଚତୁରଂଗ ପ୍ରକାଶନୀ, ଭୁବନେଶ୍ୱର।

୧୧. ନନ୍ଦ, ପ୍ରହରାଜ ସତ୍ୟନାରାୟଣ: 'ସାମାନ୍ୟ କଥନ'- ***ଶ୍ରୀରାଧାର ପୂର୍ଣ୍ଣାଙ୍ଗ ଆଲୋଚନା***- ପ୍ରଥମ ପ୍ରକାଶ- ୧୯୯୭- ଲାର୍କ୍‌ବୁକ୍‌ସ- ଭୁବନେଶ୍ୱର- ୭୫୧୦୦୧- ପୃ- ୦୪।

୧୨. କୁଅଁର, ଦୁର୍ଗାଚରଣ: 'ମୁଖବନ୍ଧ'- ***ଶ୍ରୀରାଧାର ପୂର୍ଣ୍ଣାଙ୍ଗ ଆଲୋଚନା***- ପ୍ରଥମ ପ୍ରକାଶ- ୧୯୯୭- ଲାର୍କବୁକ୍‌ସ- ଭୁବନେଶ୍ୱର- ୭୫୧୦୦୧- ପୃ- ୦୫।

୧୩. ***ତତ୍ରୈବ***- ପୃ- ୦୫।

୧୪. ଶତପଥୀ, ପ୍ରଫେସର ନିତ୍ୟାନନ୍ଦ: ***ସବୁଜରୁ ସାଂପ୍ରତିକ***- ଚତୁର୍ଥ ସଂସ୍କରଣ- ୧୯୯୯- ଗ୍ରନ୍ଥମନ୍ଦିର- ବିନୋଦ ବିହାରୀ, କଟକ- ପୃ- ୫୩୪-୩୫।

୧୫. ଶତପଥୀ, ପ୍ରଫେସର ନିତ୍ୟାନନ୍ଦ: ***ସତୁରୀରୁ ସହସ୍ରାବ୍ଦୀ***- ଦ୍ୱିତୀୟ ସଂସ୍କରଣ- ୨୦୧୦- ପ୍ରାଚୀ ସାହିତ୍ୟ ପ୍ରତିଷ୍ଠାନ- ବିନୋଦ ବିହାରୀ, କଟକ- ପୃ- ୧୮୪।

୧୬. ମଲ୍ଲିକ, ଡକ୍ଟର ହୃଷୀକେଶ: ***ଶ୍ରୀରାଧା ଓ ମୀରା: ଏକ ତୁଳନାତ୍ମକ ଅଧ୍ୟୟନ***-

ପ୍ରଥମ ସଂସ୍କରଣ- ମାର୍ଚ୍ଚ- ୨୦୧୧- ଅପୂର୍ବା, ମଧୁସୂଦନ ନଗର, ଭୁବନେଶ୍ୱର- ପୃ- ୨୬-୨୭।

୧୭. ରଥ, ରମାକାନ୍ତ: ***ଆଦ୍ୟ ତ୍ରିପାଦ***- (ସନ୍ଦିଗ୍ଧ ମୃଗୟାର 'ପୃଷ୍ଠବନ୍ଧ')- ଦ୍ୱିତୀୟ ସଂସ୍କରଣ- ୨୦୧୨- ଅକ୍ଷର, କଲ୍ୟାଣୀ ନଗର, କଟକ-୧୩- ପୃ- ୨୬୫।

୧୮. ***ଉଦ୍‌ଭାସ***-୧୦- ସଂପାଦନା- ଡକ୍ଟର ପ୍ରତଭା ଶତପଥୀ- ଏପ୍ରିଲ୍- ୨୦୦୭- ପୃ-୫୪।

୧୯. ମଲ୍ଲିକ୍, ଡକ୍ଟର ହୃଷୀକେଶ: ***ପୂର୍ବୋକ୍ତ ଗ୍ରନ୍ଥ***- ପୃ-୦୭।

୨୦. ମହାରଣା, ଡକ୍ଟର ସୁରେନ୍ଦ୍ର କୁମାର: ***ଓଡ଼ିଆ ସାହିତ୍ୟର ଇତିହାସ***- ଦ୍ୱିତୀୟ ସଂସ୍କରଣ- ୨୦୧୦- ଓଡ଼ିଶା ବୁକ୍‌ଷ୍ଟୋର- ବିନୋଦ ବିହାରୀ- କଟକ- ପୃ- ୫୧୪।

୨୧. ମଲ୍ଲିକ୍, ଡକ୍ଟର ହୃଷୀକେଶ: ***ପୂର୍ବୋକ୍ତ ଗ୍ରନ୍ଥ***- ପୃ-୨୭।

୨୨. ***ତତ୍ରୈବ***- ପୃ- ୨୭।

୨୩. ରଥ, ରମାକାନ୍ତ: 'ପୃଷ୍ଠଟୀକା'- ***ସପ୍ତମଋତୁ***- ତୃତୀୟ ସଂସ୍କରଣ- ୨୦୦୧- ଫ୍ରେଣ୍ଡସ୍ ପବ୍ଲିଶର୍ସ- ବିନୋଦ ବିହାରୀ- କଟକ- ପୃ-୯୩।

୨୪. ***ତତ୍ରୈବ***- ପୃ- ୯୫।

୨୫. ***ତତ୍ରୈବ***- ପୃ- ୯୫।

୨୬. ***ତତ୍ରୈବ***- ପୃ- ୧୦୦।

୨୭. ***ତତ୍ରୈବ***- ପୃ- ୧୦୮।

୨୮. ମଲ୍ଲିକ୍, ଡକ୍ଟର ହୃଷୀକେଶ: 'ସାକ୍ଷାତ ଆଲେଖ୍ୟ'- ***ପୂର୍ବୋକ୍ତ ଗ୍ରନ୍ଥ***- ପୃ- ୧୯୪।

୨୯. ସାହୁ, ଡକ୍ଟର ମିହିର କୁମାର: ***ପୂର୍ବୋକ୍ତ ଗ୍ରନ୍ଥ***- ପୃ-୦୪।

ତୁଳନାତ୍ମକ ଦୃଷ୍ଟିରେ ସୌଭାଗ୍ୟ କୁମାର ମିଶ୍ରଙ୍କ 'କାଠଖୁଂପା' କବିତାର କଳା ଓ କାରିଗରୀ

ଉତ୍ତାନପାଦ (୨୦୧୭) ସୌଭାଗ୍ୟ କୁମାର ମିଶ୍ରଙ୍କ ସଦ୍ୟ ପ୍ରକାଶିତ କବିତା ଗ୍ରଂଥ ବିଶେଷ ଅଟେ । ଭାଗବତୀୟ ମିଥ୍‌ରୁ ଶୀର୍ଷକଟି ସଂଗ୍ରହ କରିଥିଲେ ମଧ୍ୟ ଏଠାରେ ସନ୍ନିବେଶିତ ଚାଳିଶଟି କବିତା ଚିରଂତନ ଓ ବର୍ତ୍ତମାନର ଜୀବନ-ସମାଜ ଓ ସମୟର ଦର୍ଶନରେ ପୂର୍ଣ୍ଣଗର୍ଭା । ଯଥାର୍ଥରେ ଏହା ଏକ ଉତ୍ତୀର୍ଣ୍ଣ କାବ୍ୟପ୍ରୟାସ ।

କବି ସୌଭାଗ୍ୟ କୁମାର ମିଶ୍ର କବିତା କିଆରିରେ ଗଦ୍ୟର ବିହନ ବୁଣିଛନ୍ତି କି ଗଦ୍ୟ କିଆରିରେ କବିତାରେଣୁ ବପନ କରିଛନ୍ତି - ନିଷ୍ପତ୍ତି ନେବା ମୁସ୍କିଲ୍। କିନ୍ତୁ ଏହା ଅତୀବ ସ୍ୱଚ୍ଛ ଓ ସ୍ପଷ୍ଟ ଯେ, ତାଙ୍କ କବିତାରେ ଦର୍ଶନର ସ୍ୱରତଂତ୍ରିକା ସର୍ବଦା ଝଂକୃତ। ଏଇ 'କାଠଖୁଂପା' କବିତାଟିକୁ ଧରାଯାଉ ଯାହା ତାଂକ ସଦ୍ୟ ପ୍ରକାଶିତ କବିତା ସଂକଳନ ଉତ୍ତାନପାଦ(୨୦୧୭)ର ଶେଷତମ କବିତା। କାଠଖୁଂପା ଚଢ଼େଇକୁ କିଏ ନ ଦେଖିଛି ! କିଂତୁ ତା'ର ସେଇ କାଠକୁ ଖୁଂପିବା ଭିତରେ ଯେ, ଜୀବନର ଅନ୍ତରୀଣ ଛନ୍ଦ ଲୁଚି ରହିଛି - ତାହା ହିଁ କବିଙ୍କର ଚମତ୍କାର ଆବିଷ୍କାର । ଏହା ହିଁ ତାଙ୍କ କବିତାର ଏକ ପ୍ରମୁଖ ବିଶେଷତା । କବିତା କିପରି ଦ୍ରୁତଗତିରେ ଚେତନ - ଅବଚେତନ ଓ ଅଚେତନ ମନ ଦେଇ ସ୍ଥାନ କାଳ ପାତ୍ର ପରିବର୍ତ୍ତନ କରେ - ତା' ଏଠାରେ ସ୍ପଷ୍ଟ। ହନୁମାନ ଦ୍ରୋଣଗିରି ଓ ତ୍ରେତୟା ହଠାତ୍ ପରବର୍ତ୍ତୀ ପଦରେ ଯଥାକ୍ରମେ ବୀରାପ୍ପାନ, ଦକ୍ଷିଣ ଭାରତର କର୍ଣ୍ଣାଟକ, ତାମିଲନାଡୁ ଓ କେରଳ ଅଞ୍ଚଳରେ ଅରଣ୍ୟ (ଚଂଦନବନ) ଓ କଳିଯୁଗ (ବିଂଶ ଶତାବ୍ଦୀ)କୁ ପରିବର୍ତ୍ତିତ ହୁଅନ୍ତି। ଅନୁଭୂତିକୁ ମୂଳକରି ଏପରି କଳ୍ପନା। କବି ହନୁମାନଠାରୁ ଆରଂଭ କରି ବୀରାପ୍ପାନର ଛାତିର ସ୍ପନ୍ଦନ ପର୍ଯ୍ୟନ୍ତ ନିଜକୁ ସଂପ୍ରସାରିତ କରିଛି । ଏଇ ଦୁଇ ଚରିତ୍ର ହନୁମାନ ଓ ବୀରାପ୍ପାନଙ୍କ ପାଇଁ କାଠଖୁଂପା ଏକ ଉଦ୍ଦିଷ୍ଟ ଚରିତ୍ର । କିଂତୁ ଜୀବନ ପାଇଁ କବିଚକ୍ଷୁରେ 'କାଠଖୁଂପା'

ନିଜେ ହିଁ ଉଦ୍ଦିଷ୍ଟ ଏକ ଚରିତ୍ର। ଏସବୁ ମଧ୍ୟରେ ଜୀବନର ଛଂଦ - (ବିଷମ ଛନ୍ଦ) ହିଁ ମୂଳକଥା -ଏକଦମ୍ ଗଣିକଥା।

ପ୍ରକୃତି ପ୍ରତ୍ୟେକ ଜିନିଷକୁ ନିର୍ମାଣ କରିବା ପାଇଁ ଢାଳିଦେଇଛି ନିଜର ସମୟ ସ୍ନେହ, ଭଲପାଇବା, ଶ୍ରମ, ସଦିଚ୍ଛା, ଏକାଗ୍ରତା ଓ ଶୁଦ୍ଧଚିଂତା। ଏଣୁ 'କାଠ' କୁ ତିଆରି କରିବପାଇଁ ପକୃତି ଯେମିତି ସମୟ ଦେଇଛି କାଠ ଖୁଂପା ଚଢ଼େଇର ଥଣ୍ଟକୁ ଗଢ଼ିବାପାଇଁ ସେହି ପ୍ରକୃତି ସେତିକି ସ୍ନେହ, ଶ୍ରମ ଓ ସମୟ ଦେଇଛି । ଏହା ହିଁ ପ୍ରକୃତିର ଖେଳ । ଏହି ପ୍ରକୃତି କୋଳରେ ମଣିଷ ଜୀବନ ଓ ତା'ର ଅପୂର୍ବ ଛନ୍ଦ ମଧ୍ୟ ଅନୁରଣିତ। ଜୀବନରେ ସବୁଦିନ ସବୁ ସମୟ ସମାନ ନଥାଏ । ତା'ରି ଭିତରେ ସମୟର ଖେଳ - ଜୀବନର ଗତିପଥ ନିର୍ଣ୍ଣିତ ହୋଇଥାଏ । ଏକଥା କବିତାଟିର ଅନ୍ୟତମ ବକ୍ତବ୍ୟ ଅଟେ।

କବିତାଟିର ଉତ୍ତରାର୍ଦ୍ଧରେ କବି ମିଶ୍ର ମଧ୍ୟଯୁଗୀୟ ବିଦଗ୍ଧ କବି ଅଭିମନ୍ୟୁ ସାମଂତ-ସିଂହାରଙ୍କ ପ୍ରସିଦ୍ଧ କାବ୍ୟ 'ବିଦଗ୍ଧଚିଂତାମଣି'ର ଊନଚତ୍ୱାରିଂଶ ଛାନ୍ଦର ଏକବିଂଶତମ ପଦର କଥାକୁ ଉଦ୍ଧୃତ କରିଛନ୍ତି । "ବଡ଼ କଠିଣ ସେ ପ୍ରୀତିପାଳିବା / ତୀକ୍ଷ୍ଣ ଅସିଧାରେ ପଥ ଚାଲିବା / ଶୂନ୍ୟ ଆରୋହଣଠାରୁ କଠିଣ / ପବନ ଫାଂଦେ ଧରିବା ଲକ୍ଷଣ / ପ୍ରୀତିରକ୍ଷାଠାରେ ଗୋ / ଯଥା ପାରଦ ରଖିବା ମୁଠାରେ ।" (ବି:ଚି/୩୯/୨୧) ଗୋଟିଏ ପକ୍ଷରେ ଜୀବନ ପ୍ରତିମୋହ ଓ ଭଲପାଇବା, ଅପରପକ୍ଷରେ ସ୍ୱପ୍ନ ଅସୁମାରି ଅନଂତ ଓ ଅପୂର୍ବ। ଗୋଟିଏ ପକ୍ଷରେ ଅସହଜ କାର୍ଯ୍ୟ, ଅପରପକ୍ଷରେ ସ୍ୱାଭାବିକ ଜୀବନର ଛଂଦ । ଗୋଟିଏ ପକ୍ଷରେ ଜୀବନକୁ ଜାବୁଡ଼ି ଧରିରଖିବାରେ ଚେଷ୍ଟା ପୁଣି ଅପରପକ୍ଷରେ ମୂଲ୍ୟହୀନତା। କାଠଖୁଂପା ଚଢ଼େଇଟି ଅହରହ ବିଭିନ୍ନ ଛଂଦରେ, ବିଭିନ୍ନ ରାଗରେ ଓ ବିଭିନ୍ନ ବାଗରେ କାଠକୁ ଖୁଂପି ଚାଲିଥାଏ, କାଠର ଗାତ୍ରରେ ରଚିଚାଲେ ଅପୂର୍ବ କାରିଗରୀ। ଏହିପରି ଅଂକାହୁଏ ଜୀବନର ଯଥାଯଥ ମାନଚିତ୍ର। ପ୍ରୀତିପାଳିବା କଠିଣ । କାଠକୁ ଖୁଂପିବା ବି କଠିଣ। କିଂତୁ କ'ଣ ପାଏ ସେ କାଠଖୁଂପା ସେ କାଠକୁ ଖୁଂପିଖୁଂପି ବା କ'ଣ ପାଏ ମଣିଷ ଏ କଠିଣ ମାର୍ଗରେ ଯାଇ ପ୍ରୀତିକୁ ପାଳି ବା ପ୍ରୀତିକରି କହିବା ଦୁଷ୍କର । ଏସବୁର ଉଦ୍ଦେଶ୍ୟ କ'ଣ ଥାଇପାରେ ? ଏତେ ରାଗ, ଏତେ ଛଂଦ, ଏତେ ଅଭିନୟ, ଅନୁନୟ, ସଚେତନତା, ବିଦ୍ୟମାନତା-ଅବିଦ୍ୟମାନତାର ମାନେ କ'ଣ ବା ଥାଇପାରେ ? ଚଢ଼େଇଟି କ'ଣ ପାଏ କ'ଣ ହଜାଏ, କାହିଁକି ଏମିତି ସେ କରେ କେଉଁ ସ୍ୱାର୍ଥରେ, କେଉଁ ଅର୍ଥରେ ବା ବ୍ୟର୍ଥରେ ତାହା ହୁଏତ ବିଖ୍ୟାତ ପକ୍ଷୀ ବିଜ୍ଞାନୀ (Ornithologist) ସଲୀମ ଅଲ୍ଲି ଜାଣିଥିବେ ବୋଲି କବି କହିଛନ୍ତି। କିଂତୁ ମଣିଷ

କଥା କ'ଣ ? ସେ ବି ତ ପ୍ରୀତିକରେ କାଠଖୁଂପିବା ପରି ! କେଉଁ ସ୍ୱାର୍ଥରେ, କେଉଁ ଉଦ୍ଦେଶ୍ୟରେ ? ହୁଏତ ଏହି ଅର୍ଥଖୋଜିବା ହିଁ ଜୀବନ । ହୁଏତ ଏଇ ଅର୍ଥହୀନତା ହିଁ ଜୀବନ । ଏଇ ଛଂଦ ଭିତରେ ହୁଏତ ଲୁକ୍‌କାୟିତ ମଧୁର ମୂର୍ଚ୍ଛନା। କବିତାର ଶେଷ ପଂକ୍ତିରେ କବି ବେଶ୍ ସାଦାସିଧା ଭାଷାରେ କହିଛନ୍ତି -

"ମୋତେ ଜଣାନାହିଁ
ମୋତେ ଖାଲି ଠକ୍ ଠକ୍ ଶବ୍ଦ ଶୁଭେ
ଯେଉଁଠି ନାଇଁ ସେଇଠି
ଯେତେବେଳେ ନାଇଁ ସେତେବେଳେ।" (ଉ:ପା: / ପୃ.୯୬)

ଜୀବନ ତା'ର ମାନଚିତ୍ର ରଚି ଚାଲିଛି ନିଜେ ନିଜେ । ସ୍ଥାନ-କାଳ-ପାତ୍ର ଊର୍ଦ୍ଧ୍ୱରେ ଜୀବନ ଚାଲିଛି ଆଗକୁ ଆଗକୁ । ସମସ୍ତେ ଯେଝା ଯେଝା ବାଟରେ ଯେଝାଯେଝା ରୂପରେ, ରଂଗରେ, ଢ଼ଂଗରେ ରଚିଚାଲିଛନ୍ତି ରାଗିଣୀ ନିଜ ନିଜର ଏବଂ ସର୍ବୋପରି ଅଖିଳ ଜୀବନର ଠିକ୍ ଏକ କାଠଖୁଂପା ଚଢ଼େଇ ପରି । ଏହା ହିଁ ଜୀବନଦର୍ଶନ ।

ଏଇ କାଠଖୁଂପା ଚଢ଼େଇର ଭାଗ୍ୟ ଉତ୍ତାନପାଦଙ୍କର ଭାଗ୍ୟପରି। ସମଗ୍ର ବସୁଧାକୁ ଶାସନ କରିବାର ଭାଗ୍ୟ, ନିଜ ଛଂଦରେ ଛଂଦିହେବା ଓ ଅନ୍ୟକୁ ଉତ୍‌ଥାନର ବାଟ ଦେଖାଇବା ପରି ଏ ଦୁଇ ଚରିତ୍ର। ଗୋଟିଏ ଭାଗବତୀୟ ମିଥ୍ ଚରିତ୍ର ଓ ଅନ୍ୟଟି ଚରାଚର ସଂସାର ମଧ୍ୟରୁ ସାଧାରଣ ଏକ ପକ୍ଷୀବିଶେଷ । ଜଣେ ଧ୍ରୁବଙ୍କର ପିତା। ଆଉ ଜଣେ ବୃକ୍ଷରେ ଗଢ଼ିଉଠିଥିବା ଅପୂର୍ବ କାରିଗରୀ ପୂର୍ଣ୍ଣ କୁଟୀରର କାରିଗର। ଜଣେ ଭୋକ୍ତା, ଅନ୍ୟ ଜଣେ ଦାତା । ତେବେ ସର୍ବୋପରି ଏଠାରେ କାଠଖୁଂପା ଚଢ଼େଇକୁ ନେଇ କବିତାଟିର ଦାର୍ଶନିକ ଦିଗ ବଳିଷ୍ଠ ହୋଇଉଠିଛି ବୋଲି କହିବାକୁ ହୁଏ।

ହନୁମାନ ଦ୍ରୋଣଗିରିରେ ସଂଜୀବନୀ ଖୋଜୁଖୋଜୁ କାଠଖୁଂପାର ଶବ୍‌ଦରେ ଅର୍ଥାତ୍ ସ୍ୱାର୍ଥହୀନ ନିରବଧି କାର୍ଯ୍ୟର ଠାରରେ ମୁହୂର୍ତ୍ତେ ଅଟକି ଯିବା କି ଚନ୍ଦନ ତସ୍କର ବୀରାପ୍ପାନ ନିଜର ସ୍ୱାର୍ଥ ଭୁଲି ତା'ର ଛାଂଦିକ କର୍ମଠାରେ ଅଟକିଯିବା କଥା ମୂଳରେ ଥାଇପାରେ ଆତ୍ମସଚେତନତା, ଭୟ କି ସତର୍କତା ଅଥବା ଜୀବନବୋଧ। ପୁଣି ଚଢ଼େଇଟିର ଖୁଂପାକୁ ନଦେଖି ତା'ର ଦର୍ଶନକୁ ନଦେଖି ନବୁଝି ସାଧାରଣ ମଣିଷଟେ ପରି ନିଜ ଛଂଦରେ ବଂଚିବାକୁ, ଚାହୁଁଥିବା ବୀରାପ୍ପାନ ମଧ୍ୟ ନିଜ ଅଜାଣତରେ ରଚିଥାଏ ସେଇ ବିଷମ ଛଂଦର ରାଗିଣୀ। ସମସ୍ତେ ଜୀବନର ଗୁଲାମ୍ ; ନିଜ ପ୍ରକୃତିର ଦାସାନୁଦାସ। ଆଉ ଏସବୁକୁ ନିର୍ଣ୍ଣୟ କରେ ପ୍ରକୃତିର ବିଶାଳ ମାଷ୍ଟର୍ ମାନଚିତ୍ର । ମଣିଷର ଅବିଶ୍ୱାସ ଓ ଛଳନାର ରଂଗ ବଦଳିଲା ପରି, ବହୁରୂପୀ ଏଣ୍ଡୁଅର

ପରିବେଶାନୁସାରୀ ବର୍ଣ୍ଣ ବଦଳିଲାପରି ବଦଳିଚାଲେ ମଣିଷ ସମୟ କ୍ରମେ, ପରିବେଶ କ୍ରମେ । "ଚଂଦନତସ୍କର ବୀରାପ୍ପାନର ବି ଏକା ଦଶା" (ଉ:ପା: / ପୃ.୯୬) ଓ ଆମ ସମସ୍ତଙ୍କ ଅବସ୍ଥାବି ସମାନ। ହସ, କାଂଦ, ଉତ୍କଣ୍ଠା, ଭୟ, ଲଜ୍ଜା ଓ ଅନ୍ୟାନ୍ୟ ସମସ୍ତ ମାନବୀୟ ଗୁଣ ମଧ୍ୟରେ ତଥା କାଠଖୁଂପାର ପ୍ରକୃତି ମଧ୍ୟରେ ବିତିଚାଲେ ଜୀବନ, ରଚିହୋଇଯାଏ ଗୋଟିଏ ଗୋଟିଏ ଅନ୍ୱେଷାର ବିଚିତ୍ର ମାନଚିତ୍ର - ବୋଧହୁଏ ଏହା ହିଁ ଜୀବନର ଅସଲ ମାନଚିତ୍ର। ବୋଧହୁଏ ସାମୁଏଲ୍ ବେକେଟ୍ ସେଦିନ 'ଗଦୋ' (Godot)କୁ ଅପେକ୍ଷା କରିବା ଭିତରେ ଏହି କଥା କହିଥିଲେ । ଦର୍ଶନକୁ ନେଇ କବିତାଗୁଚ୍ଛିରେ ଭର୍ତ୍ତି କରିବା ଓ ଦର୍ଶନକୁ ନେଇ କଳା ଓ କାରିଗରୀ ଦେଖାଇବା କବି ସୌଭାଗ୍ୟ କୁମାରଙ୍କ ଅନ୍ୟତମ ବିଶେଷତ୍ୱ। ତେବେ ଆଂଗିକ ଦୃଷ୍ଟି-ଦର୍ଶନ ଓ ସୃଷ୍ଟି ସୌରଭର କଥା ମଧ୍ୟ ଏଠାରେ ଅଣଦେଖା କରିବାର ନୁହେଁ । ପ୍ରାୟତଃ ଦେଶଜ ଓ ତତ୍ସମ, ତଦ୍ଭବ ଶବ୍ଦାବଳୀକୁ ନେଇ କବିତାର କାନ୍ଥ ଗଢ଼ିଉଠିଛି । ଶୈଳୀ ଅନୁପମ ଓ ଅଚାନକ ତଥା ବେଧଡକ୍ ବଦଳିଯାଇଛି ଇଂଦ୍ରଧନୁ ସୃଷ୍ଟିହେଲା ପରି । କେତୋଟି ଧାଡ଼ି ଏଇ ମର୍ମରେ ଏଠାରେ ଉପସ୍ଥାପନ କରାଯାଇପାରେ । ଯଥା -

(୧) "(...) ବେ-ଚନ୍ଦନ ଗୋଟେ ଦ୍ରୁମର ଗଣ୍ଡିକି, ସେ ହସି ଦେଇଥିଲା ।"

(୨) "କାଠଖୁଂପା ଚଢ଼େଇର ଖୁଂପାରେ ମଧ୍ୟ ଛଂଦ ଅଛି, ଅଛି ଯେ - ତା' ବେଳକୁ ବେଳ ବଦଳୁଥାଏ ଯେମିତି ଅବିଶ୍ୱାସର, କଳ୍ପନାର।"

(୩) "ସେଇଟା କଥା ନୁହେ, କଥା ହେଉଚି 'ପ୍ରୀତି ପାଳିବା' ଭଳି କଠିଣ କାମ କରିବା, କାଠକୁ ଖୁଂପିବା।"

(୪) "ଖୁଂପି ଖୁଂପି ସେ କ'ଣ ଖୋଜୁଥାଏ, ସେ ପାଉଥାଏ ତା' ସଲୀମ୍ ଅଲ୍ଲିଙ୍କୁ, ଜଣାଥିଲେ ଜଣାଥିବ ।"

(୫) "ମୋତେ ଜଣାନାହିଁ ।" ଇତ୍ୟାଦି ।

ଏସବୁରେ ପ୍ରଥମରୁ ଗଦ୍ୟର ଆବରଣ ଥିଲାପରି ମନେ ହେଉଥିଲା ବେଳେ ଶେଷ ଆଡ଼କୁ ପଦ୍ୟ ନୁହେଁ କବତା ମାଡ଼ିମାଡ଼ି ଆସେ ଓ ତାହା ପୁଣି ଏହିଥିରେ ଯୋଡ଼ି ଯାଉଥିବା ଶେଷାଂଶଟି ପାଇଁ । ଅତି ସାଧାରଣ ସ୍ୱତସ୍ଫୂର୍ତ୍ତ ତଥା ସ୍ୱାଭାବିକ ମାନବିକ ପ୍ରତିକ୍ରିୟାଗୁଡ଼ିକୁ ଏଠାରେ ଅବିକଳ ଥୋଇଛନ୍ତି କବି ଶ୍ରୀ ମିଶ୍ର । ବୀରାପ୍ପାନାର ପ୍ରତିକ୍ରିୟା ଏହା ହିଁ କହିଥାଏ । ବିଶେଷକରି ପାଞ୍ଚଗୋଟି ପଙ୍କ୍ତି, ପରିଚ୍ଛେଦ ବା ଷ୍ଟାଞ୍ଜାକୁ ନେଇ ସମୃଦ୍ଧ ଏଇ କବିତାର ଅନୁଲୋମ କ୍ରମରେ ଯଥାକ୍ରମେ ତୃତୀୟ ଓ ପଞ୍ଚମ ପରିଚ୍ଛେଦ (Stanza)ଦ୍ୱୟ କାବ୍ୟିକ ହୋଇଉଠିଛନ୍ତି । ଅତି ସରଳ ଶବ୍ଦ ମଧ୍ୟରେ କବିତାର

ମଂଜିଟି ଅଂକୁରିତ ହୋଇଛି । ସେହିପରି ଚତୁର୍ଥ ପରିଚ୍ଛେଦଟି ମଧ୍ୟ କିଛି ଗୁଣରେ କମ୍ କାବ୍ୟିକ ହେବାର ଚେଷ୍ଟା କରିନାହିଁ । ତେବେ ଏହା ଜୀବନର ଅସଲରୂପ ଦେଖାଇବା ନିମିତ୍ତ ପ୍ରଯୁଜ୍ୟ । କବିତାଟି ଶୀର୍ଷକରେ 'କାଠହଣା' ଚଢ଼େଇକୁ କବି 'କାଠଖୁଂପା' କହିଛନ୍ତି । ଏହା ଓଡ଼ିଶାର କୌଣସି ଅଞ୍ଚଳରେ ପ୍ରଚଳିତ ଥାଇ ପାରେ, କିନ୍ତୁ ଅଧିକାଂଶ ଅଂଚଳରେ 'କାଠହଣା' ନାମଟି ପ୍ରଚଳିତ। କିନ୍ତୁ 'ହଣା' ଶବ୍‌ଦଟି ହାତ ଓ ହତିଆର ସହ ସଂପୃକ୍ତ ଥିଲାବେଳେ 'ପକ୍ଷୀ ଥଣ୍ଟ' ସହ 'ଖୁଂପିବା' ଶବ୍‌ଦଟି ସଂପୃକ୍ତ - ହୁଏତ ଏଥିପାଇଁ କବି Woodpeckerକୁ କାଠହଣା ନଲେଖି 'କାଠଖୁଂପା' ଲେଖିଛନ୍ତି। ତେବେ ଏହା ଉପର୍ଯ୍ୟୁକ୍ତ ଦୁଇଟି କାରଣ ମଧ୍ୟରୁ ଯେଉଁଥିପାଇଁ ବି ହେଉନା କାହିଁକି - ଏଥିରେ 'ଶାବ୍‌ଦିକ ବିନିର୍ମାଣ' ଓ 'ପରଂପରାପ୍ରତି ଚ୍ୟାଲେଂଜ' ମନୋଭାବ ରହିଛି। ଏହା ଆଲୋଚ୍ୟ କବିତାଟିର ଅନ୍ୟତମ ବିଶେଷତ୍ୱ ।

William Wordsworthଙ୍କର ***"The Woodpecker"***ରେ କାଠଖୁଂପା ପକ୍ଷୀର Persistence ଓ Adaptabilityକୁ ଦେଖାଯାଇଥିଲାବେଳେ, Mary Oliverଙ୍କର ***"Woodpecker"***ରେ କାଠଖୁଂପା ପକ୍ଷୀର Drummingକୁ Metaphor for Creativity ଭାବରେ ଦେଖାଯାଇଛି। ସେହିପରି Gary Snyder ତାଙ୍କ ***"The Woodpecker's Song"***ରେ କାଠଖୁଂପା ଚଢ଼େଇର ପ୍ରକୃତି ସହ ସଂଯୋଗ ପ୍ରମାଣିତ କଲାବେଳେ Robert Frost ତାଙ୍କ ***"Woodpecker's Dilemma"*** କବିତାରେ Eco-System ରେ କାଠଖୁଂପାର ବିଶେଷତ୍ୱ କଥା କୁହାଯାଇଥିଲାବେଳେ Walt Whitman ତାଙ୍କ ***"Thee Woodpecker's Lament"*** କବିତାରେ କାଠଖୁଂପା ଚଢ଼େଇର Primal Energy କଥା କୁହାଯାଇଛି। ଏସବୁରେ କାଠଖୁଂପା ଚଢ଼େଇ ମଧ୍ୟରେ Perseverance, Adaptation, Creativity, Interconnectedness, Primal Energy, Existentialism, Environmentalism, Phenomenology, ଓ Symbolism ଇତ୍ୟାଦି ଦେଖାଯାଇଛି। Jane Hirshfield ତାଙ୍କ ***'The Woodpecker keeps Returning'*** କବିତାରେ ଯେଉଁ ବର୍ଣ୍ଣନା ପ୍ରଦାନ କରିଛନ୍ତି ଏଠାରେ ତାହାକୁ ବ୍ୟକ୍ତ କରିବା ଜରୁରୀ ମନେହୁଏ ।

"The woodpecker keeps returning
to drill the house wall.
Put a pie plate over one place, he chooses
another."

['After' (2006) The woodpecker keeps Returning / Harper Collins Publishers Inc.]

ଏଠାରେ କାଠଖୁଂପାର ଖୁଂପିବା ଓ କାନ୍ଥ ଖୋଳିବା କଥାକୁ ବେଶ୍ ସ୍ୱାଭାବିକ ଭାବରେ କବ Hirshfield କହିଛନ୍ତି । ସେ ଗୋଟିଏ ପରେ ଅନ୍ୟ ସ୍ଥାନକୁ ଖୁଂପିବାରେ ଲାଗିଛି । ଯେପରି କବି ମିଶ୍ର ୪ର୍ଥ ପଦରେ କହିଛନ୍ତି – "ଖୁଂପି ଖୁଂପି ସେ କ'ଣ ଖୋଜୁଥାଏ, କ'ଣ ପାଉଥାଏ ତା' ସଲୀମ୍ ଅଲ୍ଲିଙ୍କୁ ଜଣାଥିଲେ ଜଣାଥିବ ।" ଏଥିରୁ ତା'ର ଅକୁଣ୍ଠ, ନିଃସ୍ୱାର୍ଥପର ତଥା ସ୍ୱାଭାବିକ ଜୀବନଛଂଦ କଥା ସ୍ପଷ୍ଟ ହୁଏ । Hirshfield ସେହିପରି ପଦଟିଏ ଲେଖିଛନ୍ତି –

"There is nothing good to eat there :
he has found in the house
a resonent billboard to post his intentions,
his voluble strength as provider." (After)

ତା'ର ଜୈବିକ ତୃଷ୍ଣା ଓ ଆବଶ୍ୟକତାକୁ ଆଗରେ ରଖି ପୁଣି କହିଛନ୍ତି କବି ଜେନ୍ ହିର୍ସଫେଲଡ୍ – "But where is the female he drums for ? Where ?" (After) କାଠଖୁମ୍ପା କାହିଁକି ଯେ, କାଠଖୁଂପିଚାଲେ କେଉଁ ବା ସ୍ୱାର୍ଥରେ ଏକଥା ଜାଣିବା ମୁସ୍କିଲ୍ । Elizabeth Madox Roberts ତାଙ୍କର The woodpecker କବିତାରେ ଯେଉଁ ବର୍ଣ୍ଣନା ଦେଇଛନ୍ତି ତାହା ମଧ୍ୟ ଅତି ସାଧାରଣ କିନ୍ତୁ ଏଠାରେ ସେ ସବୁର ପ୍ରାସଂଗିକତା ଅବଶ୍ୟ ଅଛି ।

"When the streams of rain pour out of the sky
And the sparkles of lightning go Flashing by,
And the big, big wheels of thunder roll,
He can struggle back in the telephone pole."

କେତେବେଳେ କାଠଖୁଂପା ଗଛଟେ ବା ଡାଳଟେ ପାଇଁ ଡାକ୍ତର ହୁଏତ ଆଉ କେତେବେଳେ ଇଂଜିନିୟର, ଆର୍କିଟେକ୍ଟ ବା designer ହୋଇଥାଏ । ବେଳେବେଳେ କାଠଖୁଂପା ବି ବନିଯାଏ ଚୋର କି ତସ୍କରଟିଏ ବୀରାପ୍ପାନ୍ ପରି ଯିଏ ଅନାୟାସରେ ହାଣିଚାଲେ କାଠକୁ, ଗଛକୁ, ଜଂଗଲକୁ । ଯିଏ ହନୁମାନ ପରି ଯଥେଚ୍ଛା ଖୋଜିନେଇପାରେ – ଯେକୌଣସି ମୂଲ୍ୟବାନ ଔଷଧୀୟ ଗୁଳ୍ମ ବା ବୃକ୍ଷଟିକୁ । ଏହାରି ଭିତରେ କବି ମିଶ୍ର ବ୍ୟଂଜନା ଆଣିବାରେ ସମର୍ଥ ହୋଇ ପାରିଛନ୍ତି ଓ କବିତାରେ

ଚାରୁ କାରୁ କମନୀୟ କଳାପଟୁତା ଦେଖାଇ ପାରିଛନ୍ତି । ଯଥାର୍ଥରେ ଏହି କବିତାଟି ଏକ ଭିନ୍ନସ୍ୱାଦର ଓ ଉନ୍ନତ କିସମର ବୋଲି ନିଜକୁ ପ୍ରମାଣିତ କରେ । ଏହାର ଭାବପକ୍ଷ ଓ କଳାପକ୍ଷ ଯଥାର୍ଥରେ ଉତ୍ତୀର୍ଣ୍ଣ ଓ ସ୍ୱାତନ୍ତ୍ର୍ୟପୂର୍ଣ୍ଣ ।

■

ଅନୁସୃତ ଗ୍ରନ୍ଥସୂଚୀ :

୧) Hirshfield, Jane. After. NY : Harper Collins Publishers Inc., 2006.

୨) ନନ୍ଦ, ରାମକୃଷ୍ଣ (ସଂ.) . ବିଶ୍ୱପରିଚୟ. କଟକ : କଟକ ପବ୍ଲିଶିଂ ହାଉସ୍. ୧୯୬୨।

୩) ମିଶ୍ର, ସୌଭାଗ୍ୟକୁମାର. ଉତ୍ତାନପାଦ . ପଣ୍ଡିଚେରୀ : ଆକାଂକ୍ଷା, ୨୦୧୭ ।

ତୁଳନାତ୍ମକ ଆଲୋକରେ 'ବିକଳ ଅନ୍ତର' ଆକାଂକ୍ଷାର କବିତା ଫନୀ ମହାନ୍ତିଙ୍କ 'ଅଳକା ସାନ୍ୟାଲ': ଏକ ପ୍ରାୟୋଗିକ ସୂକ୍ଷ୍ମାନୁଶୀଳନ

ଅନାମ ଗୋଷ୍ଠୀର ସୁନାମଧନ୍ୟ ସ୍ରଷ୍ଟା ହେଉଛନ୍ତି ଡକ୍ଟର ଫନୀ ମହାନ୍ତି (୨୫.୦୧.୧୯୪୪)। ସତୁରୀ ଦଶକରେ ଭୁବନେଶ୍ୱରରୁ ପ୍ରକାଶିତ ସଂଭ୍ରାନ୍ତ ସାହିତ୍ୟ ଓ ସମାଲୋଚନାଧର୍ମୀ ପତ୍ରିକା 'ସଂଯୋଗ'ର ସୁଯୋଗ୍ୟ ସଂପାଦକ ହିସାବରେ ଡକ୍ଟର ମହାନ୍ତିଙ୍କ ଖ୍ୟାତି କିଛି କମ୍ ନୁହେଁ। ସ୍ୱପ୍ନ, ବାସ୍ତବତା, ପ୍ରେମ-ପ୍ରଣୟ, ଭାରତୀୟ ଅଧ୍ୟାତ୍ମବାଦ, ଉପନିଷଦ ଦର୍ଶନ, ବିଷାଦବାଦୀ ଚେତନା, ମିଥ୍ ଓ ବାସ୍ତବତାକୁ ନେଇ ନିଜସ୍ୱ ଶୈଳୀରେ ଲଜିକ୍, ଉପପାଦନ ବା ଅନୁଗମ ଦ୍ୱାରା ଅଧିଷ୍ଠାପନ (Objection and objectification through the method of Induction) ଧାରା ଆପଣେଇବା ଏବଂ ତନ୍ମୟ ମାଧ୍ୟମରେ ମନ୍ମୟ ବକ୍ତବ୍ୟରୁ ମନ୍ମୟ ସିଦ୍ଧାନ୍ତରେ ଉପନୀତ ହେବା କବି ଡକ୍ଟର ମହାନ୍ତିଙ୍କର ଏକ ସ୍ୱାଭାବିକ ସ୍ୱାତନ୍ତ୍ର୍ୟ। ଆଲୋଚ୍ୟ 'ଅଳକା ସାନ୍ୟାଲ' କବିତାରେ ମଧ୍ୟ ଉପର୍ଯ୍ୟୁକ୍ତ ବକ୍ତବ୍ୟର ସତ୍ୟତା ଯାଞ୍ଚ୍ କରାଯାଇପାରେ। ଏସବୁ ପଶ୍ଚାତ୍‌ରେ ରାଉତରାୟ ଓ ଗୁରୁପ୍ରସାଦଙ୍କ ଶୈଳୀର ଧାରା ହିଁ ରହିଛି। "ଓଡ଼ିଆ କବିତାରେ ସଚ୍ଚି ରାଉତରାୟ, ଗୁରୁପ୍ରସାଦ ଓ ରମାକାନ୍ତଙ୍କ କାବ୍ୟଚେତନା ଦେଇ ଯେଉଁ ନୂତନ ସେତୁଟି ସୃଷ୍ଟି ହେଲା ଏବଂ ଯେଉଁ ଅଦୃଶ୍ୟ ଦିଗନ୍ତଟି କବିତାର ଦିଗ୍‌ବଳୟରେ କ୍ରମଶଃ ଦୃଷ୍ଟିଗୋଚର ହେଲା କବି ଫନୀ ମହାନ୍ତିଙ୍କ କାବ୍ୟସତ୍ତା ସେଥିରୁ ଉଦ୍‌ଭବ କହିଲେ ଅତ୍ୟୁକ୍ତି ହେବନାହିଁ।" (୨୦୧୩:୧୮୦) 'ମାନଚିତ୍ର' ସଂକଳନର ଏହି କବିତା କବି ଡକ୍ଟର ମହାନ୍ତିଙ୍କର ପ୍ରାଥମିକ ପ୍ରଚେଷ୍ଟାର ଫଳଶ୍ରୁତି ମାତ୍ର। କବିତାଟି ଖୁବ୍ ସୁଚିନ୍ତିତ, ବୌଦ୍ଧିକତା ଓ ସ୍ନିଗ୍ଧ ଭାବାବେଗର ମଧୁର ସମନ୍ୱୟ ମାତ୍ର। ବର୍ତ୍ତମାନ କବିତାଟିର ମୂଳ

ତଥା ଅସଲ ଅଭିପ୍ରାୟ ଜାଣିବା ପାଇଁ ସଚ୍ଚିଦାନନ୍ଦ ଓ ଗୁରୁପ୍ରସାଦଙ୍କ କବିତା ଗୁଡ଼ିକ (ଚନ୍ଦ୍ରାବତୀ, ଅଳସା ସାନ୍ୟାଲ, ଅଳକା ସାନ୍ନ୍ୟାଲ)ର ତୁଳନାତ୍ମକ ବିଚାର ଆବଶ୍ୟକ।

ସେ ଚନ୍ଦ୍ରାବତୀ, ସେ ବି ଅଳକା ସାନ୍ୟାଲ୍, ସେ ବୈଦେହୀ, ସେ ଦ୍ରୌପଦୀ, ସେ ଉର୍ବଶୀ, ସେ ସହପାଠିନୀଟିଏ ନାଳନ୍ଦାର, ସେ ପ୍ରଗଲ୍ଭା ନାରୀନେତ୍ରୀଟିଏ, ଅଭିସାରିକାଟିଏ, ନୂଆଖାଲିର ପଠାଣବସ୍ତିର ପୀଡ଼ିତା, ଜର୍ଜରିତା ଜୀବନଟିଏ, ଗଣିକାଟିଏ, ସେ ସାଧାରଣ ନାରୀଟିଏ, ସେ ପ୍ରତିମା, ସେ ମିନତି, ସେ ମୀରା ଆଉ ସେ ମଧ୍ୟ ଅନିମା ବସ୍ତିଆ। ସଚ୍ଚିଦାନନ୍ଦଙ୍କ ଅଳକା ସାନ୍ୟାଲ (୧୯୮୭: ୧୯୯-୨୦୦), ପ୍ରତିମା ନାୟକ (୧୨୮-୨୯), ଚନ୍ଦ୍ରାବତୀ (୧୫୧-୫୩), ଗୁରୁପ୍ରସାଦଙ୍କ ଅଳକା ସାନ୍ୟାଲ୍ (୧୯୭୦: ୧୯-୨୦), 'କାଳପୁରୁଷ'ର ପ୍ରତିମା, ମିନତି, ମୀରା (୫୪), ଅବା ତାଙ୍କ 'ପ୍ରିୟବାନ୍ଧବୀ' (୧୦-୧୩) ଅଥବା ଜୀବନାନନ୍ଦଙ୍କ 'ବନଲତା ସେନ୍' ବା ଯେକୌଣସି ନାରୀଟିଏ ହୋଇପାରେ ଅଳକା ସାନ୍ୟାଲ୍। ସଚ୍ଚିଦାନନ୍ଦଙ୍କ 'ପାଣ୍ଡୁଲିପି' (୧୯୪୭) ଓ ଗୁରୁପ୍ରସାଦଙ୍କ 'ନୂତନ କବିତା' (୧୯୫୫) ବା ସମୁଦ୍ରସ୍ନାନ (୧୯୭୦)ର ଅଳକା ସାନ୍ୟାଲ୍‌ର ପ୍ରତିବେଦନ ନିହାତି ସ୍ୱତନ୍ତ୍ର ଓ ଭିନ୍ନ ଭିନ୍ନ। ପ୍ରକୃତପକ୍ଷେ କହିବାକୁ ଗଲେ ସଚ୍ଚିଦାନନ୍ଦ ଓ ଗୁରୁପ୍ରସାଦଙ୍କ କବିତାର ଆବେଦନ ପରସ୍ପର ବିରୋଧୀ। ସଚ୍ଚିଦାନନ୍ଦ ତାଙ୍କ ଅଳକା ସାନ୍ୟାଲ୍‌ରେ ନାରୀ ପ୍ରତି Sympathetic ହୋଇଥିଲାବେଳେ ଗୁରୁପ୍ରସାଦ Antipathic ହୋଇଛନ୍ତି। ସଚ୍ଚିଦାନନ୍ଦ ନାରୀ ଠାରେ ସଂଭ୍ରମତା, ଶାଳୀନତା ଓ ପରାଧୀନତା ଦେଖିଥିଲାବେଳେ ଗୁରୁପ୍ରସାଦ ଦେଖିଛନ୍ତି ଉଗ୍ର ସ୍ୱାଧୀନତା, ସ୍ୱଚ୍ଛନ୍ଦପଣିଆ ଓ ସ୍ୱେଚ୍ଛାଚାରିତା। ସଚ୍ଚିବାବୁଙ୍କ ନାରୀ ମଧ୍ୟଯୁଗୀୟ ଓ ସହନଶୀଳା ମାତ୍ର ଗୁରୁବାବୁଙ୍କ ନାରୀ ଆଧୁନିକ ଓ ପ୍ରତିକ୍ରିୟାଶୀଳା। ସଚ୍ଚିବାବୁ ନିଜ ଲେଖାରେ ମଧ୍ୟ ଖୁବ୍ ଚୁମ୍ବକୀୟ ଓ ଏପିକାଲ୍ ହୋଇଛନ୍ତି ମାତ୍ର ଗୁରୁପ୍ରସାଦ ଅଧିକ ବାସ୍ତବବାଦୀ, ପ୍ରତୀକଧର୍ମୀ ଓ ଅଧିକ ତାର୍ଯ୍ୟକ୍ ହୋଇପଡ଼ିଛନ୍ତି। ରାଉତରାୟଙ୍କ 'ଅଳକା ସାନ୍ୟାଲ୍' ଓ 'ଚନ୍ଦ୍ରାବତୀ' ଉଭୟ ଲେଖକଙ୍କ ପ୍ରେୟସୀ। କିନ୍ତୁ ଗୁରୁପ୍ରସାଦ ଅଳକା ସାନ୍ୟାଲ୍‌କୁ ନିଜର ପ୍ରେୟସୀ ଦୃଷ୍ଟିରେ ଦେଖିନାହାଁନ୍ତି। ବରଂ ଜଣେ ଅଭିସାରିକା, ସ୍ୱେଚ୍ଛାଚାରୀ, ଉଗ୍ର ଆଧୁନିକ ଓ ରକ୍ଷଣଶୀଳତାର ନିଗଡ଼ ଭିତରୁ ବାହାରି ଆସିଥିବା ନାରୀଟିଏ ପରି ଦେଖିଛନ୍ତି। ତମାମ୍ କବିତାରେ ଗୁରୁପ୍ରସାଦ ଯେଉଁପରି ଭାବରେ ପ୍ରତୀକ ବ୍ୟବହାର କରି ନିରୁତା ବାସ୍ତବତାକୁ ଆଙ୍କିଛନ୍ତି ସେ ଦୃଷ୍ଟିରୁ ରାଉତରାୟ କିନ୍ତୁ ସଂଭ୍ରାନ୍ତ ପ୍ରତିଭାତ ହୋଇଛନ୍ତି। ଚୁମ୍ବକରେ ସେ ନିଜର ଅଭିବ୍ୟକ୍ତି ରଖିଛନ୍ତି। ଏହି ଦୁଇଟି କବିତାରେ ଆଧୁନିକତାର ଟ୍ରାନ୍ସଫରମେସନ କିପରି ହୋଇଛି ସ୍ପଷ୍ଟ ଦେଖାଯାଏ।

ଏଥିରୁ ରାଉତାରାୟଙ୍କ ସୌନ୍ଦର୍ଯ୍ୟବାଦୀ ଦୃଷ୍ଟିକୋଣ ଓ ଗୁରୁପ୍ରସାଦ ମହାନ୍ତିଙ୍କ ବାସ୍ତବବାଦୀ ଅଭିରୁଚି ବେଶ୍ ସ୍ପଷ୍ଟ ହୁଏ । ରାଉତରାୟଙ୍କ ଲେଖାରେ ନାରୀ ପ୍ରତି ଅତ୍ୟାଚାର ହୋଇଥିବାର ଦୃଶ୍ୟ ଦେଖାଯାଇଥିଲା ବେଳେ ମହାନ୍ତିଙ୍କ ଠାରେ ସେକ୍ସ ବା ଆଦିମ ଜାନ୍ତବ କ୍ଷୁଧାକୁ ଅଧିକ ଗୁରୁତ୍ୱ ଦିଆଯାଇଛି । ଗୋଟିଏ ପକ୍ଷରେ ଯୌନକ୍ରିୟା ଅତ୍ୟାଚାର ପରି ଉଦ୍‌ଭାସିତ ହୋଇଥିଲା ବେଳେ ଅପର ପକ୍ଷରେ ଏହି କ୍ରିୟା ଏକ ଅସ୍ମିତାର ଅନୁଭବ, ଉଗ୍ର ସ୍ୱାଧୀନତାର ଫଳଶ୍ରୁତି ଓ enjoymentକୁ ଦେଖାଉଛି । ସର୍ବୋପରି ନାରୀ ନିଜର ଦେହକୁ ଏଠାରେ ଆବ୍ରୁ ଭିତରେ ନରଖି ଏହାକୁ ଅଧିକରୁ ଅଧିକ ନିଜ ସ୍ୱାର୍ଥହାସଲ ନିମନ୍ତେ ବ୍ୟବହାର କରିଛି । ମହାନ୍ତି ଏଠାରେ ଏକ witness ବା ସେହି ସମାଜର ନାରୀଟିକୁ ଉପଭୋଗ କରିବା ନିମନ୍ତେ ସ୍ୱପ୍ନ ଦେଖୁଥିବା ଜଣେ କାମାନ୍ଧ ପୁରୁଷ ସତ୍ତାର ପ୍ରତିଭୂ ।

"ଟା' ଭିତରେ ତୁମେ ପୁଣି ପ୍ରେମ କର ଗର୍ଭବତୀ ହୁଅ,
ସିନେମାର ହ୍ୟାଣ୍ଡ୍‌ବିଲ୍ ମୁଁ ଦେଖିଛି ତୁମର ଦେହରେ
ପବନ ତୁମକୁ ଯେବେ ଆସ୍ତେ ନିଏ ବାଲିରୁ ସାଉଁଟି
ମୁଁ ତୁମକୁ ସ୍ୱପ୍ନ ଦେଖେ ମୋର ଢିଲା ପାଇଜାମା
କାମିଜର ଅମରାବତୀରେ ।"(୧୯୭୦:୨୦)

ରାଉତରାୟ concrete-universal ଉପରେ ଆସ୍ଥାପ୍ରକଟ କରିଥିଲାବେଳେ ମହାନ୍ତି objective-corelativeକୁ ନେଇଛନ୍ତି । ତେବେ ବ୍ଲାଉଜ୍‌ର ବୋତାମ ଦେବା, ସେମିଜରୁ ଚା'ଦାଗ ଧୋଇବା, ସିଗାରେଟ୍ ଧୂଆଁ ଓ ଖାକି ଆଉ ଫିଲ୍‌ଡ଼ଗ୍ରେ ଧୂଳି ବାସ୍ନାହୀନ ଜରିଫୁଲ ଓ କାଗଜଫୁଲରେ ଜମିଯିବା, କାଉ ଆଉ ବାଦୁଡ଼ିର ଚେଁ ଚାଁ ଶବ୍ଦ ମିଶିଯିବା, ରିକ୍‌ସାବାଲା ବାଟ ଭୁଲିବା, କୋଇଲାର ଧୂଆଁ ନିଶ ମୋଡ଼ିଉଠିବା, ଯୋତା ଷ୍ଟ୍ରାପ୍ ଧୀରେ ଖୋଲିବା, ବେଣୀ ଶାଢ଼ୀ ଅସଂଯତ ଅବସ୍ଥାରେ ବିଛଣାରେ ଲୋଟିପଡ଼ିବା, ଲୁଗାପଟା ଠିକ୍‌ଠାକ୍ କରି ଆସ୍ତେ ଉଠିବା, ସିଗାରେଟ୍ ଧୂଆଁ ନରଗିସ୍ ନେତାଜୀ ଫଟୋରେ ଜମାଟ ହେବା, ଦେହ କାଦୁଅ ପାଲଟିଯିବା, ନୂଆଖାଲି, ନୂଆଦିଲ୍ଲୀ ଓ 'କଟକର ଗଳିକନ୍ଦି ରାସ୍ତା ରାସ୍ତା ଛକରେ ଛକରେ ଯିବାଆସିବା' ଓ 'ରାତିରେ ପ୍ରସୂତି କଷ୍ଟ ସକାଳର ରୁଗ୍‌ଣ ଜନ୍ମ ନେବା', ପ୍ରେମକରି ଗର୍ଭବତୀ ହେବା ଓ ଢିଲାପାଇଜାମା କମିଜ୍‌ର ଅମରାବତୀରେ ତାକୁ (ଅଳକା ସାନ୍ୟାଲ୍‌କୁ) ସ୍ୱପ୍ନ ଦେଖିବା ପ୍ରଭୃତି ବର୍ଣ୍ଣନା କେବଳ sex ଓ କେବଳ ଓ ଯୌନଜାନ୍ତବ କାମନାକୁ ହିଁ ନିର୍ଦ୍ଦେଶ କରିଛି । ମାତ୍ର ଏହାର ସ୍ୱରୂପ ଭିନ୍ନ ଭିନ୍ନ । କେଉଁଠି ରାଜନେତା, କେଉଁଠି ରିକ୍‌ସାବାଲା,

କେଉଁଠି କୋଇଲାଖଣିର ବା କାରଖାନାର ଶ୍ରମିକ, କଣ୍ଟ୍ରାକ୍‌ଟର, ମାଲିକ, କର୍ପୋରେଟର୍, ଟାଉନ୍‌ହଲ୍ ସଭାର ମାନ୍ୟଗଣ୍ୟ ବ୍ୟକ୍ତି ଓ ଅନ୍ୟକେଉଁଠି ସାଧାରଣ ପ୍ରେମିକଟିଏକୁ ବ୍ୟଙ୍ଗବିଦ୍ରୂପ କରାଯାଇଛି। ମାତ୍ର ସର୍ବୋପରି ନାରୀଟିକୁ ଓ ସ୍ୱାଧୀନତାର ମୂଲ୍ୟବୋଧକୁ ଭୁରି ଭୁରି ବ୍ୟଙ୍ଗ କରାଯାଇଛି ମାତ୍ର। ନାରୀ, ତା'ର ଚିରାଚରିତ, ତଥାକଥିତ ସ୍ୱଭାବ, ମାତୃତ୍ୱ, ପ୍ରେମ-ପ୍ରଣୟର ବିଶୁଦ୍ଧତା, ସଂପର୍କ, ରାଜନୀତି, ବ୍ୟକ୍ତି ଚରିତ୍ର, ଆଦର୍ଶ, ସାମାଜିକ ଶୃଙ୍ଖଳା ଓ ସଂରଚନା (structure), ପବିତ୍ରତା, ବିଶୁଦ୍ଧତା ପ୍ରଭୃତିକୁ ଭୀଷଣ ବ୍ୟଙ୍ଗରେ ଶରବିଦ୍ଧ କରିଛନ୍ତି ଗୁରୁପ୍ରସାଦ। "ତା'ପରେ ବା ପୁଣି କେବେ ନୂଆଖାଲି ପଠାଣ ବସ୍ତିରୁ। ଭାରତର ସ୍ୱାଧୀନତା ଦେଲା ପୁଣି ଦ୍ୱିତୀୟ ନିସ୍ତାର" (୧୯୭୦:୨୦), "ସିଗାରେଟ୍ ଧୂଆଁ ହୁଏ ଆହୁରି ଜମାଟ ପୁଣି ନରଗିସ୍ ନେତାଜୀ ଫଟୋରେ" (ତତ୍ରୈବ), "ଭଙ୍ଗା ନୂଆଖାଲି ବା କଲିକତା ନୂଆଦିଲ୍ଲୀ ଆଡ଼େ / କାଉ ଆଉ ବାଦୁଡ଼ିର ଚେଁ ଚାଁ ପୁଣି ଏତେ ଯିବା ଓ ଆସିବା" (ତତ୍ରୈବ), "ସିନେମାର ହ୍ୟାଣ୍ଡବିଲ୍ ମୁଁ ଦେଖିଛି ତୁମର ଦେହରେ" (ତତ୍ରୈବ) ଓ "କୋଇଲାର ଧୂଆଁ ପୁଣି ନିଶ ମୋଡ଼ି ମୋଡ଼ି ଉଠେ ରିକ୍‌ସାବାଲା ବାଟଯାଏ ଭୁଲି" (୧୯୭୦:୧୯) ପ୍ରଭୃତି ଧାଡ଼ି ଉପର୍ଯ୍ୟୁକ୍ତ ବକ୍ତବ୍ୟକୁ ସ୍ପଷ୍ଟ କରେ।

ସଚ୍ଚିଦାନନ୍ଦ କିନ୍ତୁ ଖୋଲାଖୋଲି sex ବା ବଳାତ୍କାର ବା ଆଦିମ ଜାନ୍ତବକ୍ଷୁଧା କଥା କହିନାହାଁନ୍ତି। କେବଳ "ତୁମରି ଧର୍ଷିତ ଛାଇ ଫାଙ୍କିଦେଇ ଦୃଷ୍ଟି ପ୍ରଦୀପରେ" (୧୯୮୭:୧୯୯), ଏବଂ "ପୁରସ୍କାର ଦେଇଥିଲ ମତେ, ଦୁଇଟି କନକ ଶଙ୍ଖ ନଚାଇ ମୋ ବକ୍ଷପାଶେ ସତେ" (ତତ୍ରୈବ) ଦୁଇଟି ନିର୍ଦ୍ଦିଷ୍ଟ ଧାଡ଼ି ଏ ସଂପର୍କରେ ସୂଚନା ମାତ୍ର ଦିଏ। ଜୀବନାନନ୍ଦଙ୍କ କବିତା 'ବନଲତା ସେନ୍' ପରି ଅଳକା ବାରମ୍ବାର ହଜିଯିବା, ଉଭେଇଯିବା ସଚ୍ଚିବାବୁଙ୍କ କବିତାରେ ସୁରକ୍ଷିତ ମାତ୍ର ଗୁରୁପ୍ରସାଦଙ୍କ ଠାରେ ତାହା ଅବର୍ତ୍ତମାନ। ସଚ୍ଚିବାବୁ ଜଣେ ପ୍ରେମିକ ପରି କଳାଘୋଡ଼ାରେ ସବାର ହୋଇ ଅଳେଇଚ ଦ୍ୱୀପ, ଡାଳିମ୍ବ ଦ୍ୱୀପ, ବିଲ, ବାଡ଼, ବନ, ପ୍ରାନ୍ତରରେ ବେଧଡ଼କ ଖୋଜିଛନ୍ତି। ତାଙ୍କରି ଭାଷାରେ-

"ତାହାପରେ ନିଜ ପଥେ ତୁମେ ଗଲ, ମୁହିଁ ମୋର ପଥେ,
ସେଦିନୁ ତୁମକୁ ଖୋଜେ ସମୟର ନିରୋଳା ସୈକତେ
କଳିଙ୍ଗ କଟକୁ ଦୂରେ ଅଳେଇଚ ଦ୍ୱୀପର ବନ୍ଦରେ
ତୁମକୁ ମୁଁ ଖୋଜିବୁଲେ ତୁମ କୃଷ୍ଣ କେଶର ଗନ୍ଧରେ
ସୁଦୂର ଡାଳିମ୍ବ ଦ୍ୱୀପେ ଡେଇଁ କାଚ କରତର ବାଡ଼

ବନ୍ଦିନୀ ତୁମକୁ ଲୋଡ଼େ ଦେବାପାଇଁ ମୁକ୍ତି ଉପହାର

ଖୋଜଇ ପ୍ରାନ୍ତରେ, ବନେ, ଖୋଲି ଦେଖେ ସବୁ କାରାଗାର

ବନ୍ଦିନୀ ମୋ କାହିଁ ଅଛ ? ଖୋଜେ କଳାଘୋଡ଼ାର ସବାର।"

(୧୯୮୭:୨୦୦)

ଏହି ଉଦ୍ଧୃତିର ପ୍ରଥମାଂଶରୁ ଯେଝା ଯେଝା ବାଟରେ ଯିବା ଏକପ୍ରକାର ବିଦ୍ରୂପକୁ ସୂଚିତ କଲାବେଳେ ଜୀବନାନନ୍ଦଙ୍କ ପ୍ରଭାବରେ ଅନେକ ସ୍ଥାନରେ ମୌଳିକତା କ୍ଷୁର୍ଣ୍ଣ ହେଲାପରି ମନେହୁଏ। ସେହିପରି 'ଚନ୍ଦ୍ରାବତୀ' କବିତାରେ କବି ରାଉତରାୟ ପ୍ରେମ ଓ ପ୍ରେମର ବିଫଳତାର ସୂଚନା ପ୍ରଦାନ କରିଛନ୍ତି। କବିଙ୍କ ପ୍ରଥମ ପ୍ରେମ ଓ ସେଥିରେ ବିଫଳ ହେବା ଉତ୍ତରର ଏ କାବ୍ୟନାୟିକା ଚନ୍ଦ୍ରାବତୀ ପ୍ରତି ଏକ ସମ୍ବୋଧନ। କବିଙ୍କ ବର୍ଣ୍ଣନା କେତୋଟିରୁ ସେଇ ପ୍ରେମର ସ୍ୱରୂପ ସ୍ପଷ୍ଟ ବାରିହୋଇଯିବ। ଯଥା-

"ତୁମେ ପରା ଭଲ ପାଇଥିଲ

ଆକାଶର ନୀଳ, ନୀଳ

ସାମିଆନା ତଳେ,

ଏଇ ଆକାଶ ପରି ସ୍ୱଚ୍ଛ

ଅଥଚ

ବିବସନ ପ୍ରେମର ହିଲ୍ଲୋଳେ ??" (୧୯୮୭:୧୫୧)

"ସେଇ ଆକାଶ ଆଜି ଦେଖାଯାଏ

ଠାଏ ଠାଏ,

ବାତାୟନ ଫାଙ୍କେ

ଖଣ୍ଡିତ, ବିବର୍ଣ୍ଣ।" (ତତ୍ରୈବ)

"ତଥାପି ମୋ ମନେହୁଏ ସବୁକିଛି ପରିଚୟହୀନ, / ସଂପୂର୍ଣ୍ଣ ଅଜଣା ପ୍ରଥମ ପ୍ରେମର ସେଇ ସାର୍ଥକ ଆକାଶ / ଆଉ ଆଜିର ଏ ଅସଂପୂର୍ଣ୍ଣ, ଖଣ୍ଡିତ ଅଗଣା!!"

ଅଥବା,

"ଫେରିଆସ ଗୃହର କପୋତୀ

ସନ୍ଧ୍ୟାଗମେ / ଗୃହର ଚତ୍ୱରେ,

ତୁମେ କିନ୍ତୁ ଚନ୍ଦ୍ରବତୀ

ଛାଡ଼ି ଘର ଛୁଟିଚ ଗଗନେ

ଅତିବେଗେ, ଅତ୍ୟନ୍ତ ସତ୍ୱରେ।" (୧୯୮୭-୧୫୨) ଓ କବିଙ୍କ ଶେଷପ୍ରଶ୍ନ:

"ତୁମେ କେଉଁଠାରେ ?

ଗୃହରୁ ଆକାଶ ପଥେ

ନାଁ ଆକାଶରୁ ଗୃହରୁ କାରାରେ ?" ପ୍ରେମ-ପ୍ରଣୟ କଥାକୁ ସ୍ପଷ୍ଟ କରେ। ସେ ଅଳକା ସାନ୍ୟାଲ୍ ହେଉ କି ଚନ୍ଦ୍ରାବତୀ ଉଭୟଠି ଲେଖକ ବା କବି (କାବ୍ୟନାୟକ) ସଂତପ୍ତ ତଥା ବିରହ ଜ୍ୱାଳାଦଗ୍ଧ। ଏଠାରେ ମଧ୍ୟ କବିଙ୍କ Aesthetic ଆଖି ନିରବି ଯାଇନି। ଏହା କବିର ସ୍ୱଭାବ ଓ ସ୍ୱାତନ୍ତ୍ର୍ୟ। ଠିକ୍ ଯେପରି ଗୁରୁପ୍ରସାଦଙ୍କ ଠାରେ Anti-romantic ଓ ବାସ୍ତବବାଦୀ ଦୃଷ୍ଟି ଅନୁରୂପ ଭାବରେ ରାଉତରାୟଙ୍କର ସଂଭ୍ରାନ୍ତ ଶୈଳୀ ଓ ସୌନ୍ଦର୍ଯ୍ୟମୁଗ୍ଧ ଦୃଷ୍ଟି ଏକ ଏକ ସ୍ୱାତନ୍ତ୍ର୍ୟ ମାତ୍ର।

ବର୍ତ୍ତମାନ ଫନୀ ମହାନ୍ତିଙ୍କ 'ଅଳକା ସାନ୍ୟାଲ୍' କଥା ବିଚାର କରାଯାଉ। ୧୯୪୬, ଶ୍ରାବଣ ମାସ ସଂଖ୍ୟାରେ 'ଶଙ୍ଖ' ପତ୍ରିକାରେ 'ଚନ୍ଦ୍ରାବତୀ' ଓ ୧୯୪୭ ଫେବୃୟାରୀରେ ନବଭାରତ ପୃଷ୍ଠାରେ 'ଅଳକା ସାନ୍ୟାଲ୍' ସଚ୍ଚିବାବୁଙ୍କ ଦ୍ୱାରା ପ୍ରକାଶ ପାଇବା ପରେ ଗୁରୁପ୍ରସାଦ ମହାନ୍ତି ୧୯୫୫ରେ 'ନୂତନ କବିତା' ପୁସ୍ତକରେ ନିଜର ନଅଗୋଟି କବିତା ମଧ୍ୟରୁ ଗୋଟିଏ କବିତା ଭାବରେ 'ଅଳକା ସାନ୍ୟାଲ୍'କୁ ସ୍ଥାନିତ କରି (ଯାହା ପରବର୍ତ୍ତୀ ପର୍ଯ୍ୟାୟରେ 'ସମୁଦ୍ର ସ୍ନାନ' ସଂକଳନରେ ମଧ୍ୟ ସ୍ଥାନିତ ହୋଇଥିଲା) ସଚ୍ଚିଦାନନ୍ଦଙ୍କ ନାରୀ ପ୍ରତି ଥିବା ଧାରଣାକୁ ଚାଲେଞ୍ଜ୍ କଲେ। ନୂଆ ଧାରା ନୂଆ ଟ୍ରେଣ୍ଡ୍‌ର କଥା କହିଲେ। କିନ୍ତୁ ଫନୀ ମହାନ୍ତି ଏହା ଉତ୍ତରରେ ରଚନା କରିଛନ୍ତି ନିଜର 'ଅଳକା ସାନ୍ୟାଲ୍'। ୧୯୭୩ ମସିହାରେ ପ୍ରକାଶ ପାଏ ତାଙ୍କର କବିତା ସଂକଳନ 'ମାନଚିତ୍ର'। ତହିଁରେ ଏକ କବିତା ହେଉଛି 'ଅଳକା ସାନ୍ୟାଲ୍'। ସୁଜାତା ଶିବେନ୍ ଏକ ସାକ୍ଷାତ୍‌କାରରେ ଡକ୍ଟର ଫନୀ ମହାନ୍ତିଙ୍କୁ ନିଜର ଆଦର୍ଶ ସଂପର୍କରେ ୨୦୧୦ ମସିହାରେ ଯେତେବେଳେ ପଚାରିଥିଲେ "Who is your favourite contemporary writer" ତା'ର ଉତ୍ତରରେ ସେ କହିଥିଲେ- "Late Sachi Routray, Guruprasad Mohanty, Sitakanta Mohapatra, Ramakanta Rath are my favourite contemporary writers." ଯଥାର୍ଥରେ ସେ ଏହି କବିତାଟି ଲେଖିବା ପଛରେ ପ୍ରେରଣା ଭାବରେ ସାଧାସଳଖ ପ୍ରଭାବ ପକାଇଥିବା ଓ ପ୍ରତିକ୍ରିୟା ସୃଷ୍ଟି କରିଥିବା ରାଉତରାୟଙ୍କ 'ଚନ୍ଦ୍ରାବତୀ', 'ଅଳକା ସାନ୍ୟାଲ୍' ଓ ଗୁରୁପ୍ରସାଦଙ୍କ 'ଅଳକା ସାନ୍ୟାଲ୍'କୁ ଗ୍ରହଣ କରିଛନ୍ତି। ଗୁରୁପ୍ରସାଦଙ୍କ

ଚାଞ୍ଚଲ୍ୟ ସୃଷ୍ଟିକାରୀ ଦୀର୍ଘ କବିତା 'କାଳପୁରୁଷ' ଓ 'ପ୍ରିୟ ବାନ୍ଧବୀ' କବିତାର ପ୍ରେରଣା ଓ ପୃଷ୍ଠଭୂମି ଏଠାରେ ଅନସ୍ୱୀକାର୍ଯ୍ୟ।

ଏହି ମର୍ମରେ ସାର୍ ୱାଲ୍‌ଟର ରାଲେ (Sir Walter Raleigh)ଙ୍କ ଅଭିବ୍ୟକ୍ତିର ଗୁରୁତ୍ୱ ଯେତିକି ଟି. ଏସ୍. ଏଲିଅଟ୍‌ଙ୍କ ପ୍ରତ୍ୟୁକ୍ତି ମଧ୍ୟ ତଦନୁସାରୀ ଗୁରୁତ୍ୱପୂର୍ଣ୍ଣ। "No man can walk abroad save on his own shadow" କଥାଟା ଯେତିକି ଠିକ୍ "The progress of an artist is a continual self-sacrifice, a continual extinction of personality" କଥାଟି ମଧ୍ୟ ସେତିକି ଯଥାର୍ଥ। Style ପର୍ଯ୍ୟନ୍ତ ରାଲେ (Raleigh)ଙ୍କ କଥାଟାର ଯଥାର୍ଥତା ଯଥେଷ୍ଟ କିନ୍ତୁ ପଚାଶ-ଷାଠିଏ ପରେ ପରେ ଓଡ଼ିଆ କବିତାର ମୁଖ୍ୟଧାରା କଥା କହିଲେ ଅବଶ୍ୟ ଏଲିଅଟ୍‌ଙ୍କ ବକ୍ତବ୍ୟକୁ ଅସ୍ୱୀକାର କରିହେବ ନାହିଁ। ଜଣେ ପରିପକ୍ୱ କବି (A mature poet) ତ୍ୱରକ ବା Catalyst ପରି କାର୍ଯ୍ୟକରେ। ରିଆକ୍‌ସନ୍‌ରେ ଭାଗନେଇ, ତ୍ୱରିତ କରି ପରିଣତି ଆଣିଥିଲେ ମଧ୍ୟ ସେ ନିଜେ ଅପରିବର୍ତ୍ତିତ ରହେ। କବିଟିଏ ନିଜର ସବୁପ୍ରକାର ଲେଖାରେ ବର୍ତ୍ତମାନ ରହିବା ବାଧ୍ୟତାମୂଳକ ନୁହେଁ। ତା'ର ଅବିଦ୍ୟମାନତାରେ ହିଁ ନିଷ୍କଷ ଚେତନା ପ୍ରତିଫଳିତ ହୁଏ। ତା'ର ବିଦ୍ୟମାନତା କେବଳ ଓ କେବଳ କବିତାର ଆରମ୍ଭ ଓ ଶେଷପର୍ଯ୍ୟନ୍ତ। ସେ ଏକ ବାହକ ବା carrier ବା vector ମାତ୍ର। ଚେତନା ଓ ଚିନ୍ତା ପ୍ରଭୃତିର ଚିତ୍ରଣ ବା ରୂପାୟନ ହିଁ ତା'ର ସଂପାଦନା କାର୍ଯ୍ୟ। ଗୁରୁପ୍ରସାଦଙ୍କ କବିତା ଏହାର ପ୍ରକୃଷ୍ଟ ନମୁନା।

ତେବେ ଏହି ତିନିଗୋଟି 'ଅଳକା ସାନ୍ୟାଲ୍'ରେ ବର୍ଣ୍ଣନା ପ୍ରଥମ ପୁରୁଷରେ ହୋଇଛି। ମାତ୍ର ଗୁରୁପ୍ରସାଦଙ୍କର ଏହି ବର୍ଣ୍ଣନା ସର୍ବନିମ୍ନ। ସର୍ବାଧିକ ଫନୀ ମହାନ୍ତିଙ୍କର। ତିନୋଟିଯାକ କବିତାରେ 'ମୁଁ' ଅଛି। ମାତ୍ର ଏହି 'ମୁଁ'ଟି କାବ୍ୟନାୟକ, ସମୟର ଏକ ଏକ ଚରିତ୍ରର ପ୍ରତିନିଧି। ସେଇ ଚରିତ୍ରଟି ସାଧାରଣ ମାତ୍ର ନୈର୍ବ୍ୟକ୍ତିକ। ଏହିଠାରେ Concrete ଓ Universal ବା ବିଷୟ-ନିର୍ବିଶେଷ କଥାଟି ଆସେ। ପୁଣି କବିତା ତ୍ରୟୀରେ ରେଫରେନ୍‌ସ ଓ ଲିଙ୍କ୍ ସବୁ ଦେଖିଲେ ଏଠାରେ objective corelativeର ପ୍ରୟୋଗ ସର୍ବାଧିକ ବୋଲି କହିବାର ଆବଶ୍ୟକତା ନାହିଁ। ପ୍ରୟୋଗବାଦୀ ଓଡ଼ିଆ କବିତା ଧାରାରେ ଫନୀ ମହାନ୍ତି ରାଉତରାୟ ବା ଗୁରୁପ୍ରସାଦଙ୍କର ସାର୍ଥକ ଉତ୍ତର ଦାୟାଦ। କାରଣ Poetic Device ପ୍ରୟୋଗ କରି ଚମତ୍କାରିତା ଆଣିବାରେ କବି ଫନୀ ମହାନ୍ତିଙ୍କ ତାକତ୍ ଅଭ୍ରଂକଷ।

କବି ଫନୀ ମହାନ୍ତି ପ୍ରଥମ ଧାଡ଼ିରୁ ସଚ୍ଚିଦାନନ୍ଦଙ୍କ କଣ୍ଠସ୍ୱର ଓ ଭାବଧାରା ସହ ନିଜର କଣ୍ଠସ୍ୱର ମିଳାଇ ନେଇଛନ୍ତି । ଯଥାର୍ଥରେ ସେ କହିଛନ୍ତି -

"ତମେ ମୋର ଚନ୍ଦ୍ରାବତୀ ।
ତମେ ମୋର ଅଳକା ସାନ୍ୟାଲ୍ ।"

ଏହି ଦୁଇଟି ଧାଡ଼ି ବା ବାକ୍ୟରେ ଯେଉଁ ଚନ୍ଦ୍ରାବତୀ ଓ ଅଳକା ସାନ୍ୟାଲ୍ କଥା ସେ କହିଛନ୍ତି, ସେ ଦୁଇଟିଯାକ ସଚ୍ଚିଦାନନ୍ଦଙ୍କ 'ପାଣ୍ଡୁଲିପି' (୧୯୪୭)ର ଚରିତ୍ର । ଦ୍ୱିତୀୟ ପଙ୍‌କ୍ତିରେ ଫନୀବାବୁ ଲେଖିଛନ୍ତି- "ମୁଁ ତୁମକୁ ସ୍ୱପ୍ନ ଦେଖେ- ଛାଇଦିନ ଛାଇ ଆଲୁଅରେ ।" ଅନୁଶୀଳନର ବିଷୟ ହେଉଛି ସଚ୍ଚିଦାନନ୍ଦ କେଉଁଠାରେ ସ୍ୱପ୍ନ ଦେଖିବା କଥା କହିନାହାଁନ୍ତି । ବରଂ ଉକ୍ତ ଦୁଇଟି କବିତାରେ ଯଥାକ୍ରମେ ଦୁଇଥର ଓ ତିନିଥର କରି 'ମନେପଡ଼େ' ଶବ୍ଦଟିକୁ ବ୍ୟବହାର କରିଛନ୍ତି । ତା'ଛଡ଼ା ମନେମନେ ଭାବିବା ଓ 'ମନେହୁଏ' ପରି ବିବୃତ୍ତି ସେ ରଖିଛନ୍ତି ମାତ୍ର କେଉଁଠି ହେଲେ ସ୍ୱପ୍ନରେ, ଗାଢ଼ନିଦ କି ଛାଇଦିନ ବା ଛାଇ ଆଲୁଅରେ କିଛି ଚିନ୍ତା କରିବା କଥା କି ଦେଖିବା କଥା କହିନାହାଁନ୍ତି । ସଂଯୋଗ ବଶତଃ ଏହି ଅବିକଳ ପରିପ୍ରକାଶ ବା ବିବୃତ୍ତି ଗୁରୁପ୍ରସାଦଙ୍କ 'କପୋତ କପୋତୀ', 'ପ୍ରିୟବାନ୍ଧବୀ' ଓ 'ଅଳକା ସାନ୍ୟାଲ୍'ରେ ରହିଛି । ଏହି ତିନିଗୋଟି କବିତାରେ ବ୍ୟବହୃତ 'ସ୍ୱପ୍ନ'-ପଂଙ୍‌କ୍ତି ଦେଖିଲେ ଫନୀ ମହାନ୍ତିଙ୍କ ୨ୟ ଧାଡ଼ିର ପରସ୍ପର ବିଷୟାଶ୍ରୟ (Objective Corelative) କଥାଟି ସ୍ପଷ୍ଟ ଜଣାପଡ଼ିବ ।

"ଏ ରାତି ବିଛାଇ ଦିଏ ସ୍ୱପ୍ନ ଆଉ ଯୁଗ ଯୁଗ କଳ୍ପ କଳ୍ପ ତାରା ଆଉ ତାରା
ତୁମରି ଭ୍ରୂଲତା ତଳେ ମିଶିଯାଏ ଦିଗ୍‌ବଳୟ
ରାଧାନାଥ ରାୟ ଆଉ ସଚ୍ଚିରାଉତରା....." (୧୯୭୦:୦୨)

ଏଠାରେ ଗୁରୁପ୍ରସାଦ, ରାଧାନାଥ ଓ ରାଉତରାୟଙ୍କ ଆକାଶରୁ ଖସିଆସିବା ବା ଭ୍ରୂଲତା ତଳେ ମିଶିଯିବା, "ଅର୍ଥନୀତି, ରାଜନୀତି ସୋସାଲିଜ୍‌ମ କାଢ଼ିନେବା", "ଭଦ୍ରତାର ଶିଷ୍ଟତାର ଗାନ୍ଧିବାଦ, ସାମ୍ୟବାଦ ଆଉ ପ୍ରେମ କରିବାର ସୀମା" (୧୯୭୦:୦୨) ନିଭିବା, "ସିନିସିଜ୍‌ମ ଧୂପ ଆଉ ହେମପୁଷ୍ପ ସବୁ" ଭୁଲିଯିବା ଓ ପ୍ରେମରେ "ସତୀତ୍ୱ", "ଅର୍ଥନୀତି", "ରାଜନୀତି" ଓ "ନାରୀ ଜାଗରଣ" ଭୁଲିଯିବା କଥା କହି ରାଧାନାଥ-ମାନସିଂହ-ରାଉତରାୟଙ୍କ ପ୍ରେମ ପ୍ରଣୟର ଟ୍ରେଣ୍ଡ୍‌କୁ ଗତାନୁଗତିକ ବିଶ୍ୱାସର ରାଜନୀତି, ଅର୍ଥନୀତି, ସମାଜନୀତି ପ୍ରଭୃତିକୁ ଭାଙ୍ଗିରୁଜି ଆଧୁନିକ ସମାଜର ନଗ୍ନ ସତ୍ୟକୁ ଛିଡ଼ା କରାଇଛନ୍ତି, ଯେଉଁଠି ବିଶୁଦ୍ଧତା ବୋଲି କିଛିନାହିଁ । ସେହିପରି 'ପ୍ରିୟବାନ୍ଧବୀ'ର "ସ୍ୱପ୍ନଯାଏ ଉଙ୍କିମାରି ଗଳିଗଳି କୋଠା ସନ୍ଧିତଳେ"

(୧୯୭୦:୧୨), "ସିଂହଳ ଦ୍ୱୀପର ସ୍ୱପ୍ନ ମୁଁ ଯାଇଛି କିଣିବାକୁ ଯେବେ" (ତତ୍ରୈବ) ଓ "ତୁମେ ଯେବେ ଆସ ଆଜି ବାସ୍ତବ ବା ସ୍ୱପ୍ନ ଆକାରରେ" ପ୍ରଭୃତି expressionରେ ଗୁରୁପ୍ରସାଦଙ୍କ 'ସ୍ୱପ୍ନ' ଗୋଟାଏ ଗୋଟାଏ ଗୁରୁତ୍ୱପୂର୍ଣ୍ଣ, ଅର୍ଥପୂର୍ଣ୍ଣ ଓ ଲଜିକାଲ୍ ଲିଙ୍କ୍ ଦେଖାଏ। କିନ୍ତୁ ସବୁଠାରୁ ଗୁରୁତ୍ୱପୂର୍ଣ୍ଣ କଥାଟି ହେଉଛି 'ଅଲକା ସାନ୍ୟାଲ୍'ର ଶେଷଧାଡ଼ି- "ମୁଁ ତୁମକୁ ସ୍ୱପ୍ନ ଦେଖେ ମୋର ଢିଲା ପାଇଜାମା କମିଜର ଅମରାବତୀରେ।" (୧୯୭୦:୨୦) ଏହି ଲିଙ୍କ୍‌ରୁ ଫନୀ ମହାନ୍ତିଙ୍କ 'ଅଲକା ସାନ୍ୟାଲ୍' କବିତାର ଦ୍ୱିତୀୟ ଧାଡ଼ିର ଉତ୍ପତ୍ତି। ମାତ୍ର ଏହିଠାରେ ଫନୀ ମହାନ୍ତି ନିଜର ମୌଳିକତା ଓ ନିଜସ୍ୱ ବକ୍ତବ୍ୟକୁ ସୁରକ୍ଷିତ ରଖିବା ସ୍ୱରୂପ ଧାଡ଼ିଟିର ଉତ୍ତରାର୍ଦ୍ଧ ଯୋଡ଼ିଛନ୍ତି। ତାହା ହେଉଛି- "ଛାଇ ନିଦ ଛାଇ ଆଲୁଅରେ।" ଏହାର ଅର୍ଥ ଗୁରୁତ୍ୱପୂର୍ଣ୍ଣ। ଅନୁରୂପ ବର୍ଣ୍ଣନା କବିଙ୍କ ସାହିତ୍ୟ ଅକାଦେମି ପୁରସ୍କାର ପ୍ରାପ୍ତ ପୁସ୍ତକ 'ମୃଗୟା' (୨୦୦୫)ର ପ୍ରଥମ କବିତାର ପ୍ରଥମ ପରିଚ୍ଛେଦ ଶେଷରେ ମଧ୍ୟ ଦେଖାଯାଏ। ତାହା ଏହିପରି- "ଅଘାଟ ଘାଟରେ କେତେ ସହସ୍ରବାର ସ୍ୱପ୍ନ ବା ସ୍ୱପ୍ନଭଂଗ ପୂର୍ବ ମୁହୂର୍ତ୍ତରେ ଭେଟିଥିଲି।" (୨୦୦୫:୧୩) ଏଥିରୁ କବି କିପରି objective corelativeର ବ୍ୟବହାର ସହ ନିଜର ମୌଳିକତ୍ୱ ରକ୍ଷା କରୁଛନ୍ତି ଦେଖାଯାଉ। କହିବା ବାହୁଲ୍ୟ ଏହା ଏକ ପରିପକ୍ୱ ବା ପାକଲ ହାତର କବିତାରେ ହିଁ ସମ୍ଭବ ହୋଇପାରେ- ଯତ୍ରତତ୍ର ନୁହେଁ।

ତେବେ ବର୍ତ୍ତମାନ ଅଲକା ସାନ୍ୟାଲ୍‌କୁ 'ଛାଇ ନିଦ ଛାଇ ଆଲୁଅରେ' ସ୍ୱପ୍ନ ଦେଖିବା କଥାଟିକୁ ବିଚାରଭୁକ୍ତ କରାଯାଉ। ଡକ୍ଟର ସିଗ୍‌ମଣ୍ଡ ଫ୍ରଏଡ଼ ତାଙ୍କ The Interpretation of dreams (1899) ପୁସ୍ତକରେ ଯେଉଁ cognitive theory of dreams ବା Biological determinism କଥା କହିଛନ୍ତି ସେଠାରେ ସେ ପ୍ରମାଣିତ କରିଛନ୍ତି ଯେ "there is a psychological technique which makes it possible to interpret dreams" ଓ ଏହି ପ୍ରକ୍ରିୟାର ଏକ ଗୁରୁତ୍ୱପୂର୍ଣ୍ଣ ଅର୍ଥ ସଚେତନ ଜୀବନ ବା "waking life"ରେ ରହିଥାଏ। ବାଇବେଲ୍‌ର Genesis 41ରେ Joseph ମଧ୍ୟ ଫାରୋମାନଙ୍କ (Pharaohs) ସ୍ୱପ୍ନକୁ ବ୍ୟାଖ୍ୟା କରିଛନ୍ତି ଓ ତା'ର ଅର୍ଥ ଆବିଷ୍କାର କରିଛନ୍ତି। କିନ୍ତୁ ଫ୍ରଏଡ଼ ଏହାକୁ ଯୋସେଫ୍‌ଙ୍କ ପରି ରହସ୍ୟମୟୀ ନକରି ତାର୍କିକ ଆଲୋଚନା ପରିସରକୁ ଆଣିଛନ୍ତି। ଏହି ବ୍ୟାଖ୍ୟା ପାଇଁ ବ୍ୟକ୍ତିଟି comfortable, relaxed ଓ open minded ହେବା ଦରକାର। ଫ୍ରଏଡ଼ ଏହି ଟେକ୍‌ନିକ୍‌ରେ ନିଦ୍ରାକୁ ଗୁରୁତ୍ୱ ଦେଲାବେଳେ "free association" କଥା କହିଛନ୍ତି। ଏହାର ଅର୍ଥ ଘଟଣା ସହ ଅନ୍ୟାନ୍ୟ ଘଟଣାର ମୁକ୍ତଭାବରେ ସଂଯୋଗ ହେବା। ଏହାଦ୍ୱାରା ସମସ୍ତ ଘଟଣା

ପରସ୍ପର ସହ ସଂପର୍କାନ୍ୱିତ ବା ସଂଯୁକ୍ତ ହେବାପରି ମଧ୍ୟ ମନେହୁଏ ନାହିଁ। ଦ୍ୱିତୀୟ ପଦ୍ଧତି ହେଉଛି ସ୍ୱପ୍ନର ଅର୍ଥ ନିରୂପଣ (decodfication)। ଫ୍ରଏଡ଼ ଏ ବାବଦରେ କହନ୍ତି- "In effect the real meaning of the dream is encoded into universal symbols and must be decoded to understand it." ଏହି ସ୍ୱପ୍ନର ଦୁଇଟି ଅର୍ଥ ଅଛି। ଯଥା- (କ) ଅଭିବ୍ୟକ୍ତ / ପ୍ରକଟିତ / ବା ପ୍ରଦର୍ଶିତ ଅର୍ଥ (Manifest Meaning) ଓ ଦ୍ୱିତୀୟରେ (ଖ) ସୁପ୍ତ / ଗୁପ୍ତ / ପ୍ରଚ୍ଛନ୍ନ ବା ଅବ୍ୟକ୍ତ ଅର୍ଥ (Latent Meaning) ବା ଅପ୍ରକଟ ତଥା ଅନ୍ତର୍ନିହିତାର୍ଥ। ଏହି ପ୍ରଦର୍ଶିତ ଅର୍ଥ ଓ ଅପ୍ରଦର୍ଶିତ ଅର୍ଥର ସମନ୍ୱିତି କବି ଫନୀ ମହାନ୍ତିଙ୍କ ଏହି ବାକ୍ୟାଂଶରେ ରହିଛି। ପ୍ରଦର୍ଶିତ ଅର୍ଥରେ ସାଧାରଣ ଜ୍ଞାନ, ଜାଗ୍ରତ ସଚେତନତା ନିହିତ ଥାଏ। କିନ୍ତୁ ଅନ୍ତର୍ନିହିତାର୍ଥରେ ଏସବୁ ନଥାଏ। ଏଠାରେ ଥାଏ କେବଳ ସଂଗୁପ୍ତ ଓ ସୁଷୁପ୍ତ ଇଚ୍ଛାର ଅଭିବ୍ୟକ୍ତି। "The manifest meaning can reflect a situation that follows common sense and unfold in a way possible in waking life. Other times it can take its own wild path that follows little or no logical sequence when viewed at surface level. Despite this vast difference, both of these are influenced by the superego, a part of the mind that Freud believes houses the knowledge of the structure of society and what is acceptable in the dreamers culture. The deam takes place on a stage or backdrop that makes sense and relates to waking life. (Freud, 216-17)." ଫନୀ ମହାନ୍ତିଙ୍କ ଏହି ଧାଡ଼ିଟି ପାଇଁ ଫ୍ରଏଡ଼ଙ୍କ ଦ୍ୱିତୀୟ ଅର୍ଥର ଗୁରୁତ୍ୱ ଅନେକ ରହିଛି। ଏହି ଗୁପ୍ତ ଅର୍ଥରେ ରହସ୍ୟମୟ ଅର୍ଥ ବା ସୁପ୍ତ ଇଚ୍ଛା ନିହିତ ଥାଏ। ବେଳେବେଳେ ସ୍ୱପ୍ନରେ complexity ଆସିଥାଏ ଓ ଏହା ସ୍ୱପ୍ନରେ distortion ବା ବିରୂପଣ ବା ବିକୃତି ମଧ୍ୟ ଆଣିଥାଏ। "Dream distortion is the change that occurs to the unconscious thoughts as the mind translates from the latent meaning into the manifest meaning and finally potrays that as the dream." Exactly ଏଇୟା ହୋଇଛି କବି ଶ୍ରୀ ମହାନ୍ତିଙ୍କ କ୍ଷେତ୍ରରେ। ବାହ୍ୟ ଅର୍ଥରେ ବ୍ୟାଖ୍ୟାରୁ ଗୁହ୍ୟାର୍ଥ ମିଳେ ଓ ଗୁହ୍ୟାର୍ଥର ବ୍ୟାଖ୍ୟାରୁ ବ୍ୟକ୍ତିର ଗୁପ୍ତ ଆକାଂକ୍ଷା ଓ ଅଭିପ୍ସା ସଂପର୍କରେ ସୂଚନା ମିଳିଥାଏ। "The latent meaning contained a wish of the dreamer and the dreamer uses the dream to fulfil the wish.” (Freud, 155-56) ସ୍ୱପ୍ନରେ ଖାଲି ଦ୍ୱୈତାର୍ଥ ନଥାଏ ବରଂ ବେଳେବେଳେ ସ୍ୱପ୍ନର ପ୍ରତିଫଳନ ମଧ୍ୟ ଯା’ସହ ରହିଥାଏ। ଏହାକୁ ଫ୍ରଏଡ୍ Secondary Revision ବା ଦ୍ୱିତୀୟକ ଅନୁଶୀଳନ ବୋଲି କହନ୍ତି। ଏହା ମଧ୍ୟ ବ୍ୟକ୍ତି ଅସଚେତନତାମୂଳକ। ବ୍ୟକ୍ତି ସଚେତନ ଭାବରେ ଏହା କରିନଥାଏ। ବରଂ ଏହା ସ୍ୱପ୍ନର ଅର୍ଥକୁ ଆହୁରି କଷ୍ଟକର କରିଦିଏ। ମସ୍ତିଷ୍କ ଓ ମସ୍ତିଷ୍କ ତରଂଗ (ସ୍ପନ୍ଦନ) ସଂପର୍କରେ ସତ୍ୟତମ ଅଧ୍ୟୟନରୁ ଆଉ ଏକ ତତ୍ତ୍ୱ ମଧ୍ୟ ଆସେ। ଏହା ଅନୁସାରେ ବ୍ୟକ୍ତି ଦୁଇପ୍ରକାର ଶୟନ କରେ ବା ନିଦ୍ରା ଯାଏ। ଯଥା- ୧. ଦ୍ରୁତ ଚକ୍ଷୁ ସଂଚଳନ ବା Rapid Eye Movement (REM). ୨. କ୍ଷୀଣ ଚକ୍ଷୁ ସଂଚଳନ ବା Non-Rapid Eye Movement (NREM). ଏକ ପ୍ରାପ୍ତବୟସ୍କ ରାତିରେ ଚାରିଗୋଟି NREM ଓ ଗୋଟିଏ REM ଗତ ନିଦ୍ରାଯାଏ। ଏହି NREM ନିଦ୍ରାରେ ସ୍ୱପ୍ନ ଅସ୍ପଷ୍ଟ ତଥା ‘ଅଧାଛାଇ ଆଲୁଅ’ ବିଶିଷ୍ଟ ହୁଏ। ଏହି ନିଦ୍ରା ଶରୀର ଓ ମସ୍ତିଷ୍କକୁ ଶକ୍ତି ଯୋଗାଏ ପୁନଃସ୍ଫୂର୍ତ୍ତ କରେ। ଗୁରୁତ୍ୱପୂର୍ଣ୍ଣ କଥା ହେଲା ପୁରୋମୁଖୀୟ ବା ପୁରୋଲଲାଟୀୟ ପ୍ରାନ୍ତସ୍ଥା (Pre-frontal Cortex) ଏହି NREM ନିଦ୍ରା ବା ଅପର ଭାଷାରେ ଛାଇ-ଆଲୁଅର ସ୍ୱପ୍ନ କାଳରେ ଜାଗ୍ରତ ବା ସକ୍ରିୟ ଥାଏ। ସୂଚନା ଥାଉକି ଏହା ତାର୍କିକ ଚିନ୍ତା ବା ତର୍କସଂଗତ ବିଚାରଧାରା ସହ ସଂପୃକ୍ତ। କିନ୍ତୁ REM ନିଦ୍ରା କାଳରେ ଏହା ସକ୍ରିୟ ନଥାଏ। ଏହାର ସକ୍ରିୟତା ଓ ନିଷ୍କ୍ରିୟତା ହିଁ ସ୍ୱପ୍ନଦ୍ରଷ୍ଟାକୁ confuse କରେ ଓ logical sequence ରହେନାହିଁ। Calvin Hallଙ୍କ ପରି ଗବେଷକ ଏହି Cognitive Theory of dreamsକୁ ଗୁରୁତ୍ୱ ଦିଅନ୍ତି। Phillips, Freud ପ୍ରଭୃତିଙ୍କ ସିଦ୍ଧାନ୍ତ ଅନୁସାରେ ଆମେ ‘Ego’, ‘Id’ ଓ ‘Superego’ ସହ ବ୍ୟକ୍ତିର ସ୍ୱପ୍ନ ସଂପର୍କ ସଂଦର୍ଶନ କରୁ। ସେହିପରି Emergency Broadcast System (EBS) ଅନୁସାରେ ଓ Tuft ବିଶ୍ୱବିଦ୍ୟାଳୟର ପ୍ରଫେସର Ernest Hartmanଙ୍କ ଅଧ୍ୟୟନ ଅନୁସାରେ ପ୍ରିୟ ବ୍ୟକ୍ତିକୁ ସଂକଟରେ ପଡ଼ିଥିବାର ସ୍ୱପ୍ନ ଦେଖିବା ପଛରେ ବ୍ୟକ୍ତିର ସଂଘର୍ଷ ରହିବା ସଂଗେ ସଂଗେ ତା’ର ମୁକୁଳିବାର ପ୍ରଚେଷ୍ଟା ଓ ତହିଁର ଯୋଜନା (ପ୍ଲାନ୍) ମଧ୍ୟ ନିହିତ ଥାଏ। ଫ୍ରଏଡ଼ ଏଥିପାଇଁ ବ୍ୟକ୍ତିର ‘ଇଡ୍’କୁ ସଂପୂର୍ଣ୍ଣ ଦାୟୀ କରିଛନ୍ତି। The Raw, emotional self, natural ଓ untainted by society ବୋଲି ବ୍ୟକ୍ତିକୁ କହନ୍ତି। ମାତ୍ର ଏହା ଛିଦ୍ରଯୁକ୍ତ ତତ୍ତ୍ୱ। କାରଣ ବ୍ୟକ୍ତି ସମାଜ ଦ୍ୱାରା ପ୍ରଭାବିତ, ସମାଜରୁ experience ଆହରଣ କରେ ଓ ପୁଷ୍ଟ ହୁଏ। ଏଣୁ ସ୍ୱପ୍ନର ଆଧାର କେବଳ ‘Id’ ନୁହେଁ ‘ego’ ମଧ୍ୟ। ତେଣୁ ଫ୍ରଏଡ଼ଙ୍କ Id, ego ଓ Superegoର ତାତ୍ପର୍ଯ୍ୟ ଏଠାରେ ରହିଛି ବୋଲି ନିର୍ଦ୍ୱନ୍ଦ୍ୱରେ

କୁହାଯାଇପାରେ। ପୁଣି Symbolic Representation ସଂପର୍କରେ ନିଜେ ଫ୍ରଏଡ୍ ମଧ୍ୟ ବ୍ୟକ୍ତିର ସ୍ୱତନ୍ତ୍ର ଅଭିଜ୍ଞତା ଉପରେ ଗୁରୁତ୍ୱ ଦେଇଛନ୍ତି ଓ ସେଥିପାଇଁ ସେ accuracy of the 'Key' used to decode ବୋଲି ସୂଚନା ଦେଇ ତଦୁପରେ ଗୁରୁତ୍ୱ ଆରୋପ କରିଛନ୍ତି। କବିଙ୍କ ସ୍ୱପ୍ନର ବର୍ଣ୍ଣନା hypnagogic hallucination ବା hypnagogic state of consciousness ଓ hypnopomic state of mindର ମିଶ୍ର ରୂପ ଆଡ଼କୁ ସୂଚିତ କରେ। ଏଥିରେ lucid dreaming ଅଭ୍ୟାସର କଥାଟି ମଧ୍ୟ ଠିକ୍। କିନ୍ତୁ ଫ୍ରଏଡ୍, ହଲ୍, ଫିଶ୍, ହାଟ୍‌ମ୍ୟାନ ଓ ଫିଲିପ୍ସଙ୍କ ପରି ବିଦ୍ୱାନଙ୍କ ଗବେଷଣାଲବ୍ଧ ଜ୍ଞାନରୁ କବି ଶ୍ରୀ ଫନୀ ମହାନ୍ତି ପୂର୍ବୋକ୍ତ କବିମାନଙ୍କ ସହ ଏକମତ ନଥିବା କଥା ପ୍ରଥମରୁ ସ୍ପଷ୍ଟ କରିଛନ୍ତି। ମାନସିକ ଦ୍ୱନ୍ଦ୍ୱ ଓ ପ୍ରତିକ୍ରିୟାର ଏ କବିତା- ଅଲକା ସାନ୍ୟାଲ୍। ଏ ଅଲକା କବିଙ୍କର personal document ପରି ମନେହେଉଛି। ଧୀରେଧୀରେ କବିତାର DNA ପରୀକ୍ଷା କଲେ ବା DNA fingerprinting କଲେ ଜଣାଯିବ ଏହାର ସତ୍ୟାସତ୍ୟ।

ସଚ୍ଚିବାବୁଙ୍କ ସହ ଅଲକା ସାନ୍ୟାଲ୍‌ର ହଠାତ୍ ଦେଖାହୋଇଥିଲା ବୋଲି କବି ଫନୀ ମହାନ୍ତି କହିଛନ୍ତି। କିନ୍ତୁ ସଚ୍ଚିବାବୁଙ୍କ ସହ ଅଲକା ସାନ୍ୟାଲ୍‌ର ସଂପର୍କ ଜନ୍ମ ଜନ୍ମର, ଯୁଗଯୁଗର। କାରଣ ସଚ୍ଚିବାବୁ ଯେଉଁ ଅଲକା କଥା କହୁଥିଲେ ସେ ହେଉଛି ଇଭ୍, ସେ ହେଉଛି ହେଲେନ୍, ସେ ହେଉଛି ଚନ୍ଦ୍ରମୁଖୀ, ସେ ଆମ୍ରପଲ୍ଲୀ, ସେ ଉର୍ବଶୀ, ସେ ଦ୍ରୌପଦୀ, ସେ ହିଁ ବୈଦେହୀ, ସେ ଛାତ୍ରୀଟିଏ, ସେ ପୁତ୍ରୀଟିଏ, ସେ ଭଗିନୀଟିଏ, ସେ ବି ଜନନୀଟିଏ, ସେ ଜାୟାଟିଏ, ସେ ପୁରୁଷର ଛାୟାଟିଏ। ସେ "ମଣିଷର ଆଖିନେଇ" ଦେଖିଛନ୍ତି, ମଣିଷର ଅପମାନ ଛୁଇଁ ଆସିଥିବା ବ୍ୟଥା ତାଙ୍କ ଛାତିକୁ ଛୁଇଁଛି, "ବୁକୁର ସ୍ପନ୍ଦନ ସାଥେ ଶୁଣିଛନ୍ତି କରୁଣ କାହାଣୀ, ଫୁଲର ଫସଲରେ ପଙ୍ଗପାଳ ଭୈରବୀ ରାଗ ତୋଳିଲାବେଳେ କବି ପ୍ରାଣ ଭାଙ୍ଗିପଡ଼ିଛି, ତେଣୁ ସେ ଧରିତ୍ରୀ, ମାଟି ଓ ମଣିଷର କଥା କହିଛନ୍ତି। କବିଙ୍କ 'ମାଟିଆ ବୁରୁଜରେ ଜହ୍ନ' କବିତାଟି ନାରୀର କରୁଣ ପରିଣତି ଓ "ସାଂପ୍ରଦାୟିକ ଦଂଗାହଂଗାମାର କରୁଣ ଚିତ୍ର କବି ଲେଖନୀରେ ପ୍ରକାଶିତ ହୋଇଛି।" (୧୯୮୫:୧୨୦) ବଂଗଳା ସାହିତ୍ୟରେ ବିଷ୍ଣୁ ଦେ, ବୁଦ୍ଧଦେବ ବସୁ, ସୁଧୀନ୍ଦ୍ରନାଥ ଦତ୍ତ ଓ ଜୀବନାନନ୍ଦ ଦାସ ପ୍ରମୁଖ କବି ରବୀନ୍ଦ୍ରନାଥଙ୍କ ଦ୍ୱାରା ନିର୍ମିତ ସାହିତ୍ୟର ଆବରଣରେ ପ୍ରଭାବିତ ହୋଇ ଉତ୍ତର କାଳରେ ଏହାକୁ ଭାଙ୍ଗିବାକୁ ଚାହିଁଛନ୍ତି। ସେହିପରି ଗୁରୁପ୍ରସାଦ ମଧ୍ୟ ରାଉତରାୟଙ୍କୁ ପ୍ରତ୍ୟାଖ୍ୟାନ କରିଛନ୍ତି ନିଜ ଲେଖାରେ। ସଚ୍ଚିବାବୁ କେବେ କ'ଣ ଦେଖିଥିଲେ ସେ ସଂପର୍କରେ ସେ ଜାଣନ୍ତିନି ବୋଲି 'ଅଲକା ସାନ୍ୟାଲ୍' କବିତାରେ ଖୋଲାଖୋଲି ଭାବେ କହିଛନ୍ତି। ରାଉତରାୟ କପୋତ କପୋତୀ

ହୋଇ ଦୂରକୁ ଉଡ଼ିଯିବା କଥା କହିଲା ବେଳେ ଗୁରୁପ୍ରସାଦଙ୍କ 'କପୋତ କପୋତୀ'ର ଆବେଦନ କେତେ ଅଲଗା ଅନୁମାନ କରାଯାଇପାରେ। "ଗୁରୁପ୍ରସାଦ ଲକ୍ଷ୍ୟ କରିଛନ୍ତି ପ୍ରେମର କ୍ଷଣିକ ଓ ନଶ୍ୱର ରୂପ।" (୧୯୮୫: ୩୮) ପୁଣି କବି ଗୁରୁପ୍ରସାଦ ପର୍ସନାଲ ନହୋଇ ୟୁନିର୍ଭସାଲ କଥା କହିଛନ୍ତି- "ଲେଖିବା ଭିତରେ କବି ଭୌଗୋଳିକ ପାର୍ଥକ୍ୟକୁ ଲୋପ କରିବା ପାଇଁ ଚାହିଁବା ସଂଗେସଂଗେ ସ୍ୱୀୟ ଐତିହ୍ୟ ରଚନାରେ ପ୍ରୟାସୀ ହୋଇଛନ୍ତି।" (୧୯୮୫: ୩୯) କବି ଗୁରୁପ୍ରସାଦ ପୁରାତନ ଧାରା, ଧରା ଓ ଧାରଣାକୁ ଗ୍ରହଣ କରିବାକୁ ପ୍ରସ୍ତୁତ ନୁହଁନ୍ତି। ସମାଲୋଚକ ପ୍ରଫୁଲ୍ଲ କୁମାର ରଥ ଯଥାର୍ଥରେ କହନ୍ତି- "ପୁରାତନ ଐତିହ୍ୟରେ କବିଙ୍କ ତୃପ୍ତିହୀନତା ତାଙ୍କର ଅଧିକାଂଶ କବିତାରେ ପ୍ରକାଶ ପାଇଛି।" (୧୯୮୫:୪୦) କବି ଗୁରୁପ୍ରସାଦଙ୍କ 'ଅଳକା ସାନ୍ୟାଲ୍'ର ଶେଷ ଧାଡ଼ିରେ ଯେଉଁ ସ୍ୱପ୍ନ ଦେଖିବା କଥା କହିଛନ୍ତି ସେଇଠାରୁ ଆରମ୍ଭ ହୋଇଛି ଫନୀ ମହାନ୍ତିଙ୍କ 'ଅଳକା ସାନ୍ୟାଲ୍'। ଗୁରୁପ୍ରସାଦଙ୍କ ଏହି କବିତାରେ ପ୍ରେମକଥା ଆଲୋଚନା କଲାବେଳେ ମନେପଡ଼େ D. H. Lawrenceଙ୍କ ଉପନ୍ୟାସ Sons and Lovers, Lady Chatterley's Lover ତଥା Song of a Man who is Loved ପରି କବିତାର ସ୍ୱର। "ସ୍ୱାଭାବିକ ଭାବରେ ଏ ପ୍ରେମର ସ୍ୱରୂପ ଶାଶ୍ୱତ ନୁହେଁ, ଦେହଜ ହେତୁରୁ କ୍ଷଣିକ।" (୧୯୮୫:୪୦) ଗୁରୁପ୍ରସାଦଙ୍କ 'ଅଳକା ସାନ୍ୟାଲ୍' ଫନୀ ମହାନ୍ତିଙ୍କ କବିତାର ଆଧାର। ଏଣୁ ଏଇଠାରୁ ପ୍ରଫୁଲ୍ଲ କୁମାର ରଥଙ୍କ ବକ୍ତବ୍ୟକୁ ଉଦ୍ଧାର କରାଯିବା ଉଚିତ। "ଏଠାରେ ଅଳକା ପ୍ରତି ପ୍ରେମ, ଯେଉଁଥିପାଇଁ ଏବଂବିଧ ସ୍ୱପ୍ନଦର୍ଶନ, ରୋମାଣ୍ଟିକ୍ ପ୍ରେମ ନୁହେଁ। ଅତୀନ୍ଦ୍ରିୟ ବା ଅମୂର୍ତ୍ତ ରୂପେ ପ୍ରେମକୁ ନ ଦେଖି ମୂର୍ତ୍ତ ତଥା ଶାରୀରିକ ପ୍ରେମକୁ ହିଁ ଲକ୍ଷ୍ୟ କରାଯାଇଅଛି। ଏହି ସ୍ୱପ୍ନ ରୋମାଣ୍ଟିକ୍ କବିର ଅମରାବତୀ ସଂପର୍କୀୟ ସୂକ୍ଷ୍ମ ତୀବ୍ର ଆବେଗ ଓ ଉଚ୍ଛ୍ୱାସପ୍ରବଳ ସ୍ୱପ୍ନରେ ପରିଣତ ହୁଅନ୍ତା ମାତ୍ର "ଢିଲା ପାଇଜାମା କାମିଜ"ର ପ୍ରୟୋଗ ଏହାକୁ ପୃଥିବୀର ବାସ୍ତବତା ଭୁଲିବାକୁ ଦେଇନି। ଯୌବନର ସମସ୍ତ ଆକୁଳତା ଶାନ୍ତି ଖୋଜିଲା ବେଳେ ଢିଲା ପାଇଜାମା ଓ କାମିଜର ଚିତ୍ରକଳ୍ପ ହିଁ କବି ମନରେ ଉଦିତ ହୋଇଅଛି। କବି ଅଳକାର ଦେହରେ ଖୋଜିଛନ୍ତି ଶାନ୍ତି- ଯୌବନର ଶାନ୍ତି।" (୪୦) କିନ୍ତୁ କବି ଫନୀ ମହାନ୍ତି ଏହାକୁ ସିଧାସଳଖ ଗ୍ରହଣ ନକରି ଏକ ପର୍ସନାଲ ଡକ୍ୟୁମେଣ୍ଟ ଭାବରେ ବାଢ଼ିଛନ୍ତି।

କବି ଫନୀ ମହାନ୍ତି ଗୁରୁପ୍ରସାଦଂକୁ ଇଂଗିତ କରି ନାରୀର ପ୍ରତିନିଧି ଅଳକା ସାନ୍ୟାଲ ଉଦ୍ଦେଶ୍ୟରେ ଲେଖିଛନ୍ତି-

"ତମର ଥରିଲା କଣ୍ଠ ରୂପ ନିଏ କାଉ ଅବା

ବାଦୁଡ଼ି କଣ୍ଠରେ। ତମର ଅଭାବ କ୍ରମେ ଘୋଟିଆସେ
ମିଶନ୍ ରୋଡ୍‌ରେ କିମ୍ବା ଯାଜପୁର ବେପାରୀ ବସ୍ତିରେ। ଫାଜିଲ
ବସନ୍ତ ଆସି ତମ ଶବ ବୋହିନିଏ ଭଂଗା କୋକେଇରେ।"

ଏଠାରେ ଗୁରୁପ୍ରସାଦଙ୍କ କାଉ ଓ ବାଦୁଡ଼ିର ଚେଁ ଚାଁ ଶବ୍ଦ କଥାକୁ ଛାଡ଼ି ବାକି ସବୁ ଫନୀ ବାବୁଙ୍କର ଉକ୍ତ କବିତାର ଉତ୍ତର ବ୍ୟାଖ୍ୟା ବା explanation ଓ narration ମାତ୍ର। ଠିକ୍ ଏହି ଉଦ୍ଧୃତାଂଶ ପୂର୍ବର ଧାଡ଼ି- "ତା'ପରେ ତମର ଦେଖା ହଜିଯାଏ ଆକାଶର ତାରାଙ୍କ ଗହଳେ" ରାଉତରାୟ ଓ ଜୀବନାନନ୍ଦଙ୍କ ଶୈଳୀ (ବନଲତା ସେନ୍ କବିତାର) ମନେପକାଇ ଦିଏ। ଜୀବନାନନ୍ଦଙ୍କ 'ବନଲତା ସେନ୍'ରେ ମଧ୍ୟ ଅତିବାସ୍ତବବାଦର ପ୍ରଭାବ ରହିବା ସହିତ ଫ୍ରଏଡ଼ୀୟ ଦୃଷ୍ଟିକୋଣ ରହିଛି। ସୁଲତାନା ଜାହାନ୍ ଯଥାର୍ଥରେ କହନ୍ତି- "In Jibananda's "Banalata Sen" the influence of surrealism and impressionism is revealed very clearly at the very beginning of the poem. Surrealism is vigorous spontaneity wth which thoughts are free from all point of the mind where past and present, death and life, real and imaginary- all opposing forces drop their antipathy. In 'Banalata Sen' the poet's hyperbolic expression of roaming the world for thousands of years or entering ancient India during the reign of Ashoka releases the reader's mind from rationality. Being influenced by Freud, the poet suspends the conscious self that makes known all abstract aspirations and sense of wonder. xxx. The poet abolishes all the barriers between consciousness and the subconscious, inner self and outer reality." (2016: 86) ସବୁଠାରୁ ଗୁରୁତ୍ୱପୂର୍ଣ୍ଣ କଥାଟି ହେଉଛି- "Quietude, tranquility, and dreamlike ambience characterise the whole poem. In 'Banalata Sen' being fed up with fret and fever of the outside world, the poet escapes into the dream world by the power of subconscious mind." (2016: 87) ସେହି ଏକା କଥା ଫନୀ ମହାନ୍ତିଙ୍କ ଠାରେ ଦେଖାଯାଏ। କବିଙ୍କ Imaginative journey ମଧ୍ୟରେ ଅତିବାସ୍ତବବାଦୀ ଭାବନା ସହ ଏକପ୍ରକାର exotic sensation ମଧ୍ୟ ଦେଖାଯାଏ। ଏଠାରେ Surreal ରୁ Real ହେବା ଯେପରି ହଠାତ୍ ରାଉତରାୟଙ୍କ ଠାରେ ମଧ୍ୟ ଠିକ୍

ସେଇଆ। ମାତ୍ର ଫନୀ ମହାନ୍ତିଙ୍କ ଅଂକୁରଣ ଗୁରୁପ୍ରସାଦଙ୍କ ଠାରୁ ହୋଇଥିବାରୁ ସେ Real ରୁ Surreal ହୋଇଥିବାର ଲକ୍ଷ୍ୟ କରିହେବ। ଅବଶ୍ୟ ଏହା କବିଙ୍କ ସ୍ୱାତନ୍ତ୍ର୍ୟ ଓ ବୈଶିଷ୍ଟ୍ୟ ମାତ୍ର। ଆଲୋଚ୍ୟ କବିତା ତ୍ରୟୀରେ ଏହିପରି ଛୋଟବଡ଼ ଅନେକ ବୈଚିତ୍ର୍ୟ ଓ ସ୍ୱାତନ୍ତ୍ର୍ୟ ରହିଛି। ଏହା ହିଁ ପ୍ରତିଟି କବିତାର Coded ପରିଚୟ।

କାବ୍ୟନାୟକ ସ୍ପଷ୍ଟ କରି ଘୋଷଣା କରିଛନ୍ତି ଯେ ସେହି କାବ୍ୟନାୟିକା ତାଙ୍କର ଚନ୍ଦ୍ରାବତୀ। ପୁଣି ସେ କହନ୍ତି 'ତୁମେ ମୋର ଅଳକା ସାନ୍ୟାଲ୍'। ସଂପୂର୍ଣ୍ଣ କବିତାରେ ଦୁଇଥର ଏହି ଉଦ୍‌ଘୋଷଣା ଦେଖାଯାଏ। ଏହି ସ୍ୱୀକାରୋକ୍ତି ଓ ଘୋଷଣା ଦ୍ୱାରା ଅନ୍ତତଃ ଏଇୟା ସ୍ପଷ୍ଟ ହୁଏ ଯେ, ଲେଖକଙ୍କ ପାଇଁ ଆଗ ଅଳକା ସାନ୍ୟାଲ୍ ନୁହେଁ, ବରଂ ପ୍ରଥମେ ଚନ୍ଦ୍ରାବତୀ ମଡ଼େଲର ପ୍ରେମିକା ଲୋଡ଼ା। କିନ୍ତୁ ଲଜିକ୍ ଦୃଷ୍ଟିରୁ ପ୍ରଥମେ ଚନ୍ଦ୍ରାବତୀ ପ୍ରାୟ ପ୍ରେମ ପ୍ରଣୟ ଉତ୍ତାରେ ସେ ପାଲଟି ଯାଇଛି ଅଳକା ସାନ୍ୟାଲ୍ ଓ ପାଲଟି ଯାଇଛି ଏକ ସଂଧାନର ବସ୍ତୁ। ଚନ୍ଦ୍ରାବତୀ କବିତାରେ ରାଉତରାୟ ଯେଉଁପରି ପ୍ରେମର ଚିତ୍ର ଦେଖାଇଛନ୍ତି ଅନୁରୂପ ପ୍ରେମର କଥା କବି ଫନୀ ମହାନ୍ତିଙ୍କ କାବ୍ୟନାୟକ ସହ ଘଟିଛି। ସେହିପରି ରାଉତରାୟଙ୍କ 'ଅଳକା ସାନ୍ୟାଲ୍'ର ହତାଶ ନାୟକ ପରି ଫନୀ ମହାନ୍ତିଙ୍କ କାବ୍ୟନାୟକ ପ୍ରେମର ପରିଣତି ହୋଇଛି। ଏଣୁ ଯଥାର୍ଥରେ ସେ କହିଛି- "ମୋ ଆଗରେ ମାଇଲ୍ ମାଇଲ୍ ବ୍ୟଥାର ଜଙ୍ଗଲ।" କାବ୍ୟନାୟକ ସାମ୍ନାରେ ଅଳକା ସାନ୍ୟାଲ୍‌ର ନିଖୋଜ ହେବା ଓ ଦୁର୍ଘଟଣାର ଶିକାର ହେବା ଘଟଣା ତା'ପାଇଁ ଆଣିଦେଇଛି ବ୍ୟଥାର ଜଙ୍ଗଲ ଯାହାକୁ ପାରିକରିବା ସହଜ ନୁହେଁ।

କାବ୍ୟନାୟକ ଚନ୍ଦ୍ରାବତୀ ପରି ପ୍ରେମ କରିଛି। ସେ ପ୍ରଥମ ସାକ୍ଷାତ କରିଥିଲା "ଆଦିବାସୀ ପଡ଼ିଆରେ ଲୁପ୍ କେନ୍ଦ୍ର ଉଦ୍‌ଘାଟନ ବେଳେ।" ଏହା ପ୍ରଥମ ପ୍ରେମର ପ୍ରଥମ ସାକ୍ଷାତ୍। ଦ୍ୱିତୀୟ ସାକ୍ଷାତ୍ ତାଙ୍କର ହୋଇଥିଲା ଖଣ୍ଡଗିରି ନିର୍ଜନ ଗୁମ୍ଫାରେ। ସାଧାରଣ ପ୍ରେମ ପରି ଦେହର ଆକର୍ଷଣ ଦେଖାଦେଇଛି। ମନର ଆକର୍ଷଣରେ ଦୁଇ ଦେହ ଏକାଠି ହୋଇଛି। ଏହିପରି ପ୍ରେମର ବୟସ କ୍ରମେ ଅନେକ ଅନେକ ଦେଖାସାକ୍ଷାତ୍ ପରେ ଜାତକ ମେଳନ ହୋଇ ଦିଅଁପୂଜା ହୋଇ ସାମାଜିକ ଭାବରେ ଏକାଠି ହେବାର ସୁଯୋଗ ତିଆରି ହୋଇଛି। ପରେପରେ ସ୍ୱାଭାବିକ ଭାବରେ ଚିଠିଲେଖା, ଦିଆନିଆ ଚାଲିଥିଲା। ସେ ସମୟରେ ସାମାଜିକ ଚିନ୍ତା-ଚେତନା, ରକ୍ଷଣଶୀଳତା ଠିକ୍ ତତଲାବାଲି ପରି କାର୍ଯ୍ୟ କରିଛି। ଏଣୁ ପରସ୍ପର ଖୁବ୍ ସମୟ ପାଖାପାଖି ରହିବାର ପରସ୍ପରକୁ ଅନୁଭବ କରିବାର ସେପରି ବିଶେଷ ସୁଯୋଗ ପାଇପାରି ନଥିଲେ। ଅତ୍ୟନ୍ତ ପ୍ରତୀକାତ୍ମକ ଭାବରେ ଚୁମ୍ବକୀୟ ଶୈଳୀରେ କବି ଡକ୍ଟର ମହାନ୍ତି ଏହି ପ୍ରେମର ଦଲିଲ୍‌ଟିକୁ ଶୁଣାଇଛନ୍ତି।

କବିତାର ତୃତୀୟ ଅଂଶରେ କବି ସମ୍ଭବତଃ କାବ୍ୟପୁରୁଷର ବିବାହ କଥା କହିଛନ୍ତି। ତିନିବର୍ଷ ପାଇଁ ସେଇ ବନ୍ଧନରେ କାବ୍ୟନାୟକ ଓ କାବ୍ୟନାୟିକା ବାନ୍ଧି ହୋଇ ରହିଥିଲେ। କବିଙ୍କ ଭାଷାରେ- "ତିନୋଟି ବରଷ ପାଇଁ ମୁଁ ତମକୁ ରଖିଥିଲି ଯତନରେ ମୁଦା କୋଠରୀରେ।" ସାଦାସିଧା କାଗଜରେ ନାଁ ଲେଖି ନିଜ ଗଳାରେ ଅକ୍ଷତ ଭାବରେ ବାନ୍ଧିଥିଲା କାବ୍ୟନାୟକ। କିନ୍ତୁ ଏହିଠାରେ ମିଳିତ ମନର ମିଳନ ବ୍ୟାହତ ହୋଇଥିଲା ନାୟିକାର ସ୍ୱାଧୀନ ମନୋବୃତ୍ତି ଓ ବିମୁକ୍ତିର ଆକାଂକ୍ଷା ହେତୁ। ବିରହ ରାଗିଣୀ ବାଜିଉଠିଲା। କବି ଗାଇଛନ୍ତି-

"ଅନ୍ୟ ଦିନ ପରି
ତମର ବି ମନହେଲା ବୁଲିବାକୁ ପୁଙ୍ଗୁଳା ଦେହରେ। ଗୁଡ଼ିପରି
ଉଡ଼ିବାକୁ ନୀଳ ଆକାଶରେ। କଳିଙ୍ଗ କଟକୁ ଅବା
ଅଲେଇଚ ଦ୍ୱୀପର ବନ୍ଦରେ। କଲିକତା ଠାରୁ ନୂଆଦିଲ୍ଲୀ ନଗରୀରେ
ଅବା ତମ ମନହେଲା ଭାସିବାକୁ ନାଆ ପରି ଗୋଆ, ଡିଉ
ଡାମନ୍ ଦ୍ୱୀପରେ। ଅନ୍ୟ କେଉଁ ଇଲାକାରେ।
ଅନ୍ୟ କେଉଁ ଅଚିହ୍ନା ଛକରେ।" (ଅଳକା ସାନ୍ୟାଲ)

ଅଲେଇଚ ଦ୍ୱୀପ ଠାରୁ ଆରମ୍ଭ କରି କଲିକତା, ନୂଆଦିଲ୍ଲୀ ପରି ମହାନଗରୀ ବୁଲିବାର ସଉକ୍ ଓ ଅଭ୍ୟାସ ଭାଙ୍ଗିଦେଇଛି ସଂପର୍କ, ଭାଙ୍ଗି ଦେଇଛି ହୃଦୟ, ସ୍ୱପ୍ନ, ଅତୀତ ଓ ପ୍ରେମର ସ୍ଥାୟୀତ୍ୱ ଓ ମଧୁର କାଚଘର। ରାଉତରାୟଙ୍କ ପରି ଓ ଜୀବନାନନ୍ଦଙ୍କ ପରି ଡକ୍ଟର ମହାନ୍ତି ମଧ୍ୟ ଖୋଜିଛନ୍ତି। ତାଙ୍କ କାବ୍ୟନାୟକ ଖୋଜିବୁଲିଛି ନିଜର ମନର ରାଣୀକୁ- ତା'ର ଚନ୍ଦ୍ରାବତୀକୁ। ମାତ୍ର ପରିତାପର ବିଷୟ ଯେ, ସେ ଚନ୍ଦ୍ରାବତୀ ଆଜି ଅଳକା ସାନ୍ୟାଲରେ ପରିଣତ ହୋଇଯାଇଛି। ତା'ର ବୁଲିବା ଓ ହଜିବା ସଉକ ଦୂରେଇ ନେଇଛି ତାକୁ କାବ୍ୟନାୟକ ଠାରୁ। କାବ୍ୟପୁରୁଷ ଠାରେ ବିଶ୍ୱାସ, ପ୍ରେମ, ପ୍ରଣୟର ବିମୂଲ୍ୟାୟନ ଘଟିଛି। ନାୟିକାକୁ ଖୋଜିଖୋଜି ସେ ନିରାଶ ହୋଇପଡ଼ିଛି। ଏଣୁ ସେ ଗାଇଉଠିଛି-

"ମୁଁ ତୁମକୁ ପାଉନାହିଁ ଅନ୍ୟମାନେ ପାଇ ବି ନଥିଲେ
ମୁଁ ତୁମକୁ ଦେଖୁନାହିଁ, ଓଡ଼ିଶାର ଗଳି, କନ୍ଦି, ନାଳ, ନର୍ଦ୍ଦମାରେ
ମୁଁ ତୁମକୁ ଦେଖୁନାହିଁ ଅଳକା ଷ୍ଟୋରରେ ଅବା ବନାରସ
ମିଠା ଦୋକାନରେ। ମୁଁ ତୁମକୁ ଦେଖୁନାହିଁ ଗ୍ରନ୍ଥାଳୟେ
ଦଶଟାବେଳେ ଟାଉନ୍ ବସ୍‌ରେ। ସାଙ୍ଗସାଥୀ ବାନ୍ଧବୀ
ମେଳରେ। ରାଜନୀତି ବିଜ୍ଞାନ ବା ଦର୍ଶନ ଶ୍ରେଣୀରେ।"

(ଅଳକା ସାନ୍ୟାଲ୍)

ଏହି କବିତାରେ ପୂର୍ବଜ କବିଦ୍ୱୟଙ୍କ ପ୍ରତି ପ୍ରଗାଢ଼ ଶ୍ରଦ୍ଧା ଓ ସମ୍ମତି ପ୍ରଦର୍ଶନ କରାଯାଇଛି । ଏକ ସମନ୍ୱୟବାଦୀ ସମାଧାନପନ୍ଥୀ ଭାବରେ କବି ମହାନ୍ତି ଏଠାରେ ଉଭା ହୋଇଛନ୍ତି । ଯଥାର୍ଥରେ ସେ ଗୁରୁପ୍ରସାଦ ଦେଖିଥିବା ଅଳକାକୁ ଓଡ଼ିଶାର ପରିସର ଓ ପରିବେଶରୁ କ୍ଷାନ୍ତ ରଖିଛନ୍ତି । ଏହା କବିର ବୌଦ୍ଧିକ ଟେକ୍‌ନିକ୍ । ଓଡ଼ିଶାର ଗଳି, କନ୍ଦି, ନାଳ, ନର୍ଦ୍ଦମା, ମିଠା ଦୋକାନ, ବଜାର ପରି ଶସ୍ତା ସ୍ଥାନରେ ତାଙ୍କୁ ନଦେଖି ନିଜ ପ୍ରେମକୁ ପଣ୍ୟ ଓ ସାଧାରଣ ସ୍ତରକୁ ଟାଣିଆଣି ନାହାଁନ୍ତି । ପ୍ରଥମରୁ କଲେଜ ବେଳର ଯୁବସୁଲଭ ପ୍ରେମର କଥା ଏଠାରେ କୁହାଯାଇଛି । ଓଡ଼ିଶାର ଯୁବ ପରିବେଶ, ପରିସର ଓ ଶୈକ୍ଷିକ ବାତାବରଣକୁ ଏପରି ପୂତିଗନ୍ଧମୟ ପ୍ରେମରୁ ଦୂରରେ ରଖିଛନ୍ତି ଲେଖକ । ଯଥାର୍ଥରେ ଟାଉନ୍ ବସ୍, ସାଙ୍ଗସାଥୀ, ବାନ୍ଧବୀ ବା ସ୍ନାତକ ଶ୍ରେଣୀରେ, କଲେଜ କ୍ୟାମ୍ପସ୍ ବା କ୍ଲାସ୍‌ରେ ପାଇନାହାଁନ୍ତି କବି । ଏହା କବିଙ୍କର ଏକ ସୁଚିନ୍ତିତ ପ୍ୟାଟର୍ଣ୍ଣ; ସମାଧାନର ଏକ ପନ୍ଥା ।

କବି ବା କାବ୍ୟନାୟକ ଏଠାରେ ଅଭିନ୍ନ । ପ୍ରଥମ ପୁରୁଷ ବର୍ଣ୍ଣନାରେ ଯଥାର୍ଥରେ ସେ ତୃତୀୟ ପନ୍ଥା ବାଛିନେଇ କହିଛନ୍ତି-

"ତମେ ମୋର କେଶବତୀ
ତମେ ମୋର ପ୍ରେମର ଫସିଲ ।
ତମେ ମୋର ସଂକେତର
ଧ୍ରୁବତାରା ସଂପର୍କର ଜାଗ୍ରତ ପ୍ରହରୀ ।" (ଅଳକା ସାନ୍ୟାଲ୍)

ଅଳକା ସାନ୍ୟାଲ୍ କାବ୍ୟନାୟକ ପାଇଁ ପାଲଟିଛି ପ୍ରେମର ଫସିଲ, ଅର୍ଥାତ୍ ସ୍ମୃତିଟିଏ ମାତ୍ର । ଏହି ସ୍ମୃତି ପୁଣି ଜୀବନ୍ତ ହେବାର ନୁହେଁ ଫିନିକ୍‌ସ ପକ୍ଷୀ ପରି (Like a Phoenix Bird) । କାବ୍ୟନାୟକ ସହ ଅଳକା ସାନ୍ୟାଲ୍‌ର ସଂପର୍କ ସତତ ସତର୍କକାରୀ, ଏକ ସଚେତନ ବାଣୀ ମାତ୍ର । ଏହି ସଂପର୍କ କାବ୍ୟପୁରୁଷ ମନରେ ଗଭୀର ରେଖାପାତ କରିଛି ଓ ଉଜ୍ଜ୍ୱଳ ପ୍ରତିଭାତ ହୋଇଛି ଠିକ୍ ଧ୍ରୁବତାରା ପରି । ବିରହୀ ପ୍ରେମିକକୁ ନିର୍ଜନ ବର୍ଷାରାତିର ଗର୍ଜନ ଆହୁରି ଅଧିକ ଅଧିକ ବିବ୍ରତ ଓ ବ୍ୟସ୍ତ କରିଛି । କିନ୍ତୁ ଏହି ନିର୍ଜନତାରେ ମଧ୍ୟ ମନେହୋଇଛି ପ୍ରେମିକା ଆସିବା ପରି, ପ୍ରତୀତ ହୋଇଛି ତା'ର ଉପସ୍ଥିତି ଓ ସୃଷ୍ଟି ହୋଇଛି ତା'ର ଗୁଣୁଗୁଣୁ ଶବ୍‌ଦର ଭ୍ରମ । ଶେଷରେ ସେ କହିଛି-

"ତମ ପାଇଁ ମୋ ଶେଯରେ
ମୁଠା ମୁଠା ଆକାଂକ୍ଷାର ସ୍ୱର ।

ଏ ସହରେ ସତେ ଅବା ମୁଁ ଏକ

ଦୁଃସ୍ଥ ଯାଯାବର।" (ଅଳକା ସାନ୍ୟାଲ୍)

କାବ୍ୟନାୟକର ଏହି ବିରହ ତଥା ପ୍ରେମ ଓ ସ୍ୱପ୍ନଭଂଗ ପରେ ସମଗ୍ର ସହର ତାକୁ ଅପରିଚିତ ମନେହୋଇଛି। ସମସ୍ତଙ୍କ ଉପରୁ ଉଠିଯାଇଛି ତା'ର ଆସ୍ଥା ଓ ପ୍ରତ୍ୟୟ। ନିଜକୁ ଯଥାର୍ଥରେ ସେ ଏକ 'ଦୁଃସ୍ଥ ଯାଯାବର' ମନେ କରିଛନ୍ତି।

କବି ବା କାବ୍ୟନାୟକ ଏକ ଶାଶ୍ୱତ ପ୍ରେମିକ ହିସାବରେ ପ୍ରତିକ୍ରିୟା ରଖିଛନ୍ତି। ସେ ଏହାକୁ ସମୀକ୍ଷା କରିନାହାଁନ୍ତି, ପ୍ରତିକ୍ରିୟାଶୀଳ ହୋଇ ମନ୍ଦ ମନ୍ତବ୍ୟ ପ୍ରଦାନ କରିନାହାଁନ୍ତି। ଯଥାର୍ଥରେ ସେ କହିଛନ୍ତି-

"ତମରି ବୟସ ବଢୁ ତମେ ହୁଅ ମୃତ୍ୟୁଞ୍ଜୟୀ

ତମେ ହୁଅ ଅକ୍ଷୟ ଅମର। ତମ ଗୁଣ ଗାନ କରି

ପୃଥିବୀର ଜରାୟୁରୁ ଜନ୍ମ ନେଉ

ଶତଶତ ବିକଳ ଅନ୍ତର।" (ଅଳକା ସାନ୍ୟାଲ୍)

କାବ୍ୟନାୟକ ସମାଜ ଓ ଯୁବପୀଢ଼ିର ମାନସିକ ସ୍ୱାସ୍ଥ୍ୟ ଓ ସୁରକ୍ଷାକୁ ଆଖିଆଗରେ ରଖି ପୃଥିବୀର 'ଜରାୟୁରୁ ବିକଳ ଅନ୍ତର' ଜନ୍ମ ନେବାକଥା କହିଛନ୍ତି। ଏହା କାବ୍ୟ ପୁରୁଷର କାମନା। ଏଇଠି ରହିଛି କବିର ସାମାଜିକ ପ୍ରତିବଦ୍ଧତା ବା Societal Commitment.

ମୋଟାମୋଟି ଭାବରେ କବି ଡକ୍ଟର ମହାନ୍ତି ପ୍ରଥମରୁ ରାଉତରାୟଙ୍କ ଉପରେ ପ୍ରତ୍ୟୟ ସ୍ଥାପନ କରି ନିଜ ଦୃଷ୍ଟିରେ ନାରୀକୁ ନିଜେ ପ୍ରେମିକ ସାଜି ପ୍ରେମ କରିଥିଲେ। କିନ୍ତୁ ସେ ପ୍ରେମରେ ହାରିଛନ୍ତି, ଅବଶ୍ୟ ଚେତନାଗତ ସ୍ତରରେ ହାରି ମଧ୍ୟ ଜିତିଛନ୍ତି। ତେବେ ଏଇଠି ଉପଲବ୍ଧି କରିଛନ୍ତି ଗୁରୁପ୍ରସାଦଙ୍କ କାବ୍ୟ ଦର୍ଶନକୁ ସାମାଜିକ ବାସ୍ତବତା (Social Realism)କୁ ଓ ନିଜେ ସେଇଠି ରୋକି ନଯାଇ ନାରୀର ଏକ ବିକଳ ଅନ୍ତର ବା ଅଳକା ସାନ୍ୟାଲ୍‌ର ରୂପାନ୍ତରଣ, ଗୁଣାନ୍ତରଣ ଓ ମେଟାମରଫସିସ୍‌କୁ ଧ୍ୟାନ ଦେଇଛନ୍ତି। ବିବର୍ତ୍ତନ ଉପରେ ଭରସା ରଖିଛନ୍ତି। ଏହିପରି କବିତାଟି ନିଜର ସ୍ୱାତନ୍ତ୍ର୍ୟ ଜାହିର୍ କରିବାରେ ସଫଳ ହୋଇଛି ବୋଲି ନିର୍ଦ୍ୱନ୍ଦ୍ୱରେ କୁହାଯାଇପାରେ।

■

ଅନୁସୃତ ଗ୍ରନ୍ଥସୂଚୀ:

୧. Freud, Sigmund, *The Interpretation of Dreams*, London: Macmillan, 1912.

୨. Jahan,Sultana, "Reading Jibanananda Das's "Banalata Sen" from a surrealistic perspective". In: *IIUC Studies*, 13, 2016, DOI: http:/dx.doi.org/10.3329/iiucs.v 13io.37648.

୩. ବିଶ୍ୱାଳ, ପ୍ରଦୀପ କୁମାର, 'କବି ଫନୀ ମହାନ୍ତି', *ସାଂପ୍ରତିକ କବି ଓ କବିତା ୧ମ* ଭାଗ, ସଂପା. ଦାସ, ହେମନ୍ତ କୁମାର, ନାୟକ, ରଂଜିତା, ସ୍ୱାଇଁ, ପ୍ରସନ୍ନ କୁମାର, କଟକ: ଓଡ଼ିଶା ବୁକ୍‌ଷ୍ଟୋର (ସାରଳା ସାହିତ୍ୟ ସଂସଦ), ୨୦୧୩।

୪. ମହାନ୍ତି, ଗୁରୁପ୍ରସାଦ, *ସମୁଦ୍ର ସ୍ନାନ*, କଟକ: ଲାର୍କ ବୁକ୍‌ସ୍, ୧୯୭୦।

୫. ମହାନ୍ତି, ଫନୀ, *ମୃଗୟା*, କଟକ: ବର୍ଣ୍ଣ ପ୍ରକାଶନ, ୨୦୦୫।

୬. ରଥ, ପ୍ରଫୁଲ୍ଲ କୁମାର, *କବି ସଚ୍ଚିଦାନନ୍ଦ ଓ ଗୁରୁପ୍ରସାଦ*, କଟକ: ଅଧୁନା ପ୍ରକାଶନ, ୧୯୮୫।

୭. ରାଉତରାୟ, ସଚ୍ଚିଦାନନ୍ଦ, *ପାଣ୍ଡୁଲିପି*, କଟକ: ଗ୍ରନ୍ଥମନ୍ଦିର, ୧୯୮୭।

କିଶୋର ସାହିତ୍ୟର ଚିତ୍ରଶିଳ୍ପୀ ଶରତ କୁମାରୀଆଚାର୍ଯ୍ୟଙ୍କ 'ଯାଆରେ ନାଆ ଭାସିଯା': ଶିଳ୍ପ ଓ ସୌକର୍ଯ୍ୟ

ସାରସ୍ୱତ ଜଗତ ପ୍ରତି ସମର୍ପିତ ଓଡ଼ିଆ ସାହିତ୍ୟର ଜଣେ ବାଙ୍‌ମୟ ବ୍ୟକ୍ତିତ୍ୱ ହେଉଛନ୍ତି ବାଣୀବିନୋଦିନୀ ଶରତ କୁମାରୀ ଆଚାର୍ଯ୍ୟ। ଓଡ଼ିଆ ଗଳ୍ପ, କବିତା, ସୁଭାଷିତ, ପ୍ରବନ୍ଧ, ଆଲୋଚନା ଏବଂ ଶିଶୁସାହିତ୍ୟ କ୍ଷେତ୍ରରେ ତାଙ୍କର ଲେଖନୀ ଚିରସ୍ରାବୀ। ଓଡ଼ିଆ ସାହିତ୍ୟ ଜଗତରେ ବିବିଧ ଦିଗ-ବିଦିଗରେ ସମୃଦ୍ଧ ରଚନା ବୈପୁଲ୍ୟ ପରିଲକ୍ଷିତ ହୋଇଥିଲେ ହେଁ ଗୋଟିକେତେ ଦିଗରେ ଏହି ସମୃଦ୍ଧି ବା ବୈପୁଲ୍ୟ ଥିଲା ପରି ପ୍ରତୀତ ହୋଇନଥାଏ। ସେହି ଦିଗ କେତୋଟି ମଧ୍ୟରୁ 'ଶିଶୁସାହିତ୍ୟ' ଅନ୍ୟତମ। ଆନନ୍ଦର ବିଷୟ ଏହିକି ଯେ, ଶ୍ରୀମତୀ ଆଚାର୍ଯ୍ୟ ଏ ଦିଗରେ ଲେଖନୀ ଚାଳନା କରି ସାହିତ୍ୟର ଏହି ଆୟାମଟିକୁ ପରିପୁଷ୍ଟ କରିଛନ୍ତି। ଖୁବ୍ କମ୍ ଲେଖକ ଏ ଦିଗରେ ଲେଖନୀ ଚାଳନା କରୁଛନ୍ତି। କିନ୍ତୁ ଗୋଟିଏ ଦେଶ ବା ଗୋଟିଏ ଜାତିର ସମୃଦ୍ଧି, ତା'ର ସାହିତ୍ୟ ପାଠକମାନଙ୍କ ସ୍ତର ଓ ଅଭିରୁଚି, ନୈତିକ ଅବବୋଧ ଓ ଏକ ସୂକ୍ଷ୍ମ ବୌଦ୍ଧିକ ରୂପରେଖ ନିର୍ଣ୍ଣିତ ହୁଏ ସେହି ଦେଶର ଶିଶୁସାହିତ୍ୟ ଓ କୈଶୋର ସାହିତ୍ୟରୁ। ଫରାସୀ ଦେଶର ବୌଦ୍ଧିକତା ଓ ସାଂସ୍କୃତିକ ଗାମ୍ଭୀର୍ଯ୍ୟ ତା'ର ପ୍ରବନ୍ଧ ବା ଗଦ୍ୟ ସାହିତ୍ୟରୁ ଜଣାପଡୁଥିଲା ବେଳେ, ଇଂରେଜୀ ସାହିତ୍ୟର ରସ-ରୂପ-ଗନ୍ଧ ଓ ବିସ୍ତୃତି ତା'ର କବିତାରୁ ଜଣାପଡ଼ିଲା ବେଳେ ଯେକୌଣସି ଜାତିର, ଦେଶର ବା ସାହିତ୍ୟର ମେରୁଦଣ୍ଡରେ କେତେ ଓ କେଉଁମାନର ଅସ୍ଥିମଜ୍ଜା (Bone marrow) ରହିଛି, ସେ ଦେଶର ମାନସିକତା ଓ ଭବିଷ୍ୟତର ରୂପରେଖ କିପରି ହେବ- ତାହା ତା'ର ଶିଶୁସାହିତ୍ୟ / ସାହିତ୍ୟିକ ହାତରେ ରହିଛି। ଶିଶୁଟିଏ ଆଦ୍ୟକାଳରୁ ଯେଉଁପରି ସାହିତ୍ୟ ସଂସ୍ପର୍ଶରେ ଆସିଥାଏ, ବଡ଼ହୋଇ ଉତ୍ତରକାଳରେ ସେ ସେମିତି ନିଜକୁ ପରିପ୍ରକାଶ କରିଥାଏ। ସାହିତ୍ୟ ସବୁବେଳେ ଜୀବନର ପରିପ୍ରକାଶ ହୋଇନଥାଏ। ବେଳେବେଳେ ଜୀବନର ରୂପରେଖ ମଧ୍ୟ ସାହିତ୍ୟ ଦ୍ୱାରା ପ୍ରଭାବିତ ଓ ନିୟନ୍ତ୍ରିତ ହୋଇଥାଏ। ଏହା ସେ ସାହିତ୍ୟର

ତାକତ୍ ଉପରେ ନିର୍ଭର କରେ। ଯଥାର୍ଥରେ ପୃଥିବୀର ବିବିଧ ପ୍ରସିଦ୍ଧ ଶିଶୁ ସାହିତ୍ୟକାର ଓ ଶିଶୁସାହିତ୍ୟ ରଚନାବଳୀକୁ ସ୍ମରଣ କରାଯାଇପାରେ। ଠିକ୍ ସେହିପରି ସତ୍ୟବାଦୀ ବନବିଦ୍ୟାଳୟର ଅର୍ଥାତ୍ ମଣିଷଗଢ଼ା କାରଖାନାର ଯନ୍ତ୍ରୀ ପଣ୍ଡିତ ନୀଳକଣ୍ଠ ଦାସ ଏକଥାକୁ ବୁଝି ଶିଶୁମାନଙ୍କ ପାଇଁ ଉଚିତ୍ ପୁସ୍ତକ ରଚନା କରିଥିଲେ, ଯଥା- ବାଳରାମାୟଣ, ବାଳମହାଭାରତ। ଏଠାରେ ଏହି ପୁସ୍ତକ ଯୋଡ଼ିକର ନାମ ନେବାର ତାତ୍ପର୍ଯ୍ୟ ଅବଶ୍ୟ ରହିଛି। କାରଣ ଏହି 'ରାମାୟଣ' ଓ 'ମହାଭାରତ' ସମାଜର ଓ ଜୀବନର ବିବିଧ ସ୍ତର, ବିବିଧ ଆୟାମ ସହ ସଂପୃକ୍ତ ଓ ଅନ୍ତରଂଗ ମଧ୍ୟ। ଜଣେ ଶିଶୁ-ପାଇଁ ଏଥିରେ ଖୋରାକ୍ ଅଛି, କିଶୋର- (ରୀ)ଟିଏ ପାଇଁ, ଯୁବକ- (ତୀ)ଟିଏ ପାଇଁ ପୌଢ଼- (ଢ଼ା)ଟିଏ ବା ବୃଦ୍ଧ(ଦ୍ଧା)ଟିଏ ପାଇଁ ମଧ୍ୟ ଏଥିରେ ରହିଛି ଯଥେଷ୍ଟ ଖୋରାକ୍। ସମାଜ ଓ ଜୀବନର ସମସ୍ତ ପର୍ଯ୍ୟାୟ ଓ ସମସ୍ତ ସମୟ ପାଇଁ ଏହା ଉଦ୍ଦିଷ୍ଟ, ଯେହେତୁ ଏହା ସାଇତି ରଖିଛି ନିଜ ଭିତରେ ଅନେକ ପ୍ରତିଶ୍ରୁତି ଓ ସମ୍ଭାବନା। ଯଥାର୍ଥରେ 'ରାମାୟଣ' ଓ 'ମହାଭାରତ' ତାକତ୍ ଥିବା ଲେଖା, ଶୃଙ୍ଖଳାଟାରେ ନୁହେଁ। ଆଜି ବି ସେଥିପାଇଁ କଥାରେ କଥାରେ ଶିଶୁ ବା କିଶୋରଟିଏକୁ ରାମ, ହରି, ଯଦୁ, ପ୍ରହଲ୍ଲାଦ ପରି ବିଶେଷ୍ୟ ବ୍ୟବହାର କରି ସମସ୍ତେ ବୁଝାନ୍ତି। ଆଜି ବି ଯଥାର୍ଥରେ 'ରାମାୟଣ' ଓ 'ମହାଭାରତ'ରୁ ବୃତ୍ତାନ୍ତ ଓ ଗଳ୍ପ ଶୁଣାଇ ଶିଶୁ ବା କିଶୋରଟିଏକୁ ଶୁଆଇ ଦିଆଯାଏ ବା ମନୋରଞ୍ଜନ କରାଯାଏ।

ଶିଶୁ ସାହିତ୍ୟ ରଚନା କରିବା ଏତେ ସହଜ କଥା ନୁହେଁ। ଶିଶୁ ସାହିତ୍ୟର ପାଠ (Text) ଓ ପ୍ରସଙ୍ଗ (Context) ଅନେକ କଥାର ଅପେକ୍ଷା ରଖେ। ସାମାନ୍ୟତମ ପାନରୁ ଚୂନ ଖସିଗଲେ କଥାସରେ- ସଫଳ ଶିଶୁ ସାହିତ୍ୟଟିଏ ହେବା କଷ୍ଟକର ହୁଏ। ଏତେସବୁ ଉପାଦାନ (ଉଭୟ ସ୍ରଷ୍ଟା ଓ ସୃଷ୍ଟି ମଧ୍ୟରେ) ଲୋଡ଼ାହେବାର କାରଣ ଏହା ପରିପୂର୍ଣ୍ଣ ବା ପରିପ୍ରକାଶିତ ହେଲେ ଯୁଝିହୁଏ ସୂକ୍ଷ୍ମ ଅଥଚ ସରଳ, ସାଦା କାଗଜ କିଆରିର ମସ୍ତିଷ୍କମାନଙ୍କ ସହ। ସେଇ ଉର୍ବର ମସ୍ତିଷ୍କରେ ଯାହା ବୀଜରୋପଣ କଲେ ଫଳ ତଦନୁସାରୀ ମିଳିବା ଅବଶ୍ୟମ୍ଭାବୀ। ଏହି ସମୟରେ ଅର୍ଥାତ୍ ହେତୁ ହେବାଠାରୁ ଆଠବର୍ଷ ବା ବାର-ଚଉଦବର୍ଷ ଯାଏଁ ଶିଶୁ ବା କିଶୋର ମନ ଓ ମସ୍ତିଷ୍କ ଉପରେ 'ସାହିତ୍ୟ'ର ପ୍ରଭାବ 'ଭାଷା'ର ପ୍ରଭାବ ପରି ସ୍ପଷ୍ଟ ଓ ଗଭୀର। ସଫଳ ଭାଷା ଶିକ୍ଷା ଏହି ପର୍ଯ୍ୟାୟରେ ହୋଇଥାଏ। ତେବେ ଯାଇ ପ୍ରଥମ ଭାଷା (First language)ର ସ୍ୱାଦ ଓ ଗନ୍ଧ ସେହି ବ୍ୟକ୍ତିଠାରେ ମିଳିଥାଏ। ପରେ ଶିକ୍ଷା କରିଥିବା ଭାଷା Second language ବା Third language ହୋଇଯାଏ। ସେହିପରି ଏହି ସମୟରେ (୧-୮ ବା ୧-୧୪) ଶୁଣିଥିବା ଓ ହୃଦୟଙ୍ଗମ କରିଥିବା ସାହିତ୍ୟ 'ଆର୍କିଟାଇପ୍' ପରି

ବ୍ୟକ୍ତିଠାରେ ଉତ୍ତରକାଳରେ କାର୍ଯ୍ୟକରେ। ଦୃଷ୍ଟାନ୍ତ ସ୍ୱରୂପ ମଧୁସୂଦନ ରାଓଙ୍କ 'ବର୍ଣ୍ଣବୋଧ'ର କେତେକ ପଙ୍‌କ୍ତି ଯଥା- "ଅରଣା ମଇଁଷି ରହିଛି ଅନାଇ, ମଇଁଷିର ପାଖ ନଯାଅ ଦନାଇ" ବା "ପଇଡ଼ ବଡ଼ ମଧୁର, ବିଲୁଆ ବଡ଼ ଚତୁର।" ତଥା କେତେକ ନାଁଦିଆ କବିତା ଓ ସାହିତ୍ୟ ବହିର ଗଳ୍ପ କି କବିତା କି ପଦ୍ୟ, ଲୋକଗଳ୍ପ ବା ଲୋକକାହାଣୀ ଇତ୍ୟାଦିର ପ୍ରଭାବ ଏତେ ସୁଦୂରପ୍ରସାରୀ ଯେ, ଆଧୁନିକ କାଳରେ 'ବୌଦ୍ଧିକରୁ ବୌଦ୍ଧିକତର କବିତା ରଚନା' ଓ 'ବୌଦ୍ଧିକ ପାଠକ ସମାଜ ସୃଷ୍ଟି' ଓ 'ବୌଦ୍ଧିକତାର ଅବବୋଧ' ଏସବୁ ଦ୍ୱାରା ନିର୍ମାଣ ହୋଇଥାଏ। ଦୀପକ ମିଶ୍ରଙ୍କ 'ଅରଣା ମଇଁଷି', ଗୁରୁପ୍ରସାଦଙ୍କ 'ଚଂପାଫୁଲ', ସଚ୍ଚିରାଉତରାୟଙ୍କ ଗଦାଗଦା କବିତା, ବିନୋଦ ନାୟକ ଓ ପ୍ରତିଭା ଶତପଥୀଙ୍କ ପରି ବୌଦ୍ଧିକ କବି ଓ ଅନେକ କବି, ଲେଖକ ଏସବୁକୁ ମିଥ୍ ଓ ଆର୍କିଟାଇପ୍‌ର ଦର୍ଜା ଦେଇଛନ୍ତି ଓ ପାଠକେ ତାଙ୍କୁ ଗ୍ରହଣ ମଧ୍ୟ କରିଛନ୍ତି ଓ ସ୍ୱୀକୃତି ମଧ୍ୟ ମିଳିଛି। କିନ୍ତୁ ଏ ସ୍ୱୀକୃତି ପଛରେ ପାଠକ ନୁହେଁ (First hand reader) ଅଧିକନ୍ତୁ ଏହି ଶିଶୁସାହିତ୍ୟ ଓ ଲୋକ ସାହିତ୍ୟର ସ୍ରଷ୍ଟା ଓ କଥକ ହିଁ ଦାୟୀ। ଯଥାର୍ଥରେ ଜାତିର ବୌଦ୍ଧିକତାର ନିର୍ମିତି ଏହି ସାହିତ୍ୟର ଗଠନ, ପଠନ ଓ ପାଠନ ଦ୍ୱାରା ହିଁ ଧୀରେ ଧୀରେ ଜାତିର ମାନସିକତାରେ ଏସବୁ ବସିବା (Precipitation) ପରେ ହିଁ ହୋଇଥାଏ। ଏଣୁ ଏହା ଏଡ଼େ ସହଜ କଥା ନୁହେଁ, ବଡ଼ ଦୁରୁହ ଓ ମୁସ୍କିଲ୍ ବ୍ୟାପାର ନିଶ୍ଚିତ।

ଶିଶୁ ସାହିତ୍ୟର ଅନେକ ଲକ୍ଷଣ ରହିଛି ଓ ରହିବା ଉଚିତ୍ ମଧ୍ୟ। କାରଣ ଶିଶୁର ମାନସିକତା, ମନସ୍ତତ୍ତ୍ୱ, ଧାରଣା, ଗ୍ରହଣଶୀଳତା, ପ୍ରତିକ୍ରିୟା, ଲେଖାର ପାର୍ଶ୍ୱ ପ୍ରତିକ୍ରିୟା, ସଂସ୍କାର, ପରଂପରା ଇତ୍ୟାଦିକୁ ନେଇ ଭବିଷ୍ୟ ଗଠନ, ବ୍ୟକ୍ତିତ୍ୱ (ବ୍ୟକ୍ତି ଓ ଜାତି ଉଭୟର) ଗଠନ ପ୍ରଭୃତିକୁ ଆଖିଆଗରେ ରଖି ଶିଶୁସାହିତ୍ୟ ରଚନା କରିବା ଉଚିତ୍। ଯଥାର୍ଥରେ ତାହା ଯୁଗ ଉପଯୋଗୀ ଓ ସୁସ୍ଥ ଶିଶୁସାହିତ୍ୟ ହୋଇଥାଏ। ତେବେ ଅନ୍ୟାନ୍ୟ ଲକ୍ଷଣାବଳୀ ମଧ୍ୟରେ (କ) ପୌନପୌନିକତା / ପୁନରାବୃତ୍ତି (Repetition) (ଖ) ଶିକ୍ଷଣୀୟତା (Didactism) (ଗ) ଚିତ୍ରଣ / ସ୍ପଷ୍ଟୀକରଣ (Illustration) (ଘ) ଆଲୋକବାଦୀ ବା ଆଶାବାଦୀ ମନୋବୃତ୍ତି (Optimism) (ଙ) କଳ୍ପନା ଓ ଅବାସ୍ତବତା (Fantasy) (ଚ) ଶିଶୁ ବା କିଶୋର ଚରିତ୍ର (Children character) (ଛ) ନିରୀହତା (Innocence) (ଜ) କ୍ରିୟା (Action) (ଝ) ଶିଶୁ ଅଧିକାର ଓ କର୍ତ୍ତବ୍ୟବୋଧ (Children's Right and Duty) (ଞ) ଶୈଶବ ବା କୈଶୋର ଧାରଣା (Concept of Childhood) (ଟ) ସରଳତା (Simple and Straightforwardness) (ଠ) ପାଠକକୁ ବାନ୍ଧି ରଖିବାର ବା ଆକର୍ଷିତ କରିବାର ଖୋରାକ୍ (Elements to arrest the readers interest or attention) (ଡ) ଶିଶୁସୁଲଭ ପରିପ୍ରକାଶ (Childlike expression) ଏବଂ ସର୍ବୋପରି ଆଗାମୀ କାଲିର ସମାଜରେ ଆମେ ଦେଖିବାକୁ ଚାହୁଁଥିବା ବା ଅପେକ୍ଷା ରଖିଥିବା ଗୁଣାବଳୀକୁ ଏବେ ଏହି ସାହିତ୍ୟରେ ରଖିବା ଓ ଯଥାକ୍ରମେ ସାହିତ୍ୟ ରଚନା କରିବା ଉଚିତ୍। Dr. Robert Sweetland ଏହି ଶିଶୁ ସାହିତ୍ୟର ଲକ୍ଷଣ ବାବଦରେ ଉପର୍ଯ୍ୟୁକ୍ତ ଅନେକ ଲକ୍ଷଣ ନିର୍ଣ୍ଣୟ କରିଛନ୍ତି। ଶିଶୁ ସାହିତ୍ୟର ଆୟାମ (dimension) ବୃଦ୍ଧି ଘଟିଲେ ତାହା କିଶୋର ସାହିତ୍ୟ ଆଡ଼କୁ ଯାଇଥାଏ, ଯାହାକୁ ଇଂରାଜୀରେ ଆମେ Juvenile literature କହିଥାଉଁ। ତେବେ ମୂଳତଃ ମୌଖିକ ଓ ଲୌକିକ ସାହିତ୍ୟିକ ପରଂପରାରୁ ଏସବୁ ଉଦ୍ଭୂତ ହୋଇଛି। ବିଦେଶରେ ଶିଶୁମାନଙ୍କର ପାଠ୍ୟପୁସ୍ତକ ଏକ ମନୋବୈଜ୍ଞାନିକ ବା ମନସ୍ତାତ୍ତ୍ୱିକ ମଣ୍ଡଳୀ ବା କମିଟି ଦ୍ୱାରା ଗୃହୀତ ହେଲାପରେ ଯାଇ ପାଠ (Text) ହିସାବରେ ବଜାରକୁ ଆସେ। ଏଇଥିରୁ ଏହି ସାହିତ୍ୟର treatmentର ସୂକ୍ଷ୍ମତା ଓ ଗମ୍ଭୀରତାକୁ ଅନୁମାନ କରାଯାଇପାରେ।

John Cotton ନାମକ ଜଣେ Puritan କିଛି ପଦ୍ୟ ରଚନା କରି ଶିଶୁମାନଙ୍କ ଉଦ୍ଦେଶ୍ୟରେ ୧୬୪୬ ମସିହାରେ ପ୍ରକାଶ କରିଥିଲେ। ଏହି ପୁସ୍ତକ ଉଭୟ ବୋଷ୍ଟନ୍ ଓ ଇଂଲଣ୍ଡରେ ଉପଲବ୍ଧ ଥିଲା। କିନ୍ତୁ ମଜାର କଥା ଏହିକି ଯେ, ଏହି ବହିଟିକୁ Spiritual Milk of Boston Babes ବୋଲି ସେକାଳରେ କୁହାଯାଉଥିଲା। ସେମିତି The New England Primer ପୁସ୍ତକଟି ୧୬୯୧ରେ ପ୍ରକାଶ ପାଇ ପାଖାପାଖି ୧୦୦ ବର୍ଷ ଧରି ଇଂଲଣ୍ଡର ବିଦ୍ୟାଳୟ ଗୁଡ଼ିକରେ ପାଠ୍ୟପୁସ୍ତକ ଭାବରେ ପ୍ରଚଳିତ ଥିଲା। ସେହିପରି ଇଟାଲିରୁ ପ୍ରକାଶିତ ପ୍ରଥମ ଇଉରୋପୀୟ ଲୋକକଥା ସଂକଳନ 'Pentamerone' (୧୬୩୪), ଫ୍ରାନ୍ସର ପରୀକଥା ସଂକଳନ କରି Charles Perrault ଯେଉଁ ପୁସ୍ତକ ୧୬୯୭ରେ ପ୍ରକାଶ କଲେ ଅନ୍ୟାନ୍ୟ ଦେଶମାନଙ୍କରେ ଶିଶୁ ମାନସିକତା ଓ ଶିଶୁ ସାହିତ୍ୟକୁ ଘେନି ତା'ପରେ ଧାରାବାହିକ ଭାବରେ ପ୍ରକାଶ କରିଥିବା ପୁସ୍ତକ ସବୁ ଏହି ସାହିତ୍ୟର ଗୁରୁତ୍ୱ ବହନ କରେ।

ବିଶ୍ୱସ୍ତରରେ ଶିଶୁସାହିତ୍ୟ ରଚନା କରି କୃତିତ୍ୱ ଅର୍ଜନ କରିପାରିଥିବା ଅନେକ ସ୍ରଷ୍ଟା ଅଛନ୍ତି। ସେମାନଙ୍କ ମଧ୍ୟରେ Zheng Yuanjie, Paul Zindel, Charlotte Zolotow, Miriam Young, Jane Yolen, E. H. Young, Laurence Yep, Bernard Waber, Muriel Wace, Lea Wait, Judy Waite, Dorothy Wall, J. G. Wallace, Vivian Walsh, Jennifer Ward, Victor Watson, Regina Webb, H. G. Wells, Robert Westall, Scott Westerfeld, Carol Weston,

Micheal Wexler, Gloria Whelan, E. B. White, Oscar Wilde, Geoffrey Willians, Rita Williams Garcia, Henry Williamson, Jane Wilson Howarth, Henry Winkler, Audrey Wood, Dare Wright, Patrica Wrightson, John Vornholt, Elfrida Vipont, Shreekumar Verma, Chris Van Allsburg, Jenny Valentine, Else Ury, Anne Ursu, Tomi Ungerer, Rajesh Talwar, Ann Taylor, Ethel Turner, Kate Thompson, H. E. Todd, Leo Tolstoy, Geoffrey Trease, Mark Twain, Carl Sandburg, Emilio Salgari, Micheal Scott, Laura Vaccaro Seeger, George Seldel, Dr. Seuss, Elizabeth Missing Sewell, Miranda Seymour, Gary Shipman, Mark Shulman, Shel Silverstein, Marilyn Singer, Arthur Ransome, Philip Reeve, David Rees, Celia Rees, Hilary Robinson, Veronica Roth, J. K. Rowling, Hemendra Kumar Roy, Salman Rushdie, Ron Roy, Diana Ross, Adam Rex, Barbara Park, Kit Pearson, Robert C. O' Brien, Scott O'Dell, John Newbery, Jenny Nimmo, J. P. Martin, Susanna Moodie, Andrew Murray, Jill Murphy, Pat Mora, Kirby Larson, Harold Keith, Rudyard Kipling, Anne Knight, Janusz Korczak, Jane Kurtz, Kristin Helga Gunnarsdottir, Grace James, W. E. Johns, Mick Inkpen, Jean Ingelow, Maria Hack, Mark Haddon, Frances Hardinge, Rosemarry Harris, Carolyn Haywood, Doris Gates, Oliver Goldsmith, John Grant, Graham Greene, Jacob and Wilhelm Grimm, Julia Golding, Rumer Godden, John Meade Falkner, Nancy Farmer, Penelope Farmer, G. E. Farrow, Chitra Fernando, Ruby Ferguson, Eugene Field, Sarah Fielding, Anne Fine, John D. Fitzgerald, Marjorie Flack, Antonia Forest, Barbara C. Freeman, Anne Frank, Pamela Freeman, Edward Eager, Martin Ebbertz, Dorothy Edwards, Stephen Elboz, T. S. Eliot, E. C. Eliott, Janice Elliott, John R. Erickson, Elizabeth Enrisht, Miep Diekmann, Debbie Dadey, Annie Dalton, Alan Davidson, Walter de la Mare, Daniel Defoe, Charles Dickens, Peter Dickinson, Rex Dixon, Julia Donaldson, Debra Doyle, Roddy

Doyle, Carlo collodi, Cao Wenxuan, William Cardell, Peter Carter, Neelam Saxena Chandra, Geoffery Chaucer, Lauren Child, Irma Chilton, Carlo Collodi, Arthur Connan Doyle, Susan Cooper, Bob Balaban, T. A. Barron, Maria Baciu, Ivana Brlic Mazuranic, Steve Barlow, Richard Adams, Jean Adamson, Sue Alexander, David Almond, K. A. Applegate, Jonathan Auxier ଓ Christopher Awdry ପ୍ରମୁଖ ଏକ ଏକ ପରିଚୟ ସୃଷ୍ଟି କରିବା ସହ ବିଶ୍ୱ ଶିଶୁସାହିତ୍ୟ ପୁସ୍ତକର ଏକ ଏକ ନବ ନବ ଅଧ୍ୟାୟ ସଂଯୋଗ କରିଛନ୍ତି । ଏଠାରେ ଦେଖିବା କଥା ଯେ, ଯେତେ ବଡ଼ ବଡ଼ ମହାନ୍ ବିଦଗ୍ଧ ସ୍ରଷ୍ଟା ପୃଥିବୀରେ ଅଛନ୍ତି, ସେମାନଙ୍କ ମଧ୍ୟରୁ ଅନେକେ ଶିଶୁ ସାହିତ୍ୟରେ ହାତ ଦେଇଛନ୍ତି ଓ ସଫଳ ମଧ୍ୟ ହୋଇଛନ୍ତି । ଏଣୁ ବିଦଗ୍ଧ ସାହିତ୍ୟ ରଚନା କରୁଥିବା ବ୍ୟକ୍ତିପାଇଁ ଏହା କିଛି କମ୍ ବୌଦ୍ଧିକ କର୍ଷଣର କାର୍ଯ୍ୟ ନୁହେଁ । ଚାର୍ଲସ ଡିକେନ୍ସ, ଟି. ଏସ୍. ଏଲିଅଟ୍, ଚସର୍, ଡାନିଏଲ ଡାଫୋ, ଆନି ଫ୍ରାଙ୍କ୍, ରୁଡ୍ୟାର୍ଡ କିପ୍ଲିଂ, ଓଲିଭର୍ ଗୋଲ୍ଡ଼ସ୍ମିଥ୍, ୱିଲ୍‌ହେମ୍ ଗ୍ରୀମ୍ ଓ ଜାକୋବ ଗ୍ରୀମ୍, ଓସ୍କାର ୱାଇଲଡ୍, ସଲ୍‌ମନ ରୁଶ୍‌ଦି, ଜେ. କେ. ରାଓଲିଂ, କାର୍ଲ ସେଣ୍ଟ୍‌ବର୍ଗ ଓ ଏଚ୍. ଜି. ୱେଲସ୍ ପରି ମହାନ୍ ବିଦଗ୍ଧ ସାହିତ୍ୟକାର ମଧ୍ୟ ଶିଶୁସାହିତ୍ୟ ଓ କିଶୋର ସାହିତ୍ୟ ରଚନା କରି ପରୀକ୍ଷା ନିରୀକ୍ଷା କରିଛନ୍ତି ଓ ସଫଳତା ମଧ୍ୟ ଲାଭ କରିଛନ୍ତି ଓ ବିଶ୍ୱ ଶିଶୁ-କିଶୋର ମାନସିକତାକୁ ନିର୍ମାଣ କରିବାକୁ ଚେଷ୍ଟା କରି ପୃଥିବୀର ସୁସ୍ଥ ଭବିଷ୍ୟ ନିର୍ମାଣ ପାଇଁ ପ୍ରଯତ୍ନଶୀଳତା ପ୍ରଦର୍ଶନ କରିଛନ୍ତି ।

ସେହିପରି ଓଡ଼ିଆ ସାହିତ୍ୟର ପ୍ରାଣସ୍ପନ୍ଦନ ସାରଳା ଦାସ (ସିଦ୍ଧେଶ୍ୱର ପରିଡ଼ା) ଓ ଜଗନ୍ନାଥ ଦାସଙ୍କ କୃତିରେ ମଧ୍ୟ ଶିଶୁ ଓ କିଶୋରମାନଙ୍କ ପାଇଁ ବେଶ୍ ଖୋରାକ୍ ରହିଛି । କାରଣ ଏସବୁ ସମାଜର ଏକ ସୁଦୃଢ଼ ନିଅଁ ବା ଭିତ୍ତିଭୂମି ପକାଇବାକୁ ଲେଖାଯାଇଛି । ଓଡ଼ିଆ ସାହିତ୍ୟର ଆଧୁନିକତା କେନ୍ଦ୍ର ବା ଶଙ୍ଖନାଦ ଶୁଣାଇଥିବା ରାଧାନାଥ ରାୟ, ଫକୀର ମୋହନ ସେନାପତି, ମଧୁସୂଦନ ରାଓ, ମଧୁସୂଦନ ଦାସ, ଗୋପବନ୍ଧୁ ଦାଶ, ନୀଳକଣ୍ଠ, ଗୋଦାବରୀଶ ମହାପାତ୍ର, ଗୋଦାବରୀଶ ମିଶ୍ର ପ୍ରମୁଖ ସମସ୍ତେ ଶିଶୁସାହିତ୍ୟ ରଚନାରେ ମଗ୍ନ ଥିଲେ । ଗୋଦାବରୀଶ ମହାପାତ୍ର ତ ଶିଶୁମାନଙ୍କ ପାଇଁ 'ଟୁଆଁଟୁଇଁ' ନାମକ ପତ୍ରିକାର ସଂପାଦନା କରୁଥିଲେ । ଚଳନ୍ତି ସମୟରେ ମଧ୍ୟ ଅନେକ ସ୍ରଷ୍ଟା ଏ ଦିଗରେ ହାତ ଦେଇଥିବାର ଲକ୍ଷ୍ୟ କରିହେବ । କିନ୍ତୁ ଅନ୍ୟାନ୍ୟ ସାହିତ୍ୟ ତୁଳନାରେ ଅଧୁନା ଖୁବ୍ କମ୍ ଲୋକ ଏ ବିଭାଗରେ ସଫଳତା ପୂର୍ବକ ଓ ସଚେତନତା ପୂର୍ବକ ମନୋନିବେଶ କରୁଥିବାର ଲକ୍ଷ୍ୟ କରାଯାଏ । ଏବର ସମୟରେ

ଏହି ବିଭାଗରେ ଲେଖାଲେଖି କରୁଥିବା ସ୍ରଷ୍ଟାମାନଙ୍କ ମଧ୍ୟରୁ କନକ ମଞ୍ଜରୀ ମହାପାତ୍ର, ଚନ୍ଦ୍ରଶେଖର ମହାପାତ୍ର, ମହେଶ୍ୱର ମହାନ୍ତି, ଜଗନ୍ନାଥ ମହାନ୍ତି, ବଟକୃଷ୍ଣ ଓଝା, ରାମକୃଷ୍ଣ ନନ୍ଦ, ଉଦୟନାଥ ଷଡ଼ଙ୍ଗୀ, ପ୍ରମିଳା ନାୟକ, ନିକୁଞ୍ଜ କିଶୋର କାନୁନ୍‌ଗୋ, ରମେଶ ଚନ୍ଦ୍ର ଭଞ୍ଜ, ଗଣେଶ୍ୱର ମିଶ୍ର, ମନୋରମା ମହାପାତ୍ର, ଗାୟତ୍ରୀ ମିଶ୍ର, କ୍ଷୀରୋଦ ଚନ୍ଦ୍ର ପୋଥାଳ, ଗୀତା ଦାଶ ବେନହୁର, ଦୁର୍ଗାପ୍ରସାଦ ପଟ୍ଟନାୟକ, ନଦିଆ ବିହାରୀ ମହାନ୍ତି, ବୀରେନ୍ଦ୍ର କୁମାର ସାମନ୍ତରାୟ, ରାମପ୍ରସାଦ ମହାନ୍ତି, ସ୍ନେହଲତା ମହାନ୍ତି, ଦାଶ ବେନହୁର୍ (ଜିତେନ୍ଦ୍ର ନାରାୟଣ ଦାଶ), ପୂର୍ଣ୍ଣ୍ୟପ୍ରଭା ଦେବୀ ପ୍ରମୁଖ ପ୍ରଧାନ।

ଶିଶୁ ସାହିତ୍ୟରେ ପୁସ୍ତକଟି ବା ପାଠଟି ଛବିଳ ହେଲେ ବା ଚିତ୍ରଯୁକ୍ତ ହେଲେ ତାହା ଶିଶୁ /କିଶୋର ମନକୁ ଅଧିକ ଆକୃଷ୍ଟ କରେ। "Pictures have always accompanied children's stories."[୧] ସାଧାରଣ ଭାବରେ ପ୍ରାଚୀନ କାଳର କ୍ଲାସିକ୍ ସାହିତ୍ୟ ବା ପୁରାଣାଦିରୁ ଶିଶୁ ସାହିତ୍ୟର Text ବା ପାଠ ଚୟନ କରାଯାଏ। କାରଣ ଏଥିରେ ନୈତିକ ଶିକ୍ଷାର ଉପାଦାନଟି ଅଧିକ ମାତ୍ରାରେ ଥାଏ। କିନ୍ତୁ ଏବର ସମୟର ସାଂସ୍କୃତିକ ପରିବର୍ତ୍ତନ ପ୍ରେକ୍ଷାପଟ ଉପରେ ଯେଉଁ ଶିଶୁସାହିତ୍ୟ ସୃଷ୍ଟି ହେଉଛି ବା ହେବ, ତାହା ଅପେକ୍ଷାକୃତ ରୁଗ୍ଣ ଓ ଅସ୍ୱାସ୍ଥ୍ୟବାନ୍ ଓ ଅସ୍ୱାସ୍ଥ୍ୟକର।[୨] ଆଲ୍‌ସନ୍ ଲୁରି, ଭିକ୍‌ଟୋରିଆ ଫିନାନ୍ ପ୍ରମୁଖ ଏହି ଶିଶୁସାହିତ୍ୟ ରଚନା ଗୁଡ଼ିକର ବିଶ୍ୱପ୍ରସିଦ୍ଧ ସମୀକ୍ଷକ। ବିଶ୍ୱସ୍ତରରେ ଦେଖିଲେ ଶିଶୁ ସାହିତ୍ୟର ଅନେକ ଆୟାମ ବା ଡାଇମେନ୍‌ସନ୍ ଦେଖିବାକୁ ମିଳିବ ଓ ତା' ସାଥିରେ ଦେଖିବାକୁ ମିଳିବ ଅନେକ ପ୍ରତିବନ୍ଧକ, ଅସୁବିଧା ଓ ସମ୍ଭାବନାର ସୂତ୍ରରାଜି। ସାରସ୍ୱତ ଜଗତର ଏହି ବିଶାଳ ବିଭାବର ଗୁଣ ଓ ସ୍ୱରୂପ ଆଲୋଚନା କରିବା ଏଡ଼େ ସହଜ ଓ ସାଧାରଣ ବ୍ୟାପାର ନୁହେଁ। ଏହା ଯଥେଷ୍ଟ ଚିନ୍ତା ଓ ସମୟ ସାପେକ୍ଷ।

ଶ୍ରୀମତୀ ଶରତ କୁମାରୀ ଆଚାର୍ଯ୍ୟ ସାରସ୍ୱତ ଜଗତର ଅନେକ ଦିଗରେ ଲେଖନୀ ଚାଳନା କରିଛନ୍ତି। ପ୍ରବନ୍ଧ, ନାଟକ ଠାରୁ ଆରମ୍ଭ କରି ଗଳ୍ପ, କବିତା, ଶିଶୁ କବିତା, ଭକ୍ତିଗୀତିକା, ଶିଶୁଗଳ୍ପ, ସୁଭାଷିତ ପ୍ରଭୃତି ରଚନା କରିବା ଏହା ସ୍ପଷ୍ଟ କରେ ଯେ, ସେ କେତେ ପାରିବାର ଓ କେତେ ଦୁଃସାହସୀ। ସେ ବୌଦ୍ଧିକ ସାହିତ୍ୟ ବା ବୟସ୍କମାନଙ୍କ ପାଇଁ ସାହିତ୍ୟ ରଚନା କରିବାରେ ଯେପରି ସିଦ୍ଧହସ୍ତା ଶିଶୁ ଓ କିଶୋର-କିଶୋରୀ-ମାନଙ୍କ ପାଇଁ ସାହିତ୍ୟ ରଚନା କରିବାରେ ଅନୁରୂପ ଭାବରେ ସିଦ୍ଧହସ୍ତା। 'ଜେଜେଙ୍କ ପୁରାଣ ରହସ୍ୟ', (୧୯୯୨), 'ବହି ଆମର ବନ୍ଧୁ' (୨୦୦୭) ନାମକ ଦୁଇଟି ଶିଶୁଗଳ୍ପ ସଂକଳନ ରଚନା କରିବା ସହ 'ଲାଲ୍ ଟୁକୁଟୁକୁ' (୧୯୯୭) ଓ 'ଯା'ରେ ନାଆ ଭାସିଯା' (୨୦୦୦) ନାମକ ଦୁଇଟି ଶିଶୁ କବିତା ଗ୍ରନ୍ଥ ରଚନା

କରିଛନ୍ତି। ପ୍ରାୟ କୋଡ଼ିଏରୁ ଊର୍ଦ୍ଧ୍ୱ ପୁସ୍ତକର ରଚୟିତା ଶ୍ରୀମତୀ ଆଚାର୍ଯ୍ୟ ଓଡ଼ିଆ ସାରସ୍ୱତ ଜଗତର ଏକ ବହୁମୁଖୀ ପ୍ରତିଭା ସଂପନ୍ନା ଫର୍ଦ୍ଦବିଶେଷ ଅଟନ୍ତି।

ଆଲୋଚ୍ୟ 'ଯା'ରେ ନାଆ ଭାସିଯା' ଶିଶୁକବିତା ପୁସ୍ତକଟି ଏକ ବର୍ଣ୍ଣାଢ୍ୟ ଓ ଯୁଗୋପଯୋଗୀ ସାରସ୍ୱତ କୃତି ମାତ୍ର। ପୁସ୍ତକଟିର ଉତ୍ସର୍ଗ ପତ୍ରଟିର ଦୁଇଧାଡ଼ି "ଶୂନ୍ୟତାରୁ .... ପୂର୍ଣ୍ଣତାକୁ .....ଅଥଳ ନିରାଶ୍ରୟରୁ ..... ସଫଳ ଆଶ୍ରୟର ସୁଖଦ ମୁହୂର୍ତ୍ତଙ୍କୁ" ତାଙ୍କ ଗାମ୍ଭୀର୍ଯ୍ୟ, ତାଙ୍କ ବୌଦ୍ଧିକତା ଓ ଆବେଗର ସାନ୍ଦ୍ରତାକୁ ଠାବେ ଠାବେ ପ୍ରତି ଶବ୍ଦ, ପ୍ରତି ପଦ, ପ୍ରତିଟି ବର୍ଣ୍ଣରେ ବ୍ୟକ୍ତ କରୁଛି, ଯାହାକୁ ସୁଧୀ-ବିଦଗ୍ଧ ଓ ସହୃଦୟ ପାଠକ ତା'ର ପ୍ରତି ସ୍ପନ୍ଦନରେ ଉପଲବ୍ଧି କରିପାରିବ।

ପୁସ୍ତକର ପାଠାରମ୍ଭ ପୂର୍ବରୁ ଲେଖିକା "କିଛି ମନ୍ତବ୍ୟ" ଶୀର୍ଷକରେ କିଞ୍ଚିତ୍ ମତବ୍ୟକ୍ତ କରିବାକୁ ଇଚ୍ଛା କରିଛନ୍ତି। ତହିଁରେ ଲେଖିକା ଏଡ଼େ ଚମତ୍କାର ଅଭିବ୍ୟକ୍ତି ରଖିଛନ୍ତି ଯେ, ତାହା ପାଠକଲା ମାତ୍ରକେ ହୃଦୟ ଦ୍ରବୀଭୂତ ହୁଏ, ମନ ପ୍ଲାବିତ ହୋଇ ଧୋଇଯାଏ, Catharsis ହୁଏ। ମନେହୁଏ ଲେଖିକା ଜଣଙ୍କ ଏକାଧାରରେ ଜଣେ ଜନ୍ମଗତ କବି ଓ ପ୍ରାବନ୍ଧିକର ପ୍ରତିଭା ନେଇ ଜନ୍ମିତ। ଅବଶ୍ୟ ଏହି ମନ୍ତବ୍ୟର ଗୁରୁତ୍ୱ ପୁସ୍ତକର ପାଠ (Text) ଓ ପ୍ରସଙ୍ଗ ସହ ରହିଥିବାରୁ ଏବଂ ଏହାର ଲାଳିତ୍ୟକୁ ପାସୋରିଯାଇ ପାରୁନଥିବାରୁ ଏହାକୁ ଗୋଟାପଣେ ଲେଖକୀୟ ଅଭିବ୍ୟକ୍ତି ହିସାବରେ ଉଦ୍ଧାର କରିବା ଉଚିତ୍ ମନେକରୁଛି। ଲେଖିକା ଶ୍ରୀମତୀ ଆଚାର୍ଯ୍ୟ କହନ୍ତି-

"କୁନା କୁନି ଯେତେ ଭଲ ନପାଆନ୍ତି ମୂଲ୍ୟବାନ ଖେଳନାକୁ, ଲୋଭନୀୟ ଖାଦ୍ୟକୁ, ପୋଷାକକୁ, ଅତିପ୍ରିୟ ବାପ ମାଆଙ୍କୁ, ସବୁଠୁଁ ସେତେ ଅଧିକ ଖୋଜନ୍ତି ସାଙ୍ଗସାଥୀ ମେଳକୁ।"[୩] କେତେବଡ଼ କଥା ନୁହେଁ ଏ ଟିକକ! ଶିଶୁ ମନୋରାଜ୍ୟର କେଡ଼େ ଗହନ ଓ ଗୁରୁତ୍ୱପୂର୍ଣ୍ଣ କଥାଟି ଏ ସତେ! ପୁଣି ସେ କହନ୍ତି, "ସେଇଥିରେ ସେମାନେ ଭୁଲିଯାଆନ୍ତି ଭୋକଶୋଷ, ସମସ୍ତ ଅବସୋସ। ବଡ଼ମାନଙ୍କର ସ୍ନେହ ମମତାର ପସରାକୁ ହାତପୂରାଇ କିଛି କିଛି ନେଇ ସେ ଆଗାମୀ କାଲି ପାଇଁ ବେପାର ବଣିଜ କରିବାକୁ ବେଶୀ ସୁଖ ପାଆନ୍ତି। ତା'ନହେଲେ ପ୍ରବଳ ଝଡ଼ବାତ୍ୟା ପରେ ଘରଦ୍ୱାର, ବନ୍ଧୁ, ସୋଦର, ପରିବାର ହରାଇ ଅନାଥ ଶିଶୁମାନେ କିପରି ଭୁଲି ପାରିଛନ୍ତି ସବୁ ଦୁଃଖ ଯନ୍ତ୍ରଣାକୁ ଆଜି ସାଙ୍ଗସାଥୀ ମେଳରେ।"[୪] ଏଥିରୁ ସ୍ପଷ୍ଟ ଅନୁମାନ କରାଯାଇପାରେ ଯେ, ଲେଖିକା ୧୯୯୯ ମସିହାର କରାଳ ରୂପଧାରିଣୀ ବନ୍ୟା ପ୍ରପୀଡ଼ିତ କିଛି ଅନାଥ ଶିଶୁଙ୍କୁ ନିଜେ ଦେଖିଆସିଛନ୍ତି ଅନାଥ ଆଶ୍ରମରେ। ସେ ଅନୁଭୂତି ତାଙ୍କ କୋମଳ ହୃଦୟରେ ପାତ କରିଛି ଏ ସ୍ପଷ୍ଟ ଓ ଗଭୀର ରେଖା। ଏଣୁ ସେ କହନ୍ତି, "ସ୍ନେହ ମମତାର ବଣିଜ ପାଇଁ ଅପେକ୍ଷା କରିଥିବା ସେଇ ଅନାଥ ଦେବଶିଶୁମାନଙ୍କ

ଉଦ୍ଦେଶ୍ୟରେ ମୋର ଏହି କାଗଜ ଡଙ୍ଗାକୁ ଭସାଇ ଦେଇ ଏମିତି ଚିରଦିନ ଗାଉଥିବି 'ଯା'ରେ ନାଆ ଭାସିଯାଆ...ମୋର କାଗଜ ଡଙ୍ଗା ଭାସିଯା' କୁନାକୁନିଙ୍କ ମନରୁ ସବୁ ଦୁଃଖ ନେଇ ଭାସିଯା...।" ମୋର ଏହି 'ଯା'ରେ ନାଆ ଭାସିଯା' ପୁସ୍ତକଟି ଦଣ୍ଡେ ନିମିଷକ ପାଇଁ ସେଇମାନଙ୍କୁ ଖୁସି କରିପାରିଲେ ମୋର ସମୟ ସାର୍ଥକ ହୋଇଛି ବୋଲି ମନେକରିବି।"[୫] ବାସ୍, ଆଉ ଅଧିକ କ'ଣ ଦର୍କାର ଜଣେ ଲେଖକର ? ୟାକୁଇ ତ କହନ୍ତି ସାମାଜିକ ପ୍ରତିବଦ୍ଧତା ଓ ଅଙ୍ଗୀକାରବଦ୍ଧତା। This is called real social and socio-cultural commitment embedded in the sea of emotion and truthfulness and humanity. ଶ୍ରୀମତୀ ଆଚାର୍ଯ୍ୟଙ୍କର ଏହି ଅଭିବ୍ୟକ୍ତିଟି ବାସ୍ତବରେ ପୁସ୍ତକଟିକୁ ଅନେକ ଊର୍ଦ୍ଧ୍ୱକୁ ନେଇଯାଇଛି।

ସମୁଦାୟ ଷାଠିଏ ପୃଷ୍ଠାର କବିତା। ମୋଟ୍ କବିତା ସଂଖ୍ୟା ୪୨। ଉଜ୍ଜ୍ୱଳ ଆଶା, ସମ୍ଭାବନା ଓ ଆଲୋକର ରଙ୍ଗ, ହଳଦୀ ରଙ୍ଗର ପ୍ରଚ୍ଛଦ।

ସଂକଳନର ସର୍ବପ୍ରଥମ କବିତା, 'ଯା'ଆରେ ନାଆ ଭାସିଯା'। ସେହିପରି 'କୁଆଁତାରା', 'ମିଠାଲାଗେ', 'ଆମରି ଦେଶ', 'ଗୁରୁଦିବସ', 'ଏକ ଏକ ଦୁଇ', 'ତୁମେ ହିଁ ଆଲୋକବର୍ତ୍ତୀ', 'ବିଜ୍ଞାନଗଡ଼', 'ମାଆ ଓ ମାଟି', 'ଫୁଲେଇ ନାନୀ', 'ଆସିଲା ଶୀତ', 'ବରଷା ଆସେ', 'ଆମେ ନୂଆ ସକାଳର ସମୀରଣ', 'ନବଦିଗନ୍ତ', 'କିଏ ତେବେ ଆପଣାର', 'ସଜଫୁଲ', 'ଆଗାମୀର ଫଳ', 'ମୋ ମାଆ', 'ପଳାଶଫୁଲ', 'କଜଳପତା', 'ଝଙ୍କଡ଼ବାସିନୀ ମାଆ', 'ବାଘର ଭୟ ଫାଗକୁ', 'ନାଁଟି ମୋର ମକରା', 'ବିଲେଇ ଓଲେଇ', 'ଉପକାରୀ', 'ଛୋଟରୁ ବଡ଼', 'ପରଧନ', 'ସମୟ ମୂଲ୍ୟବାନ୍', 'ଠାକୁର', 'ବିଜ୍ଞାନ', 'ବରଗଛ', 'ନଈବଢ଼ି', 'ମୋ ରଂଗ ମୋ ତୂଳୀ', 'କଷ୍ଟ କଲେ କୃଷ୍ଣ ମିଳେ', 'ମନବଳ', 'ଗର୍ବ କଲେ ଖର୍ବ ହୁଏ', 'ବୁଢ଼ୀଟିଏ', 'ଆମ୍ବଗଛ', 'କାରିଗିଲ୍ ବୀର ଯବାନ', 'କୁନିର ମନକଥା', 'ନନ୍ଦନକାନନ ପଥେ' ଓ 'ତୁମ ଝିଅ' କବିତା ସଂକଳନଟିକୁ ଋଦ୍ଧିମନ୍ତ କରିବାରେ ସାହାଯ୍ୟ କରିଛନ୍ତି। କବିତା ଗୁଡ଼ିକ ନାତିଦୀର୍ଘ ଓ ସୁଖପାଠ୍ୟ।

ପୁସ୍ତକଟିର ପ୍ରଥମ କବିତାଟି ବାସ୍ତବିକ୍ ଅତୀବ ସୁନ୍ଦର ଓ କାରୁକାର୍ଯ୍ୟପୂର୍ଣ୍ଣ ହୋଇଉଠିଛି। ଟିକିଟିକି ମନ, ସରଳ ଓ ନିଷ୍କପଟ। ପରସ୍ପର ପ୍ରତି ଅନାବିଳ ସ୍ନେହ, ପ୍ରେମ, ସଦିଚ୍ଛା ଓ ଆତ୍ମୀୟତା। ପରିବାର ମୂଲ୍ୟବୋଧ ଓ ସାଥୀହୋଇ ରହିବାର ଆକାଂକ୍ଷା- ଏ ପ୍ରତି ଶିଶୁମନର କଥା। ପୁଣି ଭାରତୀୟ ସମାଜରେ, ଓଡ଼ିଶାରେ ଯୌଥ ପରିବାରରେ ଏହାର ଗୁରୁତ୍ୱ କେତେ ସତେ ! ଛୋଟିଆ ପିଲାଟେ ହଷ୍ଟେଲରେ ରହିଲେ ତା'ର ଘରକଥା, ସାନଭାଇ ଭଉଣୀ, ସାଙ୍ଗସାଥୀ, ବାପା-ମାଆ, ପରିବାରଜନଙ୍କ

କଥା ମନେପଡ଼ିବା କେତେ ସ୍ୱାଭାବିକ ଅଥଚ କେଡ଼େ କଷ୍ଟଦାୟକ ! ସେହିପରି ପିଲାଟି ହେଉଛି କୁନା। ସେ ଦୂର ହଷ୍ଟେଲରୁ ତା' ସାନଭଉଣୀ ପାଖକୁ, ଘରକୁ ସେଥିପାଇଁ ଚିଠି ଲେଖୁଛି। ଚିଠିକୁ ସାହାରା କରି ସେ ନିଜର ଆବେଗକୁ ପ୍ରକାଶ କରୁଛି ଓ ଏହାକୁ ମାଧ୍ୟମ କରି ତା' ଆତ୍ମୀୟସ୍ୱଜନଙ୍କ ପାଖରେ ପହଞ୍ଚାଇବାକୁ ଚାହିଁଛି। ଲେଖିକାଙ୍କ ଭାଷାରେ-

"ଘର ଗାଁ ସାଙ୍ଗସାଥୀ ମନେ ପଡ଼ୁଛନ୍ତି
ହାତଠାରି ସତେ ଅବା ତାକୁ ଡାକୁଛନ୍ତି।"[୬]

ଏପଟେ ସାନ ଭଉଣୀର ମନ ମଧ୍ୟ ଭଲ ନାହିଁ। ସେ ମଧ୍ୟ ଚିନ୍ତାରେ ଅଛି ତା' ଭାଇ କେବେ ପାଠପଢ଼ି ଫେରିବ ଓ ସେ ସେହି ସମୟକୁ ଅପେକ୍ଷା କରିଛି। ତେଣୁ ତା'ମନ ପାଠ, କାମ, ଦାମ ପ୍ରଭୃତି କେଉଁଥିରେ ଲାଗୁନାହିଁ। ଏଣୁ ସେ ମଧ୍ୟ ନିଜ ମନକୁ ବୁଝାଇବା ପାଇଁ ଚେଷ୍ଟାକରିଛି ଓ ଚିଠିର ସାହାରା ନେଇଛି ଓ ମାଆ କିପରି ଭାଇର ଶୁଭମନାସି ପ୍ରତ୍ୟେକ ଦିନ ଠାକୁର ପୂଜା କରୁଛି, ଜୁହାର ହେଉଛି ତଥା ସମସ୍ତେ କିପରି ସେ ବଡ଼ହୋଇ ଭଲ ମଣିଷଟେ ହୋଇ ଫେରିବାର ଇଚ୍ଛା ରଖିଛନ୍ତି- ସେକଥା ଚିଠିରେ ଲେଖିଛି। ଏତକ ଲେଖି ତା'ଚିଠିର କାଗଜ ଡଙ୍ଗାକୁ ସେ ଭସାଇ ଦେଇଛି ଚିନ୍ତାର ସ୍ରୋତରେ, ଲୁହର ନଈରେ ଆବେଗର ଜୁଆର ସାହାଯ୍ୟରେ। ଭାଇର ବାଟ ଚାହିଁ ସେ ବସିଛି।

ଏଥିରେ ଶିଶୁସୁଲଭ ଆବେଗ ମିଳୁଛି ସତ କିନ୍ତୁ ଏଥିସହିତ ଏକ Typical Indian ବା Typical Odishan Woman (Girl)ର ମନସ୍ତତ୍ତ୍ୱ (Psychology) ପ୍ରତିଫଳିତ ହେବା ସଂଗେ ସଂଗେ ଏହା ଏକ ପୁରୁଷତାନ୍ତ୍ରିକ ଓ ପୁରୁଷପ୍ରଧାନ ସମାଜର ଚିତ୍ର ବୋଲି ସ୍ପଷ୍ଟ ପ୍ରମାଣ ମିଳୁଛି। ଏପରି ସମାଜରେ ଝିଅଟିଏ ବା Girl child ବା Womanଟିଏ ସବୁବେଳେ ଅବହେଳିତା ଓ ବଞ୍ଚିତା ହୋଇଥାଏ। ଗୋଟିଏ ପୁଅପିଲା ପାଠପଢ଼ିବା ବେଳେ ଝିଅଟିଏକୁ ସୁଯୋଗ ଦିଆଯାଏ ନାହିଁ ନହେଲେ ପୁଅଟିଏକୁ ପାଠ ପାଇଁ ବାହାରକୁ ଛାଡ଼ିବାବେଳେ କୁଣ୍ଠାବୋଧ ନଥିବା ବେଳେ ଝିଅଟିଏ ପାଇଁ ତାହା ଆପେ ଆପେ ଠୁଳ ହୋଇଯାଏ। ଏହି ସାନଭଉଣୀଟି ପାଠପଢ଼ିବା କଥା ଦ୍ୱିତୀୟ ପଙ୍କ୍ତିରେ ଅଛି ("କାମରେ ଦାମରେ କିମ୍ବା କେବେ ବି ପାଠରେ")। ମାତ୍ର ପିଲାଦୁଇଟି ମଧ୍ୟରୁ ଜଣେ ଘରେ ଅଛି ତ ଅନ୍ୟ ଜଣେ ବାହାରେ ଭଲ ସ୍କୁଲରେ, ହଷ୍ଟେଲରେ ରହି ପାଠପଢୁଛି। ପୁଣି ଯେଉଁ ପ୍ରକ୍ରିୟାରେ ସେ ଚିଠିର ଉତ୍ତର ଦେଇଛି ଓ ଚିନ୍ତା କରିଛି ଓ କାନ୍ଦିଛି ତାହା ଏକ ନାରୀ ମାନସିକତା ଆଡ଼କୁ ହିଁ ଆଙ୍ଗୁଠି ଦେଖାଏ। କାରଣ ସେ ଓଡ଼ିଶାରେ ଅବହେଳିତା ଓ ବଞ୍ଚିତା। ସେ ପୁରୁଷାଶ୍ରୟୀ। ସେ ଆଶ୍ରୟ କେତେବେଳେ

ବାପା ତ କେତେବେଳେ ଭାଇ ନହେଲେ ଆଉକେବେ ସ୍ୱାମୀ କି ଶ୍ୱଶୁର ହୋଇଥାଏ। ତେବେ ସେ ଯାହାହେଉନା କାହିଁକି ଆମ ସମାଜର ତରଳ, ସରଳ ଓ ସୂକ୍ଷ୍ମ ମାନସିକତା କଥା ମନରେ ରଖି ଶ୍ରୀମତୀ ଆଚାର୍ଯ୍ୟ ବେଶ୍ ଚମତ୍କାର କବିତାଟିଏ ଶିଶୁ ମନର ଖୋରାକ୍ ପାଇଁ ରଚିଛନ୍ତି।

ସେହିପରି ସଂକଳନର ୨ୟ କବିତା 'କୁଆଁତାରା' ଏକ ଚମତ୍କାର ସୃଷ୍ଟି ଅଟେ। Personification ବା Prosopopoeia ଟେକ୍‌ନିକ୍ ବ୍ୟବହାର କରି ଲେଖିକା କୁଆଁତାରା ଓ ସନ୍ଧ୍ୟାତାରାକୁ ଚିତ୍ରଣ କରିବା ସହ ଏହି ଦୁଇଟି ତାରାକୁ ପ୍ରତୀକ ଭାବରେ ବ୍ୟବହାର କରିଛନ୍ତି। କୁଆଁତାରାକୁ କୁନିପିଲା ସହ ତୁଳନା କରି ଜେଜେ ନିଜକୁ ସନ୍ଧ୍ୟାତାରା ସହ ତୁଳନା କରିବା ଦ୍ୱାରା ଜୀବନର ନଶ୍ୱରତା ଓ ବାର୍ଦ୍ଧକ୍ୟ, ମୃତ୍ୟୁ ପ୍ରଭୃତିକୁ ସ୍ପଷ୍ଟ କରୁଛି। କବିତାର ଶେଷ ପଙ୍‌କ୍ତିରେ ପୁନର୍ଜନ୍ମ ପ୍ରତି ଗଭୀର ବିଶ୍ୱାସବୋଧ, କର୍ତ୍ତବ୍ୟ ଓ କର୍ମପରାୟଣତା ସ୍ପଷ୍ଟ ପ୍ରତିଭାତ ହୋଇଛି। ଯଥାର୍ଥରେ ଏହା ଏକ ଚମତ୍କାର କବିତା। କବୀ ଲେଖିଛନ୍ତି-

"ଜେଜେ କହୁଛନ୍ତି କୁନିଟା ଆମର କୁଆଁତାରା
ମୁଁ ହୋଇଲିଣି ସଂଧ୍ୟାତାରା
ଲୁଚିଯାଇ ପୁଣି ଝଲସି ଉଠିବି କୁନିର ଆଖିରେ ହୋଇ ତୋରା
ଆଶା ନିରାଶାର ଭଉଁରୀ ଭିତରେ
ନହୋଇବି କେବେ ଦିଗହରା।"[୭]

ଲେଖିକାଙ୍କ ପ୍ରଥମ ପଙ୍‌କ୍ତିର ବର୍ଣ୍ଣନା ଏକ ଲଜିକ୍ ବା ତର୍କକୁ ନେଇ ଶିଶୁସାହିତ୍ୟ ସୁଲଭ ହୋଇପାରିଛି। ଟାଣ ଖରା ମାଡ଼ି ମାଡ଼ି ଆସିବାରୁ କୁଆଁତାରା ଲୁଚି ଲୁଚିଯାଏ। କାରଣ ଖରାର ତେଜରେ ତା' ରଙ୍ଗ ମଉଳିଯିବ। ଏଠାରେ ଖରା ମଧ୍ୟ ବ୍ୟକ୍ତି ପରି ବ୍ୟବହାର କରିଛି। ସେ ଅତ୍ୟନ୍ତ ସୁକୁମାରୀ ଓ ଅଲିଅଳି ଓ ଆକାଶ ରାଜାର ଦୁଲାଳୀ। ଏଠାରେ ଆକାଶ ଠାରେ ମଧ୍ୟ ବ୍ୟକ୍ତିତ୍ୱର ଆରୋପଣ ହୋଇଛି। ପଶ୍ଚିମ ଆକାଶରେ ପୁଣି ସୂର୍ଯ୍ୟାସ୍ତ ଅନ୍ତେ ଏହା ଉଦ୍‌ଭାସିତ ହେବାକଥା କୁହାଯାଇଛି। ସେ ତାରା ଆମ ସୁଖଦୁଃଖର ସାଥୀ। ବାସ୍ତବରେ କବିତାଟି ଅତୀବ ମନୋହର। ସେହିପରି 'ମିଠାଲାଗେ' କବିତାଟି ଏକପକ୍ଷରେ ନଷ୍ଟାଲ୍‌ଜିକ୍ ମନୋଭାବକୁ ବ୍ୟକ୍ତ କଲାବେଳେ ଅପର ପକ୍ଷରେ ଶିଶୁ-କିଶୋର-ମାନଙ୍କର ମନରେ ଜୀବନ, କର୍ତ୍ତବ୍ୟ, ମାନବିକତା ଓ ମାନବୋଚିତ ଗୁଣାବଳୀ ପ୍ରଭୃତିର ବୀଜପବନ ଓ ଅଙ୍କୁରୋଦ୍‌ଗମ କାର୍ଯ୍ୟଟି ବେଶ୍ ସ୍ପଷ୍ଟ ପ୍ରତିଭାତ ହୋଇଛି। ଏହି ସମସ୍ତ କଥାକୁ ନିମ୍ନ ପଦରୁ ଲକ୍ଷ୍ୟ କରାଯାଇପାରେ-

ଭାରି ମିଠାଲାଗେ ବୋଉର କଅଁଳ ଡାକ

ଭାରି ମିଠାଲାଗେ ପିଲାଟି ଦିନର ସୁଖ।
ଭାରି ମିଠାଲାଗେ ସାଙ୍ଗ ସରିସାର ମେଳ
ଭାରି ମିଠାଲାଗେ ମିଛମିଛ ଧୂଳିଖେଳ।"[୮]

କୋଇଲି, ମଳୟ ପବନ, ବାଲ୍ୟବନ୍ଧୁ, ଗାଁ ଖେଳସାଥୀ, ମିଠାକଥା, ମିଠାକଥା କହୁଥିବା ବ୍ୟକ୍ତି ପ୍ରତି ମମତ୍ୱଭାବ ଓ ପ୍ରଲୋଭନ ସୃଷ୍ଟି କରିବା କେଡ଼େକେଡ଼େ କଥା ନୁହେଁ ସତେ ଆମ ପାଇଁ ଓ ଆମ ପିଲାକବିଲାଙ୍କ ପାଇଁ! ଆଜି ଦିନରେ, ଏ ସମୟରେ ଏସବୁ ପ୍ରତି ମୋହ ଆମର ହଜିହଜି ଯାଉଛି। ପରିବେଶ, ଗାଁ, ମା', ମାଟି, ମଶାଣି ପ୍ରଭୃତି ପ୍ରତି ସମ୍ମୋହନ ଉଦ୍ରେକ କରିବା କ'ଣ କମ୍ ପ୍ରତିବଦ୍ଧତାର କଥା କି! ବାସ୍ତବରେ ଏହି ସମାଜିକ ଅଙ୍ଗୀକାରବଦ୍ଧତାର ତୁଳନା ନାହିଁ।

'ଆମରି ଦେଶ' କବିତାରେ ଭାରତର ଭୂଗୋଳ, ଐତିହ୍ୟ ଓ ମହାନ୍ ଏକତାର ପରଂପରା ବ୍ୟକ୍ତ ହୋଇଛି। ଶାନ୍ତି, ମୈତ୍ରୀ, ପ୍ରାକୃତିକ ଶୋଭାର ଭଣ୍ଡାର ଏହି ଭାରତବର୍ଷ ସଂପର୍କରେ ଲେଖିକା ଖୁବ୍ ସୁନ୍ଦର ମନୋହାରୀ ଅଭିବ୍ୟକ୍ତି ରଖିଛନ୍ତି। ଯଥାର୍ଥରେ ସେ ଗାଇଛନ୍ତି-

"ଶାନ୍ତି, ମୈତ୍ରୀ କେତନ ଯହିଁ
ଉଡ଼ଇ ଫରଫରରେ
ଆମରି ଦେଶ ଭାରତବର୍ଷ
ଆମ ମାଆ ସେଇ ଭୂଇଁରେ।"[୯]

ସେହିପରି 'ଗୁରୁଦିବସ' କବିତାରେ ମହାଭାରତୀୟ ପରଂପରାକୁ ମନେପକାଇ ଦେବାପାଇଁ, ଗୁରୁର ଆବଶ୍ୟକତା ଓ ଜୀବନରେ ସଫଳ ହେବାପାଇଁ, ଜୀବନର ଅସଲ ଉଦ୍ଦେଶ୍ୟକୁ ବୁଝିବା ପାଇଁ ଗୁରୁଙ୍କର ଗୁରୁତ୍ୱ ବୁଝିବା ଓ ନିଜେ ନମ୍ର ଓ ଆନତ ହେବା କେତେ ଜରୁରୀ ସେକଥା ପ୍ରକାରାନ୍ତରେ କବୀ ଶିଖାଇଛନ୍ତି। ମହାତ୍ମା ଗାନ୍ଧୀ ଥରେ କହିଥିଲେ- "You do not do what I do, you do what I say." ଏହାର କାରଣ- ବ୍ୟକ୍ତି ଆଚରଣ ଠାରୁ ଉଚ୍ଚାରଣରେ ଅଧିକ ଆଦର୍ଶବାନ୍ ହୋଇଥାଏ। ଏଣୁ ଆଦର୍ଶ ପଥରେ ଚାଲିବା ପାଇଁ ଏହା ଏକ ନିର୍ଦ୍ଦେଶ ମାତ୍ର। ସେହିପରି କବୀ ଏଠାରେ କହିଛନ୍ତି-

"ଗୁରୁଦିବସେ ମନ ହରଷେ ପୂଜି ଗୁରୁଙ୍କ ପାଦ
ଦୁଃଖ, ସୁଖରେ ହେଜିବା ମନେ ତାଙ୍କ କହିବା ପଦ।"[୧୦]

ପୁଣି ସେ ଗୁରୁ ହେବା ଓ ଗୁରୁର ଗୌରବକୁ ମଧ୍ୟ ଦେଖାଇ କହିଛନ୍ତି-

"ହସ ଛୁଟିବ ସାରା ଜଗତେ ଯଶ ଆନନ୍ଦ ସୁଏ

ଖୋଜି ବୁଲିବ ସବୁରି ଆଖି କିଏ ସେ ସ୍ରଷ୍ଟା କିଏ ?"୧୧

'ଏକ ଏକ ଦୁଇ' କବିତାରେ କବୟିତ୍ରୀ ଶ୍ରୀମତୀ ଆଚାର୍ଯ୍ୟ ଅତି ସୁନ୍ଦର Rhyme Sheme ଦ୍ୱାରା ସୁନ୍ଦର ସୁନ୍ଦର କଥା କହିଛନ୍ତି। ଏହା ଶିଶୁକର୍ଣ୍ଣ ରସାୟନ ଓ ଶିଶୁ ମନରେ ଶୀଘ୍ର ଜମାଟ ବାନ୍ଧିବାର ଯୋଗ୍ୟତା ରଖେ। ଯେପରିକି, "ସତର ଏକ ଅଠର, ସମସ୍ତଙ୍କୁ କର ନିଜର", "ଉଣେଇଶ ପରେ କୋଡ଼ିଏ, ନିତି ପଢ଼ ଧାଡ଼ିଏ", "ବାର ଏକ ତେର, ସୁଖ ଶାନ୍ତି ଆମ ଘର", ତଥା "ଚିନ୍ତ ନାହିଁ ମନ୍ଦ କାହାରି", "ହାତ ଧୋଇ ଖାଅ ଭାତ", "ପାଠ ଗଢ଼େ ଭଲ ଚାଟ", "ମଧୁର ବଚନ କୁହ", "ଦୁଇ ଭାଡ଼ି ଦାନ୍ତ ବତିଶ" ପ୍ରଭୃତି କଥା ଅତ୍ୟନ୍ତ ଶିକ୍ଷଣୀୟ।

'ତୁମେହିଁ ଆଲୋକବର୍ତ୍ତୀ' କବିତାରେ ଚମତ୍କାର ବ୍ୟଞ୍ଜନା ଓ ଅର୍ଥଚମତ୍କାରିତା ରହିଛି। ଯଥାର୍ଥରେ ସେ ଲେଖିଛନ୍ତି-

"ଆଗକୁ ଆଗକୁ ମାଡ଼ିଚାଲ ଯାତ୍ରୀ
ଆସିନି ଯେ ଯାଏଁ ରାତ୍ରୀ
ଗାଇଯାଅ ସବୁ ମରମେ ମରମେ
ଶାନ୍ତି, ପ୍ରୀତି, ଗୀତି, ମୈତ୍ରୀ।"

ଶିଶୁମାନଙ୍କର ଶକ୍ତିକୁ ସେ ଅନୁଭବ କରିଛନ୍ତି ଓ ଶିଶୁମାନଙ୍କୁ ଦେଶର ଅସଲ ଶକ୍ତି ବୋଲି କହିଛନ୍ତି। 'ବିଜ୍ଞାନଗଡ଼' କବିତାରେ ମନର ଆବିଳତା କିପରି ବହିର୍ପ୍ରକୃତିରେ ପ୍ରତିଫଳିତ ହେଉଛି- ତା'ର ସୁନ୍ଦର ବର୍ଣ୍ଣନା ପ୍ରଦାନ କରାଯାଇଛି। ବିଜ୍ଞାନର ଅପକାରିତା ଓ ଉପକାରିତା ରହିଛି ବୋଲି କବୀ ଶ୍ରୀମତୀ ଆଚାର୍ଯ୍ୟ କହିଛନ୍ତି। ପରମାଣୁ ବୋମା ଶକ୍ତିର ଉତ୍ପାଦନ ପାଇଁ ନିର୍ମାଣ ହୋଇଥିଲେ ହେଁ ସେହି ଶକ୍ତିର ଅପପ୍ରୟୋଗ ଦ୍ୱାରା ସୃଷ୍ଟିର ବିନାଶ ହେବା କିଛି ବିଚିତ୍ର ମଧ୍ୟ ନୁହେଁ। ଇତିହାସରେ ଏହାର ଜ୍ୱଳନ୍ତ ଦୃଷ୍ଟାନ୍ତ ରହିଛି। ହିରୋସୀମା ଓ ନାଗାସାକିରେ ଲିଟିଲ୍‌ବୟ ଓ ଫ୍ୟାଟ୍‌ମ୍ୟାନ୍‌ର ତାଣ୍ଡବ କଥା କିଏ ଭୁଲିଛି ନା ଭୁଲିବ ? କିନ୍ତୁ ଆଗାମୀ କାଲିର ଭବିଷ୍ୟତ ଏହି ଭୟାବହତା ସଂପର୍କରେ ଖୁବ୍ ଆଦ୍ୟ ସକାଳରୁ ସଚେତନ ରହିବା ଉଚିତ୍। ସୂର୍ଯ୍ୟ ଏକ Bio-geo Indicator ମାତ୍ର। ଏହା ପରିବେଶ ପ୍ରଦୂଷଣ ହେଉ ଅଥବା ଜଳବାୟୁ (Climate) ପରିବର୍ତ୍ତନ ହେଉ- ସବୁଥିରେ ନିଜର ପ୍ରତିକ୍ରିୟା ପ୍ରଦର୍ଶନ କରିଥାଏ। ଦିନକୁ ଦିନ ଋତୁଚକ୍ର ଠିକ୍ ସମୟରେ ନହୋଇ ଅନେକ ପ୍ରାକୃତିକ ଦୁର୍ବିପାକ ଘଟାଉଥିଲା ବେଳେ ରୌଦ୍ରତାପ ବଢ଼ିଚାଲିଛି ଓ ଅସହ୍ୟ ଗରମ ଫଳରେ ଗ୍ଲେସିଅର୍ ତରଳିବା ଠାରୁ ଆହୁରି ଅନେକ ଛୋଟବଡ଼ ପରିବର୍ତ୍ତନ ସୂକ୍ଷ୍ମ ଓ ସ୍ଥୁଳ ସ୍ତରରେ ଘଟିଚାଲିଛି, ଯାହା ପୃଥିବୀ ଓ ଜୀବଜଗତର ଅସ୍ତିତ୍ୱ ପ୍ରତି ସଂକଟ ଉପୁଯାଇଛି। ଧ୍ୱଂସର ଛବି ଅପସରି

ଯାଉ ବୋଲି କହିବା ସାଙ୍ଗରେ ବିଜ୍ଞାନର ସଠିକ୍ ଉପଯୋଗ କରିବାକୁ କବୟିତ୍ରୀ କହିଛନ୍ତି। ବାସ୍ତବରେ କବିତାଟି ବିଜ୍ଞାନ ଯୁଗର ବହିଃ-ପରିବର୍ତ୍ତନ ଓ ଅନ୍ତଃ ପରିବର୍ତ୍ତନ ଉଭୟକୁ ଇଙ୍ଗିତ କରିଛି।

ସେହିପରି 'ମାଆ ଓ ମାଟି' କବିତାରେ କବୟିତ୍ରୀ ମାଆ ଓ ମାଟିର ମନ୍ତ୍ର ପ୍ରତି ଗୁରୁତ୍ୱ ଦେଇଛନ୍ତି। କବି ସବୁଠାରେ ଏକ ସୁସ୍ଥ ମାନସିକ ଓ ପାରିବେଶିକ ବାତାବରଣ ସୃଷ୍ଟି କରିବା ପାଇଁ ବ୍ୟାକୁଳ ଜଣାପଡ଼ିଛନ୍ତି। ସୂକ୍ଷ୍ମ ଜଗତର ସ୍ୱାସ୍ଥ୍ୟ ସଂପର୍କରେ ସେ ଅଧିକ ସଚେତନ। ଦେଶର ସାଂସ୍କୃତିକ ଅପଘଟନ ସଂପର୍କରେ ଲେଖିକା ସଚେତନ ଓ ବୋଧହୁଏ ତାହା ହିଁ ତାଙ୍କୁ ଏପରି କବିତା ରଚନା କରିବାରେ ବ୍ରତୀ କରାଇଛି। ପ୍ରତ୍ୟେକ ଶିଶୁ, କିଶୋର, ଯୁବକ, ଯୁବତୀ ଓ ପୌଢ଼ ମାଆ ଓ ମାଟିର ଋଣ ସ୍ୱୀକାର କରିବା ଉଚିତ୍- ଏହି ଚେତନା ଏକ ସୁସ୍ଥ ସମାଜ ନିର୍ମାଣରେ ଅବଶ୍ୟ ସହାୟକ ହେବ। ମା ଓ ମାଟିର ତ୍ୟାଗ, ଦାନ, ସହନଶୀଳତା ଓ ଶିକ୍ଷାକୁ ବ୍ୟକ୍ତି କଦାପି ଭୁଲିବାର ନୁହେଁ। ତେଣୁ ମା ଓ ମାଟିର ପବିତ୍ର କୋଳରେ ଝୁଲିବାକୁ କବୀ କହିଛନ୍ତି।

ଶିଶୁ ସାହିତ୍ୟର ଅନ୍ୟ ଏକ ବିଭାବ ହେଉଛି ଧ୍ୱନ୍ୟନୁକାରୀ ଶବ୍ଦ ବହୁଳତା ଓ ପୌନପୌନିକତା। ପାଏଁ ପାଏଁ, ଭେଁ ଭେଁ, ଛେଁ ଛେଁ, ଖେଁ ଖେଁ, ଚେଁ ଚେଁ, ଭୋ ଭୋ, ହୁକେ ହୁକେ, ଢ଼ୋ ଢ଼ୋ ପ୍ରଭୃତି ଶବ୍ଦ 'ଫୁଲେଇନାନୀ' କବିତାରେ ରହିଛି। ଏହା ଶିଶୁ କର୍ଣ୍ଣ ରସାୟନ ନିମନ୍ତେ ଉଦ୍ଦିଷ୍ଟ ଓ ଯଥାର୍ଥରେ ଏହା କବିତାକୁ ରୁଚିକର କରିଥାଏ। ସେହିପରି 'ଆସିଲା ଶୀତ' କବିତାରେ କବୀ ଓଡ଼ିଆ ସଂସ୍କୃତି, ଓଡ଼ିଆ ଖାଦ୍ୟ, ପର୍ବପର୍ବାଣି, ମାସ ବର୍ଷ ପ୍ରଭୃତିର ବେଶ୍ ସୁନ୍ଦର ବର୍ଣ୍ଣନା ପ୍ରଦାନ କରିଛନ୍ତି। ଶୀତ ସକାଳ, ବାସି ପଖାଳ, କଦଳୀ ଡଙ୍ଗା, କାର୍ତ୍ତିକ ପୁନିଅଁ, ବୋଇତ ଭସା, ଦିଅଁ ଦରଶନ, ମଗୁଶୀର ମାସ ମାଣବସା, ଚିତା ପକା, ଶୁକ୍ଳଧାନର ମେଣ୍ଟିବନ୍ଧା, ପଉଷ ଶୀତ, ଲମ୍ବା ପଣତ, ଧାନ ଅମଳ, ଦିହୁଡ଼ି ଜଳା, ନିଆଁପୁହା, ଆଇମା'ର ଗପପେଡ଼ି, ବାଘଶୀତ, ଫଗୁଣ ମାସ, ଚଇତ, ବୋଇତ, ଅଗିଜଳା, ଭେଟିଦେବା, କୋଇଲି ଗୀତ ପ୍ରଭୃତି ଜରିଆରେ ବାରମାସ ମଧ୍ୟରେ ଓଡ଼ିଶାର ସଂସ୍କୃତି ଓ ପରଂପରା ଏତେ ଚମତ୍କାର ଭାବରେ ବର୍ଣ୍ଣିତ ଯେ, ତା'ର ପଟାନ୍ତର ନାହିଁ। ସେହିପରି 'ବରଷା ଆସେ' କବିତାରେ କବି ଓଡ଼ିଆ ଋତୁ କଥା କହିଛନ୍ତି। ବର୍ଷାର ବର୍ଣ୍ଣନାରେ ଆକାଶ, ମେଘ, ଇନ୍ଦ୍ରଧନୁ, ସବୁଜକ୍ଷେତ, ଚାଷବାସ, ଗାଁ ଗଣ୍ଡା, ଦରିଆ, ରାସ୍ତାଘାଟ, ମୌସୁମୀ ଆଗମ, ବେଙ୍ଗ-ବେଙ୍ଗୁଲୀର କେଁକଟର ମଧ୍ୟରେ ଦର୍ଶନ ପ୍ରଭୃତି ପ୍ରତିଫଳିତ ହୋଇଛି।

'ଆମେ ନୂଆ ସକାଳର ସମୀରଣ' କବିତାରେ ଜୀବନକୁ ଏକ ପୂଣ୍ୟମୟ ବ୍ରତ ହିସାବରେ କବୀ ଚିତ୍ରିତ କରିଛନ୍ତି। ଏଠାରେ କବୀ ପରୋପକାରିତା ଶିଖାଇଛନ୍ତି।

ଶିଶୁମାନେ ହିଁ ନୂଆ ସକାଳର ସମୀରଣ, ନୂଆ ଜୀବନର ଗୁଞ୍ଜରଣ, ସେମାନେ ମଧ୍ୟ ନୂତନ ଜାଗରଣର ସମ୍ଭାବନା। ଆଲୋକର ବାର୍ତ୍ତାବହ ଏହି ଶିଶୁଗଣ ଲୁହ ଲହୁର ଇତିହାସ ଭାଙ୍ଗି ଆଲୋକ ଓ ଆନନ୍ଦର ଭବିଷ୍ୟ ରଚନା କରିବେ। ସେଠାରେ ନଥିବ ଦୁଃଖ, ଦୈନ୍ୟର ଚିହ୍ନବର୍ଣ୍ଣ। ଯଥାର୍ଥରେ କବୟିତ୍ରୀ ଶିଖାଇଛନ୍ତି-

"ଜୀବନଟା ଜଳେ ଯେବେ ପର ପାଇଁ
ତାହା ଠାରୁ ବଳି ଭାଗ୍ୟ ନାହିଁ
ସେହି ଗଉରବ ସଉରଭ ଫୁଲ
ମହ ମହ ସବୁଦିନ ପାଇଁ
ସମ୍ବଳ କେବଳ ଯଶମାନ।"[୧୨]

ଶେଷରେ ମହର୍ଷି ଦଧିଚୀଙ୍କ ପରି ଦାନୀ ତଥା ମହାତ୍ମା ହେବାର ଦୀକ୍ଷା ଏଠାରେ ସେ ଦେଇଛନ୍ତି। "ଶିଶୁ ହେଉଛି ଦେଶ ଓ ଜାତିର ସଂପତ୍ତି। ତା'ର ମୂଲ୍ୟ ଦେଶ ଓ ଜାତି ପାଇଁ ଅଧିକ ମୂଲ୍ୟବାନ। ଆଜିର ଶିଶୁ ଆସନ୍ତାକାଲିର ନାଗରିକ। ଆଜି ତାଙ୍କୁ ଯେପରି ଗଢ଼ାଯିବ, କାଲିକୁ ସେ ସେପରି ଆଚରଣ ପ୍ରଦର୍ଶନ କରିବ। ଦେଶର ସୁରକ୍ଷା, ସମ୍ମାନ ରକ୍ଷା କରିବା ସହିତ ସମୃଦ୍ଧି ଓ ବିକାଶ ଦିଗରେ ସହାୟକ ହେବ। ଏହି ଦୃଷ୍ଟିରୁ ଦେଶର ଭାବୀ- ନାଗରିକ ଗଢ଼ିବାର ଦାୟିତ୍ୱ ଶିଶୁସାହିତ୍ୟ ଓ ଶିଶୁ ସାହିତ୍ୟିକ ଉପରେ ନିର୍ଭର କରିଥାଏ।"[୧୩] ଏହି ଦାୟିତ୍ୱକୁ ବେଶ୍ ବୁଝିଛନ୍ତି ଶ୍ରୀମତୀ ଆଚାର୍ଯ୍ୟ। ଆଲୋଚ୍ୟ ପୁସ୍ତକର ପ୍ରତ୍ୟେକ କବିତାରେ ଏହି ଅଙ୍ଗୀକାରବଦ୍ଧତା ରହିଛି। ଯଥାର୍ଥରେ ବିଶିଷ୍ଟ ଶିଶୁ ସାହିତ୍ୟିକ ତଥା 'ଝୁମୁକା'ର ସଂପାଦକ ଶ୍ରୀଯୁକ୍ତ ମାନସ ରଂଜନ ସାମଲ କହନ୍ତି- "କୁହାଯାଇଛି- ଭାରତର ଆତ୍ମା ଗାଁରେ ରହିଛି। ଅନୁରୂପ ଭାବେ ସାହିତ୍ୟର ଆତ୍ମା ଶିଶୁ ସାହିତ୍ୟରେ ରହିଛି କହିଲେ ଅତ୍ୟୁକ୍ତି ହେବ ନାହିଁ। ସଂପ୍ରତି ଓଡ଼ିଆ ଶିଶୁସାହିତ୍ୟ କ୍ଷେତ୍ରରେ ସମୟର ଆବଶ୍ୟକତାକୁ ନେଇ ନୂଆ ନୂଆ ସମ୍ଭାବନା ସୃଷ୍ଟି ହୋଇଛି।"[୧୪] ଶିଶୁ ବା କିଶୋର କବିତା ଗୁଡ଼ିକ ନିମ୍ନ କେତେ ଭେଦରେ ଲକ୍ଷ୍ୟ କରାଯାଏ। ଯଥା- ୧. ହାସ୍ୟରସାତ୍ମକ ଶିଶୁ କବିତା ୨. ଗାଥାମୂଳକ ୩. ସମାଜ ଚିତ୍ର ଓ ପରଂପରାମୂଳକ ୪. ପୌରାଣିକ ଆଖ୍ୟାନ ବା ପ୍ରସଙ୍ଗଭିତ୍ତିକ ୫. ଐତିହାସିକ ଗାଥା ମୂଳକ, ୬. ପ୍ରାଣୀ ଚରିତ୍ର ଭିତ୍ତିକ, ୭. ସଂସ୍କୃତି, ରୀତି, ନୀତି ଭିତ୍ତିକ ଇତ୍ୟାଦି। ତେବେ ଶିଶୁ କବିତାରେ ଯେଉଁ ଛନ୍ଦର ବ୍ୟବହାର କରିବା କଥା ତାହା ଏଠାରେ ରହିଛି ପୁଣି ଏହାର ଭାଷା ଓ ଶୈଳୀ ଯେଉଁ ଦରରେ ହେବା ଉଚିତ୍ ତାହା ମଧ୍ୟ ସୁରକ୍ଷିତ ରହିଛି।

'ନବଦିଗନ୍ତ' କବିତାରେ ସ୍ୱାଭିମାନ ଗୁଣଟିକୁ କବୀ ଶିଶୁକୁ ଶିଖାଇବାକୁ ଚାହିଁଛନ୍ତି ମୀନଶିଶୁର ଇଚ୍ଛା ମାଧ୍ୟମରେ। ସେ ଚାହେଁନା ସୁରକ୍ଷିତ, ନିର୍ମଳ, ପୁଷ୍କରିଣୀରେ

ରହି କାହା ହାତଟେକା ଖାଦ୍ୟ ଖାଇବାକୁ। ସେ ଚାହେଁ ସ୍ୱାଭିମାନର ଆଲୁଅ ଓ ପବନ। ସେ ମଧ୍ୟ ସୁନେଲି ପ୍ରାସାଦ ପରି କାହାର କାଚଘରେ ନାଚିବାକୁ ଚାହେଁ ନାହିଁ ବନ୍ଦୀ ଏକ ମତ୍ସ୍ୟକନ୍ୟା ପରି। ସେ ଚାହେଁ ସଂଗ୍ରାମକୁ ପାଥେୟ କରି, ସଂଘାତ ଓ ସଂଘର୍ଷର ବାଟ ବାଛିବାକୁ। ତା'ର ଅନ୍ତରଂଗ ଇଚ୍ଛା ହାର୍‌ଜିତ୍ ମଧ୍ୟରେ ନିଜ ଡେଣାର ବଳରେ ଜିତିବାକୁ ଜୀବନର ବାଜି। ଶୀତ, ଖରା, ବର୍ଷା, ଝରା ଢେଉରେ ସେ ସଂଘର୍ଷରତ ଜୀବନଟେ ଚାହେଁ। କାରଣ ସେଇଠି ରହିଛି ସ୍ୱାଭିମାନ, ସ୍ୱଚ୍ଛନ୍ଦ ଓ ବିମୁକ୍ତି: ଜୀବନର ଅସଲ ସୁଆଦ। ଏକ ଫୁଟନ୍ତା ଫୁଲ ହେବାକୁ ସେ ଇଚ୍ଛିଛନ୍ତି ଓ ପ୍ରେରଣା ଦେଇଛନ୍ତି ଯାହା ମହକିବ ନିଜର ବାସ୍ନାରେ, ବଢ଼ ହେବ, ଫୁଟିବ ନିଜର ଦମ୍ଭରେ। ସେ ବନକାନନର ମଲ୍ଲିକାଟିଏ ହେବାକୁ ଅଧିକ ପସନ୍ଦ କରିଛନ୍ତି। ସେ ଇଚ୍ଛା କରିନାହାଁନ୍ତି ହେବାକୁ କାହା ବଗିଚାର ଫୁଲଟିଏ। ବାସ୍ତବରେ ବଡ଼ ଶିକ୍ଷଣୀୟ କବିତାଟିଏ ଏହା। ଏହା ଲେଖିକାଙ୍କ ଭାଷାରେ ବ୍ୟକ୍ତିତ୍ୱର ନବଦିଗନ୍ତ ସିନା; କିନ୍ତୁ ପ୍ରକୃତରେ ଏହା ହିଁ ବ୍ୟକ୍ତିର ବ୍ୟକ୍ତିତ୍ୱର ଅସଲ ଦିଗନ୍ତ।

ଲହୁ ନୁହେଁ ଲୁହର ସଂପର୍କରେ ବନ୍ଧା ଏ ଜଗତ। ଅସଲ ସଂପର୍କର ଡୋର ଭାବନାରେ ଥାଏ। ଏଣୁ 'କିଏ ତେବେ ଆପଣାର' କବିତାରେ କବୀ ଶ୍ରୀମତୀ ଆଚାର୍ଯ୍ୟ ସାରା ଜଗତକୁ ସ୍ନେହ, ପ୍ରେମ, ତ୍ୟାଗ, କରୁଣା, ସହନଶୀଳତା, ସେବା ପ୍ରଭୃତି ମହତ୍ ଗୁଣ ଦ୍ୱାରା ବାନ୍ଧି ରଖିବାକୁ ଚାହିଁଛନ୍ତି। ସେହିପରି 'ସଜଫୁଲ' କବିତାରେ କବି 'ପରଜନ ହିତାୟ' ଜନ୍ମ ବୋଲି କହିଛନ୍ତି। ଖରା, ବର୍ଷା, ଶୀତ, କାକର ସହି ସୁବାସ ବିତରଣ କରିବା କଥା କବୀ କହିଛନ୍ତି। ତାଳପତ୍ର ନଭାଙ୍ଗିବା ଓ ଗଛରେ ପାଣିଦେବା ପରି ସୂଚନା ଲେଖିକାଙ୍କ ପରିବେଶ ସଚେତନତା ଆଡ଼କୁ ଇଙ୍ଗିତ କରେ। 'ଆଗାମୀର ଫଳ' କବିତାରେ ଓଡ଼ିଶାର ଭୌଗୋଳିକ ରୂପ ବୈଚିତ୍ର୍ୟ, ଶ୍ରୀଜଗନ୍ନାଥ ସଂସ୍କୃତି, ଓଡ଼ିଶାର ଖାଦ୍ୟ ସଂସ୍କୃତି ଓ ଆଲୋକବାଦର କଥା ହିଁ କୁହାଯାଇଛି। 'ମୋ ମାଆ' କବିତାରେ ଓଡ଼ିଶୀ ମାଆଟିଏର ମନକଥା ଓ ତା'ର ଆଚରଣ ବିଷୟରେ କବୟିତ୍ରୀ କହିଛନ୍ତି। 'ପଳାଶ ଫୁଲ' କବିତାରେ ପଦ୍ମ ଓ ପଳାଶ ମଧ୍ୟରେ ତୁଳନା ପ୍ରଦାନ କରି କବି ସ୍ପଷ୍ଟ କରିବାକୁ ଚାହିଁଛନ୍ତି ଯେ, ନିଜର ଜନ୍ମ ନୁହେଁ ନିଜର ଗୁଣ ତଥା ଅନ୍ତଃସୌନ୍ଦର୍ଯ୍ୟ ଦ୍ୱାରା ହିଁ ବ୍ୟକ୍ତି ମହତ୍ତର ହୁଏ, ଊର୍ଦ୍ଧ୍ୱକୁ ଉଠେ। ଯଥାର୍ଥରେ ପଳାଶ ଠାରୁ ପଦ୍ମ ଅଧିକ ସୁନ୍ଦର। କାରଣ ପଦ୍ମ ପଙ୍କରେ ରହି ସୁଦ୍ଧା ନିଜର ସୁବାସ ଗୁଣକୁ ବିକଶିତ କଲାବେଳେ ପଳାଶ ନିଜର ରୂପ ସୌନ୍ଦର୍ଯ୍ୟକୁ ଅଧିକ ସୁନ୍ଦର କରିବାରେ ଲାଗିଲା। ଏଣୁ ପଦ୍ମ ଭାଗବାନଙ୍କ ପାଖରେ ଲାଗିଲା। ଏଠାରେ ମଧ୍ୟ ଲେଖିକା ଶ୍ରୀଜଗନ୍ନାଥଙ୍କ କଥା କହିଛନ୍ତି। ଯଥାର୍ଥରେ ସେ ଗାଇଛନ୍ତି–

"ପଦ୍ମ ରାଜାର ସ୍ଥାନ କାହିଁ ?
ମହାରାଜା ସେହି କାଳିଆ ନାଗର
ବକ୍ଷେ ଅବା ଶିରେ ବସେ ଯାଇ
ପଦ୍ମର ବେଶ ହୁଏ ସେହି
ପଦ୍ମ ପାଇଁ ଶ୍ରେଷ୍ଠ ସ୍ଥାନ ସେହି ।"

ପୁଣି ଶେଷରେ ସେ ସ୍ପଷ୍ଟ କରି କହନ୍ତି-

"କର୍ମର ସୁବାସ ନାହିଁ ଥିବ ଯଦି
ରୂପ ପସରାର ପଳାଶ ଜୀବନ
ଲାଗେ ତୁଚ୍ଛ, ହୀନ, ଭାରି ଭାରି ।"

'କଜଳପତା' କବିତାରେ କଜଳପାତି ଚଢ଼େଇକୁ ଏକ ସୁନ୍ଦର ସାଂସ୍କୃତିକ ବିଭାବ ହିସାବରେ ବ୍ୟବହାର କରିବା ସହ ଯନ୍ତ୍ରଣା-ଶୋକହାରକ ହିସାବରେ କଜ୍ଜଳପାତିକୁ ଏକ ମିଥ୍ ହିସାବରେ ଚିତ୍ରିତ କରିଛନ୍ତି କବୟିତ୍ରୀ। କଜଳପାତି ପରି ସତ୍ତ୍ୱଗୁଣୀ ହେବା କଥା ଷଷ୍ଠ ପଦରେ କବୀ କହିଛନ୍ତି। ଯଥାର୍ଥରେ କବୀ କଳଜପାତିକୁ ଆଗାମୀକାଲିର ଭବିଷ୍ୟତ ନିଷ୍ପାପ ଶିଶୁଙ୍କ ସହ ଏକ କରି ତାଙ୍କ ଦ୍ୱାରା ମାନବ ଜାତିର ଉଦ୍ଧାର ପାଇଁ କାମନା ରଖିଛନ୍ତି। ଯଥାର୍ଥରେ କବୟିତ୍ରୀ ଶ୍ରୀମତୀ ଆଚାର୍ଯ୍ୟ ଚମତ୍କାର ବ୍ୟଞ୍ଜନା ସହ ଗାଇଉଠିଛନ୍ତି-

"ଏ ଜଗତେ କେତେ ଅଜବ ଚିଲ
ଉଡ଼ି ବୁଲୁଛନ୍ତି ପଲକୁ ପଲ
ଏ ନର ଖାଦକ ମାନଙ୍କ କବଳୁ
ପାରିବୁ କି ରଖି
ଶୋଷିତ, ଗ୍ରାସିତ ମାନବ କୁଳ ?
ଲୁହ ପୋଛି ହସ ଗଙ୍ଗା ଝରାଇ
ହୋଇବୁ କି ଭଗୀରଥର ତୁଲ ?"[୧୫]

ଶେଷରେ ସତ୍ୟ, ନ୍ୟାୟ ଓ ଜଗତର ପରିତ୍ରାଣ ପାଇଁ ଶକ୍ତି ସଂଚୟ କରିବାକୁ କବୀ ଆହ୍ୱାନ ଦେଇଛନ୍ତି କଜଳପାତି ରୂପୀ ଶିଶୁ ଜଗତକୁ। ଆସନ୍ତାକାଲିର ଭବିଷ୍ୟତଙ୍କୁ। ସମୟର ଅଡୁଆ ସୂତାଖିଅକୁ ଖୋଲିବା ପାଇଁ ଆଶା ରଖିଛନ୍ତି ସେହି ପିଲାଙ୍କ ଠାରେ। ସ୍ୱାଭିମାନ ସହ ମଥା ନନୁଆଁଇ ଜଗତକୁ ଜୀଇଁବା କଥା କହିଛନ୍ତି କବୟିତ୍ରୀ ଆଚାର୍ଯ୍ୟ। ସେହିପରି 'ଝଙ୍କଡ଼ ବାସିନୀ ମାଆ' କବିତାରେ ଜନ୍ମଦାତ୍ରୀ ମାଆ ସହ ଆଶ୍ରୟଦାତ୍ରୀ, ଧାରଣକର୍ତ୍ତ୍ରୀ ମାଟିମାଆକୁ ଏକାକାର କରି ଓ ସମଦର୍ଜା ପ୍ରଦାନ କରି କବୀ ଶିଶୁ ମନରେ

ଏକ ଅଲୌକିକ ଆବେଗ ସଂଚାର କରିଛନ୍ତି। ଏଥିସହ ଝଙ୍କଡ଼ବାସିନୀ ମାଆ ଶାରଳାଙ୍କ ଦୈବୀ କୃପା ଶକ୍ତିକୁ ମିଳିତ କରାଇ କବୀ ବିଶ୍ୱାସ ଓ କର୍ତ୍ତବ୍ୟ ସ୍ତରରେ ଶିଶୁକୁ ପ୍ରଭାବିତ କରିବାକୁ ସଫଳ ପ୍ରଚେଷ୍ଟା ରଖିଛନ୍ତି। 'ବାଘର ଭୟ ଫାଗକୁ' କବିତାରେ କାହାଣୀ ମାଧ୍ୟମରେ କବୟିତ୍ରୀ ଆଚାର୍ଯ୍ୟ କହନ୍ତି ଯେ, ଅଖଣ୍ଡ ଆତ୍ମପ୍ରତ୍ୟୟ ଓ ପ୍ରଚେଷ୍ଟା ଦ୍ୱାରା ଅସମ୍ଭବ କାର୍ଯ୍ୟ ମଧ୍ୟ ସମ୍ଭବପର ହୁଏ। ଏହାର ଫଳରେ ହିଁ ବାଘ କଣ୍ଟାବୁଦାର ଶ୍ରେଷ୍ଠ ରାଜା ଛାଗକୁ ଡରିଯାଏ ଓ ପଳାୟନ କରେ।

ବେଳେବେଳେ ଶିଶୁଗୀତ ରଚନା କଲାବେଳେ ଲେଖକକୁ ମୌଖିକ ଶିଶୁଗୀତ ପରଂପରାକୁ ଆଦରି ନେବାକୁ ହୁଏ। କାରଣ କେତେକ ମୌଖିକ ଶିଶୁଗୀତର ବିଭାବ ଏତେ ଲୋକପ୍ରିୟ ଓ ସ୍ୱତନ୍ତ୍ର ଯେ, ସେଗୁଡ଼ିକୁ ଶିଶୁ ଅତି ସହଜରେ ଗ୍ରହଣ କରିଥାଏ। ପୁଣି କେତେକ ନିରର୍ଥକ ଶବ୍ଦ, ନିରର୍ଥକ ସମ୍ବୋଧନ ମଧ୍ୟ ଏହି ଗୀତିକାରେ ଲକ୍ଷ୍ୟ କରାଯାଏ। ଏହା ମୌଖିକ ସାହିତ୍ୟରୁ ଆନୀତ ଓ ଶିଶୁ ମନ ଦ୍ୱାରା ଏହା ଗୃହୀତ। "ମୌଖିକ ଶିଶୁଗୀତର ଭାବକୁ ଅବଲମ୍ବନ କରି କେତୋଟି ଓଡ଼ିଆ ଶିଶୁଗୀତ ମଧ୍ୟ ପରିଲକ୍ଷିତ ହୁଏ। ମୌଖିକ ଶିଶୁଗୀତରେ ଶିଶୁ ପାରାମାନଙ୍କୁ ନିଜ ପିଣ୍ଡାକୁ ନିମନ୍ତ୍ରଣ କରି ସେମାନଙ୍କୁ କିପରି ଅତିଥି ଚର୍ଚ୍ଚା କରିବ, ତାହା ସୂଚନା ଦେଇଥାଏ।"[୧୬] ନନ୍ଦକିଶୋର ଓ ପ୍ରହରାଜଙ୍କର ପ୍ରଭାବ ଲେଖିକା ଶ୍ରୀମତୀ ଆଚାର୍ଯ୍ୟଙ୍କ ଉପରେ ପଡ଼ିଥିଲା ପରି ମନେହୁଏ। କିନ୍ତୁ କବୟିତ୍ରୀ ଖୁବ୍ ସଚେତନ ଭାବରେ ସେସବୁକୁ ଗ୍ରହଣ କରିଥିବାର ମନେହୁଏ। ସେହିପରି 'ଉପକାରୀ' କବିତାରେ କବୀ ଅତୀତ, ଯୋଗ୍ୟତା, ସବୁଜିମା, ଯଶ, ମାନ, ନିଜ ଗାଁର ସୌନ୍ଦର୍ଯ୍ୟ, ବାପା ମାଆ ଓ ଉପକାରୀ ଦରଦୀ ହୃଦୟ ବିଶିଷ୍ଟ ବନ୍ଧୁ ମିଳିବା ବଡ଼ କଷ୍ଟକର ବୋଲି କହିଛନ୍ତି। 'ଛୋଟରୁ ବଡ଼' କବିତାରେ Small is beautiful and small is the root of all great things ବୋଲି କୁହାଯାଇଛି। ଟିକିତାରାରେ ବିଶାଳ ଗଗନ ସୁନ୍ଦର ଦିଶେ, ଟିକି ପିଲାର ଛୋଟ ଦରୋଟି ହସରେ ଲକ୍ଷ ହୃଦୟ ଆନନ୍ଦିତ ହୁଏ, ଟିକି ମଧୁମକ୍ଷିକାର ପ୍ରୟାସ ମଧୁମୟ କରେ ପୃଥିବୀକୁ, ଟିକି ଆଖି ଅକଳନ୍ତି ସ୍ୱପ୍ନର ସାଗର, ଛୋଟରୁ ବଡ଼ ହେବାପାଇଁ ଏହି ଟିକିକଥା ହିଁ ସହାୟକ ହୁଏ। 'ପରଧନ' କବିତାରେ ବିଦ୍ୟା ବା ଜ୍ଞାନ ଛଡ଼ା ଆଉ ସବୁ ପରଧନ ବୋଲି ମହତ୍‌ଶିକ୍ଷା ଦିଆଯାଇଛି। ସମୟର ଗୁରୁତ୍ୱ ଓ ମହତ୍ତ୍ୱ 'ସମୟ ମୂଲ୍ୟବାନ୍' କବିତାରେ କୁହାଯାଇଛି। 'ଠାକୁର' କବିତାରେ କର୍ମପନ୍ଥୀ ହେବାକୁ କବୀ ପ୍ରେରଣା ଦେଇଛନ୍ତି। 'ବିଜ୍ଞାନ' କବିତାରେ ବିଜ୍ଞାନର ଉପକାରିତା ଓ ଅପକାରିତା ସଂପର୍କରେ ସଚେତନ କରାଯାଇଛି। 'ବରଗଛ' କବିତାରେ ପରିବେଶ ସଚେତନତା କଥା କୁହାଯାଇଛି। ଅତୀତ ବିଧୁର କବୀ ବରଗଛ ମଧ୍ୟରେ ପୁରୁଷ ପୁରୁଷର ସ୍ମୃତିକୁ ଦେଖିଛନ୍ତି।

ସେ ବରଗଛ ସେସବୁ ଦିନର ମୂକସାକ୍ଷୀ ଥିଲା। କିନ୍ତୁ ସେ ଆଜି ଆଉ ନାହିଁ। 'ନଈବଢ଼ି' କବିତାରେ ମଧ୍ୟ ପ୍ରକୃତି ଚିତ୍ର ବର୍ଣ୍ଣନା ସହ କଟକ ସହରର ନଈବଢ଼ି କଥା ମନେପଡ଼ିଯାଇଛି। ନଈବଢ଼ିର ଭୟାବହତା ଏଠାରେ ଦେଖାଇ ଦିଆଯାଇଛି। ସେହିପରି 'ମୋ ରଂଗ ମୋ ତୂଳୀ', 'କଷ୍ଟକଲେ କୃଷ୍ଣ ମିଳେ', 'ମନବଳ', 'ଗର୍ବ କଲେ ଖର୍ବ ହୁଏ', 'ବୁଢ଼ୀଟିଏ' ପ୍ରଭୃତି କବିତା ଚିନ୍ତା ଉଦ୍ରେକକାରୀ ଓ ଶିକ୍ଷଣୀୟ ହୋଇପାରିଛି। 'ବୁଢ଼ୀଟିଏ' କବିତାଟି ଅତୀବ କରୁଣ ରସାର୍ଦ୍ର ହୋଇଛି। ଏହିପରି ସଂକଳନର ସମସ୍ତ କବିତା କୌଣସି ନା କୌଣସି ଦିଗରୁ ସ୍ୱାତନ୍ତ୍ର୍ୟ ବହନ କରିବା ହେତୁ ଶିକ୍ଷଣୀୟ ହୋଇପାରିଛି।

"ପ୍ରତ୍ୟେକ କ୍ଷେତ୍ରରେ ଜୀବନକୁ ଦୃଢ଼ ଭାବରେ ମୁକାବିଲା କରିବା ପାଇଁ 'ଶିଶୁ-ସାହିତ୍ୟ' ହିଁ ଶିଶୁ ମନରେ ସାହସ, ବଳ ଓ ଧୈର୍ଯ୍ୟ ପ୍ରଦାନ କରିଥାଏ। କାରଣ, ବିଭିନ୍ନ ବୀରତ୍ୱପୂର୍ଣ୍ଣ ଦୁଃସାହସିକ କାହାଣୀ ମାଧ୍ୟମରେ ଶିଶୁ-ସାହିତ୍ୟ ହିଁ ଏହିସବୁ ଭାବ ଶିଶୁ ମନରେ ସଂଚାର କରିଥାଏ। ଫଳରେ ଶିଶୁର ନିଜ ଆସ୍ଥା ଓ ବିଶ୍ୱାସ ସ୍ଥାପିତ ହୁଏ ଓ ସେ ଅନୁପ୍ରାଣିତ ହୋଇ ଜୀବନକୁ ମୁକାବିଲା କରିବାକୁ ଶିଖେ।"[୧୭] ଏହାଛଡ଼ା ଶିଶୁସାହିତ୍ୟ ମଧ୍ୟରେ ଶିଶୁର ଆତ୍ମଚରିତ୍ର ଓ ଜାତୀୟ ଚରିତ୍ର ଗଠନ କରିବା ପାଇଁ ଉପାଦାନ ବରାବର ଦର୍କାର। ସାହିତ୍ୟିକ ରୁଚିବୋଧ ସାଙ୍ଗକୁ ସୌନ୍ଦର୍ଯ୍ୟବୋଧ, ସଂବେଦନଶୀଳ ସୃଷ୍ଟି ପାଇଁ ସୁହୃଦୟ ସୃଷ୍ଟି ପ୍ରୟାସ ପରିବେଶ ସଚେତନତା, ମାନସିକ ବିକାଶ, ନୀତିଶିକ୍ଷା ପ୍ରଭୃତି ଅନେକ ଉପାଦାନ ଶିଶୁ ସାହିତ୍ୟର ଅସ୍ଥିମଜ୍ଜାରେ ଦର୍କାର। ତେବେ ଯାଇ ତାହା ଉଚ୍ଚଦରର ଶିଶୁସାହିତ୍ୟ ହୋଇପାରେ। ଏହି ଦୃଷ୍ଟିରୁ ବିଚାରକଲେ ଶ୍ରୀମତୀ ଆଚାର୍ଯ୍ୟଙ୍କର ଏହି ସଂକଳନର ଅନେକ ଗୀତିକା ଉପର୍ଯ୍ୟୁକ୍ତ କଥାଗୁଡ଼ିକୁ ସନ୍ତୁଷ୍ଟ କରୁଥିଲା ପରି ମନେହୁଏ।

କୋମଳମତି ଶିଶୁ ମନରେ କୌତୁହଳ ସୃଷ୍ଟି ପାଇଁ 'ନନ୍ଦନକାନନ ପଥେ' ଏକ ଚମତ୍କାର ରଚନା। ଫୁଲ-ଫଳ, ଗଛ-ବୃଛ, ଜାତି ଜାତିକା ଜୀବଜନ୍ତୁ ନନ୍ଦନକାନନରେ ଥା'ନ୍ତି। ସେମାନଙ୍କ ବର୍ଣ୍ଣନା ଶିଶୁକୁ ଆହୁରି କୁତୁହଳୀ କରି ଗଢ଼ିତୋଳେ। 'କୁନିର ମନକଥା' କବିତାର message ବଡ଼ ଗଭୀର ଓ ଗୁରୁତର ହୋଇଥିଲେ ସୁଦ୍ଧା ଏହା ଏକ କରୁଣ ଦୃଶ୍ୟପଟକୁ ବ୍ୟକ୍ତ କରେ। କୁନିର ମନ କିପରି ବ୍ୟାକୁଳିତ ହୁଏ, ସେ ପଢ଼ିବାକୁ ଚାହେଁ, ମାତ୍ର ତାକୁ ପରିବେଶ ସୁଯୋଗ ଦିଏନି। ପାଠସବୁ ଧନ ଠାରୁ ବଡ଼ଧନ ଓ ଦୁଃଖ, ରୋଷ-ତୋଷ ଅବସୋସ ଦୂରକାରୀ ବୋଲି ଏଠାରେ କୁହାଯାଇଛି। ମାତ୍ର ପୁରୁଷ ପ୍ରଧାନ ସମାଜରେ ଝିଅଟିଏ ପାଠପଢ଼ିବା ଭାରି କଷ୍ଟକର କଥା। 'କାର୍‌ଗିଲ୍ ବୀର ଯବାନ୍' କବିତାରେ କବୀ ଶାନ୍ତି, ମୈତ୍ରୀ, ପ୍ରୀତିର କଥା ମନେପକାଇ ଦେଇଛନ୍ତି।

ଅହିଂସାର ମନ୍ତ୍ରଗାଇ ଅଖଣ୍ଡ ଭାରତ ଏକ ବୋଲି କହିଛନ୍ତି। 'ଭାରତ ଓ ପାକିସ୍ଥାନ ଏକ ଓ ଅଭିନ୍ନ ବୋଲି ଏଠାରେ କୁହାଯାଇଛି। ସେହିପରି 'ଆମ୍ବଗଛ' ଠାରୁ ନମ୍ର ସ୍ୱଭାବ ଶିଖିବା କଥା କହିଛନ୍ତି କବୟିତ୍ରୀ। ଯଥାର୍ଥରେ କହିଛନ୍ତି- "ଗଛ ଠାରୁ ଆମେ ଏତିକି ଶିଖି / ଚାଲିବା ବାଟ ନୂଆଇଁ ମଥା।" ବହୁ ଯଶ ଓ କୀର୍ତ୍ତିର ଅଧିକାରିଣୀ ଶ୍ରୀମତୀ ଆଚାର୍ଯ୍ୟ ଯଥାର୍ଥରେ ଜଣେ ମହାନ୍ ଶିଶୁ ସାହିତ୍ୟିକା ଓ କିଶୋର ସାହିତ୍ୟ ସ୍ରଷ୍ଟା। ସାମାଜିକ ଓ ସାହିତ୍ୟିକ ଅଂଗୀକାରବଦ୍ଧତାକୁ ପାଥେୟ କରି ସେ ରଚନା କରିଥିବା ଏହି ପୁସ୍ତକଟି ବେଶ୍ ସ୍ୱତନ୍ତ୍ର ଓ ଯୁଗୋପଯୋଗୀ। ଶିଶୁ ଓ କିଶୋର-ସାହିତ୍ୟର ଶିଳ୍ପକଳାକୁ ଆଖିଆଗରେ ରଖି ଏହି ପୁସ୍ତକଟିର ସୌକର୍ଯ୍ୟ ଓ ସୌନ୍ଦର୍ଯ୍ୟ ଯଥାର୍ଥରେ ବିଚାର କରାଯାଇପାରେ।

■

ପୃଷ୍ଠଟୀକା:

୧. Lerer, Seth- Children's Literature: A Reader's History, from Aesop to Harry Potter, USA: University of Chicago, 2008, p. 22.

୨. Lurie, Alson, Boys and Girls Forever: Reflections on Children's Classics. London: Chatto & Windus,2003, pg.38.

୩. ଆଚାର୍ଯ୍ୟ, ଶରତ କୁମାରୀ- ଯାଆରେ ନାଆ ଭାସିଯାଆ, କଟକ: ସିଦ୍ଧାର୍ଥ ପ୍ରକାଶନୀ, ୨୦୦୦, କିଛି ମନ୍ତବ୍ୟ ପୃଷ୍ଠା।

୪. ତତ୍ରୈବ।

୫. ତତ୍ରୈବ।

୬. ତତ୍ରୈବ, ପୃ-୧।

୭. ତତ୍ରୈବ, ପୃ-୨।

୮. ତତ୍ରୈବ, ପୃ-୩।

୯. ତତ୍ରୈବ, ପୃ-୪।

୧୦. ତତ୍ରୈବ, ପୃ-୫।

୧୧. ତତ୍ରୈବ, ପୃ-୫।

୧୨. ତତ୍ରୈବ, ପୃ-୧୪।

୧୩. ସାହୁ, ବସନ୍ତ କିଶୋର, "ଓଡ଼ିଆ ଶିଶୁ ସାହିତ୍ୟର ଗତି ଓ ସ୍ଥିତି", ଓଡ଼ିଆ ଶିଶୁସାହିତ୍ୟ (ସଂପା.- ଉତ୍କଳ ସାହିତ୍ୟ ସମାଜ)- କଟକ: ବିଦ୍ୟାପୁରୀ, ୨୦୧୪, ପୃ-୧୬।

୧୪. ସାମଲ, ମାନସ ରଞ୍ଜନ, "ଓଡ଼ିଆ ଶିଶୁସାହିତ୍ୟ: ସମସ୍ୟା ଓ ସମାଧାନ", ଓଡ଼ିଆ ଶିଶୁସାହିତ୍ୟ (ସଂପା.- ଉତ୍କଳ ସାହିତ୍ୟ ସମାଜ), କଟକ- ବିଦ୍ୟାପୁରୀ, ୨୦୧୪- ପୃ-୨୩।

୧୫. ଆଚାର୍ଯ୍ୟ, ଶରତ କୁମାରୀ, ପୂର୍ବୋକ୍ତ ଗ୍ରନ୍ଥ, ପୃ-୧୬।

୧୬. ମହାନ୍ତି, ମନୀନ୍ଦ୍ର, ଓଡ଼ିଆ ଶିଶୁସାହିତ୍ୟ ଉନ୍ମେଷ ଓ ବିକାଶ, ଭୁବନେଶ୍ୱର: ମାଣିକ ବିଶ୍ୱନାଥ ଦାତବ୍ୟ ସ୍ମୃତିନ୍ୟାସ, ୧୯୯୨, ପୃ- ୩୧୨।

୧୭. ସାହୁ, ବସନ୍ତ କିଶୋର, ଓଡ଼ିଆ ମୌଖିକ ଶିଶୁସାହିତ୍ୟ, ସାଲେପୁର: ଚିତ୍ରୋତ୍ପଳା ପବ୍ଲିକେଶନ୍ସ, ୧୯୯୬, ପୃ-୧୨।

ଏଇ ଲେଖକଙ୍କ ଲେଖନୀରୁ ନିସୃତ ପୁସ୍ତକ

୧. ଈକ୍ଷା-ବୀକ୍ଷା-ସମୀକ୍ଷା (ସମାଲୋଚନା)
୨. ସମୀକ୍ଷା ସୌରଭ (ସମାଲୋଚନା)
୩. ସମୀକ୍ଷା ଗୌରବ (ସମାଲୋଚନା)
୪. ସମୀକ୍ଷା ପ୍ରକାଶ (ସମାଲୋଚନା)
୫. କାଳପୁରୁଷ (ସମାଲୋଚନା)
୬. ସ୍ରଷ୍ଟା ମନୋରଂଜନ ଓ ଆବିଷ୍କାର (ସମାଲୋଚନା)
୭. ତୁଳନାତ୍ମକ ସାହିତ୍ୟର ଭିତ୍ତି ଓ ଭାରତୀ (ସମାଲୋଚନା)
୮. ତୂଳୀ ଓ ତୁଳନା (ସମାଲୋଚନା)
୯. ସମୀକ୍ଷା ସଂଚୟନ (ସମାଲୋଚନା)
୧୦. ଅଭିଶପ୍ତ ପୃଥିବୀ (କବିତା)
୧୧. ସୂର୍ଯ୍ୟ ଉଇଁଲେ ରାତି (କବିତା)
୧୨. ସାଂଧ୍ୟ ଭ୍ରମଣ (କବିତା)
୧୩. ବ୍ରହ୍ମାସ୍ମି (କବିତା)
୧୪. ସୋଽହଂ (କବିତା)
୧୫. ତଥାପି ଆସିବ ଫେରି (କବିତା)
୧୬. ଗୋପପୁର ଓ ଅନ୍ୟାନ୍ୟ କବିତା (କବିତା)
୧୭. ଘୁଣକୀଟ (ମୁକ୍ତାଙ୍ଗିକ)
୧୮. ଦୃଷ୍ଟି ଓ ଦର୍ଶନ (ପ୍ରବନ୍ଧ)
୧୯. ନିଃଶ୍ୱାସର ଛାଇ (କ୍ଷୁଦ୍ରଗଳ୍ପ)
୨୦. ନିର୍ବାଚିତ ନିର୍ଜନତା (କ୍ଷୁଦ୍ରଗଳ୍ପ)
୨୧. ଅପଦେବତାର ଉପକଥା (କ୍ଷୁଦ୍ରଗଳ୍ପ)
୨୨. ବାଗ୍‌ଯନ୍ତ୍ର (ସମାଲୋଚନା)
୨୩. ଭାଷା ଓ ସାହିତ୍ୟ (ସମାଲୋଚନା)
୨୪. ଭାଷୋତ୍ପତ୍ତି ମତବାଦ (ସମାଲୋଚନା)
୨୫. ଧ୍ୱନିବିଜ୍ଞାନ ଓ ଧ୍ୱନିତତ୍ତ୍ୱ ବିଚାର (ସମାଲୋଚନା)
୨୬. ସମୀକ୍ଷା ସଂଦର୍ଶନ (ସମାଲୋଚନା)
୨୭. **ଚେତନାର ଚିତ୍ରଲିପି (ସମାଲୋଚନା)**
୨୮. କବି ଗୋପବଂଧୁଙ୍କ ବ୍ୟଥିତ ପ୍ରାଣ ଓ ଅନ୍ତିମ ଅଶ୍ରୁ (ସମାଲୋଚନା)
୨୯. ସେନାପତିଙ୍କ 'ଉତ୍କଳ ଭ୍ରମଣଂ' ବାବଦରେ କିଛି ବିଚାର କିଛି ଆଲୋଚନା (ସମାଲୋଚନା)
୩୦. ଉତ୍ତରଉପନିବେଶବାଦ ଓ ଭାରତୀୟ ପରିପ୍ରେକ୍ଷା (ସମାଲୋଚନା)
୩୧. ଶବ୍ଦ ନିରବଧି (ସଂପାଦନା)
୩୨. ଶବ୍ଦେଶ୍ୱରୀ (ସଂପାଦନା)

୩୩. ପ୍ରବନ୍ଧ ମାନସ (ସଂପାଦନା)
୩୪. ପ୍ରବଂଧାୟନ (ସଂପାଦନା)
୩୫. ଗଳ୍ପଗବାକ୍ଷ (ସଂପାଦନା)
୩୬. କବିତା ଓ କବିତା (ସଂପାଦନା)
୩୭. ପ୍ରତ୍ନ ଓଡ଼ିଆ ଗୀତିକା (ସଂପାଦନା ଓ ସମାଲୋଚନା)
୩୮. ପ୍ରତ୍ନ ଓଡ଼ିଆ ସାହିତ୍ୟ (ସଂପାଦନା ଓ ସମାଲୋଚନା)
୩୯. ଶିଶୁଶଂକର ଦାସ କୃତ ଉଷାଭିଳାଷ (ସଂପାଦନା ଓ ଆଲୋଚନା)
୪୦. ଚତୁର ବିନୋଦ (ସଂପାଦନା ଓ ସମାଲୋଚନା)
୪୧. କିଶୋର ଚନ୍ଦ୍ରାନନ୍ଦ ଚମ୍ପୂ (ସଂପାଦନା ଓ ସମାଲୋଚନା)
୪୨. ବ୍ୟାସକବି ଫକୀରମୋହନ ସେନାପତି କୃତ ଧୂଳି (ସଂପାଦନା ଓ ସମାଲୋଚନା)
୪୩. ନଷ୍ଟପୁରୁଷ (ସଂପାଦନା ଓ ସମାଲୋଚନା)
୪୪. ବୈରାଗ୍ୟଶତକ (ଅନୁବାଦ, ସଂପାଦନା ଓ ସମାଲୋଚନା)
୪୫. The Black Feather (ସଂପାଦନା)
୪୬. The Weighty Words (ସଂପାଦନା)
୪୭. The Waste Land: An Introspective Commentary (ସମାଲୋଚନା)
୪୮. T. S. Eliot's *The Waste Land* : A Formal Introduction (ସମାଲୋଚନା)
୪୯. Aspects of Criticism (ସମାଲୋଚନା)
୫୦. Dispersed Meditation (ସମାଲୋଚନା)
ଇତ୍ୟାଦି ଅନ୍ୟାନ୍ୟ ଅନେକ ପୁସ୍ତକ

BLACK EAGLE BOOKS

www.blackeaglebooks.org
info@blackeaglebooks.org

Black Eagle Books, an independent publisher, was founded as a nonprofit organization in April, 2019. It is our mission to connect and engage the Indian diaspora and the world at large with the best of works of world literature published on a collaborative platform, with special emphasis on foregrounding Contemporary Classics and New Writing.

www.ingramcontent.com/pod-product-compliance
Lightning Source LLC
Chambersburg PA
CBHW020716130726
47899CB00012B/1769
* 9 7 8 1 6 4 5 6 0 7 0 2 1 *